Die Bekämpfung von Korruption als Au

Michael Werner Lins

Die Bekämpfung von Korruption als Aufgabe des Europarats

- unter besonderer Berücksichtigung von Österreich -

PETER LANG

Berlin - Bruxelles - Chennai - Lausanne - New York - Oxford

Bibliografische Information der Deutschen Nationalbibliothek
Die Deutsche Nationalbibliothek verzeichnet diese Publikation in der Deutschen Nationalbibliografie; detaillierte bibliografische Daten sind im Internet über http://dnb.d-nb.de abrufbar.

Gefördert durch das Land Vorarlberg

ISSN 1862-457X
ISBN 978-3-631-93668-9 (Print)
ISBN 978-3-631-93694-8 (E-PDF)
ISBN 978-3-631-93695-5 (EPUB)
DOI 10.3726/b22848

Verlegt durch Peter Lang GmbH, Berlin (Deutschland)

info@peterlang.com

Diese Publikation wurde begutachtet.

www.peterlang.com

Für meine Oma!
Erika Dür

Inhaltsverzeichnis

Abbildungsverzeichnis

Tabellenverzeichnis

Vorwort

Seit mehreren Jahren kann beobachtet werden, dass sich Medien auf regionaler, nationaler und internationaler Ebene immer häufiger mit Skandalen zu befassen haben, die Korruption zum Gegenstand haben. Noch bevor die einschlägige Berichterstattung zunahm, als noch vereinzelt über die jüngeren Skandale berichtet wurde, waren zahlreiche Menschen in meinem Umfeld überrascht, dass Korruption in diesem Ausmaß in Europa überhaupt noch existiert. Dies ist auch nicht weiter verwunderlich. Korruption wurde gerade in den westlichen Industriestaaten von einem beträchtlichen Anteil der dort wohnhaften Bevölkerung vornehmlich als ein Relikt aus vergangenen Zeiten verstanden.[1]

Ich begann, vorerst noch mit wenig Eigeninitiative, die Berichterstattung der jüngsten europäischen Korruptionsskandale zu verfolgen. Ab einem gewissen Zeitpunkt realisierte ich jedoch, dass unser allgemeines und zum Teil unreflektiertes Verständnis von Korruption, bisher insbesondere die *Petty Corruption* in Schwellen- sowie *Less Developed* und *Least Developed Countries* umfasste.

Während meinen Studienaufenthalten im westafrikanischen Staat Togo, sowie in den südostasiatischen Staaten Thailand und den Philippinen wurde ich selbst erstmals in unverschleierter Weise, persönlich und unmittelbar mit Formen der *Petty Corruption* konfrontiert. Die beiden südostasiatischen Staaten gehören nach einer Bewertung der United Nations Organisation («UNO») der Kategorie der Schwellenländer an und werden im *Corruption Perceptions Index 2022* von Transparency International («TI»), der das in den Staaten wahrnehmbare Korruptionsausmaß feststellt, auf Rang 36 (Thailand) und 116 (Philippinen) geführt. Togo hingegen wird als *Least Developed Country* eingestuft und belegt den 130. von insgesamt 180 Plätzen.[2]

---

1 Engels, Jens Ivo. *Die Geschichte der Korruption: Von der Frühen Neuzeit bis ins 20. Jahrhundert* (Frankfurt am Main: S. Fischer, 2014), S. 13.

2 Transparency International. *Corruption Perceptions Index 2022* (Berlin: Transparency International International Secretariat, 2023); UNO. *The low-carbon transition and its daunting implications for structural transformation* (New York: United Nations Publications, 2022), S. ix; Eklu, Abatevi Aba. 'Die Kultur der Ewe und ihr Einfluss auf das dörfliche Zusammenleben unter Berücksichtigung korruptionsrechtlicher Aspekte', Mündliche Wiedergabe und anschließender zusammengefasster schriftlicher Darstellung (Lomé/Agbavi, Togo, 2023); Lins, Michael Werner und Zenleser, Julia Dorothea. *Das Selbstbestimmungsrecht der Völker im 21. Jahrhundert: Unter besonderer Berücksichtigung des IGH-Gutachtens vom 25. Februar 2019 im Chagós-Fall*

Petty Corruption ist, im Unterschied zu dessen Gegenstück, in der Regel («i. d. R.») die gegenüber der Öffentlichkeit stärker wahrnehmbare Form von Korruption. Das Auftreten von Formen der *Petty Corruption* ist in Europa seit Jahren tatsächlich zunehmend zurückgegangen.[3] Dies könnte mitunter ein Grund sein, warum bis zu dem Zeitpunkt, als gefühlt ein Korruptionsskandal dem nächsten folgte, in der Bevölkerung das Bewusstsein vorherrschte, dass Korruption hauptsächlich ein Phänomen der Schwellen- und *Less Developed* beziehungsweise («bzw.») *Least Developed Countries* ist.

Schlagworte wie der *VW-* oder *Siemens-Skandal* in Deutschland, der *Seco-Korruptionsskandal* in der Schweiz oder der *Treuhänderskandal* in Liechtenstein sowie die sogenannte *Novomatik-* oder *Inseratenaffäre* in Österreich, stehen nur beispielhaft für eine Reihe von Skandalen europäischer Nationalstaaten, welche auch mit Korruption im Zusammenhang («i. Z.») stehen. Selbst die Institutionen der Europäischen Union («EU») scheinen von korrupten Machenschaften nicht gefeit zu sein, wie die Berichterstattung hinsichtlich des *EU-Korruptionsskandals im EU-Parlament* seit Ende 2022 belegt.[4]

(Hamburg: Verlag Dr. Kovač, 2021), S. 3; Spieth, Jakob (Hrsg.). *The Ewe people: A study of the Ewe people in German Togo* (Accra, Ghana/Accra: Sub-Saharan Publishers; Embassy of the Federal Republic of Germany, 2011).

3 ORF.at/Agenturen. 'Politik: Korruptionsindex stellt schlechtes Zeugnis aus'. *ORF.at* (25.01.2022).

4 Janssen, Hilke. 'VW-Affäre 2005: Betriebsrat tritt zurück'. *NDR.de* (7.01.2020); Hensen, Christoph. 'VW-Milliarden-Bußgeld – diese Konzerne erhielten höhere Strafen'. *Handelsblatt* (14.06.2018); Wess, Sara. '»Mein Fall« – Oberstaatsanwältin über Siemens-Korruptionsaffäre: »Ich konnte seine Kontoauszüge auswendig. Jeden«'. *DER SPIEGEL* (27.02.2023); Leyendecker, Hans. '«Das ist wie bei der Mafia»'. *Süddeutsche Zeitung* (14.01.2011); Alder, Kathrin. 'Korruption: Seco-Beamter vor Bundesstrafgericht'. *Neue Zürcher Zeitung* (30.07.2021); Brönnimann, Christian. 'Prozess in der Seco-Affäre – Korrupter Beamter verursachte Schaden von 18 Millionen Franken'. *Tages Anzeiger* (27.07.2021); Alich, Holger. 'Vermutete Unterschlagung – Neuer Skandal wirft Schatten auf Liechtensteiner Finanzplatz'. *Tages Anzeiger* (25.06.2020); Kowalsky, Marc. 'Ein Toter unterschrieb – die Neue Bank bezahlte'. *Handelszeitung.ch* (29.06.2018); Ritter, Johannes. 'Kriminalität: Sechs Jahre Haft für Liechtensteiner Treuhänder'. *Frankfurter Allgemeine Zeitung* (9.07.2019); Balzli, Beat und Hornig, Frank. 'Mauern des Schweigens'. *DER SPIEGEL* (18.05.2008); 'Der «FPÖ-Novomatic-Deal» wird zur Staatsaffäre'. *Wiener Zeitung* (14.11.2019); Grabher, Renate. 'Casinos-Vorstand Peter Sidlo: Blauer Shootingstar, dessen Bestellung das Land in Atem hält'. *DER STANDARD* (17.08.2019); Stefan Melichar und Thalhammer, Anna. 'Verbotener FPÖ-Novomatic-Deal? Verdacht „erhärtet"'. *Profil* (18.04.2023); Hoisl, Thomas, Clemens Neuhold und Jakob Winter. 'Was die Regierung jetzt tun müsste, um

Auch wenn die wahrnehmbare Korruption in Europa zwar quantitativ zurückgegangen ist, belegen die zuvor genannten Skandale, dass Korruption in Europa bei Weitem nicht nur in den Geschichtsbüchern zu finden ist. Schlimmer noch, die immer noch in Europa praktizierten Formen sind von umso größerem Gewicht und für die jeweiligen europäischen Staaten und deren Öffentlichkeit im höchsten Grade schädlich. Zahlreiche Untersuchungen belegen hinreichend, welchen volkswirtschaftlichen Schaden korrupte Akte anrichten können.

Allerdings war meine Neugierde nun geweckt und ich stellte mir die Frage, welche Regelsysteme in den europäischen Staaten vorherrschen, um derartige Praktiken einzudämmen und zu bekämpfen. Allerdings belegen die gegenwärtigen Korruptionsskandale auch, dass dieses Phänomen nicht nur ein Problem der jeweiligen Nationalstaaten darstellt, sondern grenzüberschreitend auftritt und daher auch als ein Problem der internationalen Staatengemeinschaft erkannt werden muss.

Zu dieser Zeit hatte ich gerade das Doktoratsstudium der Rechtswissenschaften an der Leopold-Franzens-Universität Innsbruck, Österreich, aufgenommen und beschäftigte ich mich eingehend mit der Frage, mit welcher Thematik ich mich in meiner Dissertation befassen möchte. Dank eines fernmündlichen Gesprächs mit dem Menschenrechtsexperten Herrn Dipl.-Jur. Moritz Birk, LL.M., wurde in mir der Wunsch geweckt, ein Dissertationsthema im Bereich der internationalen Korruptionsbekämpfung zu finden.

Mit meinen zahlreichen Fragen zum gegenständlichen Thema trat ich an Herrn ao. Univ.-Prof. MMag. Dr. Peter Hilpold heran, welcher im Diplomstudium der Rechtswissenschaften zum Professor meines Vertrauens wurde und mit dem ich bei der Ausarbeitung meiner Diplomarbeit und späteren Publikation zum kolonialen Selbstbestimmungsrecht intensiv zusammenarbeiten durfte. Er erkannte, dass im Rahmen dieses Gesprächs ein geeignetes Dissertationsthema gefunden werden könnte. Ihm war bereits aus unserer früheren Zusammenarbeit bewusst, dass meine Interessen sich stark auf das Europa- und Völkerrecht samt den damit zusammenhängenden historischen, kulturellen und politischen Entwicklungen fokussieren. Die Kunst war es daher, ein konkretes Thema zu finden, welches die Themenblöcke Europa bzw. europäische Integration und Völkerrecht einerseits und Korruptionsbekämpfung andererseits miteinander vereint.

Korruption zu verhindern'. *Profil* (18.10.2021); Kahlweit, Cathrin. 'Inseraten-Affäre in Österreich: Ein neues Gesetz soll helfen'. *Süddeutsche Zeitung* (12.04.2023); Krohn, Knut. '„Angriff auf die europäische Demokratie": Was bisher über die EU-Korruptionsaffäre bekannt ist'. *Der Tagesspiegel* (13.12.2022); Herzog, Julika. 'Was wir über den Korruptionsskandal im EU-Parlament bisher wissen'. *Euronews* (12.12.2022).

Nach eingehender Diskussion mit Herrn Prof. Dr. Hilpold konnte gemeinsam mein Dissertationsthema gefunden werden, nämlich *Die Bekämpfung von Korruption als Aufgabe des Europarats*. Umgehend setzte ich mein gewecktes Interesse dazu ein, tiefer in die Materie einzutauchen, Wissen zu erlangen und diese Dissertation auszuarbeiten.

Maßgebliche Unterstützung fand ich dabei bei Herrn Prof. Dr. Hilpold, Herrn Prof. Dr. Glaser sowie Herrn Prof. Dr. Pernthaler. Den Professoren möchte ich an dieser Stelle für ihr Engagement sowie jeden Ratschlag und richtungsweisenden Empfehlung danken, mit welchen diese Dissertation schließlich ihre jetzige Form erlangt hat.

Mein besonderer Dank gilt auch Peach Abella, die zahlreiche mühselige Nächte der Korrektur und formalen Überarbeitung meiner Dissertation gewidmet hat.

Des Weiteren möchte ich an dieser Stelle nachfolgenden Personen danken, die mich auf verschiedenste Weise bei der Ausarbeitung dieser Dissertation unterstützt haben:

Ursula Lins	Werner Lins
Erika Dür	Clemens Lins
Florian Rosmann	Volkan Altın
Julian Mitterhub	Thomas Leitner
Floriana Isaila	David Leiter

Abkürzungsverzeichnis

ABGB	Allgemeines Bürgerliches Gesetzbuch
Abs.	Absatz
AEUV	Vertrag über die Arbeitsweise der Europäischen Union
AHG	Amtshaftungsgesetz
Antikorruptionsinstrumente	Sammelbegriff für jegliche Instrumente zur Korruptionsbekämpfung
Antikorruptionsrechtsinstrumente	rechtliche Instrumente (Gesetze, Verordnungen) zur Korruptionsbekämpfung
Art.	Artikel
AÜK	European Convention on Extradition
AusG	Ausschreibungsgesetz
AVG	Allgemeines Verwaltungsverfahrensgesetz
BAK	Bundesamt für Korruptionsprävention und Korruptionsbekämpfung
BAK-G	Gesetz über das Bundesamt zur Korruptionsprävention und Korruptionsbekämpfung
BDG 1979	Beamten-Dienstrechtsgesetz
BVT	Bundesamt für Verfassungsschutz und Terrorismusbekämpfung
Weisungsrat	Beirat für den ministeriellen Weisungsbereich

bez.	bezüglich
BIP	Bruttoinlandsprodukt
BMG	Bundesministeriengesetz
BminG	Bundesministergesetz (Deutschland)
BörseG 2018	Börsengesetz 2018
BRD	Bundesrepublik Deutschland
bspw.	beispielsweise
B-VG	Bundes-Verfassungsgesetz
BVwG	Bundesverwaltungsgericht
BWG	Bankwesengesetz
bzw.	beziehungsweise
ca.	circa (ungefähr)
CCB	Convention on Combating Bribery of Foreign Public Officials in International Business Transactions
CDCJ	European Committee on Legal Co-operation
CDPC	European Committee on Crime Problems
CEB	Council of Europe Development Bank
CHBG	Schweizerisches Bundesgericht
DIHR	OSZE Office for Democratic Institutions and Human Rights

dPartG	Gesetzes der Bundesrepublik Deutschland über die politischen Parteien (Deutschland)
DSG	Datenschutzgesetz
DSGVO	Datenschutz-Grundverordnung
DV-StAG	Durchführungsverordnung zum Staatsanwaltsgesetz
CPT	European Convention for the Prevention of Torture and Inhuman or Degrading Treatment or Punishment
EGKS	Europäische Gemeinschaft für Kohle und Stahl
EGMR	Europäischer Gerichtshof für Menschenrechte
EMRK	Europäische Menschenrechtskonvention
EPA	Enlarged Partial Agreement on Sport
EPAHT	Enlarged Partial Agreement on the Observatory on History Teaching in Europe
EPACR	Enlarged Partial Agreement on Cultural Routes
ESC	European Social Charter
ETS	European Treaty Series
EU	Europäische Union
EU-ABÜK	Convention drawn up on the basis of Article K.3 (2) (c) of the Treaty on European Union on the fight against corruption involving officials of the European Communities or officials of Member States of the European Union

EuGH	Europäischer Gerichtshof
EUR	Euro
EURATOM	Europäische Atomgemeinschaft
EuRS	Satzung des Europarats
EUV	Vertrag über die Europäische Union
EWG	Europäische Wirtschaftsgemeinschaft
ff.	fortfolgend
FCNM	Framework Convention for the Protection of National Minorities
FM-GwG	Finanzmarkt-Geldwäschegesetz
FoEuR	Europarats Financial Regulations and Supplementary Provisions of the Council of Europe
GGO	Geschäftsordnung der GRECO
GMC	Multidisciplinary Group on Corruption
GMCC	Arbeitsgruppe zur Ausarbeitung des ZrÜK
GMCP	Arbeitsgruppe zur Ausarbeitung des StÜK
GRC	Charter of the fundamental rights of the European Union
GRECO	Group of States against Corruption
GSG	Statut der GRECO
GwÜK	Convention on Laundering, Search, Seizure and Confiscation of the Proceeds from Crime

HSchG	Hinweisgeberschutzgesetz
I.ZP-AÜK	Additional Protocol to the European Convention on Extradition
IAA	International Anti-Corruption Academy
IBA	International Bar Association
ICC	International Chamber on Commerce
ICJ	International Commission of Jurists
i. d. R.	in der Regel
i. d. S.	in diesem Sinne
i. d. T.	in der Tat
i. e. S.	im engeren Sinn
IGH-Statut	Statute of the International Court of Justice
i. H. v.	in Höhe von
II.ZP-AÜK	Second Additional Protocol to the European Convention on Extradition
IDEA	International Institute for Democracy and Electoral Assistance
InfOG	Informationsordnungsgesetz
inkl.	inklusive
i. S. d.	im Sinne des | im Sinne der
Istanbul Convention	Council of Europe Convention on preventing and combating violence against women and domestic violence

i. S. v.	im Sinne von
i. V. m.	in Verbindung mit
i. w. S.	im weiteren Sinn
i. Z.	im Zusammenhang
i. Z. m.	im Zusammenhang mit
J. P.	Juristische Person(en)
KGKB	Koordinationsgremium zur Korruptionsbekämpfung
KorrStrÄG	Korruptionsstrafrechtsänderungsgesetz
Lanzarote Convention	Council of Europe Convention on the Protection of Children Against Sexual Exploitation and Sexual Abuse
lit.	litera
LL-EvT	Guidlines for GRECO Evaluation Teams
LobbyG	Lobbying- und Interessenvertretungs-Transparenz-Gesetz
Lobby-Reg	Lobbying- und Interessenvertretungs-Register
max.	maximal
min.	mindestens
MK	Musterkodex für Amtsträger
NAKS	Nationale Anti-Korruptionsstrategie
NbVO-I	Nebenbeschäftigungsverordnung-Inneres

N. P.	natürliche Person(en)
NR-GOG	Geschäftsordnungsgesetz 1975 des Nationalrates
N. U.	Nicht Umgesetzt
o. ä.	oder ähnlich
OAS	Organisation of American States
OECD	Organisation for Economic Co-operation and Development
OECD-CB	Convention on combating birbery of foreign public officials in international business transactions
OGH	Oberster Gerichtshof
ORF-G	ORF-Gesetz
PartG	Bundesgesetzes über die Finanzierung politischer Parteien
PGR	Personen- und Gesellschaftsrecht (Liechtenstein)
RFPW	Common rules against corruption in the funding of political parties and electoral campaigns
RStDG	Richter- und Staatsanwaltschaftsdienstgesetz
SEV	Sammlung Europäischer Verträge
StAG	Staatsanwaltschaftsgesetz
StGB	Strafgesetzbuch
StGH	Staatsgerichtshof Liechtenstein
StIGH	Permanent Court of International Justice

StPO	Strafprozessordnung
StÜK	Criminal Law Convention on Corruption (Strafrechtsübereinkommen)
TI	Transparency International
TI-A	Transparency International – Austrian Chapter
T. U.	Teilweise Umgesetzt
U.	Umgesetzt
u .a.	unter anderem
UG	Universitätsgesetz 2002
UGB	Unternehmensgesetzbuch
ÜKBVE	European Convention on the Supervision of Conditionally Sentenced or Conditionally Released Offenders
ÜKiGS	European Convention on the International Validity of Criminal Judgments
ÜKRS	European Convention on Mutual Assistance in Criminal Matters
ÜKÜS	European Convention on the Transfer of Proceedings in Criminal Matters
ÜKÜvP	Convention on the Transfer of Sentenced Persons
UNCAC	United Nations Convention against Corruption
UNDOC	United Nations Office on Drugs and Crime
UNO	United Nations Organisation / Vereinte Nationen

Unv-Transparenz-G	Unvereinbarkeits- und Transparenz-Gesetz
USA	Vereinigte Staaten von Amerika
u. s. w.	und so weiter
u. U.	unter Umständen
UWG	Bundesgesetz gegen den unlauteren Wettbewerb
VBE	General Agreement on Privileges and Immunities of the Council of Europe
VfGH	Verfassungsgerichtshof
vgl.	vergleiche
VwGH	Verwaltungsgerichtshofes
WKStA	Wirtschafts- und Korruptionsstaatsanwaltschaft
WVK I	Vienna Convention on the Law of Treaties I
WVK II	Vienna Convention on the Law of Treaties II
Z.	Ziffer
z. B.	zum Beispiel
Zentralstelle	Innerstaatliche Behörde, die etwaige Ersuchen der anderen Vertragsstaaten primär entgegennimmt und an die zuständige innerstaatliche Behörde weiterleitet
ZPO	Zivilprozessordnung
ZP-StÜK	Additional Protocol to the Criminal Law Convention on Corruption (Zusatzprotokoll zum StÜK)

ZP-ÜKRS	Additional Protocol to the European Convention on Mutual Assistance in Criminal Matters
ZP-ÜKÜvP	Additional Protocol to the Convention on the Transfer of Sentenced Persons
ZPVBE	Protocol to the General Agreement on Privileges and Immunities of the Council of Europe
ZrÜK	Civil Law Convention on Corruption (Zivilrechtsübereinkommen)

«Corruption, like cancer, has many manifestations. In the same way that different types of cancer require different treatments, fighting corruption requires different initiatives, tools, and institutions.»[5]

– Naím Moisés –

5 Naím, Moisés. 'Corruption Eruption'. *Brown Journal of World Affairs* (1.06.1995).

Abbildung 1: Straßburgidyll mit Münster im Hintergrund – Die «Hauptstadt Europas» (Eigenaufnahme 2023).

Abbildung 2: Der Europarat in Straßburg (Eigenaufnahme 2023).

Abbildung 3: Die Flaggen der Mitgliedstaaten vor dem Europaratsgebäude (Eigenaufnahme 2023).

Abbildung 4: Der Europarat mit der Europaflagge (Eigenaufnahme 2023).

1. Einleitung

Nach den Werten des Europarats, die sich im Kern auf die drei Prinzipien *Democracy, Human Rights* sowie *Rule of Law* (auch als Wertetrias bekannt) zusammenfassen lassen, hat der Europarat seit seiner Gründung vor mehr als 70 Jahren auf einen stärkeren Zusammenschluss der europäischen Staaten und damit einer stärkeren Einheit Europas hingewirkt.[6]

Diese internationale Organisation ist damit nicht nur die älteste politisch ausgerichtete europäische Regierungsorganisation, sondern konnte lange Zeit als der Hauptmotor der europäischen Integration auf ideeller Ebene verstanden werden. Dies insbesondere vor dem Hintergrund, da sich die am 18. April 1951 gegründete Montanunion, die Europäische Gemeinschaft für Kohle und Stahl («EGKS»), primär als ein Wirtschaftsverbund verstand. Die EGKS, als Vorläufer der heutigen EU, sowie die im Zuge der Römischen Verträge 1957 errichtete Europäische Wirtschaftsgemeinschaft («EWG») und Europäische Atomgemeinschaft («EURATOM») waren primär auf eine europäische Integration auf wirtschaftlicher Ebene ausgerichtet.[7]

Für lange Zeit bestand somit ein Nebeneinander zwischen dem Europarat und den Europäischen Gemeinschaften, welche zwar im Kern dasselbe Ziel verfolgten, jedoch in jeweils anderen Bereichen agierten. Dieses harmonische Nebeneinander änderte sich allerdings durch den Vertrag von Maastricht, der am 7. Februar 1992 in den Niederlanden unterzeichnet wurde. Die Europäischen Gemeinschaften wurden zur EU umgeformt, die sich seither nicht nur als wirtschaftliche, sondern auch als politische Europavereinigung verstand. Daraus folgte, dass die EU im weiteren Verlauf ebenfalls in Agenden der europäischen Integration tätig wurde, welche zuvor primär dem Europarat vorbehalten waren.[8]

Schon bald wurde die EU zum Hauptakteur und damit treibenden Motor in der europäischen Integrationsbewegung. Der Europarat wurde infolgedessen, obwohl

---

6 Brummer, Klaus. *Der Europarat: Eine Einführung* (Wiesbaden: VS Verl. für Sozialwiss, 2008), S. 17, 23.

7 Ibid., S. 17; von Borries, Reimer. 'European Coal and Steel Community (ECSC)'. *Max Planck Encyclopedias of International Law [MPIL]* (2009), Rz 1, 3, 6, 8–9, 30; Trüe, Christiane. 'European Atomic Energy Community (Euratom)'. *Max Planck Encyclopedias of International Law [MPIL]* (2021), Rz 1, 3 ff.

8 Mayer, Franz und Thies, Simon. 'European Union, Historical Evolution'. *Max Planck Encyclopedias of International Law [MPIL]* (2019), Rz 10–19; European Union. *Treaty on European Union (Maastricht Treaty)* (1992).

diesem fast doppelt so viele Mitglieder wie der EU angehören, zunehmend in eine Nebenrolle gedrängt. Jedenfalls ist dies aus dem Umfang wissenschaftlicher Publikationen evident, die im Vergleich zur EU als marginal beschrieben werden muss. Auch in den Rechtswissenschaften ist der Europarat aus dem Fokus wissenschaftlicher Betrachtung gerückt und beschränkt sich wie *Brummer* zutreffend ausführt, insbesondere auf Teilaspekte wie dem Europäischen Gerichtshof für Menschenrechte in Straßburg («EGMR») oder der *Europäischen Menschenrechtskonvention*[9] («EMRK»). Bei der EMRK handelt es sich um das bekannteste Vertragswerk und gilt als Aushängeschild zur Unterstreichung der Bedeutung des Europarats.[10]

Viele Bereiche, in denen der Europarat nach wie vor sehr aktiv ist, fanden bisher nicht oder kaum Eingang in den wissenschaftlichen Diskurs. Dies betrifft ebenfalls den in dieser Arbeit behandelten Themenschwerpunkt, nämliche die Korruptionsprävention und Korruptionsbekämpfung (*Antikorruption*). Ausgangspunkt der Auseinandersetzung des Europarats mit diesem Themenschwerpunkt war die 19. Fachministerkonferenz der europäischen Justizminister im Juni 1994 in Valletta, Malta.[11] Seither gehört Antikorruption zur Agenda des Europarats. Dies ist auch nur folgerichtig, da dieses Phänomen alle Prinzipien des Wertetrias des Europarats tangiert.[12] Daneben befasst sich auch die EU mit dieser Thematik. Wie auch der Europarat hat ebenso die EU Antikorruptionsinstrumente geschaffen wie die 1997 unterzeichnete Konvention *«[...] on the fight against corruption involving officials of the European Communities or officials of Member States of the European Union».*[13]

Auch im Bereich der Korruptionsbekämpfung kann dieselbe Entwicklung beobachtet werden. In vielen Publikationen wird der Europarat lediglich als ein

---

9 ETS No. 146. *Convention for the Protection of Human Rights and Fundamental Freedoms: ECHR* (1950).

10 Brummer, *Der Europarat* 2008 (n. 6), S. 17.

11 Council of Europe. 'Administrative, civil and penal aspects, including the role of the judiciary, of the fight against corruption'. *Trends in Organized Crime* 2(4) (1997), S. 41–47, 41, doi 10.1007/s12117-997-1074-3; Committee of Ministers. *REC (81) 12: Of the Comittee of Ministers to member states on economic crime* (1981).

12 Brummer, *Der Europarat* 2008 (n. 6), S. 55–57.

13 Official Journal C 195, 25/06/1997 P. 0001–0001. *Council Act of 26 May 1997 drawing up, on the basis of Article K.3 (2) (c) of the Treaty on European Union, the Convention on the fight against corruption involving officials of the European Communities or officials of Member States of the European Union* (1997).

weiterer Akteur im internationalen Antikorruptionsregime erwähnt, ohne jedoch auf seine Instrumente näher einzugehen.[14]

Die Publikation von *Brummer* «*Der Europarat – Eine Einführung*»[15] erwähnt zwar an mehreren Stellen, dass der Europarat im Bereich Korruptionsprävention und Korruptionsbekämpfung aktiv ist und bezeichnet sogar das hierfür geschaffene Überwachungsorgan, eine konkrete inhaltliche Auseinandersetzung findet jedoch nicht statt.[16]

Das von *Hummer* herausgegebene Werk «*Österreich im Europarat 1956–2006, Bilanz einer 50-jährigen Mitgliedschaft*»[17] durchleuchtet auf insgesamt 1.375 Seiten die unterschiedlichsten Aspekte des Europarats. Seiner Rolle im Tätigkeitsbereich der Antikorruption sind jedoch gerade einmal zwei halbe Seiten gewidmet.[18]

«*Korruption, Antikorruptionspolitik und öffentliche Verwaltung*»[19] von *Wolf* befasst sich mit den Empfehlungen, die das einschlägige Überwachungsorgan des Europarats den deutschsprachigen Ländern zur Umsetzung vorgelegt hat. Dabei wird bereits näher auf die Bedeutung des Europarats in diesem Tätigkeitsfeld eingegangen. Der Fokus dieser Arbeit liegt aber dennoch bei den Staaten und den nationalen Antikorruptionsregimen. Die Instrumente oder das Überwachungssystem des Europarats werden nur oberflächlich behandelt.[20]

Bei anderen einschlägigen Werken, wie «*Was ist Korruption?*»[21] von *Graeff/Rabl*, «*Internationale Organisationen – Staatliche und nichtstaatliche*

---

14 Monsau, Dirk. *Vereinte Nationen und Korruptionsbekämpfung* (Frankfurt, M.: P. Lang, 2009); Lehrner, Stefan. *Korruptionsbekämpfung in der Europäischen Union* (München: GRIN Verlag GmbH, 2011); Berger, Jens. *Korruption in Europa: Die Rettungsprogramme des ESM Unter Dem Blickwinkel der Korruptionsbekämpfung* (Wiesbaden: Springer Fachmedien Wiesbaden GmbH, 2022).

15 Brummer, *Der Europarat* 2008 (n. 6).

16 Ibid., S. 50, 52, 65, 118, 120, 234–235.

17 Hummer, Waldemar (Hrsg.). *Österreich im Europarat 1956–2006: Bilanz einer 50-jährigen Mitgliedschaft* (Wien: Böhlau, 2008).

18 Köck, Irene. 'Ein halbes Jahrhundert gemeinsam auf dme Weg zu einem modernen Strafvollzug' In *Österreich im Europarat 1956–2006: Bilanz einer 50-jährigen Mitgliedschaft*, (Hrsg.) Waldemar Hummer (Wien: Böhlau, 2008), S. 407–418, S. 417–418.

19 Wolf, Sebastian. *Korruption, Antikorruptionspolitik und öffentliche Verwaltung: Einführung und europapolitische Bezüge* (Wiesbaden: Springer VS, 2014).

20 Ibid., S. 14, 53 ff, 102 f, 107 ff.

21 Graeff und Rabl (Hrsg.). *Was ist Korruption?: Begriffe, Grundlagen und Perspektiven gesellschaftswissenschaftlicher Korruptionsforschung* (Baden-Baden: Nomos, 2019, 2. Aufl.).

Organisationen in der Weltpolitik»[22] von *Furtak* oder im Beitrag von *Hofmann* unter dem Titel «*Korruptionsbekämpfung*»[23] bleibt es schlicht bei punktuellen Erwähnungen des Europarats und seinen Instrumenten.[24] Andere Werke wiederum enthalten überhaupt keine Ausführungen hierzu.[25]

Es ist evident, dass in dieser Hinsicht eine wissenschaftliche Lücke besteht. Der Zweck dieses Werkes besteht somit darin, diese Lücke durch eine grundlegende Darstellung des Antikorruptionsregimes des Europarats zu füllen. Damit soll nicht nur auf die Bedeutung des Europarats in diesem Bereich aufmerksam gemacht werden, sondern soll diese internationale Institution in den laufenden wissenschaftlichen Diskurs zum Thema internationaler Korruptionsprävention und -bekämpfung eingeführt werden. Denn schließlich kann es nicht nur die Aufgabe der Staaten oder der internationalen Organisationen sein, Maßnahmen gegen Korruption zu setzen. Auch die Wissenschaft ist hier gefordert. Wissenschaftler haben unter dem Aspekt der objektiven Wissensvermittlung auch die Verpflichtung, die Allgemeinheit auf die vorherrschende Korruption auf nationaler und internationaler Ebene aufmerksam zu machen und mit ihren Beiträgen an der Verbesserung der bestehenden Antikorruptionssysteme mitzuwirken. Dieser Verpflichtung soll mit dieser Arbeit nachgekommen werden. Sie ist als ein kleiner Baustein in der Verbesserung des international-europäischen und des österreichischen Antikorruptionssystems zu sehen und soll auch anderen Wissenschaftskollegen als Grundlage für spezifischere einschlägige Forschungsobjekte im Zusammenhang mit («i. Z. m.») dem gebotenen Kampf gegen Korruption dienen.[26]

Daher werden im Rahmen dieser Arbeit mehrere Kernaspekte aufbereitet, durch die ein kompaktes Bild des Europarats in diesem Tätigkeitsfeld geschaffen werden soll.

---

22 Furtak, Florian T. *Internationale Organisationen: Staatliche und nichtstaatliche Organisationen in der Weltpolitik* (Wiesbaden: Springer VS, 2015).

23 Hofmann, Domenica. 'Korruptionsbekämpfung' In *Handbuch Staat*, (Hrsg.) Rüdiger Voigt (Wiesbaden: Springer Fachmedien Wiesbaden, 2018), S. 1501–1511.

24 Meyer, Olaf. 'Korruption aus privatrechtlicher Perspektive' In *Was ist Korruption?: Begriffe, Grundlagen und Perspektiven gesellschaftswissenschaftlicher Korruptionsforschung*, (Hrsg.) Graeff und Rabl (Baden-Baden: Nomos, 2. Aufl., 2019), S. 235–248, S. 238; Furtak, *Internationale Organisationen* 2015 (n. 22), S. 247; Hofmann, '*Korruptionsbekämpfung*' 2018 (n. 23), S. 1505.

25 Engels, *Die Geschichte der Korruption* 2014 (n. 2).

26 Brummer, *Der Europarat* 2008 (n. 6), S. 17; Hilpold, Peter. 'Introduction' In *Teaching international law*, (Hrsg.) Peter Hilpold und Giuseppe Nesi (Leiden/Boston: Brill, 2024), S. 3–9.

Der *erste Kernaspekt* beschäftigt sich mit der grundlegenden Frage, was Korruption überhaupt ist. Im Vorwort wurde bereits angedeutet, dass in der Öffentlichkeit kein klarer Konsens darüber besteht, was allgemein unter dem Begriff *Korruption* verstanden werden soll. Die dem Begriff bisher allgemein zugeschriebene Bedeutung stellt – insbesondere im Hinblick der jüngeren medialen Aufbereitung dieses Themas – nur einen Teilbereich des gesamten Spektrums dar. Offensichtlich ist es unabdingbar, diesem vagen Begriff zuerst eine hinreichende Substanz zu geben. Zumal trägt dessen materiell-begriffliche Durchleuchtung, speziell für eine Arbeit, die sich gerade auf diesem Gebiet bewegt, zum besseren Verständnis der darin gemachten Ausführungen bei.

Neben der Erwähnung einiger weiterer zentraler Akteure im internationalen Kampf gegen Korruption geht der *zweite Kernaspekt* primär auf das Subjekt dieser Arbeit ein. Die Arbeit des Europarats kann im Wesentlichen auf seine drei grundlegenden Wertprinzipien zurückverfolgt werden. Korruptionsbekämpfung tangiert alle drei Prinzipien, vornehmlich jedoch das Prinzip der Rechtsstaatlichkeit. Diese drei Prinzipien des Europarats bilden gleichzeitig einige der zentralsten Werte der europäischen Bevölkerung und wurden für die EU explizit auch als solche in Artikel («Art.») 2 des «*Vertrags über die Europäische Union*»[27] («EUV») festgelegt.[28] Um daher das Verständnis des Europarats gegenüber dem Phänomen Korruption nachvollziehen zu können, bedarf es auch einen Blick auf die Ursprünge des Europarats. Die Europaidee stellt gesamtheitlich betrachtet den Ausgangspunkt der europäischen Integrationsbewegung dar.

Darauf aufbauend wird der Europarat als internationale Organisation vorgestellt und es werden seine Aufgaben und Prinzipien, seine Arbeitsweise sowie die Mitglieder und dessen Organe behandelt.

Der *dritte Kernaspekt* führt die Erkenntnisse der ersten und zweiten Abschnitte zusammen und versucht die konkrete Position des Europarats im internationalen Antikorruptionsregime auszumachen und darzulegen. Anhand einer chronologischen Darstellung wird veranschaulicht, wie die Agenda der Korruptionsbekämpfung zur Angelegenheit des Europarats wurde und welche Schritte er darin bereits gesetzt hat.

Das Antikorruptionsregime des Europarats baut auf einem strengen Überwachungsmechanismus auf, der die Einhaltung der Antikorruptionsinstrumente gewährleisten soll. Bisher war jedoch der Überwachungsmechanismus des Europarats in Form einer internen organisatorischen Einrichtung mit der Bezeichnung

---

27 European Union. *Vertrag über die Europäische Union: EUV* (1992).
28 Ibid., Art. 2.

Group of States against Corruption («GRECO») nur unzureichend Gegenstand etwaiger wissenschaftlicher Auseinandersetzungen. Der dritte Kernaspekt widmet sich daher insbesondere der Durchleuchtung der GRECO und behandelt dessen Aufgaben, Ziele und Rechtsquellen, dessen Beteiligte und die untergeordneten Einrichtungen. Besonderes Augenmerk wird dabei auf eine Darstellung des Überwachungsmechanismus der GRECO im engeren Sinn («i. e. S.») gelegt.

Die letzte Facette des dritten Kernaspekts widmet sich den Antikorruptionsinstrumenten des Europarats, die schließlich auch Gegenstand des GRECO Überwachungsmechanismus sind. Im Rahmen dieses Abschnittes werden die primären Rechtsinstrumente des Antikorruptionsregimes des Europarats behandelt. Hierbei handelt es sich um ein *Guiding*-Instrument sowie mehrere Völkerrechtsverträge und Empfehlungen des Ministerkomitees.

Im Rahmen des GRECO Überwachungsmechanismus werden sogenannte Evaluierungsberichte erstattet, worin die Mitgliedstaaten auf bestimmte Aspekte der Korruptionsprävention und -bekämpfung überprüft und bewertet werden. Am 2. Dezember 2022 wurde der jüngste Evaluierungsbericht für Österreich angenommen, der im März des darauffolgenden Jahres veröffentlicht wurde.[29] Mithilfe des *vierten Kernaspekts* wird nun der Überwachungsmechanismus und die Arbeit der GRECO in der Praxis anhand dieses für Österreich geltenden Evaluierungsberichtes dargestellt. Im Rahmen dessen werden auch die österreichischen Akteure im nationalen Antikorruptionsregime vorgestellt und werden die einschlägigen österreichischen Straftatbestimmungen abgebildet, da es sich beim Strafrecht nach wie vor um eine der effektivsten Waffen im Kampf gegen Korruption handelt.[30]

---

29 GRECO. *GrecoEval5Rep(2022)1: Fünfte Evaluierungsrunde – Verhinderung von Korruption und Förderung von Integrität bei Zentralregierungen (obersten Exekutivbehörden) und bei Strafverfolgungsbehörden* (2022).

30 Wolf, *Korruption, Antikorruptionspolitik und öffentliche Verwaltung* 2014 (n. 19), S. 108.

Das Phänomen

2. Der Begriff *Korruption*

Es bereitet Schwierigkeiten, dem Begriff einen klaren und abgrenzbaren Inhalt zu geben. Dies liegt einmal daran, da sich das Verständnis dieses Begriffes im historischen Kontext mehrfach gravierend gewandelt hat. Allein von der Bedeutung des lateinischen Begriffes muss Korruption ursprünglich negativ verstanden worden sein. Allerdings war der Begriff im Mittelalter und in der Neuzeit auch von einem positiven Verständnis geprägt, bevor es sich seit dem Aufkommen des Beamtenstaates gänzlich ins Negative gekehrt hat. Dieser Wandel war dem neu aufkommenden Verständnis von Beamtentum und staatlicher Bürokratie im 18. Jahrhundert geschuldet. *Max Weber* (1864–1920)[31] hatte in seiner Idealvorstellung der staatlichen Verwaltung eine scharfe Trennung hoheitlicher Arbeit und privaten Interessen vor Augen. In Entsprechung dieses Idealbildes hatte Korruption in den modernen Verwaltungsapparaten keinen Platz mehr. Basierend auf diesen Überlegungen besteht heute ein allgemeiner Konsens, dass Korruption ein Gräuel darstellt.[32] Daneben können korrupte Handlungen in so unterschiedlichen Formen auftreten, dass es nahezu unmöglich ist, dieses Phänomen präzise zu beschreiben, ohne dass dadurch gewisse andere Erscheinungsformen unberücksichtigt bleiben.

Diese Arbeit behandelt aber gerade die Position des Europarats im breiten Tätigkeitsfeld der Korruptionsbekämpfung. Um eine derartige Untersuchung vornehmen zu können, muss der erste Schritt in der Feststellung bestehen, was unter den Termini *Korruption* und *Korruptionsbekämpfung* zu verstehen ist.

---

31 Weber, Marianne. *Max Weber: Ein Lebensbild* (Tübingen: Mohr, 3. Aufl., 1984), S. 33; Weber, Max. *Die protestantische Ethik und der «Geist» des Kapitalismus: Neuausgabe der ersten Fassung von 1904-05 mit einem Verzeichnis der wichtigsten Zusätze und Veränderungen aus der zweiten Fassung von 1920. Herausgegeben und eingeleitet von Klaus Lichtblau und Johannes Weiß*, ed. Klaus Lichtblau and Johannes Weiß, SpringerLink Bücher (Wiesbaden: Springer VS, 2016), doi 10.1007/978-3-658-07432-6; Müller, Hans-Peter und Sigmund, Steffen (Hrsg.). *Max Weber-Handbuch: Leben - Werk - Wirkung* (Berlin: J. B. Metzler Verlag, 2020, 2. Aufl.), S. 4, 7.

32 Silbernagl, Rainer. *Korruption im Staatsdienst: Gesetzliche Regelungssysteme aus dem Straf-, Zivil-, Dienst- und Besoldungsrecht zur Vermeidung korrupten Verhaltens unter den Beamten der Habsburgermonarchie neben einem kurzen Vergleich mit den deutschen Staaten (ca. 1750-1918)* (Wien: Jan Sramek Verlag, 2022), S. 96–100 Engels, *Die Geschichte der Korruption* 2014 (n. 2), S. 64; Bruckmüller, Ernst. 'Korruption - eine Konstante in der Geschichte?' In *Korruption in Österreich: Historische Streiflichter*, (Hrsg.) Ernst Bruckmüller (Wien: Braumüller, 2011), S. 7–25, S. 20.

2.1 Begriffsherkunft

Ein erster Anhaltspunkt zur Beantwortung der Frage könnte die Herkunft des Begriffes darstellen. Korruption hat seine Wurzeln im lateinischen Wort *corruptio* bzw. *corrumpo* oder *corrumpere*, welche mit zahlreichen Begriffen wie beschädigen, verletzen, verderben, zugrunde richten, verführen, bestechen oder verleiten übersetzt werden kann.[33]

Gegenstand juristischer Debatten war das lateinische Wort *corrumpere* bereits im zweiten Jahrhundert vor Christus während der republikanischen Zeit des römischen Reiches i. Z. m. dem Schadenersatzrecht nach *Lex Aquilia de damno iniuria dato*. Das von *Aquilius* vermutlich 286 vor Christus eingeführte und in drei Kapiteln eingeteilte Plebiszit spricht über Ansprüche, welche aus einer Sachbeschädigung resultieren. Während das erste Kapitel über die Schädigung durch Tötung von Sklaven oder vierbeinigen Herdentieren spricht, regelt das dritte Kapitel als eine Art schadenersatzrechtlichen Auffangtatbestand alle sonstigen Sachbeschädigungen, welche durch Zerbrechen (*urere*), Verbrennen (*frangere*) oder Zerreißen (*rumpere*) begangen worden sind.[34] Der Auslegungsstreit unter den römischen Juristen hatte den Begriff *rumpere* zum Gegenstand. Ein Teil der Juristen, auch als *veteres* für die Alten bezeichnet, unternahm eine extensive Auslegung bei der Deutung des Begriffes im Verständnis von *corrumpere*. Sie erweiterten somit den Tatbestand um schädigende Handlungen wie vergossenes, schadhaft gemachtes oder zugrunde gerichtetes. Der andere Teil beschränkte sich bei der Auslegung des Tatbestandselementes *rumpere* streng an den Gesetzeswortlaut und lehnte eine Ausdehnung zugunsten des weiter gefassten Begriffes *corrumpere* ab. Letztlich setzte sich jedoch die Rechtsanschauung der *veteres* mit den hoch- und spätklassischen Juristen durch.[35]

Dieser Blickwinkel verdeutlicht, dass der Begriff ursprünglich mit negativen Assoziationen auf materieller, moralischer und politisch-funktionaler Ebene in Verbindung gebracht wurde. Korruption wurde mit materieller Zersetzung, dem moralischen bzw. sittlichen Verfall einer Gesellschaft sowie dem Niedergang von Institutionen und rechtlichen Ordnungssystemen in Beziehung gesetzt.[36] Mehr

---

33 Stowasser, Petschenig und Skutsch. *Stowasser: Lateinisch-deutsches Schulwörterbuch* (Oldenbourg: Verlag Hölder-Pichler-Tempsky, 1997), S. 128.

34 Apathy, Peter, Klingenberg, Georg und Pennitz, Martin. *Einführung in das römische Recht* (Wien: Böhlau, 5. Aufl., 2012), S. 223–224.

35 Gärtner Ursula (Hrsg.). *Brandenburger Antike-Denkwerk: Kulturelle Identität; Römisches Recht* (Potsdam: Univ.-Verl., 2014), S. 55–57.

36 Engels, *Die Geschichte der Korruption* 2014 (n. 2), S. 165–166.

jedoch kann aus der Betrachtung der Begriffsherkunft nicht gewonnen werden. Der Begriff bleibt weiterhin zu undifferenziert, als dass dadurch eine praktikable Erläuterung des Phänomens ermöglicht werden würde.[37]

2.2 Wissenschaftliche Definitionen

Korruption stellt ebenso ein wissenschaftlicher Forschungsgegenstand dar und wird von verschiedenen Teildisziplinen wie den Wirtschafts- oder Politikwissenschaften von unterschiedlichen Perspektiven aus beleuchtet.

2.2.1 Bedeutung von Definitionen in der Wissenschaft

Der Ausdruck der Definition entstammt dem lateinischen Wort *definitio* und bedeutet Festlegung, Begriffsbestimmung bzw. etwas begrenzen.[38] In der Wissenschaft bedient man sich Definitionen, um damit zu erläutern, wie innerhalb eines abgegrenzten Bereiches ein spezifisches Wort zu verstehen ist. Hierfür werden Merkmale ausgearbeitet und alle Sachverhalte, die diesen Merkmalen entsprechen, unter die konstruierte Definition subsumiert.[39] Einer Definition eigen ist, dass aus ihr heraus neues Wissen erlangt, durch sie selbst jedoch keine Erkenntnisse gewonnen werden können. Andernfalls läge keine Definition, sondern ein Axiom vor.[40] Dem Gebrauch von Definitionen liegen zwei Absichten zugrunde. Einmal soll verhindert werden, dass innerhalb einer Abhandlung laufend bestimmte Begriffe in ausgedehnten Umschreibungen klargestellt werden müssen (*Präzision*) und zusätzlich soll jeder Beteiligte von derselben Bedeutung bestimmter Begriffe ausgehen können (*Einheitlichkeit*), die Ausgangspunkt der eigentlichen wissenschaftlichen Untersuchung darstellen.[41]

Um dem Anspruch von Präzision und Einheitlichkeit zu entsprechen, geben wissenschaftliche Definitionen i. d. R. nicht die tatsächlichen Verhältnisse wieder. Eine Definition, welche den Anspruch verfolgt, möglichst genau anhand der Alltagssprache[42] konstruiert zu sein, ist als wissenschaftliches Werkzeug geradezu untauglich. Nach *Rabl/Graeff* stellen wissenschaftliche Definitionen vielmehr *funktionale Konventionen* dar, die den Ausgangspunkt der eigentlichen

---

37 Graeff/Rabl, *Was Ist Korruption?* 2019 (n. 21), S. 224.

38 Stowasser/Petschenig/Skutsch, *Stowasser* 1997 (n. 33), S. 144.

39 Hartmann. 'Beiträge Zur Lehre von Der Definition' In *Zeitschrift Für Philosophische Forschung, vol. 9, no. 2*, S. 229–235, S. 229–230.

40 Dubislav, Walter. *Die Definition* (Hamburg: Meiner, 4. Aufl., 1981), S. XII.

41 Graeff/Rabl, *Was Ist Korruption?* 2019 (n. 21), S. 22, 27.

42 Pawlowski, Tadeusz. *Begriffsbildung und Definition* (De Gruyter, 1980), S. 52.

wissenschaftlichen Untersuchung bilden. Als schlichtes Werkzeug der jeweiligen Disziplin können Definitionen daher auch jederzeit auf die Bedürfnisse des konkret zu untersuchenden Objekts adaptiert werden und haben daher keinen allgemein-verbindlichen Gültigkeitsanspruch.[43]

Als Minimalkriterium wird von einer zweckmäßigen Definition eine hinreichende Präzision verlangt, die eine klare Abgrenzung ermöglicht und anhand derer festgestellt werden kann, welche empirischen Sachverhalte der Definition zugrunde zu legen sind. Nach *Opp* bedarf es möglichst präziser Definitionen, um Hypothesen überprüfen oder bestimmte Ereignisse charakterisieren zu können. Andere Kriterien sind unter anderem («u .a.») die Breite ihres Anwendungsbereichs sowie die Frage, ob es sich um einfache Definitionen mit wenigen Merkmalen oder um komplexe Definitionen handelt.[44]

2.2.2 Definitionen in den unterschiedlichen wissenschaftlichen Disziplinen

Vorangestellt muss sogleich erwähnt werden, dass keine einheitliche allgemein verbindliche Definition des Begriffs Korruption existiert. In einem direkten Vergleich der unterschiedlichen wissenschaftlichen Disziplinen zeigt sich, dass jede Disziplin von einem differenzierten Ansatz ausgeht und manche Disziplinen auf die Verwendung spezifischer Definitionen gänzlich verzichten. Dies ergibt sich aber bereits aus dem Zweck, dem die Schaffung von Definitionen zugrunde liegt. Denn Definitionen werden von einer wissenschaftlichen Teildisziplin konstruiert, um bestmöglich als Werkzeug ihrer theoretischen und empirischen Untersuchungen eingesetzt werden zu können. Dabei spielt ebenfalls der Umstand eine Rolle, dass das Untersuchungsfeld hinter dem Schlagwort Korruptionsbekämpfung dermaßen breit ist, dass wissenschaftliche Disziplinen sich grundsätzlich nur mit bestimmten Teilaspekten beschäftigen. Die gewonnenen Erkenntnisse einer bestimmten wissenschaftlichen Disziplin sind daher jedoch an deren jeweilige disziplinäre Betrachtungsweise gebunden und können nicht schlicht für Untersuchungen anderer wissenschaftlicher Disziplinen herangezogen werden.[45] Der Terminus der Korruption kann nicht durch eine Umschau der Definitionsansätze der jeweiligen wissenschaftlichen Disziplinen allgemein verbindlich festgelegt

---

43 Graeff/Rabl, *Was Ist Korruption?* 2019 (n. 21), S. 12, 33.

44 Ibid., S. 29–31.

45 Dubislav, *Die Definition* 1981 (n. 40), 57–58; Graeff/Rabl, *Was Ist Korruption?* 2019 (n. 21), S. 10, 12, 17.

werden. Die Definition muss daher innerhalb der für diese Arbeit relevanten wissenschaftlichen Disziplin gefunden werden.

Da diese Arbeit einen Teilaspekt dieses Phänomens von der rechtswissenschaftlichen Perspektive aus untersucht, sind die rechtswissenschaftlichen Definitionen von besonderem Erkenntnisinteresse. Der Vollständigkeit halber soll nachfolgend allerdings dennoch überblicksartig dargestellt werden, was nach einigen anderen Wissenschaftsdisziplinen unter Korruption verstanden werden kann.

2.2.2.1 Definitionsansatz aus der Perspektive der Wirtschaftswissenschaften

Aus diesem Blickwinkel wird Korruption als ein aus wirtschaftlichen Motiven geleitetes Verhalten definiert, bei dem der Einzelne unter Außerachtlassung der Position Dritter darauf abzielt, den eigenen Nutzen zu steigern. Korrupte Handlungen treten demnach dort auf, wo eine Person über eine weitgehende Monopolstellung verfügt und die präventiven Antikorruptionsinstrumente nur schwach ausgestaltet sind. Folglich wird nach diesem Ansatz Korruption vornehmlich als ein Phänomen der öffentlichen Gewalt beschrieben.[46] Von diesem Ansatz, dass Korruption die Folge des Scheiterns der öffentlichen Gewalt darstellt, beschrieb *Lambsdorff* das Phänomen als «*[...]the misuse of public power for private benefit*».[47] Andere Autoren gehen von einem breiteren Verständnis aus, welches ebenso den privaten Bereich umfasst. Der Definitionsansatz von TI entspricht im Wesentlichen dem *Lambdorffs*, ohne sich jedoch auf den öffentlichen Bereich zu beschränken.[48]

Im Rahmen dieser Wissenschaftsdisziplin wurden auch theoretische Ansätze entwickelt, die festzustellen versuchen, unter welchen Bedingungen und in welchem staatlichen bzw. gesellschaftlichen Umfeld korrupte Handlungen aufkommen. Eines dieser Konzepte besagt, dass Korruption dann betrieben wird, wenn der daraus entstehende Nutzen gegenüber dem zu erwartenden Übel höher ist. Korruption wird betrieben, da es lukrativer ist als sich rechtschaffend zu verhalten. Ein anderer Ansatz sieht den Ursprung korrupter Handlungen in einem asymmetrischen Informationsstand zwischen demjenigen, der Macht überträgt und demjenigen, dem Macht übertragen wird. Kommt hier noch ein Umfeld hinzu, das für den Machthaber

---

46 Graeff/Rabl, *Was Ist Korruption?* 2019 (n. 21), S. 41–42.

47 Lambsdorff, Johann. *The institutional economics of corruption and reform: Theory, evidence, and policy* (Cambridge: Cambridge Univ. Press, 2007), S. 16.

48 Graeff/Rabl, *Was Ist Korruption?* 2019 (n. 21), S. 42. mit Verweis auf Wells, Kopetzky, Wirtschaftskriminalität in Unternehmen: Vorbeugung und Aufdeckung, Wien, 2. Auflage, 2011.

nur ungenügende Anreize zu einem ehrbaren Verhalten schafft, wird dieser durch korrupte Handlungen die Verbesserung seiner eigenen Position anstreben.[49]

2.2.2.2 Definitionsansatz aus der Perspektive der Politikwissenschaften

Maßgebliches Beschäftigungsfeld der Politikwissenschaften bildet die politische Korruption. Hierbei handelt es sich allgemein um ein Verhalten von am kollektiven Entscheidungsprozess beteiligter Akteure, die jene Bestimmungen verletzen, die für das rechtsgültige Zustandekommen von kollektiven Entscheidungen mit Wirkung für das Gemeinwesen maßgeblich sind. Zweck ist die Erlangung von Vorteilen für eine einzelne Person oder einer Minderheit zulasten des Kollektivs.[50] Kurzum sind Handlungen politischer Amts- und Entscheidungsträger sowie anderer politischer Institutionen Gegenstand der politischen Korruption.[51]

Auch für diese Disziplin gilt, dass das Phänomen der Korruption zu abstrakt ist, als dass der gesamte wissenschaftliche Zweig der Politikwissenschaft mit einer einzigen anerkannten Definition arbeiten könnte. Manche Autoren bedienen sich weiten Definitionen, denen jedoch der Vorwurf mangelnder Präzision entgegengehalten wird und andere Autoren bevorzugen enge Definitionen, die mitunter nur einen Aspekt des gegenständlichen Forschungsgegenstands einzufangen vermögen.[52]

2.2.2.3 Definitionsansatz aus der Perspektive der Soziologie

Aus soziologischer Sicht wird das Phänomen Korruption auf verschiedenen Ebenen durchleuchtet. Im Zentrum steht dabei die Untersuchung typischer Handlungsabläufe, die Beziehungen der Beteiligten sowie die vorherrschenden Bedingungen, welche die Begehung korrupter Handlungen begünstigen. Auf einer mikrosoziologischen Ebene beschäftigt sich diese Disziplin vornehmlich mit der Darstellung und Beurteilung der charakteristischen Elemente korrupter Handlungen sowie dem Beziehungsverhältnis der am Vorgang beteiligten Akteure. Auf einer marktsoziologischen Ebene werden insbesondere die Bedingungen und Folgen von Korruption untersucht.[53]

---

49 Ibid., S. 42–45.

50 Ibid., 104, 107; Warren, Mark E. 'What Does Corruption Mean in a Democracy?'. *American Journal of Political Science* 48(2) (2004), S. 328, S. 332, doi 10.2307/1519886.

51 Sickinger, Hubert. *Formen und Verbreitung von Korruption in Österreich: Studie im Auftrag des Bundesministeriums für Justiz* (Wien, 2011), S. 164.

52 Graeff/Rabl, *Was Ist Korruption?* 2019 (n. 21), S. 108–109.

53 Ibid., S. 123-124, 127.

Dies führt zu einem Nebeneinander unterschiedlich enger oder breiter Definitionsansätze innerhalb dieser Disziplin. Die Soziologen beabsichtigen aber auch nicht eine allgemeingültige Definition zu kreieren. Das Verständnis einer Gesellschaft von Korruption und korrupten Handlungen ist stets an deren kulturellen Hintergrund gebunden. Dies führt mitunter zu signifikanten Diskrepanzen im Verständnis von Korruption innerhalb verschiedener kultureller Kontexte. Dem kommt noch hinzu, dass aufgrund des stetigen gesellschaftlichen Wandels, dieses kollektive Verständnis selbst einem kontinuierlichen Wandel ausgesetzt ist. Ein statischer Definitionsbegriff wäre für diese Wissenschaftsdisziplin somit ohnehin untauglich. Doch auch die Heterogenität des Verhältnisses zwischen den Beteiligten von korrupten Handlungen steht der Schaffung eines umfassend verbindlichen Definitionsbegriff entgegen.[54]

Universale Definitionen, wie sie aufgrund der zunehmenden Globalisierung immer häufiger bi- und multilateraler internationaler Abkommen zugrunde gelegt werden, können aus soziologischer Sicht nicht in der Absicht ausgeformt werden, das Phänomen in all seinen Facetten länder- und kulturübergreifend vollends zu erfassen.[55]

2.2.2.4 Definitionsansatz aus der Perspektive der Rechtswissenschaften

Die Rechtswissenschaften waren laut *Rickert* als analytische Wissenschaft stets von einer «*[…] logischen Klarheit ihrer Sätze und der Schärfe ihrer Begriffe […]*»[56] geprägt gewesen. Dies allein schon vor dem Hintergrund, da im Sinne der («i. S. d.») Rechtssicherheit das Ergebnis juristischer Tätigkeit stets dem entsprechen soll, was der Gesetzgeber bei der Schaffung der anzuwendenden Normen für den betreffenden Sachverhalt angedacht hatte. *Jhering* (1818–1892)[57] beschrieb dies wie folgt: «*Das Recht ist dazu da, dass es sich verwirkliche. Die Verwirklichung ist das Leben und die Wahrheit des Rechts, ist das Recht selbst*».[58] Ähnlich wie in der

54 Ibid., S. 131-132, 138.

55 Ibid., S. 135, 138.

56 Rickert, Heinrich. *Heinrich Rickert: Sämtliche Werke: Band 1: Zur Lehre von der Definition. Das Eine, die Einheit und die Eins. Die Logik des Prädikats und das Problem der Ontologie*, ed. Rainer A. Bast, Heinrich Rickert Band 1 (Berlin/Boston: De Gruyter, 2019), S. 38, doi 10.1515/9783110567700.

57 Birr, Josefa und Blume, Lisa. 'Rudolf von Jhering (1818-1892): Die Geschichte seines Kampfes mit dem Recht'. *Göttinger Rechtszeitschrift* 5(8) (2022), S. 97–103, doi 10.55053/2022-5-8-1254.

58 Jhering, Rudolf von. *Geist des römischen Rechts auf den verschiedenen Stufen seiner Entwicklung: Zweiter Theil* (Leipzig: Breitkopf und Härtel, 2. Aufl., 1869), S. 306.

Soziologie müssen sich auch juristische Definitionen auf dynamische Sachverhalte in der Wirklichkeit beziehen. Grenze schöpferischer Gestaltungsfreiheit bildet jedoch stets der Gesetzgeber. Jede juristische Definition muss ihre Legitimation im Willen und im Verständnis des Gesetzgebers wiederfinden.[59]

Aus der Perspektive der Rechtswissenschaften sind korrupte Handlungen in klare Rechtsnormen gegossen. Wie derartige Normen in der Rechtsordnung eines Staates implementiert sind, ist primär Angelegenheit des jeweiligen nationalen Gesetzgebers.[60] Das Verständnis von Korruption in den Rechtswissenschaften bestimmt sich daher primär anhand der jeweiligen Rechtsordnungen. Seit Korruptionsbekämpfung auch zur Agenda internationaler Organisationen geworden ist, wurden mehrere völkerrechtliche Instrumente in diesem Bereich ausgearbeitet. Sofern internationale Instrumente über Korruptionsdefinitionen verfügen, sind die darin enthaltenen Legaldefinitionen in der Tat («i. d. T.») als gemeinsamer Konsens der teilnehmenden Staaten hinsichtlich der Bedeutung des Begriffes Korruption zu verstehen. Allerdings beanspruchen derartige Definitionen im rechtswissenschaftlichen Diskurs keine Allgemeingültigkeit, sondern gelten ausschließlich für das jeweilige Antikorruptionsinstrument, in welchem sie enthalten sind. Die nachfolgenden Abschnitte widmen sich daher dem nationalen Verständnis des Phänomens Korruption in Österreich und dem internationalen Verständnis einiger der für Österreich bedeutsamsten internationalen Organisationen und Institutionen, die sich als Akteure im Tätigkeitsfeld der internationalen Korruptionsbekämpfung profiliert haben. Diese werden im Rahmen dieser Ausführungen ebenfalls kurz vorgestellt.

2.3 Der Begriff *Korruption* aus der Perspektive der österreichischen Rechtsordnung

Was die Bekämpfung von Korruption anbelangt, bedienen sich die Staaten insbesondere Instrumenten aus dem Rechtsgebiet des Strafrechts.[61] Allerdings ist es aufgrund des weiten Charakters dieses Begriffes – wie bereits verdeutlicht

59 Rickert, *Heinrich Rickert: Sämtliche Werke*, S. 39–40.

60 Grafl, Lucas. 'Zum unterschiedlichen Verständnis von korrupten und strafwürdigen Handlungen – Eine empirische Untersuchung' In *Korruptionsbekämpfung als globale Herausforderung: Beiträge aus Praxis und Wissenschaft ; [im Frühjahr 2010 fand in der Wiener Hofburg ein internationales Symposium unter dem Titel «Korruptionsbekämpfung als globale Herausforderung» statt*, (Hrsg.) Lukas Achathaler (Wiesbaden: VS Verlag für Sozialwissenschaften, 2011), S. 175–190, S. 175–176, 189.

61 Graeff/Rabl, *Was Ist Korruption?* 2019 (n. 21), S. 236.

wurde – nicht möglich, eine abschließende und präzise strafrechtliche Antikorruptionsbestimmung zu schaffen. Ein derartiger Straftatbestand wird kaum dem in Österreich geltenden und nach Art. 7 EMRK und Art. 18 Absatz («Abs.») 1 *Bundes-Verfassungsgesetz*[62] («B-VG») verfassungsgesetzlich garantierten Bestimmtheitsprinzip Rechnung tragen können. Dieses verlangt nämlich eine hinreichende Bestimmtheit der Tatbestandselemente, wodurch anhand des Delikts selbst bereits festgestellt werden kann, welche Sachverhalte unter die Strafnorm subsumiert werden. Gerade im Strafrecht wird diesbezüglich ein höherer Maßstab angesetzt.[63] Daher bieten nationale Strafrechtsordnungen grundsätzlich eine ganze Reihe von Straftatbeständen an, die unterschiedlichste und typischerweise mit Korruption in Verbindung gebrachte Handlungsformen unter Strafe stellen. Die Summe aller dieser Strafdelikte wird als *Korruptionsstrafrecht* bezeichnet. Allerdings verzichtete das *österreichische Strafgesetzbuch*[64] («StGB») bis zum 1. Januar 2013 auf die Verwendung des Terminus *Korruption*. Erst durch die Einführung des «*Bundesgesetzes, mit dem das Strafgesetzbuch und die Strafprozessordnung 1975 zur Verbesserung strafrechtlichen Bekämpfung von Korruption geändert werde*»[65], in der Kurzfassung Korruptionsstrafrechtsänderungsgesetz («KorrStrÄG») 2012, wurde der Begriff in die österreichische Strafrechtsmaterie einverleibt.[66]

Nunmehr taucht der Begriff explizit an zwei Stellen im StGB auf. Einmal in § 64 Abs. 1 Z. 2a StGB, wonach die österreichischen Strafgesetze unter bestimmten Voraussetzungen auch für die im Ausland begangenen Straftaten nach §§ 302 bis 309 StGB zur Anwendung gelangen.[67] Das zweite Mal taucht der Begriff im Besonderen Teil als Überschrift des zweiundzwanzigsten Abschnitts des StGB

---

62 BGBl. Nr. 1/1930. *Bundes-Verfassungsgesetz: B-VG* (1945).

63 Höpfel, Frank und Kert, Robert (Hrsg.). *Grundriss des Strafrechts* (Wien: MANZ'sche Verlags- und Universitätsbuchhandlung, 2016, 15. Aufl.), S. 21.

64 BGBl. Nr. 60/1974. *Bundesgesetz vom 23. Jänner 1974 über die mit gerichtlicher Strafe bedrohten Handlungen: StGB.*

65 BGBl. I Nr. 61/2012. *Bundesgesetz, mit dem das Strafgesetzbuch und die Strafprozessordnung 1975 zur Verbesserung der strafrechtlichen Bekämpfung von Korruption geändert werden: Korruptionsstrafrechtsänderungsgesetz 2012 – KorrStrÄG 2012* (2012).

66 Bundesministerium für Justiz, Österreich. *Korruptionsstrafrecht Neu: Fibel zum Korruptionsstrafrechtsänderungsgesetz 2012*, S. 3.

67 BGBl. Nr. 60/1974, *Bundesgesetz vom 23. Jänner 1974 über die mit gerichtlicher Strafe bedrohten Handlungen* (n. 64), § 64 Abs. 1 Z. 2a lit. a und b StGB.

auf.[68] Der Titel des Abschnitts lautet: «*Strafbare Verletzungen der Amtspflicht, Korruption und verwandte strafbare Handlungen*».[69]

In der *österreichischen Strafprozessordnung*[70] («StPO»), in welchem das formelle Strafrecht geregelt ist, findet sich der Begriff i. Z. m. der Wirtschafts- und Korruptionsstaatsanwaltschaft («WKStA»), der grundsätzlichen Verpflichtung der WKStA zur Zusammenarbeit im Ermittlungsverfahren mit dem Bundesamt für Korruptionsprävention und Korruptionsbekämpfung («BAK»), der Zuständigkeit der ordentlichen Gerichte für Wirtschaftsstrafsachen und Korruption sowie der Möglichkeit zur Delegation.[71]

Obwohl der Begriff im Unterschied zum deutschen Strafgesetzbuch[72] zwar in den strafrechtlichen Regelwerken Erwähnung findet, hat es der Gesetzgeber unterlassen, den Rechtsanwendern eine gesetzliche Begriffsbestimmung in Form einer Legaldefinition zur Verfügung zu stellen. Der Gesetzgeber verwendet den Begriff vielmehr neben der Verletzung der Amtspflicht und verwandten strafbaren Handlungen als Oberbegriff für einige im zweiundzwanzigsten Abschnitt genannten Delikte, die damit die einschlägigen Bestimmungen des österreichischen Antikorruptionsstrafrechts darstellen.[73]

Wenn nach dem Verständnis von *Engisch* (1899–1990)[74] Rechtsbegriffe nur jene Begriffe sind, die auch Teil eines gültigen Rechtssatzes sind, dann muss dem Begriff *Korruption* diese Eigenschaft innerhalb der strafrechtlichen Rechtsmaterie versagt bleiben.[75] Nach einem allgemeinen Verständnis des

---

68 Bundesministerium für Justiz, *Korruptionsstrafrecht Neu* (n. 67), S. 3.

69 BGBl. Nr. 60/1974, *Bundesgesetz vom 23. Jänner 1974 über die mit gerichtlicher Strafe bedrohten Handlungen* (n. 64), Überschrift 22. Abschnitt von §§ 302 ff StGB.

70 BGBl. Nr. 631/1975. *Strafprozeßordnung 1975: StPO.*

71 Ibid., §§ 19 Abs. 1 Z. 3, 20a, 20a Abs. 1 Z. 5 und Abs. 2, 32a, 39 Abs. 1a StGB.

72 BGBl. I S. 3322. *Strafgesetzbuch in der Fassung der Bekanntmachung vom 13. November 1998 (BGBl. I S. 3322), das zuletzt durch Artikel 2 des Gesetzes vom 22. November 2021 geändert worden ist: StGB.*

73 BGBl. I Nr. 61/2012, *Bundesgesetz, mit dem das Strafgesetzbuch und die Strafprozessordnung 1975 zur Verbesserung der strafrechtlichen Bekämpfung von Korruption geändert werden* 2012 (n. 66), §§ 303-309 StGB; Graeff/Rabl, *Was Ist Korruption?* 2019 (n. 21), S. 222–223.

74 Rigaux, François. 'Karl Engisch (1899-1990)'. *Bulletins de l'Académie Royale de Belgique* 6(1) (1995), S. 15–28.

75 Engisch, Karl. 'Die Relativität der Rechtsbegriffe' In *Deutsche Landesreferate zum V. Internationalen Kongreß für Rechtsvergleichung in Brüssel 1958*, (Hrsg.) Murad Ferid (Berlin, Boston: De Gruyter, 1958), S. 59–76, S. 59; Graeff/Rabl, *Was Ist Korruption?* 2019 (n. 21), S. 238.

Rechtssatzes, wie er auch von *Kelsen* (1881–1973)[76] und *Jellinek* (1885–1955)[77] vertreten wird, – wobei Letzterer die Formulierung gebrauchte, dass Rechtssätze «*Anordnungen an eine unbestimmte Vielheit von Personen*»[78] seien – hätte sich der Begriff in einem Satz wiederfinden müssen, welcher der Allgemeinheit als Adressat des Rechtssatzes die Folgen eines Verstoßes vom Normverhalten aufzeigt.[79]

Das österreichische Kernkorruptionsstrafrecht kann grundsätzlich aus den Bestimmungen des §§ 302 bis 309 StGB entnommen werden.[80] Die Delikte werden im Einzelnen an späterer Stelle noch detaillierter ausgeführt.[81]

Der zuvor dargestellte österreichische Ansatz lässt eine negative Begriffsbestimmung hinsichtlich des österreichischen Verständnisses von Korruption zu. Damit sind die sonstigen Delikte des StGB nicht als Akte der Korruption im strafrechtlichen Sinne zu verstehen.[82] Dies wurde mit Urteil des österreichischen Obersten Gerichtshofes («OHG») vom 26. Februar 2021 in 17 Os 8/18g bestätigt, worin das Höchstgericht eine klare Differenzierung zwischen § 153 StGB und den Korruptionsdelikten zum Ausdruck brachte.[83]

---

76 Halbach, Edward. 'In Memoriam: Hans Kelsen (1881-1973)'. *California Law Review* 61(4) (1973), S. 957–960; Gehler, Michael. 'Kelsen und die Entstehung der Bundesverfassung' In *100 Jahre Verfassung: 77 Stimmen zum Jubiläum des österreichischen Bundes-Verfassungsgesetzes (B-VG) Ein Lesebuch*, (Hrsg.) Peter Hilpold, Walter Hämmerle und Manfred Matzka (Wien: facultas, 2020), S. 33–35, S. 33.

77 Schulte, Martin. 'XVIII. Walter Jellinek (1885–1955)' In *20th Century Luminaries of German Constitutional Law: Deutschland – Österreich – Schweiz*, (Hrsg.) Peter Häberle (Berlin/Boston: De Gruyter Inc, 2015).

78 Jellinek, Walter. *Verwaltungsrecht* (Berlin/Heidelberg: Springer, 1931).

79 Kelsen, Hans. *Reine Rechtslehre: Einleitung in die rechtswissenschaftliche Problematik, überarbeitet von Jestaedt, Matthias* (Tübingen: Mohr Siebeck, 2008), S. 37–38, 44.

80 Bundesministerium für Justiz, *Korruptionsstrafrecht Neu* (n. 67), S. 8.

81 Österreichischer Städtebund. 'Korruption: Korruptionsbekämpfung Das Phänomen – einige wesentliche Merkmale – vom Dunkelfeld bis zur erfolgreichen Prävention', zugegriffen auf: https://www.staedtebund.gv.at/oegz/archiv-bis-2009/details/artikel/korruption-korruptionsbekaempfungdas-phaenomen-einige-wesentliche-merkmale-vom-dunkelfeld-bis-zur-erfolgreichen-pr/, abgerufen am: 11.12.2021.

82 Graeff/Rabl, *Was Ist Korruption?* 2019 (n. 21).

83 OGH. '17Os8/18g' (2019); Bauer, Raphaela. 'Korruption und Untreue – zwangsläufig ein Doppelpack?'. *ÖJZ 2020/32* (16.03.2020).

2.4 Der Begriff *Korruption* aus der internationalen Perspektive

Im Rahmen dieser Arbeit ist das Phänomen insbesondere von seiner internationalen Perspektive aus zu durchleuchten. Zunehmende grenzüberschreitende Kriminalität, Terrorismus und die Aufwertung der Bedeutung internationaler Finanzplätze machen es immer schwieriger, wenn nicht gar unmöglich, Korruptionsbekämpfung allein als eine nationalstaatliche Angelegenheit zu betrachten. Daher haben es sich verschiedene internationale Organisationen zunehmend zur Aufgabe gemacht, durch verschiedene internationale Regelwerke an der Bekämpfung von Korruption mitzuwirken.[84] Eine Abhandlung, die vom Standpunkt des Völkerrechts aus einen Aspekt dieses Phänomens durchleuchtet, hat sich primär an jenen Definitionen zu orientieren, welche die internationalen Organisationen ihren Regelwerken zugrunde legen. Nachstehend sollen daher die Definitionsansätze einiger der bedeutsamsten Akteure im Bereich der Korruptionsbekämpfung auf internationaler Ebene genannt werden.

2.4.1 Transparency International (TI)

Eine der bedeutsamsten Definitionen im internationalen Bereich der Korruptionsbekämpfung stellt jene der 1993 gegründeten TI dar.[85] Die Nichtregierungsorganisation versteht unter Korruption «*the abuse of entrusted power for private gain*».[86] In anderen Worten verwendet TI die Definition:

> «*Korruption ist der Missbrauch anvertrauter Macht zum privaten Nutzen oder Vorteil*»[87]

Unter *Missbrauch* wird ein Verstoß des Machthabers gegen eine oder mehrere Bestimmungen verstanden, die Bestandteil des wechselseitigen Machthaber-Machtgeber-Verhältnisses sind. Die Definition ist sehr weit gefasst. Mit der gewählten Umschreibung der Handlung des Machthabers als *Missbrauch* können

---

84 Tivig, Andrea und Maurer, Andreas. *Die EU-Antikorruptionspolitik: Erfolgsbedingungen einer Korruptionsbekämfpung auf mehren Ebenen* (Berlin, 2006), S. 3.

85 La Hoz, Paloma Fernández de. 'Integrität wider dunkle Geschäfte: Transparency International und der Kampf gegen Korruption'. *Stimmen der Zeit* (17.07.2018), S. 109.

86 transparency.org. 'What is corruption?'. 2021, zugegriffen auf: https://www.transparency.org/en/what-is-corruption, abgerufen am: 07.12.2021.

87 Transparency International Deutschland e.V. 'Was ist Korruption?'. 2021, zugegriffen auf: https://www.transparency.de/ueber-uns/was-ist-korruption/, abgerufen am: 07.12.2021.

unterschiedlichste Begehungsformen als korrupte Handlungen definiert werden. Dabei macht es keinen Unterschied, aus welchem Anlass die Handlung gesetzt oder ob diese von einem Individuum oder einer Gruppe ausgeführt wurde. Mit dem Begriff des Missbrauchs finden zudem jene negativen Assoziationen in dieser Definition ihren Niederschlag, wie sie bereits im lateinischen Begriff zum Ausdruck gebracht werden.[88]

Anvertraute Macht ist die Summe jener Kompetenzen, die dem Machtgeber zustehen und dieser dem Machthaber unter der Bedingung einräumte, dass dieser die ihm übertragene Macht gemäß den ihrer wechselseitigen Beziehung zugrunde gelegten vereinbarten oder üblicherweise zu erwartenden Verhaltensregeln entsprechend ausübt.[89]

Klassische Definitionsansätze, wie jener von *Senturia* (1903–1991)[90], wonach Korruption als «*the misuse of public power for private profit*»[91] umschrieben wird, sind hingegen weitaus enger gefasst. Nach dem Verständnis von TI erfasst der Begriff «Korruption» sowohl den *privaten Vorteil als auch den privaten Nutzen*. Da die Definition das Element des privaten Nutzens enthält, werden damit auch immaterielle Gewinne wie der Ruf in der Öffentlichkeit, das Prestige, sonstige Unterstützungsleistungen und sogar etwaige ungewisse oder unbestimmte künftige Vorteile erfasst.[92]

Schließlich sei an dieser noch Stelle angemerkt, dass sich diese Definition nicht auf Handlungen öffentlicher Amtsträger beschränkt. Gerade dadurch hebt sie sich von den Definitionen manch anderer internationaler Organisationen deutlich ab. Neben klassischen Amtsträgern können damit auch Handlungen von Nichtregierungsorganisationen, privaten Unternehmen oder öffentlichen Körperschaften von dieser Definition erfasst werden.[93]

2.4.2 Vereinte Nationen (UNO)

Mit der am 31. Oktober 2003 verabschiedeten «*United Nations Convention against Corruption*»[94] («UNCAC») setzte die UNO nicht nur weitreichende Schritte im

---

88 Graeff/Rabl, *Was Ist Korruption?* 2019 (n. 21), S. 136, 207.

89 Ibid., S. 136.

90 'Joseph J. Senturia papers, 1927-1988'. 2023, zugegriffen auf: https://researchworks.oclc.org/archivegrid/collection/data/317072020, abgerufen am: 20.05.2023.

91 Memmer, Nadja. 'Korruption in Entwicklungsländern: Abbau durch Demokratieaufbau? Eine empirische Analyse'. *Verfassung und Recht in Übersee / Law and Politics in Africa, Asia and Latin America* 43(4) (2010), S. 444–463, S. 444.

92 Graeff/Rabl, *Was Ist Korruption?* 2019 (n. 21), S. 136–137.

93 Ibid., S. 136, 207.

94 UNO. *United Nations Convention against Corruption: UNCAC* (2003); General Assembly, UNO. *A/RES/58/4: United Nations Convention against Corruption* (2003).

internationalen Kampf gegen Korruption, sondern schuf damit auch den weltweit allerersten völkerrechtlichen Vertrag, der verbindliche Regeln im Tätigkeitsfeld der Korruptionsbekämpfung aufgestellt hat.[95]

Der Zweck des Übereinkommens besteht u .a. darin: «*[...] to promote and strengthen measures to prevent and combat corruption more efficiently and effectively*»[96] sowie in der einschlägigen internationalen Zusammenarbeit.[97] Obwohl der Begriff in der Zweckbestimmung des Übereinkommens ausdrücklich genannt wird, enthält das 77 Artikel umfassende Regelwerk keine Definition des Ausdrucks. Stattdessen werden in dieser Konvention verschiedene Straftatbestände angeführt, welche als korrupte Begehungsformen zu verstehen sind. Ähnlich wie auch im österreichischen Strafrecht versteht die UNO unter Korruption allgemein die Summe der im UNCAC angeführten Delikte.[98]

Im Wesentlichen verpflichtet das Übereinkommen zur Kriminalisierung korrupter Handlungen, die von Amtsträger begangen werden. Das Übereinkommen verfolgt damit vornehmlich das Ziel, Korruption im öffentlichen Bereich einzudämmen. Der Schwerpunkt liegt dabei neben dem öffentlichen Vergabewesen, der Verwaltung der öffentlichen Finanzen und der öffentlichen Berichterstattung insbesondere auf den zwingenden Bestimmungen, welche die Behinderung der Justiz sowie die Bestechung, Unterschlagung, Veruntreuung oder sonstige unrechtmäßige Verwendung von Vermögensgegenständen durch einen Amtsträger betreffen.[99] Daneben enthält das Übereinkommen auch Normen zur Verhütung und Kriminalisierung von Bestechungs- und Unterschlagungshandlungen im privaten Bereich.[100]

---

95 Dell, Gillian. 'Eindämmung von Bestechung und Bestechlichkeit: Das Übereinkommen der Vereinten Nationen gegen die Korruption'. *Vereinte Nationen, Heft 3/2004* (2004), S. 77–83, S. 77; Wolf, Sebastian. 'Internationale Korruptionsbekämpfung: Zur Weiterentwicklung des UN-Übereinkommens gegen Korruption'. *Vereinte Nationen, Heft 2/2015* (2015), S. 79–83, S. 79.

96 UNO, *United Nations Convention against Corruption* 2003 (n. 95), Art. 1 lit. a.

97 OECD. *Übereinkommen über die Bekämpfung der Bestechung ausländischer Amtsträger im internationalen Geschäftsverkehr* (1997), Art. 1.

98 OECD. *Corruption: A glossary of international standards in criminal law* (Paris: OECD Publications, 2008), S. 19.

99 UNO, *United Nations Convention against Corruption* 2003 (n. 95), Art. 8-10, 15-17,25; OECD, *Corruption* 2008 (n. 99), S. 19.

100 UNO, *United Nations Convention against Corruption* 2003 (n. 95), Art. 12, 21-22; Gathii, James Thuo. 'Recharacterizing Corruption to Encompass Illicit Financial Flows'. *AJIL Unbound* 113 (2019), S. 336–340, S. 336–337, doi 10.1017/aju.2019.60.

Die Definition der UNO beschränkt sich somit lediglich auf einzelne Facetten des Phänomens.

2.4.3 Organisation für wirtschaftliche Zusammenarbeit und Entwicklung (OECD)

Als die *Organisation for Economic Co-operation and Development* («OECD») erkannte, dass wirksame präventive Maßnahmen gegen Bestechungshandlungen von ausländischen Amtsträgern im internationalen Geschäftsverkehr dringend geboten waren,[101] wurde von ihr am 17. Dezember 1997 die «*Convention on Combating Bribery of Foreign Public Officials in International Business Transactions*»[102] («CCB») beschlossen. Bestechungshandlungen gelten seit jeher als das Paradebeispiel korrupten Handelns. Aus dem Übereinkommen lässt sich ebenfalls keine Definition von Korruption entnehmen. Das Verständnis der OECD von Korruption beschränkt sich ausschließlich auf die Bestechung ausländischer Amtsträger im internationalen Geschäftsverkehr.[103] Der Umfang des CCB ist allein aus diesem Grund bereits sehr eingeschränkt. Der Straftatbestand liegt laut Art. 1 des Übereinkommens vor, wenn:

> «*[...] [a] person intentionally [...] offer, promise or give any undue pecuniary or other advantage, whether directly or through intermediaries, to a foreign public official, for that official or for a third party, in order that the official act or refrain from acting in relation to the performance of official duties, in order to obtain or retain business or other improper advantage in the conduct of international business.*»[104]

2.4.4 Europäische Union (EU)

Eine Überwindung der voneinander abweichenden Begriffe und Rechtssysteme innerhalb der Union hin zu einem einheitlichen und verbindlichen Begriffsverständnis von Korruption ist bislang nicht erfolgt. Auch innerhalb der

---

101 Council of the OECD. *C(97)123/FINAL: Revised Recommendation of the Council on combating bribery* (1997), Preamble.

102 Negotiating Conference, OECD. *Convention on Combating Bribery of Foreign Public Officials in International Business Transactions* (1997); Engerer, Hella. *Ursachen, Folgen und Bekämpfung von Korruption: liefern ökonomische Ansätze bestechende Argumente?* (1998).

103 OECD, *Corruption* 2008 (n. 99), S. 19.

104 Negotiating Conference, OECD, *Convention on Combating Bribery of Foreign Public Officials in International Business Transactions* 1997 (n. 103), Art. 1.

EU-Institutionen selbst konnte keine einheitliche Arbeitsdefinition für eine effektive Antikorruptionspolitik auf EU-Ebene gefunden werden. Die EU-Legislative bewegt sich, wie auch die bereits erwähnten internationalen Organisationen, vornehmlich im strafrechtlichen Bereich und versteht darunter primär die Straftatbestände der aktiven und passiven Bestechung. Die Kommission der EU bedient sich hingegen zwei unterschiedlicher Definitionsansätze. Einerseits verwendet sie, wie im legislativen Bereich, eine enge strafrechtliche Definition. Andererseits greift sie auf eine weiter gefasste sozioökonomische Definition zurück, wonach Korruption «*the abuse of power for private gain*»[105] darstellt.[106]

2.5 Fazit

Mehrere Gründe lassen es als geradezu unmöglich erscheinen, das gegenständliche Phänomen mit einer einheitlichen und verbindlichen Definition zu beschreiben. Allein auf internationaler Ebene stehen sich die gleichberechtigten Völkerrechtssubjekte der Staaten gegenüber, welche aufgrund teils gravierend voneinander abweichender Rechtsordnungen, unterschiedlicher gesellschaftlicher Moralvorstellungen und politischer Zielsetzungen dem Begriff einen unterschiedlichen Bedeutungsinhalt beimessen.[107]

Während auf nationaler Ebene vornehmlich präzise strafrechtliche Definitionen herangezogen werden,[108] hat sich auf internationaler Ebene besonders der weite Definitionsansatz von TI durchgesetzt, wonach Korruption als «*the abuse of public or private office for personal gain*»[109] umschrieben wird. Diese Definition mag zwar nicht jene Bestimmtheit aufweisen, wie sie im Strafrecht gefordert wird, erlaubt es allerdings auf eine Vielzahl von Sachverhalten angewendet werden zu können. Dies hat den einen Vorteil, dass damit auf internationaler Ebene Maßnahmen und Strategien zur Korruptionsbekämpfung und -prävention breitflächig ausgearbeitet und umgesetzt werden können. Für spezifische Probleme existieren parallel noch eine Vielzahl engerer Definitionen, die außerdem von anderen

---

105 EU. 'European Comission – Corruption', zugegriffen auf: https://ec.europa.eu/home-affairs/what-we-do/corruption_en, abgerufen am: 08.12.2021.

106 Tivig/Maurer, *Die EU-Antikorruptionspolitik* 2006 (n. 85), 5–6; EU-Kommission. *KOM(97)192endg.: Mitteilung der Kommission an den Rat und das Europäische Parlament über eine Politik der EU zur Bekämpfung von Korruption* (1997), S. 7 ff.

107 UN-Office on Drugs and Crime. *The global programme against corruption: Anti-corruption toolkit* (Wien, 2. Aufl., 2004), S. 13.

108 UN-Office on Drugs and Crime. *United Nations Guide on Anti-Corruption Policy* (2003), S. 24.

109 OECD, *Corruption* 2008 (n. 99), S. 19.

Faktoren wie regionalen Gegebenheiten, der jeweiligen Rechtsordnung, Kultur und so weiter («u. s. w.») gefärbt sind. Zum Teil, und dies verdeutlicht nur umso mehr die Problematik hinter einer Definitionsfindung in diesem Bereich, besteht selbst bei engen Definitionen Uneinigkeit darüber, welche Sachverhalte alles unter die jeweilige Definition subsumiert werden können.[110]

Treffend beschrieb *Naím* die Problematik, indem er feststellte: «*Corruption, like cancer, has many manifestations. In the same way that different types of cancer require different treatments, fighting corruption requires different initiatives, tools, and institutions.*»[111] Eine universelle Definition würde demnach dem Zweck der Korruptionsbekämpfung eher hinderlich als nützlich sein. Dennoch erkannte er, dass trotz aller Diversität, alle unterschiedlichen Erscheinungsformen einige gemeinsame Merkmale aufweisen. Als maßgebliches gemeinsames Merkmal erkannte er das Element eines Interessenkonflikts. Einige Auslegungen gehen von einem Interessenkonflikt betreffend das gebotene und das von der Norm abweichende Verhalten aus. Andere Ansätze sehen den Interessenkonflikt in der Beziehung zwischen den öffentlichen oder vereinbarten bzw. erwarteten Interessen auf der einen Seite und den eigener Interessen auf der anderen Seite.[112]

Aus Sicht des *United Nations Office on Drugs and Crime* («UNDOC») stellt die Findung einer geeigneten und allgemein verbindlichen Definition von Korruption ohnehin ein zunehmend vernachlässigbares Ziel dar. UNDOC empfiehlt, dass die staatlichen Institutionen, die Wissenschaft und die internationalen Organisationen ihren Fokus vielmehr auf Korruptionsbekämpfungsmodelle richten sollen, welche weitaus effektiver zu einem wirksamen globalen Antikorruptionsregime beitragen würden.[113] Da aufgrund der Abstraktheit des Phänomens wohl nie eine für alle Akteure zufriedenstellende Definition gefunden oder konstruiert werden kann, wird der Empfehlung der UNDOC gefolgt und dieser Bereich nicht weiter vertieft. Vielmehr richtet sich der Fokus nun auf die Frage, wie Korruption in der Praxis zum Vorschein tritt. Unabhängig von einer Definition soll damit ein Gespür entwickelt werden, was unter diesem Begriff in der gelebten Praxis verstanden werden kann.

---

110 Ibid., S. 19–20.

111 Naím, '*Corruption Eruption*' 1995 (n. 1).

112 UN-Office on Drugs and Crime, *United Nations Guide on Anti-Corruption Policy* 2003 (n. 109), S. 23–24; Naím, '*Corruption Eruption*' 1995 (n. 1).

113 UN-Office on Drugs and Crime, *United Nations Guide on Anti-Corruption Policy* 2003 (n. 109), S. 25.

3. Das Phänomen *Korruption*

I. d. T. tun Autoren gut daran, Korruption allgemein schlicht als Phänomen zu bezeichnen. Zu weitläufig ist das Tätigkeitsfeld und zu variabel die Handlungen, die damit in Zusammenhang gebracht werden können, als dass alle Erscheinungsformen in einer allgemein verbindlichen Definition ihren Niederschlag finden würden.

3.1 Modelle der Korruption

Wie an vorheriger Stelle bereits erwähnt, existieren auch die von verschiedenen wissenschaftlichen Disziplinen herangezogenen Modelle, die versuchen, Korruption zu beschreiben. Gerade im Bereich der Korruptionsforschung werden multidisziplinär insbesondere das Prinzipal-Agenten-Klienten-Modell sowie das sogenannte Renten-Allokation-Modell herangezogen, welche nachfolgend überblicksartig vorgestellt werden.

3.1.1.1 Das Prinzipal-Agenten-Klienten-Modell

An diesem Modell sind, wie es von *Klitgaard* beschrieben wird, drei Akteure beteiligt. Der Agent ist derjenige, der vom Prinzipal mit bestimmten Kompetenzen, Rechten oder Vermögen ausgestattet wird. Diese Kompetenzen hat der Agent nur aufgrund deren Übertragung durch den Prinzipal inne. Der Agent ist in diesem Modell als der Bestochene zu betrachten, der Prinzipal ist der Machtgeber bzw. Funktionsträger. Das Verhältnis zwischen Prinzipal und Agenten beschreibt den Handlungsspielraum des Agenten und die zu besorgenden Angelegenheiten, welche er für den Prinzipal zu erbringen hat. Die zu besorgenden Geschäfte müssen nicht explizit vereinbart werden. Dem Agenten kann in gewissen Bereichen auch ein Handlungs- oder Entscheidungsermessen eingeräumt werden. Der Klient steht wiederum in Beziehung zum Agenten und tritt nur gegenüber diesem auf. Der Klient ist in diesem Modell der Bestechende.[114]

Aktiv handeln somit der Agent und der Klient. Letzterer möchte aus dem Verhältnis zwischen Agenten und Prinzipal gewisse Vorteile erlangen, die ihm gewöhnlich nicht zukommen würden. Mit dieser Absicht tritt dieser an den Agenten

114 Silbernagl, *Korruption im Staatsdienst* 2022 (n. 32), S. 70–73; Graeff/Rabl, *Was ist Korruption?* 2019 (n. 21), S. 241–243; Stierle, Jürgen. *Korruptionscontrolling in öffentlichen und privaten Unternehmen* (München/Mering: Hampp, 2. Aufl., 2008), S. 125 ff.

heran. Der Agent kann ihm diese Vorteile wiederum nur unter Verletzung der dem Verhältnis zum Prinzipal innewohnenden Bestimmungen verschaffen. Der Agent verschafft dem Klienten diese Vorteile unter Missbrauch seiner ihm vom Prinzipal übertragenen Kompetenzen und Rechte. Ein daraus resultierender Schaden entsteht beim Prinzipal.[115]

3.1.1.2 Das Renten-Allokation-Modell

Dieses Modell nimmt eine Unterscheidung zwischen der Allgemeinheit und zwischen Personen vor, die gegenüber der Allgemeinheit mit gewissen Privilegien ausgestattet sind. Das wären beispielsweise («bspw.») Beamte. Der Begriff *Privilegien* kann extensiv ausgelegt werden und umfasst grundsätzlich alle Vorteile, Kompetenzen und Befugnisse, die der Allgemeinheit nicht zustehen.[116]

Dieses Modell basiert auf der nachvollziehbaren Überlegung, dass Menschen grundsätzlich danach streben, ihre Einkommens- und Vermögenssituation laufend zu verbessern. Sie versuchen somit, weitere Rentenwerte zu erzielen, was auch als *rent-seeking* bezeichnet wird.[117]

Aufgrund dieser Besserstellung gegenüber der Allgemeinheit, eröffnet sich für diese privilegierten Personen die Möglichkeit, ihre Vermögenslage zu verbessern. Dies erreichen sie dadurch, indem sie von ihren exklusiven Rechten und Kompetenzen zugunsten einzelner Angehöriger der Allgemeinheit Gebrauch machen, welche von dieser Privilegierung prinzipiell nicht profitieren können. Hierbei handelt es sich i. d. R. um eine Form von Korruption sowie eine Handlung des *rent-seeking*.[118]

Nach diesem Modell hängt das quantitative Auftreten von korrupten Handlungen in einem Staat maßgeblich von der Ausgestaltung dessen öffentlicher Verwaltung ab: Je stärker der öffentliche Bereich in einem Staat ausgeprägt ist, umso höher ist das Korruptionsniveau. Diesem Verständnis ist jedoch nur sehr

---

115 Silbernagl, *Korruption im Staatsdienst* 2022 (n. 32), S. 71–73; Graeff/Rabl, *Was ist Korruption?* 2019 (n. 21), S. 241–243; Stierle, *Korruptionscontrolling in öffentlichen und privaten Unternehmen* 2008 (n. 115), S. 126.

116 Burkatzki, Eckhard. 'Korruption' In *Handbuch Wirtschaftsethik*, (Hrsg.) Michael Stefan Aßländer (Berlin, Germany/Heidelberg: J.B. Metzler, 2. Aufl., 2021), S. 743–746, S. 745.

117 Ibid.; Hummler, Konrad. 'Die Mikroökonomie der Korruption: Wie durch Regulierung Monopolrenten entstehen und Korruption gefördert wird'. *Austrian Institute of Economics and Social Philosophy* (15.03.2018).

118 Burkatzki, '*Korruption*' 2021 (n. 117), S. 745; Hummler, '*Die Mikroökonomie der Korruption: Wie durch Regulierung Monopolrenten entstehen und Korruption gefördert wird*' 2018 (n. 118).

eingeschränkt zu folgen. Der öffentliche Sektor in den Ländern Skandinaviens ist bspw. verhältnismäßig stark ausgeprägt. Im *Corruption Perceptions Index 2022* belegen die skandinavischen Länder jedoch die Spitzenplätze. Dänemark wurde auf dem 1. Platz gelistet, gefolgt von Finnland. Norwegen erreichte auf der Liste den 4. Platz, gefolgt von Schweden, das den 5. Platz für sich behaupten konnte.[119]

3.2 Erscheinungsformen der Korruption

Obwohl eine klare Umschreibung des Phänomens in seiner Gesamtheit nicht möglich ist, haben sich in der nationalen und internationalen Praxis gewisse Erscheinungsformen von Korruption durchgesetzt, die heute typischerweise mit Korruption in Verbindung gebracht werden. Eine Betrachtung dieser Erscheinungsformen erlaubt es ebenfalls, eine gewisse Abstraktionen vornehmen zu können. Nachfolgend sollen einige der typischen Erscheinungsformen vorgestellt werden.

3.2.1 Grand Corruption and Petty Corruption

Einmal können korrupte Handlungen in *Grand Corruption* und *Petty Corruption* unterteilt werden. Welche von beiden Varianten vorliegt, hängt vom Ausmaß, dem Gegenstand und den Beteiligten einer korrupten Handlung ab. Unter *Grand Corruption* wird der Missbrauch übertragender Macht auf höchster (staatlicher) Ebene zum Vorteil einzelner Individuen bzw. einer Minderheit zulasten der Mehrheit verstanden. Bei der Gewährung minimaler Beträge oder gewisser geringfügiger Bevorzugungen spricht man von *Petty Corruption.*[120]

3.2.2 Aktive und passive Korruption

Aktive Korruption liegt dann vor, wenn die korrupte Handlung durch ein aktives Tun bewirkt wird. Dies wäre zum Beispiel («z. B.») das Angebot oder die Leistung eines Bestechungsgeldes gegenüber jener Person, die zum Vorteil des Leistenden bzw. Anbietenden agieren soll. Die *Passive Korruption* ist der Sphäre

---

119 Burkatzki, '*Korruption*' 2021 (n. 117), S. 745; Transparency International, *Corruption Perceptions Index 2022* 2023 (n. 3).

120 UN-Office on Drugs and Crime, *The global programme against corruption* 2004 (n. 108), S. 13; transparency.org. 'Corruptionary A-Z / grand corruption', zugegriffen auf: https://www.transparency.org/en/corruptionary/grand-corruption, abgerufen am: 09.12.2021; transparency.org. 'Corruptionary A-Z / petty corruption', zugegriffen auf: https://www.transparency.org/en/corruptionary/petty-corruption, abgerufen am: 09.12.2021.

des Empfängers eines Vorteils zuzurechnen und liegt bspw. bei der Annahme eines Bestechungsgeldes vor.[121]

Im Bereich des Strafrechts ist in Österreich für die Unterscheidung wesentlich, von wem die Korruptionshandlung initiiert wurde, wie anhand der Bestechungsdelikte ersichtlich ist.[122]

3.2.3 Situative, strukturelle und systematische Korruption

Unter *situativer Korruption* wird allgemein die spontane Begehung einer korrupten Handlung unter Ausnutzung einer günstigen Situation verstanden. Das Gegenstück hiervon, nämlich die vorausschauende und sorgfältig geplante korrupte Begehungshandlung, wird als *strukturelle Korruption* verstanden. Sollen die Vorteile hingegen nicht durch die Einflussnahme auf einzelne Individuen oder kleinere Kollektive gewonnen werden, sondern indem ganze öffentliche und private Institutionen oder Sektoren auf breiter Basis korrumpiert werden, wird von einer *systematischen Korruption* gesprochen.[123]

Ein Aspekt der strukturellen Korruption ist die Zuwendung eines Vorteils zur künftigen Beeinflussung. Diese Form wird allgemein auch als *Anfüttern* bezeichnet.[124] Die Begehung einer korrupten Handlung durch Anfüttern kann in drei Phasen unterteilt werden: die Anfütterungsphase, die Kompromittierungsphase und die Abschöpfungsphase. In der Anfütterungsphase erhält der Machthaber ohne jedwede Gegenleistung einen Vorteil. Die zweite Phase wird erst zu einem späteren Zeitpunkt eingeleitet. Im Zuge dieser Phase verlangt nämlich der Vorteilsgeber eine Gegenleistung. Aufgrund des bereits in der Vergangenheit gewährten Vorteils fühlt sich der Machthaber nun zumindest moralisch verpflichtet, dem Vorteilgeber die geforderte Gegenleistung auch zu gewähren. Die dritte Phase, die Abschöpfungsphase, ist schließlich durch die Gewährung der gewünschten Gegenleistung durch den Machthaber an den primären Vorteilsgeber

---

121 UN-Office on Drugs and Crime, *The global programme against corruption* 2004 (n. 108), S. 13; transparency.org, '*Corruptionary A-Z / grand corruption*' 2021 (n. 121), abgerufen am: 12.04.2024; transparency.org, '*Corruptionary A-Z / petty corruption*' 2021 (n. 121), abgerufen am: 12.04.2024.

122 UN-Office on Drugs and Crime, *The global programme against corruption* 2004 (n. 108), S. 13; BGBl. Nr. 60/1974, *Bundesgesetz vom 23. Jänner 1974 über die mit gerichtlicher Strafe bedrohten Handlungen* (n. 64), §§ 304, 307.

123 Bundesministerium für Inneres, Österreich. *Korruptionsprävention: Informationen und Empfehlungen für Verwaltung und Exekutive* (Wien, 2018).

124 Bertel, Christian und Schwaighofer, Klaus. *Österreichisches Strafrecht* (Wien: Verlag Österreich, 12. Aufl., 2016), S. 244, 247.

gekennzeichnet.[125] Bereits zu Beginn des 20. Jahrhunderts wurden die dem Anfütterungsvorgang innewohnenden Merkmale durch *Mauss* (1872–1950)[126] im sogenannten *Prinzip des Gabentausches* herausgearbeitet.[127]

3.2.4 Korrupte Handlungen

Daneben existieren noch weitere Begehungsformen, die von der breiten Masse allgemein als Korruptionshandlungen definiert werden.

3.2.4.1 Bestechung

Es kann wohl zu Recht behauptet werden, dass Bestechungshandlungen seit jeher i. Z. m. Korruption gebracht werden. Die Sanktionierung von Bestechungshandlungen kann bereits aus schriftlichen Aufzeichnungen aus der Epoche der frühen Hochkulturen nachgewiesen werden. Dazu gehören der *Kodex Hammurabi* oder die *antik-römischen Zwölftafelgesetze.*[128] Selbst das zweite Buch Mose (*Exodus*) enthält Ausführungen hierzu.[129]

In Anlehnung an die einschlägigen Bestimmungen im CCB und im UNCAC, kann Bestechung als *«the offering, promising giving accepting, or solicting of an*

---

125 Bundesministerium für Inneres, *Korruptionsprävention* 2018 (n. 124).

126 König, René. 'Marcel Mauss (1872-1950)'. *Trivium. Revue franco-allemande de sciences humaines et sociales – Deutsch-französische Zeitschrift für Geistes- und Sozialwissenschaften* (17) (2014), doi 10.4000/trivium.4895.

127 Frick, Marc, "Die Gabe als drittes Prinzip zwischen Markt und Staat?" (Dissertation, Universität Heidelberg), S. 11, 19; Vgl. Engels, *Die Geschichte der Korruption* 2014 (n. 2), S. 13.

128 Engels, *Die Geschichte der Korruption* 2014 (n. 2), S. 13; Specht, Edith. 'Korruption im Altertum' In *Korruption in Österreich: Historische Streiflichter*, (Hrsg.) Ernst Bruckmüller (Wien: Braumüller, 2011), S. 26–47, S. 26, 38; Silbernagl, *Korruption im Staatsdienst* 2022 (n. 32), S. 76-77; Winckler, Hugo. *Der Codex Hammurabi in deutscher Übersetzung* (Bremen: DOGMA in Europäischer Hochschulverlag GmbH & Co KG, 2013), S. viii; Eilers, Wilhelm. *Codex Hammurabi: Die Gesetzesstele Hammurabis* (Wiesbaden: Marix-Verl., 5. Aufl., 2009), S. 27 ff, 32; Burckhardt, Leonhard, Seybold, Klaus und Ungern-Sternberg, Jürgen von (Hrsg.). *Gesetzgebung in antiken Gesellschaften* (Berlin: De Gruyter, 2007), S. 40.

129 Interdiözesaner Katechetischer Fonds. *Die Bibel in der Einheitsübersetzung der Heiligen Schrift* (Klosterneuburg: Österr. Kath. Bibelwerk, 1986), S. 84-86; Osumi, Yuichi. *Die Kompositionsgeschichte des Bundesbuches: Exodus 20,22b-23,33* (Göttingen/Freiburg, Schweiz: Vandenhoeck und Ruprecht; Univ.-Verl., 1991), S. 167; Otto, Eckart und Schwienhorst-Schönberger, Ludger. 'Vom Profanrecht zum Gottesrecht: das Bundesbuch'. *Theologische Rundschau* 56(4) (1991), S. 421–427, S. 421 ff.

advantage as an inducement for an action, which is illegal, unethical, or a breach of trust or to refrain from acting»[130] definiert werden, wie dies vom *United Nations Global Compact Office* im Schriftstück «*A guide for anti-corruption risk assessment*»[131] beschrieben ist. Der Bestechungshandlung liegt die in Aussichtsstellung eines Vorteils zugrunde, welcher zu dem Zweck geleistet wird, auf eine Handlung oder Entscheidung in unzulässigerweise Einfluss zu nehmen.[132]

Bestechung gilt als die häufigste Begehungsform von Korruption und kann sich – wie der Überbegriff der Korruption selbst – in unterschiedlichen Begehungsformen manifestieren. Darunter zählen Schmiergeldzahlungen, unzulässiges Sponsoring, freiwillige Erstattung fremder Ausgaben, der Annahme unangemessener Geschenke oder Spenden zu politischen oder wohltätigen Zwecken.[133]

3.2.4.2 Ermessensmissbrauch

Korruptes Verhalten kann sich auch durch einen Ermessensmissbrauch des Machthabers manifestieren. Ihm steht es bei der Ausübung seiner ihm übertragenen Macht zu, ein gewisses individuelles Ermessen zu üben. Korrupt ist die Ermessensentscheidung dann, wenn sie einzig zum Zweck der Generierung eines persönlichen Vorteils getroffen wird. Diese Missbrauchsform tritt in privaten oder öffentlichen Institutionen vornehmlich dann auf, wenn in diesen nur mangelhafte interne Kontroll- und Rechenschaftsstrukturen etabliert sind.[134]

---

130 United Nations Global Compact Office. *A Guide for anti-corruption risk assessment* (2013), S. 12; Negotiating Conference, OECD, *Convention on Combating Bribery of Foreign Public Officials in International Business Transactions* 1997 (n. 103), Art. 1; UNO, *United Nations Convention against Corruption* 2003 (n. 95), Art. 15–16.

131 United Nations Global Compact Office, *A Guide for anti-corruption risk assessment* 2013 (n. 131), S. 12; Negotiating Conference, OECD, *Convention on Combating Bribery of Foreign Public Officials in International Business Transactions* 1997 (n. 103), Art. 1; UNO, *United Nations Convention against Corruption* 2003 (n. 95), Art. 15–16.

132 UN-Office on Drugs and Crime, *The global programme against corruption* 2004 (n. 108), S. 13.

133 United Nations Global Compact Office, *A Guide for anti-corruption risk assessment* 2013 (n. 131), S. 12; UN-Office on Drugs and Crime, *The global programme against corruption* 2004 (n. 108), S. 13–15.

134 UN-Office on Drugs and Crime, *The global programme against corruption* 2004 (n. 108), S. 16.

3.2.4.3 Patronage, Vetternwirtschaft, Klientelismus

Auch korrupte Handlungen, die unter Bezeichnungen wie *Patronage*[135], *Vetternwirtschaft* oder *Klientelismus*[136] bekannt sind, liegt grundsätzlich ein Ermessensmissbrauch des Machthabers zugrunde. Häufig geht dem zusätzlich noch ein Interessenkonflikt voraus.[137] Als besonderes Unterscheidungsmerkmal zum Ermessensmissbrauch gilt, dass der Vorteil, unabhängig von einem Anspruch, einer Qualifikation oder etwaigen besonderen Verdiensten, einem Dritten zufällt. Vielmehr liegt zwischen dem Machthaber und dem Begünstigten ein objektives oder subjektives Naheverhältnis im weiteren Sinn («i. w. S.») vor. Ein Naheverhältnis kann aufgrund verschiedenster Gründe bestehen. Zu den typischen Gründen gehören die Familienzugehörigkeit (Vetternwirtschaft), die Religion, die Nationalität, die politische Zugehörigkeit sowie persönliche oder sonstige organisatorische Beziehungen.[138]

3.2.4.4 Illegale Parteifinanzierung

Abschließend soll noch erwähnt werden, dass auch die Finanzierung politischer Parteien ein Akt der Korruption darstellen kann.[139] Einerseits haben die einzelnen Staaten ein Interesse daran, dass Parteien durch Parteispenden mit den erforderlichen finanziellen Mitteln ausgestattet werden. Damit werden sie in die Lage versetzt, ihren Aufgaben innerhalb des politischen Systems gerecht nachkommen können. Andererseits können Parteispenden auch zur Verwirklichung eigennütziger Interessen des Spenders gewährt werden. Denkbar wäre, dass eine Spende in der Absicht gegeben wird, dass die Partei künftig in einer bestimmten Sache im Interesse des Spenders agiert.

---

135 Bearfield, Domonic A. 'What Is Patronage? A Critical Reexamination'. *Public Administration Review* 69(1) (2009), S. 64–76, doi 10.1111/j.1540-6210.2008.01941.x.

136 Hicken, Allen. 'Clientelism'. *Annual Review of Political Science* 14(1) (2011), S. 289–310, doi 10.1146/annurev.polisci.031908.220508.

137 United Nations Global Compact Office, *A Guide for anti-corruption risk assessment* 2013 (n. 131), S. 12.

138 UN-Office on Drugs and Crime, *The global programme against corruption* 2004 (n. 108), S. 16; United Nations Global Compact Office, *A Guide for anti-corruption risk assessment* 2013 (n. 131), S. 13.

139 Hermann, Stefanie, "Die österreichische Parteien- und Wahlkampffinanzierung im Kontext internationaler Antikorruptionsregime" (Masterarbeit, Universität Wien, 2015), S. 222.

3.3 Auswirkungen von Korruption

Das im lateinischen Ursprung innewohnende negative Verständnis von Korruption hat sich durchgesetzt und prägt heute die allgemeine öffentliche Haltung gegenüber diesem Phänomen. Zu Recht, denn mit korrupten Handlungen gehen zahlreiche negative Folgen einher, die sich in schädlicher Weise auf das Individuum, die Gesellschaft oder den Staat auswirken können.[140]

3.3.1 Negative Auswirkungen von Korruption

Korruption kann auf unterschiedlichsten Ebenen negative Auswirkungen nach sich ziehen. Zum einen kann dadurch das Vertrauen der Bevölkerung in die Politik, die staatliche Bürokratie oder in die Demokratie und den Rechtsstaat schlechthin beeinträchtigt werden. Korruption i. Z. m. Hoheitsträgern liegt häufig ein Rechtsstaatlichkeitsproblem zugrunde. Das führt mitunter zu wirtschaftlichen Schäden und hat negative Auswirkungen auf die Arbeits- und Kapitalproduktivität sowie die Ressourcenallokation. Daneben ist es auch nachvollziehbar, dass Staaten, in denen günstige Rahmenbedingungen für Korruption vorherrschen, nicht das primäre Ziel in- und ausländischer Investoren sind. Die mangelnde Bereitschaft zur Schaffung ernsthafter Korruptionsbekämpfungsmechanismen führt nur dazu, dass derartige Staaten ihre Attraktiviät als Finanz- und Wirtschaftsstandort einbüßen.[141]

So vielfältig Korruption in Erscheinung treten kann, so variabel sind auch die konkreten Folgen korrupten Verhaltens. Nach *Wolf* werden diese in der Wissenschaft allgemein in die vier nachfolgenden Bereiche unterteilt:[142]

---

140 Wolf, *Korruption, Antikorruptionspolitik und öffentliche Verwaltung* 2014 (n. 19), S. 23–24.

141 Graf Lambsdorff, Johann. 'Korruption – Ausmaß und ökonomische Folgen'. *Wirtschaftsdienst* 82(9) (2002), S. 544–547, S. 544, 546–547; Hilpold, Peter. 'Der Fall Christian Pilnacek – Eine Herausforderung auch für die europäische Rechtsstaatlichkeit'. *Verfassungsblog* (2023); Hilpold, Peter. 'Ringen um europäische Werte – Österreich in der EU' In *Rechtsstaatlichkeit, Grundrechte und Solidarität in Österreich und in Europa: Festgabe zum 85. Geburtstag von Professor Heinrich Neisser, einem europäischen Humanisten*, (Hrsg.) Peter Hilpold, Andreas Raffeiner und Walter Steinmair (Wien: facultas, 2021), S. 262–298; Mayer, Heinz. 'Der erfolglose Kampf gegen Korruptionsbekämpfer zeigt: Habt Mut zum Widerspruch!'. *DER STANDARD* (30.06.2024).

142 Wolf, *Korruption, Antikorruptionspolitik und öffentliche Verwaltung* 2014 (n. 19), S. 25–26.

3.3.1.1 Fehlsteuerung i. Z. m. öffentlichen Ressourcen

Grundsätzlich hat ein Staat das Interesse, seine öffentlichen Ressourcen bestmöglich einzusetzen. Korrupte Handlungen können jedoch den Verantwortlichen hinsichtlich der Ressourcenverteilung dazu veranlassen, Mittel anderweitig einzusetzen. Diese bewusste Fehlsteuerung öffentlicher Ressourcen führt generell nur zum Vorteil einer Minderheit und kann sich mittelbar auch auf den Privatsektor auswirken.[143]

3.3.1.2 Politische Steuerungseinbußen

Korruption beeinflusst auch unmittelbar Handlungen politischer Akteure und kann damit auch auf die politische Willensbildung eines Staates Einfluss nehmen. Politische Akteure und Verwaltungsinstitutionen agieren nicht mehr zugunsten der Allgemeinheit bzw. ihrer Wählerschaft, sondern ihre Entscheidungen sind lediglich Ausdruck derjenigen Personen, von denen der korrupte Vorteil herrührt. Die Allgemeininteressen werden zugunsten individueller Interessen nicht weiterverfolgt. Die daraus resultierende *ultima ratio* wäre die bewusste Missachtung einschlägiger Rechtsnormen oder gar ein bewusst entgegen verbindlichen Rechtsnormen gesetztes politisches oder administratives Verhalten.[144]

3.3.1.3 Schädigung der Demokratie und des Rechtsstaats

Aus Art. 1 B-VG wird in Österreich das Demokratieprinzip als eines der Bauelemente der Bundesverfassung abgeleitet.[145] Demnach geht das Recht vom Volk aus.[146] Die Volkssouveränität ist auch ein zentrales Element zahlreicher Verfassungen anderer Staaten.[147]

Allerdings bewirkt Korruption, dass die indirekte Herrschaft des Volkes untergraben wird. Die Entscheidungsmacht verschiebt sich vom Souverän hin zu

---

143 Ibid., S. 25.

144 Ibid., S. 26.

145 Engelhaft, Karl, Hoffmann, Klaus, Lehner, Stefan, Rohregger, Michael und Vitek, Claudia (Hrsg.). *Rechtsanwaltsordung: Kurzkommentar* (Wien: Manz´sche Verlags- und Universitätsbuchhandlung, 2018, 10. Aufl.), § 24 Rz 1.

146 BGBl. Nr. 1/1930, *Bundes-Verfassungsgesetz* 1945 (n. 62), Art. 1; Matzka, Manfred. 'Das Recht geht vom Volk aus' In *100 Jahre Verfassung: 77 Stimmen zum Jubiläum des österreichischen Bundes-Verfassungsgesetzes (B-VG) Ein Lesebuch*, (Hrsg.) Peter Hilpold, Walter Hämmerle und Manfred Matzka (Wien: facultas, 2020), S. 79–80, S. 79 f.

147 Bleckmann, Albert. 'Das europäische Demokratieprinzip'. *JuristenZeitung* 56(2) (2001), S. 53–58, S. 54–55.

den Vorteilsgebern, die mithilfe der korrupten Handlungen in die Lage versetzt werden, maßgeblichen Einfluss auf die Entscheidungsbildung der Volksrepräsentanten zu nehmen. Der Aussage *Hermanns* ist zuzustimmen, dass dies zu einer Aushöhlung des Demokratieprinzips führt.[148]

Im Unterschied zum vorgenannten Prinzip wird das Rechtsstaatsprinzip nicht explizit im B-VG angeführt. Gleichwohl bildet es ebenso ein Bauelement der Bundesverfassung. Verdeutlicht wird dies u .a. durch die Mitgliedschaft Österreichs im Europarat, womit die Verpflichtung einhergeht «*[...] den Grundsatz der Vorherrschaft des Rechts [...]*»[149] anzuerkennen.[150] Erwähnenswert ist i. Z. m. der Rechtsstaatlichkeit insbesondere der Gleichheitssatz, der als eine rechtsstaatliche Garantie auszumachen ist.[151] Wie bereits vorab hinreichend verdeutlicht und an dieser Stelle explizit angeführt, bezweckt Korruption vielfach, diese verfassungsrechtlich gewährleistete Gleichheit vor dem Gesetz zu umgehen.[152]

3.3.1.4 Verzerrung des politischen Wettbewerbs

Die Lädierung der Demokratie, des Rechtsstaats und der politischen Steuerungsfunktion manifestiert sich ebenso in einer Beeinträchtigung des politischen Wettbewerbs. Dies kann mit einer Verzerrung des tatsächlichen Wählerwillens einhergehen.[153]

3.3.2 Positive Auswirkungen von Korruption

Daneben existieren auch Ansätze, wonach Korruption in gewissen Konstellationen auch positive Auswirkungen haben kann. Besonders in der Soziologie haben mehrere Denkschulen den Versuch unternommen, positive Ergebnisse als Folge

---

148 Hermann, "Die österreichische Parteien- und Wahlkampffinanzierung im Kontext internationaler Antikorruptionsregime," S. 26; Wolf, *Korruption, Antikorruptionspolitik und öffentliche Verwaltung* 2014 (n. 19), S. 25–26.

149 Europarat. *Satzung des Europarates – Amtliche Übersetzung Deutschlands: Satzung des Europarats* (London, 5.V.1949), Art. 3.

150 Amaral, Maria Lúcia, Amaral, Maria Lucia, Breitenmoser, Stephan, Marko, Joseph und Hofmann, Rainer. *Rechtsstaatlichkeit in Europa* (Heidelberg: C.F. Müller, 1996), S. 83, 85.

151 Papier, Hans-Jürgen und Merten, Detlef (Hrsg.). *Handbuch der Grundrechte in Deutschland und Europa* (Heidelberg: C.F. Müller, 2014), Band VII, S. 521, 527.

152 Wolf, *Korruption, Antikorruptionspolitik und öffentliche Verwaltung* 2014 (n. 19), S. 25–26.

153 Ibid.; Enste, Dominik H. 'Folgen von Korruption für Wirtschaft, Staat und Gesellschaft'. *Bundeszentrale für politische Bildung* (4.01.2022).

korrupter Handlungen auszumachen. Derartige Ansätze können bspw. in der Funktionalistischen Schule der Sozialwissenschaften festgestellt werden. Im Kern legitimierten sie Korruption jedoch nur, um ein bestehendes ineffizientes, überreguliertes, veraltetes und fest eingesessenes System zu Beginn oder während seiner Transitionsphase aufzubrechen. Daraus ergibt sich selbstverständlich auch, dass derartige Vorteile von Korruption primär in unterentwickelten Ländern während ihrer Transformationsphase ausgemacht wurden. Für Industrienationen kann dies hingegen nicht festgestellt werden.[154]

Anhand eines Beispiels kann verdeutlicht werden, inwiefern einzelne sozialwissenschaftliche Schulen in korrupten Handlungen eine positive Sprengkraft für veraltete staatliche Systeme sehen. Diese Schulen gehen davon aus, dass solche Staatssysteme ineffizient sind, was sich u .a. in unverhältnismäßig langen behördlichen oder gerichtlichen Verfahren zeigt. Durch die Hingabe eines Vorteils, wie einer Bestechungsleistung, kann der Vorteilgeber eine Beschleunigung der erwünschten oder notwendigen amtlichen Vorgänge bewirken. Er trägt damit – konkret auf diese Amtshandlung bezogen – zu einer Effektivitätssteigerung des staatlichen Systems bei. Die hingegebene Leistung wird in diesem Fall gerne auch als *Speed Money* bezeichnet.[155]

---

154 Wolf, *Korruption, Antikorruptionspolitik und öffentliche Verwaltung* 2014 (n. 19), S. 24, 26–27.

155 Shephard, Ben. *Working Paper DTC-2010-1: Speed Money: Time, Corruption, and Trade: Principal, Developing Trade Consultants* (New York, 2010), S. 5–8.

Der Europarat

4. Grundlagen des Europarats

4.1 Die Europaidee als Ausgangspunkt

Ursprung des Europarats und auch der EGKS, aus welcher die EU hervorging, war die Idee eines vereinten Europas durch einer immer engeren Integration der europäischen Völker – kurzum die *Europaidee.*[156]

4.1.1 Ursprung der Europaidee

> *«Mitten unter ihnen aber stach hervor die Herrin Europa, die die Pracht der feuerfarbenen Rosen mit ihren Händen sammelte […]. So sprach sie und setzte sich lächelnd auf seinen Rücken; […] da sprang der Stier auf, riss mit sich die, auf die er es abgesehen hatte, und lief schnell zum Meer.»*[157]

> *«Doch die Mäonerin zeigte vom Stiere getäuscht die Europa: Wahrhaft schien zu leben der Stier, und zu wallen die Meerflut; Wahrhaft schaute daher zum verlassenen Lande die Jungfrau.»*[158]

> *«Verlangen nach dir hat mich dazu gebracht, diese gewaltige Salzflut in der Gestalt eines Stiers zu durchmessen. […] Von mir wirst du berühmte Söhne empfangen, die alle über Menschen herrschen werden.»*[159]

---

156 Polakiewicz, Jörg. 'Council of Europe (COE)'. *Max Planck Encyclopedias of International Law [MPIL]* (2019), Rz 1.

157 Sitta, Horst. 'Moschos, Europa' In *Griechische Kleinepik: Griechisch-deutsch*, (Hrsg.) Manuel Baumbach, Horst Sitta und Fabian Zogg (Berlin/Boston: De Gruyter, 2019), S. 64–75, S. 69, 71.

158 Ovidius Naso, Publius. 'Metamorphosen: In der Übertragung von Johann Heinrich Voß', zugegriffen auf: https://www.projekt-gutenberg.org/ovid/metamor/meta061.html, abgerufen am: 22.01.2022; Ovidius Naso, Publius. *Metamorphoses: Books I – VIII* (Cambridge, Mass.: Harvard Univ. Press, 3. Aufl., 2004), S. 294; Wandl, Manuel. 'Das Symbol Weben in Religion, Mythologie und Märchen' In *Mitteilung der Anthropologischen Gesellschaft in Wien*, (Hrsg.) Anthropologischen Gesellschaft Wien (Wien: Verlag der Anthropologischen Gesellschaft in Wien, 2015), S. 259–272, S. 268.

159 Sitta, '*Moschos, Europa*' 2019 (n. 158), S. 75.

Vor dem Hintergrund des Verlustes der letzten Kreuzfahrerhochburg in Akkon 1291, wurde durch *Pierre Dubois* (1250–1320)[160], ein Schüler des Philosophen und Theologen *Thomas von Aquin* (1225–1274)[161], erstmals der Entwurf eines geeinten Europas in seinem Werk «*De recuperatione Terre Sancte*»[162] 1306 veröffentlicht. Primäres Ziel dieses geeinten Europas bestand in der Herstellung von *pax chrstiana* und sollte durch die Umsetzung der nachfolgenden Ziele realisiert werden:[163]

- Einführung einer Fürstenversammlung;
- Einführung eines Schiedsgerichts mit verbindlicher Entscheidungskompetenz;
- Einführung einer gemeinsamen Streitkraft zur Rückeroberung des Heiligen Landes;
- Kriegsrechtsreform; insbesondere die Einführung eines an die europäischen Staaten gerichteten Verbots, untereinander Krieg zu führen;
- Reformen in Bildung, Justiz sowie Handel-, Finanz- und Münzwesen;
- Kirchenreform i. S. d. Säkularisierung;
- Förderung des Handels in- und außerhalb Europas.[164]

Pierre Dubois Erkenntnisse sind bis heute bedeutsam. Sie stellen in bestimmten Teilen auch heute noch die zentralen Bedingungen der europäischen Integrationspolitik dar. Seine Ausführungen bildeten nicht nur den Grundstein des Völkerbundes, des Vorläufers der heutigen UNO, sondern machen ihn auch zum eigentlichen geistigen Gründungsvater der europäischen Integration.[165]

---

160 Blumenfeld-Kosinski, Renate. 'Pierre Dubois (ca 1250-1320) et Ernest Renan (1823-1892) en communauté de pensée ? Quelques réflexions sur la colonisation et l'éducation des femmes'. *Comptes-rendus des séances de l année – Académie des inscriptions et belles-lettres* 159(4) (2015), S. 1531–1548, S. 1531, doi 10.3406/crai.2015.95805.

161 Heuser, Harro. 'Der getaufte Aristoteles: Thomas von Aquin' In *Unendlichkeiten: Nachrichten aus dem Grand Canyon des Geistes*, (Hrsg.) Harro Heuser (Wiesbaden: Vieweg+Teubner Verlag, 2008), S. 124–134, S. 124.

162 Majer, Diemut. *Europäische Einigungsbestrebungen vom Mittelalter bis zur Gründung der Europäischen Wirtschaftsgemeinschaft (EWG) 1957* (Karlsruhe, Baden: KIT Scientific Publishing, 2014), S. 30–32.

163 Ibid.

164 Vgl. ibid., S. 31–33.

165 Ibid., S. 31, 33.

4.1.2 Zwei Theorien: Europaidee und die Souveränität der Nationalstaaten

Basierend auf *Enea Silvio Piccolomini* (1405–1464)[166] wurde unser heutiges Verständnis von Europa als Wertegemeinschaft und als geografische Einheit geprägt. Letzteres diente insbesondere zur Abgrenzung von Asien, wobei die Grenzen bis heute nicht verbindlich feststehen. Damit kann auch er als Vater der europäischen Integration bezeichnet werden.[167] Seine Vorstellungen wurden von zahlreichen Autoren der Renaissance aufgegriffen und weiterentwickelt. Beispielhaft können *Erasmus von Rotterdam* (1466–1536)[168] mit seinem Werk «*Klage des Friedens*», *Émeric Crucé* (1590–1648)[169] mit «*Le Nouveau Cynée*» oder der als Vater des Völkerrechts bekannte *Hugo Grotius* (1583–1645)[170] mit seinem bedeutsamen Werk «*De jure belli ac pacis*»[171] von 1625 in diesem Zusammenhang genannt werden.[172]

Die in *Jean Bodins* (1529/1530–1596)[173] Werk «*Six livres de al République*»[174] von 1577 verfasste Lehre von der Souveränität der Nationalstaaten setzte sich im

166 Da Fernandes, Cássio Silva. 'Enea Silvio Piccolomini cosmógrafo'. *Anos 90* 21(39) (2014), S. 143, doi 10.22456/1983-201X.43732.

167 Majer, *Europäische Einigungsbestrebungen vom Mittelalter bis zur Gründung der Europäischen Wirtschaftsgemeinschaft (EWG) 1957* 2014 (n. 163), S. 36-37, 39.

168 Dequeker, J. 'Art, history, and rheumatism: the case of Erasmus of Rotterdam 1466-1536 suffering from pustulotic arthro-osteitis'. *Annals of the rheumatic diseases* 50(7) (1991), S. 517–521, doi 10.1136/ard.50.7.517.

169 Foisneau, Luc. 'Crucé, Émeric (c. 1590–1648)' In *The Dictionary of Seventeenth-Century French Philosophers*, (Hrsg.) Luc Foisneau (Continuum International Publishing Group, 2008).

170 Brugh, Patrick. 'Grotius, Hugo' In *Encyclopedia of Renaissance Philosophy* (Springer, Cham, 2016), S. 1–10, S. 1.

171 Grotius, Hugo. *The Rights of War and Peace: überarbeitet von: Barbeyrac Jean und Tuck, Richard* (Indianapolis: Liberty Fund, Inc, 3. Aufl., 2005).

172 Majer, *Europäische Einigungsbestrebungen vom Mittelalter bis zur Gründung der Europäischen Wirtschaftsgemeinschaft (EWG) 1957* 2014 (n. 163), S. 41, 46–53; Müller, Edgar. 'Hugo Grotius and the Thirty Years War, An early reception of De iure belli ac pacis'. *Tijdschrift voor Rechtsgeschiedenis / Revue d'histoire du droit / The Legal History Review* 77(3-4) (2009), S. 499–538, doi 10.1163/004075809X12488525623290.

173 Hauser, Henri. 'Un précurseur: Jean Bodin, Angevin (1529 ou 1530-1596)'. *Annales d'histoire économique et sociale* 3(11) (1931), S. 379–387, S. 379, doi 10.3406/ahess.1931.1430.

174 Vgl. Couzinet, Marie Dominique. *La logique divine dans les Six livres de la République de Jean Bodin. Hypothèse de lecture* (San Domenico: Badia Fiesolana, 1991).

Zeitalter der Aufklärung in Europa durch. Sowohl die Idee als auch die Absicht eines Zusammenschlusses der europäischen Staaten verlor damit zunehmend an Bedeutung. Auf dieser Lehre beruhten auch die kriegerischen Expansionsbestrebungen der europäischen Großmächte wie Spanien, Frankreich, Preußen oder Österreich. Insbesondere der Wiener Kongress von 1814/1815, der ganz im Zeichen der Restauration staatlicher Souveränität verstanden wurde, kann auf die Lehre *Bodins* zurückgeführt werden. Im Unterschied zu den gerade erwähnten Denkern zogen Philosophen wie *Immanuel Kant* (1724–1804)[175] und *Jean-Jacques Rousseau* (1712–1778)[176] den Europabegriff nicht zum Zweck der Abgrenzung zwischen Orient und Okzident heran. Sie sahen darin vielmehr die Aufforderung an die Staaten, untereinander Frieden zu schließen und diesen zu sichern.[177] Dieser Aufforderung kamen die Staaten aber nicht nach, was der I. Weltkrieg (1914–1918)[178] in erschreckender Weise klar verdeutlicht hat. Dieser globale Konflikt war u .a. von der Idee des Selbstbestimmungsrechts der Völker getragen, wie es vom Präsidenten der Vereinigten Staaten von Amerika («USA») *Woodrow Wilson* (1856–1924)[179] proklamiert wurde und führte nach Kriegsende zu einer Neuordnung Europas in ein Europa der Nationalstaaten.[180]

---

175 Schönecker, Dieter. 'Immanuel Kant' In *Handbuch Liberalismus*, (Hrsg.) Michael G. Festl (Stuttgart: J.B. Metzler, 2021), S. 29–35, S. 29.

176 Soëtard, Michel. *Jean-Jacques Rousseau: Leben und Werk* (München: C.H. Beck, 2012), S. 9–10; Hansmann, Otto. 'Jean-Jacques Rousseau (1712–1778)' In *Klassiker der Pädagogik* (VS Verlag für Sozialwissenschaften, 2006), S. 27–52, S. 27.

177 Majer, *Europäische Einigungsbestrebungen vom Mittelalter bis zur Gründung der Europäischen Wirtschaftsgemeinschaft (EWG) 1957* 2014 (n. 163), S. 59, 61-63, 82-93, 109-112; Klemme, Heiner. *Thomas Hobbes: Philosophie für Einsteiger* (Paderborn, Deutschland: Wilhelm Fink, 2018), S. 17.

178 Epkenhans, Michael. *Der Erste Weltkrieg 1914-1918: 1914–1918* (Paderborn: Ferdinand Schöningh, 2015), S. 3.

179 Cooper, John Milton. *Woodrow Wilson: A biography* (New York: Knopf, 2009), 13; Hoover, Herbert. *The ordeal of Woodrow Wilson* (Washington, D.C u.a: Woodrow Wilson, 1992), S. 300.

180 Ziegerhofer, Anita. 'Österreich und das Memorandum von Aristide Brian über die Einrichtung einer Europäischen Union von 1930'. *Mitteilungen des Instituts für Österreichische Geschichtsforschung* 107(1) (1999), S. 377; Lins/Zenleser, *Das Selbstbestimmungsrecht der Völker im 21. Jahrhundert* 2021 (n. 3), S. 44–45; Lins, Michael Werner. 'Warum die Flagge von Mauritius zu Recht über dem Chagos-Archipel weht: Erstmals seit 50 Jahren kehrten Inselbewohner frei an ihren Geburtsort zurück – ein symbolischer Akt in einem alten Rechtsstreit'. *DER STANDARD* (18.02.2022); Hilpold, '*Ringen um europäische Werte – Österreich in der EU*' 2021 (n. 142), S. 265 f; Eggers, Nicole, Pearson, Jessica Lynne und Santos, Aurora Almada e. (Hrsg.). *The*

4.1.3 Wiederentdeckung der Europaidee in der Zwischenkriegszeit

Trotz der umfänglichen Verwirklichung der Idee souveräner Nationalstaaten nach Ende des I. Weltkriegs bedeutete dies nicht das Ende der Europaidee. Besonders die Erinnerungen an den *großen Krieg* und dessen unmittelbare Folgen, verliehen der Europaidee in der Zwischenkriegszeit, vorwiegend in den 1920er-Jahren, frischen Aufwind. Sie wurde als ein Konzept zur künftigen Friedenserhaltung sowie zur Förderung von Wirtschaft, Kultur und Wohlstand wiederbelebt. In diesem Zusammenhang sind insbesondere zwei Persönlichkeiten zu nennen. Einerseits der Austro-Japaner *Richard Nikolaus Coudenhove-Kalergi* (1894–1972)[181] und daneben der französischstämmige *Aristide Briand* (1862–1932)[182] andererseits.[183]

4.1.3.1 Paneuropabewegung

Richard Nikolaus Coudenhove-Kalergi gehörte zu den bedeutsamsten Persönlichkeiten i. Z. m. der Europaidee, die er maßgeblich durch die von ihm ins Leben gerufene Paneuropabewegung vorantrieb. Die Paneuropabewegung bzw. die Paneuropaunion stellt die erste Einigungsbewegung in Europa dar.[184] Er war ein äußerst kritischer Beobachter der politischen Ereignisse während der Zwischenkriegszeit. Seinem Verständnis nach steuerte Europa unmittelbar auf einen weiteren Weltkrieg zu, sofern die Staaten an der bisherigen Ordnung festgehalten würden. Ebenfalls sah er unter diesen Umständen die Unterwerfung

United Nations and decolonization (London/New York, NY: Routledge Taylor & Francis Group, 2020); Fisch, Jörg. *Das Selbstbestimmungsrecht der Völker: Die Domestizierung einer Illusion* (München: Verlag C.H. Beck, 2010), S. 151-157; Hilpold, Peter. 'Die Sezession - zum Versuch der Verrechtlichung eines faktischen Phänomens' In *Das Selbstbestimmungsrecht der Völker: Vom umstrittenen Prinzip zum vieldeutigen Recht?* (Frankfurt am Main/Berlin/Bern/Wien: Lang, 2009), S. 11–44, S. 13.

181 Ziegerhofer-Prettenthaler, Anita. 'Richard Nikolaus Coudenhove-Kalergi' In *Deutschsprachige Exilliteratur seit 1933: Band 3/Teil 4: USA*, (Hrsg.) John M. Spalek, Konrad Feilchenfeldt und Sandra H. Hawrylchak (Berlin/Boston: K. G. Saur, 2014 Aufl., 2019), S. 3–26, S. 3.

182 Bariéty, Jacques. 'Aristide Briand et la sécurité de la France en Europe, 1919–1932' In *Deutschland und Frankreich: Vom Konflikt zur Aussöhnung. Die Gestaltung der westeuropäischen Sicherheit 1914–1963*, (Hrsg.) Stephen A. Schuker und Elisabeth Müller-Luckner (Berlin, Boston: Oldenbourg Wissenschaftsverlag, 2017 Aufl., 2000), S. 117–134, S. 118–119.

183 Kalenderblatt, Deutsche Welle. 'Kalenderblatt 3.10.1926: Anfänge der europäischen Einigung'. *DER SPIEGEL* (3.10.2007).

184 Ibid.

der europäischen Staaten unter Russland sowie eine Wirtschaftskrise voraus. In seinem *Paneuropäischen Manifest*, das er 1923[185] verfasste, hielt er explizit fest:[186] «*Das zersplitterte Europa geht somit einer dreifachen Katastrophe entgegen: dem Vernichtungskrieg; der Unterwerfung durch Rußland; dem wirtschaftlichen Ruin.*»[187] Die dreifache Katastrophe, wie von *Richard Nikolaus Coudenhove-Kalergi* beschrieben, ist tatsächlich eingetreten. Der wirtschaftliche Ruin in Gestalt der Weltwirtschaftskrise ab 1929, der Vernichtungskrieg in Gestalt des II. Weltkriegs und die sowjetische Herrschaft in Osteuropa hätten seiner Ansicht nach abgemildert bzw. gar verhindert werden können, wäre man seiner Empfehlung gefolgt: «*Die einzige Rettung vor diesen Katastrophen ist: Paneuropa; der Zusammenschluss aller demokratischen Staaten Kontinentaleuropas zu einer internationalen Gruppe, zu einem politischen und wirtschaftlichen Zweckverband.*»[188]

Vom 3. bis 6. Oktober 1926 fand in Wien, Österreich, der erste Paneuropäische Kongress statt, in welchem *Richard Nikolaus Coudenhove-Kalergi* die Ziele der Paneuropäischen Union präsentierte. Diese waren die Herstellung der Gleichheit unter den europäischen Völkern, die Beseitigung der Grenzen zwischen den europäischen Staaten und deren Zusammenschluss zu einem europäischen Staatenbund.[189] Die Organisation und rechtliche Ausgestaltung dieses Staatenbundes kann im Wesentlichen aus dem Entwurfsdokument des Paneuropäischen Pakts entnommen werden.[190]

Der europäische Gedanke in Gestalt der «*Vereinigten Staaten von Europa*»[191] fand vornehmlich unter den Eliten in Wissenschaft, Politik und Wirtschaft

185 Foerster, Rolf Hellmut. *Die Idee Europa 1300-1946: Quellen zur Geschichte der politischen Einigung* (München: Deutscher Taschenbuch Verlag, 1963), S. 226–236.

186 Majer, *Europäische Einigungsbestrebungen vom Mittelalter bis zur Gründung der Europäischen Wirtschaftsgemeinschaft (EWG) 1957* 2014 (n. 163), S. 139, 142-143.

187 Schäfer, Anton (Hrsg.). *Verfassungsentwürfe zur Gründung einer Europäischen Union: Herausragende Dokumente von 1923 bis 2004 ; Band 1 bis 4* (Dornbirn: Ed. Europa, 2006), S. 20.

188 Ibid., S. 20; Kindleberger, Charles P. *Die Weltwirtschaftskrise 1929–1939* (München: FBV, 3. Aufl., 2014).

189 Kalenderblatt, '*Kalenderblatt 3.10.1926: Anfänge der europäischen Einigung*' 2007 (n. 184); Majer, *Europäische Einigungsbestrebungen vom Mittelalter bis zur Gründung der Europäischen Wirtschaftsgemeinschaft (EWG) 1957* 2014 (n. 163), S. 145.

190 Ziegerhofer, Anita, Pichler, Johannes und Likar, Reinhard. *Die «Vereinigten Staaten von Europa»: Dokumente eines Werdens* (Wien: Verlag Österreich, 1999), S. 101–112.

191 Vgl. Coudenhove-Kalergi, Richard Nikolaus. *Pan-Europa* (Paneuropaverlag, 2018).

besonderen Zuspruch.[192] Dazu gehören *Robert Schumann* (1886–1963)[193], *Winston Churchill* (1874–1965)[194], *Gustav Stresemann* (1878–1929)[195], *Ignaz Seipel* (1876–1932)[196], *Karl Renner* (1870–1950)[197] und *Albert Einstein* (1879–1955).[198] Gegenüber der breiten Masse konnte die Bewegung jedoch kaum Gehör finden. Insbesondere die Bevölkerung in Österreich und Deutschland konnte vor dem Hintergrund der Verträge von St. Germain bzw. Versailles nicht von einer europäischen Integrationsidee begeistert werden, da dies konsequenterweise auch die Aussöhnung mit dem Erbfeind Frankreich bedeutet hätte.[199]

Die Machtergreifung der Nationalsozialisten 1933 vor Ausbruch des II. Weltkriegs (1939–1945) stellte das vorläufige Schlusslicht der Paneuropaunion dar.[200]

---

192 Kalenderblatt, '*Kalenderblatt 3.10.1926: Anfänge der europäischen Einigung*' 2007 (n. 184); Dobbert, Steffen, Simantke, Elisa, Hrachová, Alena, King, Henry und Kamberi, Agon. 'Generation Europe: «Europa, dieses große Versprechen»'. *Die Zeit* (4.03.2016); Ziegerhofer, Anita. 'Alles ist möglich, nichts ist sicher: Richard Coudenhove-Kalergis Paneuropa-Idee und die Steiermark'. *Zeitschrift des Historischen Vereines für Steiermark* 96 (2005), S. 381–389, S. 384.

193 Der Spiegel. 'Nachruf: Robert Schumann 29.VI.1886–4.IX.1963'. *DER SPIEGEL* (10.09.1963).

194 Alter, Peter. *Winston Churchill (1874–1965): Leben und Überleben* (Stuttgart: Kohlhammer, 2006).

195 Pohl, Karl Heinrich. 'Gustav Stresemann (1878–1929). Eine liberale Leitfigur in der Geschichte der Bundesrepublik?' In *Jahrbuch zur Liberalismus-Forschung* (Nomos, 2012), S. 69–88, S. 69.

196 Glueck, Stephanie, "«Vor allem und über allem müsste doch der Priester stehen.»: priesterliche Existenz bei Bundeskanzler Dr. Ignaz Seipel (1876-1932) im Spiegel seiner Tagebücher: priestly existence of chancellor Dr. Ignaz Seipel (1876–1932) in the mirror of his diaries / eingereicht von Mag.a Stephanie Glück, LL.M" (Diplomarbeit, Karl-Franzens-Universität Graz, 2019).

197 Kann, Robert A. 'Karl Renner (December 14, 1870-December 31, 1950)'. *The Journal of Modern History* 23(3) (1951), S. 243–249, S. 243, doi 10.1086/237429.

198 Snow, C. P. 'Albert Einstein 1879–1955' In *Albert Einstein Wirkung und Nachwirkung* (Vieweg+Teubner Verlag, 1985), S. 63–70, S. 63.

199 Majer, *Europäische Einigungsbestrebungen vom Mittelalter bis zur Gründung der Europäischen Wirtschaftsgemeinschaft (EWG) 1957* 2014 (n. 163), S. 144.

200 Nagl, Daniel. 'Vereinigte Staaten von Europa'. 2022, zugegriffen auf: https://paneuropa.org/vereinigte-staaten-von-europa_id73, abgerufen am: 22.01.2022; Kalenderblatt, '*Kalenderblatt 3.10.1926: Anfänge der europäischen Einigung*' 2007 (n. 184); Hofer, Walther. *Die Entfesselung des Zweiten Weltkrieges: Darstellung und Dokumente; das Standardwerk; mit dem Essay «Führte der Hitler-Stalin-Pakt zum Ende der Sowjetunion?»* (Zürich/Münster: Lit, 2007), S. xvi–xvii, 13.

4.1.3.2 Briand-Denkschrift 1930

Eine weitere bedeutsame Persönlichkeit i. Z. m. der Europaidee stellt *Aristide Briand* dar, welcher für sein Wirken i. Z. m. der Unterzeichnung der Verträge von Locarno am 16. Oktober 1925 neben *Gustav Stresemann* gar mit dem Friedensnobelpreis ausgezeichnet wurde.[201] Lediglich angemerkt sei an dieser Stelle noch, dass der Briand-Kellogg-Pakt, welcher die Führung von Angriffskriegen völkerrechtlich verbietet, ebenfalls auf ihn zurückzuführen ist.[202] Im Unterschied zu *Richard Nikolaus Coudenhove-Kalergi* war sein Ansatz wesentlich stärker auf die Zusammenarbeit mit der internationalen Organisation des Völkerbundes ausgerichtet.[203]

Die sogenannte *Briand-Denkschrift 1930*, die «*L´organisation d´un régime d´union fédérale européenne*»[204], welcher seiner dem Völkerbund vorgetragenen Rede zu den Vereinigten Staaten von Europa im September 1929 vorausging, verfolgte den Zweck, der Europaidee durch die Erarbeitung eines institutionellen Rahmens und der Benennung seiner politischen Arbeitsweise eine konkrete Gestalt zu geben.[205] Die Denkschrift übte Kritik an der aktuellen Lage in Europa. Als maßgebliches Ziel auf politischer Ebene formulierte sie den vertraglichen Zusammenschluss zu einer Europäischen Union. Auf wirtschaftlicher Ebene wurde die Zusammenarbeit der europäischen Staaten auf Gebieten wie der Volkswirtschaft und Infrastruktur, dem Finanz- und Arbeitswesen sowie der Medizin und Wissenschaft als Ziel gesetzt.[206]

---

201 'The Fact About Aristide Briand'. *Advocate of Peace through Justice* 94(1) (1932), S. 9; Gehler, Michael. 'Europas Einigung, aber nicht Einheit: Vor 90 Jahren, am 17. Mai 1930, präsentierte der französische Staatsmann Aristide Briand den Entwurf einer föderativen „Europäischen Union“'. *Wiener Zeitung* (2020), S. 33.

202 Arnauld, Andreas von. *Völkerrecht* (Heidelberg: C.F. Müller, 3. Aufl., 2016), S. 109, 457; Lesaffer, Randall. 'Kellogg-Briand Pact (1928)'. *Max Planck Encyclopedias of International Law [MPIL]* (2010), Rz 1, 3–5.

203 Kalenderblatt, '*Kalenderblatt 3.10.1926: Anfänge der europäischen Einigung*' 2007 (n. 184).

204 dt. «Organisation eines europäischen Staatenbundes».

205 Gehler, '*Europas Einigung, aber nicht Einheit*' 2020 (n. 202); Majer, *Europäische Einigungsbestrebungen vom Mittelalter bis zur Gründung der Europäischen Wirtschaftsgemeinschaft (EWG) 1957* 2014 (n. 163), S. 147–150.

206 Majer, *Europäische Einigungsbestrebungen vom Mittelalter bis zur Gründung der Europäischen Wirtschaftsgemeinschaft (EWG) 1957* 2014 (n. 163), S. 148–149; Themenportal Europäische Geschichte. 'Memorandum über die Organisation einer europäischen Bundesordnung (1. Mai 1930)', zugegriffen auf: www.europa.clio-online.de/quelle/id/q63-28376, abgerufen am: 22.01.2022.

An einer Umsetzung der Briand-Denkschrift fehlte es aufgrund zunehmender nationalistischer Tendenzen und insbesondere vor dem Hintergrund der Weltwirtschaftskrise an einem ernsthaften breiten Interesse.[207] Deutschland, Italien und Großbritannien lehnten eine Europäische Union klar ab. Österreich hingegen sympathisierte mit einer Art Wirtschaftsunion, lehnte jedoch einen politischen Zusammenschluss entschieden ab. Der Abschluss der Untersuchung der vom Völkerbund eingerichteten Studienkommission zur Europäischen Union im Jahr 1932 – ohne dass dabei nennenswerte Ergebnisse hätten vorgelegt werden können – läutete schließlich das Ende der Bestrebungen ein, das Konzept einer Union in Europa zu verwirklichen. Kurz darauf folgte die Expansion Deutschlands und der Ausbruch des II. Weltkriegs.[208]

4.1.4 Europaidee in der Nachkriegszeit

Der II. Weltkrieg zählt bis heute zur größten kriegerischen Auseinandersetzung der Menschheitsgeschichte.[209] Ungefähr 70 Millionen Menschen, das waren rund 3,5 % der damaligen Weltbevölkerung, verloren im Zuge des Krieges ihr Leben. Mehr als die Hälfte der Kriegsopfer gehörten der Zivilbevölkerung an. Nie wurden seither kriegsbedingt mehr Menschheitsverluste verzeichnet.[210]

Ganz i. S. d. bereits nach dem I. Weltkriegs geläufigen Ausspruchs «*Nie wieder Krieg!*»[211], besann man sich unmittelbar nach dem II. Weltkrieg wieder auf die europäischen Integrationsideen zurück, welche dauerhaften Frieden und Stabilität in Europa versprachen. Die Gesamtheit der bereits behandelten Ziele, Werte

207 Gehler, '*Europas Einigung, aber nicht Einheit*' 2020 (n. 202).

208 Ziegerhofer, Anita. *Botschafter Europas: Richard Nikolaus Coudenhove-Kalergi und die Paneuropa-Bewegung in den zwanziger und dreißiger Jahren* (Wien/Köln/Weimar: Böhlau, 2004), S. 161, 163, 166; Majer, *Europäische Einigungsbestrebungen vom Mittelalter bis zur Gründung der Europäischen Wirtschaftsgemeinschaft (EWG) 1957* 2014 (n. 163), S. 151; Kießling, Friedrich. 'Der Briand-Plan von 1929/30. Europa als Ordnungsvorstellung in den internationalen Beziehungen im 19. und frühen 20. Jahrhundert', zugegriffen auf: https://www.europa.clio-online.de/essay/id/fdae-1457, abgerufen am: 22.01.2022.

209 Kellerhoff, Sven Felix. 'Zweiter Weltkrieg: Rein rechnerisch 19 Tote pro Minute'. *WELT* (8.05.2020).

210 Weidenbach, Bernhard. 'Statistiken zum Zweiten Weltkrieg', zugegriffen auf: https://de.statista.com/statistik/daten/studie/1055110/umfrage/zahl-der-toten-nach-staaten-im-zweiten-weltkrieg/, 3, 59, 61; dpa. 'Geschichte: Hintergrund: Der Zweite Weltkrieg in Zahlen und Fakten'. *Die Zeit* (8.05.2015).

211 Goldscheid, Rudolf. 'Das Jubiläum des Weltkrieges und die Parole: Nie wieder Krieg!'. *Die Friedens-Warte* 24(4/7) (1924), S. 101–103, S. 101, 103.

und Konzepte, die sich im Schlagwort der *Europaidee* vereinen und welche ausgehend vom Mittelalter bis zum Vorabend des II. Weltkriegs ausgearbeitet und kontinuierlich fortentwickelt wurden, stellen fortan die Basis für die europäischen Integrationsbestrebungen seit 1945 dar. Im Unterschied zu den bisherigen Umsetzungsbestrebungen bestand nun ein kollektiver Konsens in der breiten Bevölkerung, die Europaidee mit mehr Engagement und vor allem zielstrebiger und konsequenter zu verfolgen.[212] Persönlichkeiten wie *Robert Schumann*, *Alcide De Gasperi* (1881–1954)[213], *Jean Monnet* (1888–1979)[214], *Paul-Henri Spaak* (1899–1972)[215], *Joseph Bech* (1887–1975)[216] oder *Konrad Adenauer* (1876–1967)[217], aber auch Persönlichkeiten wie *Louise Weiss* (1893–1983)[218] wurden zu Symbolträgern der Europaidee.[219]

Der zündende Funke, von welchem die Schaffung des Europarats ihren Ausgang nahm, stellt die an der Universität Zürich von *Winston Churchill* abgehaltene Rede am 19. September 1946 dar, wonach dieser proklamierte:[220]

> *«It is to recreate the European Family, or as much of it as we can, and to provide it with a structure under which it can dwell in peace, in safety and in freedom. […] [W]e must recreate the European Family in a regional structure called, it may be, the United States of Europe. And the first practical step*

---

212 Rüttgers, Jürgen und Decker, Frank (Hrsg.). *Europas Ende, Europas Anfang: Neue Perspektiven für die Europäische Union* (Frankfurt/New York: Campus Verlag, 2017), S. 31; van Middelaar, Luuk. *Vom Kontinent zur Union: Gegenwart und Geschichte des vereinten Europa* (Berlin: Suhrkamp, 2016), S. 32-33.

213 Pombeni, Paolo und Nobili Schiera, Giuliana. 'Alcide de Gasperi: 1881–1954–a political life in a troubled century'. *Modern Italy* 14(4) (2009), S. 379–397, doi 10.1080/13532940903237409.

214 Roussel, Eric. *Jean Monnet: 1888-1979* (Paris: Fayard, 1996).

215 Conord, Fabien. 'Paul-Henri Spaak, héraut ou soliste du socialisme belge ?'. *Canadian Journal of History* 49(1) (2014), S. 1–30, doi 10.3138/cjh.49.1.1.

216 Bur, Isolde. 'Vorwort zur ersten Ausgabe von ZERL'. *ZERL* (2010), S. 2.

217 Ferdinand, Horst. 'Pater Patriae: Konrad Adenauer (I) 1876–1967' In *Reden, die die Republik bewegten*, (Hrsg.) Ferdinand Horst (VS Verlag für Sozialwissenschaften, Wiesbaden, 2002), S. 163–172, S. 163.

218 Genevey, Pierre. 'Louise Weiss. Mémoires d'une européenne, t. I: 1893-1919'. *Politique étrangère* 33(6) (1968), S. 642.

219 Deschamps, Etienne. *Briefing – Geschichtsreihe der Europäischen Union: Robert Schuman* (2019), 2–3; Furtak, *Internationale Organisationen* 2015 (n. 22), S. 243–244.

220 Furtak, *Internationale Organisationen* 2015 (n. 22), S. 244.

would be to form a Council of Europe. […] Therefore I say to you: let Europe arise!»[221]

4.2 Werdegang des Europarats

4.2.1 Der Urkonflikt: Staatliche Souveränität oder überstaatliche Föderation

Der heute noch bestehende Konflikt zwischen der Erhaltung der staatlichen Souveränität und der Stärkung einer überstaatlichen Föderation lag bereits in der Gründungsphase des Europarats vor. Es bestand zwar der allgemeine Konsens, die Integration Europas voranzutreiben, hinsichtlich der Umsetzung bestanden jedoch gravierend voneinander abweichende Vorstellungen. Unmittelbar nach Ende des II. Weltkriegs entstanden 1946 bzw. 1947 zwei Lager, die eine unterschiedliche Vorgehensweise zur Umsetzung eines vereinigten Europas verfolgten. Die Vorgehensweise des föderalen Lagers, allen voran die *Union Européenne des Fédéralistes* und *Richard Nikolaus Coudenhove-Kalergi*, hatte die Schaffung eines europäischen Bundesstaates zum Ziel.[222] Eindeutig geht dies aus der vierten These der am 21. September 1946 von Anhängern des föderalen Lagers in der Schweiz angenommenen Erklärung namens *Hertensteiner Programm* hervor:[223]

«Die Mitglieder der Europäischen Union übertragen einen Teil ihrer wirtschaftlichen, politischen und militärischen Souveränitätsrechte an die von ihnen gebildete Föderation.»[224]

---

221 Circle Zurich Friends of Winston Churchill. 'Winston Churchill, Universität Zürich, 19 September 1946', zugegriffen auf: https://www.churchill-in-zurich.ch/site/assets/files/1807/rede_winston_churchill_englisch.pdf, 1, 3, Appendix. abgerufen am: 24.01.2022.

222 Furtak, *Internationale Organisationen* 2015 (n. 22), S. 244–245.

223 Tanner, Jakob. *«Let Europe arise!»: eine historische Spurensuche zum Brexit* (WOZ Die Wochenzeitung, 2016).

224 Le Fédéraliste européen. 1972. Luxembourg. 'Das Hertensteiner Programm (21. September 1946)', zugegriffen auf: https://www.cvce.eu/de/obj/das_hertensteiner_programm_21_september_1946-de-f39329ae-b25a-4b04-90ff-a25ea5c17051.html, These 4. Vergleiche die französische Fassung, welche unter derselben Quelle zu finden ist.: «Les nations membres de la communauté européenne délèguent à leur fédération des attributs économiques, politiques et militaires de leur souveraineté.». abgerufen am: 07.02.2022.

Hingegen galt es für die konservativen Unionisten bzw. Realisten, allen voran die *United Europe Movement*, unter Aufrechterhaltung voller staatlicher Souveränität, die intergouvernementale Zusammenarbeit der europäischen Staaten zu fördern. Dieser Ansatz war so auch in der Züricher Rede von *Winston Churchill* angedacht.[225]

4.2.2 Der Europakongress

Der Startpunkt für die Umsetzung bildete der Europakongress, der vom 7. Mai bis zum 10. Mai 1948 in Den Haag, Niederlande, stattfand. An diesem Kongress nahmen insgesamt 722 Vertreter aus Politik und Gesellschaft aus 28 europäischen Staaten teil.[226] Das Ziel des Haager Kongresses bestand in der Schaffung einer regionalen internationalen Organisation. Zu einer derartigen Einigung kam es jedoch nicht. Dennoch stellt der Europakongress den ersten Versuch einer Neuordnung Europas dar, da sich die Vertreter doch auf die Errichtung einer europäischen Versammlung einigen konnten. Die Kompetenzen dieser Versammlung waren jedoch stark limitiert, worin sich auch der Kompromiss der beiden unterschiedlichen europäischen Lager widerspiegelt. Die Versammlung konnte nur mittels unverbindlichen Empfehlungen agieren. Generell hatten die Kongressteilnehmer die Vorstellung, dass diese Empfehlungen eine Art Leitfaden bilden sollten, aus denen hervorgeht, wie die Integration Europas gefördert werden kann.[227]

4.2.3 Der Brüsseler Fünfmächtepakt

Die Urheber des im Rahmen dieser Arbeit näher zu behandelnden Europarats sind insbesondere die Vertragsstaaten des sogenannten Brüsseler Paktes oder auch *Brüsseler Fünfmächtevertrags*. Die heute geltende institutionelle Ausgestaltung des Europarats hat in diesem Vertrag ihren Ursprung.[228]

---

225 Brummer, *Der Europarat* 2008 (n. 6), S. 32; Furtak, *Internationale Organisationen* 2015 (n. 22), S. 244–245.

226 Loth, Wilfried. 'Vor 60 Jahren: der Haager Europa-Kongress'. *integration* 31(2) (2008), S. 179–190, S. 179, doi 10.5771/0720-5120-2008-2-179.

227 Brummer, *Der Europarat* 2008 (n. 6), S. 22; Doyé, Louise, "Die Integration der osteuropäischen Staaten in den Europarat" (Dissertation, Freien Universität Berlin, 2002), S. 14–15.

228 Reiter, Erich (Hrsg.). *Österreich und die NATO: Die sicherheitspolitische Situation Österreichs nach der NATO-Erweiterung* (Graz/Wien/Köln: Styria, 1998), 3; CVCE.EU by UNI.LU. 'Die Mitglieder des Europarates', zugegriffen auf: https://www.cvce.eu/obj/die_mitglieder_des_europarates-de-34cfad31-a18c-4406-b866-9696e705c3b6.html, abgerufen am: 07.02.2022; Woyke, Wichard. 'Westeuropäische Union (Western

Der Brüsseler Pakt stellt ein am 17. März 1948 gegründetes wechselseitiges Beistandsbündnis auf politischer, wirtschaftlicher und militärischer Ebene zwischen Frankreich[229], Belgien[230], der Niederlande[231], Luxemburg[232] und Großbritannien[233] dar, die den Pakt zwischen April und August 1948 ratifiziert haben.[234] Unter Leitung von *Georges Bidault* (1899–1983)[235], dem damaligen französischen Außenminister, wurden die Ergebnisse des Europakongresses ebenfalls Gegenstand des Brüsseler Paktes.[236] Im Rahmen dessen Konsultativrats wurde am 29. Januar 1949 die Errichtung des Europarats samt seiner institutionellen Ausgestaltung mit Ministerrat und beratender Versammlung beschlossen.[237]

4.2.4 Der 5. Mai 1949 – Gründungskonferenz

Während einer Konferenz in London wurde der Europarat als intergouvernementale regionale internationale Organisation gegründet. Die *Satzung des Europarats*[238] («EuRS») wurde von den zehn teilnehmenden Staaten unterzeichnet, darunter die fünf Mitglieder des Brüsseler Paktes sowie Italien, Irland und die skandinavischen Staaten Schweden, Norwegen und Dänemark. Dies geschah am 5. Mai 1949. Nur wenige Monate später, am 3. August 1949, trat die EuRS in Kraft. Bereits wenige Tage danach, am 8. August 1949, fand die erste Ministerratssitzung

---

European Union/WEU)' In *Handwörterbuch Internationale Organisationen*, (Hrsg.) Uwe Andersen und Wichard Woyke (Wiesbaden/s.l.: VS Verlag für Sozialwissenschaften, 2. Aufl., 1995), S. 439–443, S. 439.

229 Ratifiziert am 25. August 1848.

230 Ratifiziert am 3. April 1848.

231 Ratifiziert am 20. Juli 1848.

232 Ratifiziert am 10. Juni 1848.

233 Ratifiziert am 2. Juni 1848.

234 Reiter, *Österreich Und Die NATO* 1998 (n. 229), S. 3; Woyke, '*Westeuropäische Union (Western European Union/WEU)*' 1995 (n. 229), S. 439; CVCE.EU by UNI.LU. 'Ratifications and entry into force of the Brussels Treaty (1948): Dates on which the instruments of ratification of the Brussels Treaty of 17 March 1948 were deposited. The treaty entered into force on 25 August 1948, the date on which the last instrument of ratification was deposited.', zugegriffen auf: https://www.cvce.eu/content/publication/2008/2/6/0fd15d22-1f95-470d-a048-01e66a2f29fa/publishable_en.pdf, abgerufen am: 07.02.2022.

235 Demory, Jean-Claude. *Georges Bidault (1899-1983) Biographie* (EDITIONS JULLIARD, 1995).

236 Loth, '*Vor 60 Jahren: der Haager Europa-Kongress*' 2008 (n. 227), S. 190.

237 Brummer, *Der Europarat* 2008 (n. 6), S. 23.

238 ETS No. 001. *Statute of the Council of Europe* (1949).

statt. Dieser folgte am 10. August 1949 die erste Sitzung der beratenden Versammlung in Straßburg.[239]

Die Errichtung des Europarats stellt einen Meilenstein in der europäischen Integrationspolitik dar. Autoren wie *Brummer*, *Steppacher* oder *Royer*[240] betonen in diesem Zusammenhang stets, dass der Europarat «*die älteste [aller] gesamteuropäischen zwischenstaatlichen Organisationen*»[241] darstellt. Die anderen uns heute bekannten Einrichtungen, die einen immer engeren Zusammenschluss der europäischen Staaten anstreben,[242] sind erst später gegründet worden. Seit 1964 erinnert der 5. Mai, auch als Europatag bezeichnet, an den Gründungstag des Europarats.[243]

239 Furtak, *Internationale Organisationen* 2015 (n. 22), S. 245; Brummer, *Der Europarat* 2008 (n. 6), S. 23; Doyé, "Die Integration der osteuropäischen Staaten in den Europarat," S. 15.

240 Vgl. Royer, Aline. *Der Europarat* (Straßburg: Council of Europe, 2010).

241 Steppacher, Burkard und Brummer, Klaus. 'Internationale Beziehungen'. *Politische Vierteljahresschrift* 52(3) (2011), S. 589–591, S. 589 Brummer, *Der Europarat* 2008 (n. 6), S. 17.

242 Demory, *Georges Bidault (1899-1983) Biographie* 1995 (n. 236).

243 Council of Europe. '5. Mai – Europatag'. 2020, zugegriffen auf: https://www.coe.int/de/web/portal/5-may-europe-day, abgerufen am: 02.02.2022.

5. Darstellung des Europarats

5.1 Aufgaben und Prinzipien des Europarats

5.1.1 Einleitung

> *«Im Grunde geht es um eine solche Umgestaltung der in Europa entstandenen internationalen Ordnung, die die gesamteuropäischen Werte entschieden in den Vordergrund rückt, die es gestattet, das traditionelle Kräftegleichgewicht durch ein Interessengleichgewicht zu ersetzen. […] [D]ie Europäer brauchen ein Europa, und zwar ein friedliches und demokratisches, das seine ganze Vielfalt beibehält und an den allgemeinen humanistischen Idealen festhält.»*[244]
>
> – Gorbatschow Michail –

Gemäß Art. 1 EuRS wird mit dem Europarat ein bestimmtes Ziel verfolgt, nämlich *«to achieve a greater unity between its members for the purpose of safeguarding and realising the ideals and principles which are their common heritage and facilitating their economic and social progress.»*[245]

Der Europarat wurde daher zwecks Förderung der europäischen Integration mit dem primären Ziel geschaffen, durch den Zusammenschluss der europäischen Staaten einen gemeinsamen und auf den Grundprinzipien des Europarats basierenden kontinentalen Raum zu schaffen.[246]

5.1.2 Die Grundprinzipien und Tätigkeitsfelder des Europarats

5.1.2.1 Die Grundprinzipien des Europarats

Quellen dieser Grundprinzipien sind die Präambel und Art. 3 EuRS. Ihre heute bekannte dreiteilige Ausgestaltung wurde als solche erstmals ausdrücklich in der

---

244 'Rede von Michail Gorbatschow vor dein Europarat in Strasbourg'. *Neues Deutschland* (7.07.1989), S. 3-4. Rede des Präsidenten der Sowjetunion Michael Gorbatschow vor der Parlamentarischen Versammlung des Europarats am 6. Juli 1989.

245 ETS No. 001, *Statute of the Council of Europe* 1949 (n. 239), Art. 1 lit. a.

246 Deutscher Bundestag: Wissenschaftliche Dienste. *Nr. 40/09: Der Europarat* (Berlin, 2009), S. 1–2.

Abschlusserklärung des zweiten Gipfeltreffens des Europarats vom 10. Oktober bis zum 11. Oktober 1997 in Straßburg genannt. Diese sind demnach:[247]

- o *Pluralist democracy* (Demokratie);
- o *Respect for human rights* (Menschenrechte);
- o *Rule of law* (Rechtsstaatlichkeit).[248]

Da es sich hierbei um die grundlegenden Prinzipien einer europäischen Verfassung handelt, sind diese drei Leitprinzipien auch unter der Bezeichnung *Wertetrias* des Europarats bekannt geworden. Laut *Melzer* stellen diese einen «*kontinentale[n] Konsens europäischer Standards im Bereich der Demokratie, Rechtsstaatlichkeit und Grundfreiheiten und Menschenrechte*»[249] dar. Sie bilden zeitgleich Ziel und Zweck sowie Maßstab aller Handlungen des Europarats. Die Institution hat stets im Einklang mit diesen Prinzipien zu handeln.[250]

Obwohl sie damit den höchsten Stellenwert im für den Europarat maßgeblichen Normenkatalog einnehmen – ähnlich wie die Grundprinzipien der österreichischen Bundesverfassung – findet keine Konkretisierung der Grundprinzipien in der EuRS statt. Auch in ergänzenden Bei- oder Nachschlagewerken sind keine juristischen Erläuterungen und Kommentierungen hierzu enthalten. Es handelt sich bei den drei Grundprinzipien, wie *Melzer* betont, um «*generische Arbeitsdefinitionen*».[251]

Da *Demokratie* ein Begriff ist, der einem kontinuierlich wandelnden gesellschaftlichen Verständnis unterliegt, kann eine statische Definition nicht zweckdienlich sein. Der Europarat umschreibt Demokratie daher durch die Bezeichnung der Minimalvoraussetzungen eines demokratischen Staates. Diese Mindestkriterien wurden in der ersten Straßburger Konferenz über parlamentarische

---

247 Council of Europe Summit. *DECL(11/10/97): Final declaration and Action Plan of the Second Summit of Heads of State and Government of the Council of Europe (Strasbourg)* (1997), S. 1.

248 Ibid.

249 Melzer, Olaf. *Der Europarat und Russland 1992–2006: Demokratieförderung in Russland* (Wiesbaden: Springer VS, 2012), S. 152.

250 Vgl. Deutscher Bundestag: Wissenschaftliche Dienste, *Nr. 40/09: Der Europarat* 2009 (n. 247), S. 1; Brummer, *Der Europarat* 2008 (n. 6), S. 27, 255; Gawrich, Andrea. *Demokratieförderung von Europarat und OSZE: Ein Beitrag zur europäischen Integration* (Wiesbaden: Springer VS, 2014), S. 102-103; Melzer, *Der Europarat und Russland 1992–2006* 2012 (n. 250), S. 16, 101.

251 Melzer, *Der Europarat und Russland 1992–2006* 2012 (n. 250), S. 101; Gawrich, *Demokratieförderung von Europarat und OSZE* 2014 (n. 251), S. 102.

Demokratie 1983[252] und in weiteren Europaratsdokumenten ausgearbeitet.[253] Gemäß RES800(1983) der Parlamentarischen Versammlung müssen die Kriterien der Rechtsstaatlichkeit; Gewaltenteilung; eine funktionierende staatliche Kontrolle; regelmäßig stattfindende geheime, freie und allgemeine parlamentarische Wahlen; der Schutz der Grund- und Menschenrechte samt Minderheitenschutz sowie eine auf Demokratie und Menschenrechte ausgerichtete Erziehung vorliegen, damit ein Staat als demokratischer Staat bezeichnet werden kann.[254]

Zur Erläuterung des Begriffs *Menschenrecht* kann auf die Menschenrechtsschutzinstrumente des Europarats, allen voran die EMRK, verwiesen werden.[255]

Zur Problematik der Definition des Begriffs *Rechtsstaat* sei auf die vorherigen Ausführungen verwiesen. Ähnlich wie beim Demokratiebegriff enthält eine Resolution der Parlamentarischen Versammlung die Mindestanforderungen, die der Europarat für das Vorliegen eines Rechtsstaates einfordert. Gemäß RES1418(2005) sind dies die Unabhängigkeit und Funktionsfähigkeit der Justiz, die Gleichheit vor dem Gesetz, Verfahrensgrundrechte sowie die Einhaltung und Gewährleistung der Grund- und Menschenrechte, insbesondere den Verfahrensgrundrechten in Art. 6 EMRK. Diese Kriterien sollen den übergeordneten Zweck des Rechtsstaatsprinzips gewährleisten, nämlich die Begrenzung staatlicher Macht durch demokratisch geschaffenes Recht zum Schutz des Individuums.[256]

Alle drei Elemente sind eng miteinander verbunden, wodurch eine klare Abgrenzung zueinander nicht möglich ist. Die Grenzen zueinander sind fließend. Dem Europarat ist es damit aber gelungen, das sogenannte Wertetrias so auszugestalten, dass sie die allgemeinen europäischen Werte gesamtheitlich repräsentieren und widerspiegeln.[257]

---

252 Ahrens, Karl. 'Die Straßburger Konferenz über parlamentarische Demokratie'. *Rivista di Studi Politici Internazionali* 51(3 (203)) (1984), S. 403–409, 408–409.

253 Melzer, *Der Europarat und Russland 1992–2006* 2012 (n. 250), S. 106, 109–110, 112–113.

254 Parliamentary Assembly. *RES800(1983): Principles of democracy* (1983), § 6 ff.

255 Melzer, *Der Europarat und Russland 1992–2006* 2012 (n. 250), S. 119–121.

256 Parliamentary Assembly. *RES1418(2005): The circumstances surrounding the arrest and prosecution of leading Yukos executives* (2005), §§ 2–7; Öhlinger, Theo und Eberhard, Harald. *Verfassungsrecht* (Wien: facultas.wuv – Maudrich, 12. Aufl., 2018), S. 58–59; Kahl, Arno und Weber, Karl. *Allgemeines Verwaltungsrecht* (Wien: facultas, 6. Aufl., 2017), S. 275 ff, 281–285.

257 Melzer, *Der Europarat und Russland 1992–2006* 2012 (n. 250), S. 121–122.

5.1.2.2 Die Aufgabengebiete des Europarats

Alle Handlungen des Europarats und seiner Organe müssen den übergeordneten Prinzipien entsprechen und deren Verwirklichung dienen. Aus Art. 1 EuRS kann nur eine vage Vorstellung von den Tätigkeitsfeldern des Europarats gewonnen werden. Diese wurden während dem zweiten und dritten Gipfeltreffen der Staats- und Regierungschefs in Straßburg vom 10. bis 11. Oktober 1977[258] und in Warschau vom 16. bis 17. Mai 2005[259] ergänzt und konkretisiert. Diese werden in der nachfolgenden Tabelle überblicksartig dargestellt.[260]

Tabelle 1: Die zehn Aufgabengebiete des Europarats[261]

Die zehn Aufgabengebiete des Europarats Gemäß dem ersten und zweiten Gipfeltreffen	
Demokratie und Menschenrechte	Soziale Kohäsion
Bürgersicherheit	Demokratische Werte und kulturelle Vielfalt
Verbesserung von institutionellen Strukturen und Arbeitsmethoden	Förderung der Grundprinzipien
Verbesserung der Sicherheit der europäischen Bürger	Verbesserung der Humanität und der Integration in Europa
Förderung der Zusammenarbeit mit internationalen und regional europäischen Organisationen und Instituten	Umsetzung der bei den Gipfeltreffen verabschiedeten Aktionspläne

5.1.3 Der Zusammenschluss der europäischen Staaten

Entsprechend der EuRS Präambel basiert die Tätigkeit des Europarats auf der Überzeugung, dass Frieden, wirtschaftlicher und sozialer Wohlstand sowie die

258 Council of Europe Summit. *SUM(97)PV1&2: Second Summit of heads of state and government of the Council of Europe – Minutes* (1997).

259 Council of Europe Summit. *SUM(2005)PV-Add: Third Summit of heads of state and government of the Council of Europe – Minutes* (2005).

260 Hummer, *Österreich im Europarat 1956–2006* 2008 (n. 17), S. 6–7.

261 Council of Europe Summit, *DECL(11/10/97)* 1997 (n. 248), S. 1–4; Council of Europe Summit. *DECL (17/15/05): Action Plan – Third Summit of Heads of State and Government of the Council of Europe (Warsaw, 16-17 May 2005)* (2005), S. 1–13; Hummer, *Österreich im Europarat 1956–2006* 2008 (n. 17), S. 6–7.

Grundprinzipien durch einen engeren Zusammenschluss der Staaten Europas gewährleistet und gefördert werden.[262]

Nach dem Selbstverständnis des Europarats gehört dies zu seinen wesentlichen Aufgaben, um dadurch an einer «*[...] freer, more tolerant and just European society [...]*»[263] mitzuwirken zu können.

5.1.3.1 Mitgliedschaft

Gemäß Art. 4 EuRS kann jeder europäischer Staat ein Mitgliedstaat des Europarats werden, wenn dieser fähig und gewillt ist, den Vorrang des Rechts anzuerkennen, die Verwirklichung der Menschenrechte und Grundfreiheiten zu fördern sowie sich ernsthaft für die Verwirklichung der im Kapitel I genannten Ziele einsetzt.[264]

Bis zum Ende des sogenannten Kalten Krieges Anfang der 1990er-Jahre wurden die Aufnahmekriterien restriktiv ausgelegt,[265] was die erneute Aufnahme von Griechenland sowie die Aufnahme von Spanien, Portugal und Liechtenstein verdeutlichen. Für die drei erstgenannten Aufnahmewerber stand die Mitgliedschaft im Europarat erst (wieder) offen, nachdem diese die diktatorische Staatsform abgeschafft hatten. Im Vergleich zu Österreich, das 1956 Europaratsmitglied wurde, trat Liechtenstein äußerst spät – nämlich erst 1978 – dem Kreis der Europaratsmitgliedstaaten bei. Zu diesem Zeitpunkt war Liechtenstein der letzte verbliebene Staat in Europa, der noch kein Frauenwahlrecht eingeführt hat. Dessen Einführung auf Landesebene durch das «*Verfassungsgesetz zur Einführung des Frauenstimm- und Wahlrechts vom 11. April 1984*»[266] basierte in erheblichem

---

262 ETS No. 001, *Statute of the Council of Europe* 1949 (n. 239), Preamble; Europarat, *Satzung des Europarates – Amtliche Übersetzung Deutschlands* London, 5.V.1949 (n. 150), Präambel.

263 Council of Europe Summit, *DECL(11/10/97)* 1997 (n. 248), S. 2.

264 Siehe auch: Council of Europe Summit. *DECL(09/10/93): Final declaration and Action Plan of the First Summit of Heads of State and Government of the Council of Europe (Vienna)* (1993), S. 1; ETS No. 001, *Statute of the Council of Europe* 1949 (n. 239), Art. 1, 3–4.

265 Brummer, *Der Europarat* 2008 (n. 6), S. 24–27.

266 LGBl-Nr. 1984.027. *Verfassungsgesetz vom 11. April 1984 über die Abänderung der Verfassung vom 5. Oktober 1921 (Einführung des Frauenstimmrechtes)* (1984); Hummer, Waldemar. 'Der Europarat: Grundlagen, Struktur, Arbeitsweise, Tätigkeitsfelder, Außenbeziehungen' In *Österreich im Europarat 1956–2006: Bilanz einer 50-jährigen Mitgliedschaft*, (Hrsg.) Waldemar Hummer (Wien: Böhlau, 2008), S. 1–54, S. 9; Landtagskommission des Fürstentums Liechtenstein. *Bericht und Antrag der Landtagskommission zur Beratung der Gesetzesvorlagen zur Einführung des Frauenstimmrechtes an den Landtag: BuA-Nr. 1984/65* (1984), S. 2 ff.

Maße auf dem Wunsch Liechtensteins, dem Europarat beizutreten und der damit korrespondierenden Bedingung des Europarats, zeitnah auf nationaler Ebene das Frauenstimm- und Frauenwahlrecht einzuführen.[267]

1989 gehörten dem Europarat 23 Mitgliedstaaten an. Abgesehen von den Mittelmeerstaaten Griechenland, Türkei, Zypern und Malta handelte es sich dabei ausschließlich um westeuropäische Staaten. Mittel- und osteuropäische Staaten wurden bis dahin noch nicht in den Europarat aufgenommen. Dieser *Unwille* lag einerseits in den politischen Spannungen des Kalten Krieges sowie in der unzureichenden Erfüllung der Aufnahmebedingungen dieser Staaten begründet. Dennoch fanden bereits intensive wechselseitige Zusammenarbeiten statt.[268]

Ab 1990 bis 2007 vervielfachte sich die Mitgliederanzahl durch den Beitritt von 24 Staaten aus dem Balkan sowie Mittel- und Osteuropas. Mit dem Fall des Eisernen Vorhangs setzte ein Umdenken im Europarat ein, das i. Z. m. manchen Beitrittskandidaten besonders deutlich zum Vorschein tritt.[269] Es wurden nämlich auch Staaten aufgenommen, welche die in Art. 3 EuRS festgeschriebenen Aufnahmebedingungen zum damaligen Zeitpunkt offensichtlich nicht erfüllen konnten. Zu nennen ist hier u .a. Russland. Vor und zum Zeitpunkt der Aufnahme Russlands 1996 lagen starke Defizite im Bereich der Rechtsstaatlichkeit und der Menschenrechte vor. Dies zeigte sich insbesondere bei der Unabhängigkeitserklärung Tschetscheniens von Russland und der darauffolgenden militärischen Intervention Russlands im ersten Tschetschenienkonflikt 1994 bis 1996. Die Vorabprüfung betreffend die Aufnahmevoraussetzungen wurde im Fall Russlands sogar zwischenzeitig ausgesetzt, verhinderte einen Beitritt jedoch nicht.[270] *Wittinger* erkennt in dieser geänderten Praxis eine Konkretisierung von

267 Regierung des Fürstentums Liechtenstein. *Bericht und Antrag der Regierung an den Landtag des Fürstentums Liechtenstein zur Einführung des Frauenstimm- und Wahlrechtes Verfassungsgesetz über die Abänderung der Verfassung vom 5. Oktober 1921: BuA-Nr. 1983/47* (1983), S. 24–25; Brummer, *Der Europarat* 2008 (n. 6), S. 27, 73; Wanger, Thomas Ernst. 'Vom Frauenstudium zum Frauenwahlrecht in der Schweiz und in Liechtenstein' In *Schriften des Vereins für Geschichte des Bodensees und seiner Umgebung*, S. 118–157, S. 137–139; Richter, Hedwig und Wolff, Kerstin (Hrsg.). *Frauenwahlrecht: Demokratisierung der Demokratie in Deutschland und Europa* (Hamburg: Hamburger Edition, 2018), S. 2; Hilpold, '*Ringen um europäische Werte – Österreich in der EU*' 2021 (n. 142), S. 270 f.

268 Brummer, *Der Europarat* 2008 (n. 6), S. 24–27.

269 Council of Europe Summit, *DECL(09/10/93)* 1993 (n. 265), S. 1.

270 Committee on Legal Affairs and Human Rights. *Doc. 7463(1996): Russia's application for membership of the Council of Europe* (1996), II. ff, V.; Sauer, Heiko und Wagner, Niklas. 'Der Tschetschenien-Konflikt und das Völkerrecht. Tschetscheniens

Art. 3 EuRS dahingehend, dass die Aufnahmevoraussetzungen nicht zwingend bereits bei der Aufnahme erfüllt sein müssen.[271]

Montenegro ist aktuell mit Beitrittsdatum 11. Mai 2007 das jüngste Europaratsmitglied.[272] Zu Beginn des Jahres 2022 gehörten dem Europarat 47 Mitgliedstaaten an. Nach dem Angriff auf seinen Nachbarstaat, der Ukraine, wurde Russland im ersten Quartal 2022 aus dem Europarat ausgeschlossen. Gegenwärtig gehören dem Europarat nur mehr 46 Mitgliedstaaten an.[273] Die letzten beiden europäischen Staaten, welche bislang nicht am Zusammenschluss des Europarats teilnehmen, sind Weißrussland und der Kosovo.[274] Selbsterklärend wird aus der Bezeichnung *«letzte Diktatur Europas»*[275] ersichtlich, wieso Weißrussland die Mitgliedschaft bisher verwehrt wurde.

5.1.3.2 Assoziierte Mitgliedschaft

Unter denselben Voraussetzungen, wie sie für eine Vollmitgliedschaft gelten, können europäische Staaten auch assoziierte Mitglieder werden. Diese verfügen, abgesehen von der Vertretungsbefugnis im Ministerkomitee, über dieselben Handlungsmöglichkeiten wie Vollmitglieder. Sowohl die Bundesrepublik Deutschland («BRD») als auch das bis 1957 autonome Saarland[276], die beide zum

Sezession, Russlands Militärinterventionen und die Reaktionen der Staatengemeinschaft auf dem Prüfstand des internationalen Rechts'. *Archiv des Völkerrechts* 45(1) (2007), S. 53–83, S. 53, 55.

271 Brummer, *Der Europarat* 2008 (n. 6), S. 32; Frowein, Jochen. 'Der Europarat: Die Entwicklung seines Rechts und der Europäischen Verfassungswerte: Buchbesprechungen und Buchanzeigen'. *Der Staat* 46 (2007), S. 645, S. 645, 647;. Wittinger, Michaela. *Der Europarat: die Entwicklung seines Rechts und der «europäischen Verfassungswerte»* (Baden-Baden: Nomos, 2005).

272 Council of Europe. 'Montenegro // 47 States, one Europe'. 2022, zugegriffen auf: https://www.coe.int/en/web/portal/montenegro, abgerufen am: 10.02.2022.

273 Council of Europe. '47 Member States', zugegriffen auf: https://www.coe.int/en/web/portal/47-members-states, abgerufen am: 10.02.2022; Council of Europe. 'Our member States – The Council of Europe in brief – www.coe.int', zugegriffen auf: https://coe.int/en/web/about-us/our-member-states, abgerufen am: 12.08.2023.

274 ETS No. 001, *Statute of the Council of Europe* 1949 (n. 239), Preamble; Council of Europe, '*47 Member States*' 2022 (n. 274), abgerufen am: 10.02.2022.

275 Pan, Christoph und Pfeil, Beate Sibylle (Hrsg.). *Minderheitenrechte in Europa: Handbuch der europäischen Volksgruppen Band 2* (Vienna: Springer-Verlag/Wien, 2006, 2. Aufl.), S. 623.

276 Wendt, Rudolf und Rixecker, Roland (Hrsg.). *Verfassung des Saarlandes – Kommentar* (Saarbrücken: Verl. Alma Mater, 2009), S. V.–VI., 25, 27. Vgl. Art. 60 der Verfassung: „Das Saarland ist ein autonom, demokratisch und sozial geordnetes Land und

damaligen Zeitpunkt nicht über die volle Souveränität besaßen, traten 1950 – circa («ca.») ein Jahr vor Erlangung der Vollmitgliedschaft 1951 – dem Europarat als assoziierte Mitglieder bei.[277]

5.1.3.3 Beobachterstaaten

Daneben unterhält der Europarat weltweite Beziehungen zu Nichtmitgliedstaaten, die durch Verträge oder Teilabkommen mit der Organisation verbunden sind.[278]

Israel, Japan, der Heilige Stuhl, Mexiko, Kanada und die USA sind als Beobachterstaaten mit dem Europarat verbunden.[279] Einen Beobachterstatus können grundsätzlich alle europäischen und außereuropäischen Staaten erlangen, sofern sie die Werte und Prinzipien gemäß Art. 3 EuRS achten.[280] Ihnen wird damit ermöglicht, Beobachter zu Ausschüssen sowie ständige Beobachter am Sitz des Europarats zu entsenden. Mit dem Statut ist allerdings weder eine Vertretung im Ministerkomitee noch in der Parlamentarischen Versammlung verbunden.[281] Letztere verfügt zudem über einen eigenen Beobachterstatus. Teilnehmenden Staaten, gegenwärtig Israel, Kanada und Mexiko, wird dadurch unter Ausschluss eines Stimmrechts die Teilnahme an der Versammlung ermöglicht.[282]

5.1.3.4 Sondergaststaaten

Der sogenannte Sondergaststatus ist nicht in der EuRS enthalten, sondern wurde erst durch die Parlamentarische Versammlung mit RES917(1989) eingeführt.

---

wirtschaftlich an Frankreich angeschlossen.“ (vgl. S. 25). Seit dem 1. Januar 1957 ist das Saarland ein Bundesland der Bundesrepublik Deutschlands.

277 CVCE.EU by UNI.LU, ‘*Die Mitglieder des Europarates*’ 2016 (n. 229), S. 2. abgerufen am: 10.02.2022; Hummer, ‘*Der Europarat: Grundlagen, Struktur, Arbeitsweise, Tätigkeitsfelder, Außenbeziehungen*’ 2008 (n. 267), S. 20.

278 Council of Europe. ‘Heiliger Stuhl // Beobachterstaat: Was ist ein Beobachterstatus?’, zugegriffen auf: https://www.coe.int/de/web/portal/holy-see, abgerufen am: 10.02.2022; Council of Europe Summit, *DECL(09/10/93)* 1993 (n. 265), S. 3.

279 Council of Europe, ‘*47 Member States*’ 2022 (n. 274), abgerufen am: 10.02.2022.

280 Vgl. auch Committee of Ministers. *Criteria for the granting of observer status with the Council of Europe – Observer status with the Council of Europe* (1999).

281 Committee of Ministers. *Statutory Resolutions (93) 26: On Observer Status* (1993), I.-VI.

282 Council of Europe. ‘Israel // Beobachter der Parlamentarischen Versammlung: Beobachterstatus bei der Parlamentarischen Versammlung’, zugegriffen auf: https://www.coe.int/de/web/portal/israel, abgerufen am: 10.02.2022; Parliamentary Assembly. *Resolution1202(1999): Rules of Procedure of the Assembly (January 2022)* (1999), Rule 62.

Transformationsstaaten sollte damit noch vor einer möglichen Mitgliedschaft die Möglichkeit eingeräumt werden, an Sitzungen der Parlamentarischen Versammlung teilnehmen zu können. Die Teilnahme ist nicht an ein Stimmrecht geknüpft.[283] Unter Transformationsstaaten sind Länder zu verstehen, die sich mit ihrem politischen System in einem Wandlungsprozess befinden. Darunter waren insbesondere jene Länder zu verstehen, die im Begriff waren, demokratische Staaten zu werden. Auch Weißrussland hatte einen Sondergaststatus inne, bevor ihm dieser 1977 als Folge der Aushöhlung der für den Europarat wesentlichen Prinzipien der Demokratie und der Rechtsstaatlichkeit entzogen wurde.[284]

5.1.3.5 Beendigung der Mitgliedschaft

Art. 7 EuRS regelt die Möglichkeit des freiwilligen Austritts eines Mitgliedstaates aus dem Europarat.[285] Von dieser Möglichkeit hatte bisher nur ein einziger Staat, nämlich Griechenland am 12. Dezember 1969 Gebrauch gemacht. Allerdings muss an dieser Stelle angemerkt werden, dass Griechenland damit nur einem Ausschluss durch das Ministerkomitee zuvorkommen wollte. Seit dem griechischen Militärputsch vom 21. April 1967 und der Etablierung einer Militärdiktatur konnte durch das neue Regime die Achtung der Werte des Europarats nicht mehr gewährleistet werden. Ein Ausschluss wurde daher als geradezu wahrscheinlich angesehen.[286] Nach dem Sturz des diktatorischen Regimes konnte Griechenland 1974 wieder erfolgreich den Status eines Europaratsmitglieds erlangen.[287]

Art. 9 EuRS sieht die Aussetzung des mitgliedstaatlichen Vertretungsrechts vor, sofern ein Staat seinen finanziellen Verpflichtungen nicht nachkommt.[288]

---

283 Parliamentary Assembly. *RES917(1989): Special guest status with the Parliamentary Assembly* (1989), S. 2, 4.

284 Hummer, *Österreich im Europarat 1956–2006* 2008 (n. 17), 21–22; Pan/Pfeil, *Minderheitenrechte in Europa* 2006 (n. 276), S. 21–22.

285 ETS No. 001, *Statute of the Council of Europe* 1949 (n. 239), Art. 7.

286 Soyke, Peter. 'Die Tatigkeit des Europarates in den Jahren 1967 bis 1969'. *German Yearbook of International Law* (15), S. 603–628, S. 603, 607, 609; Fernández Soriano, Víctor. 'Facing the Greek junta: the European Community, the Council of Europe and the rise of human-rights politics in Europe'. *European Review of History: Revue européenne d'histoire* 24(3) (2017), S. 358–376, S. 368–369, doi 10.1080/13507486.2017.1282432.

287 Krennerich, Michael. 'Einführung in den Menschenrechtsschutz des Europarats', zugegriffen auf: https://www.menschenrechte.org/wp-content/uploads/2014/09/MR-schutz_des_Europarates_MK_aug2014.pdf, 4. abgerufen am: 10.02.2022; Brummer, *Der Europarat* 2008 (n. 6), S. 82–83.

288 ETS No. 001, *Statute of the Council of Europe* 1949 (n. 239), Art. 7.

Art. 8 EuRS beinhaltet das Sanktionsregime des Europarats, das aus drei aufeinander aufbauenden Sanktionsstufen besteht. Das Sanktionsregime wird angewandt, wenn ein Mitgliedstaat die in Art. 3 EuRS innewohnenden Werte und Prinzipien gröblich verletzt. Auf der ersten Stufe werden die staatlichen Mitwirkungsrechte innerhalb der Organisation vom Ministerkomitee ausgesetzt. Sollte der rechtsverletzende Zustand aufrecht bleiben, hat das Ministerkomitee den Mitgliedsstaat zum Austritt gemäß Art. 7 EuRS aufzufordern. Als *Ultima Ratio* kann das Ministerkomitee auf der dritten Sanktionsstufe den Ausschluss des Mitgliedsstaates gemäß Art. 8 in Verbindung mit («i. V. m.») Art. 20 Abs. 1 litera («lit.») EuRS beschließen.[289]

Dieses Sanktionsregime ist das einzige Instrument des Europarats, um auf eine schwerwiegende Verletzung von Art. 3 EuRS durch einen Mitgliedstaat zu reagieren.[290]

Bisher bestand kein Bedarf, das Sanktionsregime einzuleiten. Im Falle Griechenlands kam, wie zuvor erwähnt, der Staat dem Ausschluss mit einem freiwilligen Austritt zuvor. Aufgrund der Menschenrechtsverletzungen im zweiten Tschetschenienkonflikt (1999–2009) richtete die Parlamentarische Versammlung die Empfehlung an das Ministerkomitee, ein Ausschlussverfahren gegen Russland einzuleiten. Doch im Frühjahr 2000 entschied sich das Ministerkomitee gegen die Anwendung von Art. 8 EuRS.[291] Dies änderte sich im Februar 2022. Der Angriff Russlands gegen die Ukraine stellt ohne Zweifel einen gravierenden Völkerrechtsverstoß dar und tangiert im höchsten Maße die Europaratsprinzipien. Am 25. Februar 2022 wurde die erste Sanktionsstufe eingeleitet und die Rechte Russlands mit der überwältigenden Mehrheit von 42 Stimmen suspendiert. Am 15. bzw. 16. März 2022 folgte die Austrittserklärung Russlands und der endgültige Ausschluss durch das Ministerkomitee.[292]

---

289 Ibid., Art. 8, Art. 20 Abs. 1 lit. d.

290 Brummer, *Der Europarat* 2008 (n. 6), S. 81–82.

291 Bundeszentrale für politische Bildung. 'Vor 20 Jahren: Zweiter Tschetschenienkrieg'. *Bundeszentrale für politische Bildung* (27.09.2019); 'Europarat fordert Ausschlussverfahren gegen Russland – Moskau soll mit Separatisten verhandeln'. *Wiener Zeitung* (7.04.2000); Brummer, *Der Europarat* 2008 (n. 6), S. 83–84.

292 Gall, Caroline von. 'Der Europarat muss den Austritt Russlands erklären'. *Verfassungsblog* (2022), doi 10.17176/20220311-001252-0; Council of Europe. 'Russische Föderation wird aus dem Europarat ausgeschlossen: Presseraum'. *Council of Europe* (16.03.2022), abgerufen am: 10.08.2023.

5.2 Die Organe des Europarats

Die Ziele des Europarats sollen u .a. auch unter Mitwirkung der Mitgliedstaaten realisiert werden. Daneben liegt es auch in der Zuständigkeit der Organe des Europarats, die Verwirklichung dieser Ziele zu fördern.

Die Satzung legt diesbezüglich den Tätigkeitsrahmen fest, welcher in der «*[…] discussion of questions of common concern and by agreements and common action in economic, social, cultural, scientific, legal and administrative matters and in the maintenance and further realisation of human rights and fundamental freedoms […]*»[293] besteht.[294] Bis auf Fragen der nationalen Sicherheits- und Verteidigungspolitik,[295] welche in Art. 1 lit. d EuRS ausdrücklich ausgeschlossen werden,[296] besitzt der Europarat eine nahezu uneingeschränkte Kompetenz und kann damit auf allen möglichen Sachgebieten tätig werden.

In den nachfolgenden Abschnitten werden das Ministerkomitee und die Parlamentarische Versammlung behandelt. Diese stellen gemäß Art. 10 EuRS die beiden Organe des Europarats dar.[297]

5.2.1 Das Ministerkomitee

Das Ministerkomitee ist anhand der ihm in der Satzung eingeräumten Kompetenzen das der Parlamentarischen Versammlung übergeordnete Organ. Dieses Organ spricht in verbindlicher Weise für den Europarat im Außenverhältnis mit Dritten und bestimmt damit maßgeblich das Handeln des Europarats.[298]

---

293 ETS No. 001, *Statute of the Council of Europe* 1949 (n. 239), Art. 1 lit. b.

294 Ibid., Art. 1 lit. b, c, Art. 3.

295 Hummer, *Österreich im Europarat 1956–2006* 2008 (n. 17), S. 5-6. Zwecks Vermeidung von Konflikten mit eingegangenen Militärbündnissen durch einige Mitgliedstaaten sowie aus der Neutralität resultierende völkerrechtliche Verpflichtungen neutraler Mitgliedstaaten (z.B. die immerwährende Neutralität Österreichs).

296 ETS No. 001, *Statute of the Council of Europe* 1949 (n. 239), Art. 1 lit. c; Committee of Ministers. *RES (51) 31: Competence of the Council of Europe with regard to questions relating to national defence – Article 1 (d) of the Statute* (1951), Demnach sind unter Art. 1 lit. d nur militärische Fragen ieS zu verstehen. Fragen der europäischen Sicherheits- und Friedenspolitik liegen damit zeifelsfrei in der Zuständigkeit des Europarats.

297 ETS No. 001, *Statute of the Council of Europe* 1949 (n. 239), Art. 10.

298 Brummer, *Der Europarat* 2008 (n. 6), S. 33.

5.2.1.1 Zusammensetzung des Ministerkomitees

Das Ministerkomitee setzt sich aus den beiden Untereinheiten des Ministerkomitees der Außenminister und des Ministerkomitees der Ministerbeauftragten zusammen.[299]

Die höchste Entscheidungskompetenz kommt dem sich jährlich zusammensetzenden Ministerkomitee der Außenminister zu, das aus den Außenministern aller Mitgliedstaaten gebildet wird. Alle Mitgliedstaaten sind darin mit einer gleichwertigen Stimme vertreten, wobei der Vorsitz unter den Mitgliedstaaten alle sechs Monate wechselt. Der vorsitzende Staat ist hinsichtlich des Stimmrechts nicht privilegiert und ihm steht auch keine ausschlaggebende Stimme bei Stimmengleichheit zu. Das Ministerkomitee der Außenminister trifft die für den Europarat primären Entscheidungen, sofern diese ein Anwesenheitsquorum von 2⁄3 der Außenminister erreichen und daher beschlussfähig sind.[300]

Für das Tagesgeschäft steht dem Ministerkomitee für Außenminister das Ministerkomitee der Ministerbeauftragten zur Seite. Jedes Mitgliedsland stellt einen Stellvertreter des Außenministers. Die Qualität ihrer Entscheidungen, die Abstimmungsmodalitäten sowie ihr Tätigkeitsumfang sind jenem des Ministerkomitees der Außenminister grundsätzlich ident. Allerdings steht es jedem Ministerbeauftragten zu, eine Abstimmung des Ministerkomitees der Ministerbeauftragten zu verhindern, wenn die Abstimmung aufgrund des politischen Gewichts einer zu behandelnden Frage dem Ministerkomitee der Außenminister vorbehalten sein sollte.[301]

Beide Fraktionen des Ministerkomitees können jederzeit gemeinsame Ausschüsse einsetzen.[302]

Der Vollständigkeit halber sei an dieser Stelle noch erwähnt, dass die höchsten Repräsentanten der Mitgliedstaaten neben dem Ministerkomitee auch in Form von Gipfeltreffen und Expertenausschüssen für den Europarat tätig werden können.[303]

---

299 Ibid.

300 Ibid., S. 35–37.

301 Ibid., S. 37–40.

302 ETS No. 001, *Statute of the Council of Europe* 1949 (n. 239), Art. 17; Brummer, *Der Europarat* 2008 (n. 6), S. 40–42.

303 Brummer, *Der Europarat* 2008 (n. 6), S. 47, 55.

5.2.1.2 Das rechtliche Instrumentarium des Ministerkomitees

Dem Ministerkomitee stehen unterschiedliche Instrumente zur Verfügung. Einmal kann es Arbeitsprogramme ausarbeiten (*programme of activities*), womit die organisatorische Arbeitsteilung unter allen Europaratsabteilungen erfolgt.[304]

Das Ministerkomitee hat nach Art. 15 lit. a EuRS die Kompetenz, in allen Bereichen Konventionen und Abkommen (*conventions and agreements*) i. S. v. völkerrechtlichen Verträgen zu erlassen, die der Erreichung der Ziele und der Verwirklichung der Prinzipien des Europarats dienen. Die Völkerrechtssubjekte – vornehmlich die Mitgliedstaaten – können sich an diesen Völkerrechtsverträgen beteiligen. Davon zu unterscheiden sind Zusatzprotokolle, die bestehende Völkerrechtsverträge des Europarats adaptieren, Rahmenkonventionen, in welchen zugunsten der nationalen Gesetzgeber nur die allgemeinen Rechtsfragen geregelt werden und erweiterte Abkommen, die auch für Nichtmitgliedstaaten zum Beitritt offenstehen. Die Europaratsverträge verfolgen insbesondere den Zweck einer Rechtsharmonisierung und der Förderung einer internationalen Kooperation.[305]

Sogenannte Teilabkommen (*partial agreements*) ermöglichen eine differenzierte Zusammenarbeit einiger Mitgliedstaaten unter Ausschluss jener Mitgliedstaaten, die nicht an einer vertieften Zusammenarbeit in bestimmten Bereichen interessiert sind. Im Falle erweiterter Teilabkommen kann auch eine engere Zusammenarbeit mit Nichtmitgliedstaaten angestrebt werden. Teilabkommen sind keine Völkerrechtsverträge. Das gilt auch für die nachfolgend erwähnten Instrumente:[306]

Mit *Empfehlungen* (*recommendations*) richtet sich das Ministerkomitee in unverbindlicher Weise an alle Mitgliedstaaten zwecks Festlegung gemeinsamer rechtlicher und faktischer Standards. Dennoch räumt Art. 15 lit. b EuRS dem Ministerkomitee eine gewisse Kontrolle hinsichtlich der Umsetzung einer Empfehlung auf nationaler Ebene ein.[307]

Resolutionen (*resolutions*) werden i. Z. m. Verwaltungs- und Finanzangelegenheiten, Einladungen zu Europaratsbeitritten sowie Kontrollen i. Z. m. der Einhaltung der Europaratsverträge erlassen. Als besondere Ausprägung dieses Instruments sind die sogenannten Resolutionen mit Satzungscharakter (*statuory resolutions*) zu nennen. Durch diese kann das Ministerkomitee per

---

304 Ibid., S. 59–62.

305 Ibid., 62–66; ETS No. 001, *Statute of the Council of Europe* 1949 (n. 239), Art. 15.

306 Brummer, *Der Europarat* 2008 (n. 6), S. 65–66.

307 Ibid., S. 66; ETS No. 001, *Statute of the Council of Europe* 1949 (n. 239), Art. 20 lit. i und v.

Beschluss Satzungsänderungen vornehmen, ohne dabei an die Einhaltung der in Art. 41 EuRS vorgeschriebenen formalen Anforderungen gebunden zu sein.[308]

Mittels *Deklarationen* (*declaration*) werden in unverbindlicher Weise die Ansichten des Organs zu bestimmten rechtlichen, politischen oder sonstigen Fragen gegenüber den Mitgliedstaaten und Dritten kundgetan.[309]

5.2.2 Die Parlamentarische Versammlung

Nirgendwo deutlicher zeigt sich der Konflikt zwischen der Förderung europäischer Integration und der Erhaltung nationalstaatlicher Souveränität als in der per Satzung festgeschriebenen Kompetenzverteilung zwischen den beiden Europaratsorganen. Sie ist bis heute Zeuge des Urkonflikts zwischen den Föderalisten und den Unionisten. Die untergeordnete Stellung der Parlamentarischen Versammlung wird auch durch die bis 1994 offiziell verwendete Bezeichnung als *Beratende Versammlung* deutlich. Auch die nunmehr verwendete Bezeichnung ist Ausdruck dieser Unterordnung. Das Organ wird nämlich nicht als Parlament, sondern lediglich als parlamentarische Versammlung bezeichnet.[310]

5.2.2.1 Zusammensetzung der Parlamentarischen Versammlung

Die Parlamentarische Versammlung besteht aus insgesamt 636 Parlamentariern und Stellvertretern, die sich aus der Summe der Mitglieder der nationalen Delegationen zusammensetzen. Diese treten zu einer jährlichen Sitzungsperiode, aufgeteilt in mehrtägigen Teilsitzungen, von Januar bis Oktober eines jeden Jahres zusammen.[311]

Die Leitung der Parlamentarischen Versammlung wird vom Präsidenten wahrgenommen. Die Vorarbeit wir von unterschiedlichen Stellen durchgeführt, darunter das Präsidium, das Sekretariat und die Ausschüsse der Parlamentarischen Versammlung. Zu nennen sind bspw. der Ausschuss für Recht und Menschenrechte, der Ausschuss für die Gleichstellung von Frauen und Männern oder der Monitoring-Ausschuss.[312]

---

308 Brummer, *Der Europarat* 2008 (n. 6), S. 67–69; ETS No. 001, *Statute of the Council of Europe* 1949 (n. 239), Art. 41.

309 Brummer, *Der Europarat* 2008 (n. 6), S. 69.

310 Ibid., 93; ETS No. 001, *Statute of the Council of Europe* 1949 (n. 239), Art. 10 lit. ii.

311 Brummer, *Der Europarat* 2008 (n. 6), S. 93–94; ETS No. 001, *Statute of the Council of Europe* 1949 (n. 239), Art. 25–26.

312 Brummer, *Der Europarat* 2008 (n. 6), S. 97–104; ETS No. 001, *Statute of the Council of Europe* 1949 (n. 239), Art. 24.

5.2.2.2 Das rechtliche Instrumentarium der Parlamentarischen Versammlung

Die Parlamentarische Versammlung besitzt, ähnlich zu anderen internationalen Organisationen, keine legislativen Kompetenzen.[313] Gemäß Art. 23 lit. a EuRS kann die Parlamentarische Versammlung sich mit allen den Europarat betreffenden Angelegenheiten auseinandersetzen, darüber beraten und die Ergebnisse mit den ihr zur Verfügung stehenden Instrumentarien bekanntgeben.[314] Der Versammlung stehen mehrere Möglichkeiten offen, im Ausarbeitungsprozess der Europaratsverträge auf deren Inhalt nachhaltig Einfluss zu nehmen. Darunter fällt die Teilnahme einzelner ausgewählter Versammlungsmitglieder an den ausarbeitenden Vertragsgremien oder die Abgabe von Stellungnahmen.[315]

Daneben ist die Parlamentarische Versammlung zur Wahl des Generalsekretärs und seines Stellvertreters, des Menschenrechtskommissars, der Richter des EGMR sowie zur Benennung der Mitglieder des Anti-Folterausschusses berechtigt. Auch neue Beitrittswerber müssen vor ihrem Beitritt von der Parlamentarischen Versammlung gehört werden.[316]

In Form von Dringlichkeits- und Aktualitätsdebatten kann der Europarat über die Parlamentarische Versammlung auch schnell und öffentlichkeitswirksam[317] auf aktuelle Ereignisse des Weltgeschehens eingehen.[318]

Zusammengefasst reicht das Instrumentarium der Parlamentarischen Versammlung von internen, ausschließlich für die Versammlung selbst verbindlichen Resolutionen (*resolutions*) und Weisungen (*orders*), bis hin zu unverbindlichen Stellungnahmen (*opinions*) und Empfehlungen (*recommendations*), die an das Ministerkomitee gerichtet werden.[319]

5.2.3 Das Sekretariat

Das Sekretariat ist kein Organ des Europarats. Seine primäre Aufgabe besteht darin, das Ministerkomitee und die Parlamentarische Versammlung bei der Umsetzung ihrer Aufgaben zu unterstützen.[320]

313 Brummer, *Der Europarat* 2008 (n. 6), S. 105.
314 ETS No. 001, *Statute of the Council of Europe* 1949 (n. 239), Art. 23 lit. a.
315 Brummer, *Der Europarat* 2008 (n. 6), S. 106.
316 Ibid.
317 ETS No. 001, *Statute of the Council of Europe* 1949 (n. 239), Art. 35.
318 Brummer, *Der Europarat* 2008 (n. 6), S. 106.
319 Ibid., S. 107; ETS No. 001, *Statute of the Council of Europe* 1949 (n. 239), Art. 29–31.
320 ETS No. 001, *Statute of the Council of Europe* 1949 (n. 239), Art. 10.

5.2.3.1 *Zusammensetzung des Sekretariats*

Neben dem Personal, das für die Aufrechterhaltung der Arbeits- und Funktionsweise des Sekretariats erforderlich ist, setzt sich das Sekretariat aus dem Generalsekretär und seinen Stellvertreter zusammen.[321]

Die Amtszeit des Generalsekretärs sowie seines Stellvertreters beträgt fünf Jahre, mit unbeschränkter Möglichkeit zur Wiederwahl. Beide werden unter Mitwirkung des Ministerkomitees von der Parlamentarischen Versammlung gewählt.[322]

Das Sekretariat ist in unterschiedliche Sektionen, bestehend aus Generaldirektorate, Direktorate und Sekretariate unterteilt. Diese beraten und unterstützen nicht nur den Generalsekretär, sondern auch die anderen Institutionen des Europarats.[323]

5.2.3.2 *Aufgaben des Sekretariats*

Die EuRS enthält keine konkreten Angaben zu den Tätigkeitsfeldern des Sekretariats. Es wird lediglich auf die unterstützende Funktion des Sekretariats verwiesen.[324] Um dem gerecht werden zu können, hat der Generalsekretär das Sekretariat entsprechend zu organisieren. Der Generalsekretär nimmt auch eine Vermittlerrolle zwischen den Organen und Institutionen des Europarats ein. Daneben obliegt ihm die Vertretung der Organisation gegenüber Dritten. Er hat auch die Kompetenz, an Versammlungen und Sitzungen aller Organe und Institutionen des Europarats teilzunehmen und vertritt diesen gegenüber den Mitgliedsstaaten. Agenden von geringerer politischer Bedeutung fallen grundsätzlich in die Zuständigkeit des stellvertretenden Generalsekretärs.[325]

5.3 Der Europarat als Hüter der Menschenrechte[326]

Eine Arbeit, die den Europarat zum Gegenstand hat, sollte die weiteren bemerkenswerten Leistungen dieser internationalen Organisation nicht außen vorlassen. Von ganz herausragender Bedeutung sind seine Beiträge auf dem Gebiet der

---

321 Ibid., Art. 36 lit. a; Brummer, *Der Europarat* 2008 (n. 6), S. 125.

322 ETS No. 001, *Statute of the Council of Europe* 1949 (n. 239), Art. 36 lit. b; Brummer, *Der Europarat* 2008 (n. 6), S. 125–126.

323 Brummer, *Der Europarat* 2008 (n. 6), S. 131–136.

324 Ibid., S. 127.

325 Ibid., S. 127-129, 131-135.

326 Vgl. Council of Europe. *Der Europarat – Hüter der Menschenrechte: Ein Überblick* (Straßburg: Council of Europe, 2020).

Menschenrechte. Von den bisher insgesamt 223[327] Europaratsverträgen nimmt ein Großteil davon zumindest mittelbar auf das menschenrechtliche Grundprinzip Bezug.[328] Damit ist der Europarat die bedeutsamste Organisation im Bereich der Menschenrechte und trägt zu Recht den Beinamen als «*Hüter der Menschenrechte*».[329]

In diesem Bereich zeichnet sich der Europarat vornehmlich durch die Ausarbeitung umfassender sowie punktueller regionaler Menschenrechtsabkommen aus.[330] Sein Handlungsrahmen beschränkt sich nicht auf die bloße Ausarbeitung dieser Verträge. Er unterstützt die Mitgliedstaaten auch bei der innerstaatlichen Umsetzung.[331]

Die Ausarbeitung der EMRK zählt ohne Zweifel zu seinen größten Errungenschaften. Der Einfluss dieses Menschenrechtsabkommens reicht weit über den europäischen Kontinent hinaus und hat selbst die «*American Convention on Human Rights*»[332] mitgeprägt.[333] Die EMRK wurde am 4. November 1950 in Rom unterzeichnet und ist nach der zehnten Ratifizierung[334] am 3. September 1953 in Kraft getreten.[335] Das Vertragswerk wird bisher von 16 Zusatzprotokollen in materieller oder formeller Hinsicht ergänzt und adaptiert.[336]

---

327 Nicht alle der 223 Europaratsverträge sind bereits in Kraft getreten.

328 Krennerich, Michael. 'Der Europarat – dem europäischen Menschenrechtsschutz verpflichtet', zugegriffen auf: https://www.menschenrechte.org/wp-content/uploads/2013/11/Die-MR-Arbeit-des-Europarates.pdf, S. 1–2. abgerufen am: 12.02.2022.

329 Council of Europe, *Der Europarat – Hüter der Menschenrechte* 2020 (n. 327), S. 2.

330 Arnauld, Andreas von. *Völkerrecht* (Heidelberg: C.F. Müller, 4. Aufl., 2019), S. 272.

331 Council of Europe, *Der Europarat – Hüter der Menschenrechte* 2020 (n. 327), S. 3.

332 Organization of American States. *American Convention on Human Rights: Pact of San José* (1969).

333 Brummer, *Der Europarat* 2008 (n. 6), S. 169.

334 ETS No. 146, *Convention for the Protection of Human Rights and Fundamental Freedoms* 1950 (n. 9), Art. 57 Abs. 3.

335 Frowein, Jochen. 'European Convention for the Protection of Human Rights and Fundamental Freedoms (1950)'. *Max Planck Encyclopedias of International Law [MPIL]* (2009), Rz 1-2.

336 Arnauld, *Völkerrecht* 2019 (n. 331), S. 286; Council of Europe. 'Convention for the Protection of Human Rights and Fundamental Freedoms: Protocols', zugegriffen auf: https://www.coe.int/en/web/portal/home?p_p_id=15&p_p_lifecycle=0&p_p_state=pop_up&p_p_mode=view&_15_groupId=99928066&_15_struts_action=/journal/preview_article_content&_15_articleId=99928550&_15_version=1.6, abgerufen am: 13.02.2022.

Die darin enthaltenen Menschenrechte sind primär als Abwehrrechte konzipiert; vereinzelt sind diese auch als positive Rechte ausgestaltet.[337]

Der EGMR mit Sitz in Straßburg wurde am 11. Mai 1994 durch das 11. Zusatzprotokoll[338] als ständiger Gerichtshof etabliert. Sein Zweck besteht in der Überprüfung von Verletzungen der EMRK durch die Vertragsstaaten auf der Ebene der Legislative, Exekutive und Judikative (*Streitiges Verfahren*) sowie der Erstellung von Rechtsgutachten zwecks Auslegung der EMRK und der Protokolle.[339] Der EGMR ist Vertragsorgan der EMRK, jedoch kein Organ des Europarats. Anders als der Europäische Gerichtshof («EuGH») bei der EU, ist der EGMR kein Gericht des Europarats. Jede natürliche und juristische Person («N. P. | J. P.») kann nach Erschöpfung des innerstaatlichen Rechtsmittelweges[340] mittels Individualbeschwerde den EGMR anrufen. Einem anderen Vertragsstaat steht dieselbe Möglichkeit mittels Staatenbeschwerde offen.[341] Die Entscheidungen des Gerichts sind bindend, deren Einhaltung wird vom Ministerkomitee überwacht.[342] Allerdings muss an dieser Stelle auch auf die Reformbedürftigkeit des Individualbeschwerdeverfahrens hingewiesen werden. Entgegen den vorherigen rechtlichen Ausführungen haben Rechtsschutzsuchende in der Praxis kaum eine Chance, ihre Angelegenheit dem EGMR vorzubringen. In ernüchternden Zahlen sind es lediglich 5 % aller vorgetragenen Fälle, die vom Gericht behandelt werden. Zu Recht stellt sich damit die Frage, inwieweit das Individualbeschwerdeverfahren als solches noch besteht. Zum Schutz der Menschenrechte sollte der EGMR eine Art letzte Verteidigungslinie vor staatlichem Unrecht darstellen. Die Staaten

---

337 Arnauld, *Völkerrecht* 2019 (n. 331), S. 273.

338 Council of Europe. *Protocol No. 11 to the Convention for the Protection of Human Rights and Fundamental Freedoms, restructuring the control machinery established thereby: ETS No. 155* (1994), Art. 1.

339 Höreth, Marcus. 'Europäischer Gerichtshof für Menschenrechte (EGMR)'. *Bundeszentrale für politische Bildung* (22.11.2021); Oetheimer, Mario und Cano Palomares, Guillem. 'European Court of Human Rights (ECtHR)'. *Max Planck Encyclopedias of International Law [MPIL]* 2020, Rz 1, 4, 15 ff, 43, 47–48.

340 Breuer, Marten. 'Der Europäische Gerichtshof für Menschenrechte als Wächter des europäischen Gemeinschaftsrechts'. *JuristenZeitung* 58(9) (2003), S. 433–443, S. 441–442.

341 Arnauld, *Völkerrecht* 2019 (n. 331), S. 333, 336; Vranes, Erich. 'Die Staatenbeschwerde im Verhältnis von EGMR, internationalen Gerichten und EuGH'. *Zeitschrift für öffentliches Recht* 69(2) (2014), S. 257–279, S. 264.

342 Oetheimer/Cano Palomares, '*European Court of Human Rights (ECtHR)*' (n. 340), Rz 43; ETS No. 146, *Convention for the Protection of Human Rights and Fundamental Freedoms* 1950 (n. 9), Art. 19, 32-35, 44, Art. 46 Abs. 2, Art. 47.

Europas, die sich besonders gegenüber der internationalen Staatengemeinschaft für ihre Menschenrechtsstandards rühmen, sind aufgefordert, auf eine Reform des EGMR-Schutzsystems hinzuwirken. Andernfalls bleibt von dieser letzten Verteidigungslinie des EGMR nicht mehr übrig als eine ineffiziente *morsche Palisade*.[343]

Andere bedeutsame menschenrechtliche Verträge des Europarats sind exemplarisch die «*European Social Charter*»[344] («ESC»), die «*Framework Convention for the Protection of National Minorities*»[345] («FCNM»), die «*European Convention for the Prevention of Torture and Inhuman or Degrading Treatment or Punishment*»[346] («CPT»), die «*Council of Europe Convention on preventing and combating violence against women and domestic violence*»[347] («Istanbul Convention») und die «*Council of Europe Convention on the Protection of Children Against Sexual Exploitation and Sexual Abuse*»[348] («Lanzarote Convention»).[349]

Auch wenn der Europarat im Bereich der Menschenrechte herausragende Arbeit geleistet hat, soll seine besondere Rolle in diesem Bereich nicht darüber hinwegtäuschen, dass er auch in zahlreichen anderen Themenkomplexen ebenfalls bedeutsame Arbeit geleistet hat.

---

343 Hilpold, Peter. 'Unabhängigkeit der Justiz ist essenziell'. *Wiener Zeitung* (26.02.2021); Hilpold, '*Der Fall Christian Pilnacek – Eine Herausforderung auch für die europäische Rechtsstaatlichkeit*' 2023 (n. 142); Hilpold, Peter. 'Streben nach Schönheit' In *100 Jahre Verfassung: 77 Stimmen zum Jubiläum des österreichischen Bundes-Verfassungsgesetzes (B-VG) Ein Lesebuch*, (Hrsg.) Peter Hilpold, Walter Hämmerle und Manfred Matzka (Wien: facultas, 2020), S. 56–58, S. 58; Hilpold, Peter. 'Zwei- bis Drei-Klassen-Justiz in Österreich?'. *Verfassungsblog* (2024), doi 10.59704/e510c3a2db3a62d9.

344 Council of Europe. *European Social Charter: ESC* (1961).

345 Council of Europe. *Framework Convention for the Protection of National Minorities: FCNM* (1995).

346 Council of Europe. *European Convention for the Prevention of Torture and Inhuman or Degrading Treatment or Punishment: FCNM* (1687).

347 Council of Europe. *Council of Europe Convention on preventing and combating violence against women and domestic violence: Istanbul Convention* (2011).

348 Council of Europe. *Council of Europe Convention on the Protection of Children Against Sexual Exploitation and Sexual Abuse* (2007).

349 Krennerich, '*Der Europarat – dem europäischen Menschenrechtsschutz verpflichtet*' 2013 (n. 329), S. 1-2. abgerufen am: 12.02.2022.

Korruptionsbekämpfung: Europarat

6. Schlüsselmomente der Antikorruptionspolitik des Europarats

6.1 19. Fachministerkonferenz der europäischen Justizminister

Ausgangspunkt der Antikorruptionspolitik des Europarats bildet die 19. Fachministerkonferenz der europäischen Justizminister. Diese fand auf Einladung Maltas zwischen dem 14. und 15. Juni 1994 unter dem Vorsitz des Justizministers des Gastgeberstaates in Valetta statt.[350] Derartige Zusammenkünfte auf Ministerebene sind formal nicht in die Organisation des Europarats eingebunden. Gleichwohl arbeiten diese eng mit dem Europarat zusammen und haben unter bestimmten Voraussetzungen sogar die Möglichkeit, im Namen des Ministerkomitees zu handeln.[351] Die Ergebnisse derartiger Fachministerkonferenzen werden grundsätzlich dem Ministerkomitee zur weiteren Bearbeitung überlassen.[352]

Die Fachministerkonferenz hatte das Thema «*Administrative, civil and penal aspects, including the role of the judiciary, of the fight against corruption*»[353] zum Gegenstand. Dieser Konferenz ging bereits REC81(12) des Ministerkomitees von 1981 voraus, in welcher den Mitgliedstaaten nahegelegt wurde, gegen Wirtschaftskriminalität wie u .a. Bestechung vorzugehen.[354] Doch erst im Rahmen dieser Konferenz wurde Korruption und dessen Bekämpfung mit der Arbeit des Europarats in Verbindung gebracht. Daher bildet diese Fachministerkonferenz den Beginn der Antikorruptionspolitik des Europarats.[355]

---

350 Council of Europe, '*Administrative, civil and penal aspects, including the role of the judiciary, of the fight against corruption*' 1997 (n. 11), S. 41; Committee of Ministers, *REC (81) 12* 1981 (n. 11).

351 Committee of Ministers. *RES (51) 30 E: Specialised Authorities* (1951), §§ 1, 5; Committee of Ministers. *RES (71) 44: on Conferences of specialised Ministers* (1971), Appendix.

352 Brummer, *Der Europarat* 2008 (n. 6), S. 55–57.

353 Committee of Ministers, *REC (81) 12* 1981 (n. 11), Appendix, § 11; Council of Europe. 'About Greco – Historical Background', zugegriffen auf: https://www.coe.int/en/web/greco/about-us/background, abgerufen am: 13.02.2022.

354 Committee of Ministers, *REC (81) 12* 1981 (n. 11), Appendix, § 11; Council of Europe, '*About Greco – Historical Background*' 2022 (n. 354), abgerufen am: 13.02.2022.

355 United Nations Office on Drugs and Crime. *The time is now: Adressing the gender dimensions of corruption* (Wien: United Nations, 2020), S. 59.

Die Aufnahme neuer Beitrittsstaaten aus Mittel- und Osteuropa bildete der konkrete Anlass, warum dieses Thema zum Gegenstand einer Fachministerkonferenz erklärt wurde. Bei den Beitrittsstaaten handelte es sich vornehmlich noch junge Demokratien, deren bislang nicht gefestigten demokratischen Werte und Institutionen in der Transformationsphase im besonderen Ausmaß durch Korruption gefährdet waren. Auch wenn manche Minister angaben, dass ihr Land nicht von Korruption betroffen sei, erkannten die Konferenzteilnehmer insgesamt, dass auch die westlichen Staaten mit korrupten Praktiken konfrontiert sind. Explizit wurde betont, dass gerade die zunehmende Waren- und Personenverkehrsfreiheit in Westeuropa neue Probleme in Bezug auf Korruption und organisierter Kriminalität aufwerfen könnte. Die Fachministerkonferenz gelangte zum Ergebnis, dass Korruption alle drei Grundprinzipien des Europarats berührt und jeder Staat in- und außerhalb Europas davon betroffen ist. Aus Sicht des Generalsekretärs hat der Europarat als Hüter dieser Grundprinzipien darauf zu reagieren, nämlich *«to respond to the threat posed by corruption»*.[356]

Einigkeit bestand unter den Justizministern darin, dass eine effiziente Korruptionsbekämpfungsstrategie eher durch ein gemeinschaftliches Vorgehen erreicht werden kann als durch staatliche Eigeninitiative. Das zentrale juristische Instrument einer nationalen Antikorruptionsstrategie bildet nach wie vor das Strafrecht. Unter den Mitgliedstaaten des Europarats bestehen teilweise gravierende Unterschiede, welche Sachverhalte alle unter die Korruptionstatbestände zu subsumieren sind. Bspw. haben manche Staaten normiert, dass Korruptionsstraftaten nur von Personen begangen werden können, die ein öffentliches Amt bekleiden. Andere Staaten erkennen hingegen an, dass Korruptionsdelikte auch von Privatpersonen verwirklicht werden können. Auch im Umgang mit J. P. bestand keine Einigung unter den Mitgliedstaaten des Europarats. Andere rechtliche Bereiche, wie das Zivilrecht, wurden in manchen Mitgliedstaaten sogar gänzlich außer Acht gelassen. Einige Staaten sahen zu diesem Zeitpunkt sogar die steuerliche Abzugsfähigkeit von ausländischen Bestechungsgeldern vor.[357]

Von einer breit aufgestellten Korruptionsbekämpfungsstrategie der Mitgliedstaaten konnte nicht gesprochen werden. Die nationalen Antikorruptionsregime waren lückenhaft und enthielten teilweise sogar Bestimmungen, die Korruptionshandlungen im Ausland begünstigten.[358] Die Fachministerkonferenz stellte

---

356 19th Conference of European Ministers of Justice. *Report by the Secretary General of the Council of Europe: Conclusions, Report by the Secretary General of the Council of Europe* (1994), Rz 21.

357 Ibid., Rz 5-6, 10-14, 19-23, 25.

358 Ibid.

fest, dass die bisherigen – vorwiegend im Strafrecht angesiedelten – nationalen Korruptionsbekämpfungsstrategien nicht ausreichend waren. Des Weiteren wurde festgestellt, dass sich Korruption immer stärker in den grenzüberschreitenden bzw. internationalen Bereich verlagerte. Die Konferenzteilnehmer gelangten daher zur Überzeugung, dass ein multidisziplinärer Ansatz erforderlich ist, der sowohl das öffentliche als auch das private Recht einbezieht und grenzüberschreitende Sachverhalte berücksichtigt. Die Justizminister sprachen sich für eine verstärkt grenzüberschreitende Zusammenarbeit innerhalb des Europarats aus und empfahlen dem Ministerkomitee:[359]

- die Errichtung einer multidisziplinären Europaratsgruppe;
- die Ausarbeitung eines Aktionsprogramms gegen Korruption;
- die Ausarbeitung von Verhaltenskodizes, Mustergesetzen oder Völkerrechtsabkommen;
- die Errichtung eines Kontroll- und Follow-up-Mechanismus.[360]

6.2 Errichtung der Multidisciplinary Group on Corruption (GMC)

Bereits im September desselben Jahres, während des 516. Treffens der Ministerbeauftragten des Ministerkomitees zwischen dem 5. und 8. September 1994, erklärte der Europarat die Agenda Korruptionsbekämpfung zu einem weiteren Aufgabengebiet und errichtete per Beschluss die *Multidisciplinary Group on Corruption* («GMC»).[361]

Die GMC wurde als Expertenausschuss gegründet, um die Empfehlungen der Fachministerkonferenz auf ihre Durchführbarkeit hin zu untersuchen und Lösungsansätze für deren Umsetzung zu erarbeiten. Dies sollte die GMC unter der Aufsicht des *European Committee on Crime Problems* («CDPC») sowie dem *European Committee on Legal Co-operation* («CDCJ») vornehmen. Daneben sollte die GMC feststellen, inwieweit eine verbindliche Definition von Korruption bei der Ausarbeitung künftiger Rechtsinstrumente zweckmäßig sein könnte. Die

---

359 19th Conference of European Ministers of Justice. *RES (1): Resolution No 1 on civil, administrative and criminal law aspects of corruption* (1994).

360 Ibid., Recommend No. 1, 3; Weidenfeld, Werner und Wessels, Wolfgang (Hrsg.). *Jahrbuch der Europäischen Integration* (1995), S. 201.

361 Committee of Ministers. *CM/Del/Dec(94)516: Ministers' Deputies 516th meeting Decisions adopted and REcords held in Strasbourg from 5 to 8 September 1994* (1994), S. 47; Council of Europe, '*About Greco – Historical Background*' 2022 (n. 354), abgerufen am: 21.02.2022.

Nachforschungen der GMC sollten sich nicht auf das Strafrecht beschränken, sondern auch andere Bereiche des öffentlichen und privaten Rechts erfassen.[362]

6.3 Aktionsprogramm gegen Korruption 1996 und die 21. Fachministerkonferenz der europäischen Justizminister

6.3.1 Aktionsprogramm gegen Korruption

Im Januar 1996 legte die GMC dem Ministerkomitee den Entwurf eines multidisziplinären Aktionsprogramms gegen Korruption[363] vor. Ziel des Programms war es, alle Aspekte der internationalen Korruptionsbekämpfung weltweit zu erfassen.[364]

Nach Erhalt weiterer Stellungnahmen seitens CDPC und CDCJ, wurde der Entwurf in der Fassung gemäß CM(96)133[365] angenommen. Die GMC erhielt in Zusammenarbeit mit dem CDPC und CDCJ ein bis Ende 2000 zeitlich begrenztes Mandat zur Umsetzung des Aktionsprogramms, zur Durchführung von Forschungs- und Bildungsprogrammen, zur Etablierung einer Plattform zwecks Förderung des nationalen und internationalen Erfahrungsaustausches sowie zur Ausarbeitung von völkerrechtlichen Antikorruptionsabkommen, effektiver Follow-up-Mechanismen und des Entwurfs eines Europäischen Verhaltenskodex für Amtsträger.[366]

An der Erfüllung des Mandats der GMC beteiligten sich die Mitgliedstaaten, andere internationale Organisationen oder Einrichtungen wie die OECD, UNO, *International Chamber of Commerce* («ICC») oder TI. Zudem wurden weitere

362 Committee of Ministers, *CM/Del/Dec(94)516* 1994 (n. 362), Appendix 29, a89-a92.

363 Vgl. Committee of Ministers. *CM(95)149: Draft programme of action against corruption Multidisciplinary Group on Corruption (GMC)* (1995).

364 Committee of Ministers. *CM(2000)158: 10.1 Multidisciplinary Group on Corruption (GMC)* (2000), I.C.; Committee of Ministers. *CM/Del/Dec(96)554: 554th meeting (A level) held in Strasbourg from 8 to 10 and 15 January 1996 – Decisions adopted and Records* (1996), S. 20-21, a4.

365 Committee of Ministers. *CM(96)133: Programme of action against corruption Multidisciplinary Group on Corruption* (1996).

366 Committee of Ministers. *CM/Del/Dec(96)578: 578th (A level) Decisions adopted*, § 10.2.; Committee of Ministers, *CM(2000)158* 2000 (n. 365), I.C.

Arbeitsgruppen eingerichtet, die sich nur mit bestimmten Aspekten der Korruptionsbekämpfung beschäftigten.[367]

Das Mandat der GMC lief nach fünfjähriger Tätigkeit Ende Januar 2001 aus. Von 1995 bis 2001 fanden im Rahmen der GMC insgesamt 25 Plenarsitzungen statt. Die weiteren Arbeitsgruppen hielten darüber hinaus weitere 50 Gruppensitzungen ab.[368]

6.3.2 21. Fachministerkonferenz der europäischen Justizminister

Am 10. und 11. Juni 1997 fand in Prag die 21. Fachministerkonferenz der europäischen Justizminister statt, auf der die Verbindung zwischen organisierter Kriminalität und Korruption thematisiert wurde. Die 1996 vom Ministerkomitee erfolgte Annahme des Aktionsplans gegen Korruption wurde von den Teilnehmern der 21. Fachministerkonferenz prinzipiell positiv aufgenommen. Sie bewerteten jedoch das Vorgehen des Europarats als zu langsam und drängten diesen zur rascheren Umsetzung des Aktionsplans.[369]

6.4 Zweites Gipfeltreffen in Straßburg

Das zweite Gipfeltreffen in Straßburg wurde am 10. und 11. Oktober 1977 abgehalten und war eines von bisher insgesamt drei derartiger Gipfeltreffen. Hierbei handelt es sich um politische Zusammenkünfte von Mitgliedern, die sich aus den höchsten staatlichen Funktionären der Mitgliedstaaten zusammensetzen und zu dem Zweck abgehalten werden, die künftige Ausrichtung des Europarats zu beschließen.[370]

Während des zweiten Gipfeltreffens wurden verschiedene Themen behandelt und in die Abschlusserklärung vom 11. Oktober 1997 aufgenommen,[371] darunter

---

367 Committee of Ministers. *CM(2002)64: 10.3 Multidisciplinary Group on Corruption (GMC) b. Final Activity Report (1994-2001)* (2002), I.C.

368 Ibid.; Committee of Ministers. *CM/Del/Dec(2000)730/10.1: Multidisciplinary Group on Corruption (GMC) Abridged report of the 22nd plenary meeting of the GMC (Strasbourg, 13 October 2000)* (2000), Z. 1.

369 21st Conference of European Ministers of Justice. *Conclusion, Report Secretary General: Conclusions, Report by the Secretary General of the Council of Europe* (1997), §§ 1, 4, 6-7, 12, 17, 23, 28; 21st Conference of European Ministers of Justice. *RES (1): Resolution No 1 on the links between corruption and organised crime* (1997), Preamble: §§ 6, 8; Recommendation: §§ 1–3, 7–10.

370 Brummer, *Der Europarat* 2008 (n. 6), S. 47–48.

371 Second Summit of the Council of Europe. *Decl(11/10/97): Final declaration and Action Plan of the Second Summit of Heads of State and Government of the Council of Europe* (1997), Final Declaration, 1.

die Förderung der Menschenrechte und Stärkung pluralistischer Demokratien, der soziale Zusammenhalt Europas, die Sicherheit der europäischen Bürger sowie Bildung, demokratische Werte und kulturelle Vielfalt.[372]

Von Anfang an war klar, dass Korruption ein zentraler Aspekt in den Debatten des zweiten Gipfeltreffens einnehmen wird. *José María Aznar López*, der damalige spanische Premierminister, beschrieb den Europarat als Hüter der individuellen Rechte und der demokratischen Werte, die den europäischen Staatssystemen zugrunde liegen. Nach seinen Ausführungen werden beide Aspekte durch Korruption tangiert.[373] Auch *Algirdas Brazauskas* (1932–2010)[374], der damals amtierende und nach der Abkehr Litauens von der Sowjetunion zeitgleich erste Präsident, fand ähnliche Worte: «*Corruption and organised crime have no regard for national frontiers, bring human losses and tangible damage to the economies of the weaker, less developed States.*»[375] Aus diesem Grund könne der Kampf durch den Europarat und den anderen internationalen Organisationen und Staaten nur gemeinschaftlich in Form eines multidisziplinären Ansatzes geführt werden:

> «*Combating corruption and organised crime must be undertaken on all fronts. This task requires pooling and co-ordination of the efforts of not only individual States, but also of international organisations.*»[376]

Der Beschluss der Staats- und Regierungschefs fokussierte sich daher auf die Findung gemeinsamer Lösungen, um den Herausforderungen entgegenzuwirken, die sich aus der Zunahme der organisierten Kriminalität, des Drogenhandels und der Korruption in ganz Europa ergaben.[377]

Diese Lösungsansätze sowie eine interne Strukturreform wurden anschließend im Aktionsplan aufgenommen, der damit für die künftige Arbeit des Europarats von entscheidender Bedeutung sein sollte.[378]

---

372 Ibid., Final Declaration, 2–4.

373 Second Summit of the Council of Europe. *Sum(97)PV1-2: Second Summit of Heads of State and Government of the Council of Europe (Strasbourg, 10–11 October 1997) – Minutes* (1997), S. 50, 52.

374 Martin, Douglas. 'Algirdas Brazauskas, First Lithuanian President, Dies at 77'. *The New York Times* (29.06.2010).

375 Second Summit of the Council of Europe, *Sum(97)PV1-2* 1997 (n. 374), S. 24.

376 Ibid.

377 Second Summit of the Council of Europe, *Decl(11/10/97)* 1997 (n. 372), Final Declaration, 3.

378 Ibid., Final Declaration, 1, 4. Action Plan, 1.

Der damals amtierende Premierminister Belgiens *Jean-Luc Dehaene* (1940–2012)[379] wies zudem auf die Bedeutung der weiteren Schritte hin und forderte deshalb:

> «*The adoption of guidelines for combating corruption will be one of the important outcomes of this meeting. The role of the Council of Europe is to complete as quickly as possible an enlarged partial agreement providing a flexible and efficient mechanism for monitoring the effective implementation of these commitments and of other instruments which will be drawn up with a view to combating corruption.*»[380]

Damit wurde insbesondere die Ausarbeitung von Antikorruptionsübereinkommen und eines Überwachungsregimes angesprochen.[381]

Unter dem Aspekt *Sicherheit der Bürger* wurde die Bekämpfung von Korruption und organisierter Kriminalität als eine der Aufgaben des Europarats angeführt. Sowohl das Ministerkomitee als auch die Staaten wurden seitens der Staats- und Regierungschefs aufgefordert, diesen Kampf zu unterstützen.[382] Während die Staaten aufgefordert wurden, die «*Convention on Laundering, Search, Seizure and Confiscation of the Proceeds from Crime*»[383] («GwÜK») zu ratifizieren, richtete sich an das Ministerkomitee der Auftrag, nachfolgendes zu erlassen:

Einmal forderten die Staats- und Regierungschefs das Ministerkomitee zur Annahme von Leitprinzipien auf. Diese sollten für die Mitgliedstaaten des Europarats als Hilfsmittel dienen, um eigene nationale rechtliche Bestimmungen gegen Korruption («Antikorruptionsrechtsinstrumente») auszuarbeiten und eine entsprechende nationale Antikorruptionspraxis zu entwickeln. Daneben wurde dem Europarat nahegelegt, die im Aktionsprogramm gegen Korruption angekündigten Antikorruptionsrechtsinstrumente zeitnah umzusetzen sowie einen Überwachungsmechanismus einzurichten, mithilfe dessen die Staaten auf die

---

379 Yardley, William. 'Jean-Luc Dehaene, Former Prime Minister of Belgium, Is Dead at 73'. *The New York Times* (16.05.2014).

380 Second Summit of the Council of Europe, *Sum(97)PV1-2* 1997 (n. 374), S. 84.

381 Ibid., S. 84–85.

382 Second Summit of the Council of Europe, *Decl(11/10/97)* 1997 (n. 372), Action Plan, 3.

383 Council of Europe Treaty Series – No. 198. *Council of Europe Convention on Laundering, Search, Seizure and Confiscation of the Proceeds: CETS 198* (2005).

hinreichende Umsetzung der vorgenannten Instrumente («Antikorruptionsinstrumente») überwacht werden können.[384]

6.5 Die weiteren Schritte ab 1997

6.5.1 Die zwanzig Leitprinzipien im Kampf gegen Korruption

Einen Monat später kam das Ministerkomitee dem Auftrag der Staats- und Regierungschefs nach. Am 6. November 1997 nahm es nach Erhalt eines Entwurfs der GMC die Resolution RES(97)24 an, welche die «*twenty guiding principles for the fight against corruption*»[385] enthielten.[386]

Die zwanzig Leitprinzipien streben eine verstärkte internationale Zusammenarbeit an, während auf nationaler Ebene die Aus- und Weiterbildung von Experten im Bereich der Korruptionsbekämpfung, die Optimierung der strafrechtlichen Verfahren i. Z. m. Korruptionsdelikten sowie die Förderung der Öffentlichkeitsarbeit im Fokus stehen.[387]

Ein entsprechender Überwachungsmechanismus wurde im November 1997 nicht eingerichtet. Das Ministerkomitee war sich bewusst, dass die Leitprinzipien erst dann effektiv sein werden, wenn deren Einhaltung auch überwacht werden kann. Daher enthielt RES(97)24 zusätzlich den Auftrag an die GMC, einen Entwurf zur Schaffung eines Überwachungsmechanismus vorzubereiten.[388]

---

384 Second Summit of the Council of Europe, *Decl(11/10/97)* 1997 (n. 372), Action Plan, 3.

385 Committee of Ministers. *RES(97)24: RES(97)24 on the twenty guiding principles for the fight against corruption* (1997).

386 Ibid., Preamble.

387 OSCE. 'Council of Europe Resolution (97) 24 on the Twenty Guiding Principles for the Fight Against Corruption'. 2022, zugegriffen auf: https://polis.osce.org/council-europe-resolution-97-24-twenty-guiding-principles-fight-against-corruption, abgerufen am: 22.02.2022; Stukalo, Alexey (Hrsg.). *Handbook on combating corruption* (Vienna: OSCE Secretariat, 2016), S. 33.

388 Committee of Ministers, *RES(97)24* 1997 (n. 386), Section 2, Z. 3.

6.5.2 Schaffung der GRECO

6.5.2.1 Annahme durch das Ministerkomitee

Am 23. bzw. 27. März 1998 verabschiedete die GMC auf ihrer 13. Tagung und nach Einholung der Stellungnahmen seitens CDCJ und CDPC einen Entwurf, in dem die GRECO als Überwachungsmechanismus erstmals dargestellt wurde.[389]

Alle seit der 19. Fachministerkonferenz in Valetta umrissenen Entwicklungsschritte – mit dem Ziel zur Schaffung eines eigenen Antikorruptionsregimes des Europarats – mündeten schließlich am 5. Mai 1998 auf der 102. Tagung des Ministerkomitees in der Annahme eines erweiterten Teilabkommens zur Gründung der GRECO.[390]

6.5.2.2 Exkurs: Erweitertes Teilabkommen

Die Mitgliedstaaten des Europarats haben oftmals eine differenzierte Vorstellung vom Ausmaß der gemeinsamen Zusammenarbeit. Es gibt Sachbereiche, in denen sich nur bestimmte Mitgliedstaaten enger einbringen wollen, während andere Mitgliedstaaten an keiner engeren Zusammenarbeit interessiert sind. Mit dem Instrument eines Teilabkommens steht es willigen Mitgliedstaaten offen, in bestimmten Bereichen enger innerhalb der Europaratsinstitution zusammenzuarbeiten (Differenzierte Kooperation). Wird von einem erweiterten Teilabkommen gesprochen, steht die Teilnahme auch Nichtmitgliedstaaten des Europarats offen.[391]

Damit ein Teilabkommen verbindlich wird, muss es aus formaler Sicht vom Ministerkomitee und von den teilnehmenden Mitgliedstaaten angenommen werden. Seitens des Ministerkomitees bedarf es einer Annahme mit Zweidrittelmehrheit. Seitens der teilnehmenden Staaten ist eine Verabschiedung mittels Resolution erforderlich. Die erweiterten Teilabkommen sind nur für die beteiligten Staaten

---

389 Committee of Ministers. *CM(98)54 revised: Draft Agreement establishing the Group of States against Corruption (GRECO)* (1998), Preamble; Council of Europe, '*About Greco – Historical Background*' 2022 (n. 354), abgerufen am: 22.02.2022.

390 Committee of Ministers. *RES (98) 7: Authorising the partial and elarged agreement establishing the «Group of States against Corruption – GRECO»* (1998).

391 Brummer, *Der Europarat* 2008 (n. 6), S. 65–66; Committee of Ministers. *STATUTORY RES (93) 28: Statutory Resolution on partial and enlarged agreements* (1993), S. 1-2.

verbindlich und werden daher auch nicht aus dem gemeinsamen Haushalt des Europarats finanziert.[392] Sie unterliegen aber der Aufsicht des Ministerkomitees.[393]

Demonstrativ können nachfolgende erweiterte Teilabkommen genannt werden:[394]

- *«Enlarged Partial Agreement on Sport»*[395] («EPAS»);
- *«Enlarged Partial Agreement on the Observatory on History Teaching in Europe»*[396] («EPAHT»);
- *«Enlarged Partial Agreement on Cultural Routes»*[397] («EPACR»).

6.5.2.3 Gründung der GRECO

Gemäß RES(98)7 wird das erweiterte Teilabkommen bezüglich («bez.») der Gründung der GRECO am ersten Tag des Folgemonats in Kraft treten, nachdem der vierzehnte Mitgliedstaat gegenüber dem Generalsekretär des Europarats seine Teilnahmeabsichtserklärung abgegeben hat.[398] Nachdem dies gut ein Jahr später eingetreten ist, wurde die GRECO am 1. Mai 1999 durch 17 Europaratsmitgliedstaaten ins Leben gerufen. Diese waren Belgien, Luxemburg, Frankreich, Schweden, Irland, Griechenland, Island, Deutschland, Zypern, Spanien, Finnland, Bulgarien, Estland, Litauen, Slowenien, die Slowakei und Rumänien. Das Mandat der GRECO war vorerst zeitlich limitiert und sah gemäß RES(96)36 eine Dauer

---

392 Brummer, *Der Europarat* 2008 (n. 6), S. 65; Committee of Ministers, *STATUTORY RES (93) 28* 1993 (n. 392), S. 2, III; Council of Europe. 'Hinweise zu Teilabkommen'. 2022, zugegriffen auf: https://www.coe.int/de/web/conventions/about-partial-agreements, abgerufen am: 06.03.2022.

393 Committee of Ministers. *RES (96) 36: Establishing the criteria for partial and enlarged agreements of the Council of Europe* (1996), Z. 7.

394 Vgl. Council of Europe. 'Full list – List of Partial Agreements', zugegriffen auf: https://www.coe.int/de/web/conventions/full-list1, abgerufen am: 22.02.2022.

395 Committee of Ministers. *CM/Res(2007)8: establishing the Enlarged Partial Agreement on Sport (EPAS)* (2007); Committee of Ministers. *CM/Res (2010) 11: confirming the establishment of the Enlarged Partial Agreement on Sport (EPAS)* (2010).

396 Committee of Ministers. *CM/Res(2020)34: establishing the Enlarged Partial Agreement on the Observatory on History Teaching in Europe* (2020).

397 Committee of Ministers. *CM/Res(2010)53: establishing an Enlarged Partial Agreement on Cultural Routes* (2010); Committee of Ministers. *CM/Res(2013)66: confirming the establishment of the Enlarged Partial Agreement on Cultural Routes (EPA)* (2013).

398 Committee of Ministers, *RES (98) 7* 1998 (n. 391).

von drei Jahren vor.[399] Das *Statut der Staatengruppe* («GSG») ist in der Beilage der Gründungsresolution der GRECO RES(99)5 zu finden.[400]

Nachdem der Satzungsausschuss am 5. Juli 1999 den Haushaltsplan der Staatengruppe für die Periode vom 1. September 1999 bis zum 31. Dezember 1999 verabschiedet hat, fand bereits vom 4. bis zum 6. Oktober 1999 die erste Tagung der GRECO statt. Im Rahmen dieser ersten Tagung wurde die *«Geschäftsordnung der GRECO»*[401] («GGO») verabschiedet, die am 1. November 1999 in Kraft trat.[402]

Mit der Schaffung eines Überwachungsmechanismus wurde ein weiteres Ziel des zweiten Gipfeltreffens in Straßburg erfüllt. Die Staatengruppe wird in weiterer Folge maßgeblich das internationale Antikorruptionsregime und jenes des Europarats beeinflussen, wie auch der damalige Generalsekretär des Europarats *Thorbjørn Jagland*, der einzige Generalsekretär, der eine zweite Amtsperiode durchlaufen hatte,[403] in seiner Rede zum zwanzigjährigen Bestehen der GRECO am 17. Juni 2019 zum Ausdruck brachte.[404]

6.5.3 Straf- und Zivilrechtsübereinkommen über Korruption

Das letzte der auf dem Gipfeltreffen in Straßburg formulierten Ziele, nämlich die Ausarbeitung von Antikorruptionsrechtsinstrumenten, wurde schließlich in Gestalt des Straf- und Zivilrechtsübereinkommens über Korruption verwirklicht.

---

399 Committee of Ministers. *RES (99) 5: Establishing the Group of States against Corruption (GRECO)* (1999), Preamble; Committee of Ministers, *RES (96) 36* 1996 (n. 394), Z. 6.

400 GRECO. *Greco (2000)22Final: First general activity report of GRECO (September 1999 - December 2000)* (2000), S. 2–3.

401 Vgl. GRECO. *Greco(2017)13: Rules of procedure* (2017).

402 GRECO, *Greco (2000)22Final* 2000 (n. 401), S. 2–3.

403 Council of Europe. 'Mr Thorbjørn Jagland Secretary General of the Council of Europe', zugegriffen auf: https://rm.coe.int/CoERMPublicCommonSearchServices/DisplayDCTMContent?documentId=09000016802f3d22, S. 1, abgerufen am: 20.02.2022; 'Kroatin Marija Pejcinovic Buric wird Generalsekretärin des Europarats: Bisherige Außenministerin löst Norweger Thjorbjörn Jagland ab'. *DER STANDARD* (26.06.2019).

404 Council of Europe. 'Speeches 2019 - GRECO: past, present & future', zugegriffen auf: https://www.coe.int/en/web/secretary-general/-/greco-past-present-future, abgerufen am: 28.02.2022.

6.5.3.1 Das Strafrechtsübereinkommen über Korruption[405]

Im Februar 1996 nahm eine auf Strafrecht spezialisierte Arbeitsgruppe («GMCP») die Arbeit an einem Entwurf für ein Strafrechtsübereinkommen auf, das nach zehn Sitzungen und zwei Lesungen im November 1997 an die GMC übermittelt wurde. Die GMC wiederum arbeitete von November 1997 bis September 1998 an diesem Entwurf, nachdem es auch die Stellungnahmen des CDPC und der Parlamentarischen Versammlung mitberücksichtigt hatte. Der finale Entwurf wurde schließlich vom Ministerkomitee während der 103. Sitzung im November 1998 angenommen.[406]

Ab dem 27. Januar 1999 konnte das Abkommen von den Mitglied- und Nichtmitgliedstaaten des Europarats sowie der Europäischen Union unterzeichnet werden. Bereits am ersten Tag wurde das Abkommen von 21 Mitgliedstaaten unterzeichnet. In Kraft trat die «*Criminal Law Convention on Corruption*»[407] («StÜK») am 1. Juli 2002, nachdem es von 14 Staaten ratifiziert wurde.[408]

Seit dem 1. Februar 2005 wird das StÜK durch ein Zusatzprotokoll, dem «*Additional Protocol to the Criminal Law Convention on Corruption*»[409] («ZP-StÜK») ergänzt.[410]

6.5.3.2 Das Zivilrechtsübereinkommen über Korruption[411]

Dem gegenüber steht die sogenannte «*Civil Law Convention on Corruption*»[412] («ZrÜK»). Es stellt das erste völkerrechtliche Abkommen dar, mit welchem der Versuch unternommen wurde, Korruption auch auf einer zivilrechtlichen Ebene zu bekämpfen. Da sich der Europarat damit auf rechtlichem Neuland bewegte, ging dem Übereinkommen eine vom Ministerkomitee am 15. Februar 1996

---

405 ETS No. 173. *Criminal Law Convention on Corruption* (1999).

406 Council of Europe. *Explanatory Report to the Criminal Law Convention on Corruption* (1999), S. 4–5.

407 ETS No. 173, *Criminal Law Convention on Corruption* 1999 (n. 406).

408 Council of Europe. 'Chart of signatures and ratifications of Treaty 173'. 2022, zugegriffen auf: https://www.coe.int/en/web/conventions/full-list?module=signatures-by-treaty&treatynum=173, abgerufen am: 03.03.2022.

409 ETS No. 191. *Additional Protocol to the Criminal Law Convention on Corruption* (2003).

410 Council of Europe. 'Details of Treaty No.191'. 2022, zugegriffen auf: https://www.coe.int/en/web/conventions/full-list?module=treaty-detail&treatynum=191, abgerufen am: 06.03.2022.

411 ETS No. 174. *Civil Law Convention on Corruption* (1999).

412 Ibid.

in Auftrag gegebene Machbarkeitsstudie voraus. Diese wurde vom GMC ausgearbeitet.[413]

Mit dieser Machbarkeitsstudie sollte einmal dargestellt werden, wie auf nationaler Ebene zivilrechtlich mit Korruption umgegangen wird. Daneben sollte aus den Ergebnissen der Studie ersichtlich werden, ob derartige zivilrechtliche Instrumente auf der Ebene des Völkerrechts überhaupt erarbeitet werden können bzw. diese einen sinnvollen Beitrag zur Korruptionsbekämpfung leisten können.[414]

Mithilfe von Fragebögen sollte die zivilrechtliche Lage in den Nationalstaaten ermittelt werden. Dadurch konnte festgestellt werden, dass die Staaten im zivilrechtlichen Umgang mit Korruption unterschiedliche Ansätze verfolgten. Die Studie legte ein besonderes Augenmerk auf die folgenden Themen: die Identifizierung der primären Opfer korrupter Handlungen, die Gültigkeit von zivilrechtlichen Verträgen, der Schutz von Arbeitnehmern, der Zugang und die Effektivität ziviler Rechtsmittel, die Schwierigkeit, einen kausalen Zusammenhangs zwischen Korruption und den daraus resultierenden Schäden nachzuweisen, die Beweisführung, die steuerlichen Bewertung illegaler Zahlungen und ihrer Auswirkungen auf mögliche Wettbewerbsverzerrungen, die Rolle von Wirtschaftsprüfern und deren Prüfverfahren sowie die nationalen Bestimmungen zur internationalen Zusammenarbeit.[415]

Trotz aller Unterschiede ließen sich auch Gemeinsamkeiten in den nationalen Rechtsordnungen feststellen. Letzten Endes war es jedoch eine bestimmte Übereinstimmung, aufgrund welcher die GMC zum Ergebnis gelangte, dass eine international veranlasste Rechtsangleichung im Zivilrecht möglich und erforderlich sei. Unter den Mitgliedstaaten bestand nämlich der Konsens, dass alle nationalen Antikorruptionsbestimmungen die Eindämmung korrupter Handlungen bezwecken müssen.[416]

Zwischen 1997 und 1998 fanden die Arbeiten an einer entsprechenden Zivilrechtskonvention statt, die von einer für zivilrechtliche Angelegenheiten spezialisierten Arbeitsgruppe («GMCC») durchgeführt wurden. Auch weiteren Organisationen und Einrichtungen wurde ermöglicht, zum Entwurf Stellung zu nehmen. Dies waren die CDCJ, die Parlamentarische Versammlung, TI, ICC[417],

413 Council of Europe. *Explanatory Report to the Civil Law Convention on Corruption* (1999), S. 3–4.

414 Ibid., 3.

415 Ibid.

416 Ibid.

417 Vgl. Kelly, Dominic. 'The International Chamber of Commerce'. *New Political Economy* 10(2) (2005), S. 259–271, doi 10.1080/13563460500144868; ICC. 'International

die *International Commission of Jurists* («ICJ»)[418] und die *International Bar Association* («IBA»).[419] Die Parlamentarische Versammlung, CDCJ, TI und die ICC machten hiervon Gebrauch. Der Entwurf wurde entsprechend überarbeitet und am 24. Juni 1999 vom Ministerkomitee angenommen.[420]

Seit dem 4. November 1999 konnte das ZrÜK von den Mitgliedstaaten und der EU unterzeichnet werden. Als die erforderliche Mindestzahl von 14 Ratifikationen vorlag, trat das ZrÜK am 1. November 2003 in Kraft.[421]

6.5.4 Weitere Entwicklungen seit 2000

6.5.4.1 Empfehlung zu Verhaltenskodizes für Amtsträger

Die öffentliche Verwaltung ist für das Funktionieren eines Staates von zentraler Bedeutung und Amtsträger nehmen darin eine wichtige Position ein. Da diese mit besonderen Befugnissen und Verpflichtungen ausgestattet sind, sind sie auch in besonderem Maße von öffentlicher Korruption betroffen.[422]

Der Europarat war sich diesem Umstand bewusst und hat am 11. Mai 2000 die «*Recommendation R(2000)10 on codes of conduct for public officials*»[423] angenommen, in der den Mitgliedstaaten empfohlen wird, Verhaltenskodizes für

---

Chamber of Commerce'. 2022, zugegriffen auf: https://iccwbo.org/, abgerufen am: 03.03.2022.

418 Vgl. Thorson, Joseph T. 'The International Commission of Jurists'. *Canadian Bar Review* 35 (1957), S. 898; International Commission of Jurists. 'Advocates for Justice and Human Rights'. 2022, zugegriffen auf: https://www.icj.org/, abgerufen am: 03.03.2022.

419 Vgl. Vogel, Glen M. 'A Review of the International Bar Association, LexisNexis Technology Studies, and the American Bar Association's Commission on Ethics 20/20: The Legal Profession's Response to the Issues Associated with Generational Gap in Using Technology and Internet Social Media'. *Journal of the Legal Profession* 38 (2013), S. 95; International Bar Association. 'The global voice of legal profession', zugegriffen auf: https://www.ibanet.org/, abgerufen am: 03.03.2022.

420 Council of Europe, *Explanatory Report to the Civil Law Convention on Corruption* 1999 (n. 414), S. 3–4.

421 Ibid., 4; Council of Europe. 'Etat des signatures et ratifications du traité 174'. 2022, zugegriffen auf: https://www.coe.int/fr/web/conventions/full-list?module=signatures-by-treaty&treatynum=174, abgerufen am: 03.03.2022.

422 Committee of Ministers. *Recommendation No. R (2000) 10: of the Committee of Ministers to Member states on codes of conduct for public officials* (2000), Preamble.

423 Council of Europe, '*About Greco – Historical Background*' 2022 (n. 354), abgerufen am: 03.03.2022.

Amtsträger zu erlassen. Der Empfehlung wurde ein Musterverhaltenskodex angehängt. Die Mitgliedstaaten sollen sich daran bei der spezifischen Ausarbeitung ihrer nationalen Verhaltenskodizes orientieren können.[424]

6.5.4.2 Empfehlung zu gemeinsamen Regeln gegen Korruption bei der Finanzierung politischer Parteien und Wahlkampagnen[425]

In Entsprechung des 15. Leitprinzips[426] wurde am 8. April 2003 während der 835. Sitzung des Ministerkomitees der Ministerbeauftragten die Empfehlung REC(2003)4 *«on Common Rules against Corruption in the Funding of Political Parties and Electoral Campaigns»*[427] angenommen. Darin wird den Mitgliedstaaten nahegelegt, Normen i. Z. m. der Finanzierung von politischen Parteien und Wahlkämpfen zu erlassen. Abermals war dieser Empfehlung ein Muster angehängt, das den Mitgliedstaaten als Leitfaden dienen sollte.[428]

Hintergrund der Empfehlung bildete einmal die Tatsache, dass politische Parteien eines der tragenden Elemente heutiger westlicher Demokratien darstellen. Andererseits kann gerade die Gewährung finanzieller Mittel – insbesondere vor oder während den Wahlkämpfen – ein Einfallstor für Korruption darstellen. Die Empfehlung zielt darauf ab, dieses Risiko durch die Schaffung einheitlicher nationaler Standards weitestgehend zu minimieren.[429]

---

424 Committee of Ministers, *Recommendation No. R (2000) 10* 2000 (n. 423), Preamble, Main section, Appendix.

425 Committee of Ministers. *Recommendation Rec(2003)4: of the Committee of Ministers to member states on common rules against corruption in the funding of political parties and electoral campaigns* (2003).

426 Committee of Ministers, *RES(97)24* 1997 (n. 386), Appendix, Art. 15.

427 Committee of Ministers. *Recommendation No. R(2003)4: on common rules against corruption in the funding of political parties and electoral campaigns* (2003).

428 Ibid., Preamble, Appendix.

429 Ibid., Preamble.

7. Group of States against Corruption (GRECO)

7.1 Einleitung

7.1.1 Schaffung eines Überwachungsmechanismus

Eine effektive Antikorruptionspolitik ist nur dann gewährleistet, wenn die nationalstaatliche Umsetzung der internationalen Antikorruptionsinstrumente kontrolliert werden kann. Andernfalls könnte dem Antikorruptionsregime des Europarats die Kritik der mangelnden Durchsetzbarkeit vorgeworfen werden. Gerade im Bereich des Völkerrechts taucht eine derartige Kritik immer wieder auf. Beispielhaft sahen Rechtsphilosophen wie *John Austin* (1791–1859)[430] oder *Max Weber* (1864–1920)[431] die mangelnde Durchsetzbarkeit internationaler Rechtssätze als eine Schwäche der gesamten Völkerrechtsordnung an.[432]

Das Antikorruptionsregime des Europarats sollte mehr als nur ein *Statement* sein. Bereits auf der 19. Konferenz der europäischen Justizminister 1994 waren sich die Konferenzteilnehmer einig, dass ein entsprechender «*[...] follow-up mechanism [...]*»[433] geschaffen werden muss.[434]

Das Ministerkomitee des Europarats forderte die GMC mit REC(97)24 auf, «*[...] to submit without delay a draft text proposing the establishment of an appropriate and efficient mechanism, under the auspices of the Council of Europe, for*

---

430 Austin, John. *Lectures on Jurisprudence or the Philosophy of Positive Law* (London: John Murray, 1880), S. vii, ix; Austin, John. *Plea for the Constitution* (London: John Murray, 2. Aufl., 1859); Freeman, Michael und Mindus, Patricia. *The legacy of John Austin's jurisprudence* (Dordrecht: Springer, 2013), S. 96.

431 Weber, *Max Weber* 1984 (n. 31), S. 33; Weber, *Die protestantische Ethik und der «Geist» des Kapitalismus*; Müller/Sigmund, *Max Weber-Handbuch* 2020 (n. 31), S. 4, 7.

432 Arnauld, *Völkerrecht* 2019 (n. 331), S. 4.

433 19th Conference of European Ministers of Justice, *RES (1)* 1994 (n. 360), Recommendation 3.

434 Committee of Ministers, *RES (98) 7* 1998 (n. 391), Preamble; 19th Conference of European Ministers of Justice, *RES (1)* 1994 (n. 360).

monitoring observance of these Principles and the implementation of the international legal instruments to be adopted.»[435]

7.1.2 Schaffung der GRECO

Die GMC erarbeitete daraufhin einen Entwurf, mit dem die GRECO geschaffen werden sollte. Dieser wurde intern im März 1998 gebilligt, am 29. April 1998 finalisiert und dem Ministerkomitee des Europarats während seiner 102. Sitzung zur Annahme vorgelegt. Mit REC(98)7 gestattete das Ministerkomitee am 5. Mai 1998 die Gründung der GRECO.[436]

Per 1. Mai 1999 wurde die GRECO schließlich mittels REC(99)5 in Form eines erweiterten Teilabkommens offiziell ins Leben gerufen. Die siebzehn Gründungsstaaten der GRECO sind:[437]

Tabelle 2: Die Gründungsstaaten der GRECO[438]

Die Gründungsstaaten der GRECO	
Belgien	Bulgarien
Deutschland	Estland
Finnland	Frankreich
Griechenland	Irland
Island	Litauen
Luxemburg	Rumänien
Schweden	Slowakei
Slowenien	Spanien
Zypern	

435 Committee of Ministers, *RES(97)24* 1997 (n. 386), Closing Rz 3.

436 Committee of Ministers, *RES (98) 7* 1998 (n. 391); Committee of Ministers, *CM(98)54 revised* 1998 (n. 390).

437 Committee of Ministers, *RES (99) 5* 1999 (n. 400), Preamble.

438 Ibid.; Holtz, Uwe. 'Nord-Süd-Arbeit und Entwicklungspolitik im Europarat' In *50 Jahre Europarat*, (Hrsg.) Uwe Holtz (Baden-Baden: Nomos, 2000), S. 283–293, S. 286.

7.2 Allgemeines

7.2.1 Ziele und Aufgaben

Die Ziele und Aufgaben der GRECO sind in Art. 1 bis 2 GSG angeführt. Demnach wird das Ziel des Überwachungsmechanismus wie folgt definiert:

> *«The aim of the Group of States against Corruption (hereinafter referred to as the «GRECO») is to improve the capacity of its members to fight corruption by following up, through a dynamic process of mutual evaluation and peer pressure, compliance with their undertakings in this field.»*[439]

Das Ziel der GRECO setzt sich folglich aus drei Elementen zusammen:

- o Unterstützung der Mitgliedstaaten;
- o Überwachung der Mitgliedstaaten;
- o Zurverfügungstellung einer Informations- und Erfahrungsaustauschplattform für die Mitgliedstaaten.[440]

Ausdrücklich wird an dieser Stelle betont, dass die GRECO keines der Antikorruptionsinstrumente selbst ausgearbeitet hat. Das Aufgabenspektrum beschränkt sich auf die Herstellung eines gewissen Standard in den nationalen Antikorruptionsregimen. Die GRECO hat ihre Mitglieder dabei zu unterstützen, das in den Antikorruptionsinstrumenten vorgegebene Niveau zu erreichen und zu erhalten.[441]

In Form von Evaluierungsrunden wird festgestellt, inwieweit die Mitglieder spezifische Bestimmungen der Antikorruptionsinstrumente in rechtlicher Hinsicht umgesetzt haben und ob diese ordnungsgemäß angewendet werden. Die Evaluierungsberichte geben dem betroffenen Mitgliedstaat ein klares Bild ab, ob und in welchem Umfang er seinen völkerrechtlichen Verpflichtungen nachgekommen ist. Des Weiteren zeigen die Berichte auf, welche Maßnahmen noch zu setzen sind, um den völkerrechtlich geforderten Standard zu erreichen. Auf die Evaluierungsrunde und deren Funktionsweise wird an späterer Stelle noch im Detail eingegangen.[442]

---

439 Council of Europe. *Statute of the Group of States against corruption (GRECO): GRECO-Statute* (1999), Art. 1.

440 Ibid., Preamble, Art. 1-2.

441 Ibid., Art. 1.

442 Ibid., Art. 1-2.

Die Funktion der GRECO ist nicht bloß auf ein übergeordnetes Kontrollorgan beschränkt. Es wurde zugleich auch als Forum ausgestaltet, in dem die Mitgliedstaaten zusammenkommen, sich austauschen und neue Strategien und Lösungsansätze zur Korruptionsprävention und -bekämpfung ausarbeiten können. Dadurch werden die Mitgliedstaaten selbst in die Verantwortung genommen und sensibilisiert ihr Bewusstsein hinsichtlich der Schädlichkeit von Korruption und dem Erfordernis effektiver nationaler Korruptionsbekämpfungsstrategien. Dies stellt ein zentrales Element des Überwachungsmechanismus dar. Die nationalstaatliche Umsetzung der Antikorruptionsmaßnahmen kann nicht erzwungen werden, da die GRECO keine derartigen Sanktionsmöglichkeiten verfügt. Die Umsetzungsbereitschaft soll vielmehr durch Gruppendruck– dem sogenannten *peer pressure* – erzeugt werden. Ein derartiger Druck kann aber nur erreicht werden, wenn die Mitgliedstaaten mehrheitlich geschlossen hinter den europäischen Korruptionsbekämpfungsmaßnahmen stehen.[443]

Auf den Punkt gebracht verfolgt die GRECO das Ziel der Verbesserung der nationalen Antikorruptionsregime. Dies wird durch eine laufende Bewertung der nationalen Umsetzungsmaßnahmen, der Abgabe von Empfehlungen zwecks Verbesserung etwaiger Schwachstellen und der Schaffung einer Erfahrungsaustauschplattform sichergestellt. Auch andere Organe des Europarats sowie sonstige Einrichtungen können daneben von der Expertise der GRECO profitieren.[444]

7.2.2 GSG und GGO

7.2.2.1 Die GSG

Mit Annahme der Resolution (99)5 «*Establishing the Group of States against Corruption (GRECO)*»[445] am 1. Mai 1999 wurde zeitgleich auch die GSG in Kraft gesetzt, die der Resolution beigelegt war. Sie ist mit ihren 21 Artikeln die zentrale Rechtsquelle der GRECO und wird in wesentlichen Bereichen durch die 1999 erlassene GGO ergänzt.[446] Hinsichtlich neuer Mitglieder geht Art. 8 Abs. 4 GGO von der Annahme aus, dass diese mit deren Beitritt zur GRECO konkludent auch die GSG annehmen.[447]

---

443 Ibid., Art. 1.

444 Ibid., Art. 1-2; GRECO. *Greco(2017)13: Rules of procedure* (2017), Art. 21 Abs. 3.

445 Committee of Ministers, *RES (99) 5* 1999 (n. 400).

446 Ibid.; Council of Europe, *Statute of the Group of States against corruption (GRECO)* 1999 (n. 440); GRECO, *Greco(2017)13* 2017 (n. 445).

447 Council of Europe, *Statute of the Group of States against corruption (GRECO)* 1999 (n. 440), Art. 8 Abs. 4.

7.2.2.2 Änderung der Satzung der GRECO

Ein starres Überwachungsorgan würde sich kaum zur Bekämpfung eines Phänomens eignen, das aufgrund seiner Komplexität nicht einmal in einer Legaldefinition erfasst werden kann. Ferner scheint eine starre Organisation nicht zweckmäßig, da Korruption selbst einem stetigen Wandel unterworfen ist. Die Begehungsformen haben sich im Laufe der Geschichte infolge technischen, wirtschaftlichen oder rechtlichen Fortschritts sowie aufgrund neuer staatlicher Restriktionen laufend weiterentwickelt.

Folgerichtig wurde in Art. 20 GSG eine Änderungskompetenz verankert. Zuständiges Organ ist der Satzungsausschuss. Ein Individualrecht kommt dem Ausschuss aber nicht zu; er kann nur aktiv werden, wenn er hierzu angeregt wird.[448] Dies kann durch die Plenarversammlung oder einen Mitgliedstaat geschehen. Ihre Kompetenz beschränkt sich auf ein Vorschlagsrecht an das zur Änderung befugte Organ. Der Satzungsausschuss ist nicht verpflichtet, eine vorgeschlagene Änderung auch umzusetzen.[449]

Kommt der Satzungsausschuss einem Änderungsvorschlag nach, so hat er diesen mit Beschluss umzusetzen. Für die Beschlussfassung bedarf es der Einstimmigkeit aller Ausschussmitglieder. Jene Mitgliedstaaten, die von ihrem Vorschlagsrecht Gebrauch gemacht haben, sind im Falle der positiven Beschlussfassung besonders zu informieren.[450]

7.2.2.3 Erlass einer Geschäftsordnung und Änderung

Die GRECO hat sich während der Plenarversammlung vom 4. bis 6. Oktober 1999 eine Geschäftsordnung gegeben, die am 1. November 1999 rechtsverbindlich wurde. Im Zeitraum zwischen 2000 und 2017 ist die GGO zehnmal abgeändert worden. Die letzte Änderung trat am 23. Juni 2017 in Kraft.[451]

Wie auch im Falle der GSG, wird auch bei der GGO angenommen, dass neu hinzutretende Mitglieder die GGO mit ihrem Beitritt konkludent annehmen.[452]

Die Änderung der GGO kann jederzeit in Form eines schriftlichen Antrags an das Präsidium angeregt werden. Hierzu berechtigt ist jedes Mitglied, der GRECO-Präsident und der Exekutivsekretär. Über den Änderungsvorschlag

448 Ibid., Art. 20 Abs. 1.

449 Ibid., Art. 20 Abs. 1-2.

450 Ibid., Art. 20 Abs. 2.

451 Ibid., Art. 8 Abs. 4; GRECO, *Greco(2017)13* 2017 (n. 445), Titel / Titelblatt, Art. 41.

452 Council of Europe, *Statute of the Group of States against corruption (GRECO)* 1999 (n. 440), Art. 8 Abs. 4.

entscheidet die Plenarversammlung. Er gilt bei einer Mehrheit von 2⁄3 aller abgegebenen Stimmen als angenommen. Das Präsidium kann die Vorlage eines Änderungsvorschlags auch ablehnen. In diesem Fall muss die Plenarversammlung den Änderungsvorschlag dennoch behandeln, wenn zumindest 1⁄4 der Mitglieder diesen unterstützen.[453]

7.2.3 Sitz

«This city which, more than any other one, was the victim of the European nations' stupidity which thought to solve their problems with the war, now has to embody the symbol of reconciliation and peace»[454]

– Bevin Ernest (1881–1951)[455] –

Der satzungsmäßige Sitz der GRECO befindet sich in Straßburg, Frankreich. Genauer gesagt ist das Gremium im Europaviertel am Sitz des Europarats, in der *Avenue de l.Europe*, untergebracht. Unmittelbar angrenzend befinden sich auch die Sitze des EGMR sowie des Parlaments der EU.[456]

Dabei ist es kein Zufall, dass einige der für Europa bedeutsamsten internationalen Institutionen bzw. deren Organe ihren Sitz in Straßburg haben. Straßburg bzw. das Elsass war bis zum Ende des II. Weltkriegs ein zwischen Deutschland[457] und Frankreich umkämpftes Gebiet, das immer wieder die Zugehörigkeit unter beiden Nationen wechselte. Nach Ende des II. Weltkriegs war man ernsthaft bemüht, den europäischen Integrationsprozess voranzutreiben, um dadurch künftige kriegerische Auseinandersetzungen auf dem Kontinent zu verhindern. Insbesondere galt es hierbei die historisch gewachsene Feindschaft zwischen Frankreich und Deutschland zu beseitigen. Straßburg, als historisches Mahnmal dieser Erzfeindschaft, sollte daher Sitz des Europarats werden und damit Sinnbild der Versöhnung beider Nationen sowie ein neues Symbol der europäischen Einheit. Dem

---

453 GRECO, *Greco(2017)13* 2017 (n. 445), Art. 40.

454 Strasbourg l'européene. 'The European Vocation of Strasbourg'. 2022, zugegriffen auf: https://www.strasbourg-europe.eu/the-european-vocation-of-strasbourg/, abgerufen am: 09.12.2022.

455 Rawnsley, Andrew. 'Ernest Bevin: Labour's Churchill by Andrew Adonis – review'. *The Guardian* (28.06.2020).

456 Council of Europe, *Statute of the Group of States against corruption (GRECO)* 1999 (n. 440), Art. 3; Council of Europe. 'Group of States against Corruption – Welcome to the GRECO website', zugegriffen auf: https://www.coe.int/en/web/greco/, abgerufen am: 09.12.2022.

457 Zuvor dem Heiligen Römischen Reich deutscher Nation.

Europarat folgten später weitere europäische Institutionen und Organisationen. Ebendarum ist Straßburg heute als die *inoffizielle Hauptstadt Europas* bekannt.[458]

7.2.4 Arbeitssprachen der GRECO

Art. 14 GSG benennt die Englische und Französische Sprache als die offiziellen Arbeitssprachen der GRECO. Grundsätzlich sind dem Sekretariat daher alle Dokumente in diesen beiden Sprachfassungen vorzulegen. Die beiden Sprachen stellen nicht in allen Mitglieder die Amtssprache dar. Diesen steht es prinzipiell offen, der GRECO etwaige Dokumente in ihrer Amtssprache vorzulegen. Sie müssen jedoch zeitgleich eine Übersetzung in einer der beiden Arbeitssprachen vorlegen.[459]

7.2.5 Vermögen und Finanzhaushalt

Der Finanzhaushalt setzt sich primär aus den jährlich durch den Satzungsausschuss festgelegten Pflichtbeiträgen der Mitglieder zusammen. Er kann auch durch freiwillige Beiträge von Mitgliedern oder sonstigen internationalen Organisationen und Institutionen ergänzt werden. Sofern die freiwilligen Beiträge allerdings nicht von Mitgliedern stammen, müssen diese vorab vom Satzungsausschuss genehmigt werden.[460]

Bei den Beiträgen handelt es sich um kein Sondervermögen der GRECO. Sie sind umfänglich dem Europarat zuzurechnen.[461]

Reise- und Aufenthaltskosten der einzelnen Vertreter der Mitglieder sowie der Mitglieder der Evaluierungsteams werden von der GRECO übernommen. Dasselbe gilt für die durch die Länderbesuche verursachten Kosten. Hingegen müssen die Reise- und Aufenthaltskosten der Vertreter sonstiger Beteiligter selbst bestritten werden.[462]

---

458 Strasbourg.eu. 'Europäische Hauptstadt'. 2022, zugegriffen auf: https://int.strasbourg.eu/de/europaische-hauptstadt, abgerufen am: 09.12.2022; Strasbourg l'européene, '*The European Vocation of Strasbourg*' 2022 (n. 455), abgerufen am: 09.12.2022.

459 Council of Europe, *Statute of the Group of States against corruption (GRECO)* 1999 (n. 440), Art. 14 Abs. 1-2.

460 Ibid., Art. 17 Abs. 1-4; Art. 18 Abs. 2.

461 Ibid., Art. 17 Abs. 3 (gemeint wohl 5).

462 Ibid., Art. 6 Abs. 2; Art. 7 Abs. 4; Art. 12 Abs. 3; Art. 13 Abs. 5.

7.2.6 Jährlicher Tätigkeitsbericht

Gemäß Art. 8 Abs. 3 GSG wird jährlich ein Tätigkeitsbericht veröffentlicht, der das vergangene Kalenderjahr behandelt und demonstrativ Informationen zur GRECO, ihren internen Arbeitsprozessen sowie Zusammenfassungen zu den im gegenständlichen Zeitabschnitt angenommenen Evaluierungsberichten beinhaltet.[463]

Der jährliche Tätigkeitsbericht wird während der ersten Sitzung eines jeden neuen Kalenderjahres, nach der Annahme durch die Plenarversammlung, an den Satzungsausschuss und das Ministerkomitee übermittelt, wo der Bericht unter Umständen («u. U.») durch den GRECO-Präsidenten mündlich vorgestellt wird. Im Anschluss ist der Bericht an die Parlamentarische Versammlung zu übermitteln und zu veröffentlichen.[464]

7.3 Beteiligte der GRECO

Im gegenständlichen Kapitel werden die Beteiligten der GRECO behandelt. Das GSG nimmt eine Differenzierung zwischen den verschiedenen Beteiligten der GRECO vor. Art. 4 GSG behandelt die Aufnahmebedingungen von Staaten; Art. 5 GSG jene der EU, wobei die letztgenannte Bestimmung nicht explizit von Mitgliedschaft spricht. Art. 6 GSG enthält Bestimmungen zu den Vertretern eines jeden Mitglieds. Im Folgeartikel werden dann die sonstigen Vertreter mit lediglich eingeschränkten Mitwirkungsrechten behandelt. Schließlich heißt es in Art. 8 Abs. 4 GSG eindeutig: «*Any State or the European Community, when becoming a member of the GRECO, shall be deemed to have accepted the Statute and the Rules of Procedures of the GRECO*».[465] Zu den Mitgliedern gehören die Staaten und die EU. Daneben besteht auch für internationale Organisationen oder sonstige internationale Institutionen die Möglichkeit, in der GRECO vertreten zu sein und sich an deren Arbeit zu beteiligen. Sie bilden die Gruppe der weiteren Beteiligten mit eingeschränkten Beteiligungsmöglichkeiten.[466]

---

463 Ibid., Art. 8 Abs. 3; GRECO, *Greco(2017)13* 2017 (n. 445), Art. 39.

464 GRECO, *Greco(2017)13* 2017 (n. 445), Art. 39 Abs. 1, 3.

465 Council of Europe, *Statute of the Group of States against corruption (GRECO)* 1999 (n. 440), Art. 8 Abs. 4.

466 Ibid., vgl. Art. 4-7, Art. 8 Abs. 4; GRECO, *Greco(2017)13* 2017 (n. 445), Art. 4.

7.3.1 Mitgliedschaft der Staaten

7.3.1.1 Aufnahmeverfahren

Die Mitgliedschaft i. e. S. steht nicht allen Völkerrechtssubjekten offen. Lediglich Staaten haben die Möglichkeit, Mitglieder der GRECO zu werden. Die Mitgliedschaft ist allerdings nicht auf Mitgliedstaaten des Europarats beschränkt, sondern steht auch Nichtmitgliedstaaten offen. Die GSG unterteilt die Staaten in vier Kategorien, für die unterschiedliche Voraussetzungen vorliegen müssen, um den Status eines GRECO-Mitglieds zu erlangen. Diese Kategorien sind unterteilt in die Mitgliedstaaten des Europarats (Art. 4 Abs. 1 GSG); die Nichtmitgliedstaaten des Europarats, die am erweiterten Teilabkommen zur Gründung der GRECO mitgewirkt haben (Art. 4 Abs. 2 GSG); die Vertragsstaaten der Antikorruptionsrechtsinstrumente (Art. 4 Abs. 3 GSG); sowie die Nichtmitgliedstaaten des Europarats, die auch nicht am erweiterten Teilabkommen zur Gründung der GRECO mitgewirkt haben (Art. 4 Abs.4 GSG).[467]

Für *Vertragsstaaten der Antikorruptionsrechtsinstrumente*, bei denen die GRECO obligatorisch als Überwachungsorgan vorgesehen ist,[468] bestehen faktisch keine Beitrittserfordernisse. Mit dem Beitritt zu einem dieser Antikorruptionsrechtsinstrumente wird zugleich eine Zwangsmitgliedschaft in der GRECO begründet. Es bedarf keiner spezifischen Mitteilung an den Generalsekretär des Europarats. Diese Staaten werden automatisch Mitglieder der GRECO, sobald das StÜK oder das ZrÜK für sie in Kraft tritt.[469]

Neben der zuvor genannten Kategorie müssen die *Mitgliedstaaten des Europarats* die geringsten Anforderungen für eine Mitgliedschaft erfüllen. Für diese Kategorie genügt eine an den Generalsekretär des Europarats gerichtete Mitteilung,

---

467 GRECO. 'What is GRECO', zugegriffen auf: https://www.coe.int/en/web/greco/about-greco/what-is-greco, abgerufen am: 02.12.2022; Council of Europe, *Statute of the Group of States against corruption (GRECO)* 1999 (n. 440), Art. 4.

468 Vgl. Art. 32 Abs. 3 und 4 StÜK, Art. 10 Abs. 1 und 5 ZP-StÜK, Art. 15 Abs. 3 und 4, Art. 16 Abs. 2 ZrÜK.

469 ETS No. 173, *Criminal Law Convention on Corruption* 1999 (n. 406), Art. 33 Abs. 2; ETS No. 174, *Civil Law Convention on Corruption* 1999 (n. 412), Art. 16 Abs. 2; GRECO, '*What is GRECO*' 2022 (n. 468), abgerufen am: 02.12.2022; Council of Europe, *Statute of the Group of States against corruption (GRECO)* 1999 (n. 440), Art. 4 Abs. 3; GRECO, *Greco(2017)13* 2017 (n. 445), Art. 1 Abs. 2.

worin der Beschluss zum Ausdruck gebracht wird, Mitglied der GRECO werden zu wollen.[470]

Die *Nichtmitgliedstaaten des Europarats, die an der Ausarbeitung des erweiterten Teilabkommens zur Gründung der GRECO mitgewirkt haben*, sind gegenüber der nachfolgenden Kategorie privilegiert. Sie benötigen grundsätzlich ebenfalls nur eine an den Generalsekretär des Europarats gerichtete Mitteilung. Diese Mitteilung muss jedoch zudem eine Erklärung enthalten, in der der ansuchende Staat die Anwendbarkeit der zwanzig Leitprinzipien in seiner Rechtsordnung zusagt. Da einige dieser Staaten, wie die USA, zwischenzeitig Mitglied der GRECO geworden sind, können noch der Heilige Stuhl, Japan, Kanada und Mexiko auf diese Weise um eine Mitgliedschaft ansuchen.[471]

Staaten, die weder Mitgliedstaat des Europarats sind noch an der Ausarbeitung des erweiterten Teilabkommens zur Gründung der GRECO mitgewirkt haben, können nicht von sich aus Mitglied der GRECO werden. Die Staaten dieser Kategorie können nur nach vorheriger Einladung seitens der GRECO eine entsprechende Beitrittgesuchsmitteilung an den Generalsekretär des Europarats richten. Einer solchen Einladung hat die Konsultation jener GRECO Mitglieder vorauszugehen, die nicht zeitgleich Mitgliedstaaten des Europarats sind. Der Mitteilung an den Generalsekretär ist ebenfalls die Erklärung beizulegen, dass die zwanzig Leitprinzipien anerkannt werden.[472]

Vorbehaltlich der Erfüllung der zuvor genannten Bedingungen wird die Mitgliedschaft am Tag nach dem Eingang der Mitteilung beim Generalsekretär des Europarats wirksam. Bei den Staaten, die durch den Beitritt zum StÜK oder ZrÜK Mitglied der GRECO werden, richtet sich der Beginn der Mitgliedschaft nach dem Zeitpunkt des Inkrafttretens des StÜK bzw. ZrÜK.[473]

7.3.1.2 Mitgliedstaaten

In der nachfolgenden Tabelle sind die Mitgliedstaaten der GRECO in alphabetischer Reihenfolge aufgeführt. Aus der Tabelle kann ebenfalls das Beitrittsdatums

---

470 Council of Europe, *Statute of the Group of States against corruption (GRECO)* 1999 (n. 440), Art. 4 Abs. 1.

471 Ibid., Art. 4 Abs. 2; Council of Europe. 'Members and Observers/ Etats membres et Observateurs', zugegriffen auf: https://www.coe.int/en/web/greco/structure/member-and-observers#{%2222358830%22:,%2222359773%22:}, abgerufen am: 02.12.2022.

472 Council of Europe, *Statute of the Group of States against corruption (GRECO)* 1999 (n. 440), Art. 4 Abs. 4.

473 GRECO, *Greco(2017)13* 2017 (n. 445), Art. 1.

sowie die gegenwärtigen mitgliedstaatlichen Vertreter und deren Ersatzmitglieder entnommen werden.

Tabelle 3: Die Mitgliedstaaten der GRECO[474]

Mitgliedstaat	Beitritt	Vertreter des Mitgliedstaates	Ersatzmitglied(er)
Albanien	27. April 2001	Adea Pirdeni Llambriola Misto	Ismael Shehu Rovena Pregja
Andorra	28. Januar 2005	Eva Garcia Lluelles	Aida Garnica Barco
Armenien	20. Januar 2004	Nvard Vardanyan Kristine Gabuzyan	Hasmik Tigranyan
Aserbaid-schan	1. Juni 2004	Elnur Musayev Ramin Valizada	Ermin Nasibov Sabuhi Aliyev
Belgien	1. Mai 1999	Carl Piron Jeroen Clarisse	-
Bosnien- Her-zegowina	25. Februar 2000	Adnan Dlakić Nenad Ešpek	-
Bulgarien	1. Mai 1999	Georgi Rupchev	Florian Florov
Dänemark	3. August 2000	Anders Dyrvig Rechendorff	Andreas Laursen Jakob Gøtze Pedersen
Deutschland	1. Mai 1999	Markus Busch Ulrike Busse	Julia Paul Frank Grussendorf
Estland	1. Mai 1999	Mari-Liis Sööt Kätlin-Chris Kruusmaa	Anu Kärtner
Finnland	1. Mai 1999	Juha Keränen	Venla Mäntysalo
Frankreich	1. Mai 1999	Vincent Filhol Oliver Renucci	Gaelane Pelen Caroline Genin Michel Gauthier*
Georgien	16. September 1999	Ana Kalandadze Nikoloz Chinkorashvili	Shorena Mezurnis-hvili
Griechenland	1. Mai 1999	Maria Gavouneli Panagiota Vatikalou	Panagiotis Kaouras Dimosthenis Stingas

474 Council of Europe, '*Members and Observers/ Etats membres et Observateurs*' 2022 (n. 472), abgerufen am: 19.11.2022.

Mitgliedstaat	Beitritt	Vertreter des Mitgliedstaates	Ersatzmitglied(er)
Irland	1. Mai 1999	Gerry O´Brien Ciara Morgan	Michael Perkins Fiachra Byrne
Island	1. Mai 1999	Kjartan Ólafsson Helgi Magnús Gunnarsson	Hinrika Sandra Ingimundardóttir Ásthildur Valtýsdóttir
Italien	30. Juni 2007	Raffaele Piccrillo Guiseppe Busia	Emma Rizzato Luca Forteleoni
Kasachstan	16. Januar 2020	Olzhas Bektenov Leila Iyldyz	Mustafa Muslimov Rauan Shakratova
Kroatien	2. Dezember 2000	Marin Mrčela Dražen Jelenić	Maja Vitaljić Tamara Šurina
Lettland	27. Juli 2000	Jēkabs Straume Diana Kazina	Viktors Laizāns
Liechtenstein	1. Januar 2010	Martina Edlund Harald Oberdorfer	Claudio Nardi Michael Jehle
Litauen	1. Mai 1999	Elanas Jablondas	Agnė Goborovienė Leva Lukoševičienė
Luxemburg	1. Mai 1999	David Lentz Laurent Thyes	Georges Keipes Patrick Thill
Malta	11. Mai 2001	Mario Spiteri Victoria Buttigieg	Kevin Valletta Antoine Agius Bonnici
Moldau	28. Juni 2001	Alexandru Cladco Valeriu Cupcea	Cornelia Vicleanschi
Monaco	1. Juli 2007	Jean-Laurent Ravera Yves Strickler	Jean-Marc Gualandi Maxime Maillet
Montenegro	6. Juni 2006	Boris Vukasinovic Marina Micunovic	Ivana Masanovic
Niederlande	18. Dezember 2001	Tessa Lansbergen Ingeborg Braam	Jan Bandsma
Nord- mazedonien	7. Oktober 2000	Ana Pavlovska Daneva Biljana Ivanovska	Elena Sazdov Vladimir Georgiev
Norwegen	6. Januar 2001	Shaista Abid Jens-Oscar Nergård	Eivind Smith Mona Ransedokken

Mitgliedstaat	Beitritt	Vertreter des Mitgliedstaates	Ersatzmitglied(er)
Österreich	1. Dezember 2006	Chrstian Manquet Caroline Bacher	Ernst Schmid Assunta Thurner-Sigmaier
Polen	20. Mai 1999	Katarzyna Naszcyńska Patrycja Ball	-
Portugal	1. Januar 2002	António Delicado João Pedro Arsénio de Oliveira	Sara Nunes de Almeida
Rumänien	1. Mai 1999	Sorin Tanase Anca Jurma	Anca Luminiţa Stroe Nicolae Solomon
Russland	1. Februar 2007	-**	-**
San Marino	13. August 2010	Stefano Palmucci Manuel Canti	Marina Marfori
Schweden	1. Mai 1999	Monika Olsson Johan Davidsson	Anna Olsson
Schweiz	1. Juli 2006	Oliver Gonin Jean-Christophe Geiser	Jacques Rayroud
Serbien	1. April 2003	Dragan Sikimic Jovan Cosic	Ivana Cvetkovic Neda Markovic
Slowakei	1. Mai 1999	Zuzana Štofová Alexandra Kapisovska	-
Slowenien	16. September 1999	Vita Habjan Barborič	Robert Šumi
Spanien	1. Mai 1999	Ana Andres Ballesteros Mercedes Pérez Sanz	Esperanza Zambrano Gómez
Tschechien	9. Februar 2002	Helena Klima Lišuchová Johana Trešlová	Kristina Král Barbora Holušová
Türkei	1. Januar 2004	Mustafa Tayip Çiçek Emrah Özkan	Mehmet Soner Özoğlu Furkan Ustaoğlu
UK	18. September 1999	David Meyer Fariha Khan	Sarah Noor Attia
Ukraine	1. Januar 2006	Oleksandr Fedorovych Novikov Anastasiya Olehivna Radina	Andriy Yevhenovych Kostin Halyna Ihorivna Yanchenko

Mitgliedstaat	Beitritt	Vertreter des Mitgliedstaates	Ersatzmitglied(er)
Ungarn	9. September 1999	Bálint Varró Magdolna Csaba	-
USA	20. September 2000	Michelle Morales Alejandro Garcia	Jonathan Wroblew-ski Melissa Dymek
Weißrussland	13. Jänner 2011	-***	-***
Zypern	1. Mai 1999	Alexia Kalispera Rena Papaeti-Hadjicosta	Theodora Piperi-Christodoulou

* Bei Michel Gauthier handelt es sich um einen Honorarrepräsentanten.[475]

** Aufgrund des militärischen Angriffs Russlands auf die Ukraine wurde Russland die Mitgliedschaft in der GRECO aberkannt.[476]

*** Aufgrund der Teilnahme Weißrusslands and den militärischen Aktionen Russlands gegen die Ukraine wurde das Recht Weißrusslands auf Vertretung in der GRECO ausgesetzt. Weißrussland kann weiterhin an den Plenarsitzungen teilnehmen, wenn diese eine Prüfung der Evaluierungs- und Compliance-Berichte zu den Antikorruptionsabkommen zum Gegenstand haben. Die Teilnahme an der Plenarsitzung zur Erörterung und Annahme der Berichte sowie das Wahlrecht sind aber explizit ausgeschlossen.[477]

7.3.2 Mitgliedschaft der EU

7.3.2.1 Kooperation: Der Europarat und die EU

Die Beziehung zwischen der EU einerseits und dem Europarat andererseits ist durchwegs positiv. Durch finanzielle Mittel der EU werden auch Projekte im Interesse beider Einrichtungen mitfinanziert und eine gemeinsame rechtliche Zusammenarbeit gefördert.[478]

---

475 Ibid., abgerufen am: 2. Dezember 2022.

476 Committee of Ministers. *CM/Res(2022)3: on legal and financial consequences of the cessation of membership of the Russian* (2022), § 6.

477 Ministers' Deputies. *Relations between the Council of Europe and Belarus: CM/Del/Dec(2022)1429/2.5* (2022), Decision 3; Council of Europe. *SG/Inf(2022)10: Information Documents* (2022).

478 Milicevic, Vera. *EU cooperation with the Group of States against Corruption (GRECO): how to move towards full membership: Background document for the workshop: The EU's current role in GRECO and ambitions for the future: how to move towards full membership* (2021), S. 1.

7.3.2.2 Aufnahmeverfahren

Aufseiten des Europarats sieht die GSG für die EU ausdrücklich die Möglichkeit vor, «*[…] to participate in the work of the GRECO*».[479] Dies ist i. d. T. bemerkenswert. Eine Mitgliedschaft in der GRECO ist grundsätzlich nur den Staaten vorbehalten. Lediglich die EU als supranationale Organisation steht ebenfalls die Möglichkeit einer Mitgliedschaft offen.[480]

Gemäß Art. 2 Abs. 1 GGO geht einer EU-Mitgliedschaft eine Einladung des Ministerkomitees voraus, die nachfolgendes bezweckt:[481]

- o EU als Mitglied der GRECO (Art. 5 GSG);[482]
- o EU als Vertragsstaat des StÜK (Art. 33 StÜK);[483]
- o EU als Vertragsstaat des ZrÜK (Art. 15 ZrÜK).[484]

Der Einladung geht wiederum ein Vorschlag des Satzungsausschusses voraus. Da das StÜK eine GRECO-Zwangsmitgliedschaft vorsieht, stellt die Einladung, Vertragsmitglied des StÜK zu werden, zeitgleich eine Einladung zur Teilnahme in der GRECO dar.[485]

Die Teilnahmebedingungen in Form eines Abkommens müssen gesondert zwischen dem Ministerkomitee und der EU ausgehandelt werden. Basis dieser Vertragsverhandlungen bildet ein vom Satzungsausschuss genehmigter Vorschlag.[486]

Der EU wird in den EU-Verträgen die Kompetenz eingeräumt, mit Drittstaaten oder internationalen Organisationen Abkommen abzuschließen. Hiervon kann die EU nur insoweit Gebrauch machen, als dies in den Verträgen selbst festgehalten wurde; dies der Verwirklichung der spezifischen Ziele der EU (Art. 3 EUV) dient; sich dies aus einem bindenden Unionsrechtsakt ergibt oder das EU-Recht

479 Council of Europe, *Statute of the Group of States against corruption (GRECO)* 1999 (n. 440), Art. 5.

480 Vgl. ibid., Art. 4-8; GRECO, *Greco(2017)13* 2017 (n. 445), Art. 4.

481 Council of Europe, *Statute of the Group of States against corruption (GRECO)* 1999 (n. 440), Art. 2 Abs. 1.

482 Ibid., Art. 2 Abs. 1 Bst. a, Art. 5.

483 Ibid., Art. 2 Abs. 1 Bst. b; ETS No. 173, *Criminal Law Convention on Corruption* 1999 (n. 406), Art. 33.

484 Council of Europe, *Statute of the Group of States against corruption (GRECO)* 1999 (n. 440), Art. 2 Abs. 1 Bst. c.

485 Ibid., Art. 5; GRECO, *Greco(2017)13* 2017 (n. 445), Art. 2; ETS No. 174, *Civil Law Convention on Corruption* 1999 (n. 412), Art. 15.

486 Council of Europe, *Statute of the Group of States against corruption (GRECO)* 1999 (n. 440), Art. 5; GRECO, *Greco(2017)13* 2017 (n. 445), Art. 2 Abs. 3.

beeinträchtigt bzw. deren Anwendungsbereich abgeändert werden könnte, wenn ein derartiges Abkommen durch ein Mitglied abgeschlossen werden würde. Sofern der Abschluss eines derartigen internationalen Übereinkommens in den EU-Gesetzgebungsakten festgelegt ist, dies für die Ausübung der internen Zuständigkeit der EU notwendig ist oder das EU-Recht bzw. deren Anwendung bei Abschluss durch ein Mitglied beeinträchtigt oder abgeändert werden könnte, wird der EU sogar die ausschließliche Vertragsabschlusskompetenz zuerkannt.[487]

EU-Rechtsgrundlage für eine Mitgliedschaft der EU in der GRECO bilden Art. 37 EUV i. V. m. Art. 83 und 216 fortfolgend («ff.») des «*Vertrags über die Arbeitsweise der Europäischen Union*»[488] («AEUV»), insbesondere die verfahrensrechtliche Bestimmung in Art. 218 AEUV.[489]

Der EU-Politikbereich betreffend die justizielle Zusammenarbeit in Strafsachen, der einmal die wechselseitige Anerkennung von Gerichtsentscheidungen sowie teilweise eine Harmonisierung des Strafrechts vorsieht, dient der Umsetzung des in Art. 3 Abs. 2 EUV festgelegten Ziels, «*[…] für seine Bürgerinnen und Bürger einen Raum der Freiheit, der Sicherheit und des Rechts […]*»[490] zu gewährleisten. Dies schließt auch Maßnahmen zur Kriminalitätsprävention und -bekämpfung mit ein.[491]

Art. 83 AEUV ermöglicht dem Rat und dem EU-Parlament mittels Richtlinien besonders schwere Straftaten des materiellen Strafrechts zu harmonisieren. Korruption wird ausdrücklich als eine Form «*[…] besonders schwerer Kriminalität*

487 European Union, *Vertrag über die Europäische Union* 1992 (n. 27), Art. 3, 37; European Union. *Vertrags über die Arbeitsweise der Europäischen Union: EUV* (1957), Art. 3 Abs. 2, Art. 216 Abs. 1; Schroeder, Werner. *Grundkurs Europarecht* (München: C.H. Beck, 6. Aufl., 2019), S. 385.

488 European Union. *Vertrag über die Arbeitsweise der Europäischen Union: AEUV* (2007).

489 European Union, *Vertrag über die Europäische Union* 1992 (n. 27), Art. 37; European Union, *Vertrags über die Arbeitsweise der Europäischen Union* 1957 (n. 488), Art. 83 iVm 216 ff; Milicevic, *EU cooperation with the Group of States against Corruption (GRECO): how to move towards full membership* 2021 (n. 479), S. 6.

490 European Union, *Vertrag über die Europäische Union* 1992 (n. 27), Art. 3 Abs. 2.

491 European Union, *Vertrags über die Arbeitsweise der Europäischen Union* 1957 (n. 488), Art. 82 f; Schroeder, *Grundkurs Europarecht* 2019 (n. 488), S. 401-402, 405-406.

[…]»[492] anerkannt. Bei derartigen Rechtsakten ist grundsätzlich das ordentliche Gesetzgebungsverfahren vorgesehen.[493]

Das Verfahren zur Ausarbeitung eines Übereinkommens über die Mitgliedschaft der EU in der GRECO ist in Art. 218 AEUV geregelt. Das maßgebliche Organ bildet nach Art. 218 AEUV der Rat. Daneben agiert die Kommission, die dem Rat vor Aufnahme der Verhandlung Empfehlungen vorlegt und die eigentlichen Verhandlungen mit dem Europarat führt. Der Rat ermächtigt die Kommission zur Aufnahme der Verhandlungen, legt die Verhandlungsbedingungen in Form von Richtlinien fest, genehmigt anschließend die Unterzeichnung des Abkommens und schließt dieses gesamthaft für die EU ab. Bevor der Rat jedoch den Beschluss über den Abschluss eines Abkommens fassen kann, bedarf es der Zustimmung des Parlaments.[494]

7.3.2.3 Beobachterstatus der EU

Obwohl alle Mitgliedstaaten der EU auch Mitglieder der GRECO sind und eine Beteiligung der EU in der GSG ausdrücklich vorgesehen ist, ist die EU bis heute nicht der GRECO beigetreten. Dies hat zur Folge, dass zwar die EU-Mitgliedstaaten hinsichtlich der Umsetzung der Antikorruptionsinstrumente des Europarats überwacht werden, nicht jedoch die EU-Institutionen selbst. In Anbetracht der Korruptionsskandale innerhalb der EU-Institution kann selbst für die EU eine Mitgliedschaft nur eine Bereicherung darstellen und wird ihr an dieser Stelle nahegelegt.[495]

---

492 European Union, *Vertrags über die Arbeitsweise der Europäischen Union* 1957 (n. 488), Art. 83 Abs. 1.

493 Ibid., Art. 83; Schroeder, *Grundkurs Europarecht* 2019 (n. 488), S. 405-406.

494 European Union, *Vertrags über die Arbeitsweise der Europäischen Union* 1957 (n. 488), Art. 218; Milicevic, *EU cooperation with the Group of States against Corruption (GRECO): how to move towards full membership* 2021 (n. 479), S. 6; Schroeder, *Grundkurs Europarecht* 2019 (n. 488), S. 387.

495 European Court of Auditors' View. *The European Court of Auditors' View on the Commission's Report on Anti-Corruption Measures* (2014), Rz 14, 25; Council of the European Union. *Doc.9884/19: Decision on the position to be taken on behalf of the European Union within the plenary meeting of GRECO as regardsthe decision on granting the Union observer status in GRECO* (2019), Preamble, Rz 6; Stevis-Gridneff, Matina und Pronczuk, Monika. 'E.U. Roiled by Corruption Investigation Linked to Qatar'. *The New York Times* (12.12.2022); Stevis-Gridneff, Matina. '4 Charged With Corruption in Bribery Inquiry Linked to Qatar'. *The New York Times* (11.12.2022); Jones, Sam, Smith, Helena und Rankin, Jennifer. 'Four people charged over Qatar's alleged bribing of EU officials'. *The Guardian* (11.12.2022).

Gleichwohl haben der Europarat und die EU 2007 in einem *Memorandum of Understanding* ihre gegenseitige Kooperationsbereitschaft im Bereich der Korruptionsbekämpfung bekräftigt. Der Europäische Rechnungshof hat 2014 der EU ebenfalls nahegelegt, eine GRECO-Mitgliedschaft anzustreben.[496]

Aus dem Bestreben, eine adäquate Form der Zusammenarbeit zu finden, hat der Rat am 6. Juni 2019 die Kommission beauftragt, einen Vorschlag gemäß Art. 83 i. V. m. Art. 218 Abs. 9 AEUV zu den konkreten Modalitäten hinsichtlich eines möglichen Beobachterstatus der EU in der GRECO auszuarbeiten. Noch am selben Tag hat die Kommission beim Generalsekretär des Europarats um einen Beobachterstatus in der GRECO angesucht.[497]

Der EU-Antrag wurde am 20. Juni 2019 von der GRECO geprüft. Die Türkei unterstützte zwar eine Mitgliedschaft der EU, sprach sich jedoch als einziges Mitglied gegen einen Beobachterstatus der EU aus. Daher wurde der EU-Antrag an das Ministerkomitee weitergeleitet.[498]

Am 10. Juli 2019, somit zwanzig Jahre seit Gründung dieses Überwachungsmechanismus, erlangte die EU den Status eines Beobachters innerhalb der GRECO.[499]

Seitens der EU äußerte sich *Frans Timmermans*, erster Vizepräsident der EU-Kommission, wie folgt:[500]

> *«The European Union's participation in the GRECO as an observer brings the European Union and the Council of Europe closer and reinforces our joint efforts to strengthen the rule of law and fight against corruption across Europe. It is very fitting for this to happen in the year in which GRECO celebrates its 20th anniversary.»*[501]

---

496 Committee of Ministers. *CM(2007)74: Memorandum of Understanding between the Council of Europe and the European* (2007), Rz 26; Milicevic, *EU cooperation with the Group of States against Corruption (GRECO): how to move towards full membership* 2021 (n. 479), S. 3-4.

497 Committee of Ministers, *CM(2007)74* 2007 (n. 497), Rz 26; Council of the European Union, *Doc.9884/19* 2019 (n. 496), Preamble, Rz 2-3; Ministers' Deputies. *CM/Notes/1351bis/10.1: Request for observer status by the European Union* (2019).

498 Ministers' Deputies, *CM/Notes/1351bis/10.1* 2019 (n. 498); GRECO. *Greco(2019)9-rev: 83rd GRECO Plenary Meeting (Strasbourg, 17-21 June 2019)* (2019), Rz 34-35.

499 Höltgen, Daniel und Rodriguez, Jaime. 'European Union becomes an observer to Council of Europe's anti-corruption body GRECO: Réf. DC 129(2019)'. *Council of Europe Communications* (2019).

500 Ibid.

501 Ibid.; European Commission. *Daily News 11 / 07 / 2019* (Brüssel, 2019).

Seitens des Europarats äußerte sich der Generalsekretär *Thorbjørn Jagland* mit den Worten:[502]

> *«This is another example of good co-operation between the European Union and the Council of Europe. Working together to protect the rule of law and to prevent corruption, our actions will be more effective and we will have a greater impact.»*[503]

Gegenwärtig wird die EU als Beobachter von *Ute Stiegel* und *Jeroen Blomsma* repräsentiert. Als Stellvertreter fungiert *Per Ibold*.[504]

Abschließend muss noch hervorgehoben werden, dass die Erlangung des Beobachterstatus für die EU nicht ausschließt, in Zukunft eine Mitgliedschaft in der GRECO ins Auge zu fassen.[505]

7.3.3 Weitere Beteiligte

7.3.3.1 Weitere Satzungsbeteiligte

Als weitere Beteiligungsform sieht die GSG die sonstigen Vertreter (*other Representatives*) bzw. weiteren Satzungsbeteiligten vor.[506] Daneben existieren Beteiligungsformen, die keine Rechtsgrundlage in der GSG haben.

Die weiteren Satzungsbeteiligten können durch deren Vertreter an den Plenarversammlungen teilzunehmen. Eine aktive Partizipationsmöglichkeit besteht insoweit, als sie sich mit Zustimmung des Präsidenten zu den behandelnden Themen mündlich oder schriftlich äußern können. Eine Partizipationsmöglichkeit in Form eines Stimmrechts besteht hingegen nicht.[507]

Als weitere Satzungsbeteiligte sind nach der GSG die CDCJ und die CDPC sowie der Satzungsausschuss gemäß Art. 18 GSG vorgesehen. Diese Aufzählung ist nicht taxativ. Daneben können auch weitere Gremien und Organe des Europarats

---

502 Höltgen/Rodriguez, '*European Union becomes an observer to Council of Europe's anti-corruption body GRECO*' 2019 (n. 500).

503 Ibid.; European Commission, *Daily News 11 / 07 / 2019* 2019 (n. 502).

504 Council of Europe, '*Members and Observers/ Etats membres et Observateurs*' 2022 (n. 472), abgerufen am: 02.12.2022.

505 Council of the European Union, *Doc.9884/19* 2019 (n. 496), Preamble, Rz 5; Milicevic, *EU cooperation with the Group of States against Corruption (GRECO): how to move towards full membership* 2021 (n. 479), S. 4.

506 Council of Europe, *Statute of the Group of States against corruption (GRECO)* 1999 (n. 440), Art. 7.

507 Ibid., Art. 7 Abs. 4; GRECO, *Greco(2017)13* 2017 (n. 445), Art. 4.

auf Einladung des Ministerkomitees als weitere Satzungsbeteiligte an den Plenarversammlungen teilnehmen.[508]

7.3.3.2 Beteiligte mit Beobachterstatus

Es gibt grundsätzlich unterschiedliche Formen der Partizipation innerhalb internationaler Organisationen. Neben einer Mitgliedschaft besteht bei vielen internationalen Organisationen auch die Möglichkeit, sich als assoziiertes Mitglied zu beteiligen. Der Unterschied zwischen beiden Beteiligungsformen besteht darin, dass die Rechte der assoziierten Mitglieder im Vergleich zu denen der Vollmitglieder eingeschränkt sind. Eine Partizipationsmöglichkeit in Form einer Teilmitgliedschaft besteht ebenfalls. Teilmitglieder zeichnen sich gerade dadurch aus, dass sie lediglich Mitglieder eines Organs einer internationalen Organisation sind. Innerhalb dieses Organs genießen sie die vollen Rechte eines Mitglieds, gehören der internationalen Organisation selbst aber nicht an.[509]

Beteiligte mit Beobachterstatus haben i. d. R. nicht die Möglichkeit, aktiv an den Entscheidungsprozessen einer internationalen Organisation mitzuwirken. Ihnen steht kein Stimmrecht zu. Prinzipiell ist ihre Befugnis auf die Teilnahme an Beratungen beschränkt, wobei damit auch ein Rederecht miteinbegriffen sein kann.[510]

Eine Beteiligung in Form eines Beobachters ist in der GSG nicht vorgesehen. Dennoch sind der GRECO seit 2002 mehrere internationale Organisationen und Institutionen als Beobachter beigetreten.[511]

Die rechtliche Grundlage findet sich in RES(93)28 des Ministerkomitees, die eine Beteiligung an Teilabkommen, erweiterten Abkommen oder erweiterten Teilabkommen zulässt.[512] Beteiligte mit Beobachterstatus haben grundsätzlich das Recht, Beobachter in die Ausschüsse zu entsenden und auf Einladung des Gastlandes auch an Fachministerkonferenzen teilzunehmen. Sofern nichts Gegenteiliges

---

508 Council of Europe, *Statute of the Group of States against corruption (GRECO)* 1999 (n. 440), Art. 7 Abs. 1-3.

509 Fink, Melanie Mitwirkende, Reinisch, August Herausgeber und Stifter, Lukas Mitwirkender. *Österreichisches Handbuch des Völkerrechts: Band 1: Textteil* (Wien: Manz'sche Verlags- und Universitätsbuchhandlung GmbH, 5. Aufl., 2013), S. 224, 228.

510 Ibid., S. 228; GRECO, *Greco(2017)13* 2017 (n. 445), Art. 4 («other representatives not having a right to vote»).

511 Ministers' Deputies, *CM/Notes/1351bis/10.1* 2019 (n. 498).

512 Committee of Ministers, *STATUTORY RES (93) 28* 1993 (n. 392), Sec. V; Ministers' Deputies, *CM/Notes/1351bis/10.1* 2019 (n. 498).

entschieden wurde, haben sie kein Repräsentationsrecht im Ministerkomitee und in der Parlamentarischen Versammlung. Ebenso wenig steht ihnen ein Stimmrecht oder ein Recht auf Kostenübernahme zu. Das Recht einen ständigen Beobachter zu entsenden, bleibt den Staaten mit Beobachterstatus vorbehalten.[513]

CM/RES(2011)24 *«on intergovernmental committees and subordinate bodies, their terms of reference and working methods»*[514] regelt das Verfahren, wie Staaten oder Organisationen einen Beobachterstatus in Lenkungsausschüssen, Ad-hoc-Ausschüssen und weiteren untergeordneten Gremien und Organen erlangen können. Die Resolution ist grundsätzlich nur bei zwischenstaatlichen Ausschüssen und Unterorganen bzw. Untergremien gemäß Art. 17 GSG anwendbar. Sinngemäß ist sie aber auch auf sonstige Ausschüsse anwendbar, die vom Ministerkomitee des Europarats eingesetzt werden. Ausnahmen können vorgesehen werden.[515]

Eine Beteiligung als Beobachter setzt einen an den Generalsekretär des Europarats gerichteten Antrag voraus. Generell obliegt die Entscheidung über die Aufnahme beim betreffenden Ausschuss oder untergeordneten Organ bzw. Gremium selbst und erfolgt einstimmig. In Sonderfällen entscheidet das Ministerkomitee. Kann keine Einstimmigkeit erzielt werden, wie dies bei der EU der Fall war, ist die Angelegenheit zur Entscheidung an das Ministerkomitee weiterzuleiten. Das Ministerkomitee entscheidet verbindlich mit einer Mehrheit von 2/3 aller Vertreter, denen ein Sitz im Ministerkomitee zusteht.[516]

7.3.3.3 Weitere Beteiligte in der GRECO

Erstmalig hat 2002 die OECD einen Antrag auf Erteilung eines Beobachterstatus gestellt. Seither haben weitere internationale Organisationen und Institutionen ebenfalls von dieser Möglichkeit Gebrauch gemacht. Auf Einladung des Ministerkomitees entsendeten auch Gremien sowie Organe des Europarats ihre Vertreter in die GRECO. Neben der Parlamentarischen Versammlung, der CDCJ,

---

513 Committee of Ministers. *RES(93)26: Statutory Resolution on observer status* (1993); Committee of Ministers. *CM/Res(2011)24: on intergovernmental committees and subordinate bodies, their terms of reference and working methods* (2011), Rz 8-9.

514 Committee of Ministers, *CM/Res(2011)24* 2011 (n. 514).

515 Ibid., Rz. 1-3, 8 Bst. a-b, Rz. 9.

516 Ibid., Rz 8-9.

der CDPC, der soeben erwähnten OECD, der *Organization of American States*[517] («OAS») und der UNO haben sich nachfolgende Institutionen beteiligt:[518]

Die *Council of Europe Development Bank*[519] («CEB») bezweckt die Umsetzung der europäischen Solidaritätspolitik. Sie fördert unterschiedlichste Projekte der Mitgliedstaaten in den Bereichen Sozialintegration, Umweltmanagement und sozialorientierter öffentlicher Infrastruktur. Daneben unterstützt die CEB Kleinst- bis mittelgroße Unternehmen durch individuelle und attraktive Finanzprodukte. Ihr Tätigkeitsfeld ist damit ausschließlich auf den Sozialbereich ausgerichtet. Gegenwärtig gehören der CEB 41 Mitgliedstaaten an. Österreich ist jedoch nicht vertreten.[520]

Das Mandat des *OSZE Office for Democratic Institutions and Human Rights*[521] («DIHR») umfasst die Bereiche Menschenrechte, Nichtdiskriminierung und Toleranz sowie Demokratie und Rechtsstaatlichkeit. Durch spezifische Maßnahmen wie die Beobachtung von Wahlen, Beratungen und die Durchführung einschlägiger Aus- und Fortbildungen sollen diese Bereiche gefördert werden.[522]

Die *International Anti-Corruption Academy*[523] («IAA») mit Sitz in Österreich versteht sich als eine «*[...] international organization that empowers professionals to make a lasting impact in the fight against corruption*».[524] Ihr Hauptaugenmerk liegt in der Aus- bzw. Weiterbildung von Praktikern und Fachpersonal aus allen

---

517 Organization of American States. 'OAS – Organization of American States: Democracy for peace, security, and development', zugegriffen auf: https://www.oas.org/en/, abgerufen am: 29.05.2024.

518 Ministers' Deputies, *CM/Notes/1351bis/10.1* 2019 (n. 498).

519 Council of Europe Development Bank. 'The social development bank for Europe', zugegriffen auf: https://coebank.org/en/, abgerufen am: 01.12.2022.

520 Council of Europe Development Bank. 'Mission and history: The Council of Europe Development Bank (CEB) is a multilateral development bank with an exclusively social mandate.', zugegriffen auf: https://coebank.org/en/about/mission/, abgerufen am: 02.12.2022; Council of Europe Development Bank. *60 years of European solidarity: CEB – Council of Europe Development Bank (1956–2016)* (Paris, 2016), S. 1-2, 7; Council of Europe Development Bank. *CEB Strategy 2020–2022* (Paris, 2020), S. 1; Council of Europe, '*Members and Observers/ Etats membres et Observateurs*' 2022 (n. 472), abgerufen am: 01.12.2022.

521 OSCE. 'OSCE Office for Democratic Institutions and Human Rights', zugegriffen auf: https://www.osce.org/odihr.

522 Ibid., abgerufen am: 02.12.2022; Council of Europe, '*Members and Observers/ Etats membres et Observateurs*' 2022 (n. 472), abgerufen am: 02.12.2022.

523 International Anti-Corruption Academy. 'IACA', zugegriffen auf: https://www.iaca.int/, abgerufen am: 02.12.2022.

524 Ibid., abgerufen am: 01.12.2022.

Berufssektoren im Bereich der Korruptionsbekämpfung. Daneben ist die IAA auch im Bereich der Korruptionsforschung tätig.[525]

Das *International Institute for Democracy and Electoral Assistance*[526] («IDEA») setzt sich weltweit für die Förderung von Demokratie ein, insbesondere in den zentralen Bereichen Verfassungsbildung, Demokratiebewertung, Wahlprozesse, politischer Teilhabe und Repräsentation.[527]

7.3.4 Vertretung der Beteiligten

7.3.4.1 Allgemeines

Die Beteiligten der GRECO bestehen vornehmlich aus Staaten, der EU und weiteren internationalen Organisationen. Die völkerrechtliche Rechtspersönlichkeit der EU ist in Art. 47 EUV ausdrücklich verankert. Teile der Lehre sprechen bei der EU von einer «*internationalen Organisation mit supranationalen Wesenszügen*».[528] Sowohl bei Staaten als auch bei internationalen Organisationen handelt es sich in völkerrechtlicher Hinsicht um J. P. Es liegt im Wesen einer J. P., sowohl im nationalen als auch im Völkerrecht, dass sie letztlich nur durch ihre Organe handeln kann. In letzter Instanz sind es somit die N. P., selbst in ihrer Eigenschaft als Organ oder Mitglied eines Organs, die für die Völkerrechtssubjekte mit rechtsverbindlicher Wirkung handeln.[529]

---

525 International Anti-Corruption Academy. 'About us: Guiding Principles', zugegriffen auf: https://www.iaca.int/who-we-are/about-us/guiding-principles.html, abgerufen am: 02.12.2022; Council of Europe, '*Members and Observers/ Etats membres et Observateurs*' 2022 (n. 472), abgerufen am: 02.12.2022.

526 International Institute for Democracy and Electoral Assistance. 'Our Work | International IDEA', zugegriffen auf: https://www.idea.int/our-work#whatwedo, abgerufen am: 02.12.2022.

527 Ibid., abgerufen am: 03.12.2022; International Institute for Democracy and Electoral Assistance. 'Mission & Values | International IDEA', zugegriffen auf: https://www.idea.int/about-us/mission-values, abgerufen am: 03.12.2022; International Institute for Democracy and Electoral Assistance. *Declaration: The founding conference* (1998); Council of Europe, '*Members and Observers/ Etats membres et Observateurs*' 2022 (n. 472), abgerufen am: 02.12.2022.

528 European Union, *Vertrag über die Europäische Union* 1992 (n. 27), Art. 47; Schroeder, *Grundkurs Europarecht* 2019 (n. 488), S. 26-27.

529 Arnauld, *Völkerrecht* 2019 (n. 331), S. 172.

7.3.4.2 Rechte der Vertreter in der GRECO

Die einzelnen Mitgliedstaaten werden innerhalb der GRECO in Form von Delegationen vertreten, die aus einem bis maximal («max.») zwei N. P. besteht. Setzt sich die Delegation aus zwei Vertretern zusammen, ist einer der beiden gegenüber dem Sekretariat als Delegationsleiter namhaft zu machen. Überdies steht es den Mitgliedern zu, für jeden Vertreter auch einen Stellvertreter zu benennen. Die Mitglieder waren zum Zeitpunkt des Inkrafttretens der GGO (1. November 1999) verpflichtet, die Zusammensetzung ihrer Delegationen binnen zwei Monaten mitzuteilen. Für neu hinzutretende Mitglieder gilt diese Frist sinngemäß ab Abgabe der Beitrittserklärung. Eine Mitteilung umfasst die Bekanntgabe der Namen, der Anschriften sowie der Arbeitssprachen der Vertreter. Änderungen der Zusammensetzung sind unverzüglich dem Exekutivsekretär mitzuteilen.[530]

Den Vertretern kommen Teilnahme- und Stimmrechte in der Plenarversammlung zu. Etwaige Reise- und Aufenthaltskosten können aus dem GRECO-Finanzhaushalt bestritten werden.[531]

Im Unterschied zu den Mitgliedern kann in der Kategorie der weiteren Beteiligte hingegen nur ein Vertreter entsandt werden. Diese können ebenfalls an den Plenarversammlungen teilnehmen und sich darin zu den gegenständlichen Themen äußern. Dies setzt jedoch die Genehmigung des Präsidenten voraus. Die Reise- und Aufenthaltskosten, die durch die Vertreterfunktion in der GRECO entstehen, sind nicht vom GRECO-Finanzhaushalt gedeckt und können nicht aus diesem bestritten werden.[532]

7.3.4.3 Vorrechte und Befreiungen gemäß Art. 6 Abs. 3 GSG

Nach Art. 6 Abs. 3 GSG ist Art. 2 des «*Protocol to the General Agreement on Privileges and Immunities of the Council of Europe*»[533] («ZPVBE») auch für die in die GRECO entsandten Vertreter anwendbar, der wiederum auf Art. 9 bis 12 des «*General Agreement on Privileges and Immunities of the Council of Europe*»[534] («VBE»)

530 Council of Europe, *Statute of the Group of States against corruption (GRECO)* 1999 (n. 440), Art. 6 Abs. 1-2; GRECO, *Greco(2017)13* 2017 (n. 445), Art. 3.

531 Council of Europe, *Statute of the Group of States against corruption (GRECO)* 1999 (n. 440), Art. 6 Abs. 1-2.

532 Ibid., Art. 7 Abs. 4; GRECO, *Greco(2017)13* 2017 (n. 445), Art. 4.

533 ETS No. 010. *Protocol to the General Agreement on Privileges and Immunities of the Council of Europe* (1952).

534 ETS No. 002. *General Agreement on Privileges and Immunities of the Council of Europe* (1949).

verweist. Diese Befreiungen gelten nicht uneingeschränkt.[535] Art. 9 bis 12 VBE regeln die Vorrechte und Befreiungen von Vertretern. Diese werden gewährt, um die Unabhängigkeit bei der Ausübung ihrer Funktion zu gewährleisten.[536]

Vertretern, wobei darunter auch stellvertretende Delegierte, Delegationssekretäre, technische Sachverständige und sonstige Berater zu verstehen sind, werden im Rahmen ihrer Tätigkeit nachfolgende Befreiungen gewährt:[537]

- Verhaftungen/Festnahmen;
- Beschlagnahme von persönlichem Gepäck;
- Jegliche Gerichtsbarkeit bez. Äußerungen und Handlungen, sofern diese in offizieller Eigenschaft geäußert und gemacht wurden;*
- Jegliche Einwanderungsbeschränkungen und Ausländerregistrierungsformalitäten hinsichtlich jener Länder, die in offizieller Eigenschaft durchquert oder besucht werden.[538]**

Hinsichtlich Währungs- bzw. Devisenbeschränkungen sowie des persönlichen Gepäcks sind ihnen dieselben Erleichterungen oder Befreiungen zu gewähren, wie sie auch Mitgliedern diplomatischer Missionen im vergleichbaren Rang gewährt werden.[539] Daneben steht ihnen die Benützung einer Codesprache zu. Sie haben auch das Recht, Korrespondenzen und sonstige Papiere per Kurier oder in versiegelter Form zu erhalten.[540]

* Die Befreiung besteht auch für die Zeit, nachdem die Funktion bereits niedergelegt wurde.[541]
** Von dieser Befreiung profitieren auch die Ehegatten.[542]

Die gewährten Vorrechte und Befreiungen können nicht gegenüber dem vertretenen Staat geltend gemacht werden. Stellt ein Staat fest, dass einer seiner Vertreter die ihm zustehenden Vorrechte und Befreiungen missbraucht, haben sie die Pflicht, ihm diese Vergünstigungen wieder zu entziehen. Dabei muss jedoch

---

535 ETS No. 010, *Protocol to the General Agreement on Privileges and Immunities of the Council of Europe* 1952 (n. 534), Art. 2 Bst. a-b.
536 ETS No. 002, *General Agreement on Privileges and Immunities of the Council of Europe* 1949 (n. 535), Art. 11.
537 Ibid., Art. 12 Bst. b iVm Art. 9 ff.
538 Ibid., Art. 9-10.
539 Ibid., Art. 9 Bst. e-f.
540 Ibid., Art. 9 Bst. b-c.
541 Ibid., Art. 10.
542 Ibid., Art. 9 Bst. d.

gewährleistet werden, dass der Zweck dieser Vorrechte und Befreiungen dadurch nicht beeinträchtigt wird.[543]

7.3.5 Austritt aus der GRECO

Im Unterschied zur EU, deren Verträge bis zum Vertrag von Lissabon kein Austrittsrecht vorgesehen haben, enthält die GSG seit jeher ein Rücktrittsrecht. Demnach ist es grundsätzlich jedem Mitglied vorbehalten, aus der GRECO wieder auszutreten. Hierzu hat der jeweilige Außenminister bzw. ein besonders hierfür ermächtigter diplomatischer Vertreter dem Generalsekretär des Europarats den Austritt seines Staates mitzuteilen.[544]

Nach Bekanntgabe der Austrittserklärung leitet der Generalsekretär des Europarats diese dem Satzungsausschuss weiter, der die aus dem Rücktritt entstehenden finanziellen Folgen eruiert. Sobald diese ermittelt wurden, teilt der Generalsekretär diese dem austretenden Mitglied mit und unterrichtet den Satzungsausschuss hiervon.[545]

Die Bestimmung zur Wirksamkeit des Rücktritts findet sich in Art. 7 EuRS. Demnach wird der Austritt zum Ende des Geschäftsjahres wirksam, wenn die Austrittserklärung innerhalb der ersten neun Monate des jeweiligen Jahres erfolgt. Andernfalls wird der Austritt mit Ende des Folgerechnungsjahres wirksam.[546]

7.3.6 Verschwiegenheitsverpflichtungen

Die Mitarbeiter und weiteren Akteure der GRECO sind über ihre Beschäftigungsdauer hinaus hinsichtlich aller Informationen zur Verschwiegenheit verpflichtet, die sie aufgrund ihrer Tätigkeit bei der GRECO erlangt haben.[547]

Besteht ein hinreichend begründeter Verdacht, dass ein (ehemaliger) Vertreter dieser Verpflichtung nicht nachgekommen ist, ist der Satzungsausschuss hiervon zu informieren. Dabei ist das Recht des Betroffenen auf Äußerung zu wahren, das ihm im Vorhinein einzuräumen ist. Im Falle eines Sachverständigen kann die

---

543 Ibid., Art. 11, 12 Bst. a.

544 Council of Europe, *Statute of the Group of States against corruption (GRECO)* 1999 (n. 440), Art. 21 Abs. 1-2.

545 Ibid., Art. 21 Abs. 2-5.

546 Ibid., Art. 21 Abs. 3; ETS No. 001, *Statute of the Council of Europe* 1949 (n. 239), Art. 7.

547 GRECO, *Greco(2017)13* 2017 (n. 445), Art. 37, 38 bis; GRECO. *GrecoEval5(2018)5-fin: Guidlines for GRECO-Evaluation Teams (GETs)* (2018), Part I, Section A, Rz 3.

Plenarversammlung Sanktionen beschließen, wie bspw. die Streichung von der Liste der Sachverständigen.[548]

7.4 Organe | Einrichtungen

7.4.1 Plenarversammlung

7.4.1.1 Kompetenzen

Hauptorgan und Entscheidungsträger der GRECO bildet die Plenarversammlung, in welcher die Mitglieder durch ihre Vertreter repräsentiert werden und über die Maßnahmen des Überwachungsmechanismus in nichtöffentlichen Sitzungen Beschlüsse fassen.[549]

Art. 8 GSG räumt der Plenarversammlung demonstrativ nachfolgende Kompetenzen ein:[550]

- Die Annahme von Evaluierungsberichten;
- Die Genehmigung des jährlichen Tätigkeitsprogrammes;
- Das Vorschlagsrecht bez. des Jahreshaushaltsplanentwurfs an den Generalsekretär des Europarats;
- Die Genehmigung des jährlichen Tätigkeitsberichts während der ersten Sitzung eines neuen Kalenderjahres;
- Die Genehmigung des Jahresabschlusses.[551]

Die in den drei letztgenannten Punkten beschriebenen Kompetenzen sind von der Plenarversammlung wahrzunehmen, bevor die erwähnten Dokumente dem Satzungsausschuss vorgelegt werden. Die Veröffentlichung des jährlichen Tätigkeitsberichts sowie des Jahresabschlusses obliegt nach deren Genehmigung durch den Satzungsausschuss der Plenarversammlung.[552]

548 GRECO, *Greco(2017)13* 2017 (n. 445), Art. 37, 38 bis.

549 Council of Europe, *Statute of the Group of States against corruption (GRECO)* 1999 (n. 440), Art. 8 Abs. 1, 5.

550 Ibid., Art. 8 Abs. 1.

551 Ibid., Art. 8 Abs. 1 i.-iii.; GRECO, *Greco(2017)13* 2017 (n. 445), Art. 39 Abs. 1, 3.

552 Council of Europe, *Statute of the Group of States against corruption (GRECO)* 1999 (n. 440), Art. 8 Abs. 1, 3 iVm Art. 18.

7.4.1.2 Plenarversammlungen und Arbeitsgruppen

Die GRECO kann sich sowohl im Plenum sowie in Arbeitsgruppen organisieren, die sich zumindest aus fünf Mitgliedern aus dem Kreis der Vertreter zusammensetzen.[553]

Das Plenum versammelt sich zweimal jährlich und wird vom GRECO-Präsidenten geleitet. Die erste Plenarversammlung wurde 1999 einberufen und fand vom 4. bis zum 6. Oktober statt. Seither wurden insgesamt 94 Plenarversammlungen abgehalten, zuletzt vom 5. bis 9. Juni 2023.[554]

Arbeitsgruppen können von der Plenarversammlung jederzeit einberufen werden, wenn dies zur Klärung besonderer Fragen erforderlich erscheint. Die Leitung der Arbeitsgruppen erfolgt durch einen Vorsitzenden, der vom Präsidium bestimmt wird.[555] Nachfolgend wird jedoch auf die Arbeitsgruppen der GRECO nicht weiter eingegangen.

7.4.1.3 Ablauf der Sitzungen

Die Einberufung der Plenarversammlung erfolgt schriftlich auf Initiative des GRECO-Präsidenten durch den Exekutivsekretär und ist samt dem vom Exekutivsekretär ausgearbeiteten Tagesordnungsentwurf an die Delegationsleiter der Mitglieder sowie an die Vertreter der weiteren Beteiligten zu richten. Die Stellvertreter sowie die einzelnen Satzungsausschussmitglieder werden mit einer Kopie der Ladung informiert. Auch die sonstigen Unterlagen, die Gegenstand der Versammlung sind, werden vorab vom Sekretariat an die Delegationsleiter und die Vertreter der weiteren Beteiligten übermittelt. Die GGO sieht diesbezüglich eine Frist von zwei Wochen vor Sitzungseröffnung vor.[556]

---

553 Ibid., Art. 8 Abs. 2; GRECO, *Greco(2017)13* 2017 (n. 445), Art. 20 Abs. 1.

554 Council of Europe, *Statute of the Group of States against corruption (GRECO)* 1999 (n. 440), Art. 8 Abs. 2, 8; GRECO, *Greco(2017)13* 2017 (n. 445), Art. 5 Abs. 1; Art. 6 Abs. 1; GRECO. 'Plenary meetings'. 2023, zugegriffen auf: https://www.coe.int/en/web/greco/plenary-meetings#{%2222360354%22:}, abgerufen am: 08.01.2023; GRECO. *GRECO(99)7: Report of the first meeting (Strasbourg, 4-6 October 1999)* (1999); GRECO. *Greco(2022)9: 92nd GRECO Plenary Meeting Strasbourg | KUDO (online), 28 November–2 December 2022* (2022); GRECO. *Greco(2023)9: 94th GRECO Plenary Meeting - Decisions* (2023).

555 Council of Europe, *Statute of the Group of States against corruption (GRECO)* 1999 (n. 440), Art. 8 Abs. 2; GRECO, *Greco(2017)13* 2017 (n. 445), Art. 6, 20.

556 GRECO, *Greco(2017)13* 2017 (n. 445), Art. 11-13.

Die Sitzung einer jeder Versammlung beginnt mit der Annahme des Tagesordnungsentwurfs, ehe die einzelnen Tagesordnungspunkte erörtert und darüber abgestimmt werden.[557]

7.4.1.4 Abstimmung und Beschlussfassung

Für die Beschlussfähigkeit bedarf es der Anwesenheit der Mehrheit aller Mitglieder.[558] Jedes Mitglied ist zur Teilnahme an der Plenarversammlung berechtigt und hat darin eine Stimme. Voraussetzung ist die Teilnahme am Evaluierungsverfahren und die ordnungsgemäße Entrichtung der Pflichtbeiträge. Kommt ein Staat seiner Beitragspflicht in einer Zeitspanne von zwei Jahren überhaupt oder in wesentlichen Teilen nicht nach, führt dies zum Verlust des Stimmrechts, sofern der Satzungsausschuss nicht anders entschieden hat.[559]

Mit Ausnahme von Beschlüssen, die Verfahrensfragen zum Gegenstand haben, bedarf ein gültiger Beschluss der Annahme einer 2/3-Mehrheit der abgegebenen Stimmen sowie der Mehrheit aller Stimmberechtigten. Für die Stimmzählung werden nur Ja- und Nein-Stimmen berücksichtigt. Subsidiär sind die Abstimmungsmodalitäten in der EuRS sowie den Geschäftsordnungen vom Ministerkomitee und deren Stellvertretern zu berücksichtigen.[560]

Die Abstimmungen zu den Vorschlägen und Anträgen in der Plenarversammlung erfolgen nach einer festgelegten Reihenfolge. Primär werden *Verfahrensanträge* behandelt; auch deren Behandlung hat nach einer festgeschriebenen Reihenfolge zu erfolgen. Verfahrensbezogene Vorschläge und Anträge werden abhängig von ihrem Gegenstand in der nachfolgenden Reihenfolge behandelt:[561]

1. Zu Unterbrechungen;
2. Zur Vertagung der Sitzung;
3. Zur Vertagung der Erörterung eines spezifischen Tagesordnungspunktes;
4. Zur Beendigung der Erörterung eines spezifischen Tagesordnungspunktes.[562]

---

557 Ibid., Art. 12.

558 Ibid., Art. 15.

559 Council of Europe, *Statute of the Group of States against corruption (GRECO)* 1999 (n. 440), Art. 8 Abs. 6; GRECO, *Greco(2017)13* 2017 (n. 445), Art. 16 Abs. 1.

560 Council of Europe, *Statute of the Group of States against corruption (GRECO)* 1999 (n. 440), Art. 8 Abs. 7; GRECO, *Greco(2017)13* 2017 (n. 445), Art. 16 Abs. 3-4; ETS No. 001, *Statute of the Council of Europe* 1949 (n. 239); Council of Europe. *Rules of Procedure of the Committee of Ministers* (1951); Council of Europe. *Rules of Procedure for the meetings of the Ministers' Deputies* (1955).

561 GRECO, *Greco(2017)13* 2017 (n. 445), Art. 18.

562 Ibid.

Alle *nicht verfahrensbezogenen Vorschläge und Anträge* sind nachrangig zu behandeln. Grundsätzlich sind Vorschläge und Anträge materiell zur Gänze zu erörtern und darüber abzustimmen. Allerdings ist es auch zulässig, über einen Antrag nur hinsichtlich einzelner Punkte abzustimmen.[563]

Die nichtverfahrensbezogenen Vorschläge und Anträge werden prinzipiell in der Reihenfolge ihrer Einreichung behandelt. Vorschläge, die mit finanziellen Folgen verbunden sind, werden in absteigender Reihenfolge ihrer Kosten behandelt. Eine besondere Reihenfolge ist bei Änderungsanträgen zu bereits eingebrachten Vorschlägen zu beachten. Aus Gründen der Zweckmäßigkeit sieht die GRECO vor, dass Änderungsanträge zuerst besprochen werden, bevor der eigentliche Vorschlag behandelt wird. Es kann auch sein, dass zeitgleich mehrere Änderungsanträge zu einem bestimmten Vorschlag eingebracht werden. Für diesen Fall ist vorgesehen, dass jener Antrag zuerst behandelt wird, der materiell am weitesten vom eingebrachten Vorschlag entfernt ist. Zuletzt sind jene Änderungsanträge zu behandeln, die einander in materieller Hinsicht ausschließen. Dies liegt vor, wenn ein Antrag nicht besprochen werden kann, ohne dass dadurch der andere Antrag obsolet wird. Im Zweifel wird die Reihenfolge durch den GRECO-Präsidenten festgelegt.[564]

Abschließend ist noch zu erwähnen, dass jedes Mitglied per Antrag die *Wiedereröffnung eines bereits entschiedenen Abstimmungspunktes* initiieren kann. Eine erneute Erörterung kann jedoch nur dann vorgenommen werden, wenn über den Antrag mit einer Mehrheit von 4/5 aller abgegebenen Stimmen in der Plenarversammlung positiv entschieden wird.[565]

7.4.1.5 Beschlussprotokoll und Liste gefasster Beschlüsse

Der Exekutivsekretär erstellt ein Sitzungsprotokoll, das den Vertretern der Mitglieder übermittelt wird. Dies umfasst auch eine Liste mit den in der Versammlung gefassten Beschlüssen, die zum Ende einer Sitzung der Versammlung zwecks Genehmigung vorgelegt werden. Des Weiteren führt der Exekutivsekretär ein Register aller eingehenden Mitteilungen und informiert hierüber die Plenarversammlung gemäß Art. 21 Abs. 1 GGO.[566]

---

563 Ibid., Art. 17 Abs. 1, 3; Art. 18.
564 Ibid., Art. 17 Abs. 1-2, 4.
565 Ibid., Art. 16 Abs. 2.
566 Ibid., Art. 19, 21.

7.4.2 Satzungsausschuss

Art. 18 GSG sieht das Organ des Satzungsausschusses vor, dessen Haupttätigkeitsfeld die finanziellen Angelegenheiten der GRECO umfasst.[567] Konkret obliegen dem Satzungsausschuss nachfolgende Aufgaben:

- Festlegung der jährlichen Mitgliedsbeiträge;
- Verabschiedung des jährlichen GRECO-Haushaltsplans;
- Genehmigung/Kommentierung des vom Generalsekretär des Europarats jährlich vorgelegten Jahresabschlusses der GRECO;
- Weiterleitung des genehmigten/kommentierten Jahresabschlusses samt Bericht des Rechnungsprüfungsausschusses (zwecks Entlastung des Generalsekretärs des Europarats).[568]

Der Ausschuss besteht aus den Vertretern der Mitgliedstaaten im Ministerkomitee sowie die in den Satzungsausschuss entsendeten Vertreter der sonstigen GRECO-Mitglieder.[569]

Für die Annahme und Verwaltung des Finanzhaushalts der GRECO ist nach Art. 18 Abs. 5 GSG sinngemäß die Finanzordnung des Europarats «*Financial Regulations and Supplementary Provisions of the Council of Europe*»[570] («FOEuR») anzuwenden.[571]

7.4.3 Präsidium

Beim Präsidium handelt es sich um ein in Art. 9 GSG vorgesehenes siebenköpfiges Organ, das der Plenarversammlung unterstützend zur Seite steht. Neben den ihr laut GSG zustehenden Aufgaben kann es grundsätzlich unter deren Aufsicht mit allen Aufgaben betraut werden, die ihm von der Plenarversammlung übertragen werden.[572]

---

567 Council of Europe, *Statute of the Group of States against corruption (GRECO)* 1999 (n. 440), Art. 18.

568 Ibid., Art. 18 Abs. 2-4.

569 Ibid., Art. 18 Abs. 1.

570 Committee of Ministers. *Financial Regulations and Supplementary Provisions of the Council of Europe* (2011).

571 Council of Europe, *Statute of the Group of States against corruption (GRECO)* 1999 (n. 440), Art. 18 Abs. 5.

572 Ibid., Art. 9 Abs. 1, 3, 4; GRECO, *Greco(2017)13* 2017 (n. 445), Art. 9 Abs. 1, 4.

7.4.3.1 Wahl und Zusammensetzung

Das Präsidium setzt sich aus einem Präsidenten, einem Vizepräsidenten und fünf weiteren gewählten Präsidiumsmitgliedern zusammen.[573]

Die Mitglieder werden von der Plenarversammlung für die Dauer einer Amtsperiode in geheimen Wahlen gewählt. Eine Amtsperiode entspricht der Dauer einer Evaluierungsrunde. Eine einmalige Wiederwahl ist zulässig. Wahlen finden entweder in der letzten Sitzung vor Beginn einer Bewertungsrunde oder kurz nachdem ein reguläres Präsidiumsmitglied ausgeschieden oder zurückgetreten ist. Reguläre Präsidiumsmitglieder haben nicht die Funktion des Präsidenten oder Vizepräsidenten inne. Wahlvorschläge für die Präsidiumsmitglieder, einschließlich des Präsidenten und Vizepräsidenten, können von jedem GRECO Mitglied beim Exekutivsekretär eingereicht werden. Die Vorschläge sind spätestens 48 Stunden vor der Wahl der Präsidiumsmitglieder einzubringen und können in Schriftform oder mündlich während der Wahlsitzung erfolgen.[574]

Ein Wahl wird zugunsten derjenigen Kandidaten entschieden, die schließlich die Mehrheit der abgegebenen Stimmen auf sich vereinen können. Im Falle etwaiger nicht besetzter Präsidiumssitze findet ein zweiter Wahlgang statt, der zugunsten derjenigen Kandidaten mit den meisten Stimmen entschieden wird.[575]

7.4.3.2 Aufgaben des Präsidiums

Der Zweck des Präsidiums besteht in der Unterstützung der Plenarversammlung bei der Erfüllung der ihr zugewiesenen Aufgaben. Daher kann die Plenarversammlung das Präsidium ohne etwaige Einschränkungen mit allen den ihr zustehenden Aufgaben betrauen. Das Präsidium nimmt diese Aufgaben unter der Aufsicht der Plenarversammlung wahr. Daneben enthält das GSG eine taxative Aufzählung von Aufgaben, die unabhängig vom Ermessen der Plenarversammlung vom Präsidium wahrzunehmen sind. Diese bestehen primär in der Ausarbeitung von Vorschlägen für die Plenarversammlung zu nachfolgenden Angelegenheiten:[576]

- o Vorentwurf zum Haushaltsplan;
- o Zusammensetzung der Ad-hoc-Evaluierungsteams;

---

573 Council of Europe, *Statute of the Group of States against corruption (GRECO)* 1999 (n. 440), Art. 9 Abs. 1; GRECO, *Greco(2017)13* 2017 (n. 445), Art. 9 Abs. 1.

574 Council of Europe, *Statute of the Group of States against corruption (GRECO)* 1999 (n. 440), Art. 8 Abs. 8, Art. 9 Abs. 1; GRECO, *Greco(2017)13* 2017 (n. 445), Art. 5 Abs. 1-4, Art. 9 Abs. 2-3.

575 GRECO, *Greco(2017)13* 2017 (n. 445), Art. 5 Abs. 4-5, Art. 9 Abs. 1-3.

576 Council of Europe, *Statute of the Group of States against corruption (GRECO)* 1999 (n. 440), Art. 9 Abs. 2-3; GRECO, *Greco(2017)13* 2017 (n. 445), Art. 9 Abs. 4.

- o Die in den Evaluierungsverfahren zu überprüfenden Bestimmungen;
- o Ernennung wissenschaftlicher Experten und Berater.[577]

Daneben obliegen dem Präsidium administrative Aufgaben wie die Organisation der Länderbesuche und die Vorbereitung der Tagesordnungen[578] für die jeweiligen GRECO-Sitzungen.[579]

7.4.3.3 Präsident und Vizepräsident

Präsident und Vizepräsident sind zwar organisatorisch dem Präsidium zuzurechnen, nehmen jedoch auch Aufgaben der GRECO als Ganzes wahr.[580]

Der Präsident ist befugt, die GRECO gegenüber dem Europarat zu vertreten und hat seine in GSG und GGO festgelegten sowie weitere übertragene Aufgaben unter der Aufsicht der GRECO auszuführen. Er führt den Vorsitz in den Sitzungen des Präsidiums und der Plenarversammlung. Daneben legt er unter vorheriger Absprache mit dem Präsidium und dem Exekutivsekretär auch die Sitzungstermine fest. Es besteht die Möglichkeit, gewisse Aufgaben auf den Vizepräsidenten, ein oder mehrere Präsidiumsmitglieder oder den Exekutivsekretär zu delegieren. Die Präsidiumssitzungen werden auf Anordnung des Präsidenten regelmäßig durch den Exekutivsekretär einberufen. Aus Befangenheitsgründen darf weder der Präsident, der Vizepräsident noch ein anderer Vertreter den Vorsitz während der Diskussion und Annahme des Evaluierungsberichts für den Mitgliedstaat führen, dem sie angehören bzw. von dem sie entsandt worden sind.[581]

Dem Vizepräsidenten kommt insbesondere die Aufgabe zu, den Präsidenten im Verhinderungsfall zu vertreten. Er übernimmt unmittelbar die Funktion des Präsidenten, sobald diese Funktion frei wird. Ist die Funktion des Vizepräsidenten unbesetzt, sind zeitnah Wahlen zur Besetzung abzuhalten. Sind beide Funktionen unbesetzt oder beide vorübergehend verhindert, werden die Aufgaben von jenem Mitglied des Präsidiums wahrgenommen, das die längste Amtszeit aufweist. Falls mehrere Mitglieder eine gleich lange Amtszeit vorweisen, entscheidet das Alter. Wiedergewählte Kandidaten werden jedoch bevorzugt.[582]

---

577 Council of Europe, *Statute of the Group of States against corruption (GRECO)* 1999 (n. 440), Art. 9 Abs. 2.

578 inkl. jener Sitzungen, welche die Erörterung der Evaluierungsberichte zum Gegenstand haben.

579 Council of Europe, *Statute of the Group of States against corruption (GRECO)* 1999 (n. 440), Art. 9 Abs. 2.

580 Ibid., Art. 9 Abs. 1; GRECO, *Greco(2017)13* 2017 (n. 445), Art. 5-6.

581 GRECO, *Greco(2017)13* 2017 (n. 445), Art. 6, 8, 9.

582 Ibid., Art. 5 Abs. 5, Art. 6 Abs. 6, Art. 7.

Präsident und Vizepräsident werden aus dem Kreis der Vertreter der Mitglieder gewählt, die ein Recht auf Abstimmung besitzen. Bis auf den zweiten Wahlgang ist das Verfahren prinzipiell formell gleich ausgestaltet wie bei den Präsidiumsmitgliedern. Sofern die Funktionen nach dem ersten Wahlgang weiterhin nicht besetzt sind, gelangen die beiden Kandidaten mit den meisten Stimmen in die Stichwahl. Im Falle der Stimmengleichheit im zweiten Wahlgang entscheiden Kriterien wie die Amtsdauer über den Wahlausgang. Bei gleicher Amtsdauer entscheidet das höhere Alter. Auch wiedergewählten Kandidaten ist der Vorzug zu geben.[583]

Art. 3 Abs. 1 GGO sieht vor, dass jedes Mitglied zwei Vertreter in die GRECO entsendet. Der Präsident der GRECO hat jedoch überstaatliche Interessen i. S. d. GRECO zu verfolgen. Es ist daher nicht möglich, das Amt des Präsidenten zeitgleich mit dem Amt eines mitgliedstaatlichen Vertreters auszuüben. Mit der Wahl zum Präsidenten wird dieser Person seine Funktion als mitgliedstaatlichen Vertreters aberkannt. Der Mitgliedstaat, aus dessen Delegation der Präsident gewählt wurde, hat einen weiteren Vertreter zu entsenden.[584]

7.4.3.4 Gegenwärtige Zusammensetzung des Präsidiums

Das Präsidium setzt sich gegenwärtig aus den nachfolgenden sieben Personen zusammen:

Tabelle 4: Die gegenwärtigen Mitglieder des Präsidiums[585]

Funktion	**Name**	**Entsendestaat**
Präsident	Marin Mrčela	Kroatien
Vizepräsidentin	Monika Olsson	Schweden
Präsidiumsmitglied	António Delicado	Portugal
Präsidiumsmitglied	David Meyer	UK
Präsidiumsmitglied	Poliver Gonin	Schweiz
Präsidiumsmitglied	Panagiota Vatikalou	Griechenland
Präsidiumsmitglied	Vita Habjan Barborič	Slowenien

583 Council of Europe, *Statute of the Group of States against corruption (GRECO)* 1999 (n. 440), Art. 8 Abs. 8, Art. 9 Abs. 1; GRECO, *Greco(2017)13* 2017 (n. 445), Art. 5, Art. 9 Abs. 2-3.

584 GRECO, *Greco(2017)13* 2017 (n. 445), Art. 3 Abs. 1, Art. 5 Abs. 1, Art. 6 Abs. 2; Council of Europe, *Statute of the Group of States against corruption (GRECO)* 1999 (n. 440), Art. 6 Abs. 1.

585 GRECO. 'Bureau'. 2016, zugegriffen auf: https://www.coe.int/en/web/greco/structure/bureau, abgerufen am: 16.12.2022.

7.4.4 Sekretariat

Dem Sekretariat kommt gemäß Art. 19 GSG ebenfalls eine unterstützende Funktion zu. Es verfolgt den Zweck, «*to ensure the proper and effective functioning of GRECO*»[586].[587] Die Aufrechterhaltung eines ordnungsgemäßen Arbeitsprozesses wird u .a. durch die Ausarbeitung aller erforderlichen Unterlagen für die Plenarversammlung sichergestellt.[588] Die Sekretariatsmitglieder werden vom Generalsekretär des Europarats ernannt.[589]

Dem Sekretariat steht der Exekutivsekretär vor. Er gehört dem Generaldirektorat für Menschenrechte und Rechtsstaatlichkeit an, eine seit 2007 bestehende Abteilung des Sekretariats des Europarats. Dieses Generaldirektorat bezweckt die Ausarbeitung zwischenstaatlicher Lösungen, die Umsetzung gemeinsamer europaratsspezifischer Standards und ist rechtsberatend tätig. Die Funktion des Exekutivsekretärs wird gegenwärtig von *Hanne Juncher* ausgeübt.[590]

Dem Exekutivsekretär untersteht das Sekretariatspersonal, das ebenso dem Generaldirektorat für Menschenrechte und Rechtsstaatlichkeit zuzurechnen ist. Der Generalsekretär unterliegt keinen Einschränkungen betreffend die Anzahl der zu ernennenden Mitglieder des Sekretariatspersonals, solange das ordnungsgemäße Funktionieren der GRECO sichergestellt wird. Gegenwärtig besteht das Sekretariat neben dem Exekutivsekretär aus seinem Stellvertreter, einer persönlichen Assistenzkraft sowie sieben Verwaltungsbeamten, drei weiteren Assistenzmitgliedern und zwei Webmastern.[591]

---

586 GRECO, *Greco(2017)13* 2017 (n. 445), Art. 10 Abs. 3.

587 Council of Europe, *Statute of the Group of States against corruption (GRECO)* 1999 (n. 440), Art. 19; GRECO, *Greco(2017)13* 2017 (n. 445), Art. 10.

588 GRECO, *Greco(2017)13* 2017 (n. 445), Art. 13.

589 Brummer, *Der Europarat* 2008 (n. 6), S. 131-134; Council of Europe, *Statute of the Group of States against corruption (GRECO)* 1999 (n. 440), Art. 19; GRECO, *Greco(2017)13* 2017 (n. 445), Art. 10.

590 Brummer, *Der Europarat* 2008 (n. 6), S. 131-134; Council of Europe, *Statute of the Group of States against corruption (GRECO)* 1999 (n. 440), Art. 19; GRECO, *Greco(2017)13* 2017 (n. 445), Art. 10; GRECO. 'Secretariat'. 2022, zugegriffen auf: https://www.coe.int/en/web/greco/structure/secretariat, abgerufen am: 16.12.2022; Council of Europe. 'Council of Europe Directorate General Human Rights and Rule of Law – Human Rights and Rule of Law – publi.coe.int', zugegriffen auf: https://www.coe.int/en/web/human-rights-rule-of-law/home, abgerufen am: 16.12.2022.

591 GRECO, *Greco(2017)13* 2017 (n. 445), Art. 10 Abs. 3; GRECO, *'Secretariat'* 2022 (n. 591), abgerufen am 16.12.2022; Council of Europe, *'Council of Europe Directorate General Human Rights and Rule of Law – Human Rights and Rule of Law – publi.coe.int'* 2022 (n. 591), abgerufen am: 16.12.2022.

Die Mitglieder des Sekretariats und die weiteren Beschäftigte der GRECO sind – ohne Beschränkung auf ihre Amtszeit – zur Verschwiegenheit betreffend aller Informationen verpflichtet, die sie in Wahrnehmung ihrer Aufgaben erlangt haben. Diese Verschwiegenheitsklauseln sind in den Beschäftigungsverhältnissen der wissenschaftlichen Mitarbeiter und Dolmetscher sogar vertraglich verankert. Unter Wahrung des Anspruchs auf rechtliches Gehörs sowie des Rechts auf Stellungnahme hat der Generalsekretär des Europarats auf etwaige Verletzungen entsprechend zu reagieren.[592]

7.5 Evaluierungsverfahren

7.5.1 Zweck und Rechtsgrundlage

Die GRECO kommt ihrer primären Funktion als Überwachungsmechanismus gemäß Art. 2 GSG in Form von Evaluierungsverfahren nach. Die Staatengruppe verfolgt damit den Ansatz, dass die gegenseitige Bewertung der nationalen Umsetzungsmaßnahmen sowie der damit einhergehende Gruppendruck, langfristig zu einer Verbesserung der jeweiligen nationalen Korruptionsbekämpfungspolitik führen soll. Das Verfahren ist in Art. 10 bis Art. 16 GSG geregelt und wird durch die Bestimmungen des II. Titels der GGO (Art. 22 bis 34 GGO) näher ergänzt.[593]

7.5.2 Eingeleitete Evaluierungsverfahren

Seitdem am 1. Januar 2000 – der Startschuss der ersten Evaluierungsrunde – wurden bisher insgesamt fünf Evaluierungsverfahren eingeleitet, die einzelne Prinzipien der zwanzig Leitprinzipien sowie Bestimmungen der anderen Antikorruptionsinstrumente zum Gegenstand haben. Die fünfte Evaluierungsrunde wurde am 20. März 2017 eingeleitet.[594]

In der nachfolgenden Tabelle werden die eingeleiteten Evaluierungsverfahren mit den wesentlichen Hintergrundinformationen überblicksartig dargestellt.

592 GRECO, *Greco(2017)13* 2017 (n. 445), Art. 36, 38-38 bis.

593 Council of Europe, *Statute of the Group of States against corruption (GRECO)* 1999 (n. 440), Art. 1-2, 10-16; GRECO, *Greco(2017)13* 2017 (n. 445), Art. 22, 22-34.

594 GRECO. 'About GRECO mutual evaluations'. 2023, zugegriffen auf: https://www.coe.int/en/web/greco/evaluations/about, abgerufen am: 07.01.2023.

Tabelle 5: Die eingeleiteten Evaluierungsverfahren[595]

Titel	Einleitungsdatum	Untersuchungsbereiche
Erstes Evaluierungs- verfahren	1. Januar 2000	o Akteure auf dem Gebiet der Korruptionsbekämpfung (Unabhängigkeit, Spezialisierung, Ressourcen) o Immunität
Zweites Evaluierungs- verfahren	1. Januar 2003	o Korruptionserträge o Zusammenhang von Korruption und organisierter Kriminalität/Geldwäscherei o Öffentliche Verwaltung o J. P. o Steuergesetze
Drittes Evaluierungs- verfahren	1. Januar 2007	o Strafbarkeit (StÜK, ZP-StÜK, 2. Leitprinzip) o Transparenz bei der Parteienfinanzierung

595 Ibid.; GRECO. 'Evaluations'. 2023, zugegriffen auf: https://www.coe.int/en/web/greco/evaluations#{%2222359946%22:}, abgerufen am: 07.01.2023; GRECO. 'Evaluations-Group of States against Corruption'. 2023, zugegriffen auf: https://www.coe.int/en/web/greco/evaluations#{%2222359946%22:[4]}, abgerufen am: 07.01.2023; GRECO. 'Evaluations-Group of States against Corruption'. 2023, zugegriffen auf: https://www.coe.int/en/web/greco/evaluations#{%2222359946%22:[3]}, abgerufen am: 07.01.2023; GRECO. 'Evaluations-Group of States against Corruption'. 2023, zugegriffen auf: https://www.coe.int/en/web/greco/evaluations#{%2222359946%22:[2]}, abgerufen am: 07.01.2023; GRECO. 'Evaluations-Group of States against Corruption'. 2023, zugegriffen auf: https://www.coe.int/en/web/greco/evaluations#{%2222359946%22:[1]}, abgerufen am: 07.01.2023; GRECO. 'Evaluations-Group of States against Corruption'. 2023, zugegriffen auf: https://www.coe.int/en/web/greco/evaluations#{%2222359946%22:[0]}, abgerufen am: 07.01.2023; GRECO. *First Evaluation Round – Provisions under evaluation* (1999); GRECO. *Second Evaluation Round – Provisions under evaluation* (2002); GRECO. *GrecoEvalIIIRep(2011)3E(P3): Evaluierungsbericht Österreich Strafbarkeit (SEV Nr. 173 und 191, Leitlinie 2)-Thema I zur dritte Evaluierungsrunde* (2011); GRECO. *GrecoEvalIIIRep(2011)3E: Evaluierungsbericht über die Transparenz der Parteienfinanzierung in Österreich – Thema II zur dritten Evaluierungsrunde* (2011); GRECO. *GrecoEval4Rep(2016)1: Evaluierungsbericht Österreich zur vierten Evaluierungsrunde* (2016); GRECO. *GrecoEval5Rep(2019)6: Fünfte Evaluierungsrunde – Korruptionsprävention und Integritätsförderung in Zentralregierungen (hochrangige Entscheidungsträgerinnen und -träger der Exekutive) und Strafverfolgungsbehörden (Übersetzung durch Deutschland)* (2020).

Titel	Einleitungsdatum	Untersuchungsbereiche
Viertes Evaluierungs- verfahren	1. Januar 2012	Korruptionsprävention bei: o Abgeordneten o Richtern o Staatsanwälten
Fünftes Evaluierungs- verfahren	20. März 2017	Korruptionsprävention und Förderung der Integrität hinsichtlich den: o Entscheidungsträgern (höchste nationale Exekutivebene) o Strafverfolgungsbehörden

7.5.3 Aufbau eines Evaluierungsverfahrens

7.5.3.1 Allgemeine Ausführungen zum Aufbau

Ein Evaluierungsverfahren kann in vier bis max. sieben Phasen unterteilt werden. In Phase I. werden die Voraussetzungen, Organisation und Evaluierungsobjekte für das weitere Verfahren festgelegt. Phasen II. bis IV. sind auf die Ausarbeitung der Evaluierungsberichte ausgelegt, anhand welchen die nationalstaatliche Umsetzung der zu überprüfenden Bestimmungen nachvollzogen werden kann. Jedes Mitglied wird dieser Prüfung unterzogen. Wurden nicht alle der zu evaluierenden Bestimmungen hinreichend ins nationale Recht umgesetzt, hat das Mitglied die im Bericht enthaltenen Empfehlungen binnen einer bestimmten Frist umzusetzen und hierüber zu berichten. Dies findet in der V. Phase statt. Wurden auch die Empfehlungen nicht hinreichend ins nationale Recht umgesetzt, beginnt die VI. Phase. In dieser Phase wird mit verschiedenen Sanktionsmaßnahmen versucht, das betreffende Mitglied doch noch zur Umsetzung aller evaluierten Bestimmungen zu bewegen. Ist dies nicht möglich, veröffentlicht die GRECO als letzte Konsequenz einen öffentlichen Bericht über die Nichtumsetzung der evaluierten Bestimmungen. Die letzte der nachfolgend noch zu behandelnden Phasen ist ein dem regulären Evaluierungsverfahren nachgelagerter Prüfabschnitt. Diese Phase wird nur eingeleitet, wenn rechtlich bedeutsame Änderungen auf nationaler Ebene eine schwerwiegende Verletzung bereits untersuchter Bestimmungen befürchten lassen.[596]

---

596 Council of Europe, *Statute of the Group of States against corruption (GRECO)* 1999 (n. 440), Art. 10-16; GRECO, *Greco(2017)13* 2017 (n. 445), Art. 22-34.

7.5.3.2 Strukturelle Darstellung

Die typischen Phasen eines Evaluierungsverfahrens werden nachfolgend im Einzelnen überblicksartig dargestellt. Die Abschnitte werden im Anschluss noch im Detail erörtert.

I. Vorbereitungsphase
   1. Festlegung des Evaluierungszeitraumes
   2. Festlegung der zu evaluierenden Bestimmungen
   3. Benennung der Evaluierungsexperten
   4. Ernennung der Evaluierungsteams
   5. Erstellung und Verabschiedung des Evaluierungsfragebogens

II. Deklarationsphase
   1. Übermittlung der Fragebögen an die Mitglieder
   2. Übermittlung der vervollständigten Fragebögen samt Beilagen an das Sekretariat

III. Überprüfungsphase
   1. Überprüfung der Fragebögen
   2. Einholung zusätzlicher mündlicher oder schriftlicher Informationen
   3. Länderbesuche

IV. Evaluierungsberichtphase
   1. Erstellung, Erörterung, Annahme eines Evaluierungsberichtsentwurfs
   2. Übermittlung des Evaluierungsberichtsentwurfs an das jeweilige Mitglied zur Stellungnahme
   3. Erörterung und Annahme des Evaluierungsberichtsentwurfs im Plenum

V. (u. U.) Erste Evaluierungsberichtkontrollphase
   1. Übermittlung eines Zwischenberichts durch das jeweilige Mitglied
   2. Ernennung des Kontrollteams
   3. Erstellung des Umsetzungsberichts
   4. Übermittlung des Umsetzungsberichts an das jeweilige Mitglied
   5. Erörterung und Annahme des Umsetzungsberichts

VI. (u. U.) Zweite Evaluierungsberichtkontrollphase
   1. Übermittlung eines Folgeberichts durch das jeweilige Mitglied
   2. Erstellung des zweiten Umsetzungsberichts
   3. Erörterung und Annahme des zweiten Umsetzungsberichts

VII. (u. U.) Sanktionsphase
1. Erstellung von Folgeberichten
2. Verhängung verschiedener Sanktionsmaßnahmen
3. Öffentliche Erklärung hinsichtlich der gänzlichen oder teilweisen Nichtumsetzung der zu evaluierenden Bestimmungen

VIII. (u. U.) Ad-hoc-Verfahren
1. Ad-hoc-Informationsersuchen
2. Benennung von Berichterstattern
3. Einholung zusätzlicher mündlicher oder schriftlicher Informationen
4. Länderbesuche
5. Annahme eines Ad-hoc-Berichts
6. Übermittlung des Ad-hoc-Berichts an das Mitglied[597]

7.5.4 Vorbereitungsphase

Zu Beginn werden die organisatorischen Grundlagen und Rahmenbedingungen festgelegt, auf die sich das gesamte spätere Evaluierungsverfahren eines jeden Mitglieds bezieht.[598]

7.5.4.1 Zu evaluierende Bestimmungen | Evaluierungsfrist | Fragebögen

Ob die Antikorruptionsinstrumente des Europarats in den Mitgliedstaaten umgesetzt werden, überprüft die GRECO in den Evaluierungsrunden. Die GSG sieht im Zuge einer Evaluierungsrunde keine umfassende Überprüfung eines kompletten Antikorruptionsinstruments vor. Dies wäre angesichts der Anzahl der zu überprüfenden Mitglieder sowie den personellen und finanziellen Ressourcen der GRECO realistischerweise nicht durchführbar. Eine derartige Vorgangsweise kann in einem angemessenen Zeitraum zu keinen genauen und qualitativ hochwertigen Prüfungen führen. Daher werden in den Evaluierungsrunden lediglich einzelne Leitprinzipien sowie einzelne Bestimmungen der Antikorruptionsinstrumente untersucht. Diese sind daher vorab festzulegen.[599]

Die GSG enthält keine zeitlichen Vorgaben, innerhalb derer eine Evaluierungsrunde durchzuführen ist. Diese hängt konsequenterweise von der Auswahl der

---

597 Council of Europe, *Statute of the Group of States against corruption (GRECO)* 1999 (n. 440), Art. 10-16; GRECO, *Greco(2017)13* 2017 (n. 445), Art. 22-34.

598 Council of Europe, *Statute of the Group of States against corruption (GRECO)* 1999 (n. 440), Art. 10 Abs. 1, Art. 11 ff.

599 Ibid., Art. 10 Abs. 1-3; GRECO, *Greco(2017)13* 2017 (n. 445), Art. 23 Abs. 2.

zu überprüfenden Bestimmungen ab. Es obliegt der GRECO, den Zeitraum zur Durchführung einer Evaluierungsrunde festzulegen.[600]

Der Standard einer mitgliedstaatlichen Überprüfung, die Qualität der Berichte und die Einhaltung des festgelegten Evaluierungszeitraumes hängt nicht allein von der Arbeit der GRECO ab. Die Mitgliedstaaten können die Überprüfung der GRECO auch behindern. Damit dies nicht geschieht, trifft die nationalen Behörden eine rechtliche Mitwirkungspflicht.[601]

Die ersten Erkenntnisse zur nationalstaatlichen Umsetzung der zu evaluierenden Bestimmungen werden durch Fragebögen gewonnen, die an die Mitglieder adressiert sind. Der Standardfragebogen wird von der Plenarversammlung verabschiedet und den Mitgliedern übermittelt.[602]

7.5.4.2 Evaluierungsteams

Die Hauptakteure der Evaluierungsphasen II. bis IV. bilden die Evaluierungsteams. Hierbei handelt es sich um Expertengruppen, die über eine hinreichende fachliche Kompetenz verfügen, um die nationale Umsetzung der zu evaluierenden Antikorruptionsbestimmungen zu überprüfen und die gewonnenen Ergebnisse in einem Evaluierungsbericht festzuhalten. Die Experten werden von den Mitgliedern vorgeschlagen. In Ausnahmefällen können die Evaluierungsteams von zusätzlichen Experten und wissenschaftlichen Sachverständigen verstärkt werden. Daneben wird jedes Evaluierungsteam von einem Sekretariatsmitglied unterstützt. Auch die GRECO ist bemüht, ihren Beitrag zu einer tatsächlichen Geschlechtergleichstellung zu leisten, weswegen eine ausgewogene Besetzung der Geschlechter in den Teams angestrebt wird.[603]

Wie die Zielbestimmung in Art. 1 GSG vorschreibt, sollen die Überprüfungen durch «*[...] mutual evaluation and peer pressure [...]*»[604], somit durch eine gegenseitige Bewertung der Mitglieder erfolgen. Dies wird eben durch die

---

600 Council of Europe, *Statute of the Group of States against corruption (GRECO)* 1999 (n. 440), Art. 10 Abs. 2; GRECO, *Greco(2017)13* 2017 (n. 445), Art. 23 Abs. 1.

601 Council of Europe, *Statute of the Group of States against corruption (GRECO)* 1999 (n. 440), Art. 10 Abs. 5.

602 Ibid., Art. 11 Abs. 1-2; GRECO, *Greco(2017)13* 2017 (n. 445), Art. 24 Abs. 1.

603 Council of Europe, *Statute of the Group of States against corruption (GRECO)* 1999 (n. 440), Art. 10 Abs. 4, Art. 12 Abs. 1; GRECO, *Greco(2017)13* 2017 (n. 445), Art. 26 Abs. 1-2.

604 Council of Europe, *Statute of the Group of States against corruption (GRECO)* 1999 (n. 440), Art. 1.

Evaluierungsteams verwirklicht.[605] In Wahrnehmung ihrer Aufgaben haben sich die Expertengruppen an den «*Guidlines for GRECO Evaluation Teams*»[606] («LL-EvT») zu orientieren.[607]

Die Evaluierungsteams haben professionell und zuverlässig zu arbeiten und ihr Verhalten hat die Werte und Grundsätze des Europarats sowie der GRECO widerzuspiegeln. Dies beinhaltet auch die Gewährleistung von Objektivität, Unparteilichkeit und politischer Unvoreingenommenheit. Weisungen Dritter dürfen unter keinen Umständen befolgt werden. An die Experten richtet sich auch die Obliegenheit, ihre Stellung nicht zur Begehung von Korruptionshandlungen auszunutzen.[608]

Die Mitgliedstaaten haben gegenüber dem Exekutivsekretär bis zu fünf Experten zu benennen, welche aufgrund ihrer fachlichen Kompetenz als mögliche Mitglieder eines Evaluierungsteams infrage kommen. Auch Vertreter eines Mitgliedstaates können als Experten hierfür namhaft gemacht werden. Als die GGO angenommen wurde, hatten die Mitglieder binnen drei Monaten ihre Experten zu benennen. Für künftige Mitglieder gilt diese Frist ab dem Zeitpunkt der Bekanntgabe ihrer Mitgliedschaft. Die Expertenauswahl bleibt bis zur Mitteilung über eine Änderung dieser Auswahl durch den Mitgliedstaat aufrecht. Die Zusammensetzung der Evaluierungsteams für alle Mitglieder wird in der Plenarversammlung auf Vorschlag des Präsidiums verbindlich festgelegt.[609]

Bevor ein Evaluierungsteam verbindlich zusammengesetzt wird, ist dem jeweiligen Mitgliedstaat die Möglichkeit zur Stellungnahme einzuräumen. Die Erklärung eines Mitgliedstaats, mit der Zusammensetzung nicht einverstanden zu sein, ist zu begründen. Erachtet die Plenarversammlung die Gründe für gerechtfertigt, erteilt dieses dem Präsidium den Auftrag, einen alternativen Besetzungsvorschlag vorzulegen.[610]

Beinhaltet eine Evaluierungsrunde auch die Überprüfung von Antikorruptionsrechtsinstrumenten (StÜK, ZP-StÜK, ZrÜK), dürfen die Evaluierungsteams

---

605 Ibid., Art. 1, Art. 10 Abs. 4, Art. 12 Abs. 1.

606 GRECO, *GrecoEval5(2018)5-fin* 2018 (n. 548).

607 Ibid.

608 Ibid., Part II, Rz 1-2, 4, 5-6, 10-12, 18-20.

609 Council of Europe, *Statute of the Group of States against corruption (GRECO)* 1999 (n. 440), Art. 10 Abs. 4, Art. 12 Abs. 1; GRECO, *Greco(2017)13* 2017 (n. 445), Art. 25, 26 Abs. 1-2.

610 GRECO, *Greco(2017)13* 2017 (n. 445), Art. 26 Abs. 3.

nur aus Experten zusammengesetzt sein, die von den Vertragsparteien dieser Antikorruptionsrechtsinstrumente vorgeschlagen wurden.[611]

Während des ganzen Evaluierungsverfahrens sind die Evaluierungsteammitglieder verpflichtet, Interessenkonflikte sowie sonstige Umstände offenzulegen, die mit der Ausübung ihres Amtes unvereinbar sind. Die beiden Termini sind extensiv auszulegen. Die LL-EvT definieren einen Interessenkonflikt als «*[…] any material and other interest of a personal or private nature (including those of spouses/partners and close relatives of the expert* [das Evaluierungsteammitglied]*), which they may have in relation to the country to be evaluated.*»[612] So liegt ein Interessenkonflikt bereits dann vor, wenn ein Evaluierungsteammitglied einer Organisation oder einem Verein angehört, dessen Tätigkeit u .a. auf den Aufbau von Beziehungen jeglicher Art mit dem zu evaluierenden Land ausgerichtet ist.[613] Eine Unvereinbarkeit kann bereits dann vorliegen, wenn sich das Evaluierungsteammitglied an Projekten beteiligt, die auf eine Zusammenarbeit mit dem zu evaluierenden Mitgliedstaat ausgerichtet sind. Eine Beteiligung an Vertragsverhandlungen mit den öffentlichen Institutionen des zu evaluierenden Staates ist i. d. R. ebenfalls mit der Funktion als Evaluierungsteammitglied nicht vereinbar. Dabei kommt es nicht darauf an, ob die Beteiligung beruflicher oder privater Natur ist.[614] Über das Vorliegen von Interessenkonflikten oder anderen Unvereinbarkeiten entscheidet der GRECO-Präsident.[615]

Wenn die Mitglieder der Evaluierungsteams Länderbesuche abhalten, genießen sie, wie die mitgliedstaatlichen Vertreter, die in Art. 2 ZPVBE i. V. m. Art. 9 bis 12 VBE genannten Vorrechte und Befreiungen.[616] Sie unterliegen ebenfalls einer Verschwiegenheitsverpflichtung.[617]

---

611 Council of Europe, *Statute of the Group of States against corruption (GRECO)* 1999 (n. 440), Art. 1, Art. 10 Abs. 4, Art. 12 Abs. 1, Art. 14 Abs. 1; GRECO, *Greco(2017)13* 2017 (n. 445), Art. 22 Abs. 2.

612 GRECO, *GrecoEval5(2018)5-fin* 2018 (n. 548), Part II, Rz 8, Fußnote 6.

613 Ibid., Part II, Rz 8, einschließlich Fußnote 6.

614 Ibid., Part II, Rz 8, Fußnote 7.

615 Ibid., Part II, Rz 9.

616 Council of Europe, *Statute of the Group of States against corruption (GRECO)* 1999 (n. 440), Art. 6 Abs. 3, Art. 13 Abs. 4.

617 GRECO, *GrecoEval5(2018)5-fin* 2018 (n. 548), Part I, Section A, Rz 3.

7.5.5 Deklarationsphase

Den Mitgliedstaaten werden Fragebögen mit der Verpflichtung zugestellt, diese binnen einer vorab festgelegten Frist zu beantworten und an den Exekutivsekretär des GRECO-Sekretariats zu übermitteln. Von dieser Vorgangsweise kann die Plenarversammlung auch absehen.[618]

Die Antworten in den Fragebögen bilden eine der zentralen Grundlagen des Evaluierungsberichts. Es besteht daher die Pflicht, alle Fragen vollständig und detailliert zu beantworten. Überdies müssen alle zur Verifizierung der Antworten erforderlichen Unterlagen übermittelt werden. Sowohl die Fragebögen als auch die Beilagen müssen in der vorab mit dem Sekretariat vereinbarten Arbeitssprache eingereicht werden.[619]

7.5.6 Überprüfungsphase

7.5.6.1 Auswertung der Fragebögen | Einholung zusätzlicher Informationen

Im Rahmen dieser Phase werden alle Informationen analysiert und zusammengetragen, auf deren Basis der Evaluierungsberichtsentwurf erstellt wird. Die Evaluierungsteams haben die Fragebögen auszuwerten und ergänzende Informationen direkt von den Mitgliedstaaten oder in Form von Länderbesuchen zu erheben.[620] Stellt ein Evaluierungsteam ein Auskunftsbegehren, haben die Mitgliedstaaten die ergänzenden Informationen unverzüglich, vollständig und ausführlich in mündlicher oder schriftlicher Form nachzureichen.[621]

7.5.6.2 Länderbesuche

Um hinsichtlich der zu evaluierenden Bestimmungen ein vollständiges Bild im Evaluierungsbericht darstellen zu können, ist nicht nur das nationale Recht, sondern auch die nationale Praxis zu erfassen. Dies kann aus den Fragebögen mitunter nur schwer nachvollzogen werden. Dieser Umstand wurde in der GSG berücksichtigt. Das Regelwerk schafft die Möglichkeit für Evaluierungsteams,

618 Council of Europe, *Statute of the Group of States against corruption (GRECO)* 1999 (n. 440), Art. 11.

619 GRECO, *Greco(2017)13* 2017 (n. 445), Art.14 Abs. 3; Art. 24 Abs. 1.

620 Council of Europe, *Statute of the Group of States against corruption (GRECO)* 1999 (n. 440), Art. 11-13.

621 Ibid., Art. 12 Abs. 1-2; GRECO, *Greco(2017)13* 2017 (n. 445), Art. 26 Abs. 4.

Länderbesuche in den Mitgliedstaaten durchzuführen.[622] Diese sind offizieller Natur, werden anhand eines verbindlichen Besuchsprogramms durchgeführt und dauern i. d. R. bis zu vier Tage. Eine Ausweitung dieser Frist kann nur ausnahmsweise vom Präsidium oder dem Exekutivsekretär beschlossen werden.[623]

Länderbesuche sind nach Art. 24 sowie Art. 27 GGO erst nach Ablauf von drei Monaten nach Eingang der vervollständigten Fragebögen samt Beilagen beim Exekutivsekretär möglich. Damit soll eine adäquate Vorbereitung der Teams gewährleistet werden.[624] Daneben muss der Besuch aufgrund seines offiziellen Charakters von der Plenarversammlung angeordnet werden. Dem zu besuchenden Mitgliedstaat ist zumindest zwei Monate im Voraus hiervon Mitteilung zu machen. Die terminliche Fixierung findet durch den Exekutivsekretär nach Absprache mit dem jeweiligen Mitgliedstaat statt, der im Anschluss das Besuchsprogramm ausarbeitet. Es liegt grundsätzlich im Ermessen des Mitgliedstaats, den Ablauf festzulegen, jedoch sind die Wünsche des Evaluierungsteams zu berücksichtigen. Den Entwurf des Besuchsprogramms hat jeder Mitgliedstaat dem Sekretariat vorzulegen. Angenommen wird der Entwurf im Anschluss vom Präsidium. Auch das jeweilige Evaluierungsteam muss das Besucherprogramm einsehen und sich dazu äußern.[625]

Daneben hat das Sekretariat dem Evaluierungsteam den Entwurf des beschreibenden Teils des Evaluierungsberichts zumindest einen Monat vor Abhaltung des Länderbesuchs vorzulegen.[626]

Die Arbeitssprache wird vom betroffenen Mitgliedstaat und dem Sekretariat festgelegt. Der Evaluierungsbericht ist ebenfalls in dieser Sprache zu verfassen.[627]

Der Ablauf eines Länderbesuchs gestaltet sich wie folgt.

1. Abhaltung einer vorbereitenden Sitzung;
2. Durchführung des Länderbesuchs gemäß Besuchsprogramm;
3. Abhaltung eines Abschlusstreffens vor Ort;
4. Abhaltung einer Abschlusssitzung.[628]

---

622 Council of Europe, *Statute of the Group of States against corruption (GRECO)* 1999 (n. 440), Art. 13 Abs. 1.

623 Ibid., Art. 13; GRECO, *Greco(2017)13* 2017 (n. 445), Art. 27 Abs. 5.

624 GRECO, *Greco(2017)13* 2017 (n. 445), Art. 24 Abs. 2, Art. 27 Abs. 2.

625 Council of Europe, *Statute of the Group of States against corruption (GRECO)* 1999 (n. 440), Art. 13 Abs. 2-3; GRECO, *Greco(2017)13* 2017 (n. 445), Art. 27 Abs. 1, 3.

626 GRECO, *Greco(2017)13* 2017 (n. 445), Art. 28 Abs. 2.

627 Ibid., Art. 14 Abs. 4.

628 Ibid., Art. 27.

Die vorbereitende Sitzung stellt ein abschließendes Kolloquium zwischen den Teammitgliedern und dem Sekretariat vor Durchführung des Länderbesuchs dar. Der Länderbesuch ist entsprechend dem Besuchsprogramm durchzuführen.[629]

Die Mitglieder des Evaluierungsteams können mit dem Sekretariat täglich interne Nachbesprechungen und bzw. oder nach Abschluss des Länderbesuchs abhalten.[630] Das Abschlusstreffen findet vor Ort im jeweiligen Mitgliedstaat statt und bezweckt die Erörterung aller bislang nicht restlos geklärten Sachverhalte. An diesem abschließenden Treffen nehmen die Evaluierungsteammitglieder und die Vertreter der nationalen Behörden des zu besuchenden Mitgliedsstaats teil.[631]

Mit der Abschlusssitzung, die der Erörterung der gewonnenen Ergebnisse durch das Sekretariat und den Evaluierungsteammitgliedern dient, ist ein Länderbesuch offiziell beendet. Im Rahmen dieser Sitzung wird das Umsetzungsausmaß der zu evaluierenden Bestimmungen im betroffenen Mitgliedstaat festgestellt. Das Sekretariat fasst die Ergebnisse abschließend zusammen.[632]

Länderbesuche finden i. d. R. unter Ausschluss der Öffentlichkeit statt. Aufgrund des straffen Besuchsprogramms ist dies zeitlichen Gründen geschuldet. Die Öffentlichkeit kann nach Abschluss eines Länderbesuchs vom Sekretariat über Zweck, Umfang und den involvierten Behörden informiert werden.[633]

7.5.7 Evaluierungsberichtsphase

Diese Phase des Evaluierungsverfahrens hat die Annahme eines finalen Evaluierungsberichts zum Ziel.[634]

7.5.7.1 Aufbau eines Evaluierungsberichts

Evaluierungsberichte sind in zwei Abschnitte unterteilt, einen beschreibenden und einen bewertenden Abschnitt.[635]

Der *beschreibende Abschnitt* stellt die gegenwärtige Lage i. Z. m. den zu überprüfenden Bestimmungen in einem Mitgliedstaat dar. Er stellt eine Form der Sachverhaltsfeststellung dar und dient als Ausgangspunkt für die im zweiten

---

629 Ibid., Art. 27 Abs. 1, Abs. 4; GRECO, *GrecoEval5(2018)5-fin* 2018 (n. 548), Part I, Section A, Rz 5.

630 GRECO, *GrecoEval5(2018)5-fin* 2018 (n. 548), Part I, Section A, Rz 7.

631 GRECO, *Greco(2017)13* 2017 (n. 445), Art. 27 Abs. 6.

632 Ibid., Art. 27 Abs. 7.

633 Ibid.

634 Council of Europe, *Statute of the Group of States against corruption (GRECO)* 1999 (n. 440), Art. 14-15.

635 Ibid.; GRECO, *Greco(2017)13* 2017 (n. 445), Art. 28 Abs. 1.

Abschnitt enthaltene Analyse, inwieweit die Antikorruptionsbestimmungen umgesetzt wurden und welche Empfehlungen abgegeben werden. I. d. R. setzt sich der beschreibende Abschnitt aus den Antworten des Fragebogens und den zusätzlich eingeholten Informationen zusammen.[636]

Der *bewertende Abschnitt* beinhaltet eine nicht scharf ausgeprägte Sachverhaltswürdigung. Die Informationen im beschreibenden Abschnitt werden vornehmlich auf etwaige widersprechende Informationen und den eigenen Beobachtungen der Evaluierungsteammitglieder gewürdigt. Dem folgt die konkrete Feststellung, ob bzw. inwieweit eine Antikorruptionsbestimmung umgesetzt wurde. Die Feststellungen können durch Bemerkungen der Evaluierungsteams ergänzt werden. Der bewertende Abschnitt enthält Empfehlungen der GRECO, inwieweit die unzureichend umgesetzten Bestimmungen im nationalen Recht umgesetzt werden können. Die Feststellung der (teilweisen) Nichtumsetzung und die damit korrespondierende Empfehlung sind im bewertenden Teil zu begründen. Die Ausgestaltung des bewertenden Abschnitts folgt keiner klaren Gliederung und es wird auch keine scharfe Abgrenzung der einzelnen der zuvor beschriebenen Teilaspekte vorgenommen. Auch die Ausführungen zu den jeweiligen Bestimmungen im bewertenden Abschnitt sind vom Umfang her unterschiedlich stark ausgestaltet.[637]

7.5.7.2 Erstellung des Evaluierungsberichtsentwurfs | Stellungnahme

Innerhalb von vierzehn Tagen nachdem alle erforderlichen Informationen zusammengetragen wurden (vierzehn Tage nach Erhalt des beschreibenden Abschnitts bzw. vierzehn Tage nach Abschluss eines Länderbesuchs), hat das Evaluierungsteam dem Sekretariat einen Entwurf des bewertenden Abschnitts vorzulegen.[638]

Es ist Aufgabe des Sekretariats, beide Abschnitte zusammenzutragen und binnen vierzehn Tagen nach Erhalt des zweiten Abschnitts-Entwurfs einen vorläufigen Entwurf des Evaluierungsberichts zu erstellen. Dem Evaluierungsteam steht ein Äußerungsrecht mit einer Frist von vierzehn Tagen ab Erhalt des Entwurfs des Evaluierungsberichts zu. Etwaige Äußerungen sind vom Sekretariat zu berücksichtigen. Das Sekretariat ist auch hinsichtlich des überarbeiteten Entwurfs

---

636 Council of Europe, *Statute of the Group of States against corruption (GRECO)* 1999 (n. 440), Art. 14-15; GRECO, *Greco(2017)13* 2017 (n. 445), Art. 28 Abs. 1.

637 Council of Europe, *Statute of the Group of States against corruption (GRECO)* 1999 (n. 440), Art. 14-15; GRECO, *Greco(2017)13* 2017 (n. 445), Art. 28 Abs. 1.

638 GRECO, *Greco(2017)13* 2017 (n. 445), Art. 28 Abs. 3; GRECO, *GrecoEval5(2018)5-fin* 2018 (n. 548), Part I, Section A, Rz 8.

gegenüber dem jeweiligen Evaluierungsteam vorlagepflichtig. Bei Bedarf kann das Sekretariat vor der Finalisierung des Entwurfs eine Koordinierungssitzung zwischen dem Evaluierungsteam und den Vertretern des zu evaluierenden Mitgliedsstaats einberufen.[639]

Auch dem betroffenen Mitgliedstaat ist gegenüber dem Evaluierungsteam das Recht einzuräumen, zum Entwurf schriftlich Stellung zu nehmen. Macht dieser von seinem Recht Gebrauch, sind seine Ausführungen zwingend zu berücksichtigen. Ihm ist hierfür eine Frist von zumindest einundzwanzig Tagen ab Erhalt des Entwurfs einzuräumen. Eine Fristerstreckung kann nur ausnahmsweise durch den Exekutivsekretär angeordnet werden, wenn dem Mitgliedstaat eine fristgerechte Stellungnahme nicht möglich oder zumutbar war.[640]

Der Evaluierungsbericht darf nur finalisiert werden, wenn dem Mitgliedstaat zumindest die Möglichkeit offenstand, von seinem Äußerungsrecht Gebrauch zu machen. Bei Widersprüchen zwischen den Ansichten des Evaluierungsteams und der Stellungnahme des Mitgliedstaats hat der Exekutivsekretär auf eine Kompromisslösung hinzuwirken.[641]

Das Verfahren in der GSG und GGO sieht vor, dass der finale Entwurf spätestens zwei Wochen vor Durchführung der Plenarversammlung, in der der Evaluierungsbericht erörtert werden soll, allen Vertretern der Mitgliedstaaten übermittelt wird. Redaktionelle Änderungen können bis zu einem Tag vor der anberaumten Plenarversammlung vorgenommen werden. Hierfür wird durch den Exekutivsekretär eine Sitzung einberufen, an welcher die Vertreter des jeweiligen Mitgliedsstaats und die Mitglieder des Evaluierungsteams teilnehmen.[642]

7.5.7.3 Annahme des Evaluierungsberichts in der Plenarversammlung

Die Annahme des Evaluierungsberichts setzt dessen Erörterung in der Plenarversammlung voraus. Die Plenarversammlung sollte nicht später als sechs Monate ab Abschluss eines Länderbesuchs durchgeführt werden. Hierbei handelt es sich bloß um eine nicht rechtlich verbindliche Vorgabe. Die Nichteinhaltung dieser Frist

---

639 GRECO, *Greco(2017)13* 2017 (n. 445), Art. 28 Abs. 3-6.

640 Council of Europe, *Statute of the Group of States against corruption (GRECO)* 1999 (n. 440), Art. 14 Abs. 2; GRECO, *Greco(2017)13* 2017 (n. 445), Art. 28 Abs. 7-8.

641 Council of Europe, *Statute of the Group of States against corruption (GRECO)* 1999 (n. 440), Art. 14 Abs. 2; GRECO, *Greco(2017)13* 2017 (n. 445), Art. 28 Abs. 7-8.

642 Council of Europe, *Statute of the Group of States against corruption (GRECO)* 1999 (n. 440), Art. 14 Abs. 3; GRECO, *Greco(2017)13* 2017 (n. 445), Art. 28 Abs. 9-10.

hat weder die Nichtigkeit zur Folge noch begründet sie einen Verfahrensmangel. Ein Überschreiten der Frist ist lediglich begründungspflichtig.[643]

Die *Erörterung eines Evaluierungsberichtentwurfs* wird durch einen mündlichen Vortrag des Evaluierungsteams eingeleitet. Dem Exekutivsekretär und dem Präsidium steht es zu, zwei mitgliedstaatliche Vertreter zu benennen, denen das Recht zukommt, vorab schriftlich Fragen zum Entwurf zu verfassen (*Intervenors*). Diese sind allen anderen Vertretern vor Abhaltung der Plenarversammlung zu übermitteln. Das Vorschlagsrecht steht dem Exekutivsekretär zu, das Ernennungsrecht dem Präsidium. Die zu ernennenden Mitglieder und die Evaluierungsteammitglieder müssen allerdings von unterschiedlichen Mitgliederstaaten stammen. Auch die sonstigen Evaluierungsteammitglieder und die mitgliedstaatlichen Vertreter haben in diesem Zusammenhang ein mündliches Fragerecht.[644]

Selbstverständlich ist auch demjenigen Mitgliedstaat das Recht auf Äußerung zu gewähren, dessen Evaluierungsbericht in der Plenarversammlung Gegenstand der Erörterung ist. Der betroffene Mitgliedstaat ist an kein Formgebot gebunden. Er kann sein Recht mündlich und schriftlich in Bezug auf den Evaluierungsberichtentwurf, den Vortrag des Evaluierungsteams und alle weiteren Vorbringen in der Plenarversammlung ausüben.[645] Änderungen des Entwurfs sind bis zum Abschluss der Erörterung möglich.[646]

Grundsätzlich nehmen alle Mitgliedstaaten der GRECO an der Abstimmung zur *Annahme des Evaluierungsberichts* teil. Sind Bestimmungen der Antikorruptionsrechtsinstrumente Gegenstand der Evaluierung, steht die Abstimmung diesbezüglich nur den Vertragsparteien dieser Rechtsinstrumente offen.[647]

Sofern die Plenarversammlung zum Ergebnis gelangt, dass die zu evaluierenden Bestimmungen auf nationaler Ebene nicht hinreichend umgesetzt wurden, können dem Bericht Empfehlungen angehängt werden. Damit geht die Verpflichtung eines Mitgliedstaats einher, Maßnahmen in legistischer und praktischer

---

643 Council of Europe, *Statute of the Group of States against corruption (GRECO)* 1999 (n. 440), Art. 15; GRECO, *Greco(2017)13* 2017 (n. 445), Art. 29 Abs. 1.

644 GRECO, *Greco(2017)13* 2017 (n. 445), Art. 29 Abs. 2-4; GRECO, *GrecoEval5(2018)5-fin* 2018 (n. 548), Part I, Section A, Rz 14-15, 17.

645 Council of Europe, *Statute of the Group of States against corruption (GRECO)* 1999 (n. 440), Art. 15 Abs. 2.

646 Ibid., Art. 15; GRECO, *Greco(2017)13* 2017 (n. 445), Art. 29 Abs. 1.

647 Council of Europe, *Statute of the Group of States against corruption (GRECO)* 1999 (n. 440), Art. 15 Abs. 3-4; GRECO, *Greco(2017)13* 2017 (n. 445), Art. 29 Abs. 5.

Hinsicht zu setzen, um die festgestellten nationalen Mängel zu beseitigen und damit die Empfehlungen umzusetzen.[648]

Sofern der Evaluierungsbericht ohne Empfehlungen angenommen wurde, ist das Verfahren für den betroffenen Mitgliedstaat damit beendet. Dies ist aber nicht die Regel. Österreich hatte bisher noch keine Evaluierungsrunde durchlaufen, ohne dass etwaige Empfehlungen ausgesprochen wurden. Enthält der Evaluierungsbericht Empfehlungen, werden die nachfolgenden Phasen des Evaluierungsverfahrens schlagend.

7.5.7.4 Vertraulichkeit der Evaluierungsberichte

Evaluierungsberichte sind grundsätzlich nicht öffentlich zugänglich und die darin gemachten Angaben werden laut Art. 15 Abs. 5 GSG als vertrauliche Daten behandelt. Der Zugang ist auf die Mitglieder des jeweiligen Evaluierungsteams, die mitgliedstaatlichen Vertreter sowie die Mitglieder des Satzungsausschusses und des Sekretariats beschränkt. Bei Art. 15 Abs. 5 GSG handelt es sich um eine dispositive Bestimmung.[649]

7.5.8 (Erste) Evaluierungsberichtkontrollphase

Im Zuge der Evaluierungsberichtkontrollphase hat die GRECO zu prüfen, ob die Empfehlungen im Evaluierungsbericht innerhalb der vorgegebenen Frist zufriedenstellend umgesetzt wurden.[650]

7.5.8.1 Der Zwischenbericht

Die Mitgliedstaaten müssen autonom und binnen achtzehn Monaten nach Annahme des Evaluierungsberichts der GRECO einen Zwischenbericht (*situation report / RC-Report*) übermitteln und darin die ergriffenen Maßnahmen angeben.[651]

Das Verfahren zur Überprüfung des Zwischenberichts wurde bereits mehrfach abgeändert. Die letzte Abänderung (*Art. 31 revised bis*) von Art. 31 GGO wurde mit Einleitung der fünften Evaluierungsrunde am 20. März 2017 für alle Mitgliedstaaten verbindlich. Die revidierten Verfahrensvorschriften gelten für neu hinzukommende Mitgliedstaaten rückwirkend auch für die bisherigen

---

648 Council of Europe, *Statute of the Group of States against corruption (GRECO)* 1999 (n. 440), Art. 15 Abs. 6; GRECO, *Greco(2017)13* 2017 (n. 445), Art. 29 Abs. 5.

649 Council of Europe, *Statute of the Group of States against corruption (GRECO)* 1999 (n. 440), Art. 15 Abs. 5.

650 GRECO, *Greco(2017)13* 2017 (n. 445), Art. 30 Abs. 1.

651 Ibid., Art. 30 Abs. 2.

Evaluierungsrunden. Neu hinzutretende Mitglieder werden i. d. R. ebenfalls auf die in den bereits abgeschlossenen Evaluierungsrunden behandelten Antikorruptionsinstrumente überprüft. Dies war auch bei Österreich der Fall, wobei die erste und auch die zweite Evaluierungsrunde gleichzeitig durchgeführt wurden. Nachfolgend werden lediglich die Verfahrensvorschriften gemäß Art. 31 revised bis GGO erläutert. Die vorherigen Fassungen von Art. 31 GGO sind in der GGO abgebildet und können dort eingesehen werden.[652]

7.5.8.2 Das Kontrollteam

Die Überprüfung des Zwischenberichts obliegt einem Kontrollteam. Es besteht aus zwei Mitgliedern aus dem Kreis der Delegationen der Mitgliedstaaten und der Evaluierungsteams, die vom Präsidium vorgeschlagen und von der Plenarversammlung ernannt werden.[653]

7.5.8.3 Erstellung eines Umsetzungsberichtes

Der Zweck des Kontrollteams besteht in der Überprüfung, ob ein Mitgliedstaat die Empfehlungen fristgerecht und vollständig umgesetzt hat. Das Ergebnis der Prüfung wird in einem Umsetzungsbericht (*compliance report / RC-Report*) festgehalten. Das Ergebnis ist anhand verschiedener Kriterien festzusetzen. Einer dieser Kriterien stellt ein Vergleich mit den anderen Mitgliedstaaten dar, die geografisch an den überprüfenden Staat angrenzen oder über ähnliche Rechtssysteme aufweisen. Das Sekretariat unterstützt das Kontrollteam bei der Bewältigung seiner Aufgaben.[654]

Wie beim Evaluierungsbericht sind auch beim Umsetzungsbericht die Rechte des betroffenen Mitgliedstaats auf Einsicht- und Stellungnahme zu wahren. Dem Mitgliedstaat steht es somit zu, innerhalb von vierzehn Tagen nach Erhalt des Entwurfs Stellung zu nehmen. Die Stellungnahme ist dem Exekutivsekretär zu übermitteln. Der finalisierte Entwurf muss den Vertretern der Mitgliedstaaten mindestens vierzehn Tage vor der Plenarversammlung übermittelt werden, in welcher der Umsetzungsbericht erörtert und angenommen werden soll.[655]

---

652 Ibid., Art. 31-31 revised bis; GRECO. 'Evaluations'. 2023, zugegriffen auf: https://www.coe.int/en/web/greco/evaluations#{%2222359946%22:[0]}, abgerufen am: 05.01.2023.

653 GRECO, '*Evaluations*' 2023 (n. 653), Art. 31 revised bis Abs. 1.

654 Ibid., Art. 31 revises bis Abs. 1-2.

655 Ibid., Art. 31 revised bis Abs. 3-5.

7.5.8.4 Erörterung und Annahme des Umsetzungsberichts

Der Umsetzungsbericht ist in der Plenarversammlung – bei sonstiger Begründungspflicht – nicht später als sechs Monate nach Erhalt des Zwischenberichts im Plenum zu erörtern und anzunehmen. Sind weitere Informationen erforderlich oder erfordert die Klärung bestimmter Tatsachen spezifische Fachkenntnisse, kann die Frist zur Annahme des Kontrollberichts durch das Plenum erstreckt werden.[656]

Der Delegationsleiter vertritt den Mitgliedstaat im Plenum und kann weitere nationale Vertreter oder Sachverständige zur Plenarversammlung laden.[657]

Grundsätzlich sind die Ausführungen zum Evaluierungsbericht auch analog für den Umsetzungsbericht heranzuziehen und werden daher nicht erneut im Detail behandelt. Eine Besonderheit des Umsetzungsberichts ist, dass für jede einzelne Empfehlung gesondert abzusprechen ist, ob der Mitgliedstaat diese hinreichend (*«[…] implemented satisfactorily or otherwise been dealt with in a satisfactory manner»*[658]*)*, teilweise (*«[…] partly implemented»*[659]) oder nicht umgesetzt hat (*«has not been implemented»*[660]). Dem folgt eine allgemeine Schlussfolgerung.[661]

In der allgemeinen Schlussfolgerung entscheidet die Plenarversammlung, ob das Evaluierungsverfahren für den Mitgliedstaat an dieser Stelle beendet ist oder ob eine zweite Evaluierungsberichtkontrollphase eingeleitet wird. Die GSG und GGO sehen vor, dass grundsätzlich alle Empfehlungen hinreichend umgesetzt werden müssen, damit das Evaluierungsverfahren in diesem Verfahrensabschnitt für beendet erklärt werden kann. Eine Beendigung trotz einer nicht gänzlichen Umsetzung aller Empfehlungen sehen die einschlägigen Rechtsquellen generell erst in der zweiten Evaluierungsberichtkontrollphase vor. Die Praxis zeigt, dass die Plenarversammlung den Abschluss des Evaluierungsverfahrens bereits in der ersten Evaluierungsberichtkontrollphase feststellen kann, obwohl einzelne Empfehlungen lediglich teilweise oder nicht umgesetzt worden sind. Hiervon macht die Plenarversammlung i. d. R. nur Gebrauch, wenn nicht bedeutsame oder nur mehr vereinzelte Empfehlungen weiterhin nicht gänzlich umgesetzt wurden. Sie übt hierbei ein gewisses Ermessen aus, wobei die Grenzen mangels eindeutiger Festlegung in der GSG bzw. GGO nicht klar festgestellt werden können. Es ist

656 Ibid., Art. 31 revised bis Abs. 6-7.
657 Ibid., Art. 31 revised bis Abs. 7.
658 Ibid., Art. 31 revised bis Abs. 8.1 I.
659 Ibid., Art. 31 revised bis Abs. 8.1 II.
660 Ibid., Art. 31 revised bis Abs. 8.1 III.
661 Ibid., Art. 31 revised bis Abs. 8.1.

anzunehmen, dass dieses Ermessen aufgrund einer Gesamtschau aller maßgeblichen Umstände und unter Berücksichtigung der anwendbaren Bestimmungen der nachfolgenden zweiten Evaluierungsberichtkontrollphase ausgeübt wird.[662]

7.5.9 Zweite Evaluierungsberichtskontrollphase

Sofern keine Beendigung des Evaluierungsverfahrens ausgesprochen wurde, hat der betroffene Mitgliedstaat einen Folgebericht (*second RC-Report*) betreffend die bislang nicht umgesetzten Empfehlungen auszuarbeiten. Ihm steht hierfür eine Frist von achtzehn Monaten zur Verfügung. Die Annahme des ersten Umsetzungsberichts im Plenum löst die Frist aus. Für die Überprüfung des Folgeberichts ist auch in diesem Verfahrensabschnitt jenes Kontrollteam zuständig, das bereits den Zwischenbericht überprüft hat. Die Ergebnisse der Überprüfung sind abermals in einem zweiten Umsetzungsbericht festzuhalten und dieser ist der Plenarversammlung zur Annahme vorzulegen.[663]

Die Verfahren der beiden Evaluierungsberichtkontrollphasen sind weitestgehend ident ausgestaltet. Art. 31 Abs. 1 bis 8.1 revised bis GGO können sinngemäß angewendet werden.[664]

Das Evaluierungsverfahren ist mit Abschluss der zweiten Evaluierungsberichtkontrollphase beendet, wenn in der Plenarversammlung festgestellt wird, dass die Empfehlungen mehrheitlich in hinreichender Weise umgesetzt wurden. Die GGO schreibt diesbezüglich einen Schwellenwert von zumindest zwei Drittel aller Empfehlungen vor. Dies ist aber nur ein unverbindlicher Richtwert. Auch bei geringfügiger Unterschreitung dieses Schwellenwerts kann der Abschluss des Evaluierungsverfahrens erklärt werden.[665] Spricht sich die Plenarversammlung gegen eine Beendigung aus, wird die Sanktionsphase eingeleitet.[666]

7.5.10 Sanktionsphase

Rechtsgrundlage dieses Verfahrensabschnitts sind Art. 32 und 33 GGO. Auch Art. 32 GGO wurde überarbeitet. Die Bestimmung ist in ihrer revidierten Fassung (Art. 32 revised) seit der fünften Evaluierungsrunde anwendbar und gilt für neue Mitglieder auch für die bisherigen Evaluierungsrunden. Die Sanktionsphase beginnt mit der Annahme des zweiten Umsetzungsberichts, sofern nicht die

662 Ibid., Art. 31 revised bis Abs. 8.1., Abs. 10.

663 Ibid., Art. 31 revised bis Abs. 8.2-9.

664 Ibid., Art. 31 Abs. 9.

665 Ibid., Art. 31 revised bis Abs. 10.

666 Ibid., Art. 31 revises bis Abs. 10.

Beendigung des Evaluierungsverfahrens beschlossen wurde. Ab diesem Zeitpunkt können die in diesem Abschnitt beschriebenen Sanktionen verhängt werden.[667]

7.5.10.1 Die Grundsätze der Sanktionsphase

Die Sanktionsphase basiert auf drei Grundsätzen, die im Umgang mit den Mitgliedstaaten zu beachten sind, die sich nicht um eine hinreichende Umsetzung der Empfehlungen bemühen.[668]

Der *Gleichbehandlungsgrundsatz* sieht bei der Verhängung von Sanktionen eine gleiche Behandlung aller Mitgliedstaaten vor. Demnach ist es unzulässig, einen Mitgliedstaat aus unsachlichen Gründen bei gleich gelagertem Sachverhalt anders zu behandeln. Die Überprüfung einer Sanktionierung muss zu dem Ergebnis gelangen können, dass unter gleichen Umständen einem anderen Mitgliedstaat dieselben Sanktionen auferlegt worden wären.[669]

Der *Verhältnismäßigkeitsgrundsatz* stellt eine Rechtfertigungsschranke dar. Durch eine Gegenüberstellung der Eingriffsintensität der Sanktion und dem Erfordernis ihrer Verhängung soll überprüft werden, ob die gewählte Sanktion im Einzelfall das gelindeste Mittel darstellt, um unter größtmöglicher Schonung der Interessen des betroffenen Mitgliedstaats das mit der Sanktion bezweckte Ziel zu erreichen. Eine Sanktion soll stets ein angemessener Interessenausgleich zwischen den beiden sich gegenüberstehenden Interessengruppen herstellen. Der Grundsatz der Verhältnismäßigkeit impliziert daher, dass damit ein legitimes Ziel angestrebt wird, dieses mit der Sanktion erreicht werden kann und der Eingriff den Kriterien der Erforderlichkeit und Angemessenheit entspricht.[670]

Der *Rechtmäßigkeitsgrundsatz* ist gewahrt, wenn eine Sanktion ausschließlich Kraft einer vorherigen Genehmigung der Plenarversammlung verhängt wird.[671]

---

667 GRECO, *Greco(2017)13* 2017 (n. 445), Art. 32 revised Abs. 2 (ii).

668 GRECO, '*Evaluations*' 2023 (n. 653), Art. 32 revised Abs. 1; Lins, Michael Werner. *Die Einzelhaft im österreichischen Strafvollzugsgesetz (StVG): Unter besonderer Berücksichtigung der internationalen Soft Law Vorgaben* (Hamburg: Kovac, Dr. Verlag, 2023), S. 58-66.

669 GRECO, '*Evaluations*' 2023 (n. 653), Art. 32 revised Abs. 1; Lins, *Die Einzelhaft im österreichischen Strafvollzugsgesetz (StVG)* 2023 (n. 669), S. 58-66; Öhlinger/Eberhard, *Verfassungsrecht* 2018 (n. 257), S. 334-345.

670 GRECO, '*Evaluations*' 2023 (n. 653), Art. 32 revised Abs. 1; Lins, *Die Einzelhaft im österreichischen Strafvollzugsgesetz (StVG)* 2023 (n. 669), S. 58-66; Arnauld, *Völkerrecht* 2019 (n. 331), S. 298-300; Öhlinger/Eberhard, *Verfassungsrecht* 2018 (n. 257), S. 314-317, 334 ff.

671 GRECO, '*Evaluations*' 2023 (n. 653), Art. 32 revised Abs. 1; Lins, *Die Einzelhaft im österreichischen Strafvollzugsgesetz (StVG)* 2023 (n. 669), S. 58-66.

Art. 32 revised GGO ist zugunsten der Plenarversammlung flexibel ausgestaltet, was der Plenarversammlung ein gewisses Ermessen einräumt.[672]

7.5.10.2 Die Sanktionen

Die GGO zeigt mehrere Sanktionen auf, deren Ziel darin besteht, einen unwilligen Mitgliedstaat doch noch zur Umsetzung der ihm gegenüber abgegebenen Empfehlungen zu bewegen.

Primär fordert die GRECO den Mitgliedstaat auf, binnen zwölf Monaten ab Annahme des zweiten Umsetzungsberichts einen *weiteren Folgebericht* vorzulegen, aus dem die bisherigen Umsetzungsfortschritte nachvollzogen werden können. Die GRECO wendet sich dabei an den jeweiligen Delegationsleiter.[673] Die Überprüfung des Berichts nimmt abermals das Kontrollteam in bisheriger Besetzung vor. Schließlich werden die Ergebnisse in einem Nachtragsentwurf zum zweiten Umsetzungsbericht dargelegt, der von der Plenarversammlung erörtert und angenommen wird.[674]

Daneben können weitere Sanktionen verhängt werden. Diese können grundsätzlich auch nebeneinander verhängt werden:[675]

- o Eine dieser Sanktionen sieht vor, dass der Delegationsleiter des betreffenden Mitgliedstaats per *Schreiben des GRECO-Präsidenten* über die Nichtumsetzung der Empfehlungen informiert wird. Eine Kopie dieses Schreibens geht an den Präsidenten des Satzungsausschusses.[676]
- o Ein derartiges *Schreiben* kann auf Empfehlung der GRECO auch der *Präsident des Satzungsausschusses* an den ständigen Europaratsvertreter des jeweiligen Mitgliedstaats richten.[677]
- o Schließlich können solche *Schreiben* auf Empfehlung der GRECO durch den *Generalsekretär des Europarats* an den Außenminister des betreffenden Mitgliedstaats gerichtet werden.[678]
- o Daneben kann die GRECO einen Mitgliedstaat auch zum *Empfang einer hochrangigen Mission* (*high-level mission*) ersuchen. Diese Mission hat den Auftrag, auf nationaler Ebene erneut auf die Bedeutung der Empfehlungen

---

672 GRECO, '*Evaluations*' 2023 (n. 653), Art. 32 revised Abs. 1.
673 GRECO, *Greco(2017)13* 2017 (n. 445), Art. 32 revised Abs. 2 (i).
674 Ibid.
675 Ibid., Art. 32 revised Abs. 2 (ii)-(iv), Art. 33.
676 Ibid., Art. 32 revised Abs. 2 (ii) (a).
677 Ibid., Art. 32 revised Abs. 2 (ii) (b).
678 Ibid., Art. 32 revised Abs. 2 (ii) (c).

und deren nationalstaatliche Umsetzung hinzuweisen. Dieser Mission gehören der GRECO-Präsident, der Exekutivsekretär, der Generaldirektor für Menschenrechte und Rechtsstaatlichkeit sowie mehrere Delegationsleiter an. Das Amt des Generaldirektors für Menschenrechte und Rechtsstaatlichkeit hat seit 1. August 2017 *Christos Giakoumopoulos* inne.[679]

- o Sollte keine der zuvor genannten Maßnahmen das angestrebte Ziel erreichen, ist das Evaluierungsverfahren einzustellen. Dies hat die Veröffentlichung einer *Erklärung* der GRECO zur Konsequenz, aus der die Nichtumsetzung der Empfehlungen sowie eine Darstellung der vom betroffenen Mitgliedstaat gesetzten Maßnahmen hervorgeht.[680]

7.5.10.3 Öffentliche Erklärung gemäß Art. 16 GSG i. V. m. Art. 33 GGO

Überdies ist abschließend noch die Veröffentlichung einer öffentlichen Erklärung gemäß Art. 16 GSG i. V. m. Art. 33 GGO vorgesehen. Die Befugnis zur Veröffentlichung liegt beim Satzungsausschuss. Vorab ist der Präsident der GRECO über die bisher verhängten Sanktionsmaßnahmen zu unterrichten.[681]

Der Satzungsausschuss kann die Veröffentlichung einer derartigen Erklärung beschließen, wenn Empfehlungen nicht oder nicht hinreichend umgesetzt wurden. Sind von der Nichtumsetzung Antikorruptionsrechtsakte betroffen, nehmen an der Beschlussfassung nur die Vertreter der Vertragsparteien des gegenständlichen Abkommens teil. Der betroffene Mitgliedstaat muss in Bezug auf diese Maßnahme angehört werden. Es muss ihm auch die Möglichkeit eingeräumt werden, vorab dazu Stellung nehmen zu können.[682]

---

679 Ibid., Art. 32 revised Abs. 2 (iii); Council of Europe. 'The mandate of the Directorate General'. 2023, zugegriffen auf: https://www.coe.int/en/web/human-rights-rule-of-law/mandate-director-general, abgerufen am: 06.01.2023; Council of Europe. 'Director General Christos Giakoumopoulos'. 2023, zugegriffen auf: https://www.coe.int/en/web/human-rights-rule-of-law/2022-christos-giakoumopoulos, abgerufen am: 06.01.2023.

680 GRECO, *Greco(2017)13* 2017 (n. 445), Art. 32 revised Abs. 2 (iv).

681 Council of Europe, *Statute of the Group of States against corruption (GRECO)* 1999 (n. 440), Art. 16; GRECO, *Greco(2017)13* 2017 (n. 445), Art. 33.

682 Council of Europe, *Statute of the Group of States against corruption (GRECO)* 1999 (n. 440), Art. 16; GRECO, *Greco(2017)13* 2017 (n. 445), Art. 33.

7.5.11 Ad-hoc-Verfahren

7.5.11.1 Voraussetzungen

Das Ad-hoc-Verfahren bildet kein Bestandteil des regulären Evaluierungsverfahrens. Hierbei handelt es sich um einen dem Abschluss des eigentlichen Verfahrens nachgelagerter Verfahrensabschnitt. Der Ablauf des Ad-hoc-Verfahrens ist jedoch an das bereits besprochene Verfahren angelehnt.[683]

Ein Ad-hoc-Verfahren ist nur hinsichtlich Antikorruptionsbestimmungen möglich, die bereits Gegenstand einer abgeschlossenen Evaluierungsrunde waren. Die Einleitung setzt voraus, dass zuverlässige Hinweise vorliegen, wonach der Antikorruptionsschutz bereits überprüfter und genehmigter Bestimmungen auf nationaler Ebene aufgrund einer Gesetzesinitiative, der Änderungen des formellen Rechts oder einer institutionellen Reform substanziell beeinträchtigt wird. Die GRECO wird i. d. R. durch den Delegationsleiter des jeweiligen Mitgliedstaats informiert. Grundsätzlich kann jedoch jedes Organ oder Gremium des Europarats derartige Hinweise der GRECO zur Kenntnis bringen.[684]

7.5.11.2 Verfahren

Das Ad-hoc-Verfahren wird durch die Plenarversammlung oder den GRECO-Präsidenten eingeleitet und bedarf der vorherigen Zustimmung des Präsidiums. An den Mitgliedstaat wird ein Informationsersuchen übermittelt, das die Grundlage des Ad-hoc-Verfahrens bildet. Ergänzende Informationen können durch erneute Länderbesuche und zusätzliche Informationsgesuche beschafft werden. Die Vornahme eines Länderbesuchs setzt jedoch die Zustimmung des jeweiligen Mitgliedstaats voraus.[685]

Analog zu Art. 31 revised bis GGO kann erneut ein Kontrollteam zusammengestellt werden, welches die erlangten Informationen bewertet, den Länderbesuch vornimmt und einen Ad-hoc-Bericht mit der Darstellung der nationalen Sachlage sowie den Schlussfolgerungen des Teams ausarbeitet und diesen der Plenarversammlung zur Annahme vorlegt. Der angenommene Ad-hoc-Bericht wird auch dem jeweiligen Mitglied zur Verfügung gestellt.[686]

683 GRECO, *Greco(2017)13* 2017 (n. 445), Art. 34.
684 Ibid., Art. 34 Abs. 1.
685 Ibid., Art. 34 Abs. 1-2.
686 Ibid., Art. 34 Abs. 2-3.

In weiterer Folge sieht die GGO vor, dass die GRECO durch den GRECO-Präsidenten über alle nationalen Maßnahmen laufend unterrichtet wird, die zur Einleitung des Ad-hoc-Verfahrens geführt haben.[687]

7.5.11.3 Eingeleitete Ad-hoc-Verfahren

Mehrfach sah sich die GRECO bereits veranlasst, ein Ad-hoc-Verfahren einzuleiten. So war dies im Dezember 2017 in Polen und Rumänien sowie im Juni 2019 in Griechenland und Slowenien erforderlich.[688]

Grund für die Einleitung der Ad-hoc-Verfahren in Polen und Rumänien waren die nationalen Justizsystemreformen.[689]

Auslöser für das Ad-hoc-Verfahren in Griechenland war eine Gesetzesinitiative, die eine Änderung des griechischen materiellen und formellen Strafrechts zum Gegenstand hatte. Hiervon betroffen war ebenso eines von der GRECO bereits evaluierten Antikorruptionsdelikte. Die Gesetzesinitiative sah vor, dass das Strafdelikt der Bestechung von Amtsträgern nicht mehr als Verbrechen, sondern lediglich als Vergehen behandelt werden soll.[690]

Das Ad-hoc-Verfahren für Slowenien wurde aufgrund einer Anfrage des slowenischen Nationalrats an die Nationalversammlung eingeleitet, mit der eine parlamentarische Untersuchung angestrebt wurde. Gegenstand der parlamentarischen Debatte war ein Mitglied des Nationalrats, gegen den mehrere strafrechtliche Verfahren i. Z. m. Korruptionsstraftatbeständen liefen bzw. bereits abgeschlossen worden sind. Die parlamentarische Untersuchung sollte prüfen, ob die Verfahren gegen dieses Nationalratsmitglieds seitens der Justiz politisch motivierten Gründen geführt wurden. Diese Vorgangsweise tangierte in jedem Fall das Prinzip der Gewaltenteilung sowie die Unabhängigkeit der Justiz – beides Garanten einer effizienten nationalen Antikorruptionspolitik. Allerdings umschrieb das Begehren keinen klassischen Einleitungsgrund für ein Ad-hoc-Verfahren. Vielmehr thematisierte es eine konkrete, praktische bzw. politische

---

687 Ibid., Art. 34 Abs. 4.

688 GRECO. 'Ad hoc procedures (Rule 34)'. 2023, zugegriffen auf: https://www.coe.int/en/web/greco/ad-hoc-procedure-rule-34-, abgerufen am: 08.01.2023.

689 GRECO. *Greco-AdHocRep(2018)1: Ad hoc Report on Poland (Rule 34)* (2018), Rz 1, 54 ff; GRECO. *Greco-AdHocRep(2018)2: Ad hoc Report on Romania (Rule 34)* (2018), Rz 1-2, 53 ff.

690 GRECO. *Greco-AdHocRep(2019)2: Ad hoc Report on Greece (Rule 34)* (2019), 1, 21, 35 ff.

Vorgangsweise. Für solche Fälle ist ein Ad-hoc-Verfahren nicht vorgesehen. Zu Recht hat die GRECO festgestellt, in diesem Fall nicht eingreifen zu können.[691]

7.5.12 Veröffentlichungen

Grundsätzlich sind alle im Evaluierungsverfahren gesammelten Informationen vertraulich zu behandeln. Dies umfasst ebenfalls die vervollständigten Fragebögen, den wechselseitigen Schriftverkehr (Mitgliedstaaten, GRECO, Evaluierungsteams, sonstige Organe und Gremien der GRECO) und die im Zuge der Evaluierungsverfahren ausgearbeiteten Berichte. Evaluierungs- und Kontrollberichte können, sofern nicht abweichend beschlossen, nur vom zuständigen Evaluierungs- bzw. Kontrollteam sowie neben den GRECO-Mitgliedern auch vom Satzungsausschuss und vom Sekretariat eingesehen werden. Es steht der Plenarversammlung jedoch zu, Zusammenfassungen zu einem Evaluierungs- oder Kontrollbericht zu veröffentlichen. Ein Mitgliedstaat kann die Veröffentlichung des kompletten Berichts mitsamt den darin angeführten Anmerkungen beantragen.[692] Die Veröffentlichung personenbezogener Daten muss hingegen von der jeweils hiervon betroffenen Person ausdrücklich genehmigt werden.[693]

---

691 GRECO. *Greco-AdHocRep(2019)3: Ad hoc Report on Slovenia (Rule 34)* (2019), Rz 1-3, 5-7, 14-18.

692 Council of Europe, *Statute of the Group of States against corruption (GRECO)* 1999 (n. 440), Art. 15 Abs. 5; GRECO, *Greco(2017)13* 2017 (n. 445), Art. 35 Abs. 1-2.

693 GRECO, *Greco(2017)13* 2017 (n. 445), Art. 35 Abs. 3.

8. Die primären Instrumente des Antikorruptionsregimes

8.1 Einteilung der primären Instrumente

Die im Rahmen dieser Arbeit behandelten Rechtsinstrumente des Europarats, die im spezifischen auf die Bekämpfung von Korruption abzielen, können in drei Kategorien eingeteilt werden:

8.1.1 Die Guiding-Instrumente

Die Guiding-Instrumente sollen den Europarat, dessen Organe und Institutionen sowie die Mitgliedstaaten im Kampf gegen Korruption unterstützen und anleiten. Dazu gehören der *Plan of Action* und insbesondere die *Zwanzig Leitprinzipien gegen Korruption.*

8.1.2 Die Völkerrechtsverträge

Die Aufgaben und Ziele des Europarats werden in Art. 1 EuRS benannt. Ein wesentliches Instrument, um ebendiese Ziele zu erreichen, ist die Vorbereitung und Ausarbeitung von völkerrechtlichen Übereinkommen für die Mitgliedstaaten. Dazu heißt es in Art. 1 lit. b EuRS wie folgt:[694]

> «*This aim shall be pursued through the organs of the Council by discussion of questions of common concern and by agreements and common action in economic, social, cultural, scientific, legal and administrative matters and in the maintenance and further realisation of human rights and fundamental freedoms.*»[695]

Die im Rahmen des Europarats ausgearbeiteten Völkerrechtsverträge wurden ursprünglich in Abkommen und Konventionen unterteilt und rechtlich unterschiedlich behandelt. Einziger Unterschied beider Typen von Europaratsverträgen bestand darin, dass Konventionen für ihre Gültigkeit einer formellen Ratifikation,

---

694 ETS No. 001, *Statute of the Council of Europe* 1949 (n. 239), Art. 1 b.
695 Ibid.

Annahme oder Genehmigung bedurften.[696] Zwischenzeitig ist man von dieser Differenzierung wieder abgewichen. In ihrer rechtlichen Wirkweise besteht nunmehr kein Unterschied mehr zwischen Abkommen und Konventionen.[697]

Zu den Rechtsinstrumenten, die Bestandteil des Antikorruptionsregimes des Europarats bilden, gehören das StÜK, ZP-StÜK sowie das ZrÜK. Diese werden in dieser Arbeit auch als die Antikorruptionsrechtsinstrumente des Europarats bezeichnet.

8.1.3 Die Empfehlungen des Ministerkomitees

Beschlüsse des Ministerkomitees können nach Art. 15 lit. b EuRS mit einer Mehrheit von 2⁄3 der auf einer Sitzung abgegebenen Stimmen und mit einfacher Mehrheit aller Stimmberechtigten in Gestalt von Empfehlungen erlassen werden, die an alle Mitgliedstaaten gesamtheitlich adressiert sind.[698]

Unter Berücksichtigung des Umstands, dass diese Empfehlungen für die Mitgliedstaaten keine Bindungswirkung entfalten, beabsichtigt das Ministerkomitee, mit diesen Rechtsakten eine gewisse Homogenisierung unter den Mitgliedstaaten zu erwirken. Konkret wird unter den Mitgliedstaaten ein annähernd gleich starker Antikorruptionsschutz angestrebt. Ganz zahnlos sind die Empfehlungen trotz ihrer Unverbindlichkeit jedoch nicht. Art. 15 lit. b EuRS ermächtigt das Ministerkomitee, die Mitgliedstaaten zur Erstattung von Berichten aufzufordern, aus denen die gesetzten Schritte i. Z. m. einer Empfehlung nachvollzogen werden können.[699]

Im Bereich des Antikorruptionsregimes des Europarats gehören zu dieser Kategorie die Empfehlung R(2000)10 betreffend die Ausarbeitung von spezifischen Verhaltenskodizes für Amtsträger sowie die Empfehlung Rec(2003)4 betreffend die Schaffung gemeinsamer Antikorruptionsregelungen i. Z. m. der Finanzierung der nationalen politischen Parteien und den innerstaatlichen Wahlkampagnen.[700]

---

696 Committee of Ministers. *Model Final Clauses for Conventions and Agreements concluded within the Council of Europe* (1980), Art. a; Brummer, *Der Europarat* 2008 (n. 6), S. 64.

697 Council of Europe. 'Hinweise zu Europaratsverträgen'. 2022, zugegriffen auf: https://www.coe.int/de/web/conventions/about-treaties, abgerufen am: 06.03.2022; Brummer, *Der Europarat* 2008 (n. 6), S. 64.

698 ETS No. 001, *Statute of the Council of Europe* 1949 (n. 239), Art. 15b, 20d; Brummer, *Der Europarat* 2008 (n. 6), S. 66.

699 Brummer, *Der Europarat* 2008 (n. 6), S. 66; ETS No. 001, *Statute of the Council of Europe* 1949 (n. 239), Art. 15 lit. b.

700 Committee of Ministers, *Recommendation No. R (2000) 10* 2000 (n. 423); Committee of Ministers, *Recommendation No. R(2003)4* 2003 (n. 428).

8.2 Zwanzig Leitprinzipien gegen Korruption

8.2.1 Allgemeines

Die vom GMC ausgearbeiteten zwanzig Leitprinzipien gegen Korruption (*twenty guiding principles for the fight against corruption*[701]) wurden vom Ministerkomitee des Europarats am 6. November 1997 angenommen und bezwecken die Förderung eines dynamischen nationalen sowie internationalen Prozesses zur Verhütung und auch zur Bekämpfung von Korruption.[702]

Die Annahme der zwanzig Leitprinzipien wurde von den Angehörigen des Ministerkomitees insgesamt positiv aufgenommen. *Francisco Seixas da Costa*[703], Staatssekretär für europäische Angelegenheiten, der den portugiesischen Außenminister *Jaime Gama*[704] vertrat, äußerte sich wie folgt zu den zwanzig Leitprinzipien:[705]

> *«The twenty Common Principles for the Fight against Corruption provide a joint framework for the governments of members States to initiate a co-ordinated policy against this phenomenon. This is vital since corruption undermines citizens' faith in their representatives and the whole State apparatus.»*[706]

---

701 Committee of Ministers, *RES(97)24* 1997 (n. 386).

702 Ibid., Preamble; OSCE, '*Council of Europe Resolution (97) 24 on the Twenty Guiding Principles for the Fight Against Corruption*' 2022 (n. 388), aufgerufen am: 22.02.2022; Stukalo, *Handbook on Combating Corruption* 2016 (n. 388), S. 33; Committee of Ministers. *CM(97)PV2: Minutes of the 101st Session of the Committee of Ministers* (1997).

703 Observare – Observatory of foreign relations. 'Francisco Seixas da Costa: Investigador', zugegriffen auf: https://observare.autonoma.pt/investigador/francisco-seixas-da-costa/, aufgerufen am: 11.11.2022.

704 García, Javier. 'El ministro de Exteriores, Jaime Gama, candidato a la sucesión de Guterres'. *El País* (20.12.2001).

705 Committee of Ministers, *CM(97)PV2* 1997 (n. 703), Section: Present, Item 3: Statement of Portugal, Fußnote 21.

706 Ibid., Item 3: Statement of Portugal.

Der ukrainische Außenminister *Hennadij Udowenko* (1931–2013)[707] wurde von seinem ersten stellvertretenden Außenminister *Anton Buteyko* (1947–2019)[708] vertreten, der diesbezüglich die nachfolgenden Worte fand:[709]

> *«[...] by endorsing the guiding principles for fighting corruption and their further enactment by national legislations we laid down a good groundwork for unification of our approaches to overcoming this extremely dangerous phenomenon for democracy. However, even here the joint success will depend on the consolidation of efforts in working out respective international legal texts, building and securing the functioning of the mechanism to monitor the fulfilment of regulations adopted.»*[710]

Die Bedeutung der zwanzig Leitprinzipien besteht darin, dass sie eine Art Wegweiser für den Europarat, die GRECO sowie die Mitgliedstaaten im Bereich der Korruptionsbekämpfung darstellen und verschiedene Maßnahmen vorgeben.[711]

Adressaten dieses Rechtsinstruments sind die Mitgliedstaaten des Europarats und die GRECO-Mitglieder, selbst wenn Letztere nicht dem Europarat angehören. Sie sind rechtlich nicht zur Umsetzung der zwanzig Leitprinzipien verpflichtet. Ungeachtet dessen überwacht die GRECO dennoch deren Umsetzung auf nationaler

707 Рада національних спільнот України. 'Геннадій Удовенко — «Динозавр» минаючої епохи', zugegriffen auf: https://web.archive.org/web/20180124045935/http://www.radaspilnot.org.ua/gennadij-udovenko-dinozavr-minayucho%D1%97-epoxi/, aufgerufen am: 11.11.2022; РБК-Україна. 'На Байковом кладбище похоронили Геннадия Удовенко (видео)', zugegriffen auf: https://daily.rbc.ua/rus/show/na-baykovom-kladbishche-pohoronili-gennadiya-udovenko-video--15022013161600, aufgerufen am: 11.11.2022.

708 Wolczuk, Roman. *Ukraine's foreign and security policy 1991-2000* (London/New York: RoutledgeCurzon, 2003), S. 149; Behnke, Andreas. *NATO's security discourse after the Cold War: Representing the West* (Abingdon, Oxon: Routledge, 2013), S. 121, 204; Unian.info – information agency. 'Ex-ambassador of Ukraine to U.S. dies at 71', zugegriffen auf: https://www.unian.info/society/10474911-ex-ambassador-of-ukraine-to-u-s-dies-at-71.html, aufgerufen am: 11.11.2022.

709 Committee of Ministers, *CM(97)PV2* 1997 (n. 703), Section: Present, Item 3: Statement of Ukraine, Fußnote 29.

710 Ibid., Item 3: Statement of Ukraine.

711 Transparency International – Austrian Chapter Verein zur Korruptionsbekämpfung. 'Das ABC der Antikorruption', zugegriffen auf: https://www.ti-austria.at/wp-content/uploads/2016/01/Das-ABC-der-Antikorruption-1.-Auflage.pdf, S. 6. aufgerufen am: 11.11.2022; Committee of Ministers, *RES(97)24* 1997 (n. 386), Preamble.

Ebene bzw. inwieweit die zwanzig Leitprinzipien bei der Ausarbeitung und Verfolgung einer nationalen Antikorruptionsstrategie berücksichtigt werden.[712]

8.2.2 Die zwanzig Leitprinzipien

Die verschiedenen Leitprinzipien verfolgen im Wesentlichen drei unterschiedliche Zielrichtungen. Einmal sind einige der Leitprinzipien darauf ausgerichtet, die Staaten bei der Schaffung eines für Korruption feindlichen Umfelds zu unterstützen. Daneben verfolgen andere Leitprinzipien die Ausarbeitung staatlicher Maßnahmen, welche die Sicherstellung bereits etablierter Antikorruptionsmaßnahmen bezwecken. Die restlichen Leitprinzipien dienen allgemein der Schaffung eines effektiven nationalen und internationalen Antikorruptionsregimes.[713]

8.2.2.1 Leitprinzipien zu den Themen Sicherstellung und Gewährleistung

Diese Leitprinzipien bezwecken primär die Sicherstellung oder Gewährleistung eines hohen Antikorruptionsschutzes durch die Schaffung neuer Korruptionsbekämpfungsmaßnahmen. Dabei handelt es sich um die nachfolgenden Prinzipien:

2. Leitprinzip: Koordinierte Kriminalisierung auf nationaler sowie internationaler Ebene;[714]

3. Leitprinzip: Unabhängigkeit von Ermittlungs-, Verfolgungs- und Rechtsprechungsinstitutionen i. Z. m. Korruptionsdelikten;[715]

8. Leitprinzip: Korruptionsbefreite Steuergesetze und Steuerbehörden;[716]

9. Leitprinzip: Korruptionsbekämpfung in der öffentlichen Verwaltung, einschließlich der Gewährleistung von transparenten Verwaltungsabläufen;[717]

---

712 Transparency International – Austrian Chapter Verein zur Korruptionsbekämpfung, '*Das ABC der Antikorruption*' 2013 (n. 712), S. 6. aufgerufen am: 11.11.2022; Myers, Anna. 'Respecting international anti-corruption standards', zugegriffen auf: https://www.rai-see.org/php_sets/uploads/2015/07/Respecting_International_Anti-Corruption_Standards-Anna_Myers-GRECO_Secretariat.pdf, aufgerufen am: 11.11.2022.

713 Brandolino, John. 'Fighting Corruption – The Role of Diplomacy and International Agreements'. *The Journal of Public Inquiry* (2001), S. 9–12, S. 11.

714 Committee of Ministers, *RES(97)24* 1997 (n. 386), Guiding principle 2.

715 Ibid., Guiding principle 3.

716 Ibid., Guiding principle 8.

717 Ibid., Guiding principle 9.

10. Leitprinzip: Antikorruptionsbestimmungen, Disziplinarverfahren und entsprechende Verhaltensregeln i. Z. m. Amtsträgern;[718]

11. Leitprinzip: Schaffung angemessener Prüfverfahren im öffentlichen Bereich;[719]

13. Leitprinzip: Öffentliche Haftung/Rechenschaftspflicht i. Z. m. negativen Folgen korrupten Verhaltens durch Amtsträger;[720]

16. Leitprinzip: Gewährleistung der Medienfreiheit i. Z. m. der Korruptionsberichterstattung;[721]

17. Leitprinzip: Nutzung des Zivilrechts als Antikorruptionsinstrument;[722]

19. Leitprinzip: Herstellung eines Konnex zwischen Korruption, Geldwäscherei und der organisierten Kriminalität;[723]

8.2.2.2 Leitprinzipien zu den Themen Förderung und Unterstützung

Diese Gruppe von Leitprinzipien ist nicht auf die Schaffung neuer Maßnahmen ausgerichtet, sondern bezweckt, bereits bestehende Maßnahmen zu fördern und die Mitgliedstaaten bei der Verbesserung der nationalen Antikorruptionsregime zu unterstützen. Diese sind:

1. Leitprinzip: Korruptionsprävention und Öffentlichkeitsarbeit;[724]

7. Leitprinzip: Spezialisierung von Fachpersonen im Tätigkeitsbereich der Korruptionsbekämpfung;[725]

12. Leitprinzip: Prüfverfahren außerhalb der öffentlichen Verwaltung;[726]

15. Leitprinzip: Verhaltensregeln für demokratisch gewählte Vertreter und präventive Regeln i. Z. m. Finanzierung politischer Parteien und Wahlkämpfen;[727]

18. Leitprinzip: Korruptionsforschung;[728]

---

718 Ibid., Guiding principle 10.
719 Ibid., Guiding principle 11.
720 Ibid., Guiding principle 13.
721 Ibid., Guiding principle 16.
722 Ibid., Guiding principle 17.
723 Ibid., Guiding principle 19.
724 Ibid., Guiding principle 1.
725 Ibid., Guiding principle 7.
726 Ibid., Guiding principle 12.
727 Ibid., Guiding principle 15.
728 Ibid., Guiding principle 18.

8.2.2.3 Leitprinzipien hinsichtlich sonstiger Maßnahmen

Abschließend fordern die nachfolgenden Prinzipien von den Mitgliedstaaten ein aktives Tun oder Unterlassen:

4. Leitprinzip:	Maßnahmen für die Beschlagnahme und den Entzug von Erträgen aus Korruptionsdelikten;[729]
5. Leitprinzip:	Keine Privilegierung von J. P. bei der Ahndung von Korruptionsdelikten;[730]
6. Leitprinzip:	Beschränkung von Immunitäten i. Z. m. der Ermittlung, Verfolgung und Verurteilung von Korruptionsdelikten;[731]
14. Leitprinzip:	Transparente Verfahren für das öffentliche Auftragswesen;[732]
20. Leitprinzip:	Umfassende internationale Zusammenarbeit in der Korruptionsbekämpfung.[733]

8.3 Das Strafrechtsübereinkommen über Korruption[734] (StÜK)

8.3.1 Zweck

Das StÜK verfolgt mehrere Zwecke. Primär wurde es geschaffen, um bestimmte Sachverhalte als strafrechtlich zu sanktionierende Straftatbestände in allen Vertragsstaaten einheitlich festzulegen.[735] Daneben verfolgt das StÜK den Zweck, eine intensivere Zusammenarbeit zwischen den Vertragsstaaten bei der strafrechtlichen Verfolgung von Korruptionsdelikten zu fördern und befasst sich damit sowohl mit dem materiellen als auch mit dem formellen Recht.[736]

---

729 Ibid., Guiding principle 4.

730 Ibid., Guiding principle 5.

731 Ibid., Guiding principle 6.

732 Ibid., Guiding principle 14.

733 Ibid., Guiding principle 20.

734 ETS No. 173, *Criminal Law Convention on Corruption* 1999 (n. 406).

735 Council of Europe. 'Strafrechtsübereinkommen über Korruption'. 2022, zugegriffen auf: https://www.coe.int/de/web/impact-convention-human-rights/criminal-law-convention-on-corruption#/France, abgerufen am: 05.08.2022; Europe's Human Rights Watchdog. 'Europarat: Kampf gegen Korruption – und GRECO'. 2014, zugegriffen auf: https://www.europewatchdog.info/teilabkommen/korruption/, abgerufen am: 04.08.2022.

736 Council of Europe, '*Strafrechtsübereinkommen über Korruption*' 2022 (n. 736), abgerufen am: 05.08.2022; Europe's Human Rights Watchdog, '*Europarat: Kampf gegen*

8.3.2 Aufbau

Das StÜK besteht neben der Präambel aus 42 Artikel und ist in fünf Kapitel unterteilt.[737]

Art. 1 StÜK bildet das erste Kapitel und enthält mehrere Legaldefinitionen.[738]

Im Anschluss behandelt das zweite Kapitel jene Maßnahmen, die von den Vertragsstaaten in ihr innerstaatliches Recht umzusetzen sind. Art. 2 bis Art. 14 StÜK beinhalten jene Korruptionshandlungen, die von den Vertragsstaaten national unter Strafe zu stellen sind. Diese werden in weiterer Folge als Korruptionsdelikte bezeichnet.[739] Art. 15 bis 23 StÜK behandeln weitere von den Vertragsstaaten umzusetzende Maßnahmen, die jedoch keine Korruptionsdelikte darstellen.[740]

Das dritte Kapitel besteht ebenfalls lediglich aus einem Artikel und legt die GRECO als das Vertragsüberwachungsgremium fest.[741]

Das vierte Kapitel enthält in Art. 25 bis 31 StÜK Bestimmungen i. Z. m. der internationalen Zusammenarbeit.[742]

Die abschließenden zehn Artikel im fünften Kapitel beinhalten die Schlussbestimmungen.[743]

8.3.3 Unterzeichnung | Vertragsstaaten

Nachdem das StÜK am 27. Januar 1999 zur Unterzeichnung aufgelegt wurde, trat es am 1. Juli 2002 in Kraft, nachdem insgesamt vierzehn Staaten ihren Beitrittswillen gemäß Art. 32 Abs. 3 und Abs. 1 StÜK[744] kundgetan hatten. Das Übereinkommen bildet damit den 173 Vertrag in der *Sammlung Europäischer Verträge* («SEV») bzw. *European Treaty Series* («ETS»).[745] Die authentischen Texte stellen die englische und französische Fassung des Übereinkommens dar.[746]

Korruption – und GRECO' 2014 (n. 736), abgerufen am: 05.08.2022; Council of Europe, *Explanatory Report to the Criminal Law Convention on Corruption* 1999 (n. 407), Rz 21.

737 ETS No. 173, *Criminal Law Convention on Corruption* 1999 (n. 406).

738 Ibid., Art. 1.

739 Ibid., Art. 2-14.

740 Ibid., Art. 15-23.

741 Ibid., Art. 24.

742 Ibid., Art. 25-31.

743 Ibid., Art. 32-42.

744 Ibid., Art. 32 Abs. 3 und 4.

745 Council of Europe, '*Details of Treaty No.191*' 2022 (n. 411), abgerufen am: 24.03.2022.

746 ETS No. 173, *Criminal Law Convention on Corruption* 1999 (n. 406), Closing.

Gegenwärtig wurde das StÜK von 48 Staaten ratifiziert, darunter alle Mitgliedstaaten des Europarats sowie die beiden Nichtmitgliedstaaten Weißrussland und Russland. Österreich unterzeichnete das Abkommen am 13. Oktober 2000. Auf nationaler Ebene trat das Übereinkommen am 1. Januar 2014 in Kraft, nachdem es am 25. September 2013 ratifiziert worden war.[747]

Daneben wurde das StÜK im Jahr 2000 von den USA und 2002 von Mexiko unterzeichnet.[748] Auch Marokko ersuchte um eine Beitrittseinladung zum StÜK und ZrÜK gemäß Art. 33 Abs. 2 EuRS,[749] die durch das Ministerkomitee am 20. Oktober 2021 erfolgte. Allerdings wurde das StÜK bislang nicht von Marokko unterzeichnet. Die Einladung zum Beitritt ist auf fünf Jahre, somit bis zum 26. Oktober 2026, befristet.[750]

Tabelle 6: Die Vertragsstaaten des StÜK[751]

Vertragsstaat	Datum der Unterzeichnung	Ratifizierungsdatum	Datum des Inkrafttretens
Albanien	27. Jänner 1999	19. Juli 2001	1. Juli 2002
Andorra	8. November 2001	6. Mai 2008	1. September 2008
Armenien	15. Mai 2003	9. Jänner 2006	1. Mai 2006
Aserbaidschan	21. Mai 2003	11. Februar 2004	1. Juni 2004
Belgien	20. April 1999	23. März 2004	1. Juli 2004
Bosnien-Herzegowina	1. März 2000	30. Jänner 2002	1. Juli 2002
Bulgarien	27. Jänner 1999	7. November 2001	1. Juli 2002
Dänemark	27. Jänner 1999	2. August 2000	1. Juli 2002

747 Council of Europe, '*Chart of signatures and ratifications of Treaty 173*' 2022 (n. 409), abgerufen am: 24.03.2022.

748 Ibid.

749 ETS No. 173, *Criminal Law Convention on Corruption* 1999 (n. 406), Art. 33 Abs. 2.

750 Committee of Ministers. *CM/Del/Dec(2021)1415/10.5: Criminal Law Convention on Corruption (ETS No. 173) and Civil Law Convention on Corruption (ETS No. 174)* (2021); Treaty Office. 'Non-members States of the Council of Europe Five years validity of an invitation to sign and ratify or to accede to the Council of Europe's treaties (status as of 16 February 2022)', zugegriffen auf: https://rm.coe.int/16806cac22, abgerufen am: 24.03.2022.

751 Council of Europe, '*Strafrechtsübereinkommen über Korruption*' 2022 (n. 736), abgerufen am: 04.08.2022.

Vertragsstaat	Datum der Unterzeichnung	Ratifizierungsdatum	Datum des Inkrafttretens
Deutschland	27. Jänner 1999	10. Mai 2017	1. September 2017
Estland	8. Juni 2000	6. Dezember 2001	1. Juli 2002
Finnland	27. Jänner 1999	3. Oktober 2002	1. Februar 2003
Frankreich	9. September 1999	25. April 2008	1. August 2008
Georgien	27. Jänner 1999	10. Jänner 2008	1. Mai 2008
Griechenland	27. Jänner 1999	10. Juli 2007	1. November 2007
Irland	7. Mai 1999	3. Oktober 2003	1. Februar 2004
Island	27. Jänner 1999	11. Februar 2004	1. Juni 2004
Italien	27. Jänner 1999	13. Juni 2013	1. Oktober 2013
Kroatien	15. September 1999	8. November 2000	1. Juli 2002
Lettland	27. Jänner 1999	9. Februar 2001	1. Juli 2002
Liechtenstein	17. November 2009	9. Dezember 2016	1. April 2017
Litauen	27. Jänner 1999	8. März 2002	1. Juli 2002
Luxemburg	27. Jänner 1999	13. Juli 2005	1. November 2005
Malta	20. November 2000	15. Mai 2003	1. September 2003
Monaco	19. März 2007	19. März 2007	1. Juli 2007
Montenegro	-	18. Dezember 2002	6. Juni 2006
Niederlande	29. Juni 2000	11. April 2002	1. August 2002
Nordmazedonien	28. Juli 1999	28. Juli 1999	1. Juli 2002
Norwegen	27. Jänner 1999	2. März 2004	1. Juli 2004
Österreich	13. Oktober 2000	25. September 2013	1. Jänner 2014
Polen	27. Jänner 1999	11. Dezember 2002	1. April 2003
Portugal	30. April 1999	7. Mai 2002	1. September 2002
Mexiko	15. Mai 2002	-	-
Moldau	24. Juni 1999	14. Jänner 2004	1. Mai 2004
Rumänien	27. Jänner 1999	11. Juli 2002	1. November 2002
Russland	27. Jänner 1999	4. Oktober 2006	1. Februar 2007
San Marino	15. Mai 2003	30. August 2016	1. Dezember 2016
Schweden	27. Jänner 1999	25. Juni 2004	1. Oktober 2004
Schweiz	26. Februar 2001	31. März 2006	1. Juli 2006
Serbien	-	18. Dezember 2002	1. April 2003

Vertragsstaat	Datum der Unterzeichnung	Ratifizierungsdatum	Datum des Inkrafttretens
Slowakei	27. Jänner 1999	9. Juni 2000	1. Juli 2002
Slowenien	7. Mai 1999	12. Mai 2000	1. Juli 2002
Spanien	10. Mai 2005	28. April 2010	1. August 2010
Tschechien	15. Oktober 1999	8. September 2000	1. Juli 2002
Türkei	27. September 2001	29. März 2004	1. Juli 2004
Ukraine	27. Jänner 1999	27. November 2009	1. März 2010
Ungarn	26. April 1999	22. November 2000	1. Juli 2002
USA	10. Oktober 2000	-	-
UK	27. Jänner 1999	9. Dezember 2003	1. April 2004
Zypern	27. Jänner 1999	17. Jänner 2001	1. Juli 2002

8.3.4 Inhalt des StÜK

8.3.4.1 Definitionen (Art. 1 StÜK)

Das erste Kapitel enthält in Art. 1 StÜK drei Legaldefinitionen. Hervorzuheben ist, dass gerade der zentrale Begriff dieses Übereinkommens, nämlich jener der *Korruption*, im StÜK nicht definiert wird. Hinweise, was die Schöpfer des StÜK unter diesem Begriff verstanden wissen wollten, sind im «*Explanatory Report to the Criminal Law Convention on Corruption*»[752] zu finden. Aus diesem erläuternden Beiwerk kann entnommen werden, welcher Arbeitsdefinition sich die GMC bei der Ausarbeitung dieses Übereinkommens bediente, nämlich:[753]

> «*Corruption as dealt with by the Council of Europe GMC is bribery and any other behaviour in relation to persons entrusted with responsibilities in the public or private sector, which violates their duties that follow from their status as a public official, private employee, independent agent or other*

752 Council of Europe, *Explanatory Report to the Criminal Law Convention on Corruption* 1999 (n. 407).

753 Ibid., Rz 24; ETS No. 173, *Criminal Law Convention on Corruption* 1999 (n. 406), Art. 1.

relationship of that kind and is aimed at obtaining undue advantages of any kind for themselves or for others.»[754]

Es ist offensichtlich, dass sich diese Arbeitsdefinition nicht für eine juristische und schon gar nicht für eine strafrechtliche Legaldefinition eignet. Folglich hat sie nie über das Stadium einer rein funktionalen Arbeitsdefinition hinaus an Bedeutung erlangt. Bewusst wurde eine derart offene Definition gewählt, um damit ein strafrechtliches Antikorruptionswerk zu schaffen, das ein breites Spektrum an korrupten Praktiken behandelt und sanktioniert. In diesem Sinne («i. d. S.») ist das StÜK nun nicht auf das klassische Korruptionsdelikt der Bestechung beschränkt.[755]

Stattdessen enthält Art. 1 StÜK die drei Legaldefinitionen des *Amtsträgers*, des *Richters* sowie der *J. P.*[756]

Es ist kein Zufall, dass gerade der Begriff des Amtsträgers explizit im StÜK definiert wurde. Es hat sich in der Vergangenheit gezeigt, dass die voneinander abweichenden nationalen Definitionen bei der grenzüberschreitenden Verfolgung von Korruptionsdelikten zu immensen Problemen geführt haben. Die Definition des Amtsträgers ist im StÜK extensiv, daher im weitestmöglichen Sinn auszulegen. Bei der Subsumption ist auf die tatsächlich ausgeübte Tätigkeit abzustellen; die von dieser Person geführte Bezeichnung ist hingegen irrelevant. Die Bezeichnung kann lediglich ein Indiz für das Vorliegen einer tatsächlichen Amtsträgereigenschaft darstellen.[757]

8.3.4.2 Öffentliche Bestechung und Bestechlichkeit (Art. 2 bis 6 StÜK)

Das zweite Kapitel, das über die von den Vertragsstaaten zu setzenden Maßnahmen abspricht, wird mit Bestimmungen zur aktiven und passiven Bestechung (Bestechung i. e. S. sowie Bestechlichkeit i. e. S.) im öffentlichen, privaten und internationalen Bereich eingeleitet. Die Vertragsstaaten werden nach diesen

---

754 Council of Europe, *Explanatory Report to the Criminal Law Convention on Corruption* 1999 (n. 407), Rz 24.

755 Ibid., Rz 25.

756 Council of Europe, *Explanatory Report to the Civil Law Convention on Corruption* 1999 (n. 414), Rz 21, 29; ETS No. 173, *Criminal Law Convention on Corruption* 1999 (n. 406), Art. 1.

757 Council of Europe, *Explanatory Report to the Civil Law Convention on Corruption* 1999 (n. 414), Rz 21, 29; ETS No. 173, *Criminal Law Convention on Corruption* 1999 (n. 406), Art. 1.

Bestimmungen verpflichtet, die darin beschriebenen Handlungen in ihren nationalen Rechtsordnungen als Strafnorm festzulegen.[758]

Die verschiedenen Bestechungsdelikte behandeln unterschiedliche Sachverhalte, folgen aber alle einem gleich gelagerten Aufbau. Zentral für die Bestechungsdelikte sind Art. 2 StÜK, der über die aktive Bestechung inländischer Amtsträger abspricht, sowie Art. 3 StÜK, der die passive Bestechung inländischer Amtsträger behandelt.

Bestechung nach Art. 2 StÜK verlangt «*[...] the promising, offering or giving by any person, directly or indirectly, of any undue advantage to any of its public officials, for himself or herself or for anyone else, for him or her to act or refrain from acting in the exercise of his or her functions.*»[759]

Während jeder am Delikt als *Bestechender* beteiligt sein kann, muss der *Bestochene* nach Art. 2 StÜK ein Amtsträger gemäß der Legaldefinition in Art. 1 StÜK sein. Darunter fällt u .a. ein Minister, Staatsbeamter, Bürgermeister, Richter oder Staatsanwalt.[760]

Die Tathandlung ist das direkte bzw. indirekte Versprechen, Anbieten sowie Gewähren eines ungerechtfertigten Vorteils. Beim *Versprechen* verpflichtet sich der Bestechende zu einem späteren Zeitpunkt einen ungerechtfertigten Vorteil zu gewähren, beim *Anbieten* stellt der Bestechende die jederzeitige Gewährung des ungerechtfertigten Vorteils in Aussicht und das *Gewähren* ist die effektive Übertragung des ungerechtfertigten Vorteils.[761]

Der *Vorteil* kann sowohl materieller als auch immaterieller Natur sein. Ob dieser *ungerechtfertigterweise* versprochen, angeboten oder gewährt wird, ist nach nationalem Recht zu beurteilen. Nach dem *Explanatory Report* ist dieses Element anhand der Berechtigung des Bestochenen am Vorteil zu beurteilen. Vorteile, deren Gewährung nach nationalen Bestimmungen als zulässig erachtet oder gesellschaftlich akzeptiert werden, stellen keine ungerechtfertigten Vorteile dar. Dies gilt ebenso für Vorteile, die lediglich von geringem Wert sind. Für wen der Vorteil bestimmt ist, wer tatsächlicher Empfänger des Vorteils ist, spielt hingegen keine Rolle.[762]

---

758 ETS No. 173, *Criminal Law Convention on Corruption* 1999 (n. 406), Art. 1 ff.

759 Ibid., Art. 2.

760 Ibid., Art. 1 lit. a-b, Art. 2; Council of Europe, *Explanatory Report to the Criminal Law Convention on Corruption* 1999 (n. 407), Rz 35.

761 Council of Europe, *Explanatory Report to the Criminal Law Convention on Corruption* 1999 (n. 407), Rz 36.

762 Ibid., Rz 35, 37-38.

Aufgrund des ungerechtfertigten Vorteils soll der Bestochene im *Rahmen seiner Funktion, eine Handlung oder Unterlassung* vornehmen. Im Unterschied zu den Straftatbeständen einiger nationaler Rechtsordnungen ist die Strafbarkeit nach Art. 2 StÜK bereits dann gegeben, wenn der Amtsträger sich zur Ausführung einer pflichtkonformen Handlung oder Unterlassung bestechen lässt.[763]

Bestechlichkeit nach Art. 3 StÜK verlangt «*[...] the request or receipt by any of its public officials, directly or indirectly, of any undue advantage, for himself or herself or for anyone else, or the acceptance of an offer or a promise of such an advantage, to act or refrain from acting in the exercise of his or her functions.*»[764]

Die passive Bestechung steht der aktiven Bestechung gegenüber. Die zuvor gemachten Aussagen zur aktiven Bestechung sind sinngemäß anwendbar.[765]

Passive Bestechung liegt vor, wenn ein Amtsträger einen ungerechtfertigten Vorteil für sich oder aber für einen Dritten zwecks Begehung einer Handlung oder Unterlassung in Wahrnehmung seiner amtswegigen Aufgaben fordert, annimmt bzw. ein Angebot zu einem derartigen Vorteil annimmt oder sich versprechen lässt. Das *Fordern* stellt die einseitige Erklärung des Amtsträgers dar, eine Handlung nur gegen Gewährung eines Vorteils zu vollziehen. Bei der Prüfung, ob dieses Tatbestandselement erfüllt ist, ist ein strenger Maßstab anzusetzen. Es ist bereits mit dem Empfang der Erklärung an den Adressaten verwirklicht. Ob der Adressat der Forderung nachkommt, ist ohne Bedeutung. Mit der *Annahme* wird der Vorteil durch den Amtsträger effektiv in Anspruch genommen. Keine Annahme liegt hingegen vor, wenn der Amtsträger einen Vorteil unaufgefordert erhält und er diesen unverzüglich an den Vorteilsgeber zurückgibt. Für wen der Vorteil letztlich zugewendet werden soll, ist unerheblich.[766]

Wesentlich ist, dass die soeben beschriebenen Tatbestandselemente der Vornahme der beabsichtigten Handlung oder Unterlassung vorangehen. Nach dem StÜK liegt keine Strafbarkeit vor, wenn die Handlung oder Unterlassung ohne vorheriges Anbot vorgenommen wurde und dem Amtsträger der Vorteil erst nachträglich zufließt.[767]

---

763 Ibid., Rz 39.

764 ETS No. 173, *Criminal Law Convention on Corruption* 1999 (n. 406), Art. 3.

765 Council of Europe, *Explanatory Report to the Criminal Law Convention on Corruption* 1999 (n. 407), Rz 40.

766 ETS No. 173, *Criminal Law Convention on Corruption* 1999 (n. 406), Art. 3; Council of Europe, *Explanatory Report to the Criminal Law Convention on Corruption* 1999 (n. 407), Rz 40-43; GRECO, *GrecoEvalIIIRep(2011)3E(P3)* 2011 (n. 596).

767 Council of Europe, *Explanatory Report to the Criminal Law Convention on Corruption* 1999 (n. 407), Rz 43.

Art. 2 und Art. 3 StÜK stellen reine Vorsatzdelikte dar. Der Vorsatz muss sich auf alle objektiven Tatbestandsmerkmale beziehen.[768]

Art. 4 StÜK erstreckt die Anwendbarkeit von Art. 2 und Art. 3 StÜK ebenfalls auf gewählte oder ernannte *Mitglieder inländischer öffentlich-rechtlicher Vertretungskörperschaften* auf lokaler, regionaler sowie nationaler Ebene. Die gewählten oder ernannten Mitglieder der öffentlichen Vertretungskörperschaften müssen über Gesetzgebungs- bzw. Verwaltungsbefugnisse verfügen.[769]

Korruption ist nicht auf rein inländische Sachverhalte begrenzt. Zum Schutz vor Wettbewerbsverzerrung, zur Gewährleistung gerechter und transparenter Entscheidungsprozesse sowie zur Bewahrung des öffentlichen Vertrauens in internationale Organisationen und Institutionen sprechen Art. 5 und 6 StÜK mit Verweis auf Art. 2 und 3 StÜK über die aktive und passive Bestechung von *ausländischen Amtsträgern bzw. auch von Mitgliedern ausländischer öffentlich-rechtlicher Vertretungskörperschaften* ab. Dem liegt das Bekenntnis der Vertragsstaaten zugrunde, dass ihnen allen die strafrechtliche Verfolgungshoheit von korrupten Handlungen zukommt, unabhängig davon, welchem Vertragsstaat der Täter angehört.[770]

8.3.4.3 Private Bestechung und Bestechlichkeit (Art. 7 und 8 StÜK)

Es wird anerkannt, dass Korruption auch im privaten Bereich, insbesondere vor dem Hintergrund zunehmender Privatisierung, über ein erhebliches Schädigungspotential aufweist. Der Europarat sah sich deshalb dazu veranlasst, die strafrechtliche Verantwortlichkeit i. Z. m. Bestechung sowie Bestechlichkeit zum Schutz der Allgemeinheit und zur Gewährleistung eines freien und fairen Wettbewerbs auch auf den privaten Sektor auszudehnen.[771]

Die Begehung der im privaten Sektor angesiedelten aktiven und passiven Bestechung nach Art. 7 und 8 StÜK unterscheidet sich im Wesentlichen nicht von

---

768 Ibid., Rz 34, 40; ETS No. 173, *Criminal Law Convention on Corruption* 1999 (n. 406), Art. 2-3.

769 ETS No. 173, *Criminal Law Convention on Corruption* 1999 (n. 406), Art. 4; Council of Europe, *Explanatory Report to the Criminal Law Convention on Corruption* 1999 (n. 407), Rz 44-46.

770 ETS No. 173, *Criminal Law Convention on Corruption* 1999 (n. 406), Art. 5-6; Council of Europe, *Explanatory Report to the Criminal Law Convention on Corruption* 1999 (n. 407), Rz 47-51.

771 Council of Europe, *Explanatory Report to the Criminal Law Convention on Corruption* 1999 (n. 407), Rz 52.

der aktiven und passiven Bestechung im öffentlichen Bereich.[772] Unterschiede finden sich jedoch hinsichtlich des Tätigkeitsbereichs des Bestochenen, der Beurteilung seines Verhaltens sowie der Bestechungshandlung.[773]

Der Adressat nach Art. 7 und 8 StÜK muss aus dem privaten Sektor stammen und darf kein Amtsträger oder sonstiges Mitglied einer öffentlich-rechtlichen Vertretungskörperschaft sein. Das Übereinkommen schränkt die Adressaten ein und erfasst «*any persons who direct or work for, in any capacity, private sector entities, for themselves or for anyone else, for them to act, or refrain from acting, in breach of their duties.*»[774] Die Formulierung *work for* beschränkt sich nicht auf klassische Arbeitsverhältnisse, sondern erfasst auch auf anderen Rechtsgrundlagen basierende rechtliche Beziehungen. Demonstrativ kommen hierfür ein Auftragsverhältnis oder ein Mandatsvertrag infrage. Daneben sind auch Personen erfasst, die nur befristet für ein im Privatsektor tätiges Unternehmen beschäftigt sind und Verantwortungsbefugnisse innehaben. Aktionäre einer Aktiengesellschaft fallen jedoch nicht darunter. *Private sector entities* umfassen nicht nur Unternehmen i. e. S., sondern auch andere Einrichtungen, die im Privatsektor tätig sind und sich zumindest teilweise im Privateigentum befinden. Daher fallen auch Treuhänderschaften, wie bspw. die liechtensteinische Treuhänderschaft gemäß Art. 897 bis 932a «*Personen- und Gesellschaftsrecht*»[775] («PGR») darunter. Die liechtensteinische Treuhänderschaft ist hier besonders zu erwähnen, da es sich im Falle Liechtensteins um die einzige kontinentaleuropäische Rechtsordnung handelt, welche die Bestimmungen eines im Common Law Rechtskreis beheimateten *Trusts* in seine nationale Rechtsordnung rezipiert hat. Die liechtensteinische Treuhänderschaft, die keine J. P. darstellt, verdeutlicht, dass unter dem Element der *private sector entities* Rechtsgebilde mit und ohne Rechtspersönlichkeit sowie auch N. P. fallen.[776]

---

772 ETS No. 173, *Criminal Law Convention on Corruption* 1999 (n. 406), Art. 2-8; Council of Europe, *Explanatory Report to the Criminal Law Convention on Corruption* 1999 (n. 407), Rz 53, 56.

773 Council of Europe, *Explanatory Report to the Criminal Law Convention on Corruption* 1999 (n. 407), Rz 53-55.

774 ETS No. 173, *Criminal Law Convention on Corruption* 1999 (n. 406), Art. 7 und 8.

775 LGBl-Nr. 1926.004. *Personen- und Gesellschaftsrecht: PGR* (1926).

776 Council of Europe, *Explanatory Report to the Criminal Law Convention on Corruption* 1999 (n. 407), Rz 24 (eigentlich: 54); Biedermann, Klaus. *Die Treuhänderschaft des liechtensteinischen Rechts, dargestellt an ihrem Vorbild, dem Trust des Common Law: unter Berücksichtigung des Gesetzes betreffend das Treuunternehmen* (Bern: Stämpfli, 1981), S. 12; Bösch, Harald. 'Unklarheiten im Zusammenhang mit liechtensteinischen Trusts in der Schweiz (BGer 4A_329/2013) – Versuch einer Wegleitung'. *LJZ*

Im Unterschied zum öffentlichen Bereich ist für die aktive und passive Bestechung im privaten Bereich eine Pflichtverletzung des Bestochenen bei der Begehung des von ihm erwarteten Verhaltens erforderlich. Privatrechtliche Beziehungen sind im besonderen Ausmaß vom Grundgedanken eines wechselseitigen Vertrauens geprägt, dass der jeweils andere Vertragspartner die vereinbarten Normen einhält. Dieses Vertrauen soll durch dieses zusätzliche Tatbestandselement geschützt werden. Allerding bezieht sich die Pflichtverletzung nicht auf die Verletzung konkreter vertraglicher Normen, sondern auf die Verletzung einer allgemeinen Treuepflicht. Daher kann auch Schweigen unter bestimmten Umständen eine Pflichtverletzung darstellen.[777]

Schließlich ist zur Erfüllung von Art. 7 und Art. 8 StÜK erforderlich, dass die Begehung vorsätzlich und im Rahmen der jeweiligen Geschäftstätigkeit begangen wurde. *Geschäftstätigkeit* umfasst jede Art kommerzieller Tätigkeit, einschließlich die Dienstleistungserbringung zugunsten Privater oder der öffentlichen Hand sowie dem Warenhandel. Gemeinnützige Tätigkeiten stellen keine kommerziellen Tätigkeiten dar. Diese Bestimmungen richten sich insbesondere an den Unternehmenssektor.[778]

8.3.4.4 Internationale Bestechung und Bestechlichkeit (Art. 9 bis 11 StÜK)

Daneben treten aktive und passive Bestechung sowohl auf legislativer, exekutiver sowie judikativer Ebene bei internationalen oder supranationalen Organisationen auf. Gerade Korruption in diesem Bereich hat i. d. R. erheblich nachteilige Folgen auf die Wettbewerbsfreiheit im Rahmen internationaler Vergabeverfahren. Noch bevor dieses Vertragswerk ausgearbeitet wurde, hat man bereits bei der EU die Notwendigkeit erkannt, die Strafbarkeit von Bestechungshandlungen auch auf bestimmte Angehörige internationaler und supranationaler Organisationen auszudehnen. Dies führte zum Erlass des «*Rechtsakts des Rates vom 27. September 1996 über die Ausarbeitung eines Protokolls zum Übereinkommen über den Schutz der finanziellen Interessen der Europäischen Gemeinschaften*»[779], des «*Rechtsakts des*

36(1) (2015), S. 60–80, S. 76; LGBl-Nr. 1926.004, *Personen- und Gesellschaftsrecht* 1926 (n. 776), Art. 897.

777 Council of Europe, *Explanatory Report to the Criminal Law Convention on Corruption* 1999 (n. 407), Rz 55.

778 Ibid., Rz 53; Bundeszentrale für politische Bildung. 'Unternehmenssektor'. *Bundeszentrale für politische Bildung* (23.06.2021).

779 Official Journal C 313, 23/10/1996 P. 0001–0001. *Council Act of 27 September 1996 drawing up a Protocol to the Convention on the protection of the European Communities' financial interests* (1996).

Rates vom 26. Mai 1997 über die Ausarbeitung des Übereinkommens aufgrund von Artikel K.3 Absatz 2 Buchstabe c) des Vertrags über die Europäische Union über die Bekämpfung der Bestechung, an der Beamte der Europäischen Gemeinschaften oder der Mitgliedstaaten der Europäischen Union beteiligt sind»[780] sowie zum Erlass des *«Übereinkommens aufgrund von Artikel K.3 Absatz 2 Buchstabe c) des Vertrags über die Europäische Union über die Bekämpfung der Bestechung, an der Beamte der Europäischen Gemeinschaften oder der Mitgliedstaaten der Europäischen Union beteiligt sind»*[781].[782]

Auch Art. 9 bis 11 StÜK entsprechen im Wesentlichen – bis auf den Bestochenen – den vorhergehenden Bestimmungen. Es kann darauf verwiesen werden.[783] Nach Art. 9 StÜK handelt es sich beim Bestochenen um einen Beamten bzw. Vertragsbediensteten einer internationalen oder supranationalen Organisation oder einer Person, die mit den zuvor genannten Personen vergleichbare Aufgaben wahrnimmt, aber nicht in einem Beschäftigungsverhältnis i. e. S. zur Organisation steht. Dies sind Personen, die durch die Mitgliedstaaten oder einer sonstigen dritten Stelle entsendet werden. Die mitgliedstaatliche Verpflichtung zur Kriminalisierung der in Art. 9 StÜK genannten Handlungen beschränkt sich nur auf Angehörige jener internationalen oder supranationalen Organisationen, denen der Mitgliedstaat selbst angehört.[784]

---

780 Official Journal C 195, 25/06/1997 P. 0001–0001, *Council Act of 26 May 1997 drawing up, on the basis of Article K.3 (2) (c) of the Treaty on European Union, the Convention on the fight against corruption involving officials of the European Communities or officials of Member States of the European Union* 1997 (n. 13).

781 Official Journal C 195, 25/06/1997 P. 0002–0011. *Convention drawn up on the basis of Article K.3 (2) (c) of the Treaty on European Union on the fight against corruption involving officials of the European Communities or officials of Member States of the European Union* (1997).

782 Council of Europe, *Explanatory Report to the Criminal Law Convention on Corruption* 1999 (n. 407), Rz 57.

783 Ibid., Rz 58, 61, 63; ETS No. 173, *Criminal Law Convention on Corruption* 1999 (n. 406), Art. 2-4, 9-11.

784 Council of Europe, *Explanatory Report to the Criminal Law Convention on Corruption* 1999 (n. 407), Rz 58-60; ETS No. 173, *Criminal Law Convention on Corruption* 1999 (n. 406), Art. 9; Woyke, Wichard. 'Internationale Organisationen' In *Handwörterbuch Internationale Politik*, (Hrsg.) Wichard Woyke (Wiesbaden/s.l.: VS Verlag für Sozialwissenschaften, 7 Aufl., 1998), S. 170–176, S. 170.

Bei den Mitgliedern parlamentarischer Versammlungen internationaler oder supranationaler Organisationen nach Art. 10 StÜK ist auf Art. 4 und 9 StÜK zu verweisen.[785]

Das StÜK versteht unter internationalen oder supranationalen Organisationen alle von Staaten gegründeten Organisationen. Mitglieder von *Non-Governmental Organisations* unterliegen hingegen allenfalls Art. 7 bis 8 StÜK.[786]

Art. 11 StÜK verpflichtet die Vertragsstaaten, die Bestechung und Bestechlichkeit von Angehörigen des internationalen Justizbereichs zu kriminalisieren. Dies umfasst Personen aus dem Stand der Richterschaft und die weiteren Bediensteten internationaler Gerichtshöfe. Im Sinne von («i. S. v.») Art. 1 lit. b StÜK ist der Begriff des Richters weit auszulegen und umfasst bspw. auch die damaligen Ankläger des Internationalen Strafgerichtshof für Ruanda oder des Internationalen Strafgerichtshof für das ehemalige Jugoslawien. Schiedsgerichte fallen nicht unter den Terminus der internationalen Gerichtshöfe.[787]

8.3.4.5 Missbräuchliche Einflussnahme (Art. 12 StÜK)

Neben der aktiven und passiven Bestechung in seinen unterschiedlichen Ausformungen werden im StÜK noch weitere Delikte angeführt, welche die Vertragsstaaten in deren nationalen Strafrechtskataloge einzuarbeiten haben.

Eines dieser Delikte ist die missbräuchliche Einflussnahme nach Art. 12 StÜK. Heute gehört die missbräuchliche Einflussnahme zum Kanon der klassischen Korruptionsstrafrechtsdelikte. Diese Entwicklung ist primär auf das StÜK zurückzuführen. Vor Abschluss dieses Übereinkommens war dieses Strafdelikt einigen nationalen Rechtsordnungen gänzlich unbekannt. I. d. R. hat jeder Entscheidungsträger gewisse nahestehende Personen in seinem näheren Umfeld. Diese verfügen selbst über keine Entscheidungskompetenz, können aber den Entscheidungsträger dahingehend beeinflussen, eine Entscheidung in eine bestimmte Richtung hin zu fällen. Art. 12 StÜK verfolgt den Zweck, die sogenannte *background corruption* zu bekämpfen, wenn *Vertrauenspersonen* im nahen Umfeld

---

785 Council of Europe, *Explanatory Report to the Criminal Law Convention on Corruption* 1999 (n. 407), Rz 62.

786 Ibid., Rz 61.

787 ETS No. 173, *Criminal Law Convention on Corruption* 1999 (n. 406), Art. 11 iVm Art. 1 lit. b; Council of Europe, *Explanatory Report to the Criminal Law Convention on Corruption* 1999 (n. 407), Rz 63.

eines Entscheidungsträgers ihre privilegierte Situation ausnutzen und dadurch ein Umfeld der Korruption fördern.[788]

Art. 12 StÜK entspricht vom Aufbau und den Tatbestandselementen den vorher behandelten Bestechungsdelikten und kann sowohl in aktiver als auch passiver Form begangen werden. Es wird daher auf die Ausführungen zur aktiven und passiven Bestechung gemäß Art. 2 und Art. 3 StÜK verwiesen.[789]

Der Unterschied besteht im Wesentlichen darin, dass der ungerechtfertigte Vorteil einer Person zugewendet werden soll oder wird, die selbst keine Entscheidungskompetenz hat. Diese erklärt vielmehr gegenüber dem Vorteilsgeber, in missbräuchlicher Weise auf die Entscheidungsfindung der nachfolgenden Personen derart Einfluss nehmen zu können, um den vom Vorteilsgeber beabsichtigten Erfolg zu erzielen:[790]

- In- und ausländische Amtsträger;
- Mitglieder in- und ausländischer öffentlich-rechtlicher Vertretungskörperschaften;
- Internationale Beamte;
- Mitglieder parlamentarischer Versammlungen von internationalen oder supranationalen Organisationen;
- Richter und sonstige Bedienstete der internationalen Gerichtshöfe.[791]

Ob eine derartige Möglichkeit zur Einflussnahme tatsächlich besteht, muss nicht geprüft werden. Es genügt, dass der Täter die Erklärung abgibt, zu solch einer Einflussnahme in der Lage zu sein.[792]

Missbräuchlicher Einfluss liegt vor, wenn die Einflussnahme von einer korrupten Absicht getragen wird. Diese Absicht muss bei der Tatbegehung in der subjektiven Sphäre desjenigen nachgewiesen werden, der diesen Einfluss gegenüber den Entscheidungsträgern geltend macht. Lobbyisten begehen keine

---

788 Council of Europe, *Explanatory Report to the Criminal Law Convention on Corruption* 1999 (n. 407), Rz 64.

789 ETS No. 173, *Criminal Law Convention on Corruption* 1999 (n. 406), Art. 12; Council of Europe, *Explanatory Report to the Criminal Law Convention on Corruption* 1999 (n. 407), Rz 66-67.

790 ETS No. 173, *Criminal Law Convention on Corruption* 1999 (n. 406), Art. 12; Council of Europe, *Explanatory Report to the Criminal Law Convention on Corruption* 1999 (n. 407), Rz 65.

791 ETS No. 173, *Criminal Law Convention on Corruption* 1999 (n. 406), Art. 12 iVm Art. 2, 4-6, 9-11.

792 Ibid., Art. 12; Council of Europe, *Explanatory Report to the Criminal Law Convention on Corruption* 1999 (n. 407), Rz 66.

missbräuchliche Einflussnahme, sofern sie Lobbyismus in seinen anerkannten Formen praktizieren.[793] Die Verwirklichung des Delikts hängt nicht davon ob, ob die missbräuchliche Einflussnahme tatsächlich erfolgt ist bzw. ob der damit beabsichtigte Erfolg erreicht wurde.[794]

8.3.4.6 Geldwäscherei: Erträge aus den Korruptionsdelikten[795] (Art. 13 StÜK)

Aus der Begehung korrupter Handlungen werden oft Erträge lukriert, die als illegal zu klassifizieren sind und dem legalen Wirtschaftskreislauf entzogen sind. Geldwäscherei bezweckt, gerade die illegale Herkunft derartiger Erträge zu verschleiern und dem legalen Wirtschaftskreislauf wieder zuzuführen.[796]

Das StÜK bezweckt auch die Kriminalisierung von Erträgen aus Korruptionsdelikten. Die Anwendbarkeit von Art. 13 StÜK setzt voraus, dass die Erträge aus Korruptionshandlungen i. S. v. Art. 2 bis 12 StÜK herrühren und durch nachfolgende Handlungen *gewaschen* werden sollen:[797]

> «*Art. 6 Convention on Laundering, Search, Seizure and Confiscation of the Proceeds from Crime*
>
> *Laundering offences*
>
> *Abs. 1 Each Party shall adopt such legislative and other measures as may be necessary to establish as offences under its domestic law, when committed intentionally:*
>
> a) *the conversion or transfer of property, knowing that such property is proceeds, for the purpose of concealing or disguising the illicit origin of the*

793 Council of Europe, *Explanatory Report to the Criminal Law Convention on Corruption* 1999 (n. 407), Rz 65.

794 ETS No. 173, *Criminal Law Convention on Corruption* 1999 (n. 406), Art. 12; Council of Europe, *Explanatory Report to the Criminal Law Convention on Corruption* 1999 (n. 407), Rz 66.

795 ETS No. 173, *Criminal Law Convention on Corruption* 1999 (n. 406), Art. 13.

796 Bussmann, Kai-Detlef (Hrsg.). *Geldwäscheprävention im Markt* (Springer, Berlin, Heidelberg, 2018), S. 1; Fiedler, Ingo, Krumma, Isabel, Zanconato, Ulrich Andreas, McCarthy, Killian J. und Reh, Eva. 'Das Phänomen Geldwäsche' In *Das Geldwäscherisiko verschiedener Glücksspielarten* (Springer Gabler, Wiesbaden, 2017), S. 3–33, S. 4.

797 ETS No. 173, *Criminal Law Convention on Corruption* 1999 (n. 406), Art. 13; Council of Europe, *Explanatory Report to the Criminal Law Convention on Corruption* 1999 (n. 407), Rz 68.

property or of assisting any person who is involved in the commission of the predicate offence to evade the legal consequences of his actions;

b) *the concealment or disguise of the true nature, source, location, disposition, movement, rights with respect to, or ownership of, property, knowing that such property is proceeds; and, subject to its constitutional principles and the basic concepts of its legal system;*

c) *the acquisition, possession or use of property, knowing, at the time of receipt, that such property was proceeds;*

d) *participation in, association or conspiracy to commit, attempts to commit and aiding, abetting, facilitating and counselling the commission of any of the offences established in accordance with this article.*

Abs. 2 For the purposes of implementing or applying paragraph 1 of this article:

a) *it shall not matter whether the predicate offence was subject to the criminal jurisdiction of the Party;*

b) *it may be provided that the offences set forth in that paragraph do not apply to the persons who committed the predicate offence;*

c) *knowledge, intent or purpose required as an element of an offence set forth in that paragraph may be inferred from objective, factual circumstances. […]*»[798]

Wie aus oben angeführten Rechtszitaten zu entnehmen ist, wird die gegenständliche Begehungshandlung nicht im StÜK beschrieben, sondern verweist Art. 13 StÜK auf Art. 6 Abs. 1 und 2 GwÜK.[799]

Die Vertragsstaaten haben, soweit nicht die in Art. 13 StÜK angeführten Ausnahmen greifen, die in diesem Übereinkommen behandelten Korruptionsdelikte auch als Vortaten der Geldwäscherei anzuerkennen.[800]

---

798 ETS No. 141. *Convention on Laundering, Search, Seizure and Confiscation of the Proceeds from Crime* (1990), Art. 6 Abs. 1-2.

799 ETS No. 173, *Criminal Law Convention on Corruption* 1999 (n. 406), Art. 13; Vogel, Joachim. 'Geldwäsche – ein europaweit harmonisierter Straftatbestand?'. *1612-703X* 109(2) (1997), S. 335–356, S. 335–336, doi 10.1515/zstw.1997.109.2.335.

800 Council of Europe, *Explanatory Report to the Criminal Law Convention on Corruption* 1999 (n. 407), Rz 70.

8.3.4.7 Zuwiderhandlungen gegen Buchführungsvorschriften (Art. 14 StÜK)

Das StÜK enthält eine Bestimmung, wonach die vorsätzliche Erstellung oder Verwendung falscher bzw. unvollständiger Buchführungsunterlagen oder die Unterlassung der Verbuchung einer Zahlung trotz bestehender nationaler Rechtspflicht zwecks Begehung, Verbergung oder Verschleierung eines in Art. 2 bis 12 StÜK genannten Korruptionsdelikts zu sanktionieren ist. Die Vertragsstaaten werden somit aufgefordert, die in Art. 14 StÜK angeführten Begehungsformen in ihren nationalen Rechtsordnungen zu kriminalisieren.[801]

Art. 13 StÜK verfolgt denselben strafwürdigen Zweck wie Art. 14 StÜK und ist daher nicht als Tatbestandselement dieses Delikts erfasst.[802]

Den Vertragsstaaten ist es vorbehalten, Art. 14 StÜK im nationalen Recht entweder als straf- oder aber als verwaltungsrechtliche Norm umzusetzen. Den Vertragsstaaten wird diesbezüglich ein Wahlrecht eingeräumt.[803]

8.3.4.8 Umzusetzende Maßnahmen i. Z. m. N. P. und J. P. (Art. 15, 16, 18, 22 StÜK)

Die nachfolgenden Bestimmungen sind ebenfalls von den Vertragsstaaten umzusetzen, stellen jedoch keine Korruptionsdelikte dar.

Art. 15 StÜK hält fest, dass i. Z. m. Korruptionsdelikten sowohl Beitrags- als auch Bestimmungstäter nach nationalem Strafrecht zu verfolgen sind.[804]

Gerade im Hinblick auf Art. 9 bis 11 StÜK stellt Art. 16 StÜK klar, dass etwaige Vorschriften hinsichtlich der Aufhebung der Immunität nicht berührt werden.[805]

Art. 18 StÜK dehnt die strafrechtliche Verantwortlichkeit auf N. P. und J. P. aus. Dabei ist festzuhalten, dass die Ausdehnung strafrechtlicher Verantwortlichkeit auf J. P. zu Zeiten der Ausarbeitung des Übereinkommens keine

---

801 ETS No. 173, *Criminal Law Convention on Corruption* 1999 (n. 406), Art. 14; Council of Europe, *Explanatory Report to the Criminal Law Convention on Corruption* 1999 (n. 407), Rz 72-75.

802 Council of Europe, *Explanatory Report to the Criminal Law Convention on Corruption* 1999 (n. 407), Rz 71.

803 Ibid., Rz 72.

804 ETS No. 173, *Criminal Law Convention on Corruption* 1999 (n. 406), Art. 15; Council of Europe, *Explanatory Report to the Criminal Law Convention on Corruption* 1999 (n. 407), Rz 76.

805 ETS No. 173, *Criminal Law Convention on Corruption* 1999 (n. 406), Art. 16; Council of Europe, *Explanatory Report to the Criminal Law Convention on Corruption* 1999 (n. 407), Rz 77.

Selbstverständlichkeit war. Zwar zeichnete sich bereits ein internationaler Konsens über die Notwendigkeit einer Unternehmenshaftung ab, dennoch gab es nur wenige Jahre vor diesem Vertragswerk auch Rechtsordnungen, die einer strafrechtlichen Unternehmenshaftung gänzlich ablehnend gegenüberstanden. Daneben waren auch die rechtlichen Instrumente äußerst marginal ausgeprägt, um gegen eine J. P. vorgehen zu können. Dies bereitete den Strafverfolgungsbehörden mitunter erhebliche Schwierigkeiten, innerhalb komplexer Unternehmensstrukturen die strafrechtlich verantwortlichen N. P. namhaft zu machen. Selbst wenn gewisse Personen eines Unternehmens strafrechtlich zu Verantwortung gezogen werden konnten, verhinderte dies grundsätzlich nicht die weitere Begehung korrupter Handlungen durch das Unternehmen selbst.[806]

Die Haftung von J. P. wird bei Vorliegen nachfolgender drei Voraussetzungen begründet: Einmal muss ein Korruptionsdelikt verwirklicht worden sein. Die Korruptionshandlung muss von einer in einer Führungsposition tätigen N. P. begangen worden sein, die gegenüber der J. P. vertretungs-, kontroll- oder entscheidungsbefugt ist. Verwirklicht werden kann die Tat als unmittelbarer Täter, als Bestimmungs- oder Beitragstäter. Als abschließendes Element muss die Korruptionshandlung im Auftrag oder zugunsten der J. P. begangen worden sein.[807]

Abs. 2 legt den Führungskräften eine Überwachungs- und Kontrollverpflichtung gegenüber ihren unterstellten Beschäftigten auf. Bei Vorliegen eines vorwerfbaren Überwachungs- und Kontrollverschuldens seitens der Führungskraft, wird ebenfalls die strafrechtliche Verantwortlichkeit der J. P. begründet.[808]

Daneben stellt Art. 18 Abs. 3 StÜK klar, dass neben der J. P. auch die ausführende N. P. strafrechtlich zur Verantwortung gezogen werden kann.[809]

---

806 Council of Europe, *Explanatory Report to the Criminal Law Convention on Corruption* 1999 (n. 407), Rz 84-85.

807 ETS No. 173, *Criminal Law Convention on Corruption* 1999 (n. 406), Art. 18 Abs. 1; Council of Europe, *Explanatory Report to the Criminal Law Convention on Corruption* 1999 (n. 407), Rz 84-86.

808 ETS No. 173, *Criminal Law Convention on Corruption* 1999 (n. 406), Art. 18 Abs. 2; Council of Europe, *Explanatory Report to the Criminal Law Convention on Corruption* 1999 (n. 407), Rz 87.

809 ETS No. 173, *Criminal Law Convention on Corruption* 1999 (n. 406), Art. 18 Abs. 3; Council of Europe, *Explanatory Report to the Criminal Law Convention on Corruption* 1999 (n. 407), Rz 88.

8.3.4.9 Institutionell umzusetzende Maßnahmen (Art. 17, 19-23 StÜK)

Art. 17 StÜK verpflichtet die Staaten in Bezug auf die einschlägigen Korruptionsdelikte, die nationale Gerichtsbarkeit jedenfalls nach dem Territorialitätsprinzip zu begründen. Durch die hier anzuwendende extensive Auslegung wird die Zuständigkeit bereits dann begründet, wenn das Korruptionsdelikt auch nur teilweise im Hoheitsgebiet des jeweiligen Vertragsstaates begangen wurde.[810]

Daneben ist die Gerichtsbarkeit in einem Vertragsstaat dann zu begründen, wenn ein am Korruptionsdelikt Beteiligter die Staatsangehörigkeit des Vertragsstaates besitzt, die Funktion eines Amtsträgers bzw. Mitglieds einer seiner inländischen öffentlich-rechtlichen Vertretungskörperschaften innehat oder dem Gerichtspersonal angehört. Dasselbe gilt, wenn die Beteiligten internationale Beamte, Mitglieder einer parlamentarischen Versammlung einer inter- oder supranationalen Organisation oder Angehörige der internationalen Gerichtshöfe sind. Den Vertragsstaaten bleibt es vorbehalten, im Zuge der Unterzeichnung oder Hinterlegung, die Ausübung der Gerichtsbarkeit hinsichtlich Art. 17 Abs. 1 lit. a bis b StÜK durch Vorbehalte ganz oder teilweise auszuschließen, zu beschränken oder deren Zulassung an Bedingungen zu knüpfen.[811]

Die vertraglichen Pflichten hinsichtlich der Herstellung der Strafbarkeit der im StÜK enthaltenen Korruptionsdelikte, dürfen durch Vorbehalte nicht umgangen werden. Um dies zu garantieren, wurde in Art. 17 Abs. 3 StÜK das völkerrechtliche Prinzip *aut dedere aut iudicare* (*Prinzip der indirekten Durchsetzung*[812] bzw. *stellvertretenden Strafrechtspflege*[813]) festgeschrieben.[814]

Dieser Grundsatz wurde 1625 von *Hugo Grotius* ausgearbeitet und besagt, dass ein Staat optional verpflichtet ist, einen Täter entweder auszuliefern oder ein Verfahren gegen ihn einzuleiten.[815] Art. 17 Abs. 3 StÜK legt daher fest, dass

---

810 ETS No. 173, *Criminal Law Convention on Corruption* 1999 (n. 406), Art. 17 Abs. 1 lit. a; Council of Europe, *Explanatory Report to the Criminal Law Convention on Corruption* 1999 (n. 407), Rz 79.

811 ETS No. 173, *Criminal Law Convention on Corruption* 1999 (n. 406), Art. 17 Abs. 1-Abs. 2 iVm Art. 9-11; Council of Europe, *Explanatory Report to the Criminal Law Convention on Corruption* 1999 (n. 407), Rz 78-81.

812 Fink/Reinisch/Stifter, *Österreichisches Handbuch des Völkerrechts* 2013 (n. 510), S. 657.

813 Arnauld, *Völkerrecht* 2019 (n. 331), S. 596.

814 Council of Europe, *Explanatory Report to the Criminal Law Convention on Corruption* 1999 (n. 407), Rz 82.

815 Scharf, Michael. 'Aut dedere aut iudicare'. *Max Planck Encyclopedias of International Law [MPIL]* (2008), Rz 1; Arnauld, *Völkerrecht* 2019 (n. 331), S. 596; Ziegler,

ein Vertragsstaat in den Fällen zur Ausübung der Gerichtsbarkeit verpflichtet ist, in denen er die Auslieferung nicht vornimmt.[816]

Für diejenigen Fälle, in denen weder das Territorialitäts- noch das Personalitätsprinzip die Gerichtszuständigkeit begründen kann,[817] ordnet Abs. 4 an, dass die Gerichtszuständigkeitsregeln nach innerstaatlichem Recht weiterhin aufrecht bleiben. Damit bliebe bspw. auch Raum für das Welt(straf)rechts- bzw. Universalitätsprinzip, wonach es jedem Staat offensteht, die Gerichtsbarkeit über bestimmte Taten zu begründen, welche die Grundprinzipien der Völkerrechtsgemeinschaft (vergleiche («vgl.») *«delicta iuris gentium»*[818]) beeinträchtigten.[819]

Art. 19 StÜK regelt, wie die Sanktionen gegen Korruptionsdelikte auszugestalten sind. Für Art. 14 StÜK sind die in Art. 19 StÜK gemachten Ausführungen nur anwendbar, sofern das darin behandelte Delikt im Vertragsstaat als Strafrechtsnorm umgesetzt worden ist. Bei N. P. sind die Sanktionen und Maßnahmen *«[...] effective, proportionate and dissuasive [...]»*[820] auszugestalten. Die Ahndung mit Freiheitsstrafen ist möglich. Für J. P. sind die strafrechtlichen und sonstigen Sanktionen wie bei den N. P. auszugestalten.[821] Konsequenterweise sind bei J. P. – anstelle von Freiheitsstrafen – Geldstrafen vorzusehen. Den Vertragsstaaten steht

---

Karl-Heinz. 'Hugo Grotius als ‚Vater des Völkerrechts'' In *Gedächtnisschrift für Wolfgang Martens*, (Hrsg.) Ingo von Münch und Peter Selmer (Berlin/Boston: De Gruyter, 2019 Aufl., 1987), S. 851–858, S. 851-852; Grotius, Hugo. *On the law of war and peace*, ed. Stephen C. Neff (Cambridge: Cambridge University Press, 2012), S. 292 ff; Reeves, Jesse S. 'The life and work of Hugo Grotius'. *Proceedings of the American Society of International Law at Its Annual Meeting (1921-1969)* 19 (1925), S. 48–58, S. 57; Fink/Reinisch/Stifter, *Österreichisches Handbuch des Völkerrechts* 2013 (n. 510), S. 27.

816 Scharf, '*Aut dedere aut iudicare*' 2008 (n. 817), Rz 2; ETS No. 173, *Criminal Law Convention on Corruption* 1999 (n. 406), Art. 17 Abs. 3; Council of Europe, *Explanatory Report to the Criminal Law Convention on Corruption* 1999 (n. 407), Rz 82.

817 Council of Europe, *Explanatory Report to the Criminal Law Convention on Corruption* 1999 (n. 407), Rz 83; Fink/Reinisch/Stifter, *Österreichisches Handbuch des Völkerrechts* 2013 (n. 510), S. 165.

818 Fink/Reinisch/Stifter, *Österreichisches Handbuch des Völkerrechts* 2013 (n. 510), S. 165; Kunz, Josef L. 'The United Nations Convention on Genocide'. *American Journal of International Law* 43(4) (1949), S. 738–746, S. 745, doi 10.2307/2193262.

819 ETS No. 173, *Criminal Law Convention on Corruption* 1999 (n. 406), Art. 17 Abs. 4; Council of Europe, *Explanatory Report to the Criminal Law Convention on Corruption* 1999 (n. 407), Rz 83; Arnauld, *Völkerrecht* 2019 (n. 331), S. 596.

820 ETS No. 173, *Criminal Law Convention on Corruption* 1999 (n. 406), Art. 19 Abs. 1.

821 Ibid., Art. 19 Abs. 2.

bei der Ausarbeitung des Sanktionskatalogs ein gewisses Ermessen zu, solange die jeweilige Sanktion mit der Schwere des Delikts kongruent ist.[822]

Um effizient gegen Korruption vorgehen zu können, bedarf es auch Bestimmungen, welche die Einziehung bzw. Entziehung regeln. Dies ist in Art. 19 Abs. 3 StÜK vorgesehen.[823] Demnach müssen Bestimmungen umgesetzt werden, wonach Tatwerkzeuge, Erträge und Vermögensgegenstände eingezogen oder in anderer Weise – z. B. zivilrechtlich – entzogen werden können. Was unter den Begriffen Tatwerkzeug, Ertrag, Vermögensgegenstand und Einziehung zu verstehen ist, wird in Art. 1 GwÜK definiert:[824]

«Article 1 GwÜK

Use of terms

For the purposes of this Convention:

a) *“**proceeds**”[825] means any economic advantage from criminal offences. It may consist of any property as defined in sub-paragraph b of this article;*
b) *“**property**”[826] includes property of any description, whether corporeal or incorporeal, movable or immovable, and legal documents or instruments evidencing title to, or interest in such property;*
c) *“**instrumentalities**”[827] means any property used or intended to be used, in any manner, wholly or in part, to commit a criminal offence or criminal offences;*
d) *“**confiscation**”[828] means a penalty or a measure, ordered by a court following proceedings in relation to a criminal offence or criminal offences resulting in the final deprivation of property;*
e) *[…]»*[829]

Art. 20 StÜK stellt sicher, dass in den Vertragsstaaten Personen bzw. Einrichtungen durch entsprechende Ausbildung ausreichend spezialisiert werden und

---

822 Ibid., Art. 19; Council of Europe, *Explanatory Report to the Criminal Law Convention on Corruption* 1999 (n. 407), Rz 89-92.

823 Council of Europe, *Explanatory Report to the Criminal Law Convention on Corruption* 1999 (n. 407), Rz 93.

824 Ibid., Rz 94.

825 dt. Ertrag.

826 dt. Vermögensgegenstand.

827 dt. Tatwerkzeug.

828 dt. Einziehung.

829 ETS No. 141. *Convention on Laundering, Search, Seizure and Confiscation of the Proceeds from Crime* (1990), Art. 1.

die damit einhergehenden Aufgaben i. Z. m. der Korruptionsprävention und -bekämpfung unabhängig sowie mit ausreichend finanziellen Ressourcen wahrnehmen können.[830] Die Bestimmung darf nicht zu streng ausgelegt werden und verlangt nicht, dass jede öffentliche Einrichtung über entsprechend ausgebildetes Personal verfügt. Insbesondere gilt diese Verpflichtung für diejenigen Einrichtungen, die für eine effektive Korruptionsbekämpfung benötigt werden. Auch was die Unabhängigkeit anbelangt, ist diese nur auf das erforderliche Ausmaß zu gewähren, um die im Rahmen der nationalen Antikorruptionspolitik zugewiesenen Aufgaben bestmöglich wahrnehmen zu können. Die Tätigkeit der spezialisierten Personen und Einrichtungen sollte i. S. d. Vertragsbestimmung mit der Arbeit der Verwaltung, der Polizei und der Staatsanwaltschaft koordiniert werden. Eigene Antikorruptionsbehörden müssen nicht geschaffen werden. Derartige Spezialabteilungen können auch innerhalb bestehender Institutionen eingerichtet werden. In Österreich sind hierfür primär die WKStA und das BAK vorgesehen.[831]

Zwecks Herstellung eines effizienten nationalen Antikorruptionsregimes sieht *Art. 21 StÜK* verpflichtend die Zusammenarbeit aller Behörden und Amtsträger mit den Ermittlungs- und Strafverfolgungsbehörden vor, sobald diese im Rahmen ihrer Funktion von Handlungen i. Z. m. den Korruptionsdelikten Kenntnis erlangen. Die Tragweite dieser institutionellen Pflicht bestimmt sich nach nationalem Recht.[832]

Die Vertragsstaaten kommen ihrer Verpflichtung nach, wenn sie eine der beiden in lit. a und b genannten Maßnahmen innerstaatlich umsetzen. Eine kumulative Umsetzung beider Maßnahmen ist nicht erforderlich. Variante 1 (*lit. a*) verpflichtet jede Behörde, sofern sich aus begründetem Anlass die Vermutung erhärtet,[833] dass ein Korruptionsdelikt begangen worden sein könnte, amtswegig die für deren Untersuchung und Verfolgung zuständigen Behörden in Kenntnis zu setzen. Ein begründeter Anlass liegt bereits dann vor, wenn eine nationale Behörde mit Wahrscheinlichkeit annehmen kann, dass ein Korruptionsdelikt begangen wurde. Dieser Grad an Wahrscheinlichkeit entspricht jenem, der auch zur Einleitung von Untersuchungen durch die Polizei oder Staatsanwaltschaft führt.

---

830 ETS No. 173, *Criminal Law Convention on Corruption* 1999 (n. 406), Art. 20.

831 Council of Europe, *Explanatory Report to the Criminal Law Convention on Corruption* 1999 (n. 407), Rz 95-100.

832 ETS No. 173, *Criminal Law Convention on Corruption* 1999 (n. 406), Art. 21; Council of Europe, *Explanatory Report to the Criminal Law Convention on Corruption* 1999 (n. 407), Rz 101-102.

833 ETS No. 173, *Criminal Law Convention on Corruption* 1999 (n. 406), Art. 21 lit. a.

Im Falle Österreichs wäre hierfür §§ 35c *Staatsanwaltschaftsgesetz*[834] («StAG») i. V. m. 1 Abs. 3 StPO einschlägig. Variante 2 (*lit. b*) legt fest, dass auf Ersuchen den Untersuchungs- und Strafverfolgungsbehörden alle hierfür erforderlichen Auskünfte bereitzustellen sind. Das Ausmaß der erforderlichen Auskünfte bestimmt sich nach nationalem Recht. Vorbehalten bleiben nationale Einschränkungen der Auskunftspflicht.[835]

Daneben dient *Art. 22 StÜK* einem effizienten nationalstaatlichen Antikorruptionsregime, indem Zeugen und weitere Personen für schutzwürdig erklärt werden, die mit den Untersuchungs- und Strafverfolgungsbehörden zusammenarbeiten. Die erste schutzwürdige Personengruppe bilden diejenigen, die Informationen oder Hinweise i. Z. m. Korruptionsdelikten geben können. Bei der zweiten schutzwürdigen Personengruppe handelt es sich konkret um Personen, die selbst an Korruptionsdelikten beteiligt waren oder sind. Diese sind wirksam zu schützen. Etwaige Maßnahmen, die zugunsten der schutzwürdigen Personengruppen zu treffen sind, müssen angemessen auf die Risiken reagieren, die aus der Untersuchung und Strafverfolgung entspringen. Die Bandbreite möglicher Schutzmaßnahmen kann von der schlichten Anonymisierung von Personen während des laufenden Verfahrens bis zur Einleitung von weitreichenden Schutzmaßnahmen reichen.[836]

Art. 23 StÜK sieht die Schaffung von Bestimmungen vor, die es nationalen Untersuchungs- und Strafverfolgungsbehörden ermöglichen, auf *besondere Ermittlungsmethoden* zurückzugreifen, um allfällige Beweise i. Z. m. den Korruptionsdelikten besser erheben zu können.[837] Welche besonderen Ermittlungsmethoden in den Rechtsordnungen der jeweiligen Vertragsstaaten vorzusehen sind, würde sich allein schon aufgrund der unterschiedlichen verfassungs- und

---

834 BGBl. Nr. 164/1986 idF BGBl. I Nr. 32/2018. *Bundesgesetz vom 5. März 1986 über die staatsanwaltschaftlichen Behörden (Staatsanwaltschaftsgesetz): StAG* (1986). *ANMERKUNG: § 35c StAG wurde durch BGBl. I Nr. 157/2024 aufgehoben und trat mit 31.12.2024 außer Kraft.*

835 Council of Europe, *Explanatory Report to the Criminal Law Convention on Corruption* 1999 (n. 407), Rz 103-106.

836 ETS No. 173, *Criminal Law Convention on Corruption* 1999 (n. 406), Art. 22; Council of Europe, *Explanatory Report to the Criminal Law Convention on Corruption* 1999 (n. 407), Rz 107, 110-113; Eisenberg, Ulrich und Reuther, Christian. 'BGH v. 15. 12. 2005–3 StR 281/04, Die Stellung des Zeugen im Zeugenschutzprogramm (Eisenberg/Reuther)'. *Juristische Rundschau* 2006(8) (2006), S. 343 ff, doi 10.1515/JURU.2006.091; Heghmanns, Michael. *Strafverfahren* (Springer Berlin Heidelberg, 2014), S. 119, 123-124.

837 ETS No. 173, *Criminal Law Convention on Corruption* 1999 (n. 406), Art. 23.

grundrechtlichen nationalen Vorgaben als schwierig erweisen. Konsequenterweise sieht Art. 23 StÜK auch keinen Methodenkatalog vor. Im «*Explanatory Report to the Criminal Law Convention on Corruption*»[838] werden demonstrativ Methoden angesprochen wie die Observation mithilfe technischer Mittel (Abhörgeräte, Telekommunikations- und Digitalüberwachung) oder auch die verdeckte Ermittlung.[839] Daneben sollen die Vertragsstaaten Normen schaffen, die bereits vor Anwendung von Art. 19 Abs. 3 StÜK die Ermittlung, Einfrierung oder Beschlagnahme von Erträgen aus Korruptionsdelikten und die hierfür verwendeten Tatwerkzeuge bzw. Vermögensgegenstände ermöglichen.[840]

8.3.4.10 Überwachung des Übereinkommens (Art. 24 StÜK)

Das dritte Kapitel behandelt das zuständige Organ, das mit der Überwachung der Umsetzung der Bestimmungen dieses Übereinkommens auf nationaler Ebene betraut ist.[841] Hierfür bestimmt das StÜK die GRECO. Das Überwachungsgremium kann eine Überprüfung der Umsetzung der Bestimmungen des StÜK nur gegenüber den Vertragsstaaten der GRECO vornehmen.[842]

8.3.4.11 Internationale strafrechtliche Zusammenarbeit im Rahmen des StÜK (Art. 25 bis 31 StÜK)

Zweifelsohne kann eine effektive Korruptionsbekämpfungspolitik nur erfolgreich sein, wenn auch auf internationaler Ebene die Zusammenarbeit der Staaten gefördert wird. Diesem Themenbereich sind Art. 25 bis 31 StÜK im vierten Abschnitt gewidmet. Sie haben lediglich bedingt-subsidiären Charakter und sind anwendbar, wenn auf innerstaatlicher Ebene keine Völkerrechtsverträge bestehen, die eine internationale strafrechtliche Zusammenarbeit regeln, oder keine sonstigen gemäß Art. 25 StÜK ausgearbeiteten Vereinbarungen vorliegen. Sollte

---

838 Council of Europe, *Explanatory Report to the Criminal Law Convention on Corruption* 1999 (n. 407).

839 Ibid., Rz 114.

840 ETS No. 173, *Criminal Law Convention on Corruption* 1999 (n. 406), Art. 19 Abs. 3; Council of Europe, *Explanatory Report to the Criminal Law Convention on Corruption* 1999 (n. 407), Rz 115.

841 ETS No. 173, *Criminal Law Convention on Corruption* 1999 (n. 406), Art. 24; Council of Europe, *Explanatory Report to the Criminal Law Convention on Corruption* 1999 (n. 407), Rz 116-118.

842 ETS No. 173, *Criminal Law Convention on Corruption* 1999 (n. 406), Art. 24; Council of Europe, '*Group of States against Corruption – Welcome to the GRECO website*' 2023 (n. 457), aufgerufen am: 10.09.2022.

allerdings die internationale Zusammenarbeit im StÜK umfassender als in den innerstaatlich geltenden Übereinkommen und Vereinbarungen geregelt sein, gilt der Grundsatz der Subsidiarität nicht.[843]

Art. 25 StÜK regelt einleitend den allgemeinen Teil dieses Kapitels und ist auch für die nachfolgenden Bestimmungen maßgeblich. Darin werden die Vertragsparteien zur Zusammenarbeit betreffend die Ermittlung und das Verfahren i. Z. m. der im StÜK normierten Korruptionsstraftatbeständen verpflichtet.[844]

Diese Bestimmung schafft die Rechtsgrundlage zur internationalen Zusammenarbeit, erklärt jedoch gleichzeitig, dass bestehende Übereinkommen, Verträge und Vereinbarungen i. Z. m. der strafrechtlichen Zusammenarbeit auf internationaler Ebene weiterhin aufrecht bleiben.[845]

Unter den Völkerrechtsverträgen, welche die strafrechtliche internationale Zusammenarbeit zum Gegenstand haben, sind u .a. die «*European Convention on Extradition*»[846] («AÜK») samt dem ersten und zweiten Zusatzprotokoll, den «*Additional Protocols to the European Convention on Extradition*»[847] («I.ZP-AÜK» bzw. «II.ZP-AÜK»), die «*European Convention on Mutual Assistance in Criminal Matters*»[848] («ÜKRS») samt dem «*Additional Protocol to the European Convention on Mutual Assistance in Criminal Matters*»[849] («ZP-ÜKRS»), der «*European Convention on the Supervision of Conditionally Sentenced or Conditionally Released Offenders*»[850] («ÜKBVE»), «*European Convention on the International Validity*

843 ETS No. 173, *Criminal Law Convention on Corruption* 1999 (n. 406), Art. 25; Council of Europe, *Explanatory Report to the Criminal Law Convention on Corruption* 1999 (n. 407), Rz 119, 122-123.

844 ETS No. 173, *Criminal Law Convention on Corruption* 1999 (n. 406), Art. 25; Council of Europe, *Explanatory Report to the Criminal Law Convention on Corruption* 1999 (n. 407), Rz 120.

845 Council of Europe, *Explanatory Report to the Criminal Law Convention on Corruption* 1999 (n. 407), Rz 120.

846 ETS No. 024. *Council of Europe Conventions on Extradition* (1957).

847 ETS No. 086. *Additional Protocol to the European Convention on Extradition* (1975); ETS No. 098. *Second Additional Protocol to the European Convention on Extradition* (1978).

848 ETS No. 030. *European Convention on Mutual Assistance in Criminal Matters* (1959).

849 ETS No. 099. *Additional Protocol to the European Convention on Mutual Assistance in Criminal Matters* (1978).

850 ETS No. 051. *European Convention on the Supervision of Conditionally Sentenced or Conditionally Released Offenders* (1964).

of Criminal Judgments»[851] («ÜKiGS»), «*European Convention on the Transfer of Proceedings in Criminal Matters»*[852] («ÜKÜS»), «*Convention on the Transfer of Sentenced Persons»*[853] («ÜKÜvP») sowie das GwÜK[854]. Umfasst sind daneben auch andere bi- und multilaterale Übereinkommen, die im Zeitpunkt des Inkrafttretens des StÜK bestehen oder künftig angenommen werden.[855]

Zu den sonstigen Vereinbarungen zählen u .a. das nationale Recht, aber auch regionale Zusammenarbeiten wie die der skandinavischen Länder im 1952 gegründeten Nordischen Rat[856] (Mitglieder des Nordischen Rates sind: Schweden, Norwegen, Island, Finnland, Dänemark).[857]

Die umfängliche vertragsstaatliche Zusammenarbeitsverpflichtung betrifft einmal die Erledigung von Rechtshilfeersuchen, die laut *Art. 26 StÜK* unverzüglich zu bearbeiten sind. Ein ersuchter Vertragsstaat muss einem Rechtshilfeersuchen nicht nachkommen, sofern diesem der *ordre public-Vorbehalt* entgegengehalten werden kann. Ein Vertragsstaat ist damit zur Nichterledigung eines Rechtshilfeersuchens berechtigt, wenn das Ersuchen den Grundprinzipien seiner Rechtsordnung entgegensteht, die Nichterledigung aus menschenrechtlicher Sicht gerechtfertigt erscheint oder der ersuchte Staat aus begründeten Umständen annehmen muss, dass das Strafverfahren im ersuchenden Staat aus sachfremden

---

851 ETS No. 070. *European Convention on the International Validity of Criminal Judgments* (1970).

852 ETS No. 073. *European Convention on the Transfer of Proceedings in Criminal Matters* (1972).

853 ETS No. 112. *Convention on the Transfer of Sentenced Persons* (1983).

854 ETS No. 141, *Convention on Laundering, Search, Seizure and Confiscation of the Proceeds from Crime* 1990 (n. 831).

855 Council of Europe, *Explanatory Report to the Criminal Law Convention on Corruption* 1999 (n. 407), Rz 120.

856 Nordic Co-operation. 'The Nordic Council'. 2022, zugegriffen auf: https://www.norden.org/en/nordic-council, aufgerufen am: 10.09.2022.

857 Council of Europe, *Explanatory Report to the Criminal Law Convention on Corruption* 1999 (n. 407), Rz 121; Engelhardt, H. 'Die Zusammenarbeit der nordischen Staaten'. *Archiv des Völkerrechts* 11(3) (1964), S. 299–312, S. 299, 302; Ehmke, Holger. 'Nordischer Rat (Nordic Council)' In *Handwörterbuch Internationale Organisationen* (VS Verlag für Sozialwissenschaften, Wiesbaden, 1995), S. 312–316, S. 312-313; Hanne, Krister und Hecker-Stampehl, Jan. 'Nordische Vision – europäische Herausforderungen: 50 Jahre Nordischer Rat' (2003), S. 4, 9-11, doi 10.18452/7804.

Zwecken geführt wird. Das Bankgeheimnis stellt laut Art. 26 Abs. 3 StÜK explizit kein Rechtfertigungsgrund dar, ein Rechtshilfeersuchen zu verweigern.[858]

Nach *Art. 27 StÜK* sind die Vertragsstaaten verpflichtet, im innerstaatlichen Recht vorzusehen, dass hinsichtlich aller in diesem Übereinkommen behandelten Korruptionsdelikte eine Auslieferung möglich ist. Die Korruptionsdelikte gelten daher in jedem bereits bestehenden zwischenstaatlichen Auslieferungsübereinkommen der Vertragsstaaten des StÜK ipso iure als aufgenommen. Bei künftigen, noch abzuschließenden Auslieferungsübereinkommen sind die Vertragsstaaten hingegen verpflichtet, die Korruptionsdelikte explizit als auslieferungsfähige Strafdelikte aufzunehmen.[859]

Auslieferungen richten sich nach dem nationalen Recht des ersuchten Vertragsstaats bzw. nach den geltenden Auslieferungsübereinkommen samt den Ablehnungsgründen des ersuchten Vertragsstaats.[860] Art. 27 StÜK gilt selbst als Rechtsgrundlage, wenn Staaten eine Auslieferung vom Bestehen eines verbindlichen Vertrags abhängig machen und mit dem ersuchenden Staat keinen derartigen Vertrag abgeschlossen haben.[861] Eine Pflicht zur Auslieferung entspringt aus der Bestimmung aber nicht. Um die Untersuchung und Verfolgung eines potenziellen Korruptionsdelikts nicht gänzlich zu blockieren, findet das bereits behandelte Völkerrechtsprinzip *aut dedere aut iudicare* auch auf Art. 27 Abs. 5 StÜK Anwendung.[862]

---

858 ETS No. 173, *Criminal Law Convention on Corruption* 1999 (n. 406), Art. 26; Council of Europe, *Explanatory Report to the Criminal Law Convention on Corruption* 1999 (n. 407), Rz 124-126; Husserl, Gerhart. 'Public Policy and Ordre Public'. *Virginia Law Review* 25(1) (1938), S. 37, S. 40, doi 10.2307/1068114; Völker, Christian. *Zur Dogmatik des ordre public: Die Vorbehaltsklauseln bei der Anerkennung fremder gerichtlicher Entscheidungen und ihr Verhältnis zum ordre public des Kollisionsrechts* (Berlin: Duncker & Humblot, 1998), S. 28; Fink/Reinisch/Stifter, *Österreichisches Handbuch des Völkerrechts* 2013 (n. 510), S. 203, 658; Arnauld, *Völkerrecht* 2019 (n. 331), S. 152, 460.

859 ETS No. 173, *Criminal Law Convention on Corruption* 1999 (n. 406), Art. 27; Council of Europe, *Explanatory Report to the Criminal Law Convention on Corruption* 1999 (n. 407), Rz 126 (eigentlich: 127).

860 ETS No. 173, *Criminal Law Convention on Corruption* 1999 (n. 406), Art. 27 Abs. 4.

861 Ibid., Art. 27; Council of Europe, *Explanatory Report to the Criminal Law Convention on Corruption* 1999 (n. 407), Rz 128.

862 ETS No. 173, *Criminal Law Convention on Corruption* 1999 (n. 406), Art. 27; Council of Europe, *Explanatory Report to the Criminal Law Convention on Corruption* 1999 (n. 407), Rz 126 (eigentlich: 127)-130; Fink/Reinisch/Stifter, *Österreichisches*

In diesem Zusammenhang bietet *Art. 28 StÜK* einem Vertragsstaat die Möglichkeit, Informationen hinsichtlich eines Korruptionsdelikts ohne förmliches Ersuchen an einen anderen Vertragsstaat zu übermitteln. Hierfür bedarf es schlicht der Annahme, dass diese Informationen dem anderen Vertragsstaat bei der Ermittlung und Verfolgung eines Korruptionsdelikts zweckdienlich sein könnten.[863]

Es ist nicht unüblich, dass in Völkerrechtsverträgen, die u .a. eine stärkere zwischenstaatliche Zusammenarbeit zum Gegenstand haben, den Vertragsstaaten aufgetragen wird, eine erste nationale Kontaktstelle für die übrigen Vertragsstaaten vorzusehen («Zentralstelle»). Dadurch soll die zwischenstaatliche Kommunikation und die wechselseitige Unterstützung erleichtert werden, ohne dass die anderen Vertragsstaaten von den jeweiligen innerstaatlichen Zuständigkeitsregelungen Kenntnis haben müssen. Gemäß *Art. 29 StÜK* hat jeder Vertragsstaat gegenüber dem Generalsekretär des Europarats die Bezeichnung sowie Anschrift einer oder mehrerer nationaler Behörden bekanntzugeben, die mit der Erledigung und Weiterleitung von Anfragen und Ersuchen an die zuständige nationale Behörde betraut ist. Die Bestimmung verlangt nicht, dass hierfür eigens eine neue Stelle geschaffen werden muss. Im Falle föderalistischer Staaten können auch Zentralstellen auf Landes- bzw. Kantonsebene vorgesehen werden.[864]

Auch wenn die Vertragsstaaten primär über die oben genannten Behörden kommunizieren, sieht *Art. 30 StÜK* auch vor, dass sich die ersuchende Behörde eines Vertragsstaats in dringenden Fällen direkt an die zuständige Behörde des ersuchten Staats wenden kann. Die ersuchende Behörde hat aber eine Kopie des Ersuchens an die Zentralstelle ihres Vertragsstaats zu übermitteln, die wiederum dieses Dokument an die Zentralstelle des ersuchten Vertragsstaats übermittelt. Sofern keine Zwangsmaßnahmen gegenständlich sind, können Mitteilungen auch ohne Vorliegen einer Dringlichkeit unmittelbar an die zuständige Behörde des

Handbuch des Völkerrechts 2013 (n. 510), S. 657; Arnauld, *Völkerrecht* 2019 (n. 331), S. 596.

863 ETS No. 173, *Criminal Law Convention on Corruption* 1999 (n. 406), Art. 28; Council of Europe, *Explanatory Report to the Criminal Law Convention on Corruption* 1999 (n. 407), Rz 131.

864 ETS No. 173, *Criminal Law Convention on Corruption* 1999 (n. 406), Art. 29; Council of Europe, *Explanatory Report to the Criminal Law Convention on Corruption* 1999 (n. 407), Rz 132-133; Kahl/Weber, *Allgemeines Verwaltungsrecht* 2017 (n. 257), S. 88-89; Obinger, Herbert. 'Föderalismus und wohlfahrtsstaatliche Entwicklung. Österreich und die Schweiz im Vergleich'. *Politische Vierteljahresschrift* 43(2) (2002), S. 235–271, S. 239 ff, 252 ff, doi 10.1007/s11615-002-0032-6; Behnke, Nathalie. 'Föderalismusreform in Deutschland, der Schweiz und Österreich' In *Föderalismusreform in Deutschland* (VS Verlag für Sozialwissenschaften, 2010), S. 37–58, S. 36 ff.

ersuchten Staats übermittelt werden. Die Zentralstelle muss in diesem Fall nicht einbezogen werden.[865]

Daneben können Mitteilungen und Ersuchen auch über Interpol übermittelt werden. Die Vertragsstaaten können die Anwendung von Art. 30 StÜK durch eine Erklärung gegenüber dem Generalsekretär dahingehend einschränken, dass Mitteilungen und Ersuchen stets an die Zentralstelle zu übermitteln sind. Diese Erklärung muss im Zuge der Unterzeichnung oder Hinterlegung erfolgen.[866]

Art. 31 StÜK verpflichtet zur unverzüglichen Weitergabe von Informationen über die gesetzten Maßnahmen sowie den erhobenen Ergebnissen. Dies umfasst auch die Bekanntgabe aller Umstände, aufgrund denen die ersuchte Maßnahme nicht oder bloß mit beträchtlicher Verzögerung durchgeführt werden kann.[867]

8.3.4.12 Schlussbestimmungen zum Übereinkommen (Art. 32 bis 42 StÜK)

Das fünfte Kapitel des StÜK entspricht weitestgehend den vom Ministerkomitee ausgearbeiteten Muster-Schlussbestimmungen «*Model Final Clauses for Conventions, Additional Protocols and Amending Protocols concluded within the Council of Europe*»[868], welche vom Komitee der Ministerbeauftragten am 18. Februar 1980 angenommen und am 5. Juli 2017 revidiert wurden.[869] Nachfolgend werden daher die einzelnen Bestimmungen des fünften Kapitels lediglich kurz vorgestellt und nur bei allfälligen Besonderheiten genauer erläutert.[870]

---

865 ETS No. 173, *Criminal Law Convention on Corruption* 1999 (n. 406), Art. 30; Council of Europe, *Explanatory Report to the Criminal Law Convention on Corruption* 1999 (n. 407), Rz 134.

866 ETS No. 173, *Criminal Law Convention on Corruption* 1999 (n. 406), Art. 30; Council of Europe, *Explanatory Report to the Criminal Law Convention on Corruption* 1999 (n. 407), Rz 134.

867 ETS No. 173, *Criminal Law Convention on Corruption* 1999 (n. 406), Art. 31; Council of Europe, *Explanatory Report to the Criminal Law Convention on Corruption* 1999 (n. 407), Rz 135.

868 Committee of Ministers. *Model Final Clauses for Conventions, Additional Protocols and Amending Protocols concluded within the Council of Europe* (2017), Introduction; Committee of Ministers. *CM(2017)62* (2017).

869 Committee of Ministers, *Model Final Clauses for Conventions, Additional Protocols and Amending Protocols concluded within the Council of Europe* 2017 (n. 870), Introduction; Committee of Ministers, *CM(2017)62* 2017 (n. 870).

870 Council of Europe, *Explanatory Report to the Criminal Law Convention on Corruption* 1999 (n. 407), Rz 136; Committee of Ministers, *Model Final Clauses for*

Art. 32 StÜK enthält Bestimmungen bez. der Unterzeichnung, des Zeitpunkts des erstmaligen Inkrafttretens des Übereinkommens und des Zeitpunkts des Inkrafttretens eines neu hinzukommenden Vertragsstaats. Der Generalsekretär des Europarats wird als Hinterlegungsstelle bezeichnet. Hier gilt es, die besonders hohe Zahl an erforderlichen Vertragsstaaten (14) hervorzuheben, damit das Übereinkommen selbst überhaupt in Rechtskraft erwachsen konnte. Die Muster-Schlussbestimmungen sehen demgegenüber lediglich eine Anzahl von fünf Staaten vor. Dies ist der Überlegung geschuldet, dass dieses Übereinkommen nur dann effizient sein kann, wenn sich möglichst viele Staaten daran beteiligen.[871]

Sobald das StÜK für einen Vertragsstaat in Kraft getreten ist, wird dieser unmittelbar und ohne weiteren Zwischenakt ein Mitglied der GRECO.[872]

Art. 33 StÜK behandelt den Beitritt neuer Staaten. Voraussetzung für Drittstaaten, die nicht an der Ausarbeitung des gegenständlichen Übereinkommens beteiligt waren, ist eine offizielle Einladung des Ministerkomitees zum Beitritt.[873]

Der räumliche Geltungsbereich des Übereinkommens wird in *Art. 34 StÜK* behandelt, das Verhältnis des StÜK gegenüber anderen bi- und multilateralen Verträgen im darauffolgenden *Art. 35 StÜK*.[874]

Art. *36 StÜK* gestattet es den Vertragsstaaten bei der Unterzeichnung bzw. Hinterlegung zu erklären, die Strafbarkeit von Art. 5, 9 und 11 StÜK an die Verletzung von Dienstpflichten des Amtsträgers bzw. Richters zu knüpfen. Das Tatbestandsmerkmal einer Dienstpflichtverletzung ist jedoch weit auszulegen und bereits

---

Conventions, Additional Protocols and Amending Protocols concluded within the Council of Europe 2017 (n. 870).

871 ETS No. 173, *Criminal Law Convention on Corruption* 1999 (n. 406), Art. 32; Council of Europe, *Explanatory Report to the Criminal Law Convention on Corruption* 1999 (n. 407), Rz 138; Committee of Ministers, *Model Final Clauses for Conventions, Additional Protocols and Amending Protocols concluded within the Council of Europe* 2017 (n. 870), Art. A.

872 ETS No. 173, *Criminal Law Convention on Corruption* 1999 (n. 406), Art. 32 Abs. 3-4; Council of Europe, *Explanatory Report to the Criminal Law Convention on Corruption* 1999 (n. 407), Rz 139.

873 ETS No. 173, *Criminal Law Convention on Corruption* 1999 (n. 406), Art. 33; Council of Europe, *Explanatory Report to the Criminal Law Convention on Corruption* 1999 (n. 407), Rz 140.

874 ETS No. 173, *Criminal Law Convention on Corruption* 1999 (n. 406), Art. 34-35; Council of Europe, *Explanatory Report to the Criminal Law Convention on Corruption* 1999 (n. 407), Rz 140.

dann erfüllt, wenn ein Amtsträger oder Richter ein ihm zustehendes Ermessen nicht frei und unabhängig ausgeübt hat.[875]

Art. 37 StÜK schränkt die Möglichkeit zur Abgabe von Vorbehalten ein. Mittels Vorbehalten kann ein Staat im Zuge des Beitritts zu einem völkerrechtlichen Vertrag erklären, dass einzelne Bestimmungen dieses Vertrags für ihn nicht oder vom eigentlichen Gehalt der Bestimmung abweichend anwendbar sind. Vorbehalte dürfen nur bezüglich Art. 4, 6, 7, 8, 10, 12, 17. Abs. 2 StÜK gemacht werden. Ebenfalls kann ein Vertragsstaat demnach erklären, Rechtshilfeersuchen hinsichtlich politischer Straftaten zu verweigern. Ob eine politische Straftat vorliegt, bestimmt sich nach dem Verständnis des ersuchten Vertragsstaats. Die zuvor gemachte Auflistung ist taxativ. Quantitativ sind Vorbehalte dadurch eingeschränkt, dass Vertragsstaaten lediglich fünf verschiedenartige Vorbehalte abgeben dürfen. Auch in zeitlicher Hinsicht bestehen weitere Einschränkungen. Einmal dürfen Vorbehalte nur bei der Unterzeichnung oder Hinterlegung bestimmter Urkunden (Beitritt-, Annahme-, Genehmigung-, Ratifikationsurkunde) abgegeben werden. *Art. 38 StÜK* ergänzt, dass Vorbehalte sowie Erklärungen gemäß Art. 36 StÜK lediglich drei Jahre lang gültig sind und nach Ablauf einer sechsmonatigen Nachfrist automatisch wegfallen, wenn die Vorbehaltserklärung nicht erneut abgegeben wird. Die Erneuerung ist zu begründen. Die beiden Bestimmungen bezwecken, dass möglichst wenig Vorbehalte zum Übereinkommen gemacht werden und die aufrechten Vorbehalte künftig wegfallen.[876]

Art. 39 StÜK behandelt die Möglichkeit sowie das formelle Verfahren zur Änderung des StÜK. Diese Änderungsbestimmung ist primär für minimale Änderungen vorgesehen. Größere Änderungen sollten daher in Form von Zusatzprotokollen vorgenommen werden.[877]

---

875 ETS No. 173, *Criminal Law Convention on Corruption* 1999 (n. 406), Art. 36; Council of Europe, *Explanatory Report to the Criminal Law Convention on Corruption* 1999 (n. 407), Rz 141.

876 ETS No. 173, *Criminal Law Convention on Corruption* 1999 (n. 406), Art. 37-38; Council of Europe, *Explanatory Report to the Criminal Law Convention on Corruption* 1999 (n. 407), Rz 142-144; Arnauld, *Völkerrecht* 2019 (n. 331), S. 91-97; Kälin, Walter, Epiney, Astrid, Caroni, Martina, Künzli, Jörg und Pirker, Benedikt. *Völkerrecht: Eine Einführung* (Bern: Stämpfli Verlag, 2022), S. 23; Fink/Reinisch/Stifter, *Österreichisches Handbuch des Völkerrechts* 2013 (n. 510), S. 64-68.

877 ETS No. 173, *Criminal Law Convention on Corruption* 1999 (n. 406), Art. 39; Council of Europe, *Explanatory Report to the Criminal Law Convention on Corruption* 1999 (n. 407), Rz 145.

Art. 40 StÜK sieht die friedliche Beilegung von Streitigkeiten zwischen den Vertragsstaaten vor. Was die Praxis bei der Auslegung und Anwendung des StÜK anbelangt, ist der Europäische Ausschuss für Strafrechtsfragen laufend zu informieren.[878]

Nach *Art. 41 StÜK* steht es jedem Vertragsstaat offen, das Übereinkommen unter Einhaltung einer dreimonatigen Kündigungsfrist ab Eingang der an den Generalsekretär gerichteten Notifikation zum ersten des darauffolgenden Monats zu kündigen.[879]

Die Schlussbestimmung des *Art. 42 StÜK* behandelt den Umfang der Notifikationspflicht gegenüber dem Generalsekretär.[880]

8.4 Das Zusatzprotokoll zum Strafrechtsübereinkommen über Korruption[881] (ZP-StÜK)

8.4.1 Zweck

8.4.1.1 Zusatzprotokolle

Ziel eines multilateralen völkerrechtlichen Vertrags ist es grundsätzlich, dass möglichst viele Staaten diesem beitreten. Je mehr Staaten sich an völkervertragsrechtliche Bestimmungen binden, umso größere Bedeutung erlangt der jeweilige Vertrag auf internationaler Ebene. Damit möglichst viele Staaten zum Beitritt bewegt werden können, stellen Völkerrechtsverträge i. d. R. einen Kompromiss divergierender staatlicher Interessen dar. Einerseits hat jeder Staat das Interesse, seine Souveränität weitestgehend zu erhalten. Völkerrechtsverträge bewirken, wie der *Permanent Court of International Justice*[882] («StIGH») bereits 1927 im sogenannten Lotus-Fall[883] festgestellt hat, eine Einschränkung dieser Souverä-

---

878 ETS No. 173, *Criminal Law Convention on Corruption* 1999 (n. 406), Art. 40; Council of Europe, *Explanatory Report to the Criminal Law Convention on Corruption* 1999 (n. 407), Rz 146.

879 ETS No. 173, *Criminal Law Convention on Corruption* 1999 (n. 406), Art. 41.

880 Ibid., Art. 42.

881 ETS No. 191, *Additional Protocol to the Criminal Law Convention on Corruption* 2003 (n. 410).

882 Rosenne, Shabtai. 'Permanent Court of International Justice (PCIJ)'. *Max Planck Encyclopedias of International Law [MPIL]* (2006), Rz 1, 19 ff.

883 StIGH. 'The Case of the S.S. Lotus – France v. Turkey' (1927).

nität.[884] *Arnauld* bezeichnete diesen Vorgang wiederum als «*souveränen Akt der Selbstbindung*».[885]

Neben der Möglichkeit zur Einbringung von Vorbehalten wird daher versucht, den Inhalt völkerrechtlicher Verträge auf ein solches Maß herunterzubrechen, das von den meisten Staaten so weit akzeptiert wird, dass ein Beitritt für sie infrage kommt.[886] Aus dieser Vorgangsweise resultiert, dass bestimmten Vertragsstaaten die Regelungen nicht weit genug gehen und diese – im Unterschied zu anderen Vertragsstaaten – weitreichendere Regelungen für erforderlich halten.

Neben den bereits thematisieren Teilabkommen können auch Zusatzprotokolle Abhilfe schaffen. Zusatzprotokolle können von willigen Vertragsstaaten bereits bestehender Übereinkommen angenommen werden, um die Bestimmungen eines Übereinkommens mit zusätzlichen Verpflichtungen zu versehen. Diese gelten dann nur für jene Vertragsstaaten, die dem Zusatzprotokoll beigetreten sind. Für die Vertragsstaaten des Übereinkommens, die nicht dem Zusatzprotokoll beigetreten sind, bleibt es hingegen bei den ursprünglichen vertraglichen Verpflichtungen.[887]

8.4.1.2 Zweck des Zusatzprotokolls

Das StÜK verfolgte nicht den Zweck, alle strafrechtlichen Ziele des Aktionsprogramms umzusetzen. Trotz Verabschiedung des StÜK bestand weiterhin das Erfordernis, über die Kriminalisierung weiterer Handlungen bzw. über die Ergänzung oder Adaptierung von Bestimmungen des Strafverfahrens und der internationalen Zusammenarbeit abzusprechen. In diesem Zusammenhang fanden mehrere Arbeitssitzungen des GMCP statt, in denen beispielhaft die Kriminalisierung von korrupten Sportschiedsrichtern oder von Mitgliedern von Nichtregierungsorganisationen behandelt wurde.[888]

---

884 von Bogdandy, Armin und Rau, Markus. 'Lotus'. *Max Planck Encyclopedias of International Law [MPIL]* (2006), Rz 2 ff, 15 ff; Arnauld, *Völkerrecht* 2019 (n. 331), S. 15, 91.

885 Arnauld, *Völkerrecht* 2019 (n. 331), S. 15.

886 Ibid., S. 91 ff.

887 Hummer, Waldemar. '„Zusatzprotokolle" versus „Änderungsprotokolle" zur EMRK' (2018), S. 185-187, doi 10.25364/01.4:2017.3.2.

888 Council of Europe. *Explanatory Report to the Additional Protocol to the Criminal Law Convention on Corruption* (2003), Rz 3-5.

Ergebnis war u .a. das Vorhaben, ein Zusatzprotokoll zum StÜK auszuarbeiten, mit welchem der Anwendungsbereich des Übereinkommens auf Schiedsrichter und auf Schöffen bzw. Geschworene ausgedehnt werden sollte.[889]

Bereits bei der Ausarbeitung des StÜK lag der Konsens vor, dass auch die aktive und passive Bestechung i. Z. m. Schiedsrichtern kriminalisiert werden sollte, da ihre Tätigkeit jenen von Richtern sehr ähnlich ist und es gerade bei Schiedsverfahren oftmals um beträchtliche Geldsummen geht. Da einige Staaten eine Gleichstellung von Richtern und Schiedsrichtern nicht mit ihrer nationalen Rechtsordnung als vereinbar sahen, wurden Letztere nicht im StÜK behandelt.[890]

8.4.2 Aufbau

Das ZP-StÜK besteht aus 14 Artikeln und ist in drei Kapitel unterteilt.[891]

Das erste Kapitel besteht lediglich aus Art. 1 ZP-StÜK, in dem drei Begriffe des Zusatzprotokolls definiert werden.[892]

Im zweiten Kapitel wird der Katalog der Korruptionsdelikte des Europarats erweitert. Die Bestimmungen dieses Kapitels sind von den Vertragsstaaten des Zusatzprotokolls innerstaatlich umzusetzen.[893]

Das abschließende dritte Kapitel regelt in Art. 7 bis 14 ZP-StÜK die Überwachung der vertragsstaatlichen Umsetzung des Zusatzprotokolls und enthält die Schlussbestimmungen.[894]

8.4.3 Unterzeichnung / Vertragsstaaten

Am 15. Mai 2003 wurde das ZP-StÜK zur Unterzeichnung aufgelegt. Es wurde festgelegt, dass das Protokoll erst Inkrafttreten sollte, nachdem es von fünf Vertragsstaaten des StÜK ratifiziert worden war. Das Zusatzprotokoll trat daher am 1. Februar 2005 in Kraft. Dem Zusatzprotokoll wurde die Nummer 191 SEV zugewiesen. Die authentischen Texte stellen die englische und französische Fassung des Übereinkommens dar.[895]

---

889 Ibid., Rz 7; Council of Europe, '*Full list – List of Partial Agreements*' 2022 (n. 395), aufgerufen am: 16.09.2022.

890 Council of Europe, *Explanatory Report to the Additional Protocol to the Criminal Law Convention on Corruption* 2003 (n. 890), Rz 18.

891 ETS No. 191, *Additional Protocol to the Criminal Law Convention on Corruption* 2003 (n. 410).

892 Ibid., Art. 1.

893 Ibid., Art. 2-6.

894 Ibid., Art. 7-14.

895 Council of Europe. 'Details of Treaty No.191'. 2022, zugegriffen auf: https://www.coe.int/en/web/conventions/full-list?module=treaty-detail&treatynum=191, aufgerufen

Gegenwärtig haben 46 Staaten das ZP-StÜK ratifiziert. Die einzigen beiden Staaten, die das Zusatzprotokoll zwar unterzeichnet, jedoch nicht ratifiziert haben, sind Italien und Russland.[896] Österreich unterzeichnete und ratifizierte das ZP-StÜK am 13. Dezember 2013, wodurch es am 1. April 2014 auf nationaler Ebene in Kraft trat.[897]

Tabelle 7: Die Vertragsstaaten des ZP-StÜK[898]

Vertragsstaat	Unterzeichnungsdatum	Ratifizierungsdatum	Datum des Inkrafttretens
Albanien	15. Mai 2003	15. November 2004	1. März 2005
Andorra	20. November 2012	20. Februar 2015	1. Juni 2015
Armenien	15. Mai 2003	9. Januar 2006	1. Mai 2006
Aserbaidschan	8. Oktober 2012	3. April 2013	1. August 2013
Belgien	7. März 2005	26. Februar 2009	1. Juni 2009
Bosnien-Herzegowina	7. September 2011	7. September 2011	1. Januar 2012
Bulgarien	15. Mai 2003	4. Februar 2004	1. Februar 2005
Dänemark	15. Mai 2003	16. November 2005	1. März 2006
Deutschland	15. Mai 2003	10. Mai 2017	1. September 2017
Estland	14. Dezember 2020	14. Dezember 2020	1. April 2021
Finnland	4. Mai 2011	24. Juni 2011	1. Oktober 2011
Frankreich	15. Mai 2003	25. April 2008	1. August 2008
Georgien	25. März 2013	10. Januar 2014	1. Mai 2014
Griechenland	15. Mai 2003	10. Juli 2007	1. November 2007
Irland	15. Mai 2003	11. Juli 2005	1. November 2005
Island	15. Mai 2003	6. März 2013	1. Juli 2013
Italien	15. Mai 2003	-	-

am: 16.09.2022; Council of Europe. 'Chart of signatures and ratifications of Treaty 191'. 2022, zugegriffen auf: https://www.coe.int/en/web/conventions/full-list?module=signatures-by-treaty&treatynum=191, aufgerufen am: 16.09.2022.

896 Council of Europe, '*Chart of signatures and ratifications of Treaty 191*' 2022 (n. 897), aufgerufen am: 16.09.2022. Siehe vorherige Ausführungen zum Ausschluss Russlands.

897 Ibid., aufgerufen am: 17.09.2022.

898 Ibid.

Vertragsstaat	Unterzeichnungs-datum	Ratifizierungsdatum	Datum des Inkrafttretens
Kroatien	17. September 2003	10. Mai 2005	1. September 2005
Lettland	7. April 2005	27. Juli 2006	1. November 2006
Liechtenstein	17. November 2009	9. Dezember 2016	1. April 2017
Litauen	2. Dezember 2010	26. Juli 2012	1. November 2012
Luxemburg	11. Juni 2003	13. Juli 2005	1. November 2005
Malta	15. Mai 2003	1. Juli 2014	1. November 2014
Monaco	10. Juli 2013	10. Juli 2013	1. November 2013
Montenegro	20. Februar 2008	17. März 2008	1. Juli 2008
Niederlande	26. Februar 2004	16. November 2005	1. März 2006
Nordmazedonien	15. Mai 2003	14. November 2005	1. März 2006
Norwegen	2. März 2004	2. März 2004	1. Februar 2005
Österreich	13. Dezember 2013	13. Dezember 2013	1. April 2014
Polen	7. Oktober 2011	30. April 2014	1. August 2014
Portugal	15. Mai 2003	12. März 2015	1. Juli 2015
Moldau	15. Mai 2003	22. März 2007	1. Dezember 2007
Rumänien	9. Dezember 2003	29. November 2004	1. März 2005
Russland	7. Mai 2009	-	-
San Marino	15. Mai 2003	30. August 2016	1. Dezember 2016
Schweden	15. Mai 2003	25. Juni 2004	1. Februar 2005
Schweiz	3. Juni 2004	31. März 2006	1. Juli 2006
Serbien	9. Januar 2008	9. Januar 2008	1. Mai 2008
Slowakei	12. Januar 2005	7. April 2005	1. August 2005
Slowenien	9. März 2004	11. Oktober 2004	1. Februar 2005
Spanien	27. Mai 2009	17. Januar 2011	1. Mai 2011
Tschechien	9. November 2017	11. September 2018	1. Januar 2019
Türkei	12. April 2012	16. Dezember 2014	1. April 2015
Ukraine	15. Mai 2003	27. November 2009	1. März 2010
Ungarn	15. Mai 2003	27. Februar 2015	1. Juni 2015
UK	15. Mai 2003	9. Dezember 2003	1. Februar 2005
Weißrussland	23. Januar 2014	2. Februar 2015	1. Juni 2015
Zypern	15. Mai 2003	21. November 2006	1. März 2007

8.4.4 Inhalt des Zusatzprotokolls

8.4.4.1 Begriffsbestimmungen (Art. 1 ZP-StÜK)

Bereits aus den in Art. 1 ZP-StÜK angeführten Definitionen ist zu erkennen, auf welche Bereiche die Strafbarkeit korrupter Handlungen ausgedehnt werden soll. Darin werden die Ausdrücke des Schiedsrichters, der Schiedsvereinbarung sowie des Schöffen bzw. Geschworenen definiert. Zur Auslegung der Begriffe dieses Zusatzprotokolls sind ebenfalls ergänzend die Definitionen im StÜK heranzuziehen.[899]

Der Begriff des *Schiedsrichters* wird nach dem ZP-StÜK in zweifacher Weise definiert. Einmal benennt das Zusatzprotokoll selbst die Elemente, aufgrund welcher eine Person als Schiedsrichter zu definieren ist. Daneben wird auf das jeweilige nationale Recht verwiesen. Nach dem Zusatzprotokoll ist ein Schiedsrichter jedenfalls eine Person, die durch eine Schiedsvereinbarung die Kompetenz erhält, über eine von den Parteien dieser Vereinbarung vorgelegten Rechtssache mit rechtsverbindlicher Wirkung zu entscheiden. Ungeachtet dieser Definition können Schiedssprüche weiterhin angefochten werden, wenn dies im nationalen Recht vorgesehen ist.[900]

Der Begriff der *Schiedsvereinbarung* taucht einzig in der Definition des Schiedsrichters in Art. 1 Abs. 1 ZP-StÜK auf und dient der Präzision dieser Definition. Darunter sind Vereinbarungen zu verstehen, in denen die Parteien verbindlich erklären, die Entscheidung eines oder mehrerer Schiedsrichter in ihrer Rechtssache anzuerkennen. Es handelt sich dabei bewusst um eine weit gefasste Definition. Der Gegenstand der Rechts- bzw. Streitsache wird dadurch nicht eingeschränkt. Auch bei dieser Definition ist auf das nationale Recht entsprechend Bedacht zu nehmen.[901]

Daneben wird auch der Begriff des *Schöffen bzw. Geschworenen* in zweifacher Weise nach dem nationalen Recht und nach dem ZP-StÜK definiert. Zum Kreis

---

899 ETS No. 191, *Additional Protocol to the Criminal Law Convention on Corruption* 2003 (n. 410), Art. 1; Council of Europe, *Explanatory Report to the Additional Protocol to the Criminal Law Convention on Corruption* 2003 (n. 890), Rz 8.

900 ETS No. 191, *Additional Protocol to the Criminal Law Convention on Corruption* 2003 (n. 410), Art. 1 Abs. 1; Council of Europe, *Explanatory Report to the Additional Protocol to the Criminal Law Convention on Corruption* 2003 (n. 890), Rz 9-10, 14.

901 ETS No. 191, *Additional Protocol to the Criminal Law Convention on Corruption* 2003 (n. 410), Art. 1 Abs. 2; Council of Europe, *Explanatory Report to the Additional Protocol to the Criminal Law Convention on Corruption* 2003 (n. 890), Rz 11-13, 15.

der Schöffen oder Geschworenen gehören alle nichtjuristischen Kollegiumsmitglieder (*Laien*), die gemeinschaftlich über die strafrechtliche Schuld in Strafverfahren zu entscheiden haben.[902]

Nach Art. 1 Abs. 4 ZP-StÜK hat der verfolgende Staat in Verfahren, in denen ausländische Schiedsrichter oder Schöffen bzw. Geschworene involviert sind, die Definitionen gemäß Art. 1 ZP-StÜK nur so weit anzuwenden, als sie mit seiner nationalen Rechtsordnung vereinbar sind.[903]

8.4.4.2 Bestechung und Bestechlichkeit i. Z. m. Schiedsrichtern und Schöffen aus dem In- und Ausland (Art. 2 bis 6 ZP-StÜK)

Mit Art. 2 bis 6 ZP-StÜK wird der Kanon der bereits bestehenden Korruptionsdelikte des Europarats erweitert.[904] Die Bestimmungen behandeln die aktive sowie die passive Bestechung. Bis auf die Person des Bestochenen sind die Bestimmungen identisch zu den aktiven und passiven Bestechungsdelikte im StÜK. Es kann daher auf die bereits gemachten Ausführungen verwiesen werden.[905]

Nach Art. 2 bis 4 ZP-StÜK muss der Bestochene ein Schiedsrichter sein. Bei der Beurteilung eines ausländischen Schiedsrichters nach Art. 4 ZP-StÜK ist nicht auf das Kriterium der Staatsbürgerschaft abzustellen. Ein ausländischer Schiedsrichter oder Schöffe bzw. Geschworener liegt auch dann vor, wenn dieser seine Aufgaben nicht nach dem nationalen Schiedsrecht des Verfolgerstaats wahrnimmt.[906]

Im Rahmen dieses Zusatzprotokolls wird keine Pflichtverletzung bei der Begehung einer korrupten Handlung i. Z. m. einem Schiedsrichter oder Schöffen bzw. Geschworenen verlangt.[907]

---

902 ETS No. 191, *Additional Protocol to the Criminal Law Convention on Corruption* 2003 (n. 410), Art. 1 Abs. 3; Council of Europe, *Explanatory Report to the Additional Protocol to the Criminal Law Convention on Corruption* 2003 (n. 890), Rz 16.

903 ETS No. 191, *Additional Protocol to the Criminal Law Convention on Corruption* 2003 (n. 410), Art. 1 Abs. 4; Council of Europe, *Explanatory Report to the Additional Protocol to the Criminal Law Convention on Corruption* 2003 (n. 890), Rz 17.

904 ETS No. 191, *Additional Protocol to the Criminal Law Convention on Corruption* 2003 (n. 410), Art. 2-6.

905 Council of Europe, *Explanatory Report to the Additional Protocol to the Criminal Law Convention on Corruption* 2003 (n. 890), Rz 19-20, 27, 36.

906 ETS No. 191, *Additional Protocol to the Criminal Law Convention on Corruption* 2003 (n. 410), Art. 2-4; Council of Europe, *Explanatory Report to the Additional Protocol to the Criminal Law Convention on Corruption* 2003 (n. 890), Rz 31, 33, 37.

907 Council of Europe, *Explanatory Report to the Additional Protocol to the Criminal Law Convention on Corruption* 2003 (n. 890), Rz 26.

8.4.4.3 *Überwachung und Schlussbestimmungen des Zusatzprotokolls (Art. 7 bis 14 ZP-StÜK)*

Wie auch beim StÜK obliegt es laut *Art. 7 ZP-StÜK* der GRECO, die Vertragsstaaten hinsichtlich der Umsetzung der Bestimmungen des ZP-StÜK zu überwachen.[908]

Art. 8 Abs. 1 ZP-StÜK regelt das Verhältnis zwischen dem ZP-StÜK und dem StÜK und erklärt, dass die Korruptionsdelikte des ZP-StÜK (Art. 2 bis 6 ZP-StÜK) schlicht Zusatzartikel des StÜK darstellen. Damit sind StÜK und ZP-StÜK als ein einheitliches Vertragswerk zu betrachten.[909]

Mit seinen insgesamt 14 Artikeln ist das ZP-StÜK bedeutend kürzer als das StÜK. Das Zusatzprotokoll benötigt aber auch nicht die ganzen allgemeinen Bestimmungen des StÜK. Dies liegt an Art. 8 Abs. 2 ZP-StÜK, wonach die Bestimmungen des StÜK auch für das ZP-StÜK gelten. Daher sind Art. 12 bis 23, 25 bis 31 sowie die Schlussbestimmungen des StÜK, soweit diese Bestimmungen nicht bereits in den Schlussbestimmungen des Zusatzprotokolls behandelt werden, ebenfalls für das ZP-StÜK anwendbar. Dies gilt, soweit die Bestimmungen des Übereinkommens und des Zusatzprotokolls miteinander vereinbar sind.[910]

Auch nach dem Zusatzprotokoll sind Vorbehalte nur in gewissem Umfang möglich und beschränken sich auf nachfolgende Anwendungsfälle:[911]

Vertragsstaaten können erklären, dass die aktive und passive Bestechung ausländischer Schiedsrichter und Schöffen bzw. Geschworener innerstaatlich nur dann strafbar ist, wenn der Schiedsrichter oder Schöffe bzw. Geschworene unter Verletzung seiner dienstlichen Pflichten gehandelt hat. Diese Möglichkeit wird nach *Art. 9 Abs. 1 ZP-StÜK* jedoch insoweit wieder eingeschränkt, als die Vertragsstaaten eine derartige Erklärung zum Zusatzprotokoll nur

---

908 ETS No. 191, *Additional Protocol to the Criminal Law Convention on Corruption* 2003 (n. 410), Art. 7; Council of Europe, *Explanatory Report to the Additional Protocol to the Criminal Law Convention on Corruption* 2003 (n. 890), Rz 38-39.

909 ETS No. 191, *Additional Protocol to the Criminal Law Convention on Corruption* 2003 (n. 410), Art. 8 Abs. 1; Council of Europe, *Explanatory Report to the Additional Protocol to the Criminal Law Convention on Corruption* 2003 (n. 890), Rz 40.

910 ETS No. 191, *Additional Protocol to the Criminal Law Convention on Corruption* 2003 (n. 410), Art. 8 Abs. 2; Council of Europe, *Explanatory Report to the Additional Protocol to the Criminal Law Convention on Corruption* 2003 (n. 890), Rz 40.

911 ETS No. 191, *Additional Protocol to the Criminal Law Convention on Corruption* 2003 (n. 410), Art. 9 Abs. 3.

abgeben können, wenn sie bereits eine Erklärung nach Art. 36 StÜK abgegeben haben.[912]

Nach Art. 9 Abs. 2 ZP-StÜK können Vertragsstaaten Vorbehalte zu Art. 4 und 6 ZP-StÜK nur vornehmen, sofern für diesen Vertragsstaat bereits die Anwendbarkeit von Art. 5 StÜK durch einen Vorbehalt nach Art. 37 Abs. 1 StÜK eingeschränkt worden ist.[913]

Der Anwendungsbereich aller anderen von einem Vertragsstaat erklärten Vorbehalte zum StÜK erstreckt sich grundsätzlich auch auf das ZP-StÜK, sofern durch den Vertragsstaat keine gegenteilige Erklärung abgeben worden ist. Dies verdeutlicht abermals, dass das StÜK und das ZP-StÜK als ein einheitliches Vertragswerk zu betrachten sind.[914]

Die Schlussbestimmungen in Art. 10 bis 14 ZP-StÜK entsprechen im Wesentlichen den Schlussbestimmungen des StÜK und Zusatzprotokollen wie das I.ZP-AÜK[915], II.ZP-AÜK[916], ZP-ÜKRS[917] oder das «*Additional Protocol to the Convention on the Transfer of Sentenced Persons*»[918] («ZP-ÜKÜvP»).[919] Diese werden daher nachfolgend lediglich kurz behandelt:

---

912 Ibid., Art. 9 Abs. 1; Council of Europe, *Explanatory Report to the Additional Protocol to the Criminal Law Convention on Corruption* 2003 (n. 890), Rz 41; ETS No. 173, *Criminal Law Convention on Corruption* 1999 (n. 406), Art. 36.

913 ETS No. 191, *Additional Protocol to the Criminal Law Convention on Corruption* 2003 (n. 410), Art. 9 Abs. 2; Council of Europe, *Explanatory Report to the Additional Protocol to the Criminal Law Convention on Corruption* 2003 (n. 890), Rz 41; ETS No. 173, *Criminal Law Convention on Corruption* 1999 (n. 406), Art. 37.

914 ETS No. 191, *Additional Protocol to the Criminal Law Convention on Corruption* 2003 (n. 410), Art. 9 Abs. 2; Council of Europe, *Explanatory Report to the Additional Protocol to the Criminal Law Convention on Corruption* 2003 (n. 890), Rz 41; ETS No. 173, *Criminal Law Convention on Corruption* 1999 (n. 406), Art. 37.

915 ETS No. 086, *Additional Protocol to the European Convention on Extradition* 1975 (n. 849).

916 ETS No. 098, *Second Additional Protocol to the European Convention on Extradition* 1978 (n. 849).

917 ETS No. 099, *Additional Protocol to the European Convention on Mutual Assistance in Criminal Matters* 1978 (n. 851).

918 ETS No. 167. *Additional Protocol to the Convention on the Transfer of Sentenced Persons* (1997).

919 ETS No. 191, *Additional Protocol to the Criminal Law Convention on Corruption* 2003 (n. 410), Art. 10-14; Council of Europe, *Explanatory Report to the Additional Protocol to the Criminal Law Convention on Corruption* 2003 (n. 890), Rz 42.

Art. 10 ZP-StÜK regelt die Unterzeichnung des Zusatzprotokolls für Staaten, die bereits das StÜK unterzeichnet haben, sowie das Inkrafttreten des Zusatzprotokolls.[920]

Der Beitritt zum Zusatzprotokoll, nachdem dieses bereits in Kraft getreten ist, wird in *Art. 11 ZP-StÜK* behandelt. Der räumliche Geltungsbereich findet sich in *Art. 12 ZP-StÜK*, die Kündigung des Zusatzprotokolls durch einen Vertragsstaat in *Art. 13 ZP-StÜK* und die Notifikationspflicht wird abschließend in *Art. 14 ZP-StÜK* behandelt.[921]

8.5 Das Zivilrechtsübereinkommen über Korruption[922] (ZrÜK)

8.5.1 Zweck

Nicht nur innerhalb der Strafrechtsmaterie hat man sich mit dem Phänomen Korruption auseinanderzusetzen. Auch andere Rechtsmaterien wie jene des Zivilrechts sind hiervon betroffen. Das Aktionsprogramm erklärt eindeutig, dass Korruptionsbekämpfungsmaßnahmen auch im Bereich des Zivilrechts geschaffen werden müssen. Dies wurde zum damaligen Zeitpunkt noch überhaupt nicht auf internationaler Ebene behandelt. Als die 1996 beschlossene Machbarkeitsstudie darlegte, dass auch durch die Schaffung eines einschlägigen zivilrechtlichen Übereinkommens die Korruptionsbekämpfungspolitik auf nationaler sowie internationaler Ebene effektiv gefördert werden kann, wurde das ZrÜK, «*[…] which is the first attempt to define common principles and rules at an international level in the field of civil law and corruption […]*»,[923] ausgearbeitet.[924]

---

920 ETS No. 191, *Additional Protocol to the Criminal Law Convention on Corruption* 2003 (n. 410), Art. 10.

921 Ibid., Art. 11-14.

922 ETS No. 174, *Civil Law Convention on Corruption* 1999 (n. 412).

923 Council of Europe, *Explanatory Report to the Civil Law Convention on Corruption* 1999 (n. 414), Rz 25.

924 Ibid., Rz 6, 8-13, 17-20, 25; Council of Europe. 'Details of Treaty No.174'. 2022, zugegriffen auf: https://www.coe.int/en/web/conventions/full-list?module=treaty-detail&treatynum=174, abgerufen am: 23.09.2022.

Der Kern des ZrÜK besteht darin, die Durchsetzung von Schadenersatzansprüchen zu gewährleisten, die infolge von korrupten Handlungen entstanden sind.[925]

8.5.2 Aufbau

Das ZrÜK besteht aus 23 Artikeln und ist in drei Kapitel unterteilt.[926]

Art. 1 bis 12 ZrÜK bilden das erste Kapitel und beinhalten die innerstaatlich umzusetzenden Maßnahmen.[927]

Das zweite Kapitel umfasst in Art. 13 ZrÜK die Verpflichtung der Vertragsstaaten zur internationalen Zusammenarbeit und legt in Art. 14 ZrÜK das Überwachungsorgan dieses Übereinkommens fest.[928]

Im abschließenden dritten Kapitel werden in Art. 15 bis 23 ZrÜK die Schlussbestimmungen behandelt.[929]

8.5.3 Unterzeichnung | Vertragsstaaten

Am 4. November 1999 wurde das ZrÜK zur Unterzeichnung aufgelegt.[930] Laut dem Vertragstext sollte das Inkrafttreten des gegenständlichen Übereinkommens erst erfolgen, nachdem es von vierzehn Staaten ratifiziert worden war.[931] Aufgrund dieser Voraussetzung trat das Übereinkommen erst vier Jahre später, am 1. November 2003 in Kraft. Das ZrÜK hat damit die Nummer 174 SEV. Die authentischen Textfassungen stellen die englische und französische Fassung des Übereinkommens dar.[932]

Das ZrÜK wurde seither insgesamt von 35 Staaten ratifiziert. Fünf Europaratsmitglieder – nämlich Liechtenstein, Monaco, Portugal, San Marino und die Schweiz – haben das ZrÜK bis heute nicht unterzeichnet. Österreich hingegen hat das ZrÜK am 13. Oktober 2000 unterzeichnet und am 30. August 2006 ratifiziert. Auf nationaler Ebene ist es am 1. Dezember 2006 in Kraft getreten.[933]

---

925 Council of Europe, *Explanatory Report to the Civil Law Convention on Corruption* 1999 (n. 414), Rz 35.

926 ETS No. 174, *Civil Law Convention on Corruption* 1999 (n. 412).

927 Ibid., Art. 1-12.

928 Ibid., Art. 13-14.

929 Ibid., Art. 15-23.

930 Council of Europe, '*Details of Treaty No.174*' 2021 (n. 926), abgerufen am: 23.09.2022.

931 ETS No. 174, *Civil Law Convention on Corruption* 1999 (n. 412), Art. 15 Abs. 3.

932 Council of Europe, '*Details of Treaty No.174*' 2021 (n. 926), abgerufen am: 23.09.2022.

933 Council of Europe. 'Chart of signatures and ratifications of Treaty 174'. 2022, zugegriffen auf: https://www.coe.int/en/web/conventions/full-list?module=

Tabelle 8: Die Vertragsstaaten des ZrÜK[934]

Vertragsstaat	Unterzeichnungs-datum	Ratifizierungsda-tum	Datum des Inkrafttretens
Albanien	4. April 2000	21. September 2000	1. November 2003
Andorra	8. November 2001	-	-
Armenien	17. Februar 2004	7. Januar 2005	1. Mai 2005
Aserbaidschan	21. Mai 2003	11. Februar 2004	1. Juni 2004
Belgien	8. Juni 2000	12. März 2007	1. Juli 2007
Bosnien-Herzego-wina	1. März 2000	30. Januar 2002	1. November 2003
Bulgarien	4. November 1999	8. Juni 2000	1. November 2003
Dänemark	4. November 1999	-	-
Deutschland	4. November 1999	-	-
Estland	24. Januar 2000	8. Dezember 2000	1. November 2003
Finnland	8. Juni 2000	23. Oktober 2001	1. November 2003
Frankreich	26. November 1999	25. April 2008	1. August 2008
Georgien	4. November 1999	22. Mai 2003	1. November 2003
Griechenland	8. Juni 2000	21. Februar 2002	1. November 2003
Irland	4. November 1999	-	-
Island	4. November 1999	-	-
Italien	4. November 1999	13. Juni 2013	1. Oktober 2013
Kroatien	2. Oktober 2001	5. Juni 2003	1. November 2003
Lettland	4. Februar 2004	12. April 2005	1. August 2005
Litauen	18. April 2002	17. Januar 2003	1. November 2003
Luxemburg	4. November 1999	-	-
Malta	15. Januar 2003	31. März 2004	1. Juli 2004
Montenegro	7. April 2005	28. Januar 2008	1. Mai 2008
Niederlande	13. Juli 2007	17. Dezember 2007	1. April 2008

signatures-by-treaty&treatynum=174, abgerufen am: 23.09.2022.

934 Council of Europe. 'Civil Law Convention on Corruption'. 2022, zugegriffen auf: https://www.coe.int/en/web/impact-convention-human-rights/civil-law-convention-on-corruption#/, abgerufen am: 23.09.2022; Council of Europe, '*Chart of signatures and ratifications of Treaty 174*' 2022 (n. 935), abgerufen am: 23.09.2022.

Vertragsstaat	Unterzeichnungs-datum	Ratifizierungsda-tum	Datum des Inkrafttretens
Nordmazedonien	8. Juni 2000	29. November 2002	1. November 2003
Norwegen	4. November 1999	12. Februar 2008	1. Juni 2008
Österreich	13. Oktober 2000	30. August 2006	1. Dezember 2006
Polen	3. April 2001	11. September 2002	1. November 2003
Moldau	4. November 1999	17. März 2004	1. Juli 2004
Rumänien	4. November 1999	23. April 2002	1. November 2003
Schweden	8. Juni 2000	25. Juni 2004	1. Oktober 2004
Serbien	7. April 2005	9. Januar 2008	1. Mai 2008
Slowakei	8. Juni 2000	21. Mai 2003	1. November 2003
Slowenien	29. November 2001	17. März 2003	1. November 2003
Spanien	10. Mai 2005	16. Dezember 2009	1. April 2010
Tschechien	7. November 2000	24. September 2003	1. Januar 2004
Türkei	27. September 2001	17. September 2003	1. Januar 2004
Ukraine	4. November 1999	19. September 2005	1. Januar 2006
Ungarn	15. Januar 2003	4. Dezember 2003	1. April 2004
UK	8. Juni 2000	-	-
Weißrussland	25. März 2004	15. März 2006	1. Juli 2006
Zypern	4. November 1999	23. Juni 2005	1. Oktober 2005

8.5.4 Inhalt des Übereinkommens

8.5.4.1 Zweck des Übereinkommens (Art. 1 ZrÜK)

Dieses Übereinkommen wurde zur Verbesserung der Rechtsstellung von Personen ausgearbeitet, die aufgrund von Korruptionshandlungen einen Schaden erlitten haben. Die Geschädigten sollen nämlich die Möglichkeit haben, ihre damit zusammenhängenden Interessen und Rechte innerstaatlich geltend zu machen.[935]

Eines dieser zentralen zivilrechtlichen Instrumente ist das Schadenersatzrecht. Durch die Wiedergutmachung können geschädigte Personen schadlos gehalten werden. Schließlich dient das Schadenersatzrecht nach der Vorstellung aller

935 ETS No. 174, *Civil Law Convention on Corruption* 1999 (n. 412), Art. 1.

nationalen Rechtsordnungen Kontinentaleuropas, aber auch außereuropäischen Rechtsordnungen wie jener Japans, der Verwirklichung des *Ausgleichsgedanken.*[936]

Der im ZrÜK verwendete Begriff *Personen* ist extensiv auszulegen. Darunterfallen sowohl N. P. als auch J. P. und weitere Rechtsgebilde, denen das Gesetz einer bestimmten Rechtsordnung zwar keine Rechtspersönlichkeit zuerkennt, sie aber zur Führung von Rechtsstreitigkeiten befähigt.[937]

8.5.4.2 Legaldefinition (Art. 2 ZrÜK)

Im Unterschied zum StÜK enthält das ZrÜK explizit eine Definition des Terminus *Korruption*. Der Begriff wird laut Art. 2 ZrÜK wie folgt definiert:[938]

> *«[…] «corruption» means requesting, offering, giving or accepting, directly or indirectly, a bribe or any other undue advantage or prospect thereof, which distorts the proper performance of any duty or behaviour required of the recipient of the bribe, the undue advantage or the prospect thereof.»*[939]

Korruption liegt demnach vor, wenn Bestechungsgelder oder sonstige ungerechtfertigte Vorteile mit dem Zweck gefordert, angeboten, gewährt, angenommen oder in Aussicht gestellt werden, dass der Korrumpierte eine Pflichtverletzung begeht oder er sich vom gebotenen Verhalten abweichend verhält. Die Tathandlungen können mittel- und unmittelbar begangen werden. Wer der eigentliche Begünstigte des Vorteils ist, ist iS dieser Definition nicht von Bedeutung.[940] Zur näheren Auslegung der einzelnen Tatbestandselemente wird auf die Erläuterungen zum ZrÜK verwiesen.

Die Definition dient lediglich dem besseren Verständnis sowie der besseren Anwendbarkeit des ZrÜK für die Vertragsstaaten. Es besteht keine Verpflichtung,

---

936 Ibid.; Helmut, Koziol, Cardi, W. Jonathan, Askeland, Bjarte, Yamamoto, Keizo, Oliphant, Ken, Moreteau, Olivier, Menyhard, Attila, Ludwichowska-Redo, Katarzyna und Green, Michael D. *Grundfragen des Schadenersatzrechts aus rechtsvergleichender Sicht* (Wien: Jan Sramek Verlag, 2014), S. 28, 133, 208, 307, 591, 819-820.

937 Council of Europe, *Explanatory Report to the Civil Law Convention on Corruption* 1999 (n. 414), Rz 27.

938 Ibid., Rz 30.

939 ETS No. 174, *Civil Law Convention on Corruption* 1999 (n. 412), Art. 2.

940 Ibid.; Council of Europe, *Explanatory Report to the Civil Law Convention on Corruption* 1999 (n. 414), Rz 33-34.

diese Legaldefinition ins innerstaatliche Recht der Vertragsstaaten zu rezipieren. Die Übernahme ist lediglich optional.[941]

8.5.4.3 Schadenersatz (Art. 3 ZrÜK)

> *«Der einmal eingetretene Schaden lässt sich als Verlust oder Nachteil als solcher nicht mehr ungeschehen machen. Er muss sich letztlich beim Geschädigten oder jemand anderem auswirken. Das Schadenersatzrecht beantwortet die Frage nach der Überwälzbarkeit des Schadens, es regelt die Schadenstragung.»*[942]
>
> – Welser Rudolf, Zöchling-Jud Brigitta –

Art. 3 ZrÜK stellt zweifelsohne den Kern dieses Übereinkommens dar. Er verpflichtet die Vertragsstaaten, die Geltendmachung von Schäden, die infolge von korrupten Handlungen entstanden sind, mit zivilrechtlicher Schadenersatzklage innerstaatlich zu ermöglichen.[943]

Der Schadenersatz iS dieses Übereinkommens wurde nach der kontinentaleuropäischen Rechtstradition konzipiert, bezweckt somit den Ausgleich des Schadens (*kompensatorischer Schadenersatz*) und umfasst keinen im *common law* Rechtskreis bekannten Strafschadenersatz. Der Strafschadenersatz bezweckt die Erfüllung der schadenersatzrechtlichen Präventivfunktion, sofern diese durch den ausgleichenden Schadenersatz nicht hergestellt werden kann.[944] Vertragsstaaten, deren Rechtsordnung einen Strafschadenersatz vorsehen, sind durch diese Bestimmung nicht verpflichtet, die Anwendbarkeit des Strafschadenersatzes bei Korruptionsdelikten einzuschränken.[945]

---

941 Council of Europe, *Explanatory Report to the Civil Law Convention on Corruption* 1999 (n. 414), Rz 31.

942 Welser, Rudolf und Zöchling-Jud, Brigitta. *Grundriss des bürgerlichen Rechts: Band II: Schuldrecht Allgemeiner Teil, Schuldrecht Besonderer Teil, Erbrecht* (Wien: MANZ Verlag Wien, 14. Aufl., 2015), S. 357.

943 ETS No. 174, *Civil Law Convention on Corruption* 1999 (n. 412), Art. 3; Council of Europe, *Explanatory Report to the Civil Law Convention on Corruption* 1999 (n. 414), Rz 35.

944 Council of Europe, *Explanatory Report to the Civil Law Convention on Corruption* 1999 (n. 414), Rz 36; Helmut/Cardi/Askeland/Yamamoto/Oliphant/Moreteau/Menyhard/Ludwichowska-Redo/Green, *Grundfragen des Schadenersatzrechts aus rechtsvergleichender Sicht* 2014 (n. 938), S. 20-21.

945 Council of Europe, *Explanatory Report to the Civil Law Convention on Corruption* 1999 (n. 414), Rz 36.

Geschädigten muss rechtlich die Möglichkeit eingeräumt werden, den vollen Schaden mit Klage geltend machen zu können. Dies umfasst daher den materiellen und immateriellen Schaden sowie den entgangenen Gewinn. Ob die Voraussetzungen zur Geltendmachung eines Schadenersatzes vorliegen sowie die Höhe und die Art des Ersatzes sind nach nationalen Kriterien zu beurteilen.[946]

Unter *materiellen Schäden*, auch als positive Schäden oder Vermögensschäden bekannt, werden die aus dem Schadensereignis herrührenden finanziell messbaren Nachteile am Vermögen des Geschädigten bezeichnet.[947]

Unter den ideellen bzw. *immateriellen Schäden* sind die nicht finanziell messbaren Nachteile zu verstehen. Darunter fällt bspw. das Schmerzengeld. Es bleibt den Vertragsstaaten überlassen, innerstaatlich festzulegen, welche immateriellen Schäden durch das Schadenersatzrecht geltend gemacht werden können und wie diese zu entschädigen sind.[948]

Als *entgangener Gewinn* sind künftige Vorteile zu verstehen, die aufgrund des Schadensereignis nicht eingetreten sind, deren Eintritt ohne das Schadensereignis aber *«[...] nach dem gewöhnlichen Lauf der Dinge zu erwarten [...]»*[949] gewesen wären. Der Schaden besteht somit in der Unterbindung einer zu erwartenden Vermögensvermehrung als Folge des Schadensereignisses.[950]

8.5.4.4 Voraussetzungen des Schadenersatzes (Art. 4 ZrÜK)

Art. 4 ZrÜK gibt den Vertragsstaaten vor, welche Voraussetzungen nach deren innerstaatlichem Recht vorliegen müssen, damit der Geschädigte mit seinem Begehr auf Schadenersatz gegen den Schädiger durchdringen kann.[951]

---

946 ETS No. 174, *Civil Law Convention on Corruption* 1999 (n. 412), Art. 2; Council of Europe, *Explanatory Report to the Civil Law Convention on Corruption* 1999 (n. 414), Rz 35, 37-39.

947 Council of Europe, *Explanatory Report to the Civil Law Convention on Corruption* 1999 (n. 414), Rz 38; Welser/Zöchling-Jud, *Grundriss des bürgerlichen Rechts* 2015 (n. 944), S. 363, 365.

948 Council of Europe, *Explanatory Report to the Civil Law Convention on Corruption* 1999 (n. 414), Rz 39; Welser/Zöchling-Jud, *Grundriss des bürgerlichen Rechts* 2015 (n. 944), S. 365.

949 Welser/Zöchling-Jud, *Grundriss des bürgerlichen Rechts* 2015 (n. 944), S. 363.

950 Council of Europe, *Explanatory Report to the Civil Law Convention on Corruption* 1999 (n. 414), Rz 38; Welser/Zöchling-Jud, *Grundriss des bürgerlichen Rechts* 2015 (n. 944), S. 363-364.

951 Council of Europe, *Explanatory Report to the Civil Law Convention on Corruption* 1999 (n. 414), Rz 40.

Bei den in Art. 4 ZrÜK genannten Voraussetzungen handelt es sich lediglich um ein Mindestmaß. Darüber hinaus bleibt es den Vertragsstaaten vorbehalten, abweichende Regelungen zu erlassen. Bspw. können die Vertragsstaaten vorsehen, dass auch andere Personen als der unmittelbar Geschädigte zur Geltendmachung des Schadenersatzes anspruchsberechtigt sind oder ein weiterer Kausalzusammenhang erforderlich ist.[952]

Damit ein Schadenersatz geltend gemacht werden kann, müssen mindestens («min.») nachfolgende Voraussetzungen vorliegen:[953]

Der Beklagte muss an der schadensverursachenden Korruptionshandlung wissentlich teilgenommen haben, wodurch er als Schädiger betrachtet werden kann. Eine Teilnahme gemäß Art. 4 ZrÜK liegt vor, wenn der Täter die Korruptionshandlung als unmittelbarer Täter ausgeführt hat. Sie liegt jedoch auch dann vor, wenn der Täter die Begehung angeordnet oder zumindest gebilligt hat. Auch die Begehung durch Unterlassung ist erfasst. In diesem Fall ist der Täter als Schädiger zu betrachten, wenn er es unterlassen hat, die in seinem Verantwortlichkeitsbereich liegenden erforderlichen Maßnahmen zur Verhinderung einer Korruptionshandlung zu setzen. Die Unterlassungstäterschaft hat zur Folge, dass die Arbeitgeber auch für Korruptionshandlungen ihrer Arbeiter und Angestellten zur Verantwortung gezogen werden können, wenn die Begehung aufgrund mangelnder unternehmensinterner Organisation oder mangelnder Kontrolle seitens der Arbeitgeber ermöglicht wurde. Daraus ergibt sich auch die Rechtswidrigkeit und Schuld.[954]

Dies zeigt, dass bei einer Korruptionshandlung mehrere Schädiger vorhanden sein können. Der Schadenersatzanspruch kann sich daher auch gegen mehrere Beklagte richten. Nach Art. 4 Abs. 2 ZrÜK haben die Vertragsstaaten vorzusehen, dass mehrere Beklagte aus derselben Korruptionshandlung innerstaatlich als Solidarschuldner zu behandeln sind. Die Solidarhaftung besteht unabhängig davon, ob die Beklagten bei der Begehung wissentlich zusammengearbeitet haben.

---

952 Ibid., Rz 44-45.

953 ETS No. 174, *Civil Law Convention on Corruption* 1999 (n. 412), Art. 4 Abs. 1; Council of Europe, *Explanatory Report to the Civil Law Convention on Corruption* 1999 (n. 414), Rz 40-41.

954 ETS No. 174, *Civil Law Convention on Corruption* 1999 (n. 412), Art. 4 Abs. 1 lit. i; Council of Europe, *Explanatory Report to the Civil Law Convention on Corruption* 1999 (n. 414), Rz 42.

Fahrlässiges Verhalten eines Schädigers befreit ihn nicht von der solidarischen Haftung.[955]

Die zweite Voraussetzung charakterisiert den Kläger des Schadenersatzanspruchs als den Geschädigten. Daneben ist das Vorliegen eines hinreichend bestimmten Schadens in der Sphäre des Klägers Voraussetzung zur Geltendmachung des Schadenersatzanspruchs.[956]

Die dritte Voraussetzung verlangt einen Kausalzusammenhang zwischen der schadensverursachenden Korruptionshandlung und dem Schaden. Das bedeutet, dass der Schaden durch die Korruptionshandlung verursacht wurde und daher – i. S. d. Kausalitätsformel *conditio sine qua non* – ohne die Korruptionshandlung nicht eingetreten wäre. Zur Begründung der Haftung bedarf es eines adäquaten Kausalzusammenhangs i. S. d. Adäquanztheorie. Dabei handelt es sich um keine Kausalitätsformel. Vielmehr stellt die Adäquanztheorie ein Instrument der Haftungsbegrenzung dar. Der Kausalzusammenhang ist entsprechend der Adäquanztheorie nach *Welser/Zöchling-Jud* daher noch gegeben, «*[...] wenn die Ursache [die Korruptionshandlung] ihrer allgemeinen Natur nach für die Herbeiführung eines Erfolges wie des eingetretenen [der Schaden] noch geeignet erscheint und der Erfolg nicht nur wegen einer ganz außergewöhnlichen Verkettung von Umständen eingetreten ist.*»[957].[958]

8.5.4.5 Amts- bzw. Staatshaftung (Art. 5 ZrÜK)

War an einer schadensverursachenden Korruptionshandlung ein Amtsträger bzw. öffentlicher Bediensteter eines Vertragsstaats oder einer nichtstaatlichen Vertragspartei beteiligt, so müssen innerstaatlich geeignete Verfahren vorgesehen sein,

955 ETS No. 174, *Civil Law Convention on Corruption* 1999 (n. 412), Art. 4 Abs. 2; Council of Europe, *Explanatory Report to the Civil Law Convention on Corruption* 1999 (n. 414), Rz 46-47.

956 ETS No. 174, *Civil Law Convention on Corruption* 1999 (n. 412), Art. 4 Abs. 1 lit. ii; Council of Europe, *Explanatory Report to the Civil Law Convention on Corruption* 1999 (n. 414), Rz 43-44.

957 Welser/Zöchling-Jud, *Grundriss des bürgerlichen Rechts* 2015 (n. 944), S. 372.

958 ETS No. 174, *Civil Law Convention on Corruption* 1999 (n. 412), Art. 4 Abs. 1 lit. iii; Council of Europe, *Explanatory Report to the Civil Law Convention on Corruption* 1999 (n. 414), Rz 45; Welser/Zöchling-Jud, *Grundriss des bürgerlichen Rechts* 2015 (n. 944), S. 370-373; Fuchs, Maximilian und Pauker, Werner. *Delikts- und Schadensersatzrecht* (Heidelberg: Springer, 8. Aufl., 2012), S. 76-77.

damit der Geschädigte seinen Schadenersatzanspruch gegen den Staat oder gegen die für die nichtstaatliche Vertragspartei zuständige Stelle geltend machen kann.[959]

Die spezifische Ausgestaltung der Amts- bzw. Staatshaftung ist innerstaatlich zu regeln. Sie müssen allerdings effektiv ausgestaltet sein. So muss es dem Geschädigten möglich sein, binnen angemessener Frist seinen Anspruch geltend zu machen. Ob der Geschädigte sein Schadenersatzbegehren direkt gegen den Amtsträger bzw. öffentlichen Bediensteten richten muss und ob die Möglichkeit des Regresses besteht, ist vom Vertragsstaat festzulegen.[960]

Genau zu diesem Zweck wurde das *Amtshaftungsgesetz*[961] («AHG») in Österreich geschaffen.[962]

8.5.4.6 Mitverschulden des Klägers (Art. 6 ZrÜK)

Hat ein schuldhaftes Verhalten des Klägers zum Schaden beigetragen, so soll der Schaden nach Art. 6 ZrÜK nicht zur Gänze vom Beklagten, sondern verhältnismäßig vom Kläger und Beklagten getragen werden. Abhängig vom Grad des Verschuldens des Klägers ist sein Schadenersatzanspruch entsprechend zu reduzieren. Bei einem hohen Verschuldensgrad soll er mit seinem Begehren nicht durchdringen können. Art. 6 ZrÜK soll innerstaatlich nicht zur Anwendung gelangen, wenn dem Kläger kein schuldhaftes Verhalten vorgeworfen werden kann.[963]

---

959 ETS No. 174, *Civil Law Convention on Corruption* 1999 (n. 412), Art. 5; Council of Europe, *Explanatory Report to the Civil Law Convention on Corruption* 1999 (n. 414), Rz 48.

960 ETS No. 174, *Civil Law Convention on Corruption* 1999 (n. 412), Art. 5; Council of Europe, *Explanatory Report to the Civil Law Convention on Corruption* 1999 (n. 414), Rz 49-50.

961 BGBl. Nr. 20/1949 idF BGBl. I Nr. 194/1999. *Bundesgesetz über die Haftung der Gebietskörperschaften und der sonstigen Körperschaften und Anstalten des öffentlichen Rechts für in Vollziehung der Gesetze zugefügte Schäden (Amtshaftungsgesetz): AHG* (1999).

962 Ibid.

963 ETS No. 174, *Civil Law Convention on Corruption* 1999 (n. 412), Art. 6; Council of Europe, *Explanatory Report to the Civil Law Convention on Corruption* 1999 (n. 414), Rz 51-55; Welser/Zöchling-Jud, *Grundriss des bürgerlichen Rechts* 2015 (n. 944), S. 396-397; Fuchs/Pauker, *Delikts- und Schadensersatzrecht* 2012 (n. 960), S. 241, 258-259.

8.5.4.7 Verjährung von Schadenersatzansprüchen (Art. 7 ZrÜK)

Art. 7 ZrÜK gibt den Vertragsstaaten einen Zeitraum vor, in welchem es dem Geschädigten jedenfalls möglich sein muss, seinen Anspruch geltend zu machen. Darin ist der Zeitpunkt festgelegt, zu dem die relative und die absolute Verjährungsfrist für derartige Ansprüche frühestens enden darf:[964]

Die *relative Verjährungsfrist* endet frühestens nach Ablauf von drei Jahren ab Kenntnis des Geschädigten vom Schaden oder der schadensverursachenden Korruptionshandlung und des Schädigers. Für das Auslösen der Frist ist bereits jener Zeitpunkt maßgeblich, an dem der Geschädigte von den oben genannten Umständen Kenntnis hätte erlangen müssen.[965]

Die *absolute Verjährungsfrist* endet frühestens nach Ablauf von zehn Jahren und beginnt ab dem Zeitpunkt, an dem die Korruptionshandlung begangen wurde.[966]

Zur Hemmung und Unterbrechung der relativen und absoluten Verjährungsfrist bei Schadenersatzansprüchen im Bereich der Korruption stellt das Übereinkommen keine eigenständigen Regelungen auf. Es verweist auf die jeweiligen nationalen Rechtsordnungen.[967] Den Vertragsstaaten bleibt es daher auch überlassen, den Beginn der Verjährungsfrist bei einer Häufung mehrerer Korruptionshandlungen selbst festzulegen.[968]

---

964 Council of Europe, *Explanatory Report to the Civil Law Convention on Corruption* 1999 (n. 414), Rz 59-60.

965 ETS No. 174, *Civil Law Convention on Corruption* 1999 (n. 412), Art. 7 Abs. 1; Council of Europe, *Explanatory Report to the Civil Law Convention on Corruption* 1999 (n. 414), Rz 60.

966 ETS No. 174, *Civil Law Convention on Corruption* 1999 (n. 412), Art. 7 Abs. 1; Council of Europe, *Explanatory Report to the Civil Law Convention on Corruption* 1999 (n. 414), Rz 60.

967 ETS No. 174, *Civil Law Convention on Corruption* 1999 (n. 412), Art. 7 Abs. 2; Council of Europe, *Explanatory Report to the Civil Law Convention on Corruption* 1999 (n. 414), Rz 61.

968 Council of Europe, *Explanatory Report to the Civil Law Convention on Corruption* 1999 (n. 414), Rz 62.

8.5.4.8 *Nichtigkeit | Bekämpfbarkeit von Vertragsbestimmungen (Art. 8 ZrÜK)*

Art. 8 Abs. 1 ZrÜK legt fest, was in den meisten europäischen Staaten ohnehin bereits der geltenden Rechtslage entspricht, nämlich die Nichtigkeit von Verträgen und einzelnen Vertragsbestimmungen, die Korruptionsabreden beinhalten.[969]

In allen Vertragsstaaten muss nach Art. 8 Abs. 2 ZrÜK die Möglichkeit vorgesehen sein, die Unwirksamkeit von Verträgen gerichtlich geltend zu machen, die aufgrund einer Korruptionshandlung mit einem Willensmangel behaftet sind. Unbeirrt dessen muss daneben auch die Möglichkeit zur Geltendmachung von Schadenersatzansprüchen bestehen bleiben.[970]

Folglich bedarf es innerstaatlicher Rechtsbehelfe zur Geltendmachung von korruptionsbedingten Willensmängeln. Es steht den Vertragsstaaten offen, dieses Recht auch auf dritte Personen auszudehnen, die am Bestehen oder Nichtbestehen des Vertrags ein berechtigtes Interesse haben.[971]

8.5.4.9 *Schutz von Beschäftigten (Art. 10 ZrÜK)*

Art. 10 ZrÜK bezweckt, die Aufdeckung und weitere Untersuchung von Korruptionshandlungen mit Unterstützung von Beschäftigten im öffentlichen und privaten Sektor zu erleichtern. In der Praxis hat sich jedoch gezeigt, dass grundsätzlich gerade von diesen Personengruppen keine Mitwirkung zu erwarten ist. Grund dafür ist die Gefahr, durch eine Mitteilung an die Ermittlungsbehörden mit erheblichen – mitunter existenzgefährdenden – negativen Konsequenzen konfrontiert zu werden.[972]

Daher haben die Vertragsstaaten Maßnahmen vorzusehen, damit die Beschäftigten, die im guten Glauben der zuständigen Stelle einen hinreichend begründeten Verdacht mitteilen, vor etwaigen ungerechtfertigten Nachteilen angemessen geschützt werden. Es sind keine Nachteile gerechtfertigt, die dem Betroffenen

---

969 ETS No. 174, *Civil Law Convention on Corruption* 1999 (n. 412), Art. 8 Abs. 1; Council of Europe, *Explanatory Report to the Civil Law Convention on Corruption* 1999 (n. 414), Rz 63.

970 ETS No. 174, *Civil Law Convention on Corruption* 1999 (n. 412), Art. 8 Abs. 2; Council of Europe, *Explanatory Report to the Civil Law Convention on Corruption* 1999 (n. 414), Rz 64; Perner, Stefan, Spitzer, Martin und Kodek, Georg E. *Bürgerliches Recht: Lernen – Üben – Wissen* (Wien: MANZ'sche Verlags- und Universitätsbuchhandlung, 5. Aufl., 2016), S. 89.

971 Council of Europe, *Explanatory Report to the Civil Law Convention on Corruption* 1999 (n. 414), Rz 65.

972 Ibid., Rz 68, 71.

ausschließlich deswegen widerfahren, weil er eine derartige Meldung gemacht hat. Als Nachteile kommen etwa Kündigungen und Entlassungen, nachteilige Versetzungen sowie sonst jede Maßnahme in Betracht, die mit einer Einschränkung des beruflichen Fortkommens verbunden sein kann. Konsequenterweise sollte laut dem «*Explanatory Report to the Civil Law Convention on Corruption*»[973] eine Meldung auch nicht unter die Geheimhaltungsverpflichtung fallen.[974]

8.5.4.10 Rechnungslegung und Abschlussprüfung (Art. 10 ZrÜK)

Aufgrund unzureichender nationaler Rechnungslegungsgesetze können Korruptionshandlungen u .a. durch nicht ausgewiesene Forderungen und Verbindlichkeiten, durch die unrichtige Verbuchung tatsächlich nicht vorgenommener Zahlungen, die Verfälschung von Zahlungsbelegen oder durch Transaktionen auf nicht in den Buchhaltungsunterlagen ausgewiesenen Konten verschleiert werden.[975]

Strikte nationale Gesetze bilden ein wesentliches Instrument einer nationalen Korruptionsbekämpfungsstrategie. In Anlehnung an drei europarechtliche Sekundärrechtsquellen, nämlich Art. 2 Abs. 3 der «*Fourth Council Directive 78/660/EEC of 25 July 1978 based on Article 54 (3) (g) of the Treaty on the annual accounts of certain types of companies*»[976], Art. 16 Abs. 3 der «*Seventh Council Directive 83/349/EEC of 13 June 1983 based on the Article 54 (3) (g) of the Treaty on consolidated accounts*»[977] sowie Art. 1 Abs. 1 lit. a der «*Eighth Council Directive 84/253/EEC of 10 April 1984 based on Article 54 (3) (g) of the Treaty on the approval of persons responsible for carrying out the statutory audits of accounting documents*»[978], wurde Art. 10 ZrÜK geschaffen. Die Bestimmung verpflichtet die Vertragsstaaten innerstaatlich sicherzustellen, dass die Jahresabschlüsse (Bilanzen, Gewinn- und

973 Ibid.

974 ETS No. 174, *Civil Law Convention on Corruption* 1999 (n. 412), Art. 9; Council of Europe, *Explanatory Report to the Civil Law Convention on Corruption* 1999 (n. 414), Rz 66-67, 69-71.

975 Council of Europe, *Explanatory Report to the Civil Law Convention on Corruption* 1999 (n. 414), Rz 73.

976 European Union. *Fourth Council Directive 78/660/EEC of 25 July 1978 based on Article 54 (3) (g) of the Treaty on the annual accounts of certain types of companies* (1978), Art. 2 Abs. 3.

977 European Union. *Seventh Council Directive 83/349/EEC of 13 June 1983 based on the Article 54 (3) (g) of the Treaty on consolidated accounts* (1983), Art. 16 Abs. 3.

978 European Union. *Eighth Council Directive 84/253/EEC of 10 April 1984 based on Article 54 (3) (g) of the Treaty on the approval of persons responsible for carrying out the statutory audits of accounting documents* (1984), Art. 1 Abs. 1 lit. a.

Verlustrechnungen, daneben auch Anhänge und sonstige Abschlüsse) wahrheitsgemäß, vollständig und klar die finanzielle Situation der Unternehmen abbilden. Wie in Art. 10 Abs. 2 ZrÜK festgehalten, hat jeder Vertragsstaat auch Bestimmungen vorzusehen, die eine verpflichtende Überprüfung und Bestätigung der Jahresabschlüsse durch Abschlussprüfer vorsehen.[979]

8.5.4.11 Beweise und einstweilige Maßnahmen (Art. 11 und 12 ZrÜK)

Korruptionshandlungen sind in den meisten Fällen nur schwer nachweisbar. Dies erschwert es insbesondere den Geschädigten, ihre zivilrechtlichen Ansprüche geltend zu machen. Angesichts dessen sieht *Art. 11 ZrÜK* vor, dass in allen Zivilverfahren, die Korruption zum Gegenstand haben, wirksame Beweisverfahren sichergestellt werden müssen. Diese Beweisverfahren sollen jedenfalls auf die Beschaffung zivilrechtlicher Urkundenbeweise ausgerichtet sein. Hingegen lässt sich aus dieser Bestimmung keine Verpflichtung ableiten, bestimmte innerstaatliche Beweisverfahren einzuführen. Möglich wäre hingegen eine Beweislastumkehr oder die Einräumung eines Antragsrechts, um die gerichtliche Offenlegung bestimmter Beweise zu erwirken.[980]

Art. 12 ZrÜK verpflichtet die Vertragsstaaten vorläufige Rechtsschutzverfahren (Provisorialverfahren) zu etablieren, um die Interessen und die Rechte der Verfahrensparteien bis zur endgültigen Entscheidung im ordentlichen Verfahren zu wahren. Die Bestimmung verfolgt die Interessenwahrung beider Parteien während eines bereits eingeleiteten und noch nicht beendeten zivilrechtlichen Verfahrens und bezweckt primär die vorläufige Vermögenssicherung sowie die vorläufige Beibehaltung des gegenwärtigen Zustands. Vorbehaltlich, dass der

---

979 ETS No. 174, *Civil Law Convention on Corruption* 1999 (n. 412), Art. 10; Council of Europe, *Explanatory Report to the Civil Law Convention on Corruption* 1999 (n. 414), Rz 73-76; Bähr, Gottfried, Fischer-Winkelmann, Wolf und List, Stephan. *Buchführung und Jahresabschluss* (Wiesbaden: Gabler, 9. Aufl., 2006), S. 161, 188-189; Hilke, Wolfgang. *Bilanzpolitik: Mit Aufgaben und Lösungen* (Wiesbaden: Springer Gabler. in Springer Fachmedien Wiesbaden GmbH, 3. Aufl., 1991), S. 13; Schroeder, *Grundkurs Europarecht* 2019 (n. 488), S. 85; Möllers, Thomas M. J. (Hrsg.). *Geltung und Faktizität von Standards* (Baden-Baden: Nomos Verl.-Ges, 2009), S. 150 ff.

980 ETS No. 173, *Criminal Law Convention on Corruption* 1999 (n. 406), Art. 11; Council of Europe, *Explanatory Report to the Civil Law Convention on Corruption* 1999 (n. 414), Rz 77-79.

soeben erwähnte Zweck eingehalten wird, bleibt die konkrete rechtliche Ausgestaltung den Vertragsstaaten überlassen.[981]

8.5.4.12 Internationale vertragsstaatliche Zusammenarbeit (Art. 13 ZrÜK)

Durch die zunehmende Globalisierung häufen sich auch Korruptionsfälle mit internationalen Anknüpfungspunkten. Daher verpflichtet Art. 13 ZrÜK die Vertragsstaaten zu einer wirksamen grenzüberschreitenden Zusammenarbeit im Rahmen jener Völkerrechtsverträge, die eine internationale zivil- und handelsrechtliche Zusammenarbeit der Vertragsstaaten zum Gegenstand haben. Diese sind bspw.:[982]

- o *«Hague Convention on civil procedure»*;[983]
- o *«Hague Convention on the Service Abroad of Judicial and Extrajudicial Documents in Civil or Commercial Matters»*;[984]
- o *«1968 Brussels Convention on jurisdiction and the enforcement of judgments in civil and commercial matters»*;[985]
- o *«Hague Convention on the Taking of Evidence Abroad in Civil or Commercial Matters»*;[986]

---

981 ETS No. 174, *Civil Law Convention on Corruption* 1999 (n. 412), Art. 12; Council of Europe, *Explanatory Report to the Civil Law Convention on Corruption* 1999 (n. 414), Rz 80-84; König, Bernhard und Weber, Martin. *Einstweilige Verfügungen im Zivilverfahren: Handbuch für die Praxis* (Wien: MANZ'sche Verlags- und Universitätsbuchhandlung, 6. Aufl., 2022), Rz 1.1-1.2.

982 ETS No. 174, *Civil Law Convention on Corruption* 1999 (n. 412), Art. 13; Council of Europe, *Explanatory Report to the Civil Law Convention on Corruption* 1999 (n. 414), Rz 86-88.

983 *Hague Convention on civil procedure* (1954); Council of Europe, *Explanatory Report to the Civil Law Convention on Corruption* 1999 (n. 414), Rz 88.

984 *Hague Convention on the Service Abroad of Judicial and Extrajudicial Documents in Civil or Commercial Matters* (1965); Council of Europe, *Explanatory Report to the Civil Law Convention on Corruption* 1999 (n. 414), Rz 88.

985 European Economic Community. *1968 Brussels Convention on jurisdiction and the enforcement of judgments in civil and commercial matters* (1968); Council of Europe, *Explanatory Report to the Civil Law Convention on Corruption* 1999 (n. 414), Rz 88.

986 *Hague Convention on the Taking of Evidence Abroad in Civil or Commercial Matters* (1970); Council of Europe, *Explanatory Report to the Civil Law Convention on Corruption* 1999 (n. 414), Rz 88.

- o *«Lugano Convention on jurisdiction and the enforcement of judgments in civil and commercial matters»;*[987]
- o *[…].*

Abgesehen davon, dass es sich um eine tatsächliche wirksame Zusammenarbeit handeln muss, werden keine konkreten Vorgaben zur Ausgestaltung dieser Zusammenarbeit gemacht. Vertragsstaaten, die den einschlägigen Völkerrechtsverträgen nicht beigetreten sind, werden angehalten, auf andere Weise ein gleichwertiges Maß internationaler Zusammenarbeit sicherzustellen.[988]

8.5.4.13 Überwachung (Art. 14 ZrÜK)

Art. 14 ZrÜK benennt die GRECO als das Überwachungsorgan des Übereinkommens. Die Bestimmung ist identisch mit der entsprechenden Bestimmung im StÜK. Nähere Ausführungen sind daher zu Art. 24 StÜK zu finden.[989]

8.5.4.14 Schlussbestimmungen zum Übereinkommen (Art. 15 bis Art. 23 ZrÜK)

Wie auch die Schlussbestimmungen zum StÜK entsprechen auch diese wesentlich den Muster-Schlussbestimmungen für Übereinkommen, Zusatzprotokolle sowie Änderungsprotokolle.[990]

Konsequenterweise sind auch die Schlussbestimmungen beider Übereinkommen im Wesentlichen ident ausgestaltet. Allgemein wird bez. Art. 15 bis Art. 23 ZrÜK daher auf die Ausführungen zu den Schlussbestimmungen des StÜK verwiesen.[991] Die einzelnen Schlussbestimmungen des dritten Kapitels des

---

987 *Lugano Convention on jurisdiction and the enforcement of judgments in civil and com-mercial matters* (1988); Council of Europe, *Explanatory Report to the Civil Law Convention on Corruption* 1999 (n. 414), Rz 88.

988 ETS No. 174, *Civil Law Convention on Corruption* 1999 (n. 412), Art. 13; Council of Europe, *Explanatory Report to the Civil Law Convention on Corruption* 1999 (n. 414), Rz 89-91.

989 ETS No. 174, *Civil Law Convention on Corruption* 1999 (n. 412), Art. 14; ETS No. 173, *Criminal Law Convention on Corruption* 1999 (n. 406), Art. 24.

990 Committee of Ministers, *Model Final Clauses for Conventions, Additional Protocols and Amending Protocols concluded within the Council of Europe* 2017 (n. 870), Introduction; Committee of Ministers, *CM(2017)62* 2017 (n. 870); Council of Europe, *Explanatory Report to the Civil Law Convention on Corruption* 1999 (n. 414), Rz 95.

991 ETS No. 174, *Civil Law Convention on Corruption* 1999 (n. 412), Art. 15-23; Council of Europe, *Explanatory Report to the Civil Law Convention on Corruption* 1999 (n. 414), Rz 95-102; ETS No. 173, *Criminal Law Convention on Corruption* 1999

ZrÜK werden daher nachfolgend nur kurz vorgestellt bzw. einige Besonderheiten hervorgehoben:

Art. 15 ZrÜK beinhaltet Regelungen zur Unterzeichnung des Übereinkommens sowie dessen Inkrafttretens. *Art. 16 ZrÜK* regelt den Beitritt neuer Staaten nach Inkrafttreten des Übereinkommens.[992]

Ein wesentlicher Unterschied im Vergleich zum StÜK ist, dass gemäß *Art. 17 ZrÜK* die Vertragsstaaten zu diesem Übereinkommen keine Vorbehalte abgeben können. Anders als im StÜK schweigt das ZrÜK auch über die Möglichkeit zur Abgabe von Erklärungen. Daher fehlt in Art. 23 ZrÜK auch die Bestimmung, dass der Generalsekretär allen Europaratsmitgliedern und weiteren Vertragsstaaten Erklärungen und Vorbehalte eines Vertragsstaats zu notifizieren hat.[993]

Der räumliche Geltungsbereich wird in *Art. 18 ZrÜK* und das Verhältnis dieses Übereinkommens zu anderen Völkerrechtsübereinkünften in *Art. 19 ZrÜK* geregelt.[994]

Zuständig für die Änderung der gegenständlichen Bestimmungen gemäß *Art. 20 ZrÜK* oder die Beilegung von Streitigkeiten nach *Art. 21 ZrÜK* ist nicht das CDPC, sondern das CDCJ.[995]

Die abschließenden Bestimmungen des ZrÜK behandeln die Kündigung des Übereinkommens in *Art. 22 ZrÜK* und die Notifikationspflicht des Generalsekretärs in *Art. 23 ZrÜK*.[996]

8.6 Empfehlung zu Verhaltenskodizes für Amtsträger

8.6.1 Allgemeines zu Verhaltenskodizes

Verhaltenskodizes werden zu unterschiedlichen Zwecken für ein breites Spektrum verschiedener Adressaten verfasst und verfolgen damit auch ganz unterschiedliche

(n. 406), Art. 32-42; Council of Europe, *Explanatory Report to the Criminal Law Convention on Corruption* 1999 (n. 407), Rz 136-146.

992 ETS No. 174, *Civil Law Convention on Corruption* 1999 (n. 412), Art. 15-16.

993 Ibid., Art. 17, Art. 23; ETS No. 173, *Criminal Law Convention on Corruption* 1999 (n. 406), Art. 36-37, Art. 42 lit. d.

994 ETS No. 174, *Civil Law Convention on Corruption* 1999 (n. 412), Art. 18-19.

995 Ibid., Art. 20-21; ETS No. 173, *Criminal Law Convention on Corruption* 1999 (n. 406), Art. 39-40.

996 ETS No. 174, *Civil Law Convention on Corruption* 1999 (n. 412), Art. 22-23.

Ziele. Allgemein gesprochen geben Verhaltenskodizes den Adressaten bestimmte Handlungsvorgaben für bestimmte Situationen vor.[997]

Organisationen wie bspw. Unternehmen, Behörden oder Institute erwarten ein bestimmtes Verhalten von seinen Mitgliedern, Mitarbeitern oder sonstigen Beteiligten, da deren Handlungen untrennbar mit der öffentlichen Wahrnehmung der Organisation selbst verbunden sind. Das Verhalten soll daher gesamtheitlich die Werte und Prinzipien der Organisation widerspiegeln. Verhaltenskodizes haben dabei die besondere Aufgabe, den Adressaten das von ihnen erwartete Verhalten anhand klarer, eindeutiger und verständlicher Handlungsgrundsätze darzulegen.[998] Hiervon abweichende Verhaltensweisen können mit verschiedenen Sanktionen wie Verwarnungen, Disziplinar- oder strafrechtlichen Maßnahmen geahndet werden. Sanktionen sollten nach allgemeinen Grundsätzen aber nur diejenigen treffen, die sich nicht entsprechend verhalten haben, aber im Vorfeld die Möglichkeit hatten, sich von dem erwarteten Verhalten Kenntnis zu verschaffen und sich danach zu richten.[999]

Auch bei interessierten Dritten, wie Kunden eines Unternehmens oder der Bevölkerung eines Staates, entsteht damit eine bestimmte Erwartung hinsichtlich des Verhaltens der eigentlichen Adressaten der Verhaltenskodizes.[1000] Diese Kodizes sind sowohl an Dritte als auch an die spezifischen Adressaten gerichtete Dokumente mit erzieherischem und präventivem Charakter. Damit sie auch tatsächlich wirksam sind, sollten die einzelnen Verhaltensnormen bindend sein und durchgesetzt werden können.[1001]

In praktischer Hinsicht werden die meisten Kodizes zur Wahrung des Ansehens des Berufsstands oder eines Unternehmens sowie zum Schutz der Mitarbeiter, Mitglieder oder Beteiligten erlassen. Diese können aber auch kollektiv von Verbänden oder mehreren Unternehmen bestimmter Industriezweige eingeführt werden, um bestimmte einheitliche sektorspezifische Verhaltensstandards zu etablieren.[1002]

---

997 Committee of Ministers. *Explanatory Memorandum to Recommendation Rec(2000)10 on Codes of conduct for public officials* (2000), 3. Public service codes of conduct in general.

998 Ibid.

999 Ibid.

1000 Ibid.

1001 Ibid.

1002 Ibid.

8.6.2 Empfehlung R(2000)10

8.6.2.1 Zweck

Neben einer ausführlichen Präambel, in der die wesentlichen Meilensteine der Antikorruptionspolitik des Europarats angeführt werden, besteht der Kern dieses Europaratsdokuments, der «*Recommendation on Codes of Conduct for Public Officials*»[1003], in der Empfehlung, «*[...] that the governments of member states promote, subject to national law and the principles of public administration, the adpotion of national codes of conduct for public officials based on the model code of conduct for public officials annexed to his Recommendation [...]*».[1004]

Die Mitgliedsstaaten des Europarats werden mit dieser Empfehlung angehalten, auf nationaler Ebene Verhaltenskodizes für Amtsträger auszuarbeiten, die auf dem in der Empfehlung beigefügten Musterkodex basieren. Die Empfehlung impliziert nicht, einen Verhaltenskodex für alle Angehörigen des öffentlichen Dienstes zu schaffen. Das erwartete Verhalten kann je nach den spezifischen Tätigkeiten variieren, die bestimmte Personen im öffentlichen Dienst wahrnehmen. Ein allgemeiner tätigkeitsübergreifender Verhaltenskodex wäre damit in jedem Fall zu allgemein und unzureichend. Es ist daher erforderlich, diversifizierte und individualisierte Verhaltenskodizes auszuarbeiten. In diesen Fällen ist es jedenfalls geboten, von den allgemein gehaltenen Bestimmungen im Musterkodex abzuweichen.[1005]

I. Z. m. öffentlichen Bediensteten sollen Verhaltenskodizes insbesondere das ethische Klima des öffentlichen Dienstes widerspiegeln, das von den Bediensteten einzuhaltende Verhalten festlegen sowie Dritten aufzeigen, von welchem Verhalten sie gegenüber den Angehörigen des öffentlichen Dienstes berechtigterweise ausgehen dürfen.[1006]

Wie aus den oben genannten Zielvorgaben zu entnehmen, sollen sich die nationalen Verhaltenskodizes nicht nur auf den Aspekt der Korruptionsbekämpfung beschränken. Vielmehr sollen sie auch Handlungsgrundsätze und Empfehlungen beinhalten, die speziell auf die Tätigkeit der öffentlichen Bediensteten zugeschnitten sind und von diesen herangezogen werden können, um insgesamt einen

---

1003 Committee of Ministers. *R(2000)10* (2000).

1004 Ibid.

1005 Committee of Ministers, *Explanatory Memorandum to Recommendation Rec(2000)10 on Codes of conduct for public officials* 2000 (n. 999), 3. Public service codes of conduct in general.

1006 Ibid.

hohen Verhaltensstandard zu fördern.[1007] Insbesondere sollen Verhaltenskodizes die oftmals allgemeinen und abstrakten gesetzlichen Bestimmungen für die konkrete berufliche Tätigkeit der jeweiligen Adressaten in verständlicher Weise darlegen und ihnen als Wegleitung bei auftretenden Problemen dienen.[1008]

Als Überwachungsorgan, inwieweit die im Musterkodex enthaltenen Bestimmungen auf nationaler Ebene umgesetzt worden sind, ist die GRECO vorgesehen. Dies ist bemerkenswert, da Empfehlungen in der Völkerrechtsordnung grundsätzlich keine verbindliche Wirkung entfalten. Der Umstand, dass die GRECO nun die Umsetzung auf mitgliedstaatlicher Ebene überprüfen kann, verleiht dieser Empfehlung damit eine indirekte Durchsetzungswirkung.[1009]

8.6.3 Anhang zur Empfehlung R(2000)10: Musterkodex für Amtsträger

8.6.3.1 Allgemeines zum Musterkodex

Der Musterkodex («MK») besteht aus zwei Kapiteln mit insgesamt 28 Artikeln und ist in drei Abschnitte unterteilt. Der erste Abschnitt enthält Bestimmungen zur Auslegung und Anwendung des MK. Die allgemeinen Grundsätze werden im zweiten Abschnitt erläutert und der dritte Abschnitt greift spezifische Themen wie Interessenkonflikte, Geschenke oder bspw. den Missbrauch einer Amtsstellung auf.[1010]

Der MK richtet sich sowohl an die öffentlichen Bediensteten als auch an die Öffentlichkeit. Konsequenterweise wurde bewusst auf einen Stil, ähnlich dem eines Gesetzes oder einer Verordnung, verzichtet. Damit soll allen Interessierten ein einfach zu handhabendes Orientierungsdokument zur Verfügung gestellt werden.[1011]

8.6.3.2 Auslegung und Anwendung (Art. 1 MK)

Art. 1 MK regelt den Geltungsbereich des Musterkodex und erstreckt diesen auf alle Amtsträger. Damit sind alle Personen erfasst, die in einem Beschäftigungsverhältnis zu einer Behörde bzw. zur öffentlichen Hand stehen. Ebenfalls werden

1007 Ibid.

1008 Ibid., Appendix: Art. 3.

1009 Committee of Ministers, *R(2000)10* 2000 (n. 1005).

1010 Committee of Ministers, *Explanatory Memorandum to Recommendation Rec(2000)10 on Codes of conduct for public officials* 2000 (n. 999).

1011 Ibid., 3. Public service codes of conduct in general.

private Tätigkeiten erfasst, die der Wahrnehmung öffentlicher Aufgaben dienen. Dies ist insofern bedeutsam, als in manchen Mitgliedstaaten der GRECO öffentliche Aufgaben bspw. auch von Notaren wahrgenommen werden.[1012]

Nicht erfasst sind rein private Tätigkeiten, selbst dann nicht, wenn diese von einem Amtsträger wahrgenommen oder aus öffentlichen Geldern finanziert werden. Der Geltungsbereich erstreckt sich darüber hinaus nicht auf die nachfolgenden drei Tätigkeitsgruppen:[1013]

Öffentlich gewählte Vertreter und *Mitglieder der Regierung* handeln als politische Personen für das Parlament und sind diesem gegenüber als Repräsentanz des Staatsvolks verantwortlich. Der Geltungsbereich des MK kann sich ebenfalls nicht auf Personen erstrecken, *die ein öffentliches justizielles Amt bekleiden*, da manche Bestimmungen des MK – wie Art. 10 MK – mit der Garantie der richterlichen Unabhängigkeit, als inhärentes Element der Gewaltentrennung, im Widerspruch stehen. Es sei an dieser Stelle jedoch ausdrücklich klargestellt, dass Art. 1 Ziffer («Z.») 4 MK kein Verbot aufstellt, auch für diese Funktionen spezifische Verhaltenskodizes auszuarbeiten. Es bleibt den Staaten frei, die Bestimmungen des MK entsprechend zu adaptieren oder nur die hierfür infrage kommenden Bestimmungen auch auf Personen nach Art. 1 Z. 4 MK zu erstrecken.[1014]

8.6.3.3 Auslegung und Anwendung (Art. 2 MK)

Die auf dem MK basierenden Verhaltenskodizes müssen nach der Musterbestimmung in Art. 2 MK vorsehen, dass die öffentliche Verwaltung eine Informationspflicht gegenüber den Amtsträgern dahingehend trifft, dass Letztere über

1012 Committee of Ministers, *RES (99) 5* 1999 (n. 400), Appendix: Art. 1; Committee of Ministers, *Explanatory Memorandum to Recommendation Rec(2000)10 on Codes of conduct for public officials* 2000 (n. 999), Art. 1.

1013 Committee of Ministers, *Explanatory Memorandum to Recommendation Rec(2000)10 on Codes of conduct for public officials* 2000 (n. 999), Appendix: Art. 1.

1014 Committee of Ministers, *RES (98) 7* 1998 (n. 391), Appendix: Art. 1; Committee of Ministers, *Explanatory Memorandum to Recommendation Rec(2000)10 on Codes of conduct for public officials* 2000 (n. 999), Art. 1; Berlit, Uwe. 'Modernisierung der Justiz, richterliche Unabhängigkeit und RichterInnenbild'. *Kritische Justiz* 32(1) (1999), S. 58–69, S. 59-60, doi 10.5771/0023-4834-1999-1-58; Imboden, Max. *Montesquieu und die Lehre der Gewaltentrennung* (s.l.: De Gruyter, 2018), S. 7; Bárd, Károly. 'Richterliche Unabhängigkeit in den Beitrittsländern der Europäischen Union-wie steht es damit in Ungarn'. *Annales Universitatis Scientiarum Budapestinensis de Rolando Eötvös Nominatae. Sectio iuridica* 45 (2004), S. 77–99, S. 80 f.

die Bestimmungen des Verhaltenskodex zu informieren sind, sobald dieser für sie in Kraft getreten ist.[1015]

Bedeutung erlangt die Informationspflicht insofern, als gemäß Z. 2 die Bestimmungen erst ab dem Zeitpunkt für einen Amtsträger Geltung erlangen, sobald dieser hiervon informiert worden ist. Ab diesem Zeitpunkt wird der Verhaltenskodex auch integraler Bestandteil des jeweiligen Beschäftigungsverhältnisses.[1016] Z. 3 sieht abschließend die Verpflichtung eines jeden Amtsträgers vor, alle erforderlichen Handlungen zur Einhaltung des Verhaltenskodex zu setzen.[1017]

8.6.3.4 Zweck (Art. 3 MK)

Die Zwecke, welche die nationalen Verhaltenskodizes verfolgen, werden in Art. 3 MK angeführt und wurden bereits an vorheriger Stelle erläutert.[1018]

8.6.3.5 Allgemeine Grundsätze (Art. 4 bis Art. 11 MK)

In Art. 4 bis 11 MK werden die allgemeinen Verhaltensgrundsätze beschrieben, an die sich ein Amtsträger zu halten hat. Er ist an die Gebote der Neutralität, Loyalität, Höflichkeit und Vertraulichkeit gebunden und hat seine Aufgaben in Übereinstimmung mit den gesetzlichen und ethischen Vorgaben sowie unter Berücksichtigung von Prinzipien wie der Ehrlichkeit, Unparteilichkeit und Effizienz wahrzunehmen. Die von ihm vorzunehmenden Maßnahmen sind mit hinreichender Sachkenntnis und unter Berücksichtigung der Interessen der Öffentlichkeit und den jeweils fallbezogenen Gegebenheiten nach bestem Wissen und Gewissen gerecht und nachvollziehbar zu setzen. Das Vertraulichkeitsgebot in Art. 11 MK ist iS dem Gebot der Transparenz zu verstehen und darf nicht dahingehend ausgelegt werden, dass der Zugang amtlicher bzw. behördlicher Dokumente für die Öffentlichkeit über das hierfür erforderliche Maß eingeschränkt wird. Ergänzt werden diese Gebote durch eine Rechenschaftspflicht gegenüber den jeweiligen direkten Vorgesetzten.[1019]

1015 Committee of Ministers, *R(2000)10* 2000 (n. 1005), Appendix: Art. 2 Ziff. 1.

1016 Ibid., Appendix: Art. 2 Ziff. 2.

1017 Ibid., Appendix: Art. 2 Ziff. 3.

1018 Ibid., Appendix: Art. 3; Committee of Ministers, *Explanatory Memorandum to Recommendation Rec(2000)10 on Codes of conduct for public officials* 2000 (n. 999), Appendix: Art. 3.

1019 Committee of Ministers, *R(2000)10* 2000 (n. 1005), Appendix: Art. 4–5, 7, 10, 11; Committee of Ministers, *Explanatory Memorandum to Recommendation Rec(2000)10 on Codes of conduct for public officials* 2000 (n. 999), Art. 4 to 11.

Damit einher geht auch ein Willkürverbot und ein Gleichbehandlungsgebot, was auch bei der Ermessensausübung zu berücksichtigen ist. Art. 6 MK enthält das Verbot, willkürlich zum Nachteil des Betroffenen zu handeln. Eine systematische und teleologische Interpretation von Art. 6 i. V. m. Art. 5 und 7 MK ergibt jedoch unzweifelhaft, dass sich dieses Verbot ebenfalls auf willkürliche Handlungen zum Vorteil des Betroffenen erstreckt. Dies selbst dann, wenn dadurch kein Nachteil zulasten eines Dritten entsteht oder der Amtsträger bzw. einer seiner Sphäre zuzuordnender Dritter keinen Vorteil daraus zieht.[1020] Gleichwohl bereitet den Rechtsanwendern oft die Abgrenzung Schwierigkeiten, wann eine Verwaltungshandlung willkürlich ist. Dies ist nachvollziehbar, handelt es sich bei diesem Begriff schließlich um einen aus dem 12. Jahrhundert stammenden mittelhochdeutschen Terminus, der schlicht als die *dem persönlichen Willen entspringende freie Wahl* verstanden werden kann. Als Hilfestellung lohnt es sich, einen Blick auf die Rechtsprechung des liechtensteinischen Verfassungsgerichts – den Staatsgerichtshof («StGH») – zu werfen. Das Gericht hat das rechtliche Verständnis von Willkür vom österreichischen Verfassungsgerichtshof («VfGH») und vom schweizerischen Bundesgericht («CHBG») übernommen und in seiner Rechtsprechungspraxis seit 1999 das Willkürverbot als ein eigenständiges und ungeschriebenes Grundrecht ausformuliert. Demnach ist unter sachlichen Erwägungen nicht zu begründendes, i. d. S. nicht vertretbares bzw. geradezu stoßendes Verwaltungshandeln als willkürlich einzustufen. Hiervon erfasst sind somit qualifizierte Rechtsverletzungen oder sonstige dem Gerechtigkeitsgedanken zuwiderhandelnde krasse Verstöße.[1021]

Zu einem der zentralen allgemeinen Verhaltensgrundsätze gehört die strikte Trennung zwischen der mit dem öffentlichen Amt verbundenen und der privaten Sphäre (den privaten Interessen i. e. S.). Interessenkonflikte sind jedenfalls zu

---

1020 Committee of Ministers, *R(2000)10* 2000 (n. 1005), Appendix: Art. 6-7; Committee of Ministers, *Explanatory Memorandum to Recommendation Rec(2000)10 on Codes of conduct for public officials* 2000 (n. 999), Art. 4 to 11.

1021 StGH. 'StGH 2004/42' (2005), Erw. 4.1; StGH. 'StGH 2005/34' (2006), Erw. 4.1; StGH. 'StGH 2013/174' (2014), Erw. 3.6; Kley, Andreas (Hrsg.). *Grundrechtspraxis in Liechtenstein* (Schaan: Verl. der Liechtensteinischen Akademischen Gesellschaft, 2012), S. 306, 308, 319 ff; Wille, Tobias M. *Liechtensteinisches Verfassungsprozessrecht* (Schaan: Verlag der Liechtensteinischen Akademischen Gesellschaft, 2007), S. 54 ff; Kley, Andreas. *Grundriss des liechtensteinischen Verwaltungsrecht* (Vaduz: Liechtensteinische Akad. Ges, 1998), S. 216 f.

vermeiden. Die Definition eines Interessenkonflikts sowie des privaten Interesses sind aus Art. 13 MK zu entnehmen.[1022]

Bei der Definition von ungebührlichen Vorteilen[1023] in Art. 8 Z. 2 MK ist von einem weiten Verständnis auszugehen. Es können sowohl materielle als auch immaterielle Vorteile hiervon erfasst sein. Erfasst sind auch Zusicherungen, eine bestimmte zu erledigende Angelegenheit gegenüber Angelegenheiten Dritter zu priorisieren oder die Gewährung von liquiden Mitteln und Schenkungen. Auch die Verhinderung etwaiger Nachteile, deren Eintritt nach dem gewöhnlichen Lauf der Dinge zu erwarten gewesen wäre, stellt aus Sicht der MK einen Vorteil dar.[1024]

Neben diesen Geboten, Verboten und Verpflichtungen, trifft die Amtsträger insbesondere die Verpflichtung, das Ansehen des öffentlichen Dienstes gegenüber der Öffentlichkeit zu erhalten und idealerweise zu verbessern.[1025]

8.6.3.6 Meldepflichten (Art. 12 MK)

Art. 12 MK regelt die Meldepflichten von Amtsträgern. Diese sind wahrzunehmen, wenn von einem Amtsträger ein dem Verhaltenskodex widersprechendes Verhalten gefordert wird (Z. 1) oder wenn dieser von Verstößen anderer Amtsträger Kenntnis erlangt (Z. 2). Dasselbe gilt, wenn er von Hinweisen, Behauptungen oder Verdächtigungen i. Z. m. kriminellen oder rechtswidrigen Handlungen erfährt, die mit dem öffentlichen Dienst in Verbindung stehen (Z. 5).[1026]

Sollten die Meldungen nach Z. 1 und 2 nicht ordnungsgemäß behandelt werden, kann sich ein Amtsträger an das zuständige oberste (Verwaltungs-)Organ wenden, das für den öffentlichen Dienst letztlich verantwortlich ist. Wurde die Meldung ordnungsgemäß behandelt und kein Widerspruch zu den Bestimmungen des Verhaltenskodex festgestellt, ist der Amtsträger verpflichtet, die von ihm geforderte Handlung entsprechend auszuführen.[1027]

1022 Committee of Ministers, *R(2000)10* 2000 (n. 1005), Appendix: Art. 8; Committee of Ministers, *Explanatory Memorandum to Recommendation Rec(2000)10 on Codes of conduct for public officials* 2000 (n. 999), Art. 4 to 11.

1023 Committee of Ministers, *R(2000)10* 2000 (n. 1005), Appendix: Art. 8 Ziff. 2.

1024 Committee of Ministers, *Explanatory Memorandum to Recommendation Rec(2000)10 on Codes of conduct for public officials* 2000 (n. 999), Art. 4 to 11.

1025 Committee of Ministers, *R(2000)10* 2000 (n. 1005), Appendix: Art. 9.

1026 Ibid., Appendix: Art. 12 Ziff. 1-2.5.

1027 Ibid., Appendix: Art. 12 Ziff. 3-4; Committee of Ministers, *Explanatory Memorandum to Recommendation Rec(2000)10 on Codes of conduct for public officials* 2000 (n. 999), Art. 12.

Abschließend garantiert diese Bestimmung einem jeden Amtsträger, dass ihm keine Nachteile entstehen, wenn er gutgläubig und unter Zugrundelegung nachvollziehbarer Gründe eine Meldung erstattet hat.[1028]

8.6.3.7 Interessenkonflikt und Abgabe einer Interessenerklärung (Art. 13 und 14 MK)

Für das Vorliegen eines privaten Interesses genügt bereits der Anschein, dass der Amtsträger durch das private Interesse nicht mehr unbeeinflusst seine Aufgaben im Hinblick auf die Grundsätzen der Unparteilichkeit und Objektivität wahrnehmen kann.[1029] In Art. 13 MK wird das private Interesse definiert. Darunter werden alle Vorteile verstanden, die zu seinen Gunsten oder zugunsten von Personen in seiner Interessensphäre gewährt oder in Aussicht gestellt werden. Zu diesen Personen gehören Familienmitglieder, worunter wohl die Kernfamilie zu verstehen sein wird, sowie sonstige nahe Verwandte und Freunde. Daneben sind der Interessensphäre des Amtsträgers auch Personen und Organisationen zuzurechnen, zu denen er politische oder geschäftliche Beziehungen unterhält.[1030]

Einem Amtsträger sollte i. S. d. MK aufgetragen werden, sich selbst kontinuierlich bei der Aufgabenwahrnehmung kritisch auf das Vorliegen vermeintlicher Interessenkonflikte zu überprüfen, durch präventive Maßnahmen selbst derartige Konflikte weitestgehend zu vermeiden und bei Vorliegen eines Interessenkonflikts den Vorgesetzten hiervon in Kenntnis zu setzen. Ebenfalls hat ein Amtsträger sich an Entscheidungen zu halten, wonach er sich von einem erhaltenen Vorteil zu lösen oder sich gänzlich von der Situation zu distanzieren hat, der ein Interessenkonflikt zugrunde liegt.[1031]

Ebenfalls sollte innerhalb der Verwaltung die Verpflichtung vorgesehen werden, bereits ab dem Zeitpunkt der Bewerbung für ein öffentliches Amt, jedenfalls ab dem Zeitpunkt der Ernennung und dann in regelmäßigen Abständen, Erklärungen hinsichtlich des Vorliegens von Interessenkonflikten sowie deren Art und Umfang abzugeben. Dies stellt eine Präventionsmaßnahme dar, um künftige Interessenkonflikte zu vermeiden oder dann angemessen und rasch auf etwaige auftretende Interessenkonflikte reagieren zu können. Durch diese Verpflichtung könnten etwaige Interessenkonflikte bereits vor Amtsantritt beseitigt werden

---

1028 Committee of Ministers, *R(2000)10* 2000 (n. 1005), Appendix: Art. 12 Ziff. 6.

1029 Ibid., Appendix: Art. 13 Abs. 1.

1030 Ibid., Appendix: Art. 13 Abs. 2.

1031 Ibid., Appendix: Art. 13 Abs. 3, Art. 14; Committee of Ministers, *Explanatory Memorandum to Recommendation Rec(2000)10 on Codes of conduct for public officials* 2000 (n. 999), Art. 13-14.

oder – sofern diese unlös- oder untragbar sind – für das Amt nicht geeignete Kandidaten identifiziert werden. Die Abgabe einer Erklärung ist bei Bedarf zu wiederholen.[1032]

8.6.3.8 Unvereinbare externe Interessen (Art. 15 MK)

Art. 15 MK verbietet Amtsträgern, an Tätigkeiten bzw. Transaktionen mitzuwirken oder bestimmte Funktionen auszuüben, die mit der Wahrnehmung der Aufgaben eines Amtsträgers nicht vereinbar sind oder die ordnungsgemäße Aufgabenerfüllung beeinträchtigen.[1033]

Um dies zu verhindern, sollten in den nationalen Verhaltenskodizes u .a. die nachfolgenden Melde- oder Vorspracheverpflichtungen vorgesehen werden:[1034]

- o Rücksprache mit Vorgesetzten bei Zweifel über die Vereinbarkeit des Amtes mit einer Tätigkeit/Transaktion/Funktion;
- o Meldung gegenüber dem Arbeitgeber von weiteren Tätigkeiten/Ämtern/Funktionen, gegebenenfalls mit Zustimmungserfordernis des Arbeitgebers;
- o Meldung von Mitgliedschaften/Beitritten zu Organisationen, die den Anschein der Unbefangenheit beeinträchtigen.[1035]

Art. 15 MK bezweckt den Schutz von Amtsträgern vor potenziellen Interessenkonflikten, die mit dem Amt unvereinbar sind. Die Bestimmung ist nicht als Verbot zu deuten, die es einem Amtsträgern verbietet, neben seinem Amt eine weitere Tätigkeit auszuüben.[1036]

8.6.3.9 Politische/Öffentliche Tätigkeit (Art. 16 MK)

Um das Vertrauen der Öffentlichkeit in Bezug auf die staatliche Verwaltung zu stärken, ist es essenziell, dass Amtsträger ihre Aufgaben nicht nur unparteiisch, sondern auch loyal wahrnehmen. Es ist einem Amtsträger gestattet, sich politisch zu betätigen und an öffentlichen oder politischen Debatten teilzunehmen.

1032 Committee of Ministers, *R(2000)10* 2000 (n. 1005), Appendix: Art. 13 Abs. 4-5; Committee of Ministers, *Recommendation No. R (2000) 10* 2000 (n. 423), Art. 13-14.

1033 Committee of Ministers, *CM(2000)158* 2000 (n. 365), Appendix: Art. 15 Abs. 1; Committee of Ministers, *Explanatory Memorandum to Recommendation Rec(2000)10 on Codes of conduct for public officials* 2000 (n. 999), Art. 15.

1034 Committee of Ministers, *R(2000)10* 2000 (n. 1005), Appendix: Art. 15.

1035 Ibid.; Committee of Ministers, *Explanatory Memorandum to Recommendation Rec(2000)10 on Codes of conduct for public officials* 2000 (n. 999), Art. 15.

1036 Committee of Ministers, *Explanatory Memorandum to Recommendation Rec(2000)10 on Codes of conduct for public officials* 2000 (n. 999), Art. 15.

Jedoch haben Amtsträger in diesem Fall darauf zu achten, dass deren Bild eines unparteiischen und loyalen Amtsträgers gegenüber der Öffentlichkeit oder dem Arbeitgeber dadurch nicht beeinträchtigt wird. Amtsträger müssen im Umgang mit politischen Parteien kritisch sein und dürfen sich nicht für etwaige parteipolitische Zwecke missbrauchen lassen.[1037] Innerstaatlich können für spezifische Amtsträger auch gewisse Beschränkungen i. Z. m. der politischen Tätigkeiten vorgesehen werden.[1038]

8.6.3.10 Schutz der Privatsphäre (Art. 17 MK)

Beim Recht auf Achtung und Schutz der Privatsphäre handelt es sich um kein absolutes Recht. Sofern ein Eingriff in dieses Rechts nicht zur Verfolgung legitimer Ziele erforderlich ist und auch nicht den Kriterien der Gesetzmäßigkeit, Notwendigkeit und Verhältnismäßigkeit entspricht, ist die Privatsphäre von Amtsträgern zu wahren. Dazu gehört ebenfalls, die im MK beschriebenen Erklärungen der Amtsträger vertraulich zu behandeln.[1039]

8.6.3.11 Geschenke (Art. 18 MK)

Art. 18 MK verbietet Amtsträgern das Fordern oder Annehmen jeglicher Vorteile für sich selbst oder Personen bzw. Organisationen in deren Interessensphäre. Dies jedoch nur, wenn aufgrund dieses Vorteils der Anschein entstehen könnte, dass der Amtsträger dadurch beeinflusst werden könnte oder der Vorteil wie eine Art Belohnung erscheint.[1040]

Von diesem Grundsatz ausgenommen sind lediglich Geschenke von geringfügigem Wert oder Geschenke, die üblicherweise gewährt werden. Darunter fallen

---

1037 Committee of Ministers, *R(2000)10* 2000 (n. 1005), Appendix: Art. 16 Abs. 1-2; Committee of Ministers, *Explanatory Memorandum to Recommendation Rec(2000)10 on Codes of conduct for public officials* 2000 (n. 999), Art. 16.

1038 Committee of Ministers, *R(2000)10* 2000 (n. 1005), Appendix: Art. 16 Abs. 3; Committee of Ministers, *Explanatory Memorandum to Recommendation Rec(2000)10 on Codes of conduct for public officials* 2000 (n. 999), Art. 16.

1039 Committee of Ministers, *R(2000)10* 2000 (n. 1005), Appendix: Art. 17; Committee of Ministers, *Explanatory Memorandum to Recommendation Rec(2000)10 on Codes of conduct for public officials* 2000 (n. 999), Art. 17; Kaufmann, Christine, Ghielmini, Sabrina, Medici, Gabriela und Pulver, Fanny. *Das Recht auf Privatsphäre im digitalen Zeitalter* (2016), S. 24.

1040 Committee of Ministers, *R(2000)10* 2000 (n. 1005), Appendix: Art. 13–14, 18 Abs. 1; Committee of Ministers, *Explanatory Memorandum to Recommendation Rec(2000)10 on Codes of conduct for public officials* 2000 (n. 999), Art. 18.

bspw. Einladungen zu Speis und Trank im geringen Umfang oder Werbegeschenke wie Kugelschreiber oder Kalender. Allerdings können auch geringfügige Geschenke u. U. die Amtsausübung beeinträchtigen. Dies kann bei geringfügigen Geschenken angenommen werden, die mehrfach innerhalb eines bestimmten Zeitraums gewährt werden.[1041]

Bestehen beim Amtsträger Zweifel, ob er ein angebotenes Geschenk annehmen darf, hat er dies beim zuständigen Vorgesetzten zu erfragen. Dies gilt ebenso, wenn es die sozialen Normen einem Amtsträger verbieten würden, ein nicht geringfügiges Geschenk abzulehnen. Die Anweisung des Vorgesetzten ist vom Amtsträger zu befolgen.[1042]

8.6.3.12 Reaktion auf missbräuchliche Angebote (Art. 19 MK)

Wegleitungen stellen einen zusätzlichen Schutz für Amtsträger dar, um ihre Unparteilichkeit zu wahren. Derartige Wegleitungen zeigen den Amtsträgern auf, wie sie zu reagieren haben, wenn diese mit dem Angebot unzulässiger Vorteile konfrontiert werden. Für die Amtsträger bedeutet dies Sicherheit. Sie wissen dadurch genau, wie vorzugehen ist. Dadurch verringert sich das Risiko, konkret in der unklaren Situation eine falsche Handlung zu setzen.[1043]

Art. 19 MK sieht hierfür nachfolgendes vor:[1044]

- Ablehnung des Vorteils. Art. 19 MK stellt ausdrücklich klar, dass der Vorteil auch zum Zweck der späteren Beweisführung nicht angenommen werden muss;
- Identifikation der Person des Anbietenden;
- Vermeidung intensiver Kontakte zum Anbietenden;
- Gegebenenfalls: Feststellung des Grunds, aufgrund dessen das Angebot gemacht wird;
- Aufbewahrung des Vorteils, sofern dieser nicht abgelehnt oder zurückgegeben werden kann. Der Vorteil sollte nicht verwendet werden;

1041 Committee of Ministers, *R(2000)10* 2000 (n. 1005), Appendix: Art. 18 Abs. 1; Committee of Ministers, *Explanatory Memorandum to Recommendation Rec(2000)10 on Codes of conduct for public officials* 2000 (n. 999), Art. 18.

1042 Committee of Ministers, *R(2000)10* 2000 (n. 1005), Appendix: Art. 18 Abs. 2; Committee of Ministers, *Explanatory Memorandum to Recommendation Rec(2000)10 on Codes of conduct for public officials* 2000 (n. 999), Art. 18.

1043 Committee of Ministers, *R(2000)10* 2000 (n. 1005), Appendix: Art. 19; Committee of Ministers, *Explanatory Memorandum to Recommendation Rec(2000)10 on Codes of conduct for public officials* 2000 (n. 999), Art. 19.

1044 Committee of Ministers, *R(2000)10* 2000 (n. 1005), Appendix: Art. 19.

- o Einholung etwaiger Zeugen während des Vorgangs;
- o Zeitnahe Erstellung eines Protokolls über den Vorgang. Das Protokoll sollte idealerweise in einem offiziellen Protokollbuch oder auf offiziellen Protokollpapieren erfasst werden;
- o Umgehende Meldung an den Vorgesetzten bzw. die Strafverfolgungsbehörden;
- o Fortsetzung der gewöhnlichen Arbeitsroutine.[1045]

8.6.3.13 Beeinflussung durch Andere (Art. 20 MK)

Amtsträger müssen darauf achten, dass sie nicht in Situationen geraten, aufgrund derer der Anschein entstehen könnte, dass sie jemandem einen Gefallen erweisen müssen. Daneben hat jeder Amtsträger sich im beruflichen und privaten Leben so zu verhalten, dass nicht der Anschein entsteht, er könnte unzulässig beeinflusst werden.[1046]

8.6.3.14 Missbrauch der Amtsstellung (Art. 21 MK)

Ein Amtsträger ist nur dann befugt, etwaige Vorteile i. Z. m. seiner Amtstätigkeit anzubieten oder zu gewähren, wenn ihm diese Kompetenz rechtmäßig zusteht.[1047]

Art. 21 Abs. 2 MK schreibt einem Amtsträger vor, berufliche und private Interessen zu trennen und seine amtliche Funktion nicht zur Beeinflussung anderer Personen, Einrichtungen oder Beamter für private Zwecke zu missbrauchen.[1048]

8.6.3.15 Behördeninformationen (Art. 22 MK)

Art. 22 MK regelt in vielerlei Hinsicht den Umgang mit Informationen, welche die öffentliche Verwaltung im Rahmen ihrer Tätigkeit erlangt hat.[1049]

1045 Ibid.

1046 Ibid., Appendix: Art. 20; Committee of Ministers, *Explanatory Memorandum to Recommendation Rec(2000)10 on Codes of conduct for public officials* 2000 (n. 999), Art. 20.

1047 Committee of Ministers, *R(2000)10* 2000 (n. 1005), Appendix: Art. 21 Abs. 1; Committee of Ministers, *Explanatory Memorandum to Recommendation Rec(2000)10 on Codes of conduct for public officials* 2000 (n. 999), Art. 21.

1048 Committee of Ministers, *R(2000)10* 2000 (n. 1005), Appendix: Art. 21 Abs. 2; Committee of Ministers, *Explanatory Memorandum to Recommendation Rec(2000)10 on Codes of conduct for public officials* 2000 (n. 999), Art. 21.

1049 Committee of Ministers, *R(2000)10* 2000 (n. 1005), Appendix: Art. 22; Committee of Ministers, *Recommendation No. R (2000) 10* 2000 (n. 423), Art. 22.

Die Offenlegung derartiger Informationen sollte ein Amtsträger nur im Einklang mit dem nationalen Recht sowie den jeweiligen behördeninternen Vorschriften vornehmen. Er muss alle Informationen auf geeignete Weise schützen, die seinem Verantwortlichkeitsbereich zuzuordnen sind oder von denen er sonst Kenntnis erlangt hat. Jedoch sollte es einem Amtsträger nicht möglich sein – auch nicht rein behördenintern – beliebige Informationen in einer Datenbank abzufragen. Ein Amtsträger sollte eine Datenabfrage vielmehr nur hinsichtlich jener Informationen vornehmen, die er tatsächlich zur Erfüllung seiner Aufgaben benötigt. Informationen, von denen er aufgrund seines Amtes Kenntnis erlangt hat, sind nicht in missbräuchlicher Weise zu verwenden. Rechtskonform freigegebene Informationen dürfen hingegen nicht eigenmächtig durch den Amtsträger zurückgehalten werden. Schließlich hat jeder Amtsträger dafür Sorge zu tragen, dass keinerlei Informationen weitergeleitet werden, die in irgendeiner Weise falsch oder gar irreführend sein könnten.[1050]

8.6.3.16 Grundsätze bei der Verwendung öffentlicher Mittel (Art. 23 MK)

Amtsträger verfügen im Rahmen ihrer Tätigkeit i. d. R. über einen mehr oder minder großen Ermessensspielraum. Besonders deutlich wird dies bei Amtsträgern des höheren öffentlichen Dienstes.[1051]

Hinsichtlich des Einsatzes des ihm unterstehenden Personals sowie der Verwendung und Verwaltung des öffentlichen Eigentums, der öffentlichen Einrichtungen, etwaiger weiterer Dienste sowie der Finanzen des öffentlichen Haushalts sollte ein Amtsträger bei der Wahrnehmung des ihm zustehenden Ermessens die Grundsätze der Wirksamkeit, Effizienz und Sparsamkeit beachten.[1052]

8.6.3.17 Integritätsüberprüfungen (Art. 24 MK)

Das «*Explanatory Memorandum to Recommendation Rec(2000)10 on Codes of conduct for public officials*»[1053] führt zu Art. 24 MK aus, dass «*[e]xperience shows the importance of carrying out integrity checks or acting on them in order to avoid*

1050 Committee of Ministers, *R(2000)10* 2000 (n. 1005), Appendix: Art. 22; Committee of Ministers, *Recommendation No. R (2000) 10* 2000 (n. 423), Art. 22.

1051 Committee of Ministers, *Explanatory Memorandum to Recommendation Rec(2000)10 on Codes of conduct for public officials* 2000 (n. 999), Art. 23.

1052 Committee of Ministers, *R(2000)10* 2000 (n. 1005), Appendix: Art. 23; Committee of Ministers, *Explanatory Memorandum to Recommendation Rec(2000)10 on Codes of conduct for public officials* 2000 (n. 999), Art. 23.

1053 Committee of Ministers, *Explanatory Memorandum to Recommendation Rec(2000)10 on Codes of conduct for public officials* 2000 (n. 999), Art. 24.

long-term integrity problems in the public service.»[1054] Daher muss der zuständige Amtsträger die Integrität von Personen überprüfen, die für eine öffentliche Position eingestellt, im Rahmen des öffentlichen Dienstes befördert oder entsendet werden sollen. Gelangt der zuständige Amtsträger nach erfolgter Prüfung zu keinem klaren Ergebnis bez. der weiteren Vorgangsweise, hat dieser sich an die entsprechende Stelle zwecks weiterer Beratung zu wenden.[1055]

8.6.3.18 Aufsicht (Art. 25 MK)

Sowohl Politik als auch die Ziele der jeweiligen Behörde dienen allen Amtsträgern mit Aufsichts- und Führungskompetenzen als Richtwerte für die Wahrnehmung ihrer Aufgaben. Diese sollten daher auch entsprechende Maßnahmen zur Verhinderung von Korruption durch die in ihrem Zuständigkeitsbereich tätigen Mitarbeiter setzen. Demonstrativ sind nachfolgende Maßnahmen durch Amtsträger mit Aufsichts- und Führungskompetenzen zu setzen:[1056]

- Informationsvermittlung an die Mitarbeiter;
- Durchsetzung einschlägiger Bestimmungen gegenüber den Mitarbeitern;
- Aus- und Fortbildung der Mitarbeiter;
- Rechtzeitige Wahrnehmung und angemessene Reaktion auf etwaige Schwierigkeiten der Mitarbeiter, insbesondere in privater und wirtschaftlicher Hinsicht;
- Vorbildfunktion durch ordnungsgemäßes eigenes Verhalten.[1057]

Daraus folgt, dass diese Amtsträger für das Fehlverhalten der in ihrem Zuständigkeitsbereich tätigen Mitarbeiter zur Haftung herangezogen werden können, sofern ihnen nicht der Nachweis gelingt, hinreichende Maßnahmen zur Verhinderung derartigen Fehlverhaltens gesetzt zu haben.[1058]

1054 Ibid.

1055 Committee of Ministers, *R(2000)10* 2000 (n. 1005), Appendix: Art. 24; Committee of Ministers, *Explanatory Memorandum to Recommendation Rec(2000)10 on Codes of conduct for public officials* 2000 (n. 999), Art. 24.

1056 Committee of Ministers, *R(2000)10* 2000 (n. 1005), Appendix: Art. 25; Committee of Ministers, *Explanatory Memorandum to Recommendation Rec(2000)10 on Codes of conduct for public officials* 2000 (n. 999), Art. 25.

1057 Committee of Ministers, *R(2000)10* 2000 (n. 1005), Appendix: Art. 25 Abs. 2.

1058 Ibid., Appendix: Art. 25 Abs. 1; Committee of Ministers, *Explanatory Memorandum to Recommendation Rec(2000)10 on Codes of conduct for public officials* 2000 (n. 999), Art. 25.

8.6.3.19 *Ausscheiden aus dem öffentlichen Dienst und Behandlung ehemaliger Amtsträger (Art. 26 und 27 MK)*

Das öffentliche Amt darf durch den Amtsträger nicht dahingehend missbraucht werden, um eine andere (eventuell in der Zukunft liegende) Beschäftigung in der Privatwirtschaft zu erlangen. Auch von Dritten angebotene Beschäftigungen sollten nicht den Anschein eines Interessenkonflikts beim Amtsträger hervorrufen. Daher ist jedes konkrete Angebot auf eine Beschäftigung, wodurch der Amtsträger potenziell in einen Interessenkonflikt geraten könnte, dem Vorgesetzten gegenüber zu melden. Dasselbe gilt unweigerlich auch im Falle der Annahme eines derartigen Angebots.[1059]

Amtsträger sollten nach Ausscheiden aus dem jeweiligen öffentlichen Amt für eine gewisse Zeit in der Privatwirtschaft nicht in Bereichen tätig werden dürfen, in welchen sie bereits zuvor als Amtsträger tätig waren. Dadurch soll verhindert werden, dass der neue Arbeitgeber besondere Vorteile aus dem Beschäftigungsverhältnis mit dem ehemaligen Amtsträger zieht. Ein ausscheidender Amtsträger hat daneben die für ihn geltenden einschlägigen Austrittsbestimmungen einzuhalten. Insbesondere darf er keine Informationen, die er während der Zeit des aufrechten öffentlichen Dienstverhältnisses erlangt hat, ohne entsprechende Befugnis verwenden bzw. weitergeben.[1060]

Sofern das innerstaatliche Recht keine abweichenden Regelungen vorsieht, sind nach Art. 27 MK jegliche Vorzugsbehandlungen ehemaliger Amtsträger unzulässig. Eine Rückkehr zum öffentlichen Dienst, ohne dass die regulären Zugangsvorschriften und Verfahren eingehalten werden, ist ohne entsprechende Rechtsgrundlage nicht gestattet.[1061]

8.6.3.20 *Beachtung der Bestimmungen und Sanktionen (Art. 28 MK)*

Im Wesentlichen enthält Art. 28 MK die Bestimmung, dass die Amtsträger verpflichtet sind, sich an den Verhaltenskodex in der jeweils gültigen Fassung zu halten. Da diese von der öffentlichen Verwaltung regelmäßig überprüft werden

---

1059 Committee of Ministers, *R(2000)10* 2000 (n. 1005), Appendix: Art. 26; Committee of Ministers, *Explanatory Memorandum to Recommendation Rec(2000)10 on Codes of conduct for public officials* 2000 (n. 999), Art. 26.

1060 Committee of Ministers, *R(2000)10* 2000 (n. 1005), Appendix: Art. 26; Committee of Ministers, *Explanatory Memorandum to Recommendation Rec(2000)10 on Codes of conduct for public officials* 2000 (n. 999), Art. 26.

1061 Committee of Ministers, *R(2000)10* 2000 (n. 1005), Appendix: Art. 27; Committee of Ministers, *Explanatory Memorandum to Recommendation Rec(2000)10 on Codes of conduct for public officials* 2000 (n. 999), Art. 27.

müssen, können diese auch abgeändert oder ergänzt werden. Es obliegt grundsätzlich der Verantwortung des Amtsträgers selbst, sich über etwaige Änderungen Kenntnis zu verschaffen. Bestehen Unsicherheiten hinsichtlich der Auslegung des Verhaltenskodex, hat sich der Amtsträger aktiv und selbstständig um entsprechende Auskunft zu bemühen.[1062]

Amtsträger, die mit den Bewerbern die konkreten Arbeitsmodalitäten aushandeln, haben sicherzustellen, dass der Verhaltenskodex integraler Bestandteil des Beschäftigungsverhältnisses wird. Sobald der Amtsträger bestätigt, dass er über den Verhaltenskodex informiert worden ist, wird dieser laut MK *ipso iure* Teil seines Beschäftigungsverhältnisses. Dadurch können Verstöße disziplinär geahndet werden.[1063]

Es liegt in der Verantwortung des jeweiligen Amtsträgers mit entsprechender Aufsichts- und Führungskompetenz, die Einhaltung des Verhaltenskodex durch die ihm unterstellen Mitarbeiter zu überwachen. Dazu gehört auch, auf etwaige Verstöße mit angemessenen Disziplinarmaßnahmen zu reagieren.[1064]

8.7 Empfehlung zu gemeinsamen Regeln gegen Korruption bei der Finanzierung politischer Parteien und Wahlkampagnen[1065]

8.7.1 Korruption in Wahlverfahren

Es ist offensichtlich, dass Demokratie in demokratischen Staaten nur dann wirksam gelebt werden kann, wenn die Ergebnisse der Wahlverfahren den freien und unverfälschten Willen des Staatsvolkes wiedergeben. Korruption hingegen vermag diesen Willen und damit das Ergebnis von Wahlen zu verfälschen. Anhand historischer Wahlen kann eindrücklich nachvollzogen werden, wie intensiv

1062 Committee of Ministers, *R(2000)10* 2000 (n. 1005), Appendix: Art. 28 Abs. 1, 5; Committee of Ministers, *Explanatory Memorandum to Recommendation Rec(2000)10 on Codes of conduct for public officials* 2000 (n. 999), Art. 28.

1063 Committee of Ministers, *R(2000)10* 2000 (n. 1005), Art. 28 Abs. 2 iVm Art. 2 Abs. 2, Art. 28 Abs. 3; Committee of Ministers, *Explanatory Memorandum to Recommendation Rec(2000)10 on Codes of conduct for public officials* 2000 (n. 999), Art. 28.

1064 Committee of Ministers, *R(2000)10* 2000 (n. 1005), Art. 28 Abs. 4; Committee of Ministers, *Explanatory Memorandum to Recommendation Rec(2000)10 on Codes of conduct for public officials* 2000 (n. 999), Art. 28.

1065 Committee of Ministers, *Recommendation Rec(2003)4* 2003 (n. 426).

derartige korrupte Einflussnahmen auf öffentliche Wahlen sein können und welch weitreichende Konsequenzen sich daraus ergeben.

Zu den historisch markantesten Beispielen derartiger interessenorientierter Einflussnahmen gehört unweigerlich die Wahl eines neuen Papstes (*Pontifex Maximus*).[1066] Dies aus mehreren Gründen. Einmal nämlich war und ist der Papst zeitgleich religiöses wie auch weltliches Oberhaupt. In der Epoche des Mittelalters und auch in der Zeit danach versuchten die bedeutsamsten Familien des römischen Stadtadels, welche grundsätzlich für die Papstwahl vorgesehen waren, die Wahlen auf unterschiedlichste Weise derart zu beeinflussen, damit ein Angehöriger ihrer Familie zum nächsten Oberhaupt gewählt wird. Dadurch erhofften sich die Familien materiellen und sozialen Wohlstand. Doch auch die damaligen Großmächte Europas, allen voran Spanien, Frankreich und Österreich, versuchten Einfluss auf die Wahl zu nehmen.[1067]

In der neuzeitlichen Epoche wird insbesondere das Pontifikat von *Alexander dem VI.* (1431–1503)[1068] mit Korruption in Verbindung gebracht. Dieser missbrauchte sein Amt wie vermutlich kein anderer Papst, um seiner Familie, den Borgias, den wirtschaftlichen, sozialen und gesellschaftlichen Aufstieg zu ermöglichen. Eine seiner gravierendsten korrupten Handlungen, dessen Konsequenz bis heute klar erkennbar ist, stellt die Aufteilung der Neuen Welt zwischen dem spanischen und dem portugiesischen Königreich dar. Mittels Bestechung erwirkte der spanische König vom Papst mehrere Bullen, welche Grundlage des Vertrags von Tordesillas vom 7. Juni 1494 waren. Sie wiesen die gesamte Neue Welt, abgesehen von jenem Gebiet, aus dem im Wesentlichen das heutige Brasilien hervorging, dem spanischen Königreich zu.[1069]

Daneben waren auch die Wahlen zum König bzw. Kaiser des Heiligen Römischen Reiches deutscher Nation ebenso von Wahlmanipulationen und damit zusammenhängenden korrupten Handlungen geprägt. Bei diesen Wahlen ging es im Wesentlichen darum, die Mehrheit der Stimmen der sieben Kurfürsten – des Marktgrafen von Brandenburg, des Herzogs von Sachsen, des Pfalzgrafen

---

1066 Taylor, Lily Ross. 'The Election of the Pontifex Maximus in the Late Republic'. *Classical Philology* 37(4) (1942), S. 421–424, doi 10.1086/362648.

1067 Engels, *Die Geschichte der Korruption* 2014 (n. 2), S. 43-45.

1068 Roscheck, Petra. 'Reinhardt, Volker, Der unheimliche Papst. Alexander VI. Borgia 1431–1503'. *Zeitschrift der Savigny-Stiftung für Rechtsgeschichte: Germanistische Abteilung* 124(1) (2007), S. 478–481, doi 10.7767/zrgga.2007.124.1.478.

1069 Reinhardt, Volker. *Die Borgia* (München: C.H.Beck, 3. Aufl., 2013), S. 2, 7, 9; Reinhard, Wolfgang. *Die Unterwerfung der Welt: Globalgeschichte der europäischen Expansion 1415-2015* (München: C.H. Beck, 4. Aufl., 2018), S. 102-103.

von Rhein und des Königs von Böhmen sowie der Erzbischöfe vom Mainz, Köln und Trier – für eine bestimmte Person zu gewinnen. Das Verfahren wurde in der sogenannten Goldenen Bulle von 1356 festgeschrieben. In ganz besonderem Ausmaß gelang es hierbei dem Hause Habsburg bzw. Habsburg-Lothringen derartige Wahlen für sich zu entscheiden. Das Hause Österreich konnte von 1438 bis zum Untergang des Heiligen Römischen Reiches 1806 nahezu unentwegt die Wahl für sich entscheiden. Einzige Ausnahme bildete während dieser Zeit die Wahl des Wittelsbachers *Karl VII.* (1697–1745)[1070] von 1742. Dies lag jedoch zu einem wesentlichen Teil darin begründet, dass der römisch-deutsche Kaiser *Karl VI. von Habsburg* (1685–1740)[1071] ohne männliche Erbfolge blieb. Seine Tochter *Maria Theresia von Habsburg-Lothringen* (1717–1780)[1072] wurde aufgrund der pragmatischen Sanktion zwar Erbin der österreichischen Erblande, konnte jedoch laut Reichsrecht nicht die Kaiserwürde für sich beanspruchen, da diese nur Männern vorbehalten war.[1073]

Der Erfolg der habsburgischen Politik lag insbesondere in einem gegenseitigen Austauschverhältnis der Habsburger und den wahlberechtigten Kurfürsten begründet, welches insbesondere vor der eigentlichen Wahl stattfand. Neben Wahlgeschenken waren vorwiegend Zusicherungen auf Vergabe von reichsunmittelbaren Territorien an die jeweiligen Kurfürsten Grund für den Wahlerfolg. Diese Politik führte auf der anderen Seite jedoch zu einer kontinuierlichen Schwächung der Macht des Kaisers im Heiligen Römischen Reich deutscher Nation. Daneben nahm das Hause Österreich ebenfalls darauf bedacht, die für diese Wahl entscheidenden Positionen stets mit sogenannten Habsburgloyalen zu besetzen.[1074]

1070 Reiser, Rudolf. *Karl VII: 1697-1745 ; Pracht und Ohnmacht des bayerischen Kurfürsten, deutschen Königs und römischen Kaisers* (München: Buchendorfer Verl., 2002).

1071 O'Reilly, William. 'A Life in Exile: Charles VI (1685–1740) between Spain and Austria' In *Monarchy and Exile* (Palgrave Macmillan, London, 2011), S. 66–90.

1072 Lau, Thomas. *Die Kaiserin. Maria Theresia* (Göttingen: Böhlau Verlag Wien, 2016), S. 9, 312, 429.

1073 Engels, *Die Geschichte der Korruption* 2014 (n. 2), S. 45-48; Hamann, Brigitte. 'Ein Diadem als Krone' In *Die Welt der Habsburger: Glanz und Tragik eines europäischen Herrscherhauses*, (Hrsg.) Dietmar Pieper und Johannes Saltzwedel (München: Goldmann, 2011), S. 149–160, S. 150-155; Stollberg-Rilinger, Barbara. *Das Heilige Römische Reich Deutscher Nation: Vom Ende des Mittelalters bis 1806* (München: Beck, 5. Aufl., 2013), S. 26; Hartmann, Gerhard. *Die Kaiser des Heiligen Römischen Reiches* (Wiesbaden: Marix Verlag, 3. Aufl., 2013); Herbers, Klaus und Neuhaus, Helmut. *Das Heilige Römische Reich: Ein Überblick* (Köln: Böhlau, 2010).

1074 Engels, *Die Geschichte der Korruption* 2014 (n. 2), S. 45-47.

8.7.2 Empfehlung Rec(2003)4

8.7.2.1 Zweck

Politische Parteien bilden einen der wesentlichen Bestandteile repräsentativer Demokratien, da sie gemäß § 1 Abs. 2 des «*Gesetzes der Bundesrepublik Deutschland über die politischen Parteien*»[1075] («dPartG») «*[...] an der Bildung des politischen Willens des Volkes auf allen Gebieten des öffentlichen Lebens mit[wirken] [...]*»[1076] und dadurch i. S. v. § 1 Abs. 2 des «*österreichischen Bundesgesetzes über die Finanzierung politischer Parteien*»[1077] («PartG») «*[...] auf eine umfassende Beeinflussung der staatlichen Willensbildung [...]*»[1078] ausgerichtet sind.[1079]

Um dieser Aufgabe gerecht werden zu können, bedürfen politische Parteien finanzielle Mittel, die nicht allein durch Beiträge von Mitgliedern gedeckt werden können. Einerseits können weitere Finanzierungsmöglichkeiten für politische Parteien, sowohl von öffentlicher als auch privater Seite, wesentlich zum Funktionieren einer demokratischen Staatsordnung beitragen. Andererseits ermöglicht dies externen Finanzierungsquellen, mitunter maßgeblichen Einfluss auf die Tätigkeit politischer Parteien auszuüben. Die Finanzierung politischer Parteien ist daher auch häufig von Korruption begleitet. Die GMC führt an, warum gerade im Bereich der politischen Parteien ein häufiges Auftreten korrupter Handlungen zu beobachten ist:[1080]

> «*Corruption of political parties goes to the heart of the democratic political system because it distorts the equality of opportunity between parties*

1075 BGBl. I S. 773. *Gesetz über die politischen Parteien: Parteiengesetz* (1967).

1076 Ibid., § 1 Abs. 2.

1077 BGBl. I Nr. 56/2012. *Bundesgesetz über die Finanzierung politischer Parteien: Parteiengesetz 2012* (2012).

1078 Ibid., § 1 Abs. 2.

1079 Committee of Ministers. *CM(2001)195 revised addendum: Draft Explanatory Memorandum to the Draft Recommendation Rec(2002). of the Committee of Ministers to member states on common rules against corruption in the funding of political parties and election campaigns* (2002), Rz 1; Klein, Markus. 'Partizipation in politischen Parteien. Eine empirische Analyse des Mobilisierungspotenzials politischer Parteien sowie der Struktur innerparteilicher Partizipation in Deutschland'. *Politische Vierteljahresschrift* 47(1) (2006), S. 35–61, S. 35, doi 10.1007/s11615-006-0003-4.

1080 Committee of Ministers, *CM(2001)195 revised addendum* 2002 (n. 1081), Rz 1-3; Pelinka, Anton. 'Die Parteien und die Bundesverfassung' In *100 Jahre Verfassung: 77 Stimmen zum Jubiläum des österreichischen Bundes-Verfassungsgesetzes (B-VG) Ein Lesebuch*, (Hrsg.) Peter Hilpold, Walter Hämmerle und Manfred Matzka (Wien: facultas, 2020), S. 119–121, S. 119 ff.

and the process of policy decision-making. It raises the prospect of political parties supporting particular interests only because of outside financial influence.»[1081]

Bezugnehmend auf den Wertetrias des Europarats berührt eine derartige illegale Finanzierung nationaler politischer Parteien unweigerlich das demokratische Prinzip. Damit kann der Europarat in diesem Bereich tätig werden und hat die Empfehlung Rec(2003)4 erlassen. Darin wird den Mitgliedstaaten des Europarats in unverbindlicher Weise empfohlen, auf nationaler Ebene Regelungen zur Finanzierung politischer Parteien zwecks Verhütung und Bekämpfung von Korruption vorzusehen. Die nationalen Umsetzungsbestimmungen sollen keine Unterscheidung dahingehend treffen, ob die Finanzierungsmittel allgemein zugunsten einer Partei i. e. S. oder spezifisch zur Führung von Wahlkämpfen gegeben worden sind.[1082]

8.7.3 Anhang zur Empfehlung Rec(2003)4: Gemeinsame Regeln gegen Korruption bei der Finanzierung von politischen Parteien und Wahlkampagnen[1083]

8.7.3.1 Allgemeines zum Anhang

Im Anhang zu Rec(2003)4 sind die gemeinsamen Regeln gegen Korruption bei der Finanzierung von politischen Parteien und Wahlkämpfen,[1084] die «*Common rules against corruption in the funding of political parties and electoral campaigns*»[1085] («RFPW») enthalten.

Die RFPW, bestehend aus 6 Kapiteln mit insgesamt sechzehn Artikeln, regeln den rechtlichen Standard in Bezug auf die Finanzierung von politischen Parteien sowie von Wahlkämpfen, der von den Mitgliedstaaten auf rechtlicher Ebene jedenfalls gewährleistet werden sollte. Bestehen auf nationaler Ebene bereits formelle und materielle Bestimmungen zu diesem Regelungskomplex, die dem

---

1081 Committee of Ministers, *CM(2001)195 revised addendum* 2002 (n. 1081), Rz 4.

1082 Committee of Ministers, *Recommendation Rec(2003)4* 2003 (n. 426), Preamble; Brummer, *Der Europarat* 2008 (n. 6), S. 17; Committee of Ministers, *CM(2001)195 revised addendum* 2002 (n. 1081), Rz 24.

1083 GRECO. *GrecoRC3(2016)1: Zweiter Umsetzungsbericht zu Österreich zur dritten Evaluierungsrunde* (2016), S. 2; Committee of Ministers, *Recommendation Rec(2003)4* 2003 (n. 426).

1084 Committee of Ministers, *Recommendation Rec(2003)4* 2003 (n. 426).

1085 Ibid., Appendix.

Mindeststandard der RFPW entsprechen, bedarf es keiner weiteren Umsetzung. Ansonsten sollen sich die Mitgliedstaaten der GRECO bei der Umsetzung an den RFPW orientieren.[1086]

Obwohl es sich um ein unverbindliches Regelwerk handelt, wird die mitgliedstaatliche Umsetzung der RFPW von der GRECO überwacht. Indem diese Bestimmungen vom Überwachungsmechanismus der GRECO erfasst werden, erhalten die RFPW damit eine indirekte bzw. faktische Verbindlichkeit gegenüber den Mitgliedstaaten.[1087]

8.7.3.2 Öffentliche und private Unterstützung von politischen Parteien (Art. 1 RFPW)

Art. 1 RFPW gestattet es, politische Parteien von öffentlicher sowie privater Seite in finanzieller und nicht-monetärer Hinsicht zu unterstützen. Von staatlicher Seite muss sogar eine angemessene Unterstützung gewährleistet sein. Die staatliche Unterstützung ist unter den verschiedenen Parteien nach bestimmten Kriterien zu verteilen, die der Objektivität, Fairness und Angemessenheit entsprechen. Derartige Verteilkriterien könnten u .a. auf die Parteimitglieder, die -sitze oder -stimmen beziehen.[1088]

Daneben darf eine Unterstützungsleistung von öffentlicher oder privater Seite nicht dazu führen, dass die Unabhängigkeit einer politischen Partei nicht mehr gewahrt wird.[1089]

8.7.3.3 Definition einer an eine politische Partei gerichtete Spende (Art. 2 RFPW)

Eingangs sei darauf hingewiesen, dass die Empfehlung den Begriff der politischen Partei nicht definiert. Die Definition des Begriffs obliegt den Mitgliedstaaten. Die GMC führt in CM(2001)195 *revised addendum* an, dass die Mitgliedstaaten

---

1086 Ibid., Preamble; Committee of Ministers, *CM(2001)195 revised addendum* 2002 (n. 1081), Rz 26-28.

1087 Committee of Ministers, *Recommendation Rec(2003)4* 2003 (n. 426), Preamble; Committee of Ministers, *CM(2001)195 revised addendum* 2002 (n. 1081), Rz 24.

1088 Committee of Ministers, *Recommendation Rec(2003)4* 2003 (n. 426), Appendix: Art. 1; Committee of Ministers, *CM(2001)195 revised addendum* 2002 (n. 1081), Rz 33-34.

1089 Committee of Ministers, *Recommendation Rec(2003)4* 2003 (n. 426), Appendix: Art. 1; Committee of Ministers, *CM(2001)195 revised addendum* 2002 (n. 1081), Rz 34.

sich bei ihren nationalstaatlichen Definition an die Definition der 1990 durch RES(90)6[1090] etablierten Europäischen Kommission für Demokratie durch Recht,[1091] der sogenannten *Venice Commission,*[1092] orientieren können. Diese hat in ihren Leitlinien, den *«Guidelines on political party regulation»*[1093], nachfolgende Definition gewählt:[1094]

> *«[...] a political party is 'a free association of persons, one of the aims of which is to participate in the management of public affairs, including through the presentation of candidates to free and democratic elections.'»*[1095]

Der Begriff einer an eine politische Partei gerichtete Spende wird in Art. 2 RFPW definiert als *«[...] any deliberate act to bestow advantage, economic or otherwise, on a political party».*[1096] Eine Spende umfasst damit grundsätzlich jeden materiellen Vorteil, der einer politischen Partei gewährt wird. Dieser Vorteil kann aus Zuwendungen in Form von Sachleistungen, Darlehen oder anderer Dienstleistungen, aber auch aus Haftungsfreistellungen, Forderungsverzichten, Rabatten oder Preisnachlässen bestehen. Nicht umfasst sind von diesem Begriff hingegen die Mitgliederbeiträge, sofern es sich um keine größeren Summen handelt und die Zahlung eine Bedingung für den Erhalt des Mitgliederstatus darstellt. Weitere

---

1090 Committee of Ministers. *Resolution(90)6 on a Partial Agreement Establishing the European Commission for Democracy through Law: RES(90)6* (1990).

1091 Europe's Human Rights Watchdog. 'Europarat: Venedig Kommission', zugegriffen auf: https://www.europewatchdog.info/teilabkommen/venedig-kommission/, abgerufen am: 15.05.2024.

1092 Council of Europe. 'Venice Commission', zugegriffen auf: https://www.venice.coe.int/, aufgerufen am: 04.11.2022.

1093 European Commission for democracy through law. *Guidelines on political party regulation* (2010).

1094 Committee of Ministers, *CM(2001)195 revised addendum* 2002 (n. 1081), Rz 36; Brummer, *Der Europarat* 2008 (n. 6), S. 221; Dürr, Schnutz Rudolf. 'Die Venedig-Kommission des Europarats als Verfassungsvergleicher und Verfassungsberater'. *Journal für Rechtspolitik* 21(1) (2013), S. 92–97, S. 92 f.

1095 European Commission for democracy through law, *Guidelines on political party regulation* 2010 (n. 1095), Rz 9; Committee of Ministers, *CM(2001)195 revised addendum* 2002 (n. 1081), Rz 36.

1096 Committee of Ministers, *Recommendation Rec(2003)4* 2003 (n. 426), Appendix: Art. 2; Committee of Ministers, *Resolution(90)6 on a Partial Agreement Establishing the European Commission for Democracy through Law* 1990 (n. 1092), Preamble.

Zahlungen von Mitgliedern gelten i. S. d. oben genannten Definition wiederum als Spende.[1097]

8.7.3.4 Allgemeine Prinzipien i. Z. m. Spenden (Art. 3 RFPW)

Die von den Mitgliedstaaten umzusetzenden Maßnahmen i. Z. m. Spenden sollten die in Art. 3 lit. a. RFPW genannten Prinzipien verwirklichen.[1098]

Das *erste Prinzip* sieht vor, dass durch die staatlichen Maßnahmen Interessenkonflikte seitens der politischen Parteien bestmöglich verhindert werden. Ein Interessenkonflikt ergibt sich aus Spenden, die zur Verwirklichung eines bestimmten Zwecks gegeben wurden, der nicht mit den Interessen oder Zielen der jeweiligen politischen Partei oder der Öffentlichkeit übereinstimmt. Als mögliche Maßnahmen könnten die Mitgliedstaaten ein Verbot von Zuwendung vorsehen, die an Bedingungen geknüpft sind. Daneben sind Maßnahmen denkbar, durch welche die politischen Parteien verpflichtet werden, Daten zur Identifikation der Person des Spenders, seines Interesses sowie des Betrags der Spende zu erfassen. Eine Spende, bei der die Person des Spenders nicht erfasst wurde bzw. nicht erfasst werden kann, wird als anonyme Spende bezeichnet.[1099]

Das *zweite Prinzip* soll die Transparenz i. Z. m. Spenden sicherstellen und geheime Spenden verhindern, die nicht auf den der politischen Partei zuzurechnenden Konten aufscheinen. Dies könnte durch die Verpflichtung politischer Parteien sichergestellt werden, die an sie gerichteten Spenden zu erfassen und die Aufzeichnungen der Öffentlichkeit zur Einsicht zur Verfügung zu stellen. Wie Art. 3 lit. a RFPW klarstellt, gilt dies besonders für Spenden, die eine bestimmte Wertgrenze überschreiten.[1100]

Zur Verwirklichung des *dritten und vierten Prinzips* sollen die staatlich vorzusehenden Regelungen verhindern, dass durch etwaige Spenden die parteipolitische Tätigkeit beeinträchtigt wird oder deren Unabhängigkeit nicht mehr gewährleistet ist. Durch festgesetzte Höchstgrenzen für die Spendenbeträge soll die Unabhängigkeit einer politischen Partei gewährleistet werden. Die Staaten

---

1097 Committee of Ministers, *Recommendation Rec(2003)4* 2003 (n. 426), Appendix: Art. 2; Committee of Ministers, *CM(2001)195 revised addendum* 2002 (n. 1081), Rz 35.

1098 Committee of Ministers, *Recommendation Rec(2003)4* 2003 (n. 426), Appendix: Art. 3.

1099 Ibid., Art. 3; Committee of Ministers, *CM(2001)195 revised addendum* 2002 (n. 1081), Rz 37-39.

1100 Committee of Ministers, *Recommendation Rec(2003)4* 2003 (n. 426), Appendix: Art. 3; Committee of Ministers, *CM(2001)195 revised addendum* 2002 (n. 1081), Rz 37-39.

werden darüber hinaus aufgefordert, Maßnahmen zu ergreifen, um eine Umgehung der Höchstgrenzen zu verhindern.[1101]

8.7.3.5 *Steuerliche Absetzbarkeit von Spenden (Art. 4 RFPW)*

In Art. 4 RFPW wird explizit festgehalten, dass die Mitgliedstaaten vorsehen können, dass Spenden an politische Parteien steuerlich absetzbar sind. Gleichwohl sollten die Mitgliedstaaten Beschränkungen für die Geltendmachung der steuerlichen Absetzbarkeit vorsehen.[1102]

Diese Bestimmung enthält aber keine Aussage darüber, ob die politische Partei hinsichtlich der erhaltenen Spende von ihrer Steuerpflicht befreit werden sollte.[1103]

8.7.3.6 *Weitere Maßnahmen i. Z. m. J. P. als Spender (Art. 5 RFPW)*

Bei der Regulierung von Spenden durch J. P. sollten die Mitgliedstaaten einen strengeren Maßstab anlegen als bei N. P. Erstere befinden sich häufig in einer stärkeren wirtschaftlichen Position als der Großteil der N. P. Damit könnten politische Parteien durch großzügige Spenden dazu bewegt werden, ihre parteipolitische Tätigkeit auch im Interesse der J. P. auszuüben. Daher sollten nach der Empfehlung für J. P. innerstaatlich zusätzliche Maßnahmen auf nationaler Ebene vorgesehen werden, wie die Erfassung von Parteispenden in den Buchhaltungsunterlagen einer J. P. und die Informationspflicht der Mitglieder einer J. P. über geleistete Parteispenden.[1104]

Bei J. P., die für die öffentliche Hand Leistungen erbringen, besteht die Gefahr, dass Spenden mit dem Ziel gegeben werden, damit einen positiven Einfluss auf spätere Auftragsvergaben zu erwirken. Die Mitgliedstaaten sind daher angehalten, derartige Spenden gänzlich zu untersagen, zu limitieren oder zumindest strenge Regelungen hierfür vorzusehen.[1105]

1101 Committee of Ministers, *Recommendation Rec(2003)4* 2003 (n. 426), Appendix: Art. 3; Committee of Ministers, *CM(2001)195 revised addendum* 2002 (n. 1081), Rz 37, 40-41.

1102 Committee of Ministers, *Recommendation Rec(2003)4* 2003 (n. 426), Appendix: Art. 4; Committee of Ministers, *CM(2001)195 revised addendum* 2002 (n. 1081), Rz 42.

1103 Committee of Ministers, *CM(2001)195 revised addendum* 2002 (n. 1081), Rz 43.

1104 Committee of Ministers, *Recommendation Rec(2003)4* 2003 (n. 426), Appendix: Art. 5 lit. a; Committee of Ministers, *CM(2001)195 revised addendum* 2002 (n. 1081), Rz 44-46.

1105 Committee of Ministers, *Recommendation Rec(2003)4* 2003 (n. 426), Appendix: Art. 5 lit. b; Committee of Ministers, *CM(2001)195 revised addendum* 2002 (n. 1081),

Abschließend empfehlen die RFPW, Parteispenden von J. P. zu verbieten, die unter staatlicher oder öffentlicher Kontrolle stehen.[1106]

8.7.3.7 Mit einer politischen Partei verbundene Einrichtungen als Spender (Art. 6 RFPW)

Viele Mitgliedstaaten besaßen zum Zeitpunkt der Erlassung dieser Empfehlung bereits über Bestimmungen, welche die Finanzierung politischer Parteien zum Gegenstand hatten. Bereits damals wurden Praktiken angewendet, um die Anwendung derartiger restriktiver Bestimmungen – wie Höchstgrenzen und Aufzeichnungspflichten – zu umgehen. Eine dieser Praktiken bestand darin, Spenden nicht direkt auf das Spendenkonto von politischen Parteien zu transferieren, sondern die Beträge an nahestehende Einrichtungen einer politischen Partei zu überweisen. Solche nahestehende Einrichtungen waren bspw. politisch orientierte Stiftungen, Zweigstellen oder Forschungseinrichtungen.[1107]

Art. 6 RFPW sieht daher vor, dass alle Vorschriften i. Z. m. Spenden an politische Parteien auch für Einrichtungen gelten, die der politischen Partei nahestehen. Hiervon ausgenommen ist lediglich Art. 4 RFPW, der die steuerliche Absetzbarkeit regelt. Einem Mitgliedstaat bleibt es offen, auch für derartige Einrichtungen die steuerliche Absetzbarkeit innerstaatlich vorzusehen.[1108]

Ob ein derartiges Naheverhältnis vorliegt, kann anhand von Kriterien festgestellt werden, wie der Zugehörigkeit zu einer politischen Partei, der tatsächlichen Kontrollausübung durch Parteifunktionäre oder ob die Einrichtung aufgrund eines Parteienstatuts gegründet wurde bzw. ihr Aufgaben zukommen, die ihr durch ein Parteienstatut übertragen wurden.[1109]

8.7.3.8 Ausländische Spende (Art. 7 RFPW)

Als ausländische Spende kann eine Transaktion definiert werden, die ursprünglich aus einem anderen Staat stammt oder von einer Person getätigt oder veranlasst wurde, die nicht die Staatsangehörigkeit desjenigen Staates besitzt, in dem

---

Rz 47.

1106 Committee of Ministers, *Recommendation Rec(2003)4* 2003 (n. 426), Appendix: Art. 5 lit. c; Committee of Ministers, *CM(2001)195 revised addendum* 2002 (n. 1081), Rz 48.

1107 Committee of Ministers, *CM(2001)195 revised addendum* 2002 (n. 1081), Rz 49.

1108 Committee of Ministers, *Recommendation Rec(2003)4* 2003 (n. 426), Appendix: Art. 6; Committee of Ministers, *CM(2001)195 revised addendum* 2002 (n. 1081), Rz 49-50.

1109 Committee of Ministers, *CM(2001)195 revised addendum* 2002 (n. 1081), Rz 50.

die Empfängerpartei politisch aktiv ist. Die staatliche Zugehörigkeit von J. P. und etwaigen Tochtergesellschaften bestimmt sich nach innerstaatlichem Recht.[1110]

Da ausländische Spenden ebenfalls auf die staatliche Willensbildung Einfluss nehmen können, empfiehlt Art. 7 RFPW diese für unzulässig zu erklären, zu limitieren oder nur unter bestimmten Umständen zuzulassen. Dadurch soll auch die Transparenz gewahrt und die Unabhängigkeit einer politischen Partei geschützt werden. Insbesondere die Prüfung der Angaben zur Identität des Spenders oder der Herkunft der Vermögenswerte mit Auslandsberührungspunkten erweist sich nämlich als weitaus komplexer.[1111]

8.7.3.9 Finanzierung von Wahlkandidaten und gewählten Vertretern (Art. 8 RFPW)

Art. 8 RFPW hält fest, dass die Bestimmungen bez. der Parteienfinanzierung, soweit zweckmäßig, auch auf die Wahlkampffinanzierung von Kandidaten politischer Wahlen sowie auf die Finanzierung der politischen Tätigkeit gewählter Vertreter anwendbar sein sollten.[1112]

8.7.3.10 Höchstgrenzen für Ausgaben politischer Parteien/Kandidaten politischer Wahlen und Aufzeichnung von Ausgaben (Art. 9 und 10 RFPW)

Zwecks Herstellung einer gewissen *Waffengleichheit* werden die Mitgliedstaaten aufgefordert, für die Ausgaben politischer Parteien, der Kandidaten politischer Wahlen oder ähnlich («o. ä.») und für die Wahlkämpfe rechtliche Höchstgrenzen festzusetzen. Mit derartigen Regelungen kann die Gefahr einer unzulässigen Parteien- oder Kandidatenbeeinflussung reduziert werden, wenn diese aufgrund der gesetzlichen Schranke nicht mehr dem Druck ausgesetzt sind, für ihre Wahlkämpfe zusätzliche finanzielle Mittel zu beschaffen.[1113] Um gewährleisten zu können, dass die Obergrenzen auch eingehalten werden, ist es zudem erforderlich, dass Parteien und Kandidaten verpflichtet werden, detaillierte Aufzeichnungen über

---

1110 Ibid., Rz 52.

1111 Committee of Ministers, *Recommendation Rec(2003)4* 2003 (n. 426), Appendix: Art. 7; Committee of Ministers, *CM(2001)195 revised addendum* 2002 (n. 1081), Rz 51.

1112 Committee of Ministers, *Recommendation Rec(2003)4* 2003 (n. 426), Appendix: Art. 8; Committee of Ministers, *CM(2001)195 revised addendum* 2002 (n. 1081), Rz 53-54.

1113 Committee of Ministers, *Recommendation Rec(2003)4* 2003 (n. 426), Appendix: Art. 9; Committee of Ministers, *CM(2001)195 revised addendum* 2002 (n. 1081), Rz 55-57.

sämtliche wahlkampfbezogenen Ausgaben – sowohl direkter als auch indirekter Natur – zu führen.[1114]

8.7.3.11 Buchführung (Art. 11 bis 13 RFPW)

Art. 11 bis 13 RFPW bezwecken die Schaffung, Erhaltung und Verbesserung der Transparenz und stellen gesamtheitlich ein wesentliches Element im Kampf gegen Korruption in diesem Bereich dar.[1115]

Nach *Art. 11 RFPW* sollten die Mitgliedstaaten Regelungen vorsehen, wodurch politische Parteien und die mit ihnen im Naheverhältnis stehenden Einrichtungen zu einer ordnungsgemäßen Führung ihrer Bücher sowie Konten verpflichtet werden. Um größtmögliche Transparenz sicherzustellen, empfiehlt Art. 11 RFPW außerdem, die Konten von politischen Parteien sowie von ihnen nahestehenden Einrichtungen zu überprüfen.[1116]

Zu einer ordentlichen Buchführung gehört u .a., wie aus *Art. 12 RFPW* zu entnehmen ist, dass alle Spenden, die eine politische Partei bzw. Einrichtung mit Naheverhältnis erhält, zusammen mit ihrem Wert und der Art der Zuwendung (Sach- oder Geldleistungen) erfasst werden. Besonders Spenden ab einer gewissen Höhe haben das Potenzial, auf die politische Tätigkeit politischer Parteien Einfluss zu nehmen. Daher sollte in jedem Fall die Identität des Spenders erfasst werden, sobald die Spende einen gewissen Wert übersteigt. Die Wertgrenzen sind von den Mitgliedstaaten festzulegen.[1117]

Abschließend wird den Mitgliedstaaten in *Art. 13 RFPW* nahegelegt, innerstaatliche Regelungen vorzusehen, wonach politische Parteien zumindest jährlich zur Vorlage ihrer Aufzeichnungen bei einer Überwachungsstelle gemäß Art. 14 RFPW verpflichtet werden. Ergänzend sollte innerstaatlich vorgesehen werden, dass diese Aufzeichnungen oder zumindest Zusammenfassungen hiervon veröffentlicht werden. Diese Zusammenfassungen sollten zumindest

---

1114 Committee of Ministers, *Recommendation Rec(2003)4* 2003 (n. 426), Appendix: Art. 10; Committee of Ministers, *CM(2001)195 revised addendum* 2002 (n. 1081), Rz 58.

1115 Committee of Ministers, *CM(2001)195 revised addendum* 2002 (n. 1081), Rz 59.

1116 Committee of Ministers, *Recommendation Rec(2003)4* 2003 (n. 426), Appendix: Art. 11; Committee of Ministers, *CM(2001)195 revised addendum* 2002 (n. 1081), Rz 59-60.

1117 Committee of Ministers, *Recommendation Rec(2003)4* 2003 (n. 426), Appendix: Art. 12; Committee of Ministers, *CM(2001)195 revised addendum* 2002 (n. 1081), Rz 61-62.

Aufzeichnungen über die Ausgaben (Art. 10 RFPW) und die erhaltenen Spenden (Art. 12 RFPW) enthalten.[1118]

8.7.3.12 Unabhängiges Überwachungsorgan (Art. 14 RFPW)

Um Korruption im Bereich politischer Parteien effektiv bekämpfen zu können, ist die Einrichtung einer unabhängigen Überwachungsstelle erforderlich, deren Zweck auf die Überwachung der Parteienfinanzierung sowie deren Wahlkämpfe ausgerichtet ist. *Unabhängigkeit* liegt i. S. d. Art. 14 RFPW vor, wenn die Überwachungsstelle ihre Aufgaben ohne externe Einflussnahme wahrnehmen kann.[1119]

Die in Art. 14 RFPW aufgezählten Aufgaben sind lediglich demonstrativ und können über die Überwachung, Kontrolle von Konten und Aufzeichnungen sowie deren Vorlage und Veröffentlichung hinausgehen. Überwachungen sollten periodisch und anlassbezogen stattfinden und auch eine Weiterleitung etwaiger Überwachungsergebnisse an die jeweils innerstaatlich zuständige Behörde sollte vorsehen werden. Es ist zudem den Mitgliedstaaten überlassen, die unabhängige Überwachungsstelle mit Sanktionskompetenzen auszustatten oder ihre Kompetenz lediglich darauf zu beschränken, die zuständige Institution um Sanktionierung zu ersuchen.[1120] Konsequenterweise sollte das für die unabhängige Überwachungsstelle berufene Personal über entsprechende Fachkenntnisse im Bereich der Parteienfinanzierung und deren Wahlkämpfe verfügen.[1121]

8.7.3.13 Aus- und Weiterbildung des Personals (Art. 15 RFPW)

Neben der Einrichtung einer gesetzlich vorgeschriebenen unabhängigen Überwachungsstelle soll auch das Personal, insbesondere in den Bereichen Justiz und Exekutive, durch spezifische Aus- und Weiterbildung auf die Prävention und Bekämpfung der illegalen Parteienfinanzierung sowie deren Wahlkämpfen spezialisiert werden. Ob die Spezialisierung auf funktionaler oder struktureller Ebene stattfindet, liegt im Ermessen des jeweiligen Mitgliedstaats.[1122]

1118 Committee of Ministers, *Recommendation Rec(2003)4* 2003 (n. 426), Appendix: Ar. 10, 12, 13-14; Committee of Ministers, *CM(2001)195 revised addendum* 2002 (n. 1081), Rz 63.

1119 Committee of Ministers, *Recommendation Rec(2003)4* 2003 (n. 426), Rz 64, 67.

1120 Committee of Ministers, *CM(2001)195 revised addendum* 2002 (n. 1081), Appendix: Art. 14; Committee of Ministers, *Recommendation Rec(2003)4* 2003 (n. 426), Rz 64-67.

1121 Committee of Ministers, *CM(2001)195 revised addendum* 2002 (n. 1081), Rz 69.

1122 Committee of Ministers, *Recommendation Rec(2003)4* 2003 (n. 426), Appendix: Art. 15; Committee of Ministers, *CM(2001)195 revised addendum* 2002 (n. 1081),

8.7.3.14 *Sanktionen (Art. 16 RFPW)*

Da gerade im Bereich der Partei- und Wahlkampffinanzierung korrupte Praktiken auftreten können, sollten die innerstaatlichen Bestimmungen, die in Umsetzung des RFPW erlassen werden, keinesfalls zahnlos sein. Art. 16 RFPW empfiehlt den Mitgliedstaaten, effektive Sanktionen gegen Verstöße vorzusehen, die verwaltungs- und/oder strafrechtlicher Natur sein können. Als mögliche Sanktionen kommen dabei die Auflösung einer politischen Partei, der temporäre Verlust des Wahlrechts, der Verlust der Wählbarkeit zum Amt eines Richters oder Staatsbeamten, der Entzug des Mandats bzw. Amtes oder die Sitzvergabe an einen gegnerischen Wahlkandidaten sowie Wahlannullierungen infrage.[1123]

Rz 68-69.

1123 Committee of Ministers, *Recommendation Rec(2003)4* 2003 (n. 426), Appendix: Art. 16; Committee of Ministers, *CM(2001)195 revised addendum* 2002 (n. 1081), Rz 70-72.

Republik Österreich

9. Völkerrecht und österreichisches nationales Recht

9.1 Allgemeines

Auch wenn das Völkerrecht oftmals als *zahnlos* kritisiert wird, da die Rechtsdurchsetzung bzw. die Sanktionierung verletzter Völkerrechtsbestimmungen nicht im selben Umfang gewährleistet ist wie in den nationalen Rechtsordnungen, so geht auch diese Rechtsordnung prinzipiell von einer Verbindlichkeit ihrer Normen unter und zwischen den Völkerrechtssubjekten aus.[1124]

Bei der Frage, wie völkerrechtliche Bestimmungen in die nationalen Rechtsordnungen übernommen werden, stehen sich die Bestimmungen des Völkerrechts und des nationalen Rechts gegenüber. Zur Beantwortung dieser Frage müssen die Bestimmungen und Rechtsideen beider Rechtsordnungen herangezogen werden.[1125]

Nach dem österreichischen Verständnis handelt es sich beim nationalen Recht und den Bestimmungen des Völkerrechts zusammen um eine einheitliche Rechtsordnung. Damit folgt Österreich dem völkerrechtlichen Konzept des *Monismus*, mit welchem das Verhältnis nationaler und internationaler Bestimmungen beschrieben wird. Anders als im *Dualismus*, in dem das nationale Recht und das Völkerrecht als zwei verschiedene Rechtsordnungen betrachtet und daher ein Auftreten von Rechtskonflikten ausgeschlossen ist, werden im *Monismus* etwaige Konflikte durch Vorrangregeln gelöst.[1126]

Der österreichische Völkerrechtsgelehrte *Alfred Verdross* (1890–1980)[1127] entwickelte den von der herrschenden Lehre anerkannten *gemäßigten Monismus*. Dieser geht von einem Vorrang der Völkerrechtsbestimmungen gegenüber den nationalen Bestimmungen aus. Nationales Recht, welches dem Völkerrecht widerspricht, ist demnach nicht nichtig. Es bleibt für die nationalen Behörden weiterhin

---

1124 Fink/Reinisch/Stifter, *Österreichisches Handbuch des Völkerrechts* 2013 (n. 510), S. 124.

1125 Ibid.

1126 Ibid., S. 122-123.

1127 Simma, Bruno. 'XX. Alfred Verdross (1890–1980)' In *20th Century Luminaries of German Constitutional Law: Deutschland – Österreich – Schweiz*, (Hrsg.) Peter Häberle (Berlin/Boston: De Gruyter Inc, 2015).

verbindlich und anwendbar. Der daraus entstehende Konflikt muss jedoch durch die Aufhebung der völkerrechtswidrigen inländischen Bestimmung beseitigt werden. Denn im gemäßigten Monismus kann die nationale Rechtsordnung selbst keine Rechtfertigung für etwaige Völkerrechtsverletzungen sein. Im Gegenteil, völkerrechtswidrige nationale Akte haben die völkerrechtliche Staatenverantwortlichkeit zur Folge.[1128]

Monismus und *Dualismus* regeln das Verhältnis von nationalem und internationalem Recht. Die Frage, wie Völkerrecht Bestandteil einer innerstaatlichen Rechtsordnung wird, bestimmt sich wiederum nach dem *Adoptions- und Transformationsprinzip*.[1129]

Durch das *Adoptionsprinzip*, welches beim Konzept des *Monismus* angesiedelt ist, werden völkerrechtliche Bestimmungen ohne einen nationalen Umsetzungsakt Bestandteil der nationalen Rechtsordnung. Im Gegenzug dazu verlangt das *Transformationsprinzip* einen innerstaatlichen Umsetzungsakt.[1130]

9.2 Die österreichischen Bestimmungen

9.2.1 Art. 9 Abs. 1 B-VG

Es geht eindeutig aus Art. 9 Abs. 1 B-VG hervor, dass Österreich dem Konzept des *Monismus* folgt. Demnach gelten «*[d]ie allgemein anerkannten Regeln des Völkerrechtes [...] als Bestandteile des Bundesrechtes*».[1131] Umsetzungstechnisch entspricht dies dem *Adoptionsprinzip*, eine für den Monismus typische Inkorporationsmethode. Dadurch werden in Österreich die allgemein anerkannten völkerrechtlichen Regeln als solche mit Bindungswirkung ins innerstaatliche Recht übernommen, ohne dass es hierfür eines nationalen Rechtsaktes bedarf. Dies setzt jedoch voraus, dass die Völkerrechtsnorm selbst hinreichend bestimmt ist (*self-executing* bzw. *non-self-executing*).[1132]

1128 Fink/Reinisch/Stifter, *Österreichisches Handbuch des Völkerrechts* 2013 (n. 510), S. 123; Brodherr, Anke. *Alfred Verdross' Theorie des gemäßigten Monismus* (München: Utz, 2005), S. 38 ff; Verdross, Alfred. *Völkerrecht* (Wien: Springer-Verlag, 2. Aufl., 1950), S. 61 ff.

1129 Fink/Reinisch/Stifter, *Österreichisches Handbuch des Völkerrechts* 2013 (n. 510), S. 125.

1130 Ibid.

1131 BGBl. Nr. 1/1930, *Bundes-Verfassungsgesetz* 1945 (n. 62), Art. 9 Abs. 1.

1132 Fink/Reinisch/Stifter, *Österreichisches Handbuch des Völkerrechts* 2013 (n. 510), S. 125-126; Öhlinger/Eberhard, *Verfassungsrecht* 2018 (n. 257), S 79.

Art. 38 «*Statute of the International Court of Justice*»[1133] («IGH-Statut») wird auch als der Völkerrechtsquellenkatalog bezeichnet, auch wenn dieser lediglich das klassische Trias der Völkerrechtsquellen aufzählt und daher inzwischen als unvollständig beschrieben wird.[1134] Was daher unter der im B-VG verwendeten Formulierung «*allgemein anerkannten Regeln des Völkerrechts*»[1135] zu verstehen ist, ist anhand dieses Völkerrechtsquellenkatalogs festzustellen. Dabei handelt es sich einmal um das Völkergewohnheitsrecht gemäß Art. 38 Abs. 1 lit. b IGH-Statut sowie um «*the general principles of law recognized by civilized nations*»[1136], somit die allgemeinen Rechtsgrundsätze gemäß Art. 38 Abs. 1 lit. c IGH-Statut.[1137]

Unter dem *Völkergewohnheitsrecht* ist das nicht verschriftlichte Völkerrecht zu verstehen, das durch eine fortgesetzte Praxis der Völkerrechtssubjekte, die von gewisser Dauer sein muss (*consuetudo*), und durch die Überzeugung entsteht, dass es sich bei dieser Praxis um ungeschriebenes, gültiges Recht handelt (*opinio iuris*). Im Unterschied zum nationalen Recht kommt dem Gewohnheitsrecht in der Völkerrechtsordnung nach wie vor in all jenen Bereichen eine große Bedeutung zu, die nicht durch bi- oder multilaterale Völkerrechtsverträge geregelt wurden.[1138]

Unter den *allgemeinen Rechtsgrundsätzen* sind jene Rechtssätze zu verstehen, die alle Mitglieder der internationalen Gemeinschaft innerstaatlich umgesetzt haben und allgemein von einem Bewusstsein getragen werden, den Idealen von Gerechtigkeit und Recht zu entsprechen. *Arnauld* versteht unter den allgemeinen Rechtsgrundsätzen sämtliche in allen nationalen Rechtsordnungen deckungsgleichen Normen.[1139]

Diese beiden Völkerrechtsquellen werden laut Art. 9 Abs. 1 B-VG automatisch ins nationale Recht inkorporiert, was eine laufende Rezeption zur Folge hat.[1140]

Es wurden mehrere Theorien entwickelt, um den Rang aller nach Art. 9 B-VG rezeptierten Völkerrechtsquellen im von *Kelsen* (1881–1973)[1141] entwickelte Stu-

---

1133 UNO. *Statute of the International Court of Justice* (1945).

1134 Arnauld, *Völkerrecht* 2019 (n. 331), S. 79-80; Lins/Zenleser, *Das Selbstbestimmungsrecht der Völker im 21. Jahrhundert* 2021 (n. 3), S. 87.

1135 BGBl. Nr. 1/1930, *Bundes-Verfassungsgesetz* 1945 (n. 62), Art. 9 Abs. 1.

1136 UNO, *Statute of the International Court of Justice* 1945 (n. 1135), Art. 38 Abs. 1 Bst. c.

1137 Öhlinger/Eberhard, *Verfassungsrecht* 2018 (n. 257), S. 79.

1138 Lins/Zenleser, *Das Selbstbestimmungsrecht der Völker im 21. Jahrhundert* 2021 (n. 3), S. 87-89.

1139 Arnauld, *Völkerrecht* 2019 (n. 331), S. 114.

1140 Öhlinger/Eberhard, *Verfassungsrecht* 2018 (n. 257), S. 79.

1141 Kelsen, Hans. *Was ist Gerechtigkeit?* (Stuttgart: Reclam, 2016), S. 55, 58; Kelsen, Hans. *Vom Wesen und Wert der Demokratie* (Ditzingen: Reclam, 2018), S 156, 159.

fenbau der Rechtsordnung festzustellen. Nach der *Mezzanintheorie* stehen diese Völkerrechtsquellen im Rang unter der Bundesverfassung, aber über dem der einfachen Bundesgesetze.[1142]

9.2.2 Völkerrechtsverträge

9.2.2.1 Kategorisierung der Antikorruptionsrechtsinstrumente

Das B-VG enthält Bestimmungen, die den Umgang mit Völkerrechtsverträgen, nicht jedoch mit Akten internationaler Organisationen auf nationaler Ebene vorsehen.[1143]

Es wurde bereits an vorheriger Stelle festgehalten, dass die Antikorruptionsrechtsinstrumente, namentlich das StÜK, ZrÜK sowie das ZP-StÜK, durch den Europarat ausgearbeitet wurden. Erst nachdem das Ministerkomitee den verbindlichen Konventionstext formal festgestellt hatte, wurde das Abkommen den Mitgliedstaaten zur Unterzeichnung vorgelegt. Es muss daher zu Beginn festgehalten werden, ob es sich bei den Antikorruptionsrechtsinstrumenten des Europarats um Völkerrechtsverträge oder aber um Akte des Europarats handelt.[1144]

Auch wenn die Ausarbeitung maßgeblich durch den Europarat erfolgte und die verbindlichen Textfassungen erst durch das Ministerkomitee des Europarats beschlossen wurden, sind die Antikorruptionsrechtsinstrumente nicht von den Organen des Europarats und erst recht nicht von der GRECO verabschiedet worden. Diese traten nämlich durch die Zeichnung der Mitgliedstaaten in Kraft. Die Antikorruptionsrechtsinstrumente binden daher auch nicht alle Mitglieder des Europarats, sondern nur jene Mitglieder, die diesen Abkommen beigetreten sind. Laut der Definition von *Arnauld* und den Begriffsbestimmungen der beiden Wiener Übereinkommen über das Recht der Verträge, den «*Vienna Convention on the Law of Treaties*»[1145] («WVK I bzw. II»), sind Völkerrechtsverträge als vom

1142 Fink/Reinisch/Stifter, *Österreichisches Handbuch des Völkerrechts* 2013 (n. 510), S. 128-129; Öhlinger/Eberhard, *Verfassungsrecht* 2018 (n. 257), S. 79-80; Paulson, Stanley L. und Stolleis, Michael (Hrsg.). *Hans Kelsen: Staatsrechtslehrer und Rechtstheoretiker des 20. Jahrhunderts* (Tübingen: Mohr Siebeck, 2005).

1143 Öhlinger/Eberhard, *Verfassungsrecht* 2018 (n. 257), S. 80 ff, 85.

1144 Vertragsbüro Europarat. 'Hinweise zu Europaratsverträgen – Vertragsbüro – publi.coe.int'. 2023, zugegriffen auf: https://www.coe.int/de/web/conventions/about-treaties, abgerufen am: 28.01.2023.

1145 *Vienna Convention on the Law of Treaties: VCLZ* (1969); *Vienna Convention on the Law of Treaties between States and International Organizations or between International Organizations: VCLTIO* (1986).

Völkerrecht getragene Vereinbarungen zu verstehen, die unter den Völkerrechtssubjekten mit Rechtsbindungswillen abgeschlossen wurden.[1146]

Zu Recht erklärt daher *Polakiewicz*, dass «*the treaties are not legal instruments of the Organisation as such, but owe their existence to the consent of those member states that sign and ratify them. [...] any agreement or convention is submitted by the Secretary General to all member states for ratification, and is binding only to those members that have ratified it.*»[1147] Daher gelangt *Polakiewicz* wenig überraschend auch zu der Schlussfolgerung, dass «*[t]he treaties and their application are governed by the general principles of international law, in particular by the Vienna Convention on the Law of Treaties (VCLT) of 23 May 1969.*»[1148] Somit handelt es sich bei den Antikorruptionsrechtsinstrumenten – trotz deren engen Bindung zum Europarat – rechtlich um Völkerrechtsverträge.

9.2.2.2 Völkerrechtsverträge im B-VG

Das B-VG kennt nachfolgende Arten von Völkerrechtsverträgen:

- o (gewöhnliche) Staatsverträge i. S. v. Art. 50 Abs. 1 Z. 1 B-VG;
- o EU-Primärrecht abändernde Staatsverträge i. S. v. Art. 50 Abs. 1 Z. 2 B-VG;
- o Verwaltungsabkommen i. S. v. Art. 66 Abs. 2 B-VG;
- o Staatsverträge der Bundesländer i. S. v. Art. 16 B-VG;[1149]

Als verfassungsrechtlich organisierter föderalistischer Bundesstaat regelt Österreich die Gesetzgebungs- und Vollziehungskompetenz zwischen dem Bund und den österreichischen Bundesländern in Art. 10 bis 15 B-VG. Demnach steht dem Bund ohne sachliche Einschränkung die Völkervertragsabschlusskompetenz zu. Die Bundesländer sind unter Berücksichtigung oben genannter Einschränkungen nur innerhalb ihres ausschließlichen Wirkungsbereichs zum Abschluss

---

1146 Polakiewicz, Jörg. *Treaty-making in the Council of Europe* (Straßburg: Council of Europe Publishing, 1999), S. 10-11; Vertragsbüro Europarat, '*Hinweise zu Europaratsverträgen – Vertragsbüro – publi.coe.int*' 2023 (n. 1146), abgerufen am: 29.01.2023; Arnauld, *Völkerrecht* 2019 (n. 331), S. 80-81; *Vienna Convention on the Law of Treaties* 1969 (n. 1147), Art. 2 Abs. 1 Bst. a; *Vienna Convention on the Law of Treaties between States and International Organizations or between International Organizations* 1986 (n. 1147), Art. 2 Abs. 1 Bst. a.

1147 Polakiewicz, *Treaty-Making in the Council of Europe* 1999 (n. 1148), S. 10.

1148 Ibid.

1149 BGBl. Nr. 1/1930, *Bundes-Verfassungsgesetz* 1945 (n. 62), Art. 16, 50, 66; Öhlinger/Eberhard, *Verfassungsrecht* 2018 (n. 257), S. 80 ff.

völkerrechtlicher Verträge ermächtigt. Die Vollziehung der Staatsverträge richtet sich ebenfalls nach der Kompetenzordnung.[1150]

Unter den *(gewöhnlichen) Staatsverträgen* sind politische, gesetzesändernde und gesetzesergänzende Völkerrechtsabkommen zu verstehen. Während politische Staatsverträge die staatliche Existenz, dessen Unabhängigkeit oder seine Beziehung innerhalb der internationalen Staatengemeinschaft tangieren, sollen durch gesetzesändernde Staatsverträge die bereits in Kraft befindlichen Gesetze gemäß Art. 18 Abs. 1 und Abs. 2 B-VG sowie Staatsverträge im selben Rang verändert werden. Gesetzesergänzende Staatsverträge wiederum beinhalten bislang nicht vorhandene Bestimmungen im nationalen Recht. Dadurch werden die bereits erlassenen Normen um zusätzliche Bestimmungen ergänzt. Derartige Staatsverträge müssen durch den Nationalrat genehmigt werden. Der Bundesrat ist vor der Ratifikation bei allen Staatsverträgen in Form eines Zustimmungsrechts beteiligt, welche die Bereiche des selbstständigen Wirkungsbereichs der Länder betreffen. Erstreckt sich die Wirkung des Staatsvertrages nicht auf den selbstständigen Wirkungsbereich der Länder, steht dem Bundesrat ein Einspruchsrecht zu. Im österreichischen Stufenbau der Rechtsordnung nehmen diese Staatsverträge den Rang von Gesetzen ein.[1151]

Bei *Staatsverträgen, die das EU-Primärrecht abändern*, kommt es zu einer Änderung der Zustimmungsmodalitäten im Nationalrat und Bundesrat dahingehend, dass bei beiden legislativen Institutionen eine qualifizierte Mehrheit erreicht werden muss. Gegebenenfalls bedürfen derartige Staatsverträge noch der Durchführung einer Volksabstimmung. Auf nationaler Ebene sind sie im Stufenbau auf der Ebene des Unionsrechts angesiedelt.[1152]

Alle Staatsverträge, die keine Staatsverträge der Bundesländer oder (gewöhnliche) bzw. EU-Primärrecht abändernde Staatsverträge sind, gelten als *Verwaltungsabkommen*. Diese kommen ohne Mitwirkung des National- und Bundesrates zustande. Diese können auf Anweisung des Bundespräsidenten durch die Bundesregierung als solche oder durch einzelne Mitglieder der Bundesregierung abgeschlossen werden. Regierungsübereinkommen stellen bspw. derartige Verwaltungsabkommen dar. Dem Präsidenten selbst bleibt der Abschluss all jener Verwaltungsabkommen vorbehalten, die durch den gegenseitigen Wechsel der

---

1150 BGBl. Nr. 1/1930, *Bundes-Verfassungsgesetz* 1945 (n. 62), Art. 10-15; Öhlinger/Eberhard, *Verfassungsrecht* 2018 (n. 257), S. 80-81, 110 ff.

1151 BGBl. Nr. 1/1930, *Bundes-Verfassungsgesetz* 1945 (n. 62), Art. 18, 50; Öhlinger/Eberhard, *Verfassungsrecht* 2018 (n. 257), S. 81, 83-84, 210.

1152 BGBl. Nr. 1/1930, *Bundes-Verfassungsgesetz* 1945 (n. 62), Art. 50; Öhlinger/Eberhard, *Verfassungsrecht* 2018 (n. 257), S. 81, 83-84.

Ratifikationsurkunden abgeschlossen werden oder als Staatsverträge bezeichnet sind. Verwaltungsabkommen stehen im Rang von Verordnungen.[1153]

Auch den österreichischen Bundesländern wird eine partielle Völkerrechtssubjektivität zugesprochen. Sie können damit in ihrem Wirkungskreis mit an Österreich räumlich angrenzenden Staaten oder anderen Teilstaaten (Bundesländer oder Kantone), auch wenn diese nicht an Österreich angrenzen, *Staatsverträge der Bundesländer* abzuschließen. Das Verfahren gestaltet sich bei derartigen Staatsverträgen nach Art. 16 Abs. 2 B-VG.[1154]

Die Ratifizierung von Staatsverträgen erfolgt durch den Bundespräsidenten, die Kundmachung durch den Bundeskanzler. Entsprechend dem *Adoptionsprinzip* werden Staatsverträge grundsätzlich mit der Kundmachung verbindlich. Die verbindliche Rechtswirkung kann durch einen Erfüllungsvorbehalt bedingt sein. Wird hinsichtlich eines Staatsvertrags ein Erfüllungsvorbehalt beschlossen, erlangt dieser auf nationaler Ebene vorerst keine Verbindlichkeit. Diese Wirkung tritt erst ein, sobald der Staatsvertrag durch einen nationalen Rechtsakt umgesetzt worden ist.[1155]

9.2.3 Das StÜK, ZP-StÜK und das ZrÜK

Aus österreichischer Sicht sind die völkervertragsrechtlichen Antikorruptionsinstrumente des Europarats als (gewöhnliche) Staatsverträge nach Art. 50 Abs. 1 Z. 1 B-VG zu betrachten, da diese im Bereich des Straf- oder Zivilrechts zu Gesetzesänderungen bzw. -ergänzungen geführt haben. Sie stellen jedoch keine Staatsverträge mit politischem Charakter dar.[1156]

Folglich mussten die Verträge, bevor sie durch den Bundespräsidenten ratifiziert werden konnten, vom Nationalrat in Beschlussform genehmigt werden. Dem Bundesrat stand dabei ein Einspruchsrecht zu. Im Falle des StÜK und des

---

1153 BGBl. Nr. 1/1930, *Bundes-Verfassungsgesetz* 1945 (n. 62), Art. 66 Abs. 2-3; Öhlinger/Eberhard, *Verfassungsrecht* 2018 (n. 257), S. 82-84.

1154 BGBl. Nr. 1/1930, *Bundes-Verfassungsgesetz* 1945 (n. 62), Art. 16; Öhlinger/Eberhard, *Verfassungsrecht* 2018 (n. 257), S. 84-85.

1155 BGBl. Nr. 1/1930, *Bundes-Verfassungsgesetz* 1945 (n. 62), Art. 49 Abs. 2, 50, 65 Abs. 1; Öhlinger/Eberhard, *Verfassungsrecht* 2018 (n. 257), S. 81-85.

1156 1330 der Beilagen XXII. GP – Staatsvertrag – Materialien. *Vorblatt und Erläuterungen betr. ZrÜK* (2006), S. 1-2; 2364 der Beilagen XXIV. GP – Staatsvertrag – Materialien. *Vorblatt und Erläuterungen betr. StÜK* (2013), S. 3; 2365 der Beilagen XXIV. GP – Staatsvertrag – Materialien. *Vorblatt und Erläuterungen betr. ZP-StÜK* (2013), S. 3; BGBl. Nr. 1/1930, *Bundes-Verfassungsgesetz* 1945 (n. 62), Art. 50 Abs. 1 Z. 1.

ZP-StÜK hat der Bundesrat per Beschluss vom 18. Juli 2013 erklärt, hiervon keinen Gebrauch machen zu wollen.[1157]

Da jedoch das ZrÜK von den völkerrechtlichen Antikorruptionsinstrumenten des Europarats in Österreich als Erstes in Kraft trat, waren hier im Vorfeld noch einige verfassungsrechtliche Besonderheiten beim Abschluss zu beachten. Hinsichtlich dieses Abkommens war nämlich Art. 50 Abs. 2 Z. 2 B-VG anzuwenden, da es sich in diesem Fall aufgrund der GSG um eine Angelegenheit «*[…] des selbstständigen Wirkungsbereiches der Länder […]*»[1158] handelte. In diesem Fall hat der österreichische Bundesrat nicht nur ein Einspruchs-, sondern gar ein Zustimmungsrecht. Art. 14 ZrÜK, der die Überwachungshoheit der GRECO hinsichtlich der nationalen Umsetzung des ZrÜK festlegt, tangierte zudem das Verfassungsrecht. Daher bedurfte die Umsetzung des ZrÜK eine innerstaatliche Genehmigung nach Art. 50 Abs. 4 B-VG, was eine qualifizierte Mehrheit (Anwesenheitsquorum: min. 50 %; Zustimmungsquorum der gegebenen Stimmen: min. 2/3) im österreichischen National- und Bundesrat erforderte. Doch auch für das ZrÜK wurden alle verfassungsgesetzlichen Vorgaben vonseiten des Nationalrats am 21. Juni 2006 und vonseiten des Bundesrats am 6. Juli 2006 erfüllt.[1159]

Das StÜK, ZP-StÜK oder das ZrÜK geben selbst keine unmittelbar anwendbaren straf- oder zivilrechtlichen Normen vor. Diese Abkommen sind an die Vertragsparteien gerichtet und verpflichten diese, ihre Rechtsordnungen entsprechend den Vorgaben in den Abkommen anzupassen. Damit verlangen die

---

1157 Bundesrat Österreich. *2364 der Beilagen XXIV. GP – Beschluss BR betr. StÜK: Beschluss des Bundesrates* (2013); Bundesrat, Österreich. *2364 der Beilagen XXIV. GP – Beschluss BR betr. ZP-StÜK: Beschluss des Bundesrates* (2013); 1330 der Beilagen XXII. GP – Staatsvertrag – Materialien, *Vorblatt und Erläuterungen betr. ZrÜK* 2006 (n. 1158), S. 1-2; 2364 der Beilagen XXIV. GP – Staatsvertrag – Materialien, *Vorblatt und Erläuterungen betr. StÜK* 2013 (n. 1158), S. 3; 2365 der Beilagen XXIV. GP – Staatsvertrag – Materialien, *Vorblatt und Erläuterungen betr. ZP-StÜK* 2013 (n. 1158), S. 3; BGBl. Nr. 1/1930, *Bundes-Verfassungsgesetz* 1945 (n. 62), Art. 50 Abs. 1.

1158 BGBl. Nr. 1/1930, *Bundes-Verfassungsgesetz* 1945 (n. 62), Art. 50 Abs. 2 Z. 2.

1159 Nationalrat, Österreich. *1330 der Beilagen XXII. GP – Beschluss NR betr. ZrÜK* (2006), S. 1; Bundesrat, Österreich. *1330 der Beilagen XXII. GP – Beschluss BR betr. ZrÜK* (2006), S. 1; 1330 der Beilagen XXII. GP – Staatsvertrag – Materialien, *Vorblatt und Erläuterungen betr. ZrÜK* 2006 (n. 1158), S. 1-2; BGBl. Nr. 1/1930, *Bundes-Verfassungsgesetz* 1945 (n. 62), Art. 42, 50; Öhlinger/Eberhard, *Verfassungsrecht* 2018 (n. 257), S. 80-83, 210.

Abkommen selbst Umsetzungsmaßnahmen vonseiten der Vertragsparteien und können keine unmittelbare Anwendbarkeit für sich in Anspruch nehmen.[1160]

Es handelt sich bei den Abkommen folglich um *Non-self-executing-Abkommen*, welche nicht i. S. d. *Adoptionsprinzips* durch bloße nationale Kundmachung innerstaatlich anwendbar gemacht werden können. Damit derartige Völkerrechtsverträge innerstaatliche Geltungskraft erlangen können, bedarf es deren Umsetzung durch nationale Gesetze oder Verordnungen.[1161] Eine derartige Form der *speziellen Transformation* sieht Art. 50 Abs. 2 Z. 4 B-VG vor. Aus der Sicht Österreichs war im Zeitpunkt der Genehmigung dieser Völkerrechtsverträge innerstaatlich bereits eine Rechtslage vorzufinden, die den Vorgaben der Abkommen weitestgehend entsprach. Der österreichische Nationalrat beschloss daher auf den Erlass von Umsetzungsgesetzen zu verzichten.[1162]

1160 1330 der Beilagen XXII. GP – Staatsvertrag – Materialien, *Vorblatt und Erläuterungen betr. ZrÜK* 2006 (n. 1158), S. 2; 2364 der Beilagen XXIV. GP – Staatsvertrag – Materialien, *Vorblatt und Erläuterungen betr. StÜK* 2013 (n. 1158), S. 4; 2365 der Beilagen XXIV. GP – Staatsvertrag – Materialien, *Vorblatt und Erläuterungen betr. ZP-StÜK* 2013 (n. 1158), S. 3.

1161 Öhlinger/Eberhard, *Verfassungsrecht* 2018 (n. 257), S. 81-82; Fink/Reinisch/Stifter, *Österreichisches Handbuch des Völkerrechts* 2013 (n. 510), S. 131.

1162 1330 der Beilagen XXII. GP – Staatsvertrag – Materialien, *Vorblatt und Erläuterungen betr. ZrÜK* 2006 (n. 1158), S. 2; 2364 der Beilagen XXIV. GP – Staatsvertrag – Materialien, *Vorblatt und Erläuterungen betr. StÜK* 2013 (n. 1158), S. 4; 2365 der Beilagen XXIV. GP – Staatsvertrag – Materialien, *Vorblatt und Erläuterungen betr. ZP-StÜK* 2013 (n. 1158), S. 3; BGBl. Nr. 1/1930, *Bundes-Verfassungsgesetz* 1945 (n. 62), Art. 50 Abs. 2 Z. 4.

10. Antikorruption in Österreich

10.1 Die zentralen Antikorruptionsbehörden in Österreich

10.1.1 Bundesamt zur Korruptionsprävention und Korruptionsbekämpfung[1163] (BAK)

Beim BAK handelt es sich um eine Organisationseinheit des österreichischen Innenministeriums, die neben der WKStA eine zentrale Funktion in der nationalen Antikorruptionspolitik einnimmt und mit der bundesweiten Vorbeugung sowie Bekämpfung von Korruption befasst ist.[1164]

Rechtsgrundlage ist das «*Gesetz über das Bundesamt zur Korruptionsprävention und Korruptionsbekämpfung*»[1165] («BAK-G»), das am 1. Januar 2010 in Kraft getreten ist. Ähnlich wie auch das nachfolgend zu behandelnde Koordinationsgremium zur Korruptionsbekämpfung («KGKB») kam die Initiative zur Schaffung der BAK nicht aus Österreich. Vielmehr wurde das BAK-G zwecks Umsetzung internationaler Vorgaben, allen voran Art. 5 und 6 UNCAC, des StÜK sowie des ZP-StÜK, erlassen.[1166]

Der Aufgabenbereich des BAK ist teilweise mit dem der WKStA kongruent. Er erstreckt sich primär auf Angelegenheiten der Sicherheits- und Kriminalpolizei und umfasst neben den zentralen Korruptionsstrafbestimmungen in

---

1163 BGBl. I Nr. 72/2009. *Bundesgesetz über die Einrichtung und Organisation des Bundesamts zur Korruptionsprävention und Korruptionsbekämpfung (Gesetz über das Bundesamt zur Korruptionsprävention und Korruptionsbekämpfung): BAK-G* (2009).

1164 Ibid., § 1; 219 der Beilagen XXIV. GP – Regierungsvorlage – Materialien. *Materialen zur Regierungsvorlage* (2009), S. 3; Bundesministerium für Inneres, Österreich. *Korruptionsphänomene in Österreich: aus Sicht des Bundesamts zur Korruptionsprävention und Korruptionsbekämpfung* (Wien: Bundesamt zur Korruptionsprävention und Korruptionsbekämpfung, 2019), S. 13.

1165 BGBl. I Nr. 72/2009, *Bundesgesetz über die Einrichtung und Organisation des Bundesamts zur Korruptionsprävention und Korruptionsbekämpfung (Gesetz über das Bundesamt zur Korruptionsprävention und Korruptionsbekämpfung)* 2009 (n. 1165).

1166 Ibid., § 13; 219 der Beilagen XXIV. GP – Regierungsvorlage – Materialien, *Materialen zur Regierungsvorlage* 2009 (n. 1166), S. 1-3; UNO, *United Nations Convention against Corruption* 2003 (n. 95), Art. 5-6; Bundesministerium für Inneres, *Korruptionsphänomene in Österreich* 2019 (n. 1166), S. 13.

§§ 302, 304 bis 310 StGB auch §§ 153 Abs. 3, 313 i. V. m. § 74 Abs. 1 Z. 4a, 168b und 168d sowie Verletzungen von § 18 «*Informationsordnungsgesetz*»[1167] («InfOG»). Die Betrugsdelikte in §§ 147f StGB gelangen lediglich i. V. m. § 168b StGB zur Anwendung. Hinsichtlich §§ 165 und 278 bis 278a StGB setzt das Gesetz einen Bezug zu den Korruptionsdelikten voraus, damit deren weitere Behandlung durch das BAK vorgenommen werden kann. Hinsichtlich dieser Delikte ist das BAK originär zuständig, wobei in einigen Fällen die Zuständigkeit nur gegeben ist, wenn i. S. v. § 28 StGB diese Straftat den Ausschlag für die Höhe des Strafausmaßes gibt. Weitere strafbare Handlungen in den Grenzen von § 4 Abs. 1 Z. 14 und 15 BAK-G begründen hingegen die Zuständigkeit nur auf Basis eines gerichtlichen oder staatsanwaltschaftlichen schriftlichen Auftrags.[1168]

Neben seinem Forschungsauftrag sowie der Funktion als Meldestelle ist das BAK zudem die zuständige Institution für die Zusammenarbeit mit Behörden ausländischer Staaten und internationalen Institutionen. Es unterstützt diese im Rahmen der Amtshilfe sowie bei internationalen Polizeiermittlungen.[1169] Das BAK arbeitet daher konsequenterweise eng mit der GRECO zusammen.[1170]

1167 BGBl. I Nr. 102/2014. *Bundesgesetz über die Informationsordnung des Nationalrates und des Bundesrates (Informationsordnungsgesetz): InfOG* (2015).

1168 BGBl. I Nr. 72/2009, *Bundesgesetz über die Einrichtung und Organisation des Bundesamts zur Korruptionsprävention und Korruptionsbekämpfung (Gesetz über das Bundesamt zur Korruptionsprävention und Korruptionsbekämpfung)* 2009 (n. 1165), § 4; 219 der Beilagen XXIV. GP – Regierungsvorlage – Materialien, *Materialen zur Regierungsvorlage* 2009 (n. 1166), S. 5; BGBl. Nr. 60/1974, *Bundesgesetz vom 23. Jänner 1974 über die mit gerichtlicher Strafe bedrohten Handlungen* (n. 64), § 28; Bundesministerium für Inneres, *Korruptionsphänomene in Österreich* 2019 (n. 1166), S. 13-14.

1169 BGBl. I Nr. 72/2009, *Bundesgesetz über die Einrichtung und Organisation des Bundesamts zur Korruptionsprävention und Korruptionsbekämpfung (Gesetz über das Bundesamt zur Korruptionsprävention und Korruptionsbekämpfung)* 2009 (n. 1165), §§ 4-5; 219 der Beilagen XXIV. GP – Regierungsvorlage – Materialien, *Materialen zur Regierungsvorlage* 2009 (n. 1166), S. 5; Bundesministerium für Inneres, *Korruptionsphänomene in Österreich* 2019 (n. 1166), S. 14.

1170 Bundesministerium für Inneres, Österreich. 'Internationale Zusammenarbeit des Bundesamtes zur Korruptionsprävention und Korruptionsbekämpfung', zugegriffen auf: https://www.bak.gv.at/301/internationale_zusammenarbeit/, abgerufen am: 05.05.2023.

10.1.2 Wirtschafts- und Korruptionsstaatsanwaltschaft (WKStA)

Die WKStA ist eine untergeordnete Dienststelle der Oberstaatsanwaltschaft Wien und eine zur österreichweiten Ahndung umfangreicher Wirtschafts- und Korruptionsstrafdelikte spezialisierte Strafverfolgungsbehörde.[1171]

Die Gründung einer u .a. auf Korruption spezialisierten Staatsanwaltschaft am 1. Januar 2009 war der zunehmend steigenden Zahl komplexer und internationaler Wirtschaftsstrafsachen geschuldet, mit denen sich die Judikative auseinanderzusetzen hatte. Der Gesetzgeber erkannte vorausschauend den erforderlichen Handlungsbedarf, um eine künftige Auslastung der Justiz zu verhindern. Gleichwohl war diese Entwicklung ebenfalls ganz iS der GRECO. Mit 1. September 2012 erhielt die Staatsanwaltschaft ihr heutiges Rechtskleid und wurde aus der KStA schließlich die WKStA.[1172]

Gemäß § 2a StAG, erstreckt sich die Verfolgungskompetenz der WKStA auf Bereiche der Wirtschaftskriminalität, Korruption und den in § 20a StPO angeführten Delikten, darunter die Kernkorruptionsdelikte wie §§ 304 bis 309 StGB, aber auch § 153a bis 153b oder § 168b StGB. Ebenfalls sind hinsichtlich der materiellen Zuständigkeit noch § 20b Abs. 2 und 3 StPO zu beachten. Eine exklusive Zuständigkeit der WKStA bez. den Korruptionsstrafdelikten in §§ 304 bis 309 StGB besteht jedoch ausschließlich im Zusammenhang mit Strafsachen, in denen der Vorteil einen Wert in Höhe von («i. H. v.») EUR 3.000,00 übersteigt oder der Tatvorsatz auf einen diesen Betrag übersteigenden Erfolg gerichtet ist. Allerdings besteht für die WKStA die Möglichkeit, sofern diese Delikte – inklusive («inkl.») § 302 StGB – die Wertgrenze nicht übersteigen, das Verfahren an sich zu ziehen. Dies erfordert aber ein maßgebliches öffentliches Interesse an der Straftat oder am Verdächtigen. Von einem derartigen Interesse ist u .a. auszugehen, wenn

---

1171 BGBl. Nr. 164/1986 idF BGBl. I Nr. 32/2018, *Bundesgesetz vom 5. März 1986 über die staatsanwaltschaftlichen Behörden (Staatsanwaltschaftsgesetz)* 1986 (n. 836), § 2a; Oshidari, Babek und Schroll, Valentin. '§ 20a StPO' In *Wiener Kommentar zur StPO: In 6 Mappen inkl. 368. Lfg*, (Hrsg.) Helmut Fuchs und Eckart Ratz (Wien: MANZ Verlag Wien, 2022), Rz 1, 5; Grabher, Renate und Schmid, Fabian. 'Korruptionsermittler im Scheinwerferlicht: Wer ist die WKStA?'. *DER STANDARD* (1.03.2021).

1172 918 der Beilagen XXIV. GP – Regierungsvorlage. *Vorblatt und Erläuterungen* (2010), S. 3-4; Kommenda, Benedikt und Seeh, Manfred. 'Die umstrittene WKStA: Anatomie einer Behörde'. *Die Presse* (20.02.2023); Täubl, Elisabeth. *Bericht aus der Zentralen Staatsanwaltschaft zur Verfolgung von Wirtschaftsstrafsachen und Korruption (WKStA)* (2018), S. 9.

an der aufzuklärenden Straftat Mitglieder der obersten in- oder ausländischen Exekutivebene beteiligt sind.[1173]

Die WKStA hat hinsichtlich dieser Delikte sowie allen sonstigen Delikten, für die das Gesetz eine Zuständigkeit begründet, die exklusive Leitungshoheit im Ermittlungsverfahren. Damit liegt es rechtlich in ihrem exklusiven Kompetenzbereich, die Anklage zu erheben oder das Verfahren einzustellen. Sie bekleidet im erst- und zweitinstanzlichen Verfahren vor dem Oberlandesgericht die Verfahrenspartei der Staatsanwaltschaft. In dritter Instanz tritt hingegen die Generalprokuratur als Staatsanwalt auf.[1174]

Das Ermittlungsverfahren ist von der WKStA zusammen mit dem BAK zu führen. Sofern ein wichtiger Grund vorliegt, bspw. bei Gefahr in Verzug, kann diese sich auch an eine sonstige Kriminalpolizeibehörde wenden. Wie bereits an vorheriger Stelle erwähnt, steht dem BAK eine weitaus umfangreichere Ermittlungskompetenz als der WKStA zu.[1175]

Daneben unterhält die WKStA auch ein Online-Whistleblowersystem, bei dem Hinweisgeber Meldungen zu Korruptionsdelikten abgeben können.[1176]

Berichtspflichtig ist die WKStA gegenüber der Oberstaatsanwaltschaft Wien sowie dem Justizministerium.[1177]

1173 BGBl. Nr. 164/1986 idF BGBl. I Nr. 32/2018, *Bundesgesetz vom 5. März 1986 über die staatsanwaltschaftlichen Behörden (Staatsanwaltschaftsgesetz)* 1986 (n. 836), § 2a; BGBl. Nr. 631/1975, *Strafprozeßordnung 1975* (n. 71), §§ 20a, 20b Abs. 3; Oshidari/Schroll, '*§ 20a StPO*' 2022 (n. 1173), Rz 8, 10, 10/2, 11/1; Oshidari, Babek und Schroll, Valentin. '§ 20b' In *Wiener Kommentar zur StPO: In 6 Mappen inkl. 368. Lfg*, (Hrsg.) Helmut Fuchs und Eckart Ratz (Wien: MANZ Verlag Wien, 2022), Rz 9–10, 12; Oshidari, Babek und Schroll, Valentin. 'Vor §§ 19-24' In *Wiener Kommentar zur StPO: In 6 Mappen inkl. 368. Lfg*, (Hrsg.) Helmut Fuchs und Eckart Ratz (Wien: MANZ Verlag Wien, 2022), Rz 43.

1174 BGBl. Nr. 631/1975, *Strafprozeßordnung 1975* (n. 71), §§ 20a-22; Oshidari/Schroll, '*§ 20a StPO*' 2022 (n. 1173), Rz 12.

1175 Oshidari/Schroll, '*§ 20a StPO*' 2022 (n. 1173), Rz 14-16.

1176 BGBl. Nr. 164/1986 idF BGBl. I Nr. 32/2018, *Bundesgesetz vom 5. März 1986 über die staatsanwaltschaftlichen Behörden (Staatsanwaltschaftsgesetz)* 1986 (n. 836), § 2a Abs. 6; Oshidari/Schroll, '*§ 20a StPO*' 2022 (n. 1173), Rz 17.

1177 BGBl. Nr. 164/1986 idF BGBl. I Nr. 32/2018, *Bundesgesetz vom 5. März 1986 über die staatsanwaltschaftlichen Behörden (Staatsanwaltschaftsgesetz)* 1986 (n. 836), § 2a Abs. 3-4; Oshidari/Schroll, '*§ 20a StPO*' 2022 (n. 1173), Rz 5-7; Grabher/Schmid, '*Korruptionsermittler im Scheinwerferlicht: Wer ist die WKStA?*' 2021 (n. 1173).

10.1.3 Koordinationsgremium zur Korruptionsbekämpfung (KGKB)

Beim KGKB handelt es sich um ein ständiges beim Justizministerium eingerichtetes Gremium, das eine koordinierende Funktion in der österreichischen Antikorruptionspolitik einnimmt.[1178]

Dessen Schaffung basiert auf der Empfehlung (ii) des am 13. Juni 2008 angenommenen GRECO-Evaluierungsberichts zur Gemeinsamen ersten und zweiten Evaluierungsrunde. Das Gremium wurde ab Februar 2010 vorerst als ein rein informelles und ab dem 29. Januar 2013 per Ministerratsbeschluss als formelles und ständiges Gremium eingerichtet.[1179]

Das Gremium kommt viermal jährlich unter der Teilnahme der Vertreter der ständigen Mitglieder zusammen. Auch Vertreter weiterer Institutionen, wie der Rechtsanwalts- und Notariatskammer oder des Rechnungshofes, können auf Einladung an den Sitzungen teilnehmen. Zu den ständigen Mitgliedern gehören das Bundeskanzleramt und die Bundesministerien, die Bundesländer, die WKStA, das BAK, Transparency International – Austrian Chapter[1180] («TI-A»), der Österreichische Städte- und Gemeindebund, die österreichische Wirtschaftskammer und schließlich die Gewerkschaft der Gemeindebediensteten und des öffentlichen Dienstes.[1181]

Ziel des Koordinationsgremiums zur Korruptionsbekämpfung ist es insbesondere, eine Informationsplattform für die ständigen Mitglieder bereitzustellen.

1178 Bundesministerium für Justiz, Österreich. 'Korruptionsbekämpfung'. 2023, zugegriffen auf: https://www.bmj.gv.at/themen/Strafrecht--Gesetze/korruptionsbekaempfung.html, abgerufen am: 05.05.2023; Bundesministerium für Justiz und Österreich. *BMJ-S70.044/0010-IV 1/2012: Vortrag an den Ministerrat* (2013), S. 1-2; Bundesministerium für Nachhaltigkeit und Tourismus. *Parlamentarische Anfrage von DI Maria Patek* (2019), S. 2-3.

1179 Bundesministerium für Justiz, '*Korruptionsbekämpfung*' 2023 (n. 1180), abgerufen am: 06.05.2023; Bundesministerium für Justiz/Österreich, *BMJ-S70.044/0010-IV 1/2012* 2013 (n. 1180), S. 1; GRECO. *GrecoEvalI-IIRep(2007)2E: Evaluierungsbericht Österreich zur gemeinsamen ersten und zweiten Evaluierungsrunde* (2008), Rz 21, 153; GRECO. *GrecoRC-I/II(2010)1E: Umsetzungsbericht Österreich zur gemeinsamen ersten und zweiten Evaluierungsrunde* (2010), Rz 10-12; GRECO. *GrecoRC-I/II(2010)1EZusatz: Zusatz zum Umsetzungsbericht Österreich zur gemeinsamen ersten und zweiten Evaluierungsrunde* (2012), Rz 4-8.

1180 Transparency International – Austrian Chapter Verein zur Korruptionsbekämpfung, '*Das ABC der Antikorruption*' 2013 (n. 712).

1181 Bundesministerium für Justiz/Österreich, *BMJ-S70.044/0010-IV 1/2012* 2013 (n. 1180), S. 3-4.

Damit soll der gegenseitige Informationsaustausch gefördert und die von den jeweiligen Beteiligten in ihrem Zuständigkeitsbereich zu setzenden Antikorruptionsmaßnahmen durch neue Ansätze und Verfahren verbessert und aufeinander abgestimmt werden. Daneben obliegt dem Gremium die Ausarbeitung einer ressortübergreifenden Antikorruptionsstrategie durch Koordinierung und Harmonisierung der jeweiligen, bereits bestehenden ressortbezogenen Antikorruptionsstrategien.[1182] Neben der laufenden Eruierung neuer wissenschaftlicher Erkenntnisse, verfolgt das Gremium auch die internationale Entwicklung auf staatlicher und überstaatlicher Ebene im Bereich der Korruptionsprävention und -bekämpfung. Gegenüber der GRECO tritt das Gremium zudem als Ansprechpartner für alle Staatsstellen auf.[1183]

Aufgrund seiner ressortübergreifenden koordinierenden Tätigkeit war das KGKB auch maßgeblich an der Ausarbeitung der Nationalen Antikorruptionsstrategie («NAKS») und dem damit zusammenhängenden Aktionsplan sowie des Antikorruption-Verhaltenskodex für den öffentlichen Dienst beteiligt.[1184]

10.1.4 Rechnungshof und Volksanwaltschaft

10.1.4.1 Rechnungshof

Der Rechnungshof ist die oberste nationale Rechnungskontrollbehörde und prüft den Finanzhaushalt der öffentlichen Einrichtungen anhand der Grundsätze der Rechtmäßigkeit, Sparsamkeit, Wirtschaftlichkeit und Zweckmäßigkeit. Unter öffentlichen Einrichtungen sind neben dem Bund, den Bundesländern und Gemeinden auch Kammern, Sozialversicherungsträger und generell alle Bereiche erfasst, wo öffentliche Finanzmittel genutzt werden.[1185]

1182 Ibid., S. 2-3; Bundesministerium für Nachhaltigkeit und Tourismus, *Parlamentarische Anfrage von DI Maria Patek* 2019 (n. 1180), S. 3.

1183 Bundesministerium für Justiz/Österreich, *BMJ-S70.044/0010-IV 1/2012* 2013 (n. 1180), S. 2-3.

1184 Weber, Gregor. 'Antikorruption: Neuer Verhaltenskodex für öffentlich Bedienstete'. *Compliance Praxis* 2021(1) (2021), S. 26; Bundesministerium für Kunst, Kultur, öffentlichen Dienst und Sport, Österreich. *Die VerANTWORTung liegt bei mir – Verhaltenskodex zur Korruptionsprävention im Öffentlichen Dienst* (2020); Bundesministerium für Nachhaltigkeit und Tourismus, *Parlamentarische Anfrage von DI Maria Patek* 2019 (n. 1180), S. 4-5; BMJ-S70.044/0012-IV 1/2012. *Sitzungsbericht zum 10. Koordinationsgremium zur Korruptionsbekämpfung* (2012).

1185 Der Rechnungshof. 'Rechnungshof Österreich', zugegriffen auf: https://www.rechnungshof.gv.at/rh/home/wer-wir-sind/RechnungshofOesterreich/Rechnungshof_

Als ein Kontrollorgan der externen finanziellen Gebahrungskontrolle überprüft der Rechnungshof ebenfalls die Compliance-Einrichtungen der Bundesverwaltung. *Wenk* stellt die Verknüpfung von Compliance und Korruption her, indem er festhält: «*Wenn man in der öffentlichen Verwaltung von Compliance spricht, geschieht dies im Wesentlichen aus der Perspektive der Korruptionsbekämpfung, die regelkonformes Verhalten im Sinne des Korruptionsstrafrechtes und dienstrechtlicher Bestimmungen sicherstellen soll.*»[1186] Ebendarum erarbeitete der Rechnungshof bereits 2013 einen systematischen Leitfaden zwecks Überprüfung der Antikorruptionssysteme jener staatlichen Einrichtungen, die seiner Kontrolle unterworfen sind.[1187]

Seit 2015 wurden verschiedene Institutionen der öffentlichen Verwaltung, darunter das BAK oder das Innenministerium, auf die Implementierung eines effektiven internen Antikorruptionssystems geprüft. Die Ergebnisse dieser Prüfungen wurden in Berichten zusammengefasst und veröffentlicht. Die Finanzkontrolle führt damit zu mehr Transparenz und zur Verbesserung behördeninterner Mechanismen – auch auf der Ebene der Korruptionsverhütung und -bekämpfung.[1188]

10.1.4.2 Volksanwaltschaft

Die Volksanwaltschaft wurde in Österreich als ein aus drei Mitgliedern bestehendes Kollegialorgan etabliert, deren Mitglieder vom Nationalrat gewählt werden. Den drei Parteien mit den meisten Mandaten steht nach Art. 148g Abs. 2 B-VG das zu Recht zu, jeweils eines dieser Mitglieder zu nominieren.[1189]

Oesterreich.html#, abgerufen am: 15.03.2024; BGBl. Nr. 1/1930, *Bundes-Verfassungsgesetz* 1945 (n. 62), Art. 121 ff.

1186 Wenk, René. 'Korruptionsprävention als Bestandteil von Compliance in der öffentlichen Verwaltung'. *Compliance Praxis* 2017(3), S. 12.

1187 Ibid.

1188 Ibid.; Rechnungshof, Österreich. *Generalsekretariate in den Bundesministerien: Bericht des Rechnungshofes* (Wien, 2021); Rechnungshof, Österreich. *Korruptionspräventionssysteme in ausgewählten Bundesministerien; Follow-up-Überprüfung: Bericht des Rechnungshofes* (Wien, 2021); Rechnungshof, Österreich. *Verwaltungssponsoring und Schenkungen in ausgewählten Bundesministerien: Bericht des Rechnungshofes* (Wien, 2021).

1189 BGBl. Nr. 1/1930, *Bundes-Verfassungsgesetz* 1945 (n. 62), Art. 148g; Öhlinger/Eberhard, *Verfassungsrecht* 2018 (n. 257), S. 259 f; Marek, Eva und Jerabek, Robert. *Korruption, Amtsmissbrauch und Untreue: Grundlagen, Definitionen und Beispiele zu den §§ 153, 302, 304 bis 311 StGB sowie weitere praxisrelevante Tatbestände im Korruptionsbereich* (Wien: MANZ'sche Verlags- und Universitätsbuchhandlung, 15. Aufl., 2022), S. 30; Khakzadeh, Lamiss. 'Art. 148g' In *Kommentar zum*

Als weisungsfreies parlamentarisches Hilfsorgan gehört es zur legislativen Gewalt, das mit der Förderung und Überwachung der Menschenrechte sowie der Überprüfung der bundesstaatlichen Verwaltung auf etwaige Missstände betraut ist.[1190]

Damit wird die Volksanwaltschaft im Rahmen der Missstandskontrolle ebenfalls tätig, wenn von staatlichen Organen korrupte Handlungen ausgeführt werden. Hierfür bedarf es kein rechtswidriges Verhalten. Es genügt bereits, wenn die Rechtsunterworfenen am Verhalten eines öffentlichen Bediensteten Kritik üben bzw. ein Betroffener ein derartiges Verhalten als belastend empfinden würde.[1191]

10.2 Die strafrechtlichen Antikorruptionsbestimmungen

10.2.1 Der Begriff *Korruption* im österreichischen Strafrecht

10.2.1.1 StGB ab 1945

Nach der Wiederherstellung Österreichs «*[…] im Geiste der Verfassung von 1929 […]*»[1192] nach Ende des II. Weltkriegs, wurden per Gesetz im Wesentlichen die Bestimmungen des österreichischen StGB vom 12. Mai 1852 in seiner Fassung zum Stichtag 13. März 1938 wiederhergestellt. Die Entscheidung der Provisorischen Staatsregierung, die gültige Fassung des StGB des wiederhergestellten Österreichs

---

Bundesverfassungsrecht: B-VG und Grundrechte, (Hrsg.) Arno Kahl, Lamiss Magdalena Khakzadeh und Sebastian Schmid (Wien: Jan Sramek Verlag, 2021).

1190 BGBl. Nr. 1/1930, *Bundes-Verfassungsgesetz* 1945 (n. 62), Art. 148a Abs. 2; Öhlinger/Eberhard, *Verfassungsrecht* 2018 (n. 257), S. 260 f; Berka, Walter. 'Zum Mandat und zur Stellung des Menschenrechtsbeirats im Rahmen des Menschenrechtsschutzes durch die Volksanwaltschaft'. *NLMR* 2018(1), S. 3; Barth, Peter. 'Die Volksanwaltschaft über die Entwicklung des Erwachsenenschutzrechts im Jahr 2020'. *iFamZ* 2021(3), S. 161; Khakzadeh, Lamiss. 'Art. 148a' In *Kommentar zum Bundesverfassungsrecht: B-VG und Grundrechte*, (Hrsg.) Arno Kahl, Lamiss Magdalena Khakzadeh und Sebastian Schmid (Wien: Jan Sramek Verlag, 2021), Rz 1-5; Muzak, Gerhard. *Das österreichische Bundes-Verfassungsrecht: B-VG, F-VG, Grundrechte, Verfassungsgerichtsbarkeit: Kommentar* (Wien: MANZ'sche Verlags- und Universitätsbuchhandlung, 6. Aufl., 2020), Rz 1, 5, 9.

1191 Öhlinger/Eberhard, *Verfassungsrecht* 2018 (n. 257), S. 260 ff; Khakzadeh, '*Art. 148a*' 2021 (n. 1192), Rz 7 ff.

1192 StGBl. Nr. 1/1945. *Proklamation über die Selbständigkeit Österreichs* (1945), Art. I.

zu diesem Datum festzusetzen, war bewusst gewählt.[1193] Denn beginnend mit der Weisung *Adolf Hitlers* (1889–1945)[1194] zur Durchführung von *Unternehmung Otto*, dem Einmarsch der deutschen Wehrmacht in Österreich am 11. März 1938, haben sowohl die österreichische Bundesregierung per Bundesverfassungsgesetz sowie die Reichsregierung des nationalsozialistischen Deutschen Reiches per deutsches Reichsgesetz am 13. März 1938 die sogenannte «*Wiedervereinigung Österreichs mit dem Deutschen Reich*»[1195] beschlossen.[1196] Dies führte schließlich zum *Anschluss Österreichs* und dessen völkerrechtlichen Okkupation (nach der Okkupationstheorie) bzw. Annexion (nach der Annexionstheorie). Der Unterschied beider Theorien besteht darin, dass Österreich gemäß der Okkupationstheorie während der Zeit des Anschlusses seine völkerrechtliche Handlungsfähigkeit, nicht jedoch seine Völkerrechtssubjektivität verloren hat. Hingegen ging nach der Annexionstheorie auch die Völkerrechtssubjektivität Österreichs während dieser Zeit unter.[1197] Österreich schloss damit in strafrechtlicher Hinsicht unmittelbar an die Zeit vor der Herrschaft der Nationalsozialisten in Österreich an.

1193 Ibid., 1; StGBl. Nr. 4/1945. *Verfassungsgesetz vom 1. Mai 1945 über das neuerliche Wirksamwerden des Bundes-Verfassungsgesetzes in der Fassung von 1929 (Verfassungs-Überleitungsgesetz): V-ÜG* (1945), Art. 1; StGBl. Nr. 5/1945. *Verfassungsgesetz vom 1. Mai 1945 über die vorläufige Einrichtung der Republik Österreich (Vorläufige Verfassung): Verfassungsgesetz: Vorläufige Verfassung* (1945), Art. 1; StGBl. Nr. 6/1945. *Verfassungsgesetz vom 1. Mai 1945 über die Wiederherstellung des Rechtslebens in Österreich (Rechts-Überleitungsgesetz): R-ÜG* (1945), §§ 1 ff; StGBl. Nr. 25/1945. *Gesetz vom 12. Juni 1945 über die Wiederherstellung des österreichischen Strafrechtes: Gesetz: Wiederherstellung des österreichischen Strafrechtes* (1945), § 2.

1194 Jan Armbruster. *Die Beziehung des Psychiaters Edmund Forster (1878-1933) zu Adolf Hitler (1889-1945)* (2009).

1195 BGBl. 75/1938. *Bundesverfassungsgesetz über die Wiedervereinigung Österreichs mit dem Deutschen Reich* (1938); RGBl. 21/1938. *Gesetz über die Wiedervereinigung Österreichs mit dem Deutschen Reich* (1938).

1196 BGBl. 75/1938, *Bundesverfassungsgesetz über die Wiedervereinigung Österreichs mit dem Deutschen Reich* 1938 (n. 1197); RGBl. 21/1938, *Gesetz über die Wiedervereinigung Österreichs mit dem Deutschen Reich* 1938 (n. 1197); O.K.W. L I a Nr. 420/38 g.Kdos. *Weisung des Obersten Befehlshaber der Wehrmacht Adolf Hitler für den bewaffneten Einmarsch der Wehrmacht in Österreich: Operation Otto* (1938); Welzig, Werner und Biber, Hanno (Hrsg.). *«Anschluss»: März/April 1938 in Österreich* (Wien: Verl. der Österr. Akad. der Wiss, 2010), S. 162 ff.

1197 Fink/Reinisch/Stifter, *Österreichisches Handbuch des Völkerrechts* 2013 (n. 510), S. 688-692; Engelhaft/Hoffmann/Lehner/Rohregger/Vitek, *Rechtsanwaltsordung* 2018 (n. 146), S. 310-311, 318, 321-327; Kohl, Gerald, Neschwara, Christian, Olechowski, Thomas, Reiter-Zatloukal, Ilse und Schennach, Martin (Hrsg.). *Rechts- und*

10.2.1.2 Antikorruptionsgesetze und KorrStrÄG 2009

Der Begriff *Korruption* war dem österreichischen StGB der zweiten Republik ab 1945 nicht bekannt. Erstmals kam das StGB durch das am 5. Juni 1964 kundgemachte «*Bundesgesetz vom 29. April 1964 über Strafbestimmungen zur Bekämpfung der Untreue und der Bestechlichkeit*»[1198] mit diesem Begriff in Kontakt, das in seiner Kurzform auch Antikorruptionsgesetz genannt wird. Allerdings muss klargestellt werden, dass der Begriff in materieller Hinsicht nicht Eingang in das StGB fand. In keinem in diesem Bundesgesetz enthaltenen Änderungen scheint der Begriff auf. Er ist lediglich aus dem Kurztitel zu entnehmen.[1199]

Demselben Muster folgte auch das am 30. April 1982 eingeführte zweite Antikorruptionsgesetz, das «*Bundesgesetz vom 1. April 1982, mit dem die Bestimmungen des StGB zur Bekämpfung von Mißwirtschaft und Korruption geändert und ergänzt werden*»[1200] sowie das 2009 kundgemachte KorrStrÄG 2009, ein «*Bundesgesetz, mit dem das StGB, die StPO und das StAG geändert werden*».[1201] Obwohl diese Gesetze zum Zweck der strafrechtlichen Bekämpfung von Korruption erlassen wurden, wird der Begriff als solcher lediglich in den Gesetzestiteln genannt.

Verfassungsgeschichte (Wien: Facultas.wuv, 2012, 2. Aufl.), S. 310-311, 318, 321-327; Matzka, Manfred. 'Wie einst unsere Verfassung entstand' In *100 Jahre Verfassung: 77 Stimmen zum Jubiläum des österreichischen Bundes-Verfassungsgesetzes (B-VG) Ein Lesebuch*, (Hrsg.) Peter Hilpold, Walter Hämmerle und Manfred Matzka (Wien: facultas, 2020), S. 31–32, S. 32; Poier, Klaus. 'Provisorisch, kompromisshaft, parteienstaatlich: zur (direkten) Demokratie in Österreich' In *Herausforderung Demokratie: Themenfelder: Direkte Demokratie, e-Democracy und übergeordnetes Recht*, (Hrsg.) Alexander Balthasar, Peter Bußjäger und Klaus Poier (Wien: Sramek, 2014), S. 15–22, S. 17.

1198 BGBl. Nr. 116/1964. *Bundesgesetz vom 29. April 1964 über Strafbestimmungen zur Bekämpfung der Untreue und der Bestechlichkeit (Antikorruptionsgesetz): Bundesgesetz: Antikorruptionsgesetz* (1964).

1199 Ibid.; Marek/Jerabek, *Korruption, Amtsmissbrauch und Untreue* 2022 (n. 1191), S. 1.

1200 BGBl. Nr. 205/1982. *Bundesgesetz vom 1. April 1982, mit dem die Bestimmungen des Strafgesetzbuches zur Bekämpfung von Mißwirtschaft und Korruption geändert und ergänzt werden (Zweites Antikorruptionsgesetz): Bundesgesetz: Zweites Antikorruptionsgesetz* (1982).

1201 BGBl. I Nr. 98/2009. *Bundesgesetz, mit dem das Strafgesetzbuch, die Strafprozessordnung 1975 und das Staatsanwaltschaftsgesetz geändert werden (Korruptionsstrafrechtsänderungsgesetz 2009 – KorrStrÄG 2009): KorrStrÄG 2009* (2009).

Interessanterweise sieht das KorrStrÄG 2009 jedoch vor, den Begriff materiell in § 20a Abs. 2 StPO einzufügen.[1202]

Die nicht explizite Verwendung des Begriffs im StGB soll nicht darüber hinwegtäuschen, dass Österreich zu diesem Zeitpunkt nicht bereits über ein Korruptionsstrafrecht verfügt hätte. Das Korruptionsstrafrecht wurde als Überbegriff für alle Straftatbestände angesehen, welche der Korruptionsbekämpfung dienten.[1203]

Neben anderen Strafrechtsänderungsgesetzen wurde das österreichische Korruptionsstrafrecht auch durch das Strafrechtsänderungsgesetz («StrÄG») 2008 adaptiert. Mit diesem Gesetz fanden die Bestimmungen des ZP-StÜK i. Z. m. der Strafbarkeit von Schiedsrichtern Eingang ins österreichische StGB.[1204]

10.2.1.3 KorrStrÄG 2012

Erst 2012, mit dem «*Bundesgesetz, mit dem das StGB und die StPO zur Verbesserung der strafrechtlichen Bekämpfung von Korruption geändert werden*»[1205]

1202 BGBl. Nr. 205/1982, *Bundesgesetz vom 1. April 1982, mit dem die Bestimmungen des Strafgesetzbuches zur Bekämpfung von Mißwirtschaft und Korruption geändert und ergänzt werden (Zweites Antikorruptionsgesetz)* 1982 (n. 1202); 1033 der Beilagen XV. GP – Ausschussbericht Nationalrat Österreich. *Bericht des Justizausschusses über die Regierungsvorlage (724 der Beilagen): Bundesgesetz, mit dem die Bestimmungen des Strafgesetzbuches zur Bekämpfung von Misswirtschaft und Korruption geändert und ergänzt werden (Zweites Antikorruptionsgesetz)* (1982), S. 1; BGBl. I Nr. 98/2009, *Bundesgesetz, mit dem das Strafgesetzbuch, die Strafprozessordnung 1975 und das Staatsanwaltschaftsgesetz geändert werden (Korruptionsstrafrechtsänderungsgesetz 2009 – KorrStrÄG 2009)* 2009 (n. 1203).

1203 8149 der Beilagen zu den Stenographischen Protokollen des Bundesrates. *Bericht des Justizausschusses über den Beschluss des Nationalrates vom 8. Juli 2009 betreffend ein Bundesgesetz, mit dem das Strafgesetzbuch, die Strafprozessordnung 1975 und das Staatsanwaltschaftsgesetz geändert werden (Korruptionsstrafrechtsänderungsgesetz 2009 – KorrStrÄG 2009)* (2009).

1204 8750 der Beilagen zu den Stenographischen Protokollen des Bundesrates. *Bericht des Justizausschusses über den Beschluss des Nationalrates vom 27. Juni 2012 betreffend ein Bundesgesetz, mit dem das Strafgesetzbuch und die Strafprozessordnung 1975 zur Verbesserung der strafrechtlichen Bekämpfung von Korruption geändert werden (Korruptionsstrafrechtsänderungsgesetz 2012 – KorrStrÄG 2012* (2012); BGBl. I Nr. 109/2007. *Bundesgesetz, mit dem das Strafgesetzbuch, die Strafprozessordnung 1975, das Strafvollzugsgesetz, das Bewährungshilfegesetz und das Jugendgerichtsgesetz 1988 geändert werden (Strafrechtsänderungsgesetz 2008): StrÄG 2008* (2007).

1205 BGBl. I Nr. 61/2012, *Bundesgesetz, mit dem das Strafgesetzbuch und die Strafprozessordnung 1975 zur Verbesserung der strafrechtlichen Bekämpfung von Korruption geändert werden* 2012 (n. 66).

(KorrStrÄG 2012), wurde der Begriff *Korruption* explizit ins StGB aufgenommen. Seither ist der Begriff im Titel des 22. Abschnitts zu finden, in dem die Bestimmungen von §§ 302 bis 313 StGB enthalten sind. Nicht alle der darin angeführten Bestimmungen sind jedoch dem Korruptionsstrafrecht hinzuzuzählen. Daneben bestehen noch andere Bestimmungen des StGB, wie § 64 Abs. 1 Z. 2a StGB, die ebenfalls Bestimmungen des Korruptionsstrafrechts darstellen. Auch andere Gesetze enthalten Antikorruptionsbestimmungen. Dementsprechend wurde der Titel des 22. Abschnitts auch weit gefasst und lautet:[1206]

> *«Strafbare Verletzungen der Amtspflicht, Korruption und verwandte strafbare Handlungen»*[1207]

10.2.2 Die Bestimmungen des Antikorruptionsstrafrechts

10.2.2.1 Territoriale Geltung des österreichischen Antikorruptionsstrafrechts

Primär gilt in Österreich das Territorialitätsprinzip als eines der wichtigsten Anwendungsprinzipien des Strafrechts. Dieses sieht vor, dass österreichisches Strafrecht – und damit auch die einschlägigen Antikorruptionsbestimmungen im StGB – grundsätzlich nur dann zur Anwendung gelangt, wenn eine Straftat in Österreich begangen worden ist.[1208] Explizit geht dies aus § 62 StGB hervor,

---

1206 BGBl. I Nr. 61/2012. *Bundesgesetz, mit dem das Strafgesetzbuch und die Strafprozessordnung 1975 zur Verbesserung der strafrechtlichen Bekämpfung von Korruption geändert werden (Korruptionsstrafrechtsänderungsgesetz 2012): KorrStrÄG 2012* (2012), Art. 1 Z. 7; BGBl. Nr. 60/1974, *Bundesgesetz vom 23. Jänner 1974 über die mit gerichtlicher Strafe bedrohten Handlungen* (n. 64), §§ 64, 302-313; Marek/Jerabek, *Korruption, Amtsmissbrauch und Untreue* 2022 (n. 1191), S. 1; 1950/A XXIV. GP. *Antrag der Abgeordneten Mag. Donnerbauer, Dr. Jarolim, Mag. Steinhauser, Grosz Kolleginnen und Kollegen betreffend ein Bundesgesetz, mit dem das Strafgesetzbuch und die Strafprozessordnung 1975 zur Verbesserung der strafrechtlichen Bekämpfung von Korruption geändert werden (Korruptionsstrafrechtsänderungsgesetz 2012 – KorrStrÄG 2012)* (2012), S. 6.

1207 BGBl. I Nr. 61/2012, *Bundesgesetz, mit dem das Strafgesetzbuch und die Strafprozessordnung 1975 zur Verbesserung der strafrechtlichen Bekämpfung von Korruption geändert werden (Korruptionsstrafrechtsänderungsgesetz 2012)* 2012 (n. 1208), Art. 1 Z. 7.

1208 Salimi, Farsam. 'Vor §§ 62–67' In *Wiener Kommentar zum Strafgesetzbuch*, (Hrsg.) Frank Höpfel und Eckart Ratz (Wien: MANZ Verlag Wien, 2. Aufl., 2023), Rz 6-7; Arnauld, *Völkerrecht* 2019 (n. 331), S. 152-153, 392, 595, 615-617.

wonach die «*[…] österreichischen Strafgesetze […] für alle Taten* [gelten], *die im Inland begangen worden sind*».[1209] Die strikte Einhaltung dieses Prinzips würde allerdings in gewissen bedeutsamen bzw. sensiblen Bereichen der nationalen Interessenverfolgung nicht hinreichend Rechnung tragen. Daher sieht Österreich zum Schutz von Individual- und Allgemeinrechtsgütern eine Durchbrechung des strafrechtlichen Territorialitätsgrundsatzes vor. Eine Durchbrechung ist auch dann erforderlich, wenn der Sanktionierung bestimmter Delikte ein überstaatliches Interesse innewohnt. Ein derartiges Interesse kann in Fällen der Korruptionsbekämpfung bejaht werden.[1210]

Daher hat der österreichische Gesetzgeber in §§ 64 ff. StGB vorgesehen, bestimmte Straftaten, wenngleich diese in einem anderen Staat begangen wurden, in jedem Fall unter die Anwendung des österreichischen StGB zu stellen. Die lokal geltenden Strafgesetze werden unter diesem Aspekt von Österreich nicht berücksichtigt. Die Korruptionsbekämpfung dient sowohl nationalen als auch über- bzw. internationalen Interessen. Dass seit dem KorrStrÄG 2012 Korruptionsstrafdelikte, die durch Österreicher oder i. Z. m. österreichischen Amtsträgern und Schiedsrichtern im Ausland verwirklicht wurden, dennoch nach dem österreichischen StGB verfolgt werden, beruht maßgeblich auf internationalen Verpflichtungen.[1211]

Grundsätzlich sind Straftaten, die im Ausland begangen wurden und sich gegen österreichische Beamte, Amtsträger oder Schiedsrichter gerichtet haben, dem österreichischen StGB zu unterstellen. Vorausgesetzt, dass die Tat in Wahrnehmung der Aufgaben oben genannter Personen begangen wurde.[1212]

Sollten die oben genannten Voraussetzungen nicht vorliegen, sind subsidiär im Ausland begangene Amtspflichtverletzungen, Korruptionsdelikte und mit diesen verwandte Delikte – das Gesetz führt diesbezüglich §§ 302 bis 309 StGB an – dem inländischen StGB zu unterstellen, sofern der Täter österreichischer Staatsangehöriger ist oder die Tat zum Vorteil eines inländischen Amtsträgers bzw. Schiedsrichters begangen wurde. Die Voraussetzung der Staatsangehörigkeit muss im

---

1209 BGBl. Nr. 60/1974, *Bundesgesetz vom 23. Jänner 1974 über die mit gerichtlicher Strafe bedrohten Handlungen* (n. 64), § 62.

1210 Salimi, '*Vor §§ 62–67*' 2023 (n. 1210), Rz 19-21.

1211 BGBl. Nr. 60/1974, *Bundesgesetz vom 23. Jänner 1974 über die mit gerichtlicher Strafe bedrohten Handlungen* (n. 64), § 64; Salimi, Farsam. '§ 64' In *Wiener Kommentar zum Strafgesetzbuch*, (Hrsg.) Frank Höpfel und Eckart Ratz (Wien: MANZ Verlag Wien, 2. Aufl., 2023), Rz 28.

1212 BGBl. Nr. 60/1974, *Bundesgesetz vom 23. Jänner 1974 über die mit gerichtlicher Strafe bedrohten Handlungen* (n. 64), § 64 Abs. 1 Z. 2.

Zeitpunkt der Tatbegehung vorgelegen haben.[1213] Für alle im Ausland ausgeübten Straftaten, die nicht von §§ 63 bis 64 StGB erfasst sind, kann unter gewissen Umständen allenfalls § 65 StGB als eine Art Auffangbecken herangezogen werden.[1214]

10.2.2.2 Einteilung der österreichischen Antikorruptionsstrafrechtsbestimmungen

Wie eingangs bereits ausgeführt, kann Korruption allgemein in aktive und passive Korruption unterschieden werden. Korruption kann auch, wie das ZrÜK klar zum Ausdruck bringt, nicht nur im öffentlichen Bereich begangen werden, sondern tritt auch in Bereichen der Privatwirtschaft auf. Nachstehend werden die wesentlichen Korruptionsdelikte des österreichischen Strafrechts diesen Kategorien zugeordnet:

Tabelle 9: Einteilung der Kernbestimmungen des österreichischen Korruptionsstrafrechts[1215]

Einteilung der Kernbestimmungen des österreichischen Korruptionsstrafrechts	
Aktive Korruption	**Passive Korruption**
Korruption im öffentlichen Bereich	
§ 307 StGB (*Bestechung*)	§ 304 StGB (*Bestechlichkeit*)
§ 307a StGB (*Vorteilszuwendung*)	§ 305 StGB (*Vorteilsannahme*)
§ 307b StGB (*Vorteilszuwendung zur Beeinflussung*)	§ 306 StGB (*Vorteilsannahme zur Beeinflussung*)
§ 308 Abs. 2 StGB (*Verbotene Intervention*)	§ 308 Abs. 1 StGB (*Verbotene Intervention*)
Korruption in der Privatwirtschaft	
§ 309 Abs. 1 StGB (*Geschenkannahme und Bestechung von Bediensteten oder Beauftragten*)	§ 309 Abs. 2 StGB (*Geschenkannahme und Bestechung von Bediensteten oder Beauftragten*)

1213 Ibid., § 64 Abs. 1 Z. 2a; Salimi, '*§ 64*' 2023 (n. 1213), Rz 31-36.

1214 BGBl. Nr. 60/1974, *Bundesgesetz vom 23. Jänner 1974 über die mit gerichtlicher Strafe bedrohten Handlungen* (n. 64), § 65; Salimi, Farsam. '§ 65' In *Wiener Kommentar zum Strafgesetzbuch*, (Hrsg.) Frank Höpfel und Eckart Ratz (Wien: MANZ Verlag Wien, 2. Aufl., 2023), §§ 1 ff.

1215 BGBl. Nr. 60/1974, *Bundesgesetz vom 23. Jänner 1974 über die mit gerichtlicher Strafe bedrohten Handlungen* (n. 64), §§ 304-309; Ruhmannseder, Felix. 'Korruptionsprävention' In *Handbuch Corporate Compliance*, (Hrsg.) Felix Ruhmannseder und Norbert Wess (Wien: MANZ'sche Verlags- und Universitätsbuchhandlung, 2022), Rz 9.9-9.10.

Das österreichische Korruptionsstrafrecht wird noch durch die weiteren Korruptionsbestimmung des §§ 133, 153, 153a und 153b, 165, 168b, 168f und168g, 302, 310, 311 und 313 StGB ergänzt. Im Bereich der Privatwirtschaft sind im Besonderen noch §§ 160 und 265 StGB sowie § 10 des «*Bundesgesetzes gegen den unlauteren Wettbewerb*»[1216] («UWG») zu erwähnen.[1217]

10.2.2.3 § 302 StGB: Missbrauch der Amtsgewalt

Die einleitende Bestimmung des 22. Abschnitts bildet die zentrale Bestimmung des öffentlich-rechtlichen Korruptionsstrafrechts. Demnach macht sich ein Beamter strafbar, der wissentlich seine Befugnis missbraucht, im Namen der öffentlichen Hand – i. S. d. Gesetzes – Amtsgeschäfte vornehmen zu können und dabei mit Schädigungsvorsatz handelt. Zum Zweck dieser Bestimmung stellt der Terminus der öffentlichen Hand ein Sammelbegriff dar, zu dem der Bund, das Land, die Gemeinde oder ein Gemeindeverband sowie eine sonstige Person des öffentlichen Rechts hinzuzuzählen sind. Die Tat ist qualifiziert, wenn der Amtsmissbrauch ein Diplomatenverrat darstellt, d.h. i. Z. m. ausländischen Staaten oder zwischen- oder überstaatlichen Einrichtungen begangen wird, oder infolge der Tatbegehung ein Schaden entsteht, der die Wertgrenze von EUR 50.000,00 übersteigt.[1218]

Neben § 303 StGB, der in der Lehre allerdings nicht dem Korruptionsstrafrecht hinzugezählt wird, knüpfen in diesem Abschnitt lediglich § 310 und 311 StGB sowie § 302 StGB an den Beamtenbegriff an. § 302 StGB stellt demnach ein Sonderdelikt des Korruptionsstrafrechts dar. Die anderen öffentlichen Korruptionsstrafrechtsdelikte knüpfen demgegenüber primär an den Amtsträgerbegriff an. Eine Legaldefinition des Beamten ist in § 74 Abs. 1 Z. 4 StGB enthalten.

1216 BGBl. Nr. 448/1984. *Bundesgesetz gegen den unlauteren Wettbewerb 1984: UWG.*

1217 BGBl. Nr. 60/1974, *Bundesgesetz vom 23. Jänner 1974 über die mit gerichtlicher Strafe bedrohten Handlungen* (n. 64), §§ 153, 153a, 153b, 133, 160, 165, 168b, 168f, 168g, 265, 302, 310, 311, 313; BGBl. Nr. 448/1984, *Bundesgesetz gegen den unlauteren Wettbewerb 1984* (n. 1218), § 10.

1218 BGBl. Nr. 60/1974, *Bundesgesetz vom 23. Jänner 1974 über die mit gerichtlicher Strafe bedrohten Handlungen* (n. 64), § 302; Bertel/Schwaighofer, *Österreichisches Strafrecht* 2016 (n. 125), § 302 Rz 31; Bundesministerium für Inneres, Österreich. 'Bundesamt zur Korruptionsprävention und Korruptionsbekämpfung – Das BAK – Rechtliche Grundlagen'. 2023, zugegriffen auf: https://bak.gv.at/102/Rechtliche_Grundlagen.aspx, abgerufen am: 13.02.2023; Wenk, René und Weratschnig, Bernhard. *Amtsmissbrauch und Korruptionsdelikte: Praxiskommentar zu §§ 302 und 304-309 StGB* (Wien: Linde, 2020), § 302 Rz 7-31.

Grob gesprochen handelt es sich dabei um bestellte N. P., denen im Namen der öffentlichen Hand das Recht zur Vornahme von Rechtshandlungen oder zur Wahrnehmung sonstiger öffentlicher Aufgaben verliehen wurden. Diesen gleichgestellte N. P. sind ebenfalls erfasst. § 74 Abs. 1 Z. 4 StGB geht von einem funktionalen Beamtenbegriff aus – auf das Dienstverhältnis kommt es nicht an. Beamte sind demnach im Bereich der Exekutive oder Judikative tätige Personen sowie Personen, die nicht in einem Beschäftigungsverhältnis zur öffentlichen Hand stehen, jedoch zeitweise zur Wahrnehmung hoheitlicher Aufgaben herangezogen werden. Dies umfasst ebenfalls die sogenannten beliehenen Unternehmer, nicht jedoch Personen, die mit selbstständigen Wirtschaftskörpern oder privatrechtlich organisierten Unternehmen in einem Beschäftigungsverhältnis stehen. Im Bereich der Legislative tätige Personen sind von diesem Begriff nicht erfasst.[1219]

Verwirklicht wird das Delikt dadurch, dass der Beamte seine Kompetenz dahingehend missbraucht, indem er einen Hoheitsakt erlässt bzw. an der Erlassung eines Hoheitsaktes durch einen weiteren Beamten beteiligt ist, der mit dem materiellen Recht oder den geltenden dienstrechtlichen bzw. verfahrensrechtlichen Vorschriften im Widerspruch steht. Solange jedoch das Verhalten des Beamten rechtlich vertretbar ist, liegt kein Missbrauch vor. Hoheitsakte müssen öffentlichrechtliche Rechtshandlungen sein. Auch durch Unterlassen kann dieses Delikt begangen werden.[1220]

Auf der inneren Tatseite fordert das Delikt den Vorsatz der Wissentlichkeit, soweit es um den Befugnismissbrauch geht. Hinsichtlich der Schädigung genügt Eventualvorsatz.[1221]

10.2.2.4 §§ 304–306 StGB: Bestechlichkeit | Vorteilsannahme | Vorteilsannahme zur Beeinflussung

Die zentralen nationalen strafrechtlichen Korruptionsbestimmungen bilden i. d. R. die öffentlichen Bestechungsdelikte, welche in Österreich in den

---

1219 BGBl. Nr. 60/1974, *Bundesgesetz vom 23. Jänner 1974 über die mit gerichtlicher Strafe bedrohten Handlungen* (n. 64), §§ 74 Abs. 1 Z. 4 iVm 302, 303; Bertel/Schwaighofer, *Österreichisches Strafrecht* 2016 (n. 125), § 302 Rz 1-5.

1220 BGBl. Nr. 60/1974, *Bundesgesetz vom 23. Jänner 1974 über die mit gerichtlicher Strafe bedrohten Handlungen* (n. 64), § 302; Bertel/Schwaighofer, *Österreichisches Strafrecht* 2016 (n. 125), § 302 Rz 6-12, 15, 18.

1221 BGBl. Nr. 60/1974, *Bundesgesetz vom 23. Jänner 1974 über die mit gerichtlicher Strafe bedrohten Handlungen* (n. 64), § 302; Bertel/Schwaighofer, *Österreichisches Strafrecht* 2016 (n. 125), § 302 Rz 23-25.

§§ 304 bis einschließlich 308 StGB zu finden sind. Diese können wiederum unterteilt werden in die aktiven und passiven sowie in die öffentlichen und privaten Bestechungsdelikte.[1222] Bei den in diesem Abschnitt behandelten Bestechungsdelikten handelt es sich wohlgemerkt um öffentliche, passive Bestechungsdelikte.[1223]

Die Täterschaft wird bei all diesen Delikten an den Amtsträger- und Schiedsrichterbegriff geknüpft, deren Legaldefinitionen aus § 74 Abs. 1 Z. 4a und 3c StGB entnommen werden können. Der Amtsträgerbegriff ist weiter gefasst als der des Beamten. Umfasst werden alle N. P., die für die öffentliche Hand, einer Person des öffentlichen Rechts oder für einen ausländischen Staat bzw. einer internationalen Organisation als Organ oder Dienstnehmer tätig sind und mit Aufgaben in den Bereichen der Legislative, Exekutive sowie der Judikative betraut sind. Daneben sind auch jene N. P. vom Amtsträgerbegriff umfasst, die für Gebietskörperschaften i. S. d. Gesetzes Amtsgeschäfte vornehmen können oder in Unternehmen als Organ oder Bedienstete beschäftigt sind, an welchen sich die öffentliche Hand mit zumindest 50 % am Stamm- bzw. Eigen- oder Grundkapital beteiligt hat. In Umsetzung des ZP-StÜK wurde der Schiedsrichter im Zuge des StrÄG 2008 eingeführt. Umfasst sind Entscheidungsträger eines inländischen Schiedsgerichts (vgl. §§ 577 ff. *Zivilprozessordnung*[1224] («ZPO»)) sowie österreichische Entscheidungsträger ausländischer Schiedsgerichte und allen Schiedsgerichten, deren Sitz bisher noch nicht festgelegt worden ist.[1225]

1222 BGBl. Nr. 60/1974, *Bundesgesetz vom 23. Jänner 1974 über die mit gerichtlicher Strafe bedrohten Handlungen* (n. 64), §§ 304-308; Bertel/Schwaighofer, *Österreichisches Strafrecht* 2016 (n. 125), §§ 302 Rz 1, 304 Rz 2-3.

1223 Bertel/Schwaighofer, *Österreichisches Strafrecht* 2016 (n. 125), § 304 Rz 1, 3.

1224 RGBl. Nr. 113/1895. *Gesetz vom 1. August 1895, über das gerichtliche Verfahren in bürgerlichen Rechtsstreitigkeiten (Zivilprozessordnung): ZPO* (1895).

1225 BGBl. Nr. 60/1974, *Bundesgesetz vom 23. Jänner 1974 über die mit gerichtlicher Strafe bedrohten Handlungen* (n. 64), §§ 74 Abs. 1 Z. 4a, 4c iVm 304; RGBl. Nr. 113/1895, *Gesetz vom 1. August 1895, über das gerichtliche Verfahren in bürgerlichen Rechtsstreitigkeiten (Zivilprozessordnung)* 1895 (n. 1226), §§ 577 ff; ETS No. 191, *Additional Protocol to the Criminal Law Convention on Corruption* 2003 (n. 410); 8750 der Beilagen zu den Stenographischen Protokollen des Bundesrates, *Bericht des Justizausschusses über den Beschluss des Nationalrates vom 27. Juni 2012 betreffend ein Bundesgesetz, mit dem das Strafgesetzbuch und die Strafprozessordnung 1975 zur Verbesserung der strafrechtlichen Bekämpfung von Korruption geändert werden (Korruptionsstrafrechtsänderungsgesetz 2012 – KorrStrÄG 2012* 2012 (n. 1206), S. 1-2, 7; 92/ME XXIII. GP. *Ministerialentwurf – Vorblatt und Erläuterungen zum StrÄG 2008*,

Tathandlungen von §§ 304 bis 306 StGB stellen das Fordern und das Annehmen sowie das Sich-versprechen-lassen eines Vorteils als Gegenleistung für die Vornahme bzw. Unterlassung eines Amtsgeschäfts durch die oben genannten beiden Tätergruppen dar. Der Begriff des Vorteils ist extensiv auszulegen. Er umfasst aus Sicht des Adressaten Vorteile materieller und immaterieller Natur, die objektiv betrachtet nicht mehr als angemessenes Austauschverhältnis qualifiziert werden können. Das österreichische Verständnis der einzelnen zuvor aufgezählten Tathandlungen entspricht dem Verständnis, das auch Art. 3 StÜK den Tathandlungsbegriffen zugrunde legt. Der Vorteil kann für den Täter selbst oder aber auch für einen Dritten bestimmt sein.[1226]

Der Unterschied zwischen der Bestechlichkeit und der Vorteilsannahme besteht darin, dass § 304 StGB aufgrund der pflichtwidrigen Vornahme bzw. Unterlassung eines Amtsgeschäfts verwirklicht wird, während die Vorteilsannahme durch ein pflichtgemäß vorgenommenes bzw. unterlassenes Amtsgeschäft verwirklicht wird. Maßgeblich für die Beurteilung, welches Delikt zur Anwendung gelangt, ist daher, ob das Amtsgeschäft unter Verletzung rechtlicher oder dienstlicher Normen vorgenommen wurde. Auch eine grundsätzlich zulässige Ermessensausübung kann pflichtwidrig sein, wenn die Entscheidung auf unsachlichen Beweggründen beruht. Nicht jeder Vorteil hat *ipso iure* die Strafbarkeit des Amtsträgers bzw. Schiedsrichters zur Folge. Von der Strafbarkeit nicht erfasst sind die in § 305 Abs. 4 StGB definierten gebührlichen Vorteile. Es kann bei derartigen Vorteilen ein Strafausschließungsgrund vorliegen, wenn der Amtsträger nicht aktiv nach dem Vorteil verlangt hat. Neben den Fällen, in denen die Annahme bestimmter Vorteile gesetzlich erlaubt ist, liegt insbesondere dann keine Strafbarkeit vor, wenn

---

S. 4, 6,-8, 17; BGBl. I Nr. 109/2007, *Bundesgesetz, mit dem das Strafgesetzbuch, die Strafprozessordnung 1975, das Strafvollzugsgesetz, das Bewährungshilfegesetz und das Jugendgerichtsgesetz 1988 geändert werden (Strafrechtsänderungsgesetz 2008)* 2007 (n. 1206); Bertel/Schwaighofer, *Österreichisches Strafrecht* 2016 (n. 125), § 304 Rz 4-8; Wenk/Weratschnig, *Amtsmissbrauch und Korruptionsdelikte* 2020 (n. 1220), §§ 304-307b Rz 16-62.

1226 BGBl. Nr. 60/1974, *Bundesgesetz vom 23. Jänner 1974 über die mit gerichtlicher Strafe bedrohten Handlungen* (n. 64), §§ 304-306; Bertel/Schwaighofer, *Österreichisches Strafrecht* 2016 (n. 125), § 304 Rz 9-12. § 305 Rz 2-4. § 306 Rz 3; Council of Europe, *Explanatory Report to the Criminal Law Convention on Corruption* 1999 (n. 407), Rz 40-43.

der Vorteil als eine «*[...] orts- oder landesübliche Aufmerksamkeiten von geringem Wert[...]*»[1227] einzustufen ist und keine gewerbsmäßige Tatbegehung vorliegt.[1228]

§ 306 StGB unterscheidet sich von den anderen beiden öffentlich, passiven Bestechungsdelikten dadurch, dass der Vorteil für ein künftiges und bislang nicht konkretes Amtsgeschäft gefordert, angenommen oder versprochen wird. Abermals können geringfügige Vorteile, sofern keine Gewerbsmäßigkeit vorliegt, straffrei angenommen oder in Aussicht gestellt werden.[1229]

Die zuvor genannten Delikte können auch qualifiziert begangen werden, wenn der Vorteil die normierten Wertgrenzen übersteigt.[1230] Die innere Tatseite hat sich auf alle äußeren Tatbestandselemente zu beziehen.[1231]

10.2.2.5 §§ 307–307b StGB: Bestechung | Vorteilszuwendung | Vorteilszuwendung zur Beeinflussung

Die nachfolgenden §§ 307 bis 307b StGB stellen die öffentlichen, aktiven Bestechungsdelikte dar und sind das Pendant zu §§ 304 bis 306 StGB.[1232] Soweit in diesem Abschnitt daher nicht anders ausgeführt, kann auf die vorherigen Ausführungen verwiesen werden.

Hinsichtlich der Tätereigenschaft bestehen nicht dieselben Einschränkungen, wie sie bei den passiven Bestechungsdelikten gegeben sind. Die Delikte können von jeder Person begangen werden und werden verwirklicht, wenn sie einem Amtsträger bzw. Schiedsrichter einen Vorteil anbieten, versprechen oder gewähren, aufgrund dessen dieser eine zugunsten des Täters oder eines Dritten gerichtete Amtshandlung vornimmt oder unterlässt. Dasselbe gilt für diejenigen, die

---

1227 Bertel/Schwaighofer, *Österreichisches Strafrecht* 2016 (n. 125), § 305 Rz 4; BGBl. Nr. 60/1974, *Bundesgesetz vom 23. Jänner 1974 über die mit gerichtlicher Strafe bedrohten Handlungen* (n. 64), § 305 Abs. 4 Z. 3.

1228 BGBl. Nr. 60/1974, *Bundesgesetz vom 23. Jänner 1974 über die mit gerichtlicher Strafe bedrohten Handlungen* (n. 64), §§ 304-305; Bertel/Schwaighofer, *Österreichisches Strafrecht* 2016 (n. 125), § 304 Rz 11-12. § 305 Rz 2-4.

1229 BGBl. Nr. 60/1974, *Bundesgesetz vom 23. Jänner 1974 über die mit gerichtlicher Strafe bedrohten Handlungen* (n. 64), § 306; Bertel/Schwaighofer, *Österreichisches Strafrecht* 2016 (n. 125), § 306 Rz 1, 3, 5; § 307b Rz 2.

1230 BGBl. Nr. 60/1974, *Bundesgesetz vom 23. Jänner 1974 über die mit gerichtlicher Strafe bedrohten Handlungen* (n. 64), §§ 304 Abs. 2-3, 305 Abs. 3, 306 Abs. 2.

1231 Ibid., §§ 304-306; Bertel/Schwaighofer, *Österreichisches Strafrecht* 2016 (n. 125), § 304 Rz 13. § 305 Rz 5. § 306 Rz 3.

1232 BGBl. Nr. 60/1974, *Bundesgesetz vom 23. Jänner 1974 über die mit gerichtlicher Strafe bedrohten Handlungen* (n. 64), §§ 304-307b; Bertel/Schwaighofer, *Österreichisches Strafrecht* 2016 (n. 125), § 304 Rz 3, § 307 Rz 1.

einem Sachverständigen auf die zuvor beschriebene Weise einen Vorteil zukommen lassen, damit dieser ein vorteilhaftes, unrichtiges Gutachten oder einen unrichtigen Befund ausstellt. Auch bei den öffentlichen, aktiven Bestechungsdelikten kann grundsätzlich das Verständnis des StÜK herangezogen werden. Die soeben beschriebenen Tathandlungen entsprechen den in Art. 2 StÜK beschriebenen Tathandlungen.[1233]

Ähnlich wie bei §§ 304 und 305 StGB lassen sich auch §§ 307 und 307a StGB anhand des Kriteriums der Pflichtwidrigkeit unterscheiden. Im Falle der Bestechung muss der Amtsträger bzw. Schiedsrichter pflichtwidrig handeln, während er bei der Vorteilszuwendung pflichtgemäß handelt.[1234]

Die Delikte der Vorteilszuwendung und der Vorteilszuwendung zur Beeinflussung werden verwirklicht, wenn ein ungebührlicher Vorteil vorliegt. Im Gegensatz zu § 306 StGB sieht § 307b StGB jedoch keine Straffreiheit für geringfügige Vorteile vor.[1235]

10.2.2.6 § 308 StGB: Verbotene Intervention

§ 308 StGB gelangt nur subsidiär zur Anwendung, wenn die konkrete Tat nicht bereits anderen Strafbestimmungen mit höheren Strafsätzen unterliegt. Die Strafnorm wird verwirklicht, wenn durch die Begehung einer in §§ 304 bis 307b StGB genannten Tathandlungen ein «*[...] ungebührlicher Einfluss auf die Entscheidungsfindung eines Amtsträgers oder eines Schiedsrichters [...]*»[1236] genommen werden soll.[1237]

Zur Feststellung, wann eine ungebührliche Einflussnahme vorliegt, enthält § 308 Abs. 4 StGB eine Legaldefinition. Demnach kann diese unter zwei Umständen vorliegen. Entweder zielt die Einflussnahme darauf ab, den Amtsträger

---

1233 BGBl. Nr. 60/1974, *Bundesgesetz vom 23. Jänner 1974 über die mit gerichtlicher Strafe bedrohten Handlungen* (n. 64), §§ 307-307b; Bertel/Schwaighofer, *Österreichisches Strafrecht* 2016 (n. 125), § 307 Rz 1-4; § 307a Rz 1-3; § 307b Rz 2.

1234 BGBl. Nr. 60/1974, *Bundesgesetz vom 23. Jänner 1974 über die mit gerichtlicher Strafe bedrohten Handlungen* (n. 64), §§ 307-307a; Bertel/Schwaighofer, *Österreichisches Strafrecht* 2016 (n. 125), § 307 Rz 3; § 307a Rz 2.

1235 BGBl. Nr. 60/1974, *Bundesgesetz vom 23. Jänner 1974 über die mit gerichtlicher Strafe bedrohten Handlungen* (n. 64), §§ 306, 307a-307b; Bertel/Schwaighofer, *Österreichisches Strafrecht* 2016 (n. 125), § 307a Rz 2; § 307b Rz 2.

1236 BGBl. Nr. 60/1974, *Bundesgesetz vom 23. Jänner 1974 über die mit gerichtlicher Strafe bedrohten Handlungen* (n. 64), § 308 Abs. 1, 2.

1237 Ibid., §§ 304-307b, 308 Abs. 1-2; Bertel/Schwaighofer, *Österreichisches Strafrecht* 2016 (n. 125), § 308 Rz 1-2, 4.

bzw. Schiedsrichter zu einem pflichtwidrig vorzunehmenden Amtsgeschäft zu bewegen bzw. ein pflichtgemäßes Amtsgeschäft zu unterlassen, oder die Einflussnahme steht i. Z. m. einem ungebührlichen Vorteil.[1238]

Die Tat ist mit höheren Strafen sanktioniert, wenn der Vorteil gewisse Wertgrenzen übersteigt.[1239] Daneben müssen alle äußeren Tatbestandselemente ebenso auf der inneren Tatseite erfüllt sein.[1240]

10.2.2.7 § 309 StGB: Geschenkannahme und Bestechung von Bediensteten bzw. Beauftragten[1241]

Das österreichische Korruptionsstrafrecht umfasst ebenfalls die aktive sowie passive Bestechung im privaten Bereich. Geregelt sind diese in § 309 StGB. Mit der Sanktionierung der aktiven sowie auch der passiven Bestechung im privaten Bereich entspricht das österreichische Strafrecht auch den Vorgaben im StÜK i. S. v. Art. 7 und 8 StÜK.[1242]

In § 309 Abs. 1 StGB wird die passive Bestechung sanktioniert. Das Delikt wird durch Bedienstete oder Beauftragte von Unternehmen als Täter ausgeführt. Weisungsgebundene Arbeitnehmer sowie Geschäftsführer sind unter den Begriff der Bediensteten zu subsumieren. Beauftragte sind jene Personen, die Rechtshandlungen mit Wirkung für das Unternehmen vornehmen und aufgrund dieser Kompetenz Einfluss auf die betrieblichen Entscheidungen nehmen können. Der Unternehmensbegriff entspricht der Definition gemäß § 1 Abs. 2 *Unternehmensgesetzbuch*[1243] («UGB»). Die Tathandlungen entsprechen jenen, wie sie in § 304 StGB umschrieben sind.[1244]

1238 BGBl. Nr. 60/1974, *Bundesgesetz vom 23. Jänner 1974 über die mit gerichtlicher Strafe bedrohten Handlungen* (n. 64), § 308 Abs. 4.

1239 Ibid., § 308 Abs. 3; Bertel/Schwaighofer, *Österreichisches Strafrecht* 2016 (n. 125), § 308 Rz 3.

1240 BGBl. Nr. 60/1974, *Bundesgesetz vom 23. Jänner 1974 über die mit gerichtlicher Strafe bedrohten Handlungen* (n. 64), § 308; Bertel/Schwaighofer, *Österreichisches Strafrecht* 2016 (n. 125), § 308 Rz 2.

1241 BGBl. Nr. 60/1974, *Bundesgesetz vom 23. Jänner 1974 über die mit gerichtlicher Strafe bedrohten Handlungen* (n. 64), § 309.

1242 Bertel/Schwaighofer, *Österreichisches Strafrecht* 2016 (n. 125), § 309 Rz 1.

1243 dRGBl. S 219/1897. *Bundesgesetz über besondere zivilrechtliche Vorschriften für Unternehmen (Unternehmensgesetzbuch): UGB* (1939).

1244 BGBl. Nr. 60/1974, *Bundesgesetz vom 23. Jänner 1974 über die mit gerichtlicher Strafe bedrohten Handlungen* (n. 64), §§ 304, 309 Abs. 1; dRGBl. S 219/1897, *Bundesgesetz über besondere zivilrechtliche Vorschriften für Unternehmen (Unternehmensgesetzbuch)* 1939 (n. 1245), § 1 Abs. 2; Bertel/Schwaighofer, *Österreichisches Strafrecht* 2016

Der nachfolgende Abs. 2 sanktioniert hingegen die aktive Bestechung, wenn durch die in § 307 StGB umschriebenen Tathandlungen Bediensteten oder Beauftragen von Unternehmen Vorteile gewährt oder zugesichert werden sollen. Die aktive Bestechung im privaten Bereich kann nach österreichischem StGB von jedermann begangen werden.[1245]

Entscheidend ist, dass die Tathandlungen «*[…] im geschäftlichen Verkehr […]*»[1246], somit aus Sicht des involvierten Unternehmens mit Wirkung nach außen gesetzt werden. Ebenfalls kann § 309 StGB, sofern auch die innere Tatseite erfüllt ist, nur verwirklicht werden, wenn die Tat unter Verletzung geltender Bestimmungen oder unter Missachtung etwaiger Weisungen pflichtwidrig begangen wurde.[1247]

10.2.2.8 § 310 StGB: Verletzung des Amtsgeheimnisses

Wie auch bei § 302 StGB handelt es sich auch bei diesem Delikt um ein Sonderdelikt, das bei der Tätereigenschaft – neben den Europol-Bediensteten – ebenfalls an den Beamtenbegriff gemäß § 74 Abs. 1 Z. 4 StGB anknüpft.[1248]

§ 310 StGB wird von gegenwärtig bestellten oder bereits ausgeschiedenen Beamten bzw. Europol-Bediensteten i. S. d. Abs. 2a begangen, die geheime Informationen offenbaren oder verwerten. Hinsichtlich der Informationen wird vorausgesetzt, dass der Täter nur aufgrund seines Amtes von diesen Informationen Kenntnis erlangt hat und deren Bekanntmachung gegenüber Dritten geeignet ist, öffentliche oder berechtigte private Interessen zu beeinträchtigen.[1249]

§ 310 StGB stellt somit auf einen materiellen Geheimnisbegriff ab. Allgemeine Informationen, die i. Z. m. der Vollziehung der amtlichen Aufgaben oder aufgrund der Amtsstellung per se erlangt wurden, fallen nicht darunter. Sie müssen

---

(n. 125), § 309 Rz 1-3; Wenk/Weratschnig, *Amtsmissbrauch und Korruptionsdelikte* 2020 (n. 1220), § 309 Rz 8.

1245 BGBl. Nr. 60/1974, *Bundesgesetz vom 23. Jänner 1974 über die mit gerichtlicher Strafe bedrohten Handlungen* (n. 64), §§ 307, 309 Abs. 2; Bertel/Schwaighofer, *Österreichisches Strafrecht* 2016 (n. 125), § 309 Rz 2-3.

1246 BGBl. Nr. 60/1974, *Bundesgesetz vom 23. Jänner 1974 über die mit gerichtlicher Strafe bedrohten Handlungen* (n. 64), § 309.

1247 Ibid.; Bertel/Schwaighofer, *Österreichisches Strafrecht* 2016 (n. 125), § 309 Rz 4-5.

1248 BGBl. Nr. 60/1974, *Bundesgesetz vom 23. Jänner 1974 über die mit gerichtlicher Strafe bedrohten Handlungen* (n. 64), §§ 74 Abs. 1 Z. 4; 302; 310 Abs. 1-2; Bertel/Schwaighofer, *Österreichisches Strafrecht* 2016 (n. 125), § 310 Rz 1.

1249 BGBl. Nr. 60/1974, *Bundesgesetz vom 23. Jänner 1974 über die mit gerichtlicher Strafe bedrohten Handlungen* (n. 64), § 310 Abs. 1-2.

geeignet sein, öffentliche (Art. 20 Abs. 3 B-VG) und berechtigte private Interessen zu verletzen. Ob es tatsächlich zu einer Interessenverletzung kommt, ist nicht entscheidend.[1250]

Diese Geheimnisse müssen durch den Täter offenbart, d.h. Personen mitgeteilt werden, denen die mitgeteilten Informationen wohl bisher unbekannt waren. Diese Informationen werden durch den Täter zwecks Erlangung wirtschaftlicher Vorteile verwertet.[1251]

Auf der inneren Tatseite muss der Täter mit dem Vorsatz handeln, derartige interne Geheimnisse zu offenbaren und zu verwerten. Sein Vorsatz muss sich zudem darauf erstrecken, dass diese Geheimnisse geeignet sein können, öffentliche oder berechtigte private Interessen zu verletzen.[1252]

§ 310 Abs. 3 StGB sieht eine Privilegierung bei verfassungsgefährdenden Tatsachen vor.[1253]

10.2.2.9 § 311 StGB: Falsche Beurkundung und Beglaubigung im Amt

Dieses Strafdelikt stellt die öffentliche Beurkundung falscher Rechte, rechtlicher Verhältnisse oder Tatsachen bzw. die fälschliche Anbringung öffentlicher Beglaubigungszeichen an Sachen unter Strafe, wenn dies vom Beamten mit dem Vorsatz durchgeführt wird, die Urkunde oder Sache im Rechtsverkehr einzusetzen.[1254]

Täter kann i. S. d. § 311 StGB nur ein Beamter sein. Nur die unwahre Beurkundung in öffentlichen Urkunden verwirklicht dieses Delikt. Bei Hinzutreten eines Schädigungsvorsatzes wird es jedoch durch § 302 StGB verdrängt.[1255]

1250 Ibid., § 310; BGBl. Nr. 1/1930, *Bundes-Verfassungsgesetz* 1945 (n. 62), Art. 20 Abs. 3; Bertel/Schwaighofer, *Österreichisches Strafrecht* 2016 (n. 125), § 310 Rz 2-4.

1251 BGBl. Nr. 60/1974, *Bundesgesetz vom 23. Jänner 1974 über die mit gerichtlicher Strafe bedrohten Handlungen* (n. 64), § 310; Bertel/Schwaighofer, *Österreichisches Strafrecht* 2016 (n. 125), § 310 Rz 2.

1252 BGBl. Nr. 60/1974, *Bundesgesetz vom 23. Jänner 1974 über die mit gerichtlicher Strafe bedrohten Handlungen* (n. 64), § 310; Bertel/Schwaighofer, *Österreichisches Strafrecht* 2016 (n. 125), § 310 Rz 5.

1253 BGBl. Nr. 60/1974, *Bundesgesetz vom 23. Jänner 1974 über die mit gerichtlicher Strafe bedrohten Handlungen* (n. 64), § 310 Abs. 3; Bertel/Schwaighofer, *Österreichisches Strafrecht* 2016 (n. 125), § 310 Rz 6.

1254 BGBl. Nr. 60/1974, *Bundesgesetz vom 23. Jänner 1974 über die mit gerichtlicher Strafe bedrohten Handlungen* (n. 64), § 311 StGB.

1255 Ibid., §§ 74 Abs. 1 Z. 4; 302 iVm 311; Bertel/Schwaighofer, *Österreichisches Strafrecht* 2016 (n. 125), § 311 Rz 1-6.

Der Vorsatz auf der inneren Tatseite bezieht sich nicht nur auf die Tathandlung, sondern darüber hinaus auf den Gebrauch der unwahren Urkunde oder Sache als falschen Beweis im Rechtsverkehr.[1256]

10.2.2.10 § 153 StGB: Untreue

Das Delikt der Untreue reiht sich ebenso in den Katalog der strafrechtlichen Korruptionsdelikte ein, auch wenn es nicht im 22. Abschnitt des StGB angeführt ist. Allerdings lassen sich aktive Korruptionshandlungen des Befugnisinhabers bzw. Machthabers per se nicht unter den Begriff des Befugnismissbrauchs nach § 153 StGB subsumieren. Eine Subsumtion wäre hingegen bei Auftreten zusätzlicher Elemente – wie einer internen Weisungsverletzung – möglich, die den Vermögensschutz des Befugnisgebers bzw. Machtgebers betreffen. Möglich wäre eine Subsumption auch, wenn es der Befugnisnehmer unterlässt, auf den größtmöglichen Nutzen des Machtgebers hinzuwirken.[1257]

Der Befugnismissbrauch von Amtsträgern und Beamten bei Tätigkeiten, die der Privatwirtschaftsverwaltung zuzuordnen sind und daher kein hoheitliches Handeln darstellen, können das Delikt der Untreue nach § 153 StGB verwirklichen. Ebenso wie der Amtsmissbrauch gehört auch die Untreue zu den Missbrauchstatbeständen.[1258]

Täter ist, wem die Verfügungsbefugnis über fremdes Vermögen oder eine Drittverpflichtungsbefugnis zusteht. Strafbar macht sich der Täter dadurch, dass er von dieser Befugnis in missbräuchlicher Weise Gebrauch macht und dadurch einen Schaden im Vermögen des Befugnisgebers bzw. des Machtgebers bewirkt. Im Falle eines Beamten i. S. d. § 74 Abs. 1 Z. 4 StGB kann das Delikt erfüllt werden, wenn ihm die Befugnis zukommt, den Rechtsträger, in dessen Vermögen sich der Vermögensschaden zu manifestieren hat, vermögensrechtlich zu berechtigen

---

1256 BGBl. Nr. 60/1974, *Bundesgesetz vom 23. Jänner 1974 über die mit gerichtlicher Strafe bedrohten Handlungen* (n. 64), § 311; Bertel/Schwaighofer, *Österreichisches Strafrecht* 2016 (n. 125), § 311 Rz 7.

1257 BGBl. Nr. 60/1974, *Bundesgesetz vom 23. Jänner 1974 über die mit gerichtlicher Strafe bedrohten Handlungen* (n. 64), § 153; Marek/Jerabek, *Korruption, Amtsmissbrauch und Untreue* 2022 (n. 1191), S. 76-77; OGH. 'RS0094918', 13Os13/76; 10Os61/77; 10Os64/77; 10Os123/78; 12Os156/79; 13Os142/80; 11Os81/84; 13Os195/83; 13Os34/84; 10Os211/84; 9Os39/86; 11Os10/94; 15Os211/98; 14Os10/99; 14Os107/99; 14Os37/02; 11Os103/04; 14Os80/10m; 11Os104/21k (2022), RS0094918.

1258 BGBl. Nr. 60/1974, *Bundesgesetz vom 23. Jänner 1974 über die mit gerichtlicher Strafe bedrohten Handlungen* (n. 64), § 153; Marek/Jerabek, *Korruption, Amtsmissbrauch und Untreue* 2022 (n. 1191), S. 73-74.

bzw. verpflichten und sich diese Befugnis auf die Privatwirtschaftsverwaltung erstreckt.[1259]

Was unter einem Befugnismissbrauch i. S. d. § 153 StGB zu verstehen ist, wird in Abs. 2 definiert. Demnach wird ein Befugnismissbrauch durch denjenigen begangen, der «*[...] in unvertretbarer Weise gegen solche Regeln verstößt, die dem Vermögensschutz des wirtschaftlich Berechtigten dienen*».[1260] Durch eine faktische Handlung kann dieses Delikt nicht begangen werden. Der Missbrauch muss in Form einer Rechtshandlung erfolgen.[1261]

Die innere Tatseite fordert zur Verwirklichung des Delikts Wissentlichkeit hinsichtlich des Befugnismissbrauchs und Eventualvorsatz hinsichtlich des Vermögensschadens.[1262]

Die Tat ist qualifiziert mit max. drei bzw. zehn Jahren zu bestrafen, wenn der Schaden die Wertgrenzen von EUR 5.000,00 bzw. EUR 300.000,00 übersteigt.[1263]

10.2.2.11 § 153a StGB: Geschenkannahme durch Machthaber[1264]

Das in § 153a StGB normierte Delikt stellt eine Art Auffangtatbestand für strafbare Handlungen dar, die nicht unter das Delikt der Untreue nach § 153 StGB subsumiert werden können. Das Delikt wird durch die pflichtwidrige Nichtabführung eines nicht geringfügigen Vermögensvorteils bewirkt. Die Tätereigenschaft ist grundsätzlich mit jener in § 153 StGB ident. Dies mit der Ausnahme, dass § 153a StGB nicht von einem Amtsträger begangen werden kann. Für diese Tätergruppen sind die Tatbestände des §§ 304 ff. StGB vorgesehen.[1265]

1259 BGBl. Nr. 60/1974, *Bundesgesetz vom 23. Jänner 1974 über die mit gerichtlicher Strafe bedrohten Handlungen* (n. 64), § 153; Marek/Jerabek, *Korruption, Amtsmissbrauch und Untreue* 2022 (n. 1191), S. 74.

1260 BGBl. Nr. 60/1974, *Bundesgesetz vom 23. Jänner 1974 über die mit gerichtlicher Strafe bedrohten Handlungen* (n. 64), § 153 Abs. 2.

1261 Marek/Jerabek, *Korruption, Amtsmissbrauch und Untreue* 2022 (n. 1191), S. 76-78.

1262 BGBl. Nr. 60/1974, *Bundesgesetz vom 23. Jänner 1974 über die mit gerichtlicher Strafe bedrohten Handlungen* (n. 64), § 153; Marek/Jerabek, *Korruption, Amtsmissbrauch und Untreue* 2022 (n. 1191), S. 80.

1263 BGBl. Nr. 60/1974, *Bundesgesetz vom 23. Jänner 1974 über die mit gerichtlicher Strafe bedrohten Handlungen* (n. 64), § 153.

1264 Ibid., § 153a.

1265 Ibid., §§ 153-153a; Bertel/Schwaighofer, *Österreichisches Strafrecht* 2016 (n. 125), § 153a Rz 1-2, 4-5; Marek/Jerabek, *Korruption, Amtsmissbrauch und Untreue* 2022 (n. 1191), S. 165.

10.2.2.12 § 153b StGB: Förderungsmissbrauch

Auch der Förderungsmissbrauch nach § 153b StGB kommt als Korruptionsdelikt infrage und wird durch einen Förderungsempfänger bzw. einen leitenden Angestellten eines Rechtsgebildes begangen, das den eigentlichen Förderungsempfänger darstellt. Durch die Zweckentfremdung der Förderungen wird das Delikt erst verwirklicht. Das heißt, dass die Förderungen zu anderen Zwecken eingesetzt werden, als für die sie gewährt wurden. Förderungen wiederum sind Zuwendungen, die aus öffentlichen Haushalten gemäß Abs. 5 gewährt werden.[1266]

10.2.2.13 § 168b: Wettbewerbsbeschränkende Absprachen bei Vergabeverfahren

Dieses Delikt stellt ein abstraktes Gefährdungsdelikt dar und sanktioniert seit dessen Aufnahme im Zuge der Kartellgesetznovelle 2002 im Grunde wettbewerbswidrige Abreden i. Z. m. der Teilnahme an Vergabeverfahren.[1267]

Strafbar macht sich derjenige, der mit dem Vorsatz, im Vergabeverfahren den Zuschlag zu erhalten, eine im Gesetz genannte und auf einer oben genannten Abrede beruhenden Mitwirkungshandlung setzt.[1268]

10.2.2.14 §§ 168f und 168g StGB: Ausgabenseitiger Betrug bzw. Missbräuchliche Verwendung von Mitteln und Vermögenswerten zum Nachteil der finanziellen Interessen der EU[1269]

Bei § 168f StGB handelt es sich wiederum um ein Allgemeindelikt, das von Personen begangen wird, die EU-Mittel in der in Abs. 1 Z. 1–2 sowie Abs. 2 beschriebenen Weise verwenden. Abs. 3 und 4 sehen höhere Strafdrohungen vor, wenn die

---

1266 BGBl. Nr. 60/1974, *Bundesgesetz vom 23. Jänner 1974 über die mit gerichtlicher Strafe bedrohten Handlungen* (n. 64), § 153b; Marek/Jerabek, *Korruption, Amtsmissbrauch und Untreue* 2022 (n. 1191), S. 165; Bertel/Schwaighofer, *Österreichisches Strafrecht* 2016 (n. 125), § 153b Rz 1-3.

1267 BGBl. Nr. 60/1974, *Bundesgesetz vom 23. Jänner 1974 über die mit gerichtlicher Strafe bedrohten Handlungen* (n. 64), § 168b; Marek/Jerabek, *Korruption, Amtsmissbrauch und Untreue* 2022 (n. 1191), S. 166; Bertel/Schwaighofer, *Österreichisches Strafrecht* 2016 (n. 125), § 168b Rz 1-4.

1268 BGBl. Nr. 60/1974, *Bundesgesetz vom 23. Jänner 1974 über die mit gerichtlicher Strafe bedrohten Handlungen* (n. 64), § 168b; Marek/Jerabek, *Korruption, Amtsmissbrauch und Untreue* 2022 (n. 1191), S. 166; Bertel/Schwaighofer, *Österreichisches Strafrecht* 2016 (n. 125), § 168b Rz 2-3.

1269 BGBl. Nr. 60/1974, *Bundesgesetz vom 23. Jänner 1974 über die mit gerichtlicher Strafe bedrohten Handlungen* (n. 64), §§ 168f-168g.

Schadenssumme i. H. v. EUR 5.000,00 bzw. EUR 100.000,00 und EUR 300.000,00 überschritten wird. Sanktioniert wird, wer i. Z. m. EU-Mitteln einen Subventionsbetrug, Förderungsmissbrauch oder einen Betrug begeht, der in Verbindung mit einer Auftragsvergabe steht. Die beiden erstgenannten Fälle sind hingegen vergabeunabhängig.[1270]

Im Unterschied dazu stellt § 168g StGB ein beschränktes Sonderdelikt dar. Die Tat kann nur durch Amtsträger begangen werden, die EU-Mittel verwalten und die EU durch deren missbräuchliche Verwendung in finanzieller Hinsicht schädigen. Das Delikt sieht ebenfalls Qualifikationen vor und wendet dieselben Wertgrenzen wie der zuvor behandelte § 168f StGB an.[1271]

10.2.2.15 § 313 StGB: Strafbare Handlung unter Ausnützung einer Amtsstellung

Abschließend soll noch kurz auf § 313 StGB eingegangen werden. Hierbei handelt es sich um kein Korruptionsstrafrechtsdelikt, sondern um eine Strafrahmen- sowie Strafbemessungsvorschrift.[1272]

Die Bestimmung sieht vor, dass die Freiheits- und Geldstrafe eines Delikts, das durch einen Beamten begangen worden ist, um die Hälfte der max. vorgesehenen angedrohten Strafe erhöht werden kann. Im Falle einer Freiheitsstrafe liegt die Höchstgrenze allerdings bei zwanzig Jahren. Voraussetzung hierfür ist, dass der Beamte eine günstige Gelegenheit ausgenutzt hat, die sich aufgrund seiner Amtstätigkeit ergeben hat. Diese Gelegenheit schuf somit für den Beamten eine im Vergleich zu einem sonstigen Dritten günstigere Ausgangslage, um eine strafrechtlich relevante Tat zu begehen.[1273] Derartige Delikte, die allein aufgrund der Tätereigenschaft als Beamter mit strengerer Strafe bedroht sind, werden in der Literatur auch als unechte Amtsdelikte bezeichnet.[1274]

1270 Ibid., § 168f; Marek/Jerabek, *Korruption, Amtsmissbrauch und Untreue* 2022 (n. 1191), S. 166-167.

1271 BGBl. Nr. 60/1974, *Bundesgesetz vom 23. Jänner 1974 über die mit gerichtlicher Strafe bedrohten Handlungen* (n. 64), § 168g; Marek/Jerabek, *Korruption, Amtsmissbrauch und Untreue* 2022 (n. 1191), S. 167.

1272 Marek/Jerabek, *Korruption, Amtsmissbrauch und Untreue* 2022 (n. 1191), S. 82.

1273 BGBl. Nr. 60/1974, *Bundesgesetz vom 23. Jänner 1974 über die mit gerichtlicher Strafe bedrohten Handlungen* (n. 64), § 313; Marek/Jerabek, *Korruption, Amtsmissbrauch und Untreue* 2022 (n. 1191), S. 82.

1274 Marek/Jerabek, *Korruption, Amtsmissbrauch und Untreue* 2022 (n. 1191), S. 82.

11. Mängel und Reformbedarf in Österreich unter Berücksichtigung der fünften Evaluierungsrunde

11.1 Einleitung

Die rechtliche und faktische Situation in Österreich i. Z. m. Korruptionsbekämpfung war bereits Gegenstand der bisher eingeleiteten fünf Evaluierungsrunden. Von diesen sind lediglich die ersten drei Evaluierungsrunden für Österreich beendet worden, wobei im Falle dieses Mitglieds die erste und zweite Evaluierungsrunde zusammen behandelt wurden.[1275] Der Evaluierungsbericht zur fünften Evaluierungsrunde wurde durch die GRECO auf deren 92. Plenarversammlung, die vom 28. November bis 2. Dezember 2022 abgehalten wurde, angenommen und bereits an Österreich zur Umsetzung der darin enthaltenen Empfehlungen übermittelt. Die Übermittlung des Situationsberichts wurde auf Juni 2024 festgesetzt.[1276]

Anfang des Jahres 2023 wurde der angenommene Evaluierungsbericht zur fünften Evaluierungsrunde, die per 1. Januar 2017 eingeleitet wurde, vom österreichischen Delegationsleiter an die österreichischen Behörden übermittelt.[1277] Am 13. Januar 2023 machte die österreichische Medienlandschaft auf den jüngsten Evaluierungsbericht der GRECO mit Schlagzeilen wie «*Korruption: GRECO stellt Österreich schlechtes Zeugnis aus*»[1278], «*Grobe Mängel bei Korruptionsbekämpfung*»[1279] oder «*Korruption: Schlechtes Zeugnis für Österreich*»[1280] aufmerksam. Wie die soeben erwähnten Schlagzeilen vermuten lassen, wurden die Ausführungen der

1275 GRECO, *GrecoRC-I/II(2010)1EZusatz* 2012 (n. 1181), Rz 76; GRECO, *GrecoRC3(2016)1* 2016 (n. 1085), Rz 56; GRECO. *GreocRC4(2021)19: Zweiter vorläufiger Umsetzungsbericht Österreich zur vierten Evaluierungsrunde* (2021), Rz 86.

1276 Grabher, Renate und Schmid, Fabian. 'Europarat stellt Österreich ein schlechtes Zeugnis bei der Korruptionsbekämpfung aus'. *DER STANDARD* (13.01.2023).

1277 GRECO, *GrecoEval5Rep(2022)1* 2022 (n. 29), Rz 11.

1278 ORF.at/Agenturen. 'Korruption: GRECO stellt Österreich schlechtes Zeugnis aus'. *ORF.at* (13.01.2023).

1279 ORF.at/Agenturen. 'GRECO zu Österreich: Grobe Mängel bei Korruptionsbekämpfung'. *ORF.at* (13.01.2023).

1280 krone.at. 'Europarat-Bericht – Korruption: Schlechtes Zeugnis für Österreich'. *Krone.at* (13.01.2023).

GRECO zu Österreich als sehr negativ wahrgenommen. Da half es auch nichts, dass gerade einmal ein Tag zuvor die österreichische Justizministerin und die Kanzleramtsministerin den Gesetzesentwurf zur Reform des Korruptionsstrafrechts, das KorrStÄG 2023,[1281] vorgestellt haben. Letztere hat den Entwurf sogar als künftig «*[…] strengstes Antikorruptionsgesetz der Welt […]*»[1282] bezeichnet.[1283]

Aufgrund des Ergebnisses der fünften Evaluierungsrunde bewertete DER STANDARD die aktuellen österreichischen Antikorruptionsmaßnahmen, genauer die der Prüfung unterworfenen einschlägigen Themenbereiche, bestenfalls gerade einmal mit einem Genügend. Er stellte somit ein insgesamt negatives Zeugnis über die vorherrschenden nationalen Antikorruptionsmaßnahmen aus. Dies ergebe sich nach *Schmid* aus einer langen Mängelliste sowie den vielen Empfehlungen, die Österreich übermittelt wurden. Einige dieser Empfehlungen beschrieb der Autor sogar als revolutionär und sah als Reaktion Österreichs auf diesen Bericht in letzter Konsequenz lediglich die Möglichkeit, dass «*[…] in Österreich nicht weniger ein radikal neu gedachtes Verständnis von Korruption und deren Bekämpfung sowie Prävention nötig ist*».[1284]

Der Evaluierungsbericht wurde am 1. März 2023 der Öffentlichkeit schließlich zugänglich gemacht. Für die Allgemeinheit wurde damit ersichtlich, dass Österreichs bisheriger Einsatz im Kampf gegen Korruption erheblich intensiviert werden muss.[1285]

Seit 1995 wird von TI jährlich der *Corruption Perceptions Index* veröffentlicht. Darin werden über 180 Staaten dahingehend untersucht, inwieweit in den öffentlichen Sektoren der Staaten Korruption wahrgenommen wird. Anhand des

---

1281 244/ME XXVII. GP. *Ministerialentwurf – Gesetzestext zum Bundesgesetz, mit dem das Strafgesetzbuch im Bereich der Korruptionsbekämpfung, das Verbandsverantwortlichkeitsgesetz, das Bundesgesetz über die Wahl des Nationalrates und das Bundesgesetz über die Wahl der Mitglieder des Europäischen Parlaments geändert werden(Korruptionsstrafrechtsänderungsgesetz 2023: KorrStrÄG 2023* (2023).

1282 news.ORF.at. 'Korruptionsstrafrecht: Geteilte Reaktionen auf Entwurf' (31.03.2023).

1283 ORF.at/Agenturen. 'Korruptionsstrafrecht: Regierung stellte Gesetzesentwurf vor'. *ORF.at* (12.01.2023).

1284 Schmid, Fabian. 'Greco-Bericht: Radikal gegen Korruption'. *DER STANDARD* (13.01.2023).

1285 GRECO. 'Evaluations – Austria/Autriche'. 2023, zugegriffen auf: https://www.coe.int/en/web/greco/evaluations/austria, abgerufen am: 01.04.2023; Die Presse.com. '«Skandale»: Europarat fordert von Österreich mehr Einsatz gegen Korruption'. *Die Presse* (1.03.2023); krone.at. 'Europarat rügt: – „Österreich muss mehr gegen Korruption tun"'. *Krone.at* (1.03.2023).

Ergebnisses werden alle untersuchten Staaten bewertet und entsprechend der erzielten Punktezahl im Index gelistet.[1286]

Gerade wenn man sich die Listung Österreichs in diesem Index vor Augen hält, sollte – sowohl von öffentlicher als auch privater Seite – die Kritik der GRECO zur nationalen Situation ernst genommen werden. Denn Österreich belegte im jüngsten Antikorruptionsbericht von 2022 den seit 2014 bisher schlechtesten Platz. Über einen Zeitraum von zehn Jahren kann damit eine laufende Verschlechterung Österreichs festgestellt werden. Laut TI belegte Österreich 2022 den 22. Platz. Im Vergleich konnte die Schweiz den 7. Platz und Deutschland den 9. Platz für sich beanspruchen. Schlusslicht bildet Somalia, das den 180. Platz erlangte. Zu berücksichtigen ist zudem, dass Österreich gerade einmal innerhalb eines Jahres vom 13. Platz, den es noch 2021 belegte, um neun Plätze weiter heruntergerutscht ist.[1287]

Laut dem Ergebnis des von der EU-Kommission in Auftrag gegebenen «*Special Eurobarometer 523*»[1288] wird Korruption von 57 % der befragten österreichischen Bevölkerung als ein in Österreich verbreitetes Problem wahrgenommen. Von besonderem Interesse sind daher insbesondere die Ausführungen im Evaluierungsbericht, wonach das Empfinden der österreichischen Bevölkerung zur Wirksamkeit der nationalen Antikorruptionsmaßnahmen im Unterschied zum EU-Durchschnitt gesunken ist.[1289]

1286 Transparency International – Austrian Chapter. 'Corruption Perceptions Index (CPI) – Transparency International – Austrian Chapter'. 2023, zugegriffen auf: https://ti-austria.at/indizes-cpi/korruptionsindizes/corruption-perceptions-index/, abgerufen am: 01.04.2023.

1287 Transparency International, *Corruption Perceptions Index 2022* 2023 (n. 3), S. 2; Transparency International. *Corruption Perceptions Index 2021* (Berlin: Transparency International International Secretariat, 2022), S. 2; Transparency International. *Corruption Perceptions Index 2020* (Berlin: Transparency International International Secretariat, 2021); Transparency International. *Corruption Perceptions Index 2019* (Berlin: Transparency International International Secretariat, 2020); Transparency International. *Corruption Perceptions Index 2018* (Berlin: Transparency International International Secretariat, 2019); Transparency International. *Corruption Perceptions Index 2017* (Berlin: Transparency International International Secretariat, 2018); Transparency International. *Corruption Perceptions Index 2016* (Berlin: Transparency International International Secretariat, 2017); Transparency International. *Corruption Perceptions Index 2014* (Berlin: Transparency International International Secretariat, 2015); Transparency International. *Corruption Perceptions Index 2015* (Berlin: Transparency International International Secretariat, 2016).

1288 European Commission. *Special Eurobarometer 523* (2022).

1289 Ibid., S. 1; European Union. 'Eurobarometer'. 2023, zugegriffen auf: https://europa.eu/eurobarometer/about/eurobarometer, abgerufen am: 01.04.2023; GRECO, *GrecoEval5Rep(2022)1* 2022 (n. 29), Rz 17.

Allgemein ist in Österreich seit Jahren eine verstärkte Wahrnehmung von Korruption spürbar, die seither das Vertrauen der Bevölkerung in die staatlichen Institutionen erschüttert. Anhaltspunkte zur aktuellen Situation samt Verbesserungsmöglichkeiten, wie sie ein GRECO Evaluierungsbericht oder ein fundierter einschlägiger wissenschaftlicher Aufsatz liefern können, sollten daher mit entsprechender Ernsthaftigkeit behandelt werden. Einige der zahlreichen innerstaatlichen Mängel und mögliche Verbesserungsvorschläge bilden unter Berücksichtigung des Evaluierungsberichts der fünften Evaluierungsrunde den Gegenstand dieses Abschnitts.

11.2 Allgemeines zum Evaluierungsbericht der fünften Evaluierungsrunde

11.2.1 Einleitung und Gegenstand der Evaluierungsrunde

Nachdem Österreich bereits an vier Evaluierungen teilgenommen hat, wurde die fünfte Evaluierungsrunde zu Beginn des Jahres 2017 eingeleitet. Gegenstand dieser Evaluierungsrunde sind die beiden Themenblöcke «*Preventing corruption and promoting integrity in central governments (top executive functions)*»[1290], die Verhütung von Korruption hinsichtlich den obersten nationalen Exekutivfunktionen sowie «*Preventing corruption and promoting integrity in law enforcement agencies*»[1291], die Verhütung von Korruption und Förderung der Integrität hinsichtlich der nationalen Strafverfolgungsbehörden.[1292]

Wie in Art. 11 GSG i. V. m. Art. 24 GGO vorgesehen, wurde ein Fragenkatalog ausgearbeitet, der Ende 2016 Gegenstand der 73. GRECO-Plenarversammlung war. Der Schwerpunkt wurde auf Bereiche wie die obersten Exekutivfunktionen auf der Regierungsebene sowie auf den Aufbau, die Organisation, Rekrutierung, Ausbildung und die anschließenden weiteren Karrieremöglichkeiten innerhalb der Strafverfolgungs- und Polizeibehörden gelegt. Daneben wurden Bereiche behandelt wie die Korruptionsbekämpfungs- und Integritätspolitik, Transparenz oder Interessenkonflikte. Gerade i. Z. m. den zuletzt genannten Bereichen wurden etwaige Verbote bzw. Einschränkungen zusätzlicher (Neben-)Tätigkeiten sowie

1290 GRECO, *GrecoEval5Rep(2022)1* 2022 (n. 29), Titelblatt.
1291 Ibid.
1292 Ibid.

die Abgabe von Einkommens- bzw. Vermögenserklärungen, Beaufsichtigung, Kontrollen und Rechenschaftsverpflichtungen thematisiert.[1293]

11.2.2 Das Evaluierungsteam

Art. 12 Abs. 1 GSG sieht vor, dass für jedes zu evaluierende Mitglied ein Evaluierungsteam zu bestimmen ist. Jedes Team überprüft ein Mitglied auf die Umsetzung der Antikorruptionsmaßnahmen. Die Mitglieder können auch Sachverständige für die Evaluierungen namhaft machen. Die Evaluierungsteams setzen sich gemäß Art. 26 GGO aus Sachverständigen zusammen, die von mehreren Mitgliedern ernannt wurden. Auf Vorschlag des Präsidiums wir die Zusammensetzung verbindlich von der GRECO-Plenarversammlung für alle zu evaluierenden Mitglieder festgelegt.[1294] Zur Unterstützung des österreichischen Evaluierungsteams wurde entsprechend der GGO *Laura Sanz-Levia*, Mitglied des GRECO-Sekretariats, bestimmt. Das österreichische Evaluierungsteam setzt sich aus nachfolgenden Personen zusammen:[1295]

Tabelle 10: Evaluierungsteam für Österreich (Fünfte Evaluierungsrunde)[1296]

Mitglied	**Name**
Bosnien und Herzegowina	Aleksandar Bozalo
Italien	Gianluca Gardini
Litauen	Elena Konceviciute
Rumänien	Anca Jurma

1293 Council of Europe, *Statute of the Group of States against corruption (GRECO)* 1999 (n. 440), Art. 11; GRECO, *Greco(2017)13* 2017 (n. 445), Art. 24; GRECO. *Questionnaire – Preventing corruption and promoting integrity in central governments (top executive functions) and law enforcement agencies: Greco(2016)19rev* (2017), S. 1, 4-18.

1294 Council of Europe, *Statute of the Group of States against corruption (GRECO)* 1999 (n. 440), Art. 10, 12; GRECO, *Greco(2017)13* 2017 (n. 445), Art. 26.

1295 GRECO, *Greco(2017)13* 2017 (n. 445), Art. 26 Abs. 2; GRECO, *GrecoEval5Rep(2022)1* 2022 (n. 29), Rz 13.

1296 GRECO, *GrecoEval5Rep(2022)1* 2022 (n. 29), Rz 13.

11.2.3 Länderbesuch des Evaluierungsteams

Länderbesuche der Evaluierungsteams werden in der GSG nicht obligatorisch vorgeschrieben. Da es sich hierbei jedoch um ein nützliches Instrument handelt, um genauere Einblicke zu erhalten und die Antworten der Fragebögen verifizieren und konkretisieren zu können, wird die Möglichkeit zur Durchführung von Länderbesuchen prinzipiell in Anspruch genommen.[1297]

Im Falle Österreichs wurde bisher zu jeder Evaluierungsrunde ein Länderbesuch durchgeführt. So fand der Länderbesuch zur gemeinsamen ersten und zweiten Evaluierungsrunde vom 19. bis zum 23. November 2007, zur dritten Evaluierungsrunde vom 6. bis zum 10. Juni 2011 und jener zur vierten Evaluierungsrunde vom 4. bis zum 8. April 2016 statt.[1298] Auch für die jüngste Evaluierungsrunde hat die GRECO die Durchführung eines Länderbesuchs in Österreich beschlossen. Dieser fand vom 20. bis einschließlich 24. Juni 2022 statt.[1299]

Neben Angehörigen aus Bereichen der Wissenschaft, der Presse und der allgemeinen Öffentlichkeit fanden insbesondere Treffen mit den nachfolgenden Institutionen statt:[1300]

- Bundeskanzleramt;[1301]
- Bundesministerien;
  - Arbeits- und Wirtschaftsministerium;[1302]
  - Innenministerium;[1303]
  - Justizministerium;[1304]

1297 Council of Europe, *Statute of the Group of States against corruption (GRECO)* 1999 (n. 440), Art. 13.

1298 GRECO, *GrecoEvalI-IIRep(2007)2E* 2008 (n. 1181), Rz 1; GRECO, *GrecoEvalIIIRep(2011)3E(P3)* 2011 (n. 596), Rz 3; GRECO, *GrecoEvalIIIRep(2011)3E* 2011 (n. 596), Rz 3; GRECO, *GrecoEval4Rep(2016)1* 2016 (n. 596), Rz 8.

1299 GRECO, *GrecoEval5Rep(2022)1* 2022 (n. 29), Rz 13.

1300 Ibid., Rz 13-14.

1301 Bundeskanzleramt Österreich. 'Bundeskanzleramt der Republik Österreich – Startseite'. 2023, zugegriffen auf: https://www.bundeskanzleramt.gv.at/, abgerufen am: 01.04.2023.

1302 Bundesministerium für Arbeit und Wirtschaft, Österreich. 'Bundesministerium für Arbeit und Wirtschaft'. 2023, zugegriffen auf: https://www.bmaw.gv.at/public.html, abgerufen am: 01.04.2023.

1303 Bundesministerium für Inneres, Österreich. 'Bundesministerium für Inneres'. 2023, zugegriffen auf: https://www.bmi.gv.at/, abgerufen am: 01.04.2023.

1304 Bundesministerium für Justiz, Österreich. 'Bundesministerium für Justiz'. 2023, zugegriffen auf: https://www.bmj.gv.at/, abgerufen am: 01.04.2023.

  - o Bundesministerium für Kunst, Kultur, öffentlicher Dienst und Sport;[1305]
- o Rechnungshof;[1306]
- o Parlamentsdirektion;[1307]
- o BAK;[1308]
- o WKStA.[1309]

11.2.4 Übermittlung des Evaluierungsberichts an Österreich

Basierend auf den Antworten zum Fragebogen und den Erkenntnissen des Länderbesuchs wurde der Evaluierungsbericht ausgearbeitet und gemäß Art. 14 und 15 GSG i. V. m. Art. 29 GGO am 2. Dezember 2022 während der 92. Plenarversammlung der GRECO, die zwischen dem 28. November und 2. Dezember 2022 stattfand, angenommen.[1310]

Der Bericht wurde den österreichischen Behörden Anfang des Jahres 2023 zur Verfügung gestellt und per 1. März 2023 veröffentlicht. Gemäß Art. 30 Abs. 2 GGO hat Österreich binnen einer Frist von 18 Monaten auf den Evaluierungsbericht zu reagieren und der GRECO die Maßnahmen mitzuteilen, die in Umsetzung der Empfehlungen vorgenommen wurden.[1311]

1305 Bundesministerium für Kunst, Kultur, öffentlichen Dienst und Sport, Österreich. 'Bundesministerium für Kunst, Kultur, öffentlichen Dienst und Sport – Startseite'. 2023, zugegriffen auf: https://www.bmkoes.gv.at/, abgerufen am: 01.04.2023.

1306 Rechnungshof, Österreich. 'Der Rechnungshof'. 2023, zugegriffen auf: https://www.rechnungshof.gv.at/rh/Startseite.html#, abgerufen am: 01.04.2023.

1307 Parlamentsdirektion, Österreich. 'Parlamentsdirektion | Parlament Österreich'. 2023, zugegriffen auf: https://www.parlament.gv.at/recherchieren/personen/parlamentsdirektion, abgerufen am: 01.04.2023.

1308 Bundesamt zur Korruptionsprävention und Korruptionsbekämpfung, Österreich. 'Bundesamt zur Korruptionsprävention und Korruptionsbekämpfung (BAK)'. 2023, zugegriffen auf: https://www.bak.gv.at/, abgerufen am: 01.04.2023.

1309 Wirtschafts- und Korruptionsstaatsanwaltschaft, Österreich. 'Zentrale Staatsanwaltschaft zur Verfolgung von Wirtschaftsstrafsachen und Korruption'. 2023, zugegriffen auf: https://www.justiz.gv.at/wksta/wirtschafts-und-korruptionsstaatsanwaltschaft.312.de.html, abgerufen am: 01.04.2023.

1310 Council of Europe, *Statute of the Group of States against corruption (GRECO)* 1999 (n. 440), Art. 14-15; GRECO, *Greco(2017)13* 2017 (n. 445), Art. 29; GRECO, *GrecoEval5Rep(2022)1* 2022 (n. 29).

1311 GRECO, *Greco(2017)13* 2017 (n. 445), Art. 30 Abs. 2; GRECO, *GrecoEval5Rep(2022)1* 2022 (n. 29), Rz 12.

11.3 Schwachstellen des nationalen Antikorruptionssystems, Kritik und Empfehlungen unter Berücksichtigung der Ausführungen im fünften Evaluierungsbericht

11.3.1 Übersicht über die Empfehlungen der GRECO

GRECO arbeitete insgesamt 19 Empfehlungen aus, welche Österreich innerhalb der Umsetzungsphase übernehmen sollte. Im Vergleich dazu wurden für Deutschland 14 Empfehlungen zur fünften Evaluierungsrunde ausgearbeitet.[1312] Die ersten zwölf Empfehlungen betreffen den ersten Themenblock des Evaluierungsberichts (Verhütung von Korruption i. Z. m. den höchsten Exekutivfunktionen):

(i) *«that (i) the legal status, recruitment, responsibilities and obligations of secretaries general and ministerial advisors(including ad hoc temporary advisors) be regulated (also in relation to instructions they are entitled to make to civil servants and contractual employees); (ii) their numbers, names, functions and pay bands, as well as information on ancillary activities are made public; and (iii) they are subjected to the highest standards of conduct through appropriate rules on conflicts of interest, financial disclosure and the use of confidential information;»*[1313]

(ii) *«that (i) the new action plan of the National Anti-Corruption Strategy comprises measures to prevent corruption and increase integrity with respect to persons entrusted with top executive functions, including the performance of integrity checks as part of their appointment; (ii) the compliance management departments of the Federal Chancellery and the ministries as a rule perform corruption risk management in relation to persons entrusted with top executive functions; and (iii) the system of officers performing tasks related to corruption prevention be formalised and further developed with a view to ensure its efficiency and consistency in all ministries;»*[1314]

(iii) *«that a code of conduct for ministers and other persons entrusted with top executive functions be adopted, published, and complemented by a system for providing guidance and confidential counselling regarding conflicts of interest and other integrity related matters (gifts, outside activities, third party*

1312 GRECO, *GrecoEval5Rep(2019)6* 2020 (n. 596), Rz 176 ff.
1313 GRECO, *GrecoEval5Rep(2022)1* 2022 (n. 29), Rz 247 ff i.
1314 Ibid., Rz 247 ff ii.

contacts and the handling of confidential information), and coupled with a credible and effective mechanism of supervision and enforcement;»[1315]

(iv) *«(i) adopting freedom of information legislation which enshrines the principle of transparency held by public authorities and guarantees the general right to access documents, in line with the standards of the Council of Europe Convention on Access to Official Documents (CETS 205); (ii) that information of public interest is published ex officio on the websites of the government and ministries; and (iii) that effective oversight and enforcement mechanisms are established to ensure proper implementation of the law;»*[1316]

(v) *«that the transparency of laws emanating from the government is further enhanced (i) by requiring extended consultation procedure for draft laws as a main rule; (ii) by establishing adequate statutory timelines for consultations; and (iii) by publicly providing the legislative footprint tracking all external interventions from the beginning of the drafting process, including details on the initiator of the proposal;»*[1317]

(vi) *«(i) that detailed rules be introduced on the way in which persons with top executive functions interact with lobbyists and other third parties seeking to influence the government's legislative and other activities; (ii) that sufficient details on these meetings and consultations be disclosed (such as the identity of the person(s) with whom (and on whose behalf) the meeting(s) took place and the specific subject matter(s) of the discussion), including by making the agendas of persons entrusted with top executive functions easily accessible to the public;»*[1318]

(vii) *«strengthening the conflict of interests' prevention policy (i) by providing a clear definition of (real, potential, and perceived) conflicts of interest in public service;(ii) by raising the awareness on the practical management of such situations notably by ensuring that persons with top executive functions receive training on how to identify and prevent conflicts of interest and related integrity matters when they take up their duties and at regular intervals; and (iii) by collecting statistics on conflicts of interest situations and measures taken;»*[1319]

(viii) *«that (i) a proper mechanism of verification of the various disclosure obligations of persons entrusted with top executive functions regarding restricted*

1315 Ibid., Rz 247 ff iii.
1316 Ibid., Rz 247 ff iv.
1317 Ibid., Rz 247 ff v.
1318 Ibid., Rz 247 ff vi.
1319 Ibid., Rz 247 ff vii.

or prohibited activities be introduced; and (ii) disqualification decisions are made publicly available;»[1320]

(ix) *«(i) that post-employment rules/restrictions be laid down for ministers and state secretaries and further strengthened for all other persons entrusted with top executive functions, including by providing pertinent cooling off periods; and (ii) that an effective supervision mechanism regarding these rules be established;»*[1321]

(x) *«further developing the existing financial declaration system for all persons entrusted with top executive functions (also including secretaries general and ministerial advisors) by (i) expanding the categories of assets to be disclosed andproviding for greater itemisation; (ii) requiring e-filing; (iii) publishing financial declarations; and (iv) considering including financial information on partners and dependent family members in such declarations (it being understood that the latter information would not necessarily need to be made public);»*[1322]

(xi) *«(i) ensuring substantive verifications of financial declarations of persons entrusted with top executive functions; and (ii) that appropriate resources, auditing capabilities and enforcement measures be provided for this purpose;»*[1323]

(xii) *«ensuring that criminal investigations of persons entrusted with top executive functions suspected of having committed corruption related offences is not hampered by undue interference, by providing for sufficient resources and a legal framework that would secure the operational independence of the Central Public Prosecutor's Office for Combating Economic Crime and Corruption (WKStA), including by revising the use of regular reporting to the Ministry of Justice;»*[1324]

Die nachfolgenden sieben Empfehlungen betreffen hingegen den zweiten Themenblock (Verhütung von Korruption i. Z. m. den Strafverfolgungsbehörden) und decken sich teilweise mit den Empfehlungen zum vorherigen Themenblock:

(xiii) *«(i) enhancing the system of risk management in law enforcement, paying special attention to the assessment of political interference in investigations, promotion, appointment to higher posts, conflicts of interest and transparency in police sponsoring; (ii) putting in place a regular assessment mechanism with*

1320 Ibid., Rz 247 ff viii.
1321 Ibid., Rz 247 ff ix.
1322 Ibid., Rz 247 ff x.
1323 Ibid., Rz 247 ff xi.
1324 Ibid., Rz 247 ff xii.

compliance officers contributing to the process; and (iii) translating the key risks identified into the national biannual anti-corruption action plan;»[1325]

(xiv) *«that (i) safeguards are put in place for promotion in the police to be free from any bias and discrimination of any kind, including political affiliation or other conflicts of interest; (ii) the selection process into senior executive posts in law enforcement is competitive, transparent, and merit-based, free from undue political interference and subject to appeal; and (iii) a system of periodic appraisals is introduced and that their results are used for decisions on career progression;»*[1326]

(xv) *«(i) conducting trainings for all level law enforcement officials, including at senior level, regarding conflicts of interest and the ways in which they can be prevented, addressed, and managed; (ii) keeping the implementation of conflict of interest management rules under review, including by ensuring that there is proper follow-up and rigorous enforcement in the event of breaches;»*[1327]

(xvi) *«(i) introducing an obligation to request authorisation for any kind of secondary activity (whether remunerated or not); (ii) establishing a centralised register of secondary activities; and (iii) developing effective oversight arrangements in this respect;»*[1328]

(xvii) *«(i) increasing transparency over sponsorship and donations to the police by publishing them online, indicating the value, donor's identity and how the assets donated were spent or used; (ii) putting in place safeguards against real, potential, or perceived conflict of interest with regard to donations and sponsorships received by the police; and (iii) ensuring compliance with the applicable rules through awareness-raising measures and systematic controls;»*[1329]

(xviii) *«(i) strengthening the protection of whistleblowers within law enforcement, particularly by taking effective targeted measures to facilitate the reporting of corruption (including by guaranteeing whistleblowers confidentiality) and to guard against retaliation; (ii) establishing an appropriate system for the follow-up of whistleblowers reports concerning corruption of law enforcement officials, including information on the number of reports received, consultations and protection provided, and criminal cases initiated on the basis of*

1325 Ibid., Rz 247 ff xiii.
1326 Ibid., Rz 247 ff xiv.
1327 Ibid., Rz 247 ff xv.
1328 Ibid., Rz 247 ff xvi.
1329 Ibid., Rz 247 ff xvii.

such reports; and (iii) conducting dedicated training and awareness-raising activities about whistleblower protecting measures;»[1330]

(xix) *«publishing statistics regarding corruption-related criminal or disciplinary proceedings involving law enforcement officials, including (i) information on complaints received and criminal/disciplinary proceedings instituted as a result; (ii) proceedings instituted ex-officio (i.e. without a formal complaint); (iii) sanctions imposed, including possible dissemination of relevant case-law, while respecting the anonymity of the persons concerned.»*[1331]

11.3.2 Unzureichende Rechtsgrundlage der Generalsekretäre und Kabinettsmitarbeiter[1332]

Das Evaluierungsteam stellte erhebliche Schwächen i. Z. m. der rechtlichen Ausgestaltung der Funktionen von Generalsekretären und Kabinettsmitarbeitern fest. Die erste Empfehlung forderte daher eine umfängliche rechtliche Ausgestaltung dieser beiden Funktionen.

Hinsichtlich der Beantwortung der Frage, was die Funktion eines Generalsekretärs ausmacht, kann auf Art. 20 B-VG i. V. m. § 7 Abs. 11 *Bundesministeriengesetz*[1333] («BMG») verwiesen werden. Demnach handelt es sich hierbei um ein fakultatives Organ, das in den Bundesministerien eingerichtet werden kann. Lediglich für das Außenministerium ist verbindlich ein Generalsekretär vorgesehen.[1334] Eingesetzt werden diese von den jeweiligen Bundesministern und können, ausgenommen bestimmter dem Bundesminister ausdrücklich vorbehaltener Geschäfte, *«[…] mit der zusammenfassenden Behandlung aller zum Wirkungsbereich des Bundesministerium gehörenden Geschäfte […]»*[1335] betraut werden. Damit können sie mit einer umfangreichen Palette von Funktionen betraut werden, die weit

1330 Ibid., Rz 247 ff xviii.

1331 Ibid., Rz 247 ff xix.

1332 Empfehlung: (i).

1333 BGBl. Nr. 76/1986. *Bundesgesetz über die Zahl, den Wirkungsbereich und die Einrichtung der Bundesministerien (Bundesministeriengesetz 1986): BMG* (1886).

1334 BGBl. I Nr. 129/1999. *Bundesgesetz über Aufgaben und Organisation des auswärtigen Dienstes – Statut* (1999), § 2 Abs. 1.

1335 BGBl. Nr. 76/1986, *Bundesgesetz über die Zahl, den Wirkungsbereich und die Einrichtung der Bundesministerien (Bundesministeriengesetz 1986)* 1886 (n. 1335), § 7 Abs. 11; Klatzer, Jürgen. 'Mächtige Posten in den Ministerien'. *ORF.at* (20.12.2017).

über den ihnen ursprünglich angedachten Aufgabenbereich der Koordination hinausgehen.[1336]

Die rechtliche Grundlage für die in den Ministerien angesiedelten Kabinette findet sich in § 7 Abs. 3 BMG, wonach «*[...] zur zusammenfassenden Behandlung aller zum Wirkungsbereich eines Bundesministeriums gehörenden Geschäfte [...] sonstige organisatorische Einrichtungen, auch in Form von Gruppen oder Abteilungen geschaffen werden*»[1337] können. Bei den Mitarbeitern handelt es sich grundsätzlich um enge Vertraute, die zur Unterstützung eines Bundesministeriums bzw. Bundesministers mit zahlreichen Aufgaben aus den Bereichen Verwaltung, strategische Planung, interne und externe Kommunikation oder mit Rechtsagenden betraut werden können. Als politische Unterstützungs- und Beratungseinrichtungen der Ministerien wirken sie unmittelbar an der Politik auf Bundesebene mit, bilden jedoch gemäß § 7 Abs. 1 BMG kein Bestandteil der regulären Bundesministeriumsverwaltung.[1338]

Grundsätzlich fallen Generalsekretäre und Kabinettsmitarbeiter nicht in die Kategorie der obersten Exekutivfunktionen, zumal diese im verfassungsrechtlichen Regierungssystem nicht entsprechend konkretisiert sind. In der Praxis nehmen sie maßgeblich am politischen Alltag teil, indem sie entweder selbst an politischen Entscheidungen mitwirken oder aber die Möglichkeit haben, den Entscheidungsfindungsprozess maßgeblich zu beeinflussen. Daher wurden auch diese beiden Funktionen von der GRECO unter den Begriff subsumiert und waren Gegenstand der Evaluierung.[1339]

In Anbetracht der zunehmenden Bedeutung, die Generalsekretäre und Kabinette die letzten Jahre auf politischer Regierungsebene erlangt haben, muss die rechtliche Ausgestaltung beider Institutionen insgesamt als marginal betrachtet werden. Es bestehen nur vereinzelte Bestimmungen, die diese Institutionen zum

---

1336 Rechnungshof, *Generalsekretariate in den Bundesministerien* 2021 (n. 1190), S. 26-29; GRECO, *GrecoEval5Rep(2022)1* 2022 (n. 29), Rz 33.

1337 BGBl. Nr. 76/1986, *Bundesgesetz über die Zahl, den Wirkungsbereich und die Einrichtung der Bundesministerien (Bundesministeriengesetz 1986)* 1886 (n. 1335), § 7 Abs. 3.

1338 GRECO, *GrecoEval5Rep(2022)1* 2022 (n. 29), Rz 34; Rechnungshof, *Generalsekretariate in den Bundesministerien* 2021 (n. 1190), S. 70 ff; Bundesministerium für Inneres, Österreich. *Abschlussbericht der vom Bundesminister für Inneres eingesetzten „Evaluierungskommission" für den Fall Natascha Kampusch* (Wien, 2008), S. 42-43; BGBl. Nr. 76/1986, *Bundesgesetz über die Zahl, den Wirkungsbereich und die Einrichtung der Bundesministerien (Bundesministeriengesetz 1986)* 1886 (n. 1335), § 7 Abs. 1 und 3; Prior, Thomas. 'Hektisch der Macht hinterher'. *Die Presse* (28.03.2015).

1339 GRECO, *GrecoEval5Rep(2022)1* 2022 (n. 29), Rz 38; Rechnungshof, *Generalsekretariate in den Bundesministerien* 2021 (n. 1190), S. 14-15, 29-30.

Gegenstand haben und auch diese zeichnen sich durch eine spärliche Spezifikation aus.[1340]

Die Unbestimmtheit der einschlägigen Rechtsgrundlagen, insbesondere hinsichtlich der Wortfolge «*[…] zusammenfassende Behandlung […]*»[1341], erlaubt keine klare Funktions- und Kompetenzabgrenzung. Dies kann zu einer Doppel- und Mehrfachwahrnehmung derselben Aufgaben innerhalb eines Ministeriums führen, was dem verfassungsrechtlichen Effizienzprinzip – somit einer sparsamen, wirtschaftlichen und zweckmäßigen Verwaltung – grundsätzlich entgegensteht.[1342] Dies zeigt sich schon daran, dass der Gesetzgeber zur Beschreibung der möglichen Aufgabengebiete für beide Institutionen die wortgleiche Formulierung herangezogen hat, nämlich die zusammenfassende «*[…] Behandlung aller zum Wirkungsbereich des Bundesministeriums gehörenden Geschäfte […]*».[1343]

Angesichts ihres mittlerweile erheblichen Einflusses auf die österreichische Politik ist es sehr problematisch, dass Generalsekretäre und Kabinettsmitarbeiter ohne transparentes Verfahren und ohne Ausschreibung vom jeweils zuständigen Minister ernannt werden. Die GRECO zeigte teilweise Verständnis hinsichtlich der Notwendigkeit, die Ernennung maßgeblich in der Kompetenz des jeweiligen Ministers zu legen. Schließlich soll auch die gemeinschaftliche Zusammenarbeit von einer weitgehenden Vertrauensbasis begleitet sein. Allerdings bieten derartige vage Regelungen geradezu ein Einfallstor für Postenschacherei und Korruption. Hinzu kommt, dass Generalsekretären und Kabinettsmitarbeitern nach deren Ausscheiden oftmals Leitungspositionen in anderen öffentlichen Bereichen

---

1340 GRECO, *GrecoEval5Rep(2022)1* 2022 (n. 29), Rz 36-37, 39-40, 45; Rechnungshof, *Generalsekretariate in den Bundesministerien* 2021 (n. 1190), S. 9-12; ORF.at/Agenturen. 'Rechte Hand: Die Rolle der Ministerbüros'. *ORF.at* (29.08.2022); Oswald, Günther. 'Ministerkabinette unter Türkis-Blau deutlich gewachsen'. *DER STANDARD* (7.03.2018).

1341 BGBl. Nr. 76/1986, *Bundesgesetz über die Zahl, den Wirkungsbereich und die Einrichtung der Bundesministerien (Bundesministeriengesetz 1986)* 1886 (n. 1335), § 7 Abs. 3, 11.

1342 BGBl. Nr. 1/1930, *Bundes-Verfassungsgesetz* 1945 (n. 62), Art. 126b Abs. 5; Rechnungshof, *Generalsekretariate in den Bundesministerien* 2021 (n. 1190), S. 59; Kahl/Weber, *Allgemeines Verwaltungsrecht* 2017 (n. 257), S. 126.

1343 BGBl. Nr. 76/1986, *Bundesgesetz über die Zahl, den Wirkungsbereich und die Einrichtung der Bundesministerien (Bundesministeriengesetz 1986)* 1886 (n. 1335), § 7 Abs. 3 und 11; GRECO, *GrecoEval5Rep(2022)1* 2022 (n. 29), Rz 44-45; Rechnungshof, *Generalsekretariate in den Bundesministerien* 2021 (n. 1190), S. 58.

vermittelt werden. Dies erfolgt im Rahmen eines intransparenten Schnellverfahrens, indem auf eine vorherige Cooling-off-Phase gänzlich verzichtet wird.[1344]

Daneben gelangen mangels hinreichender rechtlicher Ausgestaltung für diese beiden Institutionen lediglich die allgemeinen Vorschriften öffentlicher Bediensteter zur Anwendung. Doch einige Korruptionsfälle in der jüngeren Vergangenheit verdeutlichen erst die tatsächliche Einflusssphäre dieser Institutionen und sprechen aus korruptionspräventiver Sicht eindeutig gegen eine Gleichbehandlung mit den sonstigen Angehörigen des öffentlichen Dienstes.[1345]

Die gesetzlichen Grundlagen von Generalsekretären und Kabinettsmitarbeitern stellen einen rechtlichen Graubereich dar und sind aus rechtsstaatlicher Sicht bedenklich. Insbesondere, da aufgrund dessen auch keine hinreichende und zweckentsprechende Kontrolle möglich ist. Dies führt dazu, dass diese Funktionen zwar mit umfangreichen Befugnissen ausgestattet werden, sie jedoch nur marginal kontrolliert werden können. Auch dies ist ein mögliches Einfallstor für korrupte Handlungen und Machtmissbrauch. Für sogenannte Ad-hoc-Berater besteht diese Gefahr ebenso – nur mit dem Unterschied, dass deren rechtlicher Rahmen sogar noch unzureichender geregelt ist.[1346]

I. d. S. ist die Empfehlung von GRECO angebracht, durch eindeutige und spezifische Normen, die Generalsekretäre und Kabinettsminister aus ihrem rechtlichen Schattendasein herauszuholen. Durch hinreichende konkrete Bestimmungen können diese einem klaren und damit angemessen kontrollierbaren Rechtsrahmen unterworfen werden. Dadurch werden die Handlungen dieser Personen transparenter, wodurch auch das nationale Antikorruptionssystem verbessert werden kann. Transparenz und Kontrolle stellen nach wie vor zwei der entscheidenden Faktoren einer wirksamen Korruptionsbekämpfungspolitik dar.[1347]

1344 GRECO, *GrecoEval5Rep(2022)1* 2022 (n. 29), Rz 40, 43-44; Oswald, Günther. 'Aus dem Ministerbüro in den Spitzenjob: Karriere durch Kabinettslehre'. *DER STANDARD* (14.09.2017); Oswald, Günther. 'Ministerbüros: Warum nicht jeder Mitarbeiter ein echter Mitarbeiter ist'. *DER STANDARD* (7.03.2018).

1345 GRECO, *GrecoEval5Rep(2022)1* 2022 (n. 29), Rz 39, 42; ORF.at/Agenturen. 'ÖVP-Korruptionsaffäre: Die Beschuldigten und die Vorwürfe'. *ORF.at* (7.10.2021); Kahlweit, Cathrin. 'Österreich: Korruptionsstaatsanwaltschaft setzt Kurz unter Druck'. *Süddeutsche Zeitung* (28.03.2021); Grabher, Renate und Schmid, Fabian. 'Sieben Punkte, wie Österreichs Politik sofort sauberer werden kann'. *DER STANDARD* (29.10.2022).

1346 GRECO, *GrecoEval5Rep(2022)1* 2022 (n. 29), Rz 46.

1347 Ibid., Rz 47; ORF.at/Agenturen, '*Rechte Hand: Die Rolle der Ministerbüros*' 2022 (n. 1342).

11.3.3 Mangelhafte Antikorruptionsstrategie und unzureichendes Risikomanagement der Strafverfolgungsbehörden[1348]

Mit der Empfehlung (ii) behandelt die GRECO inhaltliche Lücken der NAKS.[1349]

11.3.3.1 Allgemeines zur NAKS

Diese bildet die Leitlinie für alle österreichischen Antikorruptionsmaßnahmen, sowohl präventiver als auch repressiver Natur. Neben den festgesetzten mittelfristigen Zielen beinhaltet diese ebenfalls beispielhafte Maßnahmen, um ein korruptionsfeindliches nationales Umfeld zu schaffen. Die konkrete Umsetzung erfolgt durch Aktionspläne, in denen konkrete Maßnahmen umschrieben werden sowie die Zeiträume, in denen diese Maßnahmen von der zuständigen Stelle umzusetzen sind. Als Beispiel kann hier der *Aktionsplan Bund 2019–2020* des Bundeskanzleramts und der Bundesministerien herangezogen werden.[1350]

Unter Leitung des Innen- und Justizministeriums sowie des BAK, mit Beteiligung von Vertretern aus dem öffentlichen und privaten Bereich, wurde im Rahmen von zehn Expertenrunden die künftige Antikorruptionsstrategie für Österreich ausgearbeitet. Per Beschluss des Ministerrats wurde die NAKS sodann am 31. Januar 2018 von der Bundesregierung erlassen.[1351]

Im Bereich der Prävention stützt sich die NAKS auf die Grundprinzipien der Kooperation, Bewusstseinsbildung und Transparenz. Daneben enthält die NAKS ein Integritätsbekenntnis, womit ebenfalls das Bekenntnis der österreichischen Institutionen einhergehen soll, für die Korruptionsprävention auf nationaler Ebene Verantwortung zu übernehmen. Im repressiven Bereich der Strafverfolgung ist die NAKS von den Leitprinzipien der Rechtsstaatlichkeit, Kooperation sowie Koordination geprägt. Die Strategie sieht die rechtliche Umsetzung übernationaler Antikorruptionsinstrumente sowie die Implementierung einer effektiven

---

1348 Empfehlung: (ii), (xiii).

1349 GRECO, *GrecoEval5Rep(2022)1* 2022 (n. 29), Rz 53 ff.

1350 Bundesministerium für Inneres, Österreich und Bundesministerium für Justiz, Österreich. *Nationale Anti-Korruptionsstrategie (NAKS): NAKS* (2018), S. 23; Bundeskanzleramt Österreich und Bundesministerien Österreich. *Nationale Anti-Korruptionsstrategie – Aktionsplan Bund 2019–2020: Aktionsplan-B 2019-2020* (2019); GRECO, *GrecoEval5Rep(2022)1* 2022 (n. 29), Rz 53.

1351 Bundesministerium für Inneres/Bundesministerium für Justiz, *Nationale Anti-Korruptionsstrategie (NAKS)* 2018 (n. 1352), S. 2; Bundesministerium für Inneres, Österreich. 'Nationale Anti-Korruptionsstrategie'. 2023, zugegriffen auf: https://www.bak.gv.at/301/praevention_edukation/anti_korruptionsstrategie/, abgerufen am: 07.04.2023.

Strafverfolgung und Behördenstruktur vor. Dies setzt aber auch eine hinreichende Ressourcenzuteilung voraus.[1352]

Die Umsetzung obliegt vornehmlich dem BAK und der WKStA. Zudem wurde noch das KGKB geschaffen.[1353]

11.3.3.2 Lückenhafte NAKS

Die NAKS inkl. Aktionsplan hat zwar den Anspruch, für alle möglichen staatlichen Bereiche Präventionsmaßnahmen vorzusehen. Die GRECO kritisiert jedoch, dass keine spezifischen Maßnahmen für Träger der höchsten Exekutivebene vorgesehen sind.[1354]

Es sind im Aktionsplan zahlreiche Maßnahmen vorgesehen, die auf eine Steigerung der Bereitschaft zur Einhaltung der Integritätsvorschriften ausgerichtet sind. Dazu gehören die Schaffung von internen Integritätsbeauftragten, die Erarbeitung von einschlägigen Informationsunterlagen, die Etablierung einer Integrationsplattform oder spezifischer Schulungsprogramme. Allerdings werden Integritätsprüfungen für die Funktionen der obersten Exekutivebene nicht thematisiert. Mithilfe derartiger Prüfungen könnten potenzielle Kandidaten für diese höchsten Funktionen vorab auf ihre Unbescholtenheit und damit auf ihre Tauglichkeit für diese Ämter überprüft werden. Würden diese Vorabprüfungen fester Bestandteil der Bestellungs- und Ernennungsverfahren werden und würden die Ergebnisse anschließend der Öffentlichkeit zugänglich gemacht werden, könnte dies wieder zu einer Stärkung des öffentlichen Vertrauens in die Staats- und Regierungsmitglieder führen. Die Öffentlichkeit müsste dann nicht mehr befürchten, dass zu einem späteren Zeitpunkt Sachverhalte ans Tageslicht gelangen, die im Widerspruch zu diesen höchsten Funktion stehen könnten. Es kann auch nicht abgestritten werden, dass Österreich ein immenses Vertrauensproblem der breiten Öffentlichkeit in seine Verwaltung und Politik hat.[1355]

1352 Bundesministerium für Inneres/Bundesministerium für Justiz, *Nationale Anti-Korruptionsstrategie (NAKS)* 2018 (n. 1352), S. 7 ff, 13 ff.

1353 GRECO, *GrecoEval5Rep(2022)1* 2022 (n. 29), Rz 53.

1354 Bundeskanzleramt Österreich/Bundesministerien Österreich, *Nationale Anti-Korruptionsstrategie – Aktionsplan Bund 2019–2020* 2019 (n. 1352); Bundesministerium für Inneres/Bundesministerium für Justiz, *Nationale Anti-Korruptionsstrategie (NAKS)* 2018 (n. 1352); GRECO, *GrecoEval5Rep(2022)1* 2022 (n. 29), Rz 55.

1355 Bundeskanzleramt Österreich/Bundesministerien Österreich, *Nationale Anti-Korruptionsstrategie – Aktionsplan Bund 2019–2020* 2019 (n. 1352), Nr. 1.1–1.3, 1.5, 2.3, 4.1, 5.2–6.1, 6.3; GRECO, *GrecoEval5Rep(2022)1* 2022 (n. 29), Rz 55.

Daneben sieht der Aktionsplan auch die Ausarbeitung von Compliance-Management-Systemen vor, die in den einzelnen Bundesministerien individuell umgesetzt wurden. Diese Systeme bezwecken u .a. die Ausarbeitung und Durchführung von Compliance-Strategien, Risikoanalysen, Verhaltenskodizes, Schulungsprogrammen sowie die Umsetzung eines Compliance-Risikomanagements. Österreich hatte zum Zeitpunkt der Evaluierung jedoch keine Risikoanalyse i. Z. m. öffentlichen Bediensteten erstellt. Dieser Kritikpunkt wurde seitens Österreichs bereits aufgegriffen und eine entsprechende Risikoanalyse erstellt. Es kann daher damit zu rechnen sein, dass dies im bevorstehenden Rechenschaftsbericht Österreichs thematisiert wird.[1356]

Im Zuge des Aktionsplans wurden neue Funktionen im Bereich der Integritätsförderung und Korruptionsprävention geschaffen bzw. erweitert. Diese sind die sogenannten Integritäts- und Compliance-Beauftragten sowie weitere Korruptionspräventionsbeamte. Auch bei diesen Funktionen mangelt es an einer hinreichenden rechtlichen Determinierung im nationalen Recht, wodurch keine klare Abgrenzung der Aufgabenbereiche möglich ist. Während des Länderbesuchs ist dem Evaluierungsteam bewusst geworden, dass nicht einmal die Behördenmitarbeiter eine klare Unterscheidung dieser Funktionen vornehmen können. Der mangelnde bzw. unklare Rechtsrahmen dieser Funktionen führt nur dazu, dass diese nicht effektiv innerhalb des nationalen Antikorruptionsregimes tätig werden können. Manche Bereiche werden dadurch überhaupt nicht behandelt und in anderen Bereichen kommt es zu einer doppelten und mehrfachen Bearbeitung derselben Agenden durch unterschiedliche Funktionsträger. Dies ist ineffektiv und aus wirtschaftlichen und rechtsstaatlichen Erwägungen nicht nachvollziehbar. Der österreichische Gesetzgeber wird hiermit aufgefordert, rechtliche Klarheit zu schaffen und diese Funktionen jeweils in ein detailliert ausgestaltetes Rechtskleid zu hüllen. Indem diese Funktionen juristisch definiert und mit einem rechtlich klar geregelten Aufgabenbereich versehen werden, können sie einen sinnvollen Beitrag zur österreichischen Antikorruptionspolitik leisten.[1357]

1356 Bundeskanzleramt Österreich/Bundesministerien Österreich, *Nationale Anti-Korruptionsstrategie – Aktionsplan Bund 2019–2020* 2019 (n. 1352), Nr. 2.2; GRECO, *GrecoEval5Rep(2022)1* 2022 (n. 29), Rz 54, 56-57.

1357 Bundeskanzleramt Österreich/Bundesministerien Österreich, *Nationale Anti-Korruptionsstrategie – Aktionsplan Bund 2019–2020* 2019 (n. 1352), Nr. 1.1–1.3, 2.2; Bundesministerium für Inneres, Österreich. 'Das Integritätsbeauftragten-Netzwerk'. 2023, zugegriffen auf: https://www.bak.gv.at/301/praevention_edukation/netzwerk/ , abgerufen am: 07.04.2023; IBN. 'IBN – Integritätsbeauftragten-Netzwerk'. 2020,

11.3.3.3 Risikomanagement der Kriminalpolizei und des BAK

Die NAKS widmet der Strafverfolgung ebenfalls ein eigenes Kapitel. Der Vollständigkeit halber sei angemerkt, dass die GRECO im jüngsten Evaluierungsbericht lediglich die Kriminalpolizei sowie das BAK unter dem Begriff der Strafverfolgungsbehörden zusammenfasste. Die Staatsanwaltschaften wurden darunter nicht subsumiert. Dies ist allerdings lediglich praktischen Erwägungen geschuldet, da die Korruptionsprävention i. Z. m. den Staatsanwaltschaften bereits im Rahmen der vierten Evaluierungsrunde behandelt wird.[1358]

Mit Empfehlung (xiii) wird Österreich die Verbesserung des Risikomanagements bei den Strafverfolgungsbehörden (i. S. d. GRECO: Kriminalpolizei und BAK) nahegelegt. Dasselbe hat die GRECO bereits mit Empfehlung (ii) zum Ausdruck gebracht.[1359] Unter Risikomanagement wird ein Verfahren zur Feststellung potenzieller Risiken sowie deren Analyse und Einstufung verstanden. Erst anhand der damit gewonnenen Erkenntnisse können gezielte Verfahren zur Prävention, Bekämpfung und Minimierung solcher Risiken entwickelt werden.[1360]

2015 bis 2016 hat das BAK ein Risikomanagementsystem entwickelt, das aus den bisher drei veröffentlichten Compliance-Tätigkeitsberichten entnommen werden kann. Es ist damit die erste dem Innenministerium unterstehende Organisationseinheit, die ein derartiges System eingeführt hat.[1361]

---

zugegriffen auf: https://integritaet.info/, abgerufen am: 07.04.2023; GRECO, *GrecoEval5Rep(2022)1* 2022 (n. 29), Rz 56-59.

1358 Bundesministerium für Inneres/Bundesministerium für Justiz, *Nationale Anti-Korruptionsstrategie (NAKS)* 2018 (n. 1352), S. 13; GRECO, *GrecoEval4Rep(2016)1* 2016 (n. 596), Rz 136 ff; GRECO, *GrecoEval5Rep(2022)1* 2022 (n. 29), Rz 141, 153.

1359 GRECO, *GrecoEval5Rep(2022)1* 2022 (n. 29), Rz 54, 56-57, 158.

1360 Brühwiler, Bruno. 'ISO/DIS 31000 und ONR 49000:2008: Neue Standards im Risikomanagement'. *MQ – Management und Qualität* (5) (2008), S. 27, S. 26; Motel, Jens und Richter, Martin. 'Risikomanagement in einer Bundesbehörde'. *Verwaltung & Management* 22(2) (2016), S. 73–82, S. 73-74, 77, 80-81, doi 10.5771/0947-9856-2016-2-73; Budäus, Dietrich und Hilgers, Dennis. 'Öffentliches Risikomanagement – zukünftige Herausforderungen an Staat und Verwaltung' In *Risikomanagement der öffentlichen Hand*, (Hrsg.) Frank Scholz (Heidelberg, Neckar: Physica-Verlag, 2009), S. 17–77, S. 18; Czech, Alfred. 'Ein Blick in die Zukunft: Der systematische Umgang mit Risiken – Risikomanagement – ist modern geworden. Sich rechtzeitig mit Risiken zu beschäftigen, kann mit einem Blick in die Zukunft verglichen werden – nur ohne Glaskugel.'. *Öffentliche Sicherheit* (7-8) (2021), S. 43–44.

1361 Bundesamt zur Korruptionsprävention und Korruptionsbekämpfung, Österreich. *1. Compliance-Tätigkeitsbericht 2015–2017* (Wien, 2018); Bundesamt zur Korruptionsprävention und Korruptionsbekämpfung, Österreich. *2. Compliance-Tätigkeitsbericht*

Das Risikomanagementsystem wurde in Anlehnung an ISO 19600 entwickelt. Im Rahmen dessen wurden 55 Risiken – aufgeteilt in vertretbare, bedingt vertretbare und nicht vertretbare Risiken – festgestellt, analysiert und eingestuft. Ebenfalls wurden 123 Maßnahmen zu den festgestellten Risiken ausgearbeitet und in einen Risikobewältigungsplan – einen Art *Step-Plan* – implementiert. Zwecks Aktualisierung des Risikomanagementsystems findet jährlich eine Überprüfung der Risiken und eine Anpassung des Risikomanagements statt. Daher stiegen die Risiken und Maßnahmen bis zum Zeitpunkt der Evaluierung auf 68 Risiken bzw. ca. 200 Maßnahmen an.[1362]

Die GRECO kritisiert jedoch, dass mehrere wesentliche Bereiche nicht erfasst wurden, darunter die politische Einflussnahme in den Ermittlungsverfahren, Interessenkonflikte, Ernennungs- und Beförderungsverfahren i. Z. m. den höheren Dienstfunktionen, Transparenz und Sponsoring. Gerade diese Punkte bilden einige der zentralen Schwachstellen im österreichischen Rechtssystem. Daneben empfiehlt die GRECO, den jährlichen Bewertungsmechanismus in regelmäßigeren Abständen vorzunehmen. Ungeachtet dieser Empfehlung ist auch die Umsetzung der Risikomanagementsysteme in den anderen Organisationseinheiten des Innenministeriums im Bereich der Strafverfolgung fortzuführen.[1363]

Damit i. Z. steht auch die Empfehlung (xix), wonach die Zahlen zu korruptionsbedingt eingeleiteten Straf- und Disziplinarverfahren, den einleitenden Beschwerden bzw. den amtswegig eingeleiteten Verfahren sowie den verhängten Sanktionen in einer zentralen Statistik erfasst und veröffentlicht werden sollten. Die GRECO erwähnt darüber hinaus, eine öffentlich zugängliche Plattform zu schaffen, in der die mit Korruption in Verbindung stehenden Entscheidungen in anonymisierter Form eingesehen werden können. Der aktuelle Jahresbericht der Bundesdisziplinarbehörde enthält diesbezüglich Angaben zu eingegangenen

---

2018–2019 (Wien, 2020); Bundesamt zur Korruptionsprävention und Korruptionsbekämpfung, Österreich. *3. Compliance-Tätigkeitsbericht 2020–2022* (Wien, 2023); Höfel, Julia und Pirnat, Carlotta. 'Best Practice: Einführung eines Compliance-Management-Systems im BAK'. *Compliance Praxis* 2016 (24), S. 24–26, S. 24.

1362 Bundesamt zur Korruptionsprävention und Korruptionsbekämpfung, Österreich, *1. Compliance-Tätigkeitsbericht 2015–2017* 2018 (n. 1363); Bundesamt zur Korruptionsprävention und Korruptionsbekämpfung, Österreich, *2. Compliance-Tätigkeitsbericht 2018–2019* 2020 (n. 1363); Bundesamt zur Korruptionsprävention und Korruptionsbekämpfung, Österreich, *3. Compliance-Tätigkeitsbericht 2020–2022* 2023 (n. 1363), S. 7; Höfel/Pirnat, '*Best Practice: Einführung eines Compliance-Management-Systems im BAK*' 24 (n. 1363), S. 24-25; GRECO, *GrecoEval5Rep(2022)1* 2022 (n. 29), Rz 156.

1363 GRECO, *GrecoEval5Rep(2022)1* 2022 (n. 29), Rz 158.

Anzeigen, den eingeleiteten und nicht eingeleiteten Verfahren sowie die ziffernmäßige Angabe, wie diese entschieden wurden. Ähnliches gilt auch für den aktuellen Jahresbericht des BAK. Eine Aufschlüsselung nach den Personen, gegen die sich eine Disziplinaranzeige richtete, findet jedoch nicht statt.[1364]

Die Führung und Veröffentlichung von derartigen Statistiken kann maßgeblich zu einer wirkungsvollen nationalen Antikorruptionspolitik beitragen. Aus Sicht der staatlichen Stellen, die mit der Ausarbeitung von Präventions- und Bekämpfungsmaßnahmen betraut sind, könnte damit erfasst werden, in welchen Bereichen Korruption in welchem Umfang auftritt. Dies ermöglicht es erst, spezifisch angepasste und effektive Antikorruptionsinstrumente auszuarbeiten und auf deren Tauglichkeit hin zu eruieren. Je detaillierter die in der Statistik erfassten Informationen sind, umso wirksamere Antikorruptionsinstrumente können ausgearbeitet werden. Auch ermöglicht die Veröffentlichung derartiger Statistiken eine Bewusstseinsbildung bzw. -schärfung der Öffentlichkeit auf diese Problematik. Ein besonderer Vorteil, der sich aus einer statistischen Aufschlüsselung der Straf- und Disziplinarverfahren nach den einzelnen Berufsgruppen ergeben würde, wäre die frühzeitige Identifizierung der spezifischen Risikobereiche für die jeweiligen Berufsgruppen. Um auf diese berufsspezifischen Risikobereiche zu reagieren, können gezielte Aus-, Fort- und Weiterbildungsmaßnahmen erarbeitet und angeboten werden. Vielen verschiedenen Berufsständen ist es ein Anliegen, das Ansehen ihres Berufsstandes gegenüber der Öffentlichkeit zu wahren. Daher kann die Veröffentlichung von Straf- und Disziplinarverfahren, aufgeschlüsselt nach den einzelnen Berufsgruppen, das Verantwortungsbewusstsein innerhalb der jeweiligen Berufsgruppe stärken. Die Berufsgruppen werden damit selbst zur Schaffung bzw. Verbesserung eines internen berufsspezifischen Antikorruptionsregimes angehalten, um Korruptionsfälle innerhalb ihrer Berufsgruppe und damit insbesondere auch einen Vertrauensverlust aufgrund der damit einhergehenden Veröffentlichung möglichst zu vermeiden. Ein klarer Fall effektiver Korruptionsprävention.[1365]

1364 Bundesdisziplinarbehörde, Österreich. *Jahresbericht über das Jahr 2021 gemäß § 128b Beamten-Dienstrechtsgesetz 1979* (Wien, 2021), S. 2; Bundesamt zur Korruptionsprävention und Korruptionsbekämpfung, Österreich. *Jahresbericht 2021 Bundesamt zur Korruptionsbekämpfung und Korruptionsprävention* (Wien, 2022), S. 38-39.

1365 Wieselthaler, Andreas (Hrsg.). *Korruptionsprävention in Theorie und Praxis: Aktuelle Maßnahmen und Umsetzungen; Sammlung* (Wien: Verlag Österreich, 2015), S. 111-113; Bannenberg, Britta. *Korruption in Deutschland und ihre strafrechtliche Kontrolle: Eine kriminologisch-strafrechtliche Analyse* (Neuwied/Kriftel: Luchterhand, 2002), 51 ff, 58, 66 f; Wolf, *Korruption, Antikorruptionspolitik und öffentliche Verwaltung* 2014

11.3.4 Verhaltenskodizes[1366]

Ein weiterer wesentlicher Baustein der Korruptionsprävention, wie dies bereits während der 19. Fachministerkonferenz der europäischen Justizminister in Valetta erkannt wurde, bilden auch Verhaltenskodizes. In Österreich sind im Bereich der öffentlichen Verwaltung mehrere ressortspezifische Verhaltenskodizes ausgearbeitet worden. Die darin festgelegten Ethik-Standards sind spezifisch auf die Aufgaben und Anforderungen von Angehörigen des jeweiligen Ressorts angepasst. So bestehen derartige Verhaltenskodizes u .a. für das Arbeits- und Wirtschaftsministerium,[1367] das Bundesministerium für Soziales, Gesundheit, Pflege und Konsumentenschutz[1368] oder das Verteidigungsministerium.[1369] Daneben gibt es den sogenannten Verhaltenskodex «*Null Toleranz für Korruption*»[1370], ausgearbeitet vom Compliance-Management des Bundeskanzleramts.[1371]

Daneben hat das Ministerkomitee per 18. November 2020 einen ressort- sowie gebietskörperschaftsübergreifenden Verhaltenskodex unter dem Titel «*Die VerANTWORTung liegt bei mir – Eine Frage der Ethik*»[1372] erlassen. Dieser stellt eine überarbeitete Fassung des bisher für die öffentliche Verwaltung im Allgemeinen geltenden Verhaltenskodex dar.[1373]

(n. 19), S. 122; Eigen, Peter. *Das Netz der Korruption: Wie eine weltweite Bewegung gegen Bestechung kämpft* (Frankfurt/Main: Campus, 2003), S. 159; Rüschendorf, Ludger. *Mathematische Statistik* (Berlin/Heidelberg: Springer Spektrum, 2014), S. v ff.

1366 Empfehlung: (iii).

1367 Bundesministeriums für Digitalisierung und Wirtschaftsstandort, Österreich. *Verhaltenskodex* (2020).

1368 Bundesministerium für Soziales, Gesundheit, Pflege und Konsumentenschutz, Österreich. *Verhaltenskodex.*

1369 Bundesministerium für Landesverteidigung und Sport, Österreich. *Verhaltenskodex* (2012).

1370 Bundeskanzleramt, Österreich. *Null Toleranz für Korruption – Verhaltenskodex des Bundeskanzleramts* (2019).

1371 Ibid., S. 4; Rechnungshof, *Korruptionspräventionssysteme in ausgewählten Bundesministerien; Follow-up-Überprüfung* 2021 (n. 1190), S. 22-23.

1372 Bundesministerium für Kunst, Kultur, öffentlichen Dienst und Sport, Österreich, *Die VerANTWORTung liegt bei mir – Verhaltenskodex zur Korruptionsprävention im Öffentlichen Dienst* 2020 (n. 1186).

1373 Bundesministerium für Kunst, Kultur, öffentlichen Dienst und Sport, Österreich. 'Verhaltenskodex gegen Korruption'. 2023, zugegriffen auf: https://www.bmkoes.gv.at/Themen/Aktuell/Neuer-Verhaltenskodex-gegen-Korruption.html, abgerufen am: 07.04.2023; Öffentlicher Dienst.gv.at, Österreich. 'Verhaltenskodex – Öffentlicher Dienst'. 2023, zugegriffen auf: https://oeffentlicherdienst.gv.at/

Damit ist der Verhaltenskodex für alle Angehörigen des öffentlichen Dienstes anwendbar, somit auch für die bereits behandelten Generalsekretäre sowie Kabinettsmitarbeitern. Er gilt jedoch gerade nicht für die Angehörigen der obersten Exekutivebene wie die Minister und Staatssekretäre. Es versteht sich von selbst, dass es nicht genügt, sich lediglich auf die in der Weisungskette untergeordneten Exekutivebenen zu beschränken. Die obersten Exekutivebenen sind der Gefahr von Korruption im selben Maße ausgesetzt wie deren untergeordneten Verwaltungsebenen. Es bedarf daher unbedingt auch einen auf die Anforderungen und Aufgabenbereiche der höchsten Exekutivebene zugeschnittenen Verhaltenskodex. Doch auch der Umstand, dass die Generalsekretäre und Kabinettsmitarbeiter unter dasselbe Ethik-Regime wie die sonstigen Angehörigen des öffentlichen Dienstes unterworfen werden, erscheint aus den bereits erläuterten Erwägungen heraus nicht sinnvoll. Angesichts der Aufgaben und Funktionen, die diese beiden Funktionsgruppen inzwischen wahrnehmen, sollten sie vielmehr demselben Verhaltenskodex unterstellt werden wie die Funktionsträger der höchsten Exekutivebene.[1374]

Die GRECO empfiehlt zudem, ähnlich wie das Compliance-Management des Bundeskanzleramts, eine Unterstützungs-, Beratungs- und Hilfseinrichtung für die Mitglieder der obersten Exekutivebene bei Fragen der Integrität oder i. Z. m. Interessenkonflikten vorzusehen.[1375]

Der 2020 beschlossene allgemeine Verhaltenskodex für Angehörige des öffentlichen Dienstes enthält selbst keine Ethikbestimmungen i. e. S., sondern stellt eher eine Art Kommentierung bzw. Erläuterung der einschlägigen Bestimmungen des StGB, des *Beamten-Dienstrechtsgesetz 1979*[1376] («BDG 1979») und anderer einschlägiger Gesetze wie das B-VG oder *Datenschutz-Grundverordnung*[1377]

fuer-bundesbedienstete/korruptionspraevention-compliance-und-integritaet/verhaltenskodex/, abgerufen am: 07.04.2023; Bundesministerium für Kunst, Kultur, öffentlichen Dienst und Sport, Österreich, *Die VerANTWORTung liegt bei mir – Verhaltenskodex zur Korruptionsprävention im Öffentlichen Dienst* 2020 (n. 1186), S. 2-3.

1374 GRECO, *GrecoEval5Rep(2022)1* 2022 (n. 29), Rz 62-64, 67.

1375 Bundeskanzleramt, Österreich, *Null Toleranz für Korruption – Verhaltenskodex des Bundeskanzleramts* 2019 (n. 1372), S. 31-32; GRECO, *GrecoEval5Rep(2022)1* 2022 (n. 29), Rz 67.

1376 BGBl. Nr. 333/1979 idF BGBl. I Nr. 6/2023. *Bundesgesetz vom 27. Juni 1979 über das Dienstrecht der Beamten (Beamten-Dienstrechtsgesetz 1979): BDG 1979* (1979).

1377 European Union. *Verordnung (EU) 2016/679 des Europäischen Parlaments und des Rates vom 27. April 2016 zum Schutz natürlicher Personen bei der Verarbeitung personenbezogener Daten, zum freien Datenverkehr und zur Aufhebung der Richtlinie 95/46/EG (Datenschutz-Grundverordnung): DSGVO* (2016).

(«DSGVO») für Angehörige des öffentlichen Dienstes zur Verfügung. Daher enthält der Verhaltenskodex auch keine Kontroll- und insbesondere keine Vollzugsmechanismen. Ein Verhalten, das gegen den Kodex verstößt, kann somit nicht auf Basis des Kodex selbst geahndet werden, sondern nur aufgrund der verletzten Bestimmung im Straf- oder Dienstrecht. Dies entspricht nicht den Vorgaben im MK. Zumindest der zu schaffende Verhaltenskodex für Angehörige der höchsten Exekutivebene sollte nicht zahnlos sein. Denn es entspricht auch dem spezial- und generalpräventiven Gedanken, dass korruptem Verhalten und Machtmissbrauch u .a. durch die Androhung von Sanktionen effektiv entgegengewirkt werden kann. Gleichzeitig kann dies eine Sensibilisierung i. Z. m. korrupten Verhalten und damit eine entsprechende Umerziehung nach sich ziehen (*punitur ne peccetur*).[1378] Daher empfiehlt die GRECO neben der Ausarbeitung eines spezifischen Verhaltenskodex für die höchste Vollzugsebene (inkl. den Generalsekretären und Kabinettsmitarbeitern) auch zu Recht die Schaffung eines adäquaten Kontroll- und Vollzugsmechanismus.[1379]

11.3.5 Transparenzbestimmungen[1380]

11.3.5.1 Verhältnis Korruption und Transparenz

Bannenberg/Schaupensteiner ist es gelungen, die günstigen Bedingungen, die für Korruption vorliegen müssen, auf nachfolgende Maxime herunterzubrechen:[1381]

«Die Korruption blüht im Verborgenen […]»[1382]

Die Schaffung von Transparenz stellt daher ein zentraler Baustein in der Verhütung und im Kampf gegen Korruption dar. Ferner trägt Transparenz dazu bei, die

---

1378 Schmidt-Recla, A. und Steinberg, H. '«Da wir köpfen und hängen nicht wollen und deportieren nicht können…». Uber Emil Kraepelins Einfluss auf Franz von Liszt'. *Der Nervenarzt* 79(3) (2008), S. 295–304, S. 295, doi 10.1007/s00115-008-2410-9; *Moderne italienische Strafrechtsdenker* (Springer, Berlin, Heidelberg, 2012), S. 205, 212, 280; Höpfel/Kert, *Grundriss des Strafrechts* 2016 (n. 63), S. 5.

1379 GRECO, *GrecoEval5Rep(2022)1* 2022 (n. 29), Rz 65-67; Bundesministerium für Kunst, Kultur, öffentlichen Dienst und Sport, Österreich, *Die VerANTWORTung liegt bei mir – Verhaltenskodex zur Korruptionsprävention im Öffentlichen Dienst* 2020 (n. 1186), S. 2-4.

1380 Empfehlung: (iv) bis (vi), (xvii).

1381 Bannenberg, Britta und Schaupensteiner, Wolfgang J. *Korruption in Deutschland: Portrait einer Wachstumsbranche* (München: Beck, 2004), S. 277.

1382 Ibid.

Qualität nationaler und übernationaler Rechtssysteme zu verbessern und ein von Integrität und Ethik geprägtes Umfeld innerhalb der öffentlichen Verwaltung zu etablieren. Transparenz umfasst die Offenlegung von Informationen gegenüber der Öffentlichkeit, wodurch staatliches Handeln nachvollziehbarer und insbesondere überprüfbarer wird. Daneben hat Transparenz auch einen präventiven Charakter. Je transparenter ein staatliches System ausgestaltet ist, desto schwieriger gestaltet es sich, korrupte Handlungen gegenüber der Öffentlichkeit zu verschleiern. Zusammengefasst stellt Transparenz ein effektives Mittel zur Korruptionsprävention dar. In Kombination mit effektiven Sanktionsmöglichkeiten oder bereits allein durch die Gefahr eines Prestigeverlustes gegenüber der Öffentlichkeit kann Transparenz wirksam dazu beitragen, die Begehung korrupter Handlungen zu verhindern. Aufgrund der transparenten Ausgestaltung staatlichen Handelns kann sich die Öffentlichkeit unmittelbar an der Überwachung beteiligen. Dadurch kann auch ein allgemeines und gefestigtes Gesellschaftsbewusstsein entstehen, alle Formen von Korruption strikt zu verurteilen. Dies wiederum hat den Effekt, dass die Öffentlichkeit ein stärkeres Verantwortungsbewusstsein für den eigenen Staat entwickelt. Sie betrachtet sich damit als ein aktiver Teil des Staates und nicht mehr nur als ein der Politik unterworfenes passives Objekt. Dies fördert zudem eine stärkere Identifikation mit der demokratischen Staatsform und stellt letztlich den besten Schutz einer Demokratie dar.[1383]

Diesem Tenor folgt auch *Marin Mrčela*, Präsident der GRECO, der anlässlich des jährlich am 9. Dezember stattfindenden Internationalen Antikorruptionstags[1384] erklärte: «*Preventing corruption and promoting integrity in public life requires openness and transparency.*»[1385] Wie bedeutend Transparenz für die nationale Antikorruptionspolitik sein kann, hob er mit seiner Aussage hervor,

---

1383 Ibid., S. 277-278; Panfilova, Elena und Löwen, Alex. 'Zwang zur Transparenz: Russland und die Geißel der Korruption'. *Osteuropa* 62(6/8) (2012), S. 241–249, S. 249; Darge, Ekkehard. *Korruption in der Bundespolitik Deutschlands: Fälle und Bekämpfungsstrategien* (Oldenburg: BIS-Verl. der Carl-von-Ossietzky-Univ, 2009), S. 123-125; Wieselthaler, *Korruptionsprävention in Theorie und Praxis* 2015 (n. 1367), S. 6, 187.

1384 Astafurova, Olga A., Borisova, Anna S., Golomanchuk, Eyda V. und Omelchenko, Tatyana A. 'Anti-corruption Education of Public Officers Using Digital Technologies'. *International Journal of Information and Education Technology* 10(2) (2020), S. 90–94, S. 91, doi 10.18178/ijiet.2020.10.2.1345.

1385 GRECO. 'Anti-Corruption Day: GRECO president calls for transparency and appropriate consultation in legislative processes'. 2022, zugegriffen auf: https://www.coe.int/en/web/greco/-/anti-corruption-day-greco-president-calls-for-transparency-and-appropriate-consultation-in-legislative-processes?pk_campaign=newsletter, abgerufen am: 18.05.2023.

wonach «*Transparency is one of the main pillars on which any effort to fight against corruption must be based. […] We know that corruption can be reduced by means of targeted preventive action.*»[1386]

11.3.5.2 Aktuelle Lage in Österreich | Art. 20 Abs. 4 B-VG

Ein verfassungsrechtlich vorgesehenes Gebot zur Transparenz in der Verwaltung findet sich in Art. 20 B-VG. Neben der in Art. 20 Abs. 4 B-VG behandelten Auskunftspflicht, ist im vorherigen Absatz ebenfalls die Amtsverschwiegenheit der öffentlichen Hand geregelt. Art. 20 B-VG bezieht sich auf Exekutivorgane, wobei es hierbei nicht darauf ankommt, ob diese im Rahmen der Hoheits- oder Privatwirtschaftsverwaltung tätig werden. Die Bestimmung bezieht sich nicht auf Organe der Legislative oder Judikative, außer es handelt sich wiederum um Agenden der Justiz- bzw. Gesetzgebungsverwaltung. Abgestellt wird sowohl auf einen funktionellen als auch einen organisatorischen Organbegriff.[1387]

Aufbau und gesetzgeberische Entwicklung von Art. 20 B-VG verdeutlichen, dass das Interesse des historischen Gesetzgebers primär auf die Geheimhaltung sensibler öffentlicher Informationen ausgerichtet war. Erst 1987 wurde dem Bedürfnis nach freiem Zugang zu Informationen, welche die Verwaltung betreffen, teilweise durch die Einfügung des Art. 20 Abs. 4 B-VG Rechnung getragen.[1388] Aus dem Aufbau von Art. 20 B-VG könnte durchaus der Schluss gezogen werden, dass die Amtsverschwiegenheit primär gilt und die Anwendung der Auskunftspflicht eher die Ausnahme bilden soll.[1389]

Die Ausgestaltung beider Bestimmungen in Form sich aufeinander beziehender mittelbarer Verweise führt dazu, dass die exakten Wechselwirkungen der Amtsverschwiegenheit einerseits und der Auskunftspflicht andererseits bisher nicht

---

1386 Ibid.

1387 BGBl. Nr. 1/1930, *Bundes-Verfassungsgesetz* 1945 (n. 62), Art. 20; Forster, Alexander. 'Art. 20 B-VG' In *Kommentar zum Bundesverfassungsrecht: B-VG und Grundrechte*, (Hrsg.) Arno Kahl, Lamiss Magdalena Khakzadeh und Sebastian Schmid (Wien: Jan Sramek Verlag, 2021), Rz 32-33, 42; Leichtfried, Jörg. 'Schaffen wir endlich die Amtsverschwiegenheit ab' In *100 Jahre Verfassung: 77 Stimmen zum Jubiläum des österreichischen Bundes-Verfassungsgesetzes (B-VG) Ein Lesebuch*, (Hrsg.) Peter Hilpold, Walter Hämmerle und Manfred Matzka (Wien: facultas, 2020), S. 223–225, S. 223 ff.

1388 BGBl. Nr. 1/1930, *Bundes-Verfassungsgesetz* 1945 (n. 62), Art. 20; BGBl. Nr. 285/1987. *Bundesverfassungsgesetz vom 15. Mai 1987, mit dem das Bundes-Verfassungsgesetz in der Fassung von 1929 geändert wird* (1987), S. 2; Forster, '*Art. 20 B-VG*' 2021 (n. 1389), Rz 26-27, 40.

1389 BGBl. Nr. 1/1930, *Bundes-Verfassungsgesetz* 1945 (n. 62), Art. 20.

hinreichend festgestellt wurden. Einmal gilt der Grundsatz, dass – abgesehen von gesetzlich determinierten Ausnahmen – die Amtsverschwiegenheit einzuhalten ist. Zugleich gilt die Auskunftspflicht, «*[…] soweit eine gesetzliche Verschwiegenheitspflicht dem nicht entgegensteht […]*».[1390] Die damit verbundenen rechtlichen Unsicherheiten sind jedenfalls einer von vielen Gründen für die zunehmend schlechten Bewertungen Österreichs in internationalen Transparenz-Rankings.[1391]

Daneben kommt noch hinzu, dass es sich bei der in Art. 20 Abs. 4 B-VG verankerten Auskunftspflicht um kein verfassungsgesetzlich gewährleistetes Recht handelt. Wie aus dem letzten Satz des Absatzes zu entnehmen, handelt es sich dabei um eine an den Gesetzgeber gerichtete objektive Verpflichtung, diesbezüglich Reichweite, Gehalt sowie das anzuwenden Verfahren auszugestalten und damit erst ein subjektives Recht auf Auskunft zu schaffen. Weitere Ausführungen sind demonstrativ im Auskunftspflichtgesetz, dem Auskunftspflicht-Grundsatzgesetz oder im Bereich des Unionsrechts aus Art. 42 der im EU-Primärrecht stehenden «*Charter of the fundamental rights of the European Union*»[1392] («GRC») zu entnehmen.[1393]

Hier ist noch zu erwähnen, dass die Auskunftspflicht in Art. 20 B-VG gemäß gefestigter höchstrichterlicher Rechtsprechung des Verwaltungsgerichtshofs («VwGH») keinen Anspruch auf Akteneinsicht beinhaltet. Gemäß *Öhlinger/Eberhard* kann aber der Auskunftspflicht auch durch Akteneinsicht entsprochen werden. Dies ist aber lediglich optional.[1394] Auch dahingehend zeigt sich, dass die österreichische Auskunftspflicht nur in Ansätzen dem öffentlichen Interesse nach Informationsfreiheit und Transparenz der öffentlichen Verwaltung entspricht. Dahingehend wurde bereits vom VwGH sowie VfGH mit Verweis

---

1390 Ibid., Art. 20 Abs. 4.

1391 95/ME XXVII. GP. *Ministerialentwurf – Erläuterungen* (2021), S. 1; oe24.at. 'Transparenz-Ranking: Österreich ist Letzter'. *oe24 GmbH* (7.11.2013), abgerufen am: 09.04.2023.

1392 European Union. *Charter of fundamental rights of the European Union: GRC* (2012).

1393 BGBl. Nr. 1/1930, *Bundes-Verfassungsgesetz* 1945 (n. 62), Art. 20 Abs. 4; Öhlinger/Eberhard, *Verfassungsrecht* 2018 (n. 257), S. 252-253; Schroeder, *Grundkurs Europarecht* 2019 (n. 488), S. 305, 311-312; European Union, *Charter of fundamental rights of the European Union* 2012 (n. 1394), Art. 42; BGBl. Nr. 287/1987. *Bundesgesetz vom 15. Mai 1987 über die Auskunftspflicht der Verwaltung des Bundes und eine Änderung des Bundesministeriengesetzes 1986: Auskunftspflichtgesetz* (1987); BGBl. Nr. 286/1987. *Bundesgrundsatzgesetz vom 15. Mai 1987 über die Auskunftspflicht der Verwaltung der Länder und Gemeinden: Auskunftspflicht-Grundsatzgesetz* (1987).

1394 Forster, '*Art. 20 B-VG*' 2021 (n. 1389), Rz 49; Öhlinger/Eberhard, *Verfassungsrecht* 2018 (n. 257), S. 252-253.

auf die einschlägige Rechtsprechung des EGMR zu Art. 10 EMRK[1395] festgestellt, dass es «*[...] zur zweckmäßigen Erteilung einer Auskunft geboten sein [...]*»[1396] kann, «*[...] nicht bloß mündliche oder schriftliche Auskunft über den Inhalt von Dokumenten zu erteilen, sondern den Zugang zu den relevanten Dokumenten zu gewähren [...]*».[1397]

11.3.5.3 Novellierung zur Stärkung von Transparenz

Zusammengefasst schafft die aktuelle Rechtslage zu Art. 20 Abs. 4 B-VG Rechtsunsicherheit und erschwert die Ausübung der mit der Auskunftspflicht korrespondierenden Auskunftsrechte. Die gegenwärtige Rechtslage führt eben zu jenem Zustand, wie er seitens der GRECO festgestellt und bemängelt wurde. Die österreichischen Behörden lehnen nämlich allzu schnell die Erteilung von Auskünften aufgrund eines vermeintlich vorliegenden Amtsverschwiegenheitsgebots ab.[1398] Zu Recht können derartige Vorgehensweisen das Vertrauen der Öffentlichkeit in die staatlichen Institutionen beeinträchtigen. Die Ausweitung des Umfangs der Auskunftsrechte sowie eine dringend gebotene gesetzgeberische Klarstellung könnten eine effizientere Wahrnehmung von Art. 20 B-VG und den damit verbundenen Rechten bewirken. Damit würde der Gesetzgeber nicht nur dem Legalitätsprinzip gerecht werden, sondern gleichzeitig auch die Transparenz fördern und ein echtes Werkzeug im Kampf gegen Korruption ausarbeiten.

Im aktuellen Regierungsprogramm wird als eines der zentralen Ziele der jetzigen österreichischen Bundesregierung die Förderung der Transparenz im öffentlichen Bereich genannt. Dies soll u .a. durch die Abschaffung des Amtsgeheimnisses und durch die Etablierung eines einklagbaren Rechts auf Informationsfreiheit erreicht werden. Es liegt diesbezüglich gegenwärtig ein Ministerialentwurf vor, der allerdings bislang nicht erlassen wurde.[1399]

1395 VwGH. 'Ra 2017/03/0083' (2018), RS 13-14; VfGH. 'E4037/2020' (2021); GRECO, *GrecoEval5Rep(2022)1* 2022 (n. 29), Rz 71; Kucsko-Stadlmayer, Gabriele. 'Die Verfassung schützt vor Willkür' In *100 Jahre Verfassung: 77 Stimmen zum Jubiläum des österreichischen Bundes-Verfassungsgesetzes (B-VG) Ein Lesebuch*, (Hrsg.) Peter Hilpold, Walter Hämmerle und Manfred Matzka (Wien: facultas, 2020), S. 103, S. 103.

1396 VwGH, '*Ra 2017/03/0083*' 2018 (n. 1397), RS 14.

1397 Ibid.

1398 BGBl. Nr. 1/1930, *Bundes-Verfassungsgesetz* 1945 (n. 62), Art. 20; Forster, '*Art. 20 B-VG*' 2021 (n. 1389), Rz 27; GRECO, *GrecoEval5Rep(2022)1* 2022 (n. 29), Rz 74; VwGH, '*Ra 2017/03/0083*' 2018 (n. 1397), RS 5, 8.

1399 95/ME XXVII. GP. *Ministerialentwurf – Kurzinformation* (2021); 95/ME XXVII. GP. *Ministerialentwurf – Vorblatt und Wirkungsorientierte Folgenabschätzung* (2021),

Für Österreich wäre die Abschaffung der Amtsverschwiegenheit ein Meilenstein in der Entwicklung seines nationalen Antikorruptionsregimes. Die Arbeit am zuvor besprochenen Ministerialentwurf sollte daher zeitnah fortgesetzt und in Rechtskraft gesetzt werden – idealerweise unter Berücksichtigung der Anmerkungen im Evaluierungsbericht.[1400]

11.3.5.4 Förderung von Transparenz im Gesetzgebungsprozess

Die GRECO empfiehlt nicht nur weitere Maßnahmen zur Förderung von Transparenz im Bereich der Exekutive zu setzen, sondern auch im Bereich der Legislative.[1401]

In der fünften Empfehlung erkennt die GRECO an, dass Österreich bereits Maßnahmen gesetzt hat, um die Mitwirkung der Öffentlichkeit im Gesetzgebungsverfahren im Rahmen von parlamentarischen Begutachtungsverfahren zu ermöglichen. So wurde mit Entschließung des Nationalrats am 16. Mai 2017 die Einführung eines erweiterten Begutachtungsverfahrens beschlossen. Der Öffentlichkeit wurde es damit ermöglicht, in der Phase der vorparlamentarischen Begutachtung, somit bis zur Einbringung im Nationalrat, zu Ministerialentwürfen Stellung zu nehmen. Gesetzlich verankert wurde dies im Zuge der Novellierung des *Geschäftsordnungsgesetzes des Nationalrats*[1402] («NR-GOG») mit der Einfügung von § 23b NR-GOG. Zudem wurde das bisher praktizierte Begutachtungsverfahren dahingehend überarbeitet, dass die Möglichkeit zur Abgabe von Stellungnahmen nicht mehr nur auf Ministerialbeschlüsse und auf das vorparlamentarische Verfahren beschränkt ist.[1403]

S. 1-2, 4-5, 7-8; Bundeskanzleramt Österreich. *Aus Verantwortung für Österreich -Regierungsprogramm 2020–2024: Zusammenfassung* (Wien, 2020), S. 3, 6; Edtstadler, Karoline. 'Herausforderungen im Verfassungsbereich: Regelung der Beihilfe zum Suizid, Abschaffung des Amtsgeheimnisses' In *Österreichisches Jahrbuch für Politik 2021*, (Hrsg.) Andreas Khol (Gottingen: Vandenhoeck & Ruprecht, 2022), S. 411–420, S. 417.

1400 GRECO. *GrecoRC4(2018)15: Umsetzungsbericht Österreich zur vierten Evaluierungsrunde* (2018), Rz 76; Bundeskanzleramt Österreich, *Aus Verantwortung für Österreich -Regierungsprogramm 2020–2024* 2020 (n. 1401), S. 3, 6; Bundeskanzleramt Österreich. *Aus Verantwortung für Österreich -Regierungsprogramm 2020–2024* (Wien, 2020), S. 17-20; Hilpold, '*Unabhängigkeit der Justiz ist essenziell*' 2021 (n. 344); Hilpold, '*Der Fall Christian Pilnacek – Eine Herausforderung auch für die europäische Rechtsstaatlichkeit*' 2023 (n. 142).

1401 GRECO, *GrecoEval5Rep(2022)1* 2022 (n. 29), Rz 77 ff.

1402 BGBl. Nr. 410/1975 idF BGBl. I Nr. 141/2022. *Bundesgesetz vom 4. Juli 1975 über die Geschäftsordnung des Nationalrates: Geschäftsordnungsgesetz 1975* (1975).

1403 200/E XXV. GP. *Entschließung des Nationalrates vom 16. Mai 2017* (2017); BGBl. Nr. 410/1975 idF BGBl. I Nr. 141/2022, *Bundesgesetz vom 4. Juli 1975 über die*

Wesentliche Aspekte des Begutachtungsverfahrens wurden jedoch nicht gesetzlich determiniert, allen voran ein näher bestimmtes Verfahren, wie mit Stellungnahmen der Öffentlichkeit umzugehen ist, unter welchen Voraussetzungen eingelangte Stellungnahmen berücksichtigt werden müssen sowie die Festlegung klarer Fristen. Die Empfehlung richtet sich daher an den Gesetzgeber, diesbezüglich Klarheit zu schaffen.[1404]

11.3.5.5 Förderung von Transparenz im Gesetzgebungsprozess: Lobbying

Mit Transparenz im Gesetzgebungsprozess beschäftigt sich ebenfalls Empfehlung (vi). Zur Verbesserung des sogenannten legistischen Fußabdrucks, durch den etwaige äußere Einwirkungen im Gesetzwerdungsprozess nachvollzogen werden können, empfiehlt die GRECO die Schaffung echter Transparenz hinsichtlich Lobbying-Vorgängen, an welchen Mitglieder der höchsten Verwaltungsebene beteiligt sind. Auch die Öffentlichkeit soll diesbezüglich berücksichtigt werden.[1405]

Diese Empfehlung belegt ebenfalls, dass Österreich nur sehr zögerlich – wenn überhaupt – darum bemüht ist, alle Empfehlungen der jeweiligen Evaluierungsrunden zu übernehmen. Denn bereits während der vierten Evaluierungsrunde, welche «*Corruption Prevention in respect of Members of Parliament, Judges and Prosecutors*»[1406] zum Gegenstand hatte, sprach die GRECO sich für die verbesserte Ausgestaltung der gesetzlichen Normen von Lobbying aus, damit derartige Vorgänge auch gegenüber der Allgemeinheit wirklich transparent werden.[1407] Der vierte Evaluierungsbericht wurde während der 73. GRECO-Plenarversammlung am 21. Oktober 2017 verabschiedet. Bis jetzt ist das vierte Evaluierungsverfahren

---

Geschäftsordnung des Nationalrates 1975 (n. 1404), § 23b; Konrath, Christoph und Posnik, Rosi. 'Art. 41 B-VG' In *Kommentar zum Bundesverfassungsrecht: B-VG und Grundrechte*, (Hrsg.) Arno Kahl, Lamiss Magdalena Khakzadeh und Sebastian Schmid (Wien: Jan Sramek Verlag, 2021), Rz 16; Lehofer, Hans Peter, Fucik, Robert und Hopf, Gerhard. 'Neues aus dem Parlament'. *ÖJZ 2021/43* (7/2021), S. 305; GRECO, *GrecoEval5Rep(2022)1* 2022 (n. 29), Rz 77-80.

1404 Konrath/Posnik, '*Art. 41 B-VG*' 2021 (n. 1405), Rz 16; Lehofer/Fucik/Hopf, '*Neues aus dem Parlament*' (n. 1405), S. 305; Parlament, Österreich. 'Parlamentarisches Begutachtungsverfahren'. 2023, zugegriffen auf: https://www.parlament.gv.at/beteiligen/wissenswertes/begutachtungsverfahren/parlamentarisches-verfahren/, abgerufen am: 07.04.2023; GRECO, *GrecoEval5Rep(2022)1* 2022 (n. 29), Rz 79, 81.

1405 GRECO, *GrecoEval5Rep(2022)1* 2022 (n. 29), Rz 87; Rechnungshof, Österreich. *Lobbying- und Interessenvertretungs-Register: Bericht des Rechnungshofes* (Wien, 2019), S. 7.

1406 GRECO, *GrecoEval4Rep(2016)1* 2016 (n. 596), Rz 5.

1407 Ibid., Rz 5, 44, 180.

für Österreich noch nicht beendet worden. Wie jedoch aus dem zweiten vorläufigen Umsetzungsbericht der vierten Evaluierungsrunde und aus dem gegenständlichen Evaluierungsbericht der fünften Evaluierungsrunde zu entnehmen ist, wurde diese Empfehlung bis heute nicht umgesetzt.[1408]

Die rechtlichen Grundlagen i. Z. m. Lobbying finden sich im *Lobbying- und Interessenvertretungs-Transparenz-Gesetz*[1409] («LobbyG»), welches am 1. Januar 2013 in Rechtskraft erwachsen ist. Demnach versteht man unter Lobbying gemäß § 4 Z. 1 und 10 i. V. m. § 1 Abs. 1 LobbyG «*[...] jede[n] organisierte[n] und strukturierte[n] Kontakt mit Funktionsträgern[...]*»,[1410] namentlich «*[...] der Bundespräsident, Mitglieder der Bundesregierung oder einer Landesregierung, Mitglieder inländischer allgemeiner Vertretungskörper, Beamte, Vertragsbedienstete und andere Organe, soweit sie im Rahmen der Gesetzgebung, der Vollziehung oder der Privatwirtschaftsverwaltung des Bundes, der Länder, der Gemeinden und der Gemeindeverbände tätig sind*»,[1411] mit welchem «*[...] auf bestimmte Entscheidungsprozesse in der Gesetzgebung oder Vollziehung des Bundes, der Länder, der Gemeinden und der Gemeindeverbände unmittelbar Einfluss genommen werden soll*»[1412].[1413]

Das Gesetz regelt im Wesentlichen verschiedene Verhaltens- und Registrierungspflichten von Lobbyisten als Unternehmen oder N. P. und Interessensträgern. Der Registrierungspflicht kommen die Adressaten durch Eintragung bestimmter Informationen in das vom Justizministerium geführten Lobbying- und Interessenvertretungs-Register («Lobby-Reg») nach.[1414]

1408 Ibid.; GRECO, *GreocRC4(2021)19* 2021 (n. 1277), Rz 81-82; GRECO, *GrecoEval5Rep(2022)1* 2022 (n. 29), Rz 86-87.

1409 BGBl. I Nr. 64/2012. *Bundesgesetz zur Sicherung der Transparenz bei der Wahrnehmung politischer und wirtschaftlicher Interessen (Lobbying- und Interessenvertretungs-Transparenz-Gesetz): LobbyG* (2023).

1410 Ibid., § 4 Z. 1.

1411 Ibid., § 4 Z. 10.

1412 Ibid., § 1 Abs. 1.

1413 Ibid., §§ 1, 4; Rechnungshof, *Lobbying- und Interessenvertretungs-Register* 2019 (n. 1407), S. 8.

1414 BGBl. I Nr. 64/2012, *Bundesgesetz zur Sicherung der Transparenz bei der Wahrnehmung politischer und wirtschaftlicher Interessen (Lobbying- und Interessenvertretungs-Transparenz-Gesetz)* 2023 (n. 1411), §§ 1, 4, 5 ff, 7, 9 ff; Barbist, Johannes. 'Ist angemessener Druck erlaubt? Lobbying-Gesetz wirft neue Fragen auf'. *Die Presse* (6.06.2011); Bußjäger, Peter. 'Lobbyismus, wirtschaftliche Betätigung und Transparenz. Bemerkungen und ausgewählte Rechtsfragen zum LobbyG (FN)'. *ÖZW* 2017(3 / 2017) (2017), S. 125; Schuschnigg, Artur. 'Kann das neue Lobbying-Gesetz die Erwartungen erfüllen?'. *SWK* (22/2012) (2012), S. 994; Bundesministerium für Justiz,

Die Einführung des Lobby-Reg kann als Beginn des Prozesses zur Schaffung von Transparenz im Gesetzgebungsprozess i. Z. m. Lobbying verstanden werden. Allerdings ist dessen rechtliche Ausgestaltung in einigen Bereichen äußerst mangelhaft. Das Potenzial dieses Instruments wird somit kaum ausgeschöpft, wodurch keine echte Transparenz hergestellt werden kann. Den Funktionsträgern ist es gemäß § 8 LobbyG untersagt, «*[...] eine Lobbying-Tätigkeit als Organ, Dienstnehmer oder Auftragnehmer eines Lobbying-Unternehmens [...]*»[1415] auszuführen. Unberücksichtigt bleibt hier, dass Funktionsträger auch nebenberuflichen privatwirtschaftlichen Tätigkeiten nachgehen dürfen. Tätigkeiten in einer Presse- bzw. Lobby-Abteilung eines privaten Wirtschaftsunternehmens fallen hingegen nicht in den Geltungsbereich von § 8 LobbyG. Daneben sind aufgrund des relativ engen Adressatenkreises weitere Einheiten, welche Lobbying primär zum Gegenstand haben, nahezu oder gänzlich vom Anwendungsbereich des Gesetzes ausgenommen. Schließlich stellt gemäß §§ 9 ff. LobbyG das Lobby-Reg nichts anderes als eine Auflistung der eintragungspflichtigen Adressaten dar. Es kann daraus nicht entnommen werden, ob und inwieweit Mitglieder der höchsten Verwaltungsebene Kontakt zu den Adressaten hatten und folglich auch nicht, inwieweit eine konkrete Lobbying-Tätigkeit Einfluss auf den Gesetzgebungsprozess genommen hat.[1416]

Aufgrund der gegenwärtigen Rechtslage ist es der Öffentlichkeit somit weiterhin verwehrt, nachzuvollziehen, welche äußeren Einflussfaktoren zur Entstehung eines Gesetzes beigetragen haben. Hinsichtlich der Lobbying-Vorgänge im Gesetzwerdungsprozess bleibt die Lage weiterhin intransparent und ein legistischer Fußabdruck wurde nicht umgesetzt. Dies wiederum bietet Raum für korrupte Handlungen wie Bestechungen, Vorteilszuwendungen oder das sogenannte Anfüttern. Im Sinne einer effektiven Korruptionspräventionspolitik ist den einschlägigen Empfehlungen der GRECO im vierten und fünften Evaluierungsbericht zu

---

Österreich. 'Lobbying- und Interessenvertretungsregister – Einfache Suche'. 2023, zugegriffen auf: https://lobbyreg.justiz.gv.at/edikte/ir/iredi18.nsf/Suche!Openform, abgerufen am: 13.04.2023.

1415 BGBl. I Nr. 64/2012, *Bundesgesetz zur Sicherung der Transparenz bei der Wahrnehmung politischer und wirtschaftlicher Interessen (Lobbying- und Interessenvertretungs-Transparenz-Gesetz)* 2023 (n. 1411), § 8.

1416 Ibid., §§ 1, 4, 8, 9 ff; Gradel, Thomas. 'Lobbying in Österreich und Europa: Transparente Interessensvertretung oder Einflussnahme hinter verschlossenen Türen?'. *Transparency International Austria* (20.04.2015); Mulcahy, Suzanne. *Lobbying in Europe: Hidden influence, privileged access* (Berlin, Germany: Transparency International, 2015), S. 8, 9, 22, 27–28, 31–32, 41–42.

folgen und diese entsprechend im nationalen Recht umzusetzen. Neben einer detaillierteren Ausgestaltung des Lobby-Reg könnten die Funktionsträger verpflichtet werden, Protokolle über Lobby-Gespräche zu führen, die veröffentlicht werden.[1417]

11.3.5.6 Förderung von Transparenz i. Z. m. Spenden und Sponsoring bei Ermittlungs- sowie Exekutivbediensteten

Abhängig von der jeweiligen Rechtsmaterie kennt die österreichische Rechtsordnung unterschiedliche Definitionen des Begriffs *Sponsoring.* Enthalten ist der Begriff bspw. im *Universitätsgesetz 2002*[1418] («UG»), dem PartG oder dem *ORF-Gesetz*[1419] («ORF-G»).[1420] Auch wenn die Evaluierungsrunde auf Angehörige der höchsten Exekutivebene sowie Ermittlungs- und Exekutivbedienstete zugeschnitten ist, ist dennoch anzumerken, dass ein Nebeneinander verschiedener Sponsoring-Definitionen grundsätzlich hinderlich für eine zweckmäßige und einheitliche nationale Antikorruptionspolitik ist.[1421]

Allgemein handelt es sich bei Sponsoring um ein synallagmatisches Verhältnis, bei dem Ressourcen zur Förderung bestimmter Interessen des Gesponserten gegeben werden, welcher im Gegenzug zugunsten des Sponsors bestimmte Kommunikationsleistungen gegenüber Dritten erbringt. In ähnlicher Weise beschreibt auch der allgemeine Korruptionspräventionsverhaltenskodex des öffentlichen Dienstes

---

1417 Pflügl, Jakob und Thaler, Selina. 'Bestechen, anfüttern, bereichern: Was im Job unter Korruption fällt'. *DER STANDARD* (5.07.2021); GRECO, *GrecoEval4Rep(2016)1* 2016 (n. 596), Rz 44, 180; GRECO, *GrecoEval5Rep(2022)1* 2022 (n. 29), Rz 87, 247; Rechnungshof, *Lobbying- und Interessenvertretungs-Register* 2019 (n. 1407), S. 12-13, 15; Neuwirth, Christian. *Lobbyregister soll für Bürgerinnen und Bürger informatver und transparenter werden* (2019); ORF.at/Agenturen. 'Rechnungshof: Lobbyregister „nicht aussagekräftig"'. *ORF.at* (15.11.2019).

1418 BGBl. I Nr. 120/2002. *Bundesgesetz über die Organisation der Universitäten und ihre Studien (Universitätsgesetz 2002): UG* (2002).

1419 BGBl. Nr. 379/1984 (WV) idF BGBl. Nr. 612/1986 (DFB) und BGBl. I Nr. 194/1999. *Bundesgesetz über den Österreichischen Rundfunk (ORF-Gesetz): ORF-G* (1984).

1420 BGBl. I Nr. 120/2002, *Bundesgesetz über die Organisation der Universitäten und ihre Studien (Universitätsgesetz 2002)* 2002 (n. 1420), § 27 Abs. 1 Z. 1; BGBl. I Nr. 56/2012, *Bundesgesetz über die Finanzierung politischer Parteien* 2012 (n. 1079), § 2 Z. 6; BGBl. Nr. 379/1984 (WV) idF BGBl. Nr. 612/1986 (DFB) und BGBl. I Nr. 194/1999, *Bundesgesetz über den Österreichischen Rundfunk (ORF-Gesetz)* 1984 (n. 1421), § 1a Z. 11.

1421 Rechnungshof, *Verwaltungssponsoring und Schenkungen in ausgewählten Bundesministerien* 2021 (n. 1190), S. 14.

den Begriff Sponsoring als «*[…] Zuwendung von Geld oder geldwerten Leistungen […] durch eine Sponsorin oder einen Sponsor […], die oder der in der Regel neben der Förderung der öffentlichen Aufgabe beziehungsweise der öffentlichen Einrichtung […] auch gerechtfertigte wirtschaftliche Interessen verfolgt.*»[1422] Damit ist evident, dass Sponsoring i. d. R. auch mit einer persönlichen Interessenverfolgung des Sponsors verbunden ist. Damit einher geht auch ein gewisses Korruptionsrisiko, da die gegebene Leistung in gewisser Weise auch die öffentliche Hand beeinflussen kann.[1423]

Sponsoring kann durchaus ein Mittel zur Erfüllung der Aufgaben der ordentlichen Verwaltung darstellen, steht jedoch gerade i. Z. m. dem Verwaltungssponsoring grundsätzlich in einem Spannungsverhältnis zu korrupten Praktiken und einschlägigen Bestimmungen des Strafrechts. Insbesondere Sponsorings, die gänzlich ohne bzw. ohne äquivalenter Gegenleistung erfolgen, sind aus korruptionstechnischer Sicht besonders kritisch und können zu Interessenkonflikten führen. Daher bedarf es klaren Regelungen, die verhindern, dass Sponsorings als Kanäle möglicher unzulässiger Beeinflussung genutzt werden.[1424]

Die Polizeikräfte sind in Österreich dem Innenministerium unterstellt, welches bereits seit 2014 eine sogenannte Sponsoring-Richtlinie erarbeitet hat und damit für alle ihr zugewiesenen Dienststellen die Bewertung und den Umgang mit Sponsoringleistungen vorgibt. Sowohl die GRECO als auch der österreichische Bundesrechnungshof kritisieren jedoch die bestehenden Regelungen zum Verwaltungssponsoring.[1425]

So wurde die vom Innenministerium herangezogene Definition des Begriffs als zu eng empfunden. Zuwendungen, welche nach allgemeinen Grundsätzen eindeutig als Sponsoring zu klassifizieren wären, fallen somit nicht unter den Anwendungsbereich der Richtlinie. Für ebendiese Zuwendungen gelangt demnach aber auch nicht der vorgesehene Schutzmechanismus der Richtlinie zur Anwendung. Dieser Schutzmechanismus sieht Wertgrenzen vor, der eine Einbeziehung der Compliance-Abteilung bzw. des Chief Compliance Officers vor Vertragsabschluss verbindlich vorschreibt. Daneben werden diese Leistungen

1422 Bundesministerium für Kunst, Kultur, öffentlichen Dienst und Sport, Österreich, *Die VerANTWORTung liegt bei mir – Verhaltenskodex zur Korruptionsprävention im Öffentlichen Dienst* 2020 (n. 1186), S. 23.

1423 Rechnungshof, *Verwaltungssponsoring und Schenkungen in ausgewählten Bundesministerien* 2021 (n. 1190), S. 14-15.

1424 Ibid., S. 18-19; GRECO, *GrecoEval5Rep(2022)1* 2022 (n. 29), Rz 203.

1425 Rechnungshof, *Verwaltungssponsoring und Schenkungen in ausgewählten Bundesministerien* 2021 (n. 1190), S. 22 ff; GRECO, *GrecoEval5Rep(2022)1* 2022 (n. 29), Rz 203-204.

auch nicht im Sponsoringbericht des Innenministeriums erfasst, der somit nur ein unvollständiges Bild aller zum Zweck des Sponsorings getätigten Zuwendungen darstellt. Damit zusammenhängend wurde auch die Kritik geäußert, dass Sponsoringberichte – obwohl die Richtlinie dies prinzipiell vorsieht – nicht veröffentlicht werden. Bisher wurde nur ein derartiger Bericht tatsächlich veröffentlicht. Neben dem Umstand, dass Sponsoringverträge formfrei vereinbart werden können, eröffnen sich mit der Richtlinie somit erhebliche Transparenzmängel.[1426]

Im Hinblick auf die Vermeidung etwaiger auftretender Interessenkonflikte muss dieser Richtlinie ebenfalls ein schlechtes Zeugnis ausgestellt werden. Es mangelt der Richtlinie an Kriterien zur Bewertung der Gegenleistung. Dadurch kann nicht nach klaren Bewertungsregeln nachvollzogen werden, ob dem Sponsoringvertrag eine Ausgewogenheit von Leistung und Gegenleistung zugrunde liegt. Es liegt im Ermessen der zuständigen Stelle des Innenministeriums, den Wert der Gegenleistung zu ermitteln. Je größer die wertmäßige Differenz zwischen Leistung und Gegenleistung ist, desto höher ist auch das Risiko, dass dieses Rechtsverhältnis zu einem Interessenkonflikt führt bzw. den Anschein der Befangenheit erweckt.[1427]

Generell sollte der Empfehlung des Rechnungshofes sowie der EU gefolgt und die Zulässigkeit von Verwaltungssponsoring sehr restriktiv angewendet werden. Die GRECO empfiehlt, die Transparenz i. Z. m. Verwaltungssponsoring zu erhöhen, die Sponsoringberichte samt detaillierter Angaben der Parteien und des Verwendungszwecks zu veröffentlichen und Maßnahmen gegen Interessenkonflikte sowie entsprechende Kontrollmechanismen vorzusehen.[1428]

11.3.6 Interessenkonflikte[1429]

11.3.6.1 Interessenkonflikte

In verschiedenen nationalen Rechtsquellen finden sich Bestimmungen betreffend den Umgang und die Vermeidung von Interessenkonflikten, wie §§ 47, 56 oder

1426 Rechnungshof, *Verwaltungssponsoring und Schenkungen in ausgewählten Bundesministerien* 2021 (n. 1190), S. 22, 31.

1427 Ibid., S. 23, 28-29, 33; GRECO, *GrecoEval5Rep(2022)1* 2022 (n. 29), Rz 203.

1428 Rechnungshof, *Verwaltungssponsoring und Schenkungen in ausgewählten Bundesministerien* 2021 (n. 1190), S. 19, 33; GRECO, *GrecoEval5Rep(2022)1* 2022 (n. 29), Rz 204.

1429 Empfehlung: (vii) bis (ix), (xv) bis (xvi).

158 des BDG 1979 oder § 6 des *Unvereinbarkeits- und Transparenz-Gesetz*[1430] («Unv-Transparenz-G»)[1431] belegen. Der Terminus *Interessenkonflikt* wird hierfür in Österreich jedoch nicht verwendet. Der Verhaltenskodex zur Korruptionsprävention im öffentlichen Dienst widmet dem Interessenkonflikt ein eigenes Kapitel und behandelt Themen wie Unparteilichkeit, Befangenheit und Pflichtenkollision, Nebenbeschäftigungen bzw. Tätigkeiten in Vereinen und Gesellschaften sowie die damit einhergehenden Melde- und Handlungspflichten im Falle des Vorliegens eines Anscheins von Befangenheit.[1432]

Doch eine Legaldefinition des Begriffs bzw. seiner verschiedenen Ausprägungsformen kennt die österreichische Rechtsordnung nicht. Dies ist eine legistische Regelungslücke, die gerade dazu führt, dass Mitglieder der höchsten Exekutivebene Interessenkonflikte nicht zweifelsfrei erkennen und daher nicht angemessen darauf reagieren können. Zwecks Sensibilisierung der höheren Verwaltungsebenen hat Österreich bereits die Durchführung von Schulungen und Weiterbildungen angekündigt. Diese müssen aber, wie die GRECO anmerkt, sowohl bei Amtsantritt als auch anschließend periodisch angeboten werden. Auch bemängelt die GRECO, dass keine Statistiken oder sonstige öffentliche Aufzeichnungen über etwaige Interessenkonflikte und damit i. Z. ergriffene Maßnahmen erhoben werden. Derartige Aufzeichnungen sollten auch in Österreich eingeführt werden.[1433]

Sowohl was die Rechtsetzung als auch die praxisbezogene Umsetzung anbelangt, hat Österreich sich noch eingehend mit der Thematik rund um Interessenkonflikte auseinanderzusetzen. Mit Blick auf die benachbarten ausländischen Rechtsordnungen, wie bspw. Deutschland, wird ersichtlich, dass diese die rechtliche Behandlung von Interessenkonflikten wesentlich ernster nehmen. Laut *Kopetzky* stellt die österreichische Rechtsentwicklung i. Z. m. Interessenkonflikten

---

1430 BGBl. Nr. 330/1983 idF BGBl. I Nr. 70/2021. *Bundesgesetz über die Transparenz und Unvereinbarkeiten für oberste Organe und sonstige öffentliche Funktionäre (Unvereinbarkeits- und Transparenz-Gesetz): Unv-Transparenz-G* (1983).

1431 BGBl. Nr. 333/1979 idF BGBl. I Nr. 6/2023, *Bundesgesetz vom 27. Juni 1979 über das Dienstrecht der Beamten (Beamten-Dienstrechtsgesetz 1979)* 1979 (n. 1378), §§ 47, 56, 158; BGBl. Nr. 330/1983 idF BGBl. I Nr. 70/2021, *Bundesgesetz über die Transparenz und Unvereinbarkeiten für oberste Organe und sonstige öffentliche Funktionäre (Unvereinbarkeits- und Transparenz-Gesetz)* 1983 (n. 1432), § 6.

1432 Bundesministerium für Kunst, Kultur, öffentlichen Dienst und Sport, Österreich, *Die VerANTWORTung liegt bei mir – Verhaltenskodex zur Korruptionsprävention im Öffentlichen Dienst* 2020 (n. 1186), S. 26-31.

1433 Kopetzky, Matthias. 'Werden Interessenkonflikte in Österreich (an)erkannt? Eine kritische Bestandsaufnahme'. *GRCaktuell* (2018, 83) (2018), S. 84.

gar «*[...] ein Abbild der auf [den Gesetzgeber] einwirkenden Lobbykräfte [...]*»[1434] dar.[1435]

Hätte Österreich – wie in der vorherigen Empfehlung beschrieben – bereits den legistischen Fußabdruck umgesetzt, könnte zweifelsfrei festgestellt werden, inwieweit eine Gesetzesentwicklung tatsächlich auf das Einwirken externer Lobby-Kräfte zurückzuführen ist. Die Frage, inwieweit es die Allgemeinheit akzeptieren würde, dass manche rechtlichen Entwicklungen primär auf Lobbying zurückzuführen sind, kann auch unter Berücksichtigung von Art. 1 B-VG offengelassen bleiben.

11.3.6.2 Interessenkonflikte i. Z. m. Nebentätigkeiten

Interessenkonflikte können dadurch entstehen, dass öffentliche Bedienstete Nebentätigkeiten nachgehen, die mit der eigentlichen Berufsausübung im öffentlichen Dienst unvereinbar sind.

Zwecks Prüfung, ob eine derartige unvereinbare Nebentätigkeit bei den in § 1 Unv-Transparenz-G genannten Funktionen vorliegt, namentlich dem Präsidenten und den Ministern auf Bundesebene, den Regierungsmitgliedern auf Landesebene sowie den Staatssekretären, sieht das Unv-Transparenz-G einen Unvereinbarkeitsausschuss vor. Die Grundregel sieht vor, dass Personen, während sie ein derartiges Amt innehaben, daneben keiner beruflichen Tätigkeit mit Erwerbsabsicht nachgehen dürfen. Werden derartige berufliche Tätigkeiten bei Amtsantritt ausgeübt, sind diese dem Unvereinbarkeitsausschuss anzuzeigen und können, sofern kein Interessenkonflikt zu befürchten ist, genehmigt und weiter ausgeübt werden. Auch die Absicht, während der Amtszeit eine derartige berufliche Tätigkeit zu beginnen unterliegt der Anzeigepflicht.[1436]

Bei sonstigen öffentlichen Bediensteten, wie auch Ermittlungs- und Exekutivbediensteten, ist hingegen § 56 BDG 1979 einschlägig. Diese dürfen grundsätzlich

---

1434 Ibid., S. 86.

1435 Deutscher Bundestag: Wissenschaftliche Dienste. *Interessenkonflikte öffentlicher Funktionsträger* (Berlin, 2019); Deutscher Bundestag. *Verhaltensregeln für Mitglieder des Deutschen Bundestages* (2022), S. 7–9,12–14, 21–22, 30, 36, 47–48; Deutscher Bundestag. *Rules on Integrity* (2014), S. 15, 17–18, 20, 22, 54.

1436 BGBl. Nr. 330/1983 idF BGBl. I Nr. 70/2021, *Bundesgesetz über die Transparenz und Unvereinbarkeiten für oberste Organe und sonstige öffentliche Funktionäre (Unvereinbarkeits- und Transparenz-Gesetz)* 1983 (n. 1432), §§ 2 ff.

ohne Meldung eine Nebenbeschäftigung ausüben, solange keiner der nachfolgenden Meldegründe vorliegt:[1437]

- o Behinderung i. Z. m. der Erfüllung der einschlägigen Dienstpflichten;
- o Zweifel an der Unbefangenheit;
- o Gefährdung wesentlicher dienstlicher Interessen;
- o Erwerbsmäßigkeit i. S. d. § 56 Abs. 3 BDG 1979;
- o Bestimmte Organtätigkeiten gemäß § 56 Abs. 5 BDG 1979.[1438]

Neben der Beschränkung bez. der Teilnahme an Vergabeverfahren ist es Exekutivbediensteten im Speziellen untersagt, bestimmten Nebenbeschäftigungen wie etwa der des Berufsdetektivs oder dem Waffengewerbe nachzugehen.[1439]

Problematisch an dieser Regelung ist, dass die Bediensteten im Wesentlichen selbst festzustellen haben, ob eine meldebedürftige Nebenbeschäftigung vorliegt. Unzulässige Nebenbeschäftigungen, wie sie bspw. in der *Nebenbeschäftigungsverordnung-Inneres*[1440] («NbVO-I») geregelt sind, können den Bediensteten als Richtschnur dienen. Da sich diese aber mangels gesetzlicher Bestimmungen nicht gänzlich über den Umfang von Interessenkonflikten im Klaren sein können, besteht die Gefahr, dass Nebenbeschäftigungen ohne etwaige Meldung ausgeübt werden, die mit den dienstlichen Interessen in Konflikt stehen.[1441]

Empfehlung (xvi) setzt ebenfalls bei den Nebenbeschäftigungen an und empfiehlt, von der jetzigen Regelung abzuweichen, wonach Nebenbeschäftigungen ohne Meldung ausgeübt werden können, solange kein Meldegrund vorliegt. Stattdessen sollte in Österreich vorgesehen werden, dass jede Nebenbeschäftigung nicht nur melde-, sondern sogar genehmigungspflichtig ist. Zusätzlich sollten diese

---

1437 BGBl. Nr. 333/1979 idF BGBl. I Nr. 6/2023, *Bundesgesetz vom 27. Juni 1979 über das Dienstrecht der Beamten (Beamten-Dienstrechtsgesetz 1979)* 1979 (n. 1378), § 56; GRECO, *GrecoEval5Rep(2022)1* 2022 (n. 29), Rz 192.

1438 BGBl. Nr. 333/1979 idF BGBl. I Nr. 6/2023, *Bundesgesetz vom 27. Juni 1979 über das Dienstrecht der Beamten (Beamten-Dienstrechtsgesetz 1979)* 1979 (n. 1378), § 56.

1439 BGBl. II Nr. 84/2016. *Verordnung der Bundesministerin für Inneres über unzulässige Nebenbeschäftigungen: Nebenbeschäftigungsverordnung – Inneres* (2016), § 4; GRECO, *GrecoEval5Rep(2022)1* 2022 (n. 29), Rz 194.

1440 BGBl. II Nr. 84/2016, *Verordnung der Bundesministerin für Inneres über unzulässige Nebenbeschäftigungen* 2016 (n. 1441).

1441 BGBl. Nr. 333/1979 idF BGBl. I Nr. 6/2023, *Bundesgesetz vom 27. Juni 1979 über das Dienstrecht der Beamten (Beamten-Dienstrechtsgesetz 1979)* 1979 (n. 1378), § 56; BGBl. II Nr. 84/2016, *Verordnung der Bundesministerin für Inneres über unzulässige Nebenbeschäftigungen* 2016 (n. 1441), § 4; GRECO, *GrecoEval5Rep(2022)1* 2022 (n. 29), Rz 104-106, 192-194.

Nebenbeschäftigungen in einem zentralen Register erfasst werden, das gegenwärtig in Österreich ebenfalls noch nicht geschaffen wurde. § 56 Abs. 3 BDG 1979 sieht vor, dass jede Änderung bez. einer erwerbsmäßigen Nebenbeschäftigung zu melden ist. Daraus kann die Absicht des Gesetzgebers abgeleitet werden, dass alle zu meldenden Nebenbeschäftigungen in einem Register erfasst werden sollten. Allerdings muss darauf hingewiesen werden, dass die Meldung gemäß § 56 BDG 1979 nicht zentral, sondern gegenüber der Dienstbehörde des Bediensteten zu erfolgen hat. Der Wortlaut und der Telos dieser Bestimmung sehen nicht die Schaffung eines zentralen Registers vor. IS einer einheitlichen und effektiven Antikorruptionspolitik wäre hingegen dem Vorschlag von GRECO zu folgen und ein zentrales Nebenbeschäftigungsmelderegister einzurichten, an welches alle eingehenden Meldungen der jeweiligen Dienstbehörden weitergeleitet werden. Damit diese generelle Meldepflicht nicht zahnlos bleibt, bedarf es auch in dieser Angelegenheit Anpassungen im Bereich der Kontrolle und Sanktion.[1442]

11.3.6.3 Interessenkonflikte i. Z. m. unzureichender Cooling-off-Phase

Empfehlung (ix) kritisiert gerade die unzureichende innerstaatliche Umsetzung einer sogenannten Cooling-off-Phase bei Mitgliedern der höchsten Exekutivebene. Während dieser zeitlich befristeten Phase unterliegen bestimmte Mitglieder des öffentlichen Dienstes gewissen beruflichen Unvereinbarkeiten, die es ihnen verbieten, nach deren Ausscheiden einer Erwerbstätigkeit in bestimmten Tätigkeitsfeldern nachzugehen.[1443]

Mitgliedern der höheren Exekutivebenen wäre es damit insbesondere nicht gestattet, unmittelbar nach Ausscheiden aus ihrem Amt eine Tätigkeit in der Privatwirtschaftsverwaltung anzunehmen. Dieser Effekt wird im internationalen Kontext auch als *revolving door* bezeichnet, und steht sinnbildlich für eine Drehtür, die z. B. durch ein soeben ausgeschiedenes Regierungsmitglied betreten und von einem hoch bezahlten Mitglied der Leitungsebene eines einschlägigen Privatwirtschaftsunternehmens wieder verlassen wird. Beide Seiten, sowohl die

---

1442 BGBl. Nr. 333/1979 idF BGBl. I Nr. 6/2023, *Bundesgesetz vom 27. Juni 1979 über das Dienstrecht der Beamten (Beamten-Dienstrechtsgesetz 1979)* 1979 (n. 1378), § 56; GRECO, *GrecoEval5Rep(2022)1* 2022 (n. 29), Rz 192 ff, 200.

1443 Reinberger-Leibel, Magdalena. *Lobbying in Österreich: Wer vertritt wessen Interessen? Was dürfen wir darüber wissen?* (Wien: Transparency International, 2014), S. 3; Krammer, Patrick. 'Kurz erklärt: Cooling-Off-Phasen für Politiker:innen: Verpflichtende Wartezeiten für Politiker:innen und Spitzenbeamt:innen seien ein gutes Mittel im Kampf gegen Korruption, meinen Expert:innen. Was Cooling-Off-Phasen lösen sollen.'. *ResPublica – Das Demokratiemagazin* (27.01.2022).

künftig ausscheidenden Mitglieder des höheren öffentlichen Dienstes als auch Privatwirtschaftsunternehmen profitieren von dieser Vorgangsweise.[1444]

Die Cooling-off-Phase stellt ein wesentliches Antikorruptionsinstrument dar. Damit soll verhindert werden, dass öffentliche Bedienstete aufgrund eines für die Zeit nach dem Ausscheiden aus ihrem öffentlichen Dienstverhältnis in Aussicht gestellten Beschäftigungsverhältnisses ihre noch innehabende Funktion missbrauchen. Daneben soll auch verhindert werden, dass interne Kontakte oder amtsinternes Wissen zum unmittelbaren Vorteil von privaten Unternehmen verwendet werden, indem die ehemaligen öffentlichen Bediensteten nun gegenüber der öffentlichen Hand für den neuen Arbeitgeber Lobbyarbeit betreiben.[1445]

Auch in Österreich werden Fragen zur Cooling-off-Phase wiederkehrend debattiert.[1446] Die Gesetzesgrundlage i. Z. m. den Mitgliedern der höchsten Exekutivebene findet sich im B-VG und im BDG 1979.[1447]

Berechtigterweise kritisiert die GRECO die österreichischen Regelungen zur Cooling-off-Phase bei den Bundesministern, Staats- und Generalsekretären sowie den Kabinettsmitgliedern.[1448]

Für die beiden Letzteren sieht das BDG 1979 eine Cooling-off-Phase von insgesamt sechs Monaten vor, beginnend mit der Auflösung des betreffenden Dienstverhältnisses. Diese zulässige Einschränkung des Grundrechts auf die freie Berufswahl umfasst jedoch nur Rechtsträger, die nicht der Prüfung einer Kontrolleinrichtung unterliegen (z. B. dem Bundesrechnungshof oder den Rechnungshöfen der Länder) und bei denen in den vergangenen zwölf Monaten keine maßgebliche Einflussnahme durch den Ausscheidenden nachgewiesen werden kann. Schließlich darf auch keine Beeinträchtigung des öffentlichen Vertrauens aufgrund eines Vergleichs zwischen der vormaligen Tätigkeit des Ausscheidenden und seiner neuen Tätigkeit zu befürchten sein. Ausnahmen hiervon, wie die

---

1444 Krammer, '*Kurz erklärt: Cooling-Off-Phasen für Politiker:innen*' 2022 (n. 1445).

1445 Reinberger-Leibel, *Lobbying in Österreich* 2014 (n. 1445), S. 3; Krammer, '*Kurz erklärt: Cooling-Off-Phasen für Politiker:innen*' 2022 (n. 1445).

1446 Oswald, Günther und Grabher, Renate. 'Brandstetter als Verfassungsrichter: «Von der Optik her ein Wahnsinn»'. *DER STANDARD* (6.02.2018).

1447 BGBl. Nr. 1/1930, *Bundes-Verfassungsgesetz* 1945 (n. 62); BGBl. Nr. 333/1979 idF BGBl. I Nr. 6/2023, *Bundesgesetz vom 27. Juni 1979 über das Dienstrecht der Beamten (Beamten-Dienstrechtsgesetz 1979)* 1979 (n. 1378).

1448 GRECO, *GrecoEval5Rep(2022)1* 2022 (n. 29), Rz 125-126.

unbillige Erschwerung des beruflichen Fortkommens, sind aus Verhältnismäßigkeitsüberlegungen ebenfalls vorgesehen.[1449]

Abgesehen von den verfassungsgesetzlichen Einschränkungen im B-VG i. Z. m. dem Amt des Präsidenten oder Vizepräsidenten der Verwaltungsgerichte und der österreichischen Höchstgerichte, sowie für Landes- und Bundesregierungsmitglieder hinsichtlich des Rechnungshofpräsidenten, ist keine Cooling-off-Phase vorgesehen. Die im BDG 1979 behandelte Cooling-off-Phase gilt für die zuvor erwähnten öffentlichen Tätigkeitsgruppen gerade nicht. Die Konsequenz hiervon ist, dass ehemalige Regierungsmitglieder ungehindert in die Privatwirtschaft wechseln können.[1450]

In Deutschland ist die Cooling-off-Phase für ehemalige Mitglieder der Bundesregierung in §§ 6a und 6b *Bundesministergesetz*[1451] («BminG») geregelt. Demnach können Bundesregierungsmitglieder nach Ablauf von 18 Monaten, beginnend mit dem Ausscheiden aus dem öffentlichen Amt, ungehindert einer Beschäftigung in der Privatwirtschaft nachgehen. Vor Ablauf dieser Frist müssen jedoch derartige Tätigkeiten – noch bevor die Stelle angenommen wird – der Bundesregierung angezeigt werden. Die Bundesregierung hat auf die Anzeige zu reagieren und kann dieser stattgeben bzw. diese ganz oder teilweise ablehnen.[1452]

Nicht nur im Vergleich zu Deutschland, sondern auch in einem gesamteuropäischen Vergleich kann der Schluss gezogen werden, dass Österreich zu den Staaten mit den kürzesten Cooling-Off-Phasen gehört. Neben Österreich gibt es nur sehr wenige Staaten, wie bspw. die Schweiz, die für Regierungsmitglieder gänzlich auf eine Cooling-off-Periode verzichten. Aber auch sechs Monate stellen eine viel zu kurze Zeitspanne dar, um Korruption effektiv entgegenzuwirken. Nach sechs Monaten können ehemalige Angehörige des öffentlichen Diensts immer noch auf ihr Insider-Wissen und ihre ehemaligen Kontakte zurückgreifen und damit Lobbyarbeit für ihre neuen Arbeitgeber betreiben. Auf der anderen Seite wird nicht anzunehmen sein, dass ein Generalsekretär auf eine in Aussicht gestellte Position als CEO eines großen Wirtschaftsbetriebs verzichten sollte, nur weil er diese Stelle erst sechs Monaten nach Ausscheiden aus dem Amt annehmen kann.

1449 BGBl. Nr. 333/1979 idF BGBl. I Nr. 6/2023, *Bundesgesetz vom 27. Juni 1979 über das Dienstrecht der Beamten (Beamten-Dienstrechtsgesetz 1979)* 1979 (n. 1378), § 20 Abs. 3a-3b; GRECO, *GrecoEval5Rep(2022)1* 2022 (n. 29), Rz 123.

1450 BGBl. Nr. 1/1930, *Bundes-Verfassungsgesetz* 1945 (n. 62), Art. 92, 122, 134, 147; GRECO, *GrecoEval5Rep(2022)1* 2022 (n. 29), Rz 122.

1451 BGBl. I S. 1166. *Gesetz über die Rechtsverhältnisse der Mitglieder der Bundesregierung (Bundesministergesetz): BMinG* (1953).

1452 Ibid., §§ 6a-6b.

Je länger die Cooling-off-Periode andauert, desto uninteressanter wird es für Privatwirtschaftsunternehmen, zwecks Vornahme einer korrupten Handlung ein künftiges Jobangebot in Aussicht zu stellen und für den öffentlichen Bediensteten, eine derartige Handlung zu begehen. Ein solcher nachhaltiger positiver Effekt wird wohl frühestens nach zwei Jahren erreicht werden können.[1453]

Auch das österreichische Gesellschaftsrecht kennt derartige Sperrfristen. Bei Vorstandsmitgliedern von Aktiengesellschaften ist eine Cooling-off-Phase vorgesehen, bevor sie eine Tätigkeit als Aufsichtsratsmitglied wahrnehmen können. Die Frist für Vorstandsmitglieder beträgt zwei Jahre. Es ist erstaunlich, dass in den Organen einer Aktiengesellschaft zur Vermeidung von Interessenkonflikten eine Zweijahressperrfrist vorgesehen ist, während im öffentlichen Bereich die Risiken gänzlich ausgeblendet werden und auf eine Sperrfrist gänzlich verzichtet wird. Auch durch diese Lücke wird Korruption gefördert.[1454]

11.3.6.4 Interessenkonflikte bei Ermittlungs- und Exekutivbedienstete

Empfehlung (xv) beschäftigt sich mit Interessenkonflikten bei Ermittlungs- sowie Exekutivbediensteten. Auch in diesem Bereich sind in der rechtlichen Ausgestaltung dieselben Mängel festzustellen, wie sie bereits zuvor behandelt wurden.[1455]

Ermittlungs- und Exekutivbedienstete sind zu einer unparteiischen Geschäftsbesorgung verpflichtet. Sofern Gründe vorliegen, die an einer völligen Unbefangenheit zweifeln lassen, muss die Amtshandlung durch einen Vertreter ausgeführt werden. Dies gilt, solange die Amtshandlung nicht unaufschiebbar ist. Die soeben umschriebenen Regelungen zur Unparteilichkeit und Befangenheit sind im *Allgemeinen Verwaltungsverfahrensgesetz 1991*[1456] («AVG») und im BDG 1979 geregelt. Sie umfassen jedoch nicht das gesamte Spektrum, wie es im Begriff des *Interessenkonflikts* zum Ausdruck kommt.[1457] Auch bei diesen Strafverfolgungs-

---

1453 Krammer, Patrick. 'Cooling-Off-Phasen: Best Practices aus anderen Ländern: Cooling-Off-Phasen: Best Practices aus anderen Ländern'. *ResPublica – Das Demokratiemagazin* (10.02.2022); GRECO, *GrecoEval5Rep(2022)1* 2022 (n. 29), Rz 124.

1454 BGBl. Nr. 98/1965 idF BGBl. Nr. 24/1985. *Bundesgesetz über Aktiengesellschaften (Aktiengesetz): AktG* (1965), § 86 Abs. 4 Z. 2.

1455 GRECO, *GrecoEval5Rep(2022)1* 2022 (n. 29), Rz 187-191.

1456 BGBl. Nr. 51/1991. *Allgemeines Verwaltungsverfahrensgesetz 1991: AVG* (1991).

1457 Ibid., § 7; BGBl. Nr. 333/1979 idF BGBl. I Nr. 6/2023, *Bundesgesetz vom 27. Juni 1979 über das Dienstrecht der Beamten (Beamten-Dienstrechtsgesetz 1979)* 1979 (n. 1378), §§ 43, 47; Bundesministerium für Kunst, Kultur, öffentlichen Dienst und Sport, Österreich, *Die VerANTWORTung liegt bei mir – Verhaltenskodex zur Korruptionsprävention im Öffentlichen Dienst* 2020 (n. 1186), S. 26 ff; Bundesministerium für

behörden gilt, dass mangels einer Legaldefinition in der österreichischen Rechtsordnung, die Bediensteten das Vorliegen eines Interessenkonflikts nicht gänzlich einschätzen können. Folgerichtig empfiehlt die GRECO, Ermittlungs- und Exekutivbedienstete auf den Umfang sowie auf die Feststellung und Verhinderung von Interessenkonflikten in Form von Schulungsprogrammen zu sensibilisieren, entsprechende Kontrollmechanismen vorzusehen und wirksame Sanktionsmöglichkeiten zu schaffen.[1458]

11.3.7 Unzureichende Offenlegung von Vermögensverhältnissen[1459]

Die Mitglieder der höchsten Exekutivebene unterliegen periodischen Kontrollen durch den Präsidenten des Rechnungshofes hinsichtlich ihrer Vermögensverhältnisse. Diese finden bei Amtsantritt, im Anschluss im Zweijahresrhythmus und bei Ausscheiden aus dem Amt statt. Die Nachweise sind von den Mitgliedern selbstständig vorzulegen. Der Präsident des Rechnungshofes kann allerdings – so bemängelt es auch die GRECO – keine materielle Prüfung durchführen. Die Kontrolle beschränkt sich lediglich auf einen Vergleich der letzten Vermögensauskünften zu den vorherigen Vermögensauskünften. Sollte aus dem Abgleich eine signifikante Vermögenssteigerung ersichtlich werden, ist dies dem Nationalratspräsidenten mitzuteilen. Es zeigt sich somit, dass eine Prüfung nur sehr eingeschränkt erfolgt.[1460]

Die GRECO empfiehlt u .a., die Liste der offenzulegenden Vermögenswerte zu erweitern, damit z. B. auch Luxusgüter, Darlehen und sonstige Vermögenswerte ab einer bestimmten Wertgrenze erfasst werden. Gegenwärtig werden in der Liste lediglich Liegenschaften, die Summe des Kapitalvermögens, Unternehmen bzw. Anteilsrechte sowie Verbindlichkeiten erfasst.[1461] Überdies empfiehlt die GRECO, die Offenlegung, das Verfahren und die hierfür zu verwendenden

Inneres, Österreich. *Unsere Werte. Unsere Wege. Verhaltenskodex des Bundesministeriums für Inneres* (2019), S. 22 ff.

1458 GRECO, *GrecoEval5Rep(2022)1* 2022 (n. 29), Rz 187-191.

1459 Empfehlung: (x) bis (xi).

1460 BGBl. Nr. 330/1983 idF BGBl. I Nr. 70/2021, *Bundesgesetz über die Transparenz und Unvereinbarkeiten für oberste Organe und sonstige öffentliche Funktionäre (Unvereinbarkeits- und Transparenz-Gesetz)* 1983 (n. 1432), § 3a; GRECO, *GrecoEval5Rep(2022)1* 2022 (n. 29), Rz 127.

1461 BGBl. Nr. 330/1983 idF BGBl. I Nr. 70/2021, *Bundesgesetz über die Transparenz und Unvereinbarkeiten für oberste Organe und sonstige öffentliche Funktionäre (Unvereinbarkeits- und Transparenz-Gesetz)* 1983 (n. 1432), § 3a Abs. 2; GRECO, *GrecoEval5Rep(2022)1* 2022 (n. 29), Rz 129.

Kommunikationsmittel generell zu überdenken. Die GRECO thematisiert auch den durchaus sinnvollen Einbezug des Vermögens etwaiger Lebenspartner und Unterhaltsberechtigter in die Prüfung.[1462] Eine Empfehlung, die GRECO auch schon gegenüber Deutschland ausgesprochen hat.[1463]

§ 3a Unv-Transparenz-G regelt das Verfahren i. Z. m. der Offenlegung von Vermögensverhältnissen nur unzureichend. Die damit verbundenen Regelungslücken und die mangelhaft verwirklichte Transparenz führen dazu, dass dieses Kontrollinstrument kaum als ein Antikorruptionsinstrument geeignet ist. Die Offenlegung wirkt vielmehr wie eine schlichte administrative Verpflichtung. Dies kann allerdings kaum die Absicht des Gesetzgebers gewesen sein. Er ist neben der Schaffung einer Veröffentlichungspflicht insbesondere angehalten, § 3a Unv-Transparenz-G durch formelle Verfahrensvorschriften zu ergänzen, die dann auch auf ihre Einhaltung hin überprüft werden können. Ferner sollten die Vermögenserklärungen selbst auch einer inhaltlichen Prüfung unterzogen werden können. Andernfalls kann nicht nachvollzogen werden, ob diese überhaupt vollständig oder richtig sind.[1464]

11.3.8 Mangelnde Unabhängigkeit der judiziellen Gewalt[1465]

> *«Eine funktionierende, unabhängige, vertrauenswürdige Justiz, die wirksam und unparteiisch Korruption bekämpft, ist […] für die Stabilität einer demokratischen politischen Ordnung essenziell.»*[1466]
>
> – Hilpold Peter –

Im Rahmen des österreichischen Länderbesuchs im Juni 2022 wurden dem Evaluierungsteam Missstände zugetragen, die es der Regierung ermöglichen würden, auf die staatsanwaltschaftliche Ermittlungstätigkeit Einfluss nehmen zu können.

1462 GRECO, *GrecoEval5Rep(2022)1* 2022 (n. 29), Rz 129-130.

1463 Tillack, Hans-martin. 'Jens Spahn will weniger Transparenz über sein Vermögen. Der Europarat will mehr'. *STERN* (24.02.2021); GRECO. *GrecoEval5Rep(2019)6: Fünfte Evaluierungsrunde – Verhinderung von Korruption und Förderung von Integrität bei Zentralregierungen (obersten Exekutivbehörden) und bei Strafverfolgungsbehörden* (2020), Rz 92 ff, 176.

1464 BGBl. Nr. 330/1983 idF BGBl. I Nr. 70/2021, *Bundesgesetz über die Transparenz und Unvereinbarkeiten für oberste Organe und sonstige öffentliche Funktionäre (Unvereinbarkeits- und Transparenz-Gesetz)* 1983 (n. 1432), § 3a; GRECO, *GrecoEval-5Rep(2022)1* 2022 (n. 29), Rz 131.

1465 Empfehlung: (xii).

1466 Hilpold, '*Unabhängigkeit der Justiz ist essenziell*' 2021 (n. 344).

Auch die WKStA ist von einer solchen Einflussnahme seitens der politischen Kräfte direkt betroffen.[1467]

Derartige Missstände und Regelungen, die eine Einflussnahme einer Staatsgewalt auf die andere zulassen, stellen ein Rechtsstaatlichkeitsproblem dar und berühren immens das verfassungsrechtliche Prinzip der Gewaltenteilung nach Art. 94 B-VG, wonach die Judikative und die Exekutive zu trennen sind.[1468]

11.3.8.1 Einflussnahme auf die von den Strafverfolgungsbehörden zu beurteilenden Ermittlungsergebnisse

Obwohl die NAKS dies als ein Grundprinzip der nationalen Antikorruptionsstrategie i. Z. m. einer effektiven Strafverfolgung festgelegt hat und dies auch im StÜK als vertragsstaatliche Verpflichtung verankert ist, stehen der WKStA nicht genügend finanzielle Ressourcen zur Verfügung, um ihren primären Aufgaben im Ermittlungsverfahren nachkommen zu können. Die WKStA ist nämlich mit der «*[…] bundesweiten Verfolgung von Wirtschaftskriminalität, Korruption und entsprechenden Organisationsdelikten […]*»[1469] beauftragt.[1470]

Das Ermittlungsverfahren dient der vollständigen Abklärung des Sachverhaltes und bezweckt die Feststellung, ob eine strafbare Handlung begangen wurde. Die Ermittlungsergebnisse dienen den Staatsanwaltschaften als Grundlage ihrer juristischen Subsumption. Eine effektive Strafverfolgung hängt somit maßgeblich von der Qualität der Ermittlungsergebnisse ab.

Aufgrund der beschränkten Ressourcen nimmt die WKStA im Ermittlungsverfahren eine verhältnismäßig geringe Rolle ein. Die Aufarbeitung des Sachverhalts im Ermittlungsverfahren obliegt primär der Polizei, die zur exekutiven Gewalt gehört, dem Innenministerium unterstellt und diesem gegenüber weisungsgebunden ist. Der WKStA steht es damit aber nicht zu, selbst zu entscheiden, mit welchen Polizeieinheiten zusammengearbeitet werden soll. Diese Entscheidung obliegt primär dem Innenministerium, das nicht nur ein Exekutiv-, sondern insbesondere auch ein politisches Organ darstellt. Die gegenwärtige Rechtslage erlaubt es

---

1467 GRECO, *GrecoEval5Rep(2022)1* 2022 (n. 29), Rz 13.

1468 BGBl. Nr. 1/1930, *Bundes-Verfassungsgesetz* 1945 (n. 62), Art. 94; Öhlinger/Eberhard, *Verfassungsrecht* 2018 (n. 257), S. 275-276.

1469 BGBl. Nr. 164/1986 idF BGBl. I Nr. 32/2018, *Bundesgesetz vom 5. März 1986 über die staatsanwaltschaftlichen Behörden (Staatsanwaltschaftsgesetz)* 1986 (n. 836), § 2a Abs. 1.

1470 Öhlinger/Eberhard, *Verfassungsrecht* 2018 (n. 257), S. 276; GRECO, *GrecoEval5Rep(2022)1* 2022 (n. 29), Rz 137; Bundesministerium für Inneres/Bundesministerium für Justiz, *Nationale Anti-Korruptionsstrategie (NAKS)* 2018 (n. 1352), S. 13.

damit der Politik, markanten Einfluss auf die Ermittlungsergebnisse zu nehmen und damit auch auf die nachgelagerte rechtliche Aufarbeitung des Sachverhalts durch die Staatsanwaltschaft. Über das Weisungsrecht des Innenministeriums gegenüber der Polizei und dessen Auswahlkompetenz über die heranzuziehenden Ermittlungsbeamten wird der Politik Raum geboten, das Ermittlungsergebnis in eine bestimmte Richtung hinzulenken, bestimmte Sachverhaltsaspekte in unterschiedlicher Intensität zu durchleuchten oder aber die Ermittlungstätigkeit insgesamt zu verzögern. Gerade in politisch heiklen Ermittlungsverfahren kann dies zu einem massiven Qualitätsverlust der staatsanwaltschaftlichen Strafverfolgung führen. Hierbei handelt es sich nicht bloß um die Ausführung eines theoretischen Mangels der österreichischen Rechtsordnung. Das Innenministerium hätte von dieser Einflussmöglichkeit nämlich bereits bewusst Gebrauch gemacht. Auch der GRECO wurde dies mitgeteilt.[1471] Eine Beseitigung dieses Missstandes verlangt in jedem Fall eine Aufstockung der finanziellen Ressourcen der WKStA. Gerade in den jetzigen Zeiten, an der die Antikorruptionsdebatte an Bedeutung gewinnt und sich in der Gesellschaft verstärkt das Bewusstsein manifestiert, korrupten Handlungen effektiv entgegenwirken zu müssen, sollten bei der Verteilung der staatlichen Ressourcen umso mehr jene Behörden stärker berücksichtigt werden, deren Tätigkeit sich primär auf diesen Bereich erstreckt.[1472]

11.3.8.2 Berichtpflichten und Bindung an Weisungen

Daneben kritisiert die GRECO, dass die umfangreichen Berichtspflichten der österreichischen Staatsanwaltschaften zu einer unzulässigen Beeinflussung und damit auch zu einer Beeinträchtigung der Unabhängigkeit der WKStA führen können. Rechtsquellen der Berichtspflichten von Staatsanwaltschaften sind

---

1471 Öhlinger/Eberhard, *Verfassungsrecht* 2018 (n. 257), S. 276; GRECO, *GrecoEval-5Rep(2022)1* 2022 (n. 29), Rz 137; Bundesministerium für Inneres/Bundesministerium für Justiz, *Nationale Anti-Korruptionsstrategie (NAKS)* 2018 (n. 1352), S. 13.

1472 Öhlinger/Eberhard, *Verfassungsrecht* 2018 (n. 257), S. 276; GRECO, *GrecoEval-5Rep(2022)1* 2022 (n. 29), Rz 137; Bundesministerium für Inneres/Bundesministerium für Justiz, *Nationale Anti-Korruptionsstrategie (NAKS)* 2018 (n. 1352), S. 13; Hilpold, '*Unabhängigkeit der Justiz ist essenziell*' 2021 (n. 344); Schmid, Fabian. 'Wie die WKStA ins Fadenkreuz von ÖVP und Vorgesetzten geriet'. *DER STANDARD* (22.01.2021); Schmid, Fabian und Nikbakhsh, Michael. 'Wie eine Anklage der WKStA gegen Spitzenbeamte jahrelang verzögert wurde'. *DER STANDARD* (4.02.2024).

insbesondere das StAG sowie dessen *Durchführungsverordnung*[1473] («DV-StAG») und mehrere darauf basierende Erlässe wie der Berichtspflichtenerlass 2016.[1474]

§ 8 StAG sieht eine Berichtspflicht bezüglich Strafsachen vor, an denen ein maßgebliches öffentliches Interesse wegen der Straftat oder der öffentlichen Funktion der unter Verdacht stehenden Person gegeben ist. Daneben sieht das Gesetz weitere Berichtarten wie Vorhabens-, Informations-, Anfalls- und Ex-Post- sowie Gruppen- und Einzelfallberichte vor.[1475]

Aus korruptionspräventiver Sicht ist die Berichtspflicht bei Strafsachen bedenklich, an denen öffentliche Funktionsträger beteiligt sind. Bei Angehörigen der obersten Exekutivebene muss unweigerlich von einem maßgeblichen öffentlichen Interesse ausgegangen werden. Somit sind bei allen potenziellen Strafsachen von Regierungsmitgliedern, Staats- und Generalsekretären sowie Kabinettsmitarbeitern Berichte an die zuständige Oberstaatsanwaltschaft zu übermitteln, die wiederum gegenüber dem Justizministerium berichtspflichtig ist. Auch das Justizministerium ist keine unabhängige Institution der Judikative, sondern gehört der Exekutive an, welcher der Justizminister als ein Mitglied der Bundesregierung vorsteht.[1476] Das Ministerium stellt damit auch eine politische Institution dar. Konsequenz dieser Berichtspflicht ist, dass Informationen zum strafrechtlich zu untersuchenden Sachverhalt samt den erhobenen Beweisen, dessen staatsanwaltschaftliche Beweiswürdigung und rechtliche Beurteilung die Sphäre der judikativen Staatsgewalt verlassen und in die Kenntnissphäre der ausführenden Staatsgewalt gelangen, gegen deren oberste Funktionsträger sich die Ermittlungen

---

1473 BGBl. Nr. 338/1986. *Verordnung des Bundesministers für Justiz vom 16. Juni 1986 zur Durchführung des Staatsanwaltschaftsgesetzes: DV-StAG* (1986).

1474 BGBl. Nr. 164/1986 idF BGBl. I Nr. 32/2018, *Bundesgesetz vom 5. März 1986 über die staatsanwaltschaftlichen Behörden (Staatsanwaltschaftsgesetz)* 1986 (n. 836); Radasztics, Michael und Sackmann, Volkert. 'Berichtspflichten aus Sicht der Staatsanwaltschaft'. *Zeitschrift für Wirtschafts- und Finanzstrafrecht* (1) (2017), S. 12–17, S. 12; GRECO, *GrecoEval5Rep(2022)1* 2022 (n. 29), Rz 140.

1475 BGBl. Nr. 164/1986 idF BGBl. I Nr. 32/2018, *Bundesgesetz vom 5. März 1986 über die staatsanwaltschaftlichen Behörden (Staatsanwaltschaftsgesetz)* 1986 (n. 836), § 8; Radasztics/Sackmann, '*Berichtspflichten aus Sicht der Staatsanwaltschaft*' 2017 (n. 1476), S. 12-16; Lienbacher, Georg. 'Ist staatsanwaltliches Handeln ein zulässiger Kontrollgegenstand parlamentarischer Untersuchungsausschüsse?'. *Jahrbuch Öffentliches Recht 2010* (2010), S. 65–76, S. 69.

1476 BGBl. Nr. 164/1986 idF BGBl. I Nr. 32/2018, *Bundesgesetz vom 5. März 1986 über die staatsanwaltschaftlichen Behörden (Staatsanwaltschaftsgesetz)* 1986 (n. 836), § 8-§ 8a; Radasztics/Sackmann, '*Berichtspflichten aus Sicht der Staatsanwaltschaft*' 2017 (n. 1476), S. 12, 16-17.

mitunter richten. Staatsanwaltschaften sind der Judikative zuzurechnen, wie Art. 90a B-VG explizit vorsieht. Auch wenn dem Umstand Rechnung getragen werden muss, dass die Oberstaatsanwaltschaften und das Justizministerium ihre Fach- und Dienstaufsicht nur auf Basis einer hinreichenden Informationsgrundlage zweckmäßig wahrnehmen können, stellt es dennoch eine signifikante Beeinträchtigung der Vertraulichkeit der staatsanwaltschaftlichen Ermittlungen dar, wenn bereits in so einem frühen Stadium Informationen zwischen den Staatsgewalten ausgetauscht werden. Dies ermöglicht es geradezu der Politik, dieses erlangte Wissen missbräuchlich einzusetzen und auf die Staatsanwaltschaft und deren Ermittlungstätigkeit Einfluss zu nehmen.[1477]

Eine erhebliche Ausweitung der politischen Einflussmöglichkeit auf strafrechtliche Verfahren wurde im Zuge des StrÄG 2008 durch Abschaffung des Untersuchungsrichters im strafprozessualen Vorverfahren vollzogen. Bis dahin nahm der Untersuchungsrichter als unabhängiges judizielles Organ eigenverantwortlich die zentrale Rolle im Vorverfahren ein. Das StrÄG 2008 ging mit einer erheblichen Aufwertung der Bedeutung der Staatsanwaltschaft im Strafverfahren einher. Seit dem 1. Januar 2008 werden die gerichtlichen Kompetenzen im Vorerhebungsverfahren weitestgehend von der Staatsanwaltschaft wahrgenommen. Das StrÄG 2008 war jedoch auch mit einem aus rechtsstaatlicher Sicht problematischen Eingriff in wesentliche Elemente des Grundprinzips der Gewaltenteilung verbunden. Seit der Reform ist die Staatsanwaltschaft nach Art. 90a B-VG ein Organ der judiziellen Gewalt und an Weisungen des Justizministeriums gebunden.[1478]

1477 BGBl. Nr. 164/1986 idF BGBl. I Nr. 32/2018, *Bundesgesetz vom 5. März 1986 über die staatsanwaltschaftlichen Behörden (Staatsanwaltschaftsgesetz)* 1986 (n. 836), § 36; BGBl. Nr. 1/1930, *Bundes-Verfassungsgesetz* 1945 (n. 62), Art. 90a; Radasztics/Sackmann, '*Berichtspflichten aus Sicht der Staatsanwaltschaft*' 2017 (n. 1476), S. 16-17; Lienbacher, '*Ist staatsanwaltliches Handeln ein zulässiger Kontrollgegenstand parlamentarischer Untersuchungsausschüsse?*' 2010 (n. 1477), S. 65; GRECO, *GrecoEval-5Rep(2022)1* 2022 (n. 29), Rz 140; Meinl-Reisinger, Beate. 'Schönheit und Eleganz allein sind zu wenig' In *100 Jahre Verfassung: 77 Stimmen zum Jubiläum des österreichischen Bundes-Verfassungsgesetzes (B-VG) Ein Lesebuch*, (Hrsg.) Peter Hilpold, Walter Hämmerle und Manfred Matzka (Wien: facultas, 2020), S. 59–61, S. 60 f.

1478 Lagodny, Otto. 'Staatsanwaltschaft oder/und Kriminalpolizei?: Zur Ermittlungsmacht im österreichischen strafprozessualen Vorverfahren bei Abschaffung des Untersuchungsrichters'. *ÖJZ* 2000(9), S. 325; Mertens, Jürgen Stephan. 'Ein Plädoyer für den unabhängigen Untersuchungsrichter'. *ecolex* 2019(7), S. 589; Hilpold, '*Der Fall Christian Pilnacek – Eine Herausforderung auch für die europäische Rechtsstaatlichkeit*' 2023 (n. 142); Schmieder, Mario und Wess, Norbert. 'Staatsanwaltschaft, StPO-Reform 2008, Untersuchungsrichter'. *ZWF* 2019, S. 192; BMJ-L318.025/0014-II

Weisungen sind nur im Innenverhältnis einer Organisationsstruktur wirkende formfreie Akte, die von einem übergeordneten Organ an ein untergeordnetes Organ adressiert sind und diesem die Umsetzung der ihm übertragenen Geschäfte vorschreiben. Unter der Voraussetzung, dass sie gesetzmäßig ergangen sind, haben Weisungen normative Wirkung und sind von den untergeordneten Organen zu befolgen. Sie ergehen daher i. d. R. als Handlungs- oder Unterlassungsverpflichtungen.[1479]

Als Schutz vor unzulässigen Weisungen seitens der politischen Sphäre könnte § 34c StAG gesehen werden, wonach vonseiten der Staatsanwaltschaft ein Ermittlungsakt anzulegen ist, sobald dieser eine Anzeige oder ein kriminalpolizeilicher Ermittlungsbericht vorgelegt wird. § 34a Abs. 2 StAG sieht vor, dass darin jene Informationen abzulegen sind, «*[…] die erforderlich sind, um den Zweck des […] Ermittlungsakts zu erfüllen […]*».[1480] Auch Weisungen sind in den Ermittlungsakt aufzunehmen.[1481]

Die zu erstattenden Berichte und die diesen zugrunde gelegten Erlässe sowie allgemein der gesamte Verkehr zwischen Justizministerium, Oberstaatsanwaltschaften und den Staatsanwaltschaften erfüllt das Kriterium der *Erforderlichkeit* offenbar nicht. Sie bilden keinen aufzunehmenden Bestandteil des Ermittlungsakts. Im Lichte des Rechtsstaatlichkeits- und Gewaltenteilungsprinzips ist der Ausschluss oben genannter Informationen jedoch höchst kritisch. Gerade im Verkehr mit dem Justizministerium und den untergeordneten Ebenen ergehen auch informelle Anordnungen, die vom Wesen her wie eine formale Weisung

---

1/2008. *Erlass vom 14. Juli 2008 zum Strafrechtsänderungsgesetz 2008 – Korruptionsstrafrecht* (2008), S. 1; BGBl. Nr. 1/1930, *Bundes-Verfassungsgesetz* 1945 (n. 62), Art. 90a; Fink, Bernhard. 'Über das Weisungsrecht und eine Bundesstaatsanwaltschaft'. *AnwBl* 2021/141(6), S. 293.

1479 Forster, '*Art. 20 B-VG*' 2021 (n. 1389), Rz 5-6, 17-18.

1480 BGBl. Nr. 164/1986 idF BGBl. I Nr. 32/2018, *Bundesgesetz vom 5. März 1986 über die staatsanwaltschaftlichen Behörden (Staatsanwaltschaftsgesetz)* 1986 (n. 836), § 34 Abs. 2.

1481 Ibid., §§ 8–8a, 29–29a, 34–34c; BGBl. Nr. 631/1975, *Strafprozeßordnung 1975* (n. 71), § 100; BGBl. Nr. 338/1986, *Verordnung des Bundesministers für Justiz vom 16. Juni 1986 zur Durchführung des Staatsanwaltschaftsgesetzes* 1986 (n. 1475), § 8; Radasztics/Sackmann, '*Berichtspflichten aus Sicht der Staatsanwaltschaft*' 2017 (n. 1476), S. 12, 16-17; Lienbacher, '*Ist staatsanwaltliches Handeln ein zulässiger Kontrollgegenstand parlamentarischer Untersuchungsausschüsse?*' 2010 (n. 1477), S. 75-76; GRECO, *GrecoEval5Rep(2022)1* 2022 (n. 29), Rz 140.

wirken. Dadurch werden auch die kontinuierlichen Zusicherungen des Justizministeriums relativiert, wonach Weisungen kaum erteilt werden würden.[1482]

Somit kann in rechtsstaatlicher Sicht nicht nachvollzogen werden, inwieweit auf die Ermittlungstätigkeit der Staatsanwaltschaften – ohne förmliche Weisung – Einfluss genommen wird. Die Zusicherungen des Justizministeriums bleiben Zusicherungen einer politischen Institution. Nur durch die Aufnahme jener Dokumente, aus denen sich der formelle und informelle Verkehr zwischen den Staatsanwaltschaften und dem Justizministerium ergibt, kann die Tätigkeit der Staatsanwaltschaft im Ermittlungsverfahren auf mögliche unzulässige Einflussnahmen überprüfbar gemacht werden. Erst dadurch kann i. S. d. Korruptionsprävention das damit zusammenhängende Missbrauchspotential mithilfe von Transparenz verringert werden.[1483]

Als ein weiteres Instrument zum Schutz der Unabhängigkeit der Justiz könnte der in § 29b StAG geregelte «*Beirat für den ministeriellen Weisungsbereich*»[1484] («Weisungsrat») gesehen werden. Im Zuge von BGBl I 2015/96, in Kraft getreten am 1. Januar 2016, wurde dieser «*[…] zur Reform […] des Weisungsrechts*

1482 BGBl. Nr. 164/1986 idF BGBl. I Nr. 32/2018, *Bundesgesetz vom 5. März 1986 über die staatsanwaltschaftlichen Behörden (Staatsanwaltschaftsgesetz)* 1986 (n. 836), §§ 8–8a, 29–29a, 34–34c; BGBl. Nr. 631/1975, *Strafprozeßordnung 1975* (n. 71), § 100; BGBl. Nr. 338/1986, *Verordnung des Bundesministers für Justiz vom 16. Juni 1986 zur Durchführung des Staatsanwaltschaftsgesetzes* 1986 (n. 1475), § 8; Radasztics/Sackmann, '*Berichtspflichten aus Sicht der Staatsanwaltschaft*' 2017 (n. 1476), S. 12, 16-17; Lienbacher, '*Ist staatsanwaltliches Handeln ein zulässiger Kontrollgegenstand parlamentarischer Untersuchungsausschüsse?*' 2010 (n. 1477), S. 75-76; GRECO, *GrecoEval5Rep(2022)1* 2022 (n. 29), Rz 140; Mertens, '*Ein Plädoyer für den unabhängigen Untersuchungsrichter*' (n. 1480); Hilpold, '*Der Fall Christian Pilnacek – Eine Herausforderung auch für die europäische Rechtsstaatlichkeit*' 2023 (n. 142); Hilpold, Peter. 'Lustlose Formübung: Der EU-Rechtsstaatlichkeitsbericht 2020 – eine (vorerst) vertane Chance.'. *Wiener Zeitung* (9.10.2020).

1483 BGBl. Nr. 164/1986 idF BGBl. I Nr. 32/2018, *Bundesgesetz vom 5. März 1986 über die staatsanwaltschaftlichen Behörden (Staatsanwaltschaftsgesetz)* 1986 (n. 836), §§ 8–8a, 29–29a, 34–34c; BGBl. Nr. 631/1975, *Strafprozeßordnung 1975* (n. 71), § 100; BGBl. Nr. 338/1986, *Verordnung des Bundesministers für Justiz vom 16. Juni 1986 zur Durchführung des Staatsanwaltschaftsgesetzes* 1986 (n. 1475), § 8; Radasztics/Sackmann, '*Berichtspflichten aus Sicht der Staatsanwaltschaft*' 2017 (n. 1476), S. 12, 16-17; Lienbacher, '*Ist staatsanwaltliches Handeln ein zulässiger Kontrollgegenstand parlamentarischer Untersuchungsausschüsse?*' 2010 (n. 1477), S. 75-76; GRECO, *GrecoEval5Rep(2022)1* 2022 (n. 29), Rz 140.

1484 BGBl. Nr. 164/1986 idF BGBl. I Nr. 32/2018, *Bundesgesetz vom 5. März 1986 über die staatsanwaltschaftlichen Behörden (Staatsanwaltschaftsgesetz)* 1986 (n. 836), § 29b.

[etabliert], *um ein verfassungskonformes Modell der Leitung, Steuerung und Kontrolle der Staatsanwaltschaften zu erarbeiten, das die Staatsanwaltschaften aus dem Anschein einer politischen Beeinflussung löst*»[1485]. Der Weisungsrat agiert im Unterschied zu den Staatsanwaltschaften unabhängig und wurde gemäß Art. 20 Abs. 2 Z. 2 B-VG von der verfassungsrechtlichen Verpflichtung zur Befolgung von Weisungen des übergeordneten Organs entbunden. Von einer transparenten Ausgestaltung des Beirats wurde abgesehen. Der Beirat berät und stimmt in nichtöffentlichen Sitzungen über die ihm vom Justizministerium vorgelegten staatsanwaltlichen Berichte ab und die Mitglieder sind an die Amtsverschwiegenheit nach Art. 20 Abs. 3 B-VG gebunden.[1486]

Auf den ersten Blick scheint der Weisungsrat tatsächlich ein wirksames Instrument zur Verhinderung politischer Einflussnahme auf die Tätigkeit der Staatsanwaltschaften zu sein. Berücksichtigt man jedoch den nachfolgenden § 29c StAG, scheint der Zweck des Weisungsrates buchstäblich darin zu bestehen, in weiten Teilen lediglich den Anschein politischer Unabhängigkeit in der österreichischen Strafgerichtsbarkeit zu erzeugen, ohne auf eine dahingehende umfängliche Gewaltenteilung hinzusteuern. Denn nach § 29c StAG ist die Zuständigkeit des Weisungsrates lediglich bei Weisungen gegeben, die ein spezifisches Verfahrens anordnen; in gegen die obersten Exekutivorgane, Mitglieder der österreichischen Höchstgerichte oder des Generalprokurators erhobenen Strafsachen; oder in Fällen, in denen es das Justizministerium für erforderlich erachtet. Diese Fälle beschränken sich auf Strafsachen von außergewöhnlichem öffentlichem Interesse («*[...] insbesondere bei wiederholter und überregionaler medialer Berichterstattung*

1485 669 der Beilagen XXV. GP. *Regierungsvorlage, Erläuterungen* (2014-2015), S. 1, 5 ff; BGBl. I Nr. 96/2015. *96. Bundesgesetz: Änderung des Staatsanwaltschaftsgesetzes (NR: GP XXV RV 669 AB 732 S. 83. BR: AB 9425 S. 844.)* (2015).

1486 BGBl. Nr. 164/1986 idF BGBl. I Nr. 32/2018, *Bundesgesetz vom 5. März 1986 über die staatsanwaltschaftlichen Behörden (Staatsanwaltschaftsgesetz)* 1986 (n. 836), § 29b f; 669 der Beilagen XXV. GP, *Regierungsvorlage, Erläuterungen* 2014-2015 (n. 1487), S. 5; BGBl. Nr. 1/1930, *Bundes-Verfassungsgesetz* 1945 (n. 62), Art. 20 Abs. 2 Z. 2 und Abs. 3; Forster, '*Art. 20 B-VG*' 2021 (n. 1389), Rz 20 ff, 26; Fellner, Wolfgang und Nogratnig, Gerhard. '§ 29 b' In *Richter- und Staatsanwaltschaftsdienstgesetz (RStDG), Gerichtsorganisationsgesetz (GOG) und Staatsanwaltschaftsgesetz (StAG): Kurzkommentar und wichtige Nebengesetze*, (Hrsg.) Wolfgang Fellner und Gerhard Nogratnig (Wien: MANZ'sche Verlags- und Universitätsbuchhandlung, 5. Aufl., 2021).

oder wiederholter öffentlicher Kritik am Vorgehen der Staatsanwaltschaft und der Kriminalpolizei […]»[1487]) und Befangenheitsthematiken.[1488]

Zu Recht wird die Einführung des Weisungsrates in seiner jetzigen rechtlichen Ausgestaltung von *Hilpold* als *skurril* kritisiert.[1489] Das Justizministerium ist bei Strafsachen i. Z. m. den obersten Exekutivbehörden, den Mitgliedern der Höchstgerichte oder des Generalprokurators nur dann gegenüber dem Weisungsrat vorlagepflichtig, wenn das strafrechtliche Ermittlungsverfahrens gegen diese Personen als Verdächtigte oder Beschuldigte einzuleiten ist. Es schadet jedoch nicht, wenn diese Personen im weiteren Verfahrensverlauf ihre Funktion nicht mehr innehaben.[1490] Wenn dem bei den zuvor genannten Personengruppen nicht so ist, keine Weisung i. S. d. § 29c Abs. 1 Z. 1 StAG vorliegt und es sich nicht um den Justizminister, den Leiter der Strafrechtssektion des Justizministeriums, einen sonstigen Bundesministeriumsbeamten in leitender Funktion oder einen eng mit dem Justizministerium arbeitenden Abgeordneten bei Befangenheitsfragen handelt, wird die Vorlagepflicht nur schlagend, wenn ein außergewöhnliches öffentliches Interesse besteht bzw. wenn zur Strafsache umfangreich medial berichtet wird. Von den Medien wird gefordert, dass über einen überregionalen Wirkungskreis haben müssen.[1491] Dies würde damit ebenso für Personen aus der Privatwirtschaft gelten, gegen die Ermittlungen geführt werden und bei denen

1487 BGBl. Nr. 164/1986 idF BGBl. I Nr. 32/2018, *Bundesgesetz vom 5. März 1986 über die staatsanwaltschaftlichen Behörden (Staatsanwaltschaftsgesetz)* 1986 (n. 836), § 29c Abs. 1 Z. 3.

1488 Ibid., § 29c Abs. 1; Fellner, Wolfgang und Nogratnig, Gerhard. '§ 29 c' In *Richter- und Staatsanwaltschaftsdienstgesetz (RStDG), Gerichtsorganisationsgesetz (GOG) und Staatsanwaltschaftsgesetz (StAG): Kurzkommentar und wichtige Nebengesetze*, (Hrsg.) Wolfgang Fellner und Gerhard Nogratnig (Wien: MANZ'sche Verlags- und Universitätsbuchhandlung, 5. Aufl., 2021), Rz 2; Hilpold, '*Der Fall Christian Pilnacek – Eine Herausforderung auch für die europäische Rechtsstaatlichkeit*' 2023 (n. 142).

1489 Hilpold, '*Der Fall Christian Pilnacek – Eine Herausforderung auch für die europäische Rechtsstaatlichkeit*' 2023 (n. 142).

1490 BGBl. Nr. 631/1975, *Strafprozeßordnung 1975* (n. 71), § 48 Abs. 1 Z. 1-3; Świderski, Szymon. 'Vorüberlegungen zur geplanten Neuregelung des Beschuldigtenbegriffs'. *ÖJZ* 2014(9), S. 402; Kirchbacher, Kurt. '§ 48' In *Die österreichische Strafprozessordnung (Strafprozessordnung 1975): Kurzkommentar: mit den wichtigsten Nebengesetzen*, (Hrsg.) Kurt Kirchbacher (Wien: MANZ'sche Verlags- und Universitätsbuchhandlung, 15 Aufl., 2024), Rz 1-3; Fellner/Nogratnig, '*§ 29 c*' 2021 (n. 1490), Rz 2.

1491 BGBl. Nr. 164/1986 idF BGBl. I Nr. 32/2018, *Bundesgesetz vom 5. März 1986 über die staatsanwaltschaftlichen Behörden (Staatsanwaltschaftsgesetz)* 1986 (n. 836), § 29c Abs. 1; Fellner/Nogratnig, '*§ 29 c*' 2021 (n. 1490), Rz 2.

etwaige Verbindungen zur Politik aufgedeckt werden könnten. Problematisch sieht *Hilpold* dabei, dass die Einschaltung des Weisungsrates, ein Beirat zum Schutz des gewaltenteilenden und rechtsstaatlichen Prinzips, von der Erfüllung von Voraussetzungen wie der überregionalen Medienberichterstattung bedingt ist. Er führt an, dass unter dieser rechtlichen Ausgestaltung ein rein regionales Medium trotz etwaiger stärkerer Auflagezahl und damit größerem Wirkungsgrad im Unterschied zu einem österreichweiten Medium keine Kontrolle des Weisungsrates herbeiführen kann. Auch die Erläuterungen zu § 29c StAG geben hierzu keinen genaueren Aufschluss. Es ist fraglich, ob bei der Einführung des Weisungsrates tatsächlich die Absicht bestand, ein Instrument zu schaffen, dass effektiv missbräuchliche Einflüsse seitens der Politik gegenüber der Staatsanwaltschaft zu verhindern vermag. Man gewinnt vielmehr den Eindruck, dass der Rat in weiten Teilen lediglich vorgeben soll, ein derartiges Instrument zu sein. Wenn der Gesetzgeber nicht beabsichtigt, von einer Weisungsbindung der Staatsanwaltschaft gegenüber dem Justizministerium abzurücken – zumal dies bereits aus rechtsstaatlichen Erwägungen geboten wäre – wäre doch zumindest eine Novellierung des Weisungsrates angezeigt. In einem so sensiblen Bereich erfordert eine Kontrollinstanz ganz eindeutige und präzise formulierte Voraussetzungen für ihr Tätigwerden. Ebenso wäre es angezeigt, den Tätigkeitsbereich des Weisungsrates auszuweiten, um gerade bei politischen heiklen Strafsachen eine von politischen Einflüssen freie Ermittlung der Staatsanwaltschaft gewährleisten zu können.[1492]

ANMERKUNG:
Der nachfolgend behandelte § 35c StAG wurde durch BGBl. I Nr. 157/2024 aufgehoben und trat mit 31. Dezember 2024 außer Kraft.

An seine Stelle tritt nun § 197a StPO, welcher im neu eingefügten Hauptstück (10a.) «*Absehen von der Einleitung eines Ermittlungsverfahrens*» geregelt ist und im Kern dem aufgehobenen § 35c StAG entspricht. Demnach hat die Staatsanwaltschaft kein Ermittlungsverfahren einzuleiten, wenn dessen Führung rechtlich unzulässig ist oder sich aus dem angezeigten Sachverhalt kein Anfangsverdacht auf eine Straftat ergibt.

Der neu eingefügte § 197b StPO normiert zudem eine Verständigungspflicht für den Fall, dass von der Einleitung eines Ermittlungsverfahrens

1492 Hilpold, '*Der Fall Christian Pilnacek – Eine Herausforderung auch für die europäische Rechtsstaatlichkeit*' 2023 (n. 142); 669 der Beilagen XXV. GP, *Regierungsvorlage, Erläuterungen* 2014-2015 (n. 1487).

abgesehen wird. Demnach sind sämtliche Personen zu informieren, die auch im Falle einer Verfahrenseinstellung zu benachrichtigen wären. Dazu gehören gemäß §§ 197b iVm 194 Abs. 1 und 195 Abs. 1 StPO insbesondere die verdächtigten Personen (die im Ermittlungsverfahren als Beschuldigte geführt werden) sowie die Opfer. Letzteren wird nunmehr gemäß § 197c StPO auch das Recht eingeräumt, im Falle des Absehens von der Einleitung eines Ermittlungsverfahrens seitens der Staatsanwaltschaft einen Antrag auf Verfolgung zu stellen. Über diese Möglichkeit sind sie im Rahmen der Verständigung über das Absehen von der Verfahrenseinleitung entsprechend zu informieren.

Die Gefahr, die damit einhergeht, spitzt sich besonders in § 35c StAG zu. Das Strafverfahren beginnt in Österreich erst, sobald ein Anfangsverdacht vorliegt und zu dessen Aufklärung Ermittlungen geführt werden. Es bedarf das Vorliegen bestimmter Anhaltspunkte, die über reine Vermutungen hinausgehen und die Begehung einer Straftat nahelegen. Wenn jedoch kein Anfangsverdacht vorliegt, hat die Staatsanwaltschaft nach § 35c StAG kein Ermittlungsverfahren einzuleiten.[1493]

Damit kann § 35c StAG trotz seiner kurzen Ausformulierung zu einer der bedeutsamsten Bestimmungen im strafprozessualen Verfahren bezeichnet werden. Trotz Verweis auf § 1 Abs. 3 StPO (Definition des Anfangsverdachts) ist es für eine solche wesentliche Norm bemerkenswert, wie vage die Bedingungen umschrieben sind, die zur Einleitung eines Strafverfahrens führen. Trotz Vorliegens einer Legaldefinition handelt es sich beim Begriff *Anfangsverdacht* um einen unbestimmten Rechtsbegriff. § 35c StAG räumt der Staatsanwaltschaft faktisch ein weitreichendes Ermessen zur Bestimmung ein, ob in einem konkreten Fall ein Anfangsverdacht vorliegt. Hilpold sieht schon seit Jahren die Bestimmung aus verfassungs- und völkerrechtlicher Sicht bedenklich, da «*[...] § 35c StAG [...] es gegenwärtig de facto den Staatsanwaltschaften offen lässt, ob sie Ermittlungen führen wollen oder nicht*».[1494] Berücksichtigt man nun die umfassenden Berichtspflichten, die unzureichende Aktenführung hinsichtlich des Verkehrs zwischen Ministerium und Staatsanwaltschaft sowie die Weisungsbindung gegenüber dem

1493 BGBl. Nr. 631/1975, *Strafprozeßordnung 1975* (n. 71), § 1 Abs. 2 und Abs. 3; Kirchbacher, Kurt. '§ 1' In *Die österreichische Strafprozessordnung (Strafprozessordnung 1975): Kurzkommentar: mit den wichtigsten Nebengesetzen*, (Hrsg.) Kurt Kirchbacher (Wien: MANZ'sche Verlags- und Universitätsbuchhandlung, 15 Aufl., 2024), Rz 7.

1494 Hilpold, '*Unabhängigkeit der Justiz ist essenziell*' 2021 (n. 344).

Justizministerium, kann § 35c StAG in seiner rechtlichen Ausgestaltung geradezu als Einladung der Politik gesehen werden, Druck auf die Staatsanwaltschaften auszuüben und die Einleitung von Ermittlungen in bestimmten Sachen zu unterbinden.[1495] Eine Überprüfung der Entscheidung der Staatsanwaltschaft nach § 35c StAG vorzugehen gibt es nicht, da Österreich «*[…] kein vor Gericht durchsetzbares Recht auf Einleitung eines Ermittlungsverfahrens […]*»[1496] kennt. Weder kann in dieser Sache das Justizministerium angerufen werden noch dagegen eine Beschwerde an das Bundesverwaltungsgericht («BVwG») oder ein in § 106 StPO geregelter Einspruch wegen Rechtsverletzung erhoben werden. Das Opfer einer Strafsache ist, da das Strafverfahren in Anwendung von § 35c StAG nicht eingeleitet wurde, kein Verfahrensbeteiligter und kommt dadurch auch nicht in den Genuss seiner strafrechtlichen Opferrechte.[1497]

Das Missbrauchsrisiko, das § 35c StAG bietet, und die mangelnde Kontrolle darauf bezogener Entscheidungen sind aus korruptionspräventiver Sicht nicht hinnehmbar. Der österreichische Gesetzgeber wäre zumindest angehalten, § 35c StAG unter Berücksichtigung der vorherigen Erwägungen anzupassen. Auch die Aufhebung der Bestimmung, wie sie *Hilpold* nahelegt, würde ein Beitrag zur Verbesserung des nationalen Antikorruptionssystems darstellen. Doch auch aus verfassungs- und völkerrechtlichen Erwägungen wäre die Aufhebung der Bestimmung angezeigt. *Hilpold* zeigt zu Recht auf, dass die unzureichende

---

1495 Ibid.; Hilpold, '*Der Fall Christian Pilnacek – Eine Herausforderung auch für die europäische Rechtsstaatlichkeit*' 2023 (n. 142).

1496 Fellner, Wolfgang und Nogratnig, Gerhard. '§ 35c' In *Richter- und Staatsanwaltschaftsdienstgesetz (RStDG), Gerichtsorganisationsgesetz (GOG) und Staatsanwaltschaftsgesetz (StAG): Kurzkommentar und wichtige Nebengesetze*, (Hrsg.) Wolfgang Fellner und Gerhard Nogratnig (Wien: MANZ'sche Verlags- und Universitätsbuchhandlung, 5. Aufl., 2021), Rz 6.

1497 Ibid., Rz 8; Kirchbacher, '*§ 1*' 2024 (n. 1495), Rz 8/2; Kirchbacher, Kurt. '§ 106' In *Die österreichische Strafprozessordnung (Strafprozessordnung 1975): Kurzkommentar: mit den wichtigsten Nebengesetzen*, (Hrsg.) Kurt Kirchbacher (Wien: MANZ'sche Verlags- und Universitätsbuchhandlung, 15 Aufl., 2024); Ratz, Eckart. '(OGH 27.10.2015, 11 Os 119/15g) Verneinter Anfangsverdacht und Prozessbegleitung unterliegen keiner Gerichtskontrolle'. *EvBl-LS* 2016(7), S. 327; Trstenjak, Verica und Balthasar-Wach, Agnes. 'Verhängung restriktiver Maßnahmen durch die EU: Nutzen und Kosten des gerichtlichen Rechtsschutzstandards in der EU'. *ÖJZ* 2016/7(2), S. 62; VwGH. 'Ra 2020/03/0108' (2020).

Berücksichtigung der Interessen des Opfers Art. 2 und 19 EUV, Art. 47 GRC sowie der EMRK hinsichtlich nachfolgender Bestimmungen widersprechen:[1498]

- o Art. 6 EMRK betreffend das «*Recht auf ein faires Verfahren*»;[1499]
- o Art. 8 EMRK betreffend das «*Recht auf Achtung des Privat- und Familienlebens*»;[1500]
- o Art. 13 EMRK betreffend das «*Recht auf wirksame Beschwerde*».[1501]

Auch die in diesem Abschnitt aufgezeigten Einflussmöglichkeiten der Exekutive bzw. der Politik sind nicht nur rein theoretischer Natur. Die im November 2023 aufgetauchten Tonbandaufzeichnung des überraschenderweise im Oktober desselben Jahres verstorbenen ehemaligen österreichischen Justizsektionschefs *Christian Pilnacek* (1962–2023)[1502] legen einmal mehr nahe, dass seitens der Po-

---

1498 European Union, *Vertrags über die Arbeitsweise der Europäischen Union* 1957 (n. 488), Art. 2 und 19; European Union, *Charter of fundamental rights of the European Union* 2012 (n. 1394), Art. 47; ETS No. 146, *Convention for the Protection of Human Rights and Fundamental Freedoms* 1950 (n. 9), Art. 6, 8, 13; Hilpold, '*Der Fall Christian Pilnacek – Eine Herausforderung auch für die europäische Rechtsstaatlichkeit*' 2023 (n. 142); Hilpold, '*Unabhängigkeit der Justiz ist essenziell*' 2021 (n. 344); Hilpold, Peter. 'Chats als Weckruf: Anmerkungen zum aktuellen U-Ausschuss.' *Wiener Zeitung* (2.03.2022).

1499 ETS No. 146, *Convention for the Protection of Human Rights and Fundamental Freedoms* 1950 (n. 9), Art. 6, 8, 13; Hilpold, '*Der Fall Christian Pilnacek – Eine Herausforderung auch für die europäische Rechtsstaatlichkeit*' 2023 (n. 142); Hilpold, '*Unabhängigkeit der Justiz ist essenziell*' 2021 (n. 344); Hilpold, '*Chats als Weckruf*' 2022 (n. 1500).

1500 ETS No. 146, *Convention for the Protection of Human Rights and Fundamental Freedoms* 1950 (n. 9), Art. 6, 8, 13; Hilpold, '*Der Fall Christian Pilnacek – Eine Herausforderung auch für die europäische Rechtsstaatlichkeit*' 2023 (n. 142); Hilpold, '*Unabhängigkeit der Justiz ist essenziell*' 2021 (n. 344); Hilpold, '*Chats als Weckruf*' 2022 (n. 1500).

1501 ETS No. 146, *Convention for the Protection of Human Rights and Fundamental Freedoms* 1950 (n. 9), Art. 6, 8, 13; Hilpold, '*Der Fall Christian Pilnacek – Eine Herausforderung auch für die europäische Rechtsstaatlichkeit*' 2023 (n. 142); Hilpold, '*Unabhängigkeit der Justiz ist essenziell*' 2021 (n. 344); Hilpold, '*Chats als Weckruf*' 2022 (n. 1500).

1502 Meine Abgeordneten. 'Christian Pilnacek – Generalsekretär im Bundesministerium für Verfassung, Reformen, Deregulierung und Justiz'. 2024, zugegriffen auf: https://www.meineabgeordneten.at/Abgeordnete/christian.pilnacek, abgerufen am: 15.03.2024; Hermann, Stefanie. 'Pilnacek: Erste Details zur Todesnacht'. *weekend.at* (20.10.2023).

litik über Jahre hinweg Anstrengungen unternommen wurden, um auf Strafverfahren Einfluss zu nehmen. Der politische Druck, der offenbar jahrelang gegen ihn geübt wurde, könnte auch der Ursprung der gegen ihn erhobenen Vorwürfe sein, wonach er die Ermittlungen der WKStA behindert hätte. Daneben hat die Regierung – allein innerhalb der letzten Jahre – mehrfach auch den Versuch unternommen, die Kompetenzen der Strafverfolgungsbehörden im Ermittlungsverfahren über den Gesetzesweg empfindlich zu beschneiden. Diese Versuche, wären sie nicht gescheitert, hätten gerade auch Ermittlungen gegen Regierungsmitglieder und öffentliche Funktionsträger erheblich behindert und unterstreichen aus korruptionspräventiver Sicht umso mehr das Erfordernis, die Unabhängigkeit der österreichischen Justiz zu schützen. Der Abschlussbericht der zu diesem Zweck gebildeten Untersuchungskommission unterstellt Österreich sogar, eine Zwei- bzw. Drei-Klassen-Gerichtsbarkeit zu verfügen, bei der bestimmte Persönlichkeiten als Beschuldigte faktisch anderen Verfahrensordnungen unterworfen sind als die sonstige Bevölkerung. Eine solche Zwei-Klassen-Gerichtsbarkeit wird auch Staaten wie Thailand vorgeworfen. In diesem Zusammenhang kann die bekannte thailändische *Strafsache Boss* angeführt werden. Der Vorwurf richtete sich gegen den Red-Bull-Erben *Vorayuth Yoovidhya*, dem vorgeworfen wird, 2012 mit seinem Ferrari einen Polizisten getötet und anschließend Fahrerflucht begangen zu haben. Ein Haftbefehl wurde erst 2017 erlassen, was *Vorayuth Yoovidhya* dazu veranlasste, das Land zu verlassen und unterzutauchen. Der Fall wird in Thailand als Beleg für nationale Willkürjustiz angesehen, insbesondere aufgrund des Fallenlassens der Anklage 2020, was laut der Nationalen Antikorruptionskommission Thailands 2023 auf ein durch Polizisten und Staatsanwälten vorsätzlich manipuliertes Ermittlungsverfahren zurückzuführen ist. Bis heute hat sich *Vorayuth Yoovidhya* diesbezüglich jeglicher Strafverfolgung entzogen. Angesichts der rechtsstaatlichen Situation in Thailand sollte Österreich – als Rechtsstaat – es nicht hinnehmen, in dieser Hinsicht mit einem solchen Staat verglichen werden zu können. Vielmehr wären umfangreiche Reformen zu erwarten, um den Anforderungen und Erwartungen eines europäischen Rechtsstaates tatsächlich gerecht zu werden.[1503]

1503 Hilpold, '*Der Fall Christian Pilnacek – Eine Herausforderung auch für die europäische Rechtsstaatlichkeit*' 2023 (n. 142); Klenk, Florian. 'Die Pilnacek Files: «Man verlangt, dass ich Ermittlungen einstelle»'. *Falter* (21.11.2023); Schmid, Fabian und Graber, Renate. 'Umstrittener Sektionschef Pilnacek könnte ins Justizministerium zurückkehren: Der umstrittene Sektionschef könnte bald ins Ministerium zurückkehren – im April wird seine Suspendierung überprüft'. *DER STANDARD* (23.03.2023); Seeh, Manfred. 'Was hinter dem Fall Pilnacek steckt'. *Die Presse* (26.02.2021); Bischof,

Der Einfluss auf Strafsachen, an denen Personen beteiligt sind, die staatliche Funktionen innehaben, erweckt damit zu Recht gegenüber der Öffentlichkeit den von *Radasztics/Sackmann* beschriebenen Eindruck einer «*Kameraljustiz*».[1504] Ein Reformbedarf ist dringendst geboten.[1505]

11.3.8.3 Einführung einer Generalstaatsanwaltschaft

Der aufgezeigten Problematik kann auf unterschiedlichste Weise begegnet werden. Ein Ansatz wäre die Wiedereinführung des Untersuchungsrichters, wie es von verschiedenen Seiten gefordert wird.[1506]

Eine spürbare Verbesserung des Antikorruptionssystems könnte durch die Einführung einer Generalstaatsanwaltschaft erreicht werden. Hierbei würde es sich um ein vom Justizministerium unabhängiges Leitungsorgan handeln, dem die Gebarung der ordnungsgemäßen Strafverfolgung der österreichischen Staatsanwaltschaften obliegt. Die Vorteile einer weisungsfreien und unabhängig handelnden Generalstaatsanwaltschaft liegen auf der Hand. Aus rechtsstaatlicher Sicht würde die jetzt vorherrschende bedenkliche Verzahnung der exekutiven und judikativen Gewalt gelöst werden. Anstelle des politischen Justizministeriums würde den österreichischen Staatsanwaltschaften eine unabhängige judizielle Institution vorstehen. Die Weisungskette bliebe somit ebenfalls innerhalb der

---

Daniel. 'Pilnacek: «Kontrollverlust» über Staatsanwälte'. *Die Presse* (28.03.2023); Stefan Melichar, Miller, Max und Thalhammer, Anna. 'Fall Pilnacek: Das Vermächtnis des Schatten-Justizministers'. *profil.at* (24.11.2023); Hilpold, '*Lustlose Formübung*' 2020 (n. 1484); Mayer, '*Der erfolglose Kampf gegen Korruptionsbekämpfer zeigt: Habt Mut zum Widerspruch!*' 2024 (n. 142); English, Khaosod. 'NACC Indicates Actual Wrongdoing in Persons Who Aided Thai Red Bull Heir'. *Khaosod English* (14.09.2023); Sattaburuth, Aekarach. 'MFP takes aim at minister for 'Boss' help'. *Bangkok Post* (16.09.2023).

1504 Radasztics/Sackmann, '*Berichtspflichten aus Sicht der Staatsanwaltschaft*' 2017 (n. 1476), S. 17.

1505 BGBl. Nr. 164/1986 idF BGBl. I Nr. 32/2018, *Bundesgesetz vom 5. März 1986 über die staatsanwaltschaftlichen Behörden (Staatsanwaltschaftsgesetz)* 1986 (n. 836), § 8 Abs. 1; Radasztics/Sackmann, '*Berichtspflichten aus Sicht der Staatsanwaltschaft*' 2017 (n. 1476), S. 12, 17.

1506 Mertens, '*Ein Plädoyer für den unabhängigen Untersuchungsrichter*' (n. 1480); Hilpold, '*Der Fall Christian Pilnacek – Eine Herausforderung auch für die europäische Rechtsstaatlichkeit*' 2023 (n. 142).

Judikative. Damit könnten die jetzt gegebenen Einfallstore für politische Einflussnahmen beseitigt werden, wodurch auch die Vornahme korrupter Handlungen erschwert wird.[1507]

Nicht nur in Deutschland[1508] und der Schweiz, sondern in den meisten europäischen Rechtsordnungen, wurde die Institution einer Generalstaatsanwaltschaft umgesetzt. Österreich gehört hingegen zu den wenigen europäischen Staaten, die noch über keine Generalstaatsanwaltschaft geschaffen haben und daher nach wie vor das Justizministerium gegenüber den Oberstaatsanwaltschaften weisungsbefugt ist. Österreich scheint immerhin die Absicht zu haben, dem Beispiel der Mehrheit der europäischen Staaten zu folgen. Ein entsprechender Beschluss zur Etablierung einer nationalen Generalstaatsanwaltschaft wurde vonseiten der Bundesregierung am 24. Februar 2021 gefasst. Im Herbst 2021 hat die zuständige Arbeitsgruppe bereits den Endbericht vorgelegt. Weitere Schritte sind jedoch nicht mehr gesetzt worden. Möglicherweise könnte darin der Reformunwillen Österreichs zu erkennen sein, der sich schon seit geraumer Zeit abzeichnet.[1509] Konsequenterweise wird einer der weiteren Schritte unweigerlich eine

---

1507 Bundesministerium für Justiz, Österreich. 'Generalstaatsanwaltschaft', zugegriffen auf: https://www.bmj.gv.at/themen/Strafrecht--Gesetze/Generalstaatsanwaltschaft0.html, abgerufen am: 05.05.2023; Bundesministerium für Justiz, Österreich. *Arbeitsgruppe zur Schaffung einer unabhängigen und weisungsfreien Bundesstaatsanwaltschaft – Endbericht* (2022); Bundeskanzleramt Österreich und Bundesministerium für Justiz, Österreich. *Vortrag an den Ministerrat: Schaffung einer unabhängigen und weisungsfreien Bundesstaatsanwaltschaft* (2021); Kanton Bern, Schweiz. 'Generalstaatsanwaltschaft', zugegriffen auf: https://www.staw.justice.be.ch/de/start/ueber-uns/generalstaatsanwaltschaft.html, abgerufen am: 05.05.2023; Ministerium für Justiz, Nordrhein-Westfalen, Deutschland. 'NRW-Justiz: Generalstaatsanwaltschaften', zugegriffen auf: https://www.justiz.nrw.de/Gerichte_Behoerden/Staatsanwaltschaften/Behoerden/Generalstaatsanwaltschaften_3/index.php, abgerufen am: 05.05.2023.

1508 Loderbauer, Brigitte. '5 Tage bei der Generalstaatsanwaltschaft Hamburg Ein persönlicher Erfahrungsbericht'. *Rz* 2018(10), S. 228.

1509 Bundesministerium für Justiz, '*Generalstaatsanwaltschaft*' 2022 (n. 1509), abgerufen am: 05.05.2023; Bundesministerium für Justiz, *Arbeitsgruppe zur Schaffung einer unabhängigen und weisungsfreien Bundesstaatsanwaltschaft – Endbericht* 2022 (n. 1509); Bundeskanzleramt Österreich/Bundesministerium für Justiz, *Vortrag an den Ministerrat* 2021 (n. 1509); Kanton Bern, '*Generalstaatsanwaltschaft*' 2022 (n. 1509), abgerufen am: 05.05.2023; Ministerium für Justiz, Nordrhein-Westfalen, Deutschland, '*NRW-Justiz: Generalstaatsanwaltschaften*' 2023 (n. 1509), abgerufen am: 05.05.2023; Hilpold, '*Der Fall Christian Pilnacek – Eine Herausforderung auch für die europäische Rechtsstaatlichkeit*' 2023 (n. 142).

Verfassungsänderung darstellen. Art. 90a B-VG benennt die Staatsanwaltschaften explizit als Organe der judikativen Gewalt, denen als solche das Justizministerium vorsteht und dessen Weisungen nach Art. 20 Abs. 1 B-VG zu befolgen sind. Die Einführung der Generalstaatsanwaltschaft ist daher von mindestens 50 % der Nationalratsmitglieder mit einer 2⁄3 Mehrheit der gegebenen Stimmen zu beschließen, wodurch die Weisungskette von der Staatsanwaltschaft zum Justizministerium durchbrochen wird. Dabei sollte erwogen werden, dem National- und Bundesrat Interpellations- und Kontrollrechte gegenüber der Generalstaatsanwaltschaft einzuräumen. Daneben empfehlen *Cap/Stürzenbecher* aber, keinen Misstrauensvortrag gegen die Generalstaatsanwälte vorzusehen.[1510]

Der Vollständigkeit halber wird hier noch eine weitere Empfehlung *Hilpold's* angeführt, wonach eine enge rechtliche Zusammenarbeit zwischen der künftigen Generalstaatsanwaltschaft bzw. den bereits etablierten Staatsanwaltschaften und dem Rechnungshof normiert werden könnte. Auch die Eingliederung einer eigenen Staatsanwaltschaft in die Organisationseinheit des Rechnungshofs wäre denkbar. Die Empfehlung wird mit den durchwegs positiven Ergebnissen in Italien begründet, die auf die Etablierung einer eigenen internen Staatsanwaltschaft beim italienischen Rechnungshof zurückzuführen sind.[1511]

11.3.8.4 Reform der Volksanwaltschaft

Bereits aus dem Bestellungsprozedere der drei Volksanwälte ist der politische Einfluss erkennbar, da diese von den mandatsstärksten Parteien nominiert werden. Faktisch, so lautet die Kritik, werden die Volksanwälte nicht nominiert, sondern von den Parteien bestellt. Der Kern der Kritik lautet, dass die Volksanwaltschaft nicht tatsächlich unabhängig agiert, sondern die einzelnen Volksanwälte als ein verlängerter Arm ihrer Partei parteipolitische Interessen verfolgen.[1512]

1510 Kirchbacher, Kurt. 'Zur Schaffung einer unabhängigen und weisungsfreien Bundesstaatsanwaltschaft (Kurt Kirchbacher)'. *ÖJZ* 2022/108(19), S. 917; BGBl. Nr. 1/1930, *Bundes-Verfassungsgesetz* 1945 (n. 62), Art. 90a; Öhlinger/Eberhard, *Verfassungsrecht* 2018 (n. 257), S. 196 f; Lachmayer, Konrad. 'Überlegungen zur Unabhängigkeit der Gerichtsbarkeit in Österreich'. *NetV* 2022(1), S. 26; Cap, Josef und Stürzenbecher, Kurt. 'Klarheit geht vor Schönheit' In *100 Jahre Verfassung: 77 Stimmen zum Jubiläum des österreichischen Bundes-Verfassungsgesetzes (B-VG) Ein Lesebuch*, (Hrsg.) Peter Hilpold, Walter Hämmerle und Manfred Matzka (Wien: facultas, 2020), S. 71–73, S. 72 f.

1511 Hilpold, '*Unabhängigkeit der Justiz ist essenziell*' 2021 (n. 344).

1512 BGBl. Nr. 1/1930, *Bundes-Verfassungsgesetz* 1945 (n. 62), Art. 148g; Öhlinger/Eberhard, *Verfassungsrecht* 2018 (n. 257), S. 259 f; Marek/Jerabek, *Korruption,*

Österreich ist damit bei der rechtlichen Umsetzung der aus dem skandinavischen Raum stammenden Volksanwaltschaft einen ganz eigenen Weg gegangen. Die Kritik gegenüber der Volksanwaltschaft ist jedoch berechtigt. Diese politische informelle Abhängigkeit blockiert eine ernst zu nehmende, umfassende und unabhängige Missstandskontrolle; eine der beiden zentralen Aufgabengebiete der Volksanwaltschaft.[1513]

Damit die Volksanwaltschaft ihre Aufgaben ohne Besorgnis einer politischen Einflussnahme ausüben und damit einen aktiven Beitrag zur Korruptionsbekämpfung leisten kann, bedarf es einer mit einer Verfassungsänderung einhergehenden Reform der Volksanwaltschaft.[1514]

Hierzu wurden bereits verschiedene Lösungsansätze vorgestellt. Erfolgversprechend könnte der von *Hilpold* vertretene Ansatz sein, wonach die Zahl der Volksanwälte auf einen einzigen Volksanwalt reduziert wird. Ein derartiger Schritt würde gleich mehrere Vorteile mit sich bringen. Indem die Missstände nur mehr von einem Volksanwalt rechtlich beurteilt werden, könnte dadurch eine einheitliche Subsumption- und Entscheidungslinie der Volksanwaltschaft herausgebildet werden. Dies ginge dann ebenso mit einer Steigerung der Rechtssicherheit einher. Zum anderen könnte mit einer gleichzeitigen Anhebung des Gehalts des Volksanwaltes, die Bereitschaft verringert werden, parteipolitischen Interessen zu folgen. Ergänzend hierzu wäre die Abschaffung des Nominierungsrechts der mandatsstärksten Parteien ein erforderlicher Schritt. Anstelle von Parteifunktionären sollte die Volksanwaltschaft mit Fachleuten besetzt werden, die über einschlägige Kenntnisse im Bereich der Justiz und Menschenrechte aufweisen. *Nowak* hingegen empfiehlt die Reorganisation der Volksanwaltschaft in eine Kommission, der mehrere unparteiische Mitglieder aus den Bereichen der Zivilgesellschaft, Wissenschaft und Justiz angehören. Schließlich ortet *Hilpold* ein weiteres Rechtsstaatlichkeitsproblem, das über die Institution der Volksanwaltschaft verbessert werden kann. Nationale Instanzgerichte können nach Art. 267 AEUV Fragen zur Auslegung und Anwendung des Unionsrechts, die in den gerichtlichen Verfahren aufgetreten sind, zwecks verbindlicher Klärung an den EuGH vorlegen. Letztinstanzliche Gerichte müssen hingegen vorlegen. Trotz der bestehenden

Amtsmissbrauch und Untreue 2022 (n. 1191), S. 30; Khakzadeh, '*Art. 148g*' 2021 (n. 1191); Tschiderer, Martin. 'Rosenkranz-Kandidatur: Schlaglicht auf politisch abhängige Volksanwaltschaft'. *DER STANDARD* (27.09.2022).

1513 Hilpold, Peter. 'Nur einer statt drei Volksanwälte'. *Wiener Zeitung* (25.08.2022); Tschiderer, '*Rosenkranz-Kandidatur: Schlaglicht auf politisch abhängige Volksanwaltschaft*' 2022 (n. 1514).

1514 Hilpold, '*Nur einer statt drei Volksanwälte*' 2022 (n. 1515).

Vorlagepflicht hat *Hilpold* festgestellt, dass die österreichischen Höchstgerichte dieser Verpflichtung oftmals nicht nachkommen. Auch eine Beschwerde an den EuGH sei faktisch kaum möglich. Er sieht daher in der Erweiterung der Aufgabengebiete der Volksanwaltschaft und der Schaffung einer internen Europarechtsabteilung zur Überprüfung von Verletzungen des Unionsrechts durch die Gerichte eine sinnvolle und nützliche Anpassung der einschlägigen geltenden Bestimmungen.[1515]

11.3.8.5 Richterbestellung im Rahmen eines judiziellen Selbstverwaltungskörpers

Die unzureichende Verwirklichung einer echten Gewaltenteilung im Verhältnis zwischen der Judikative und der Exekutive stellt eine Gefährdung der demokratischen Staatsordnung dar, da dadurch das der Gewaltenteilung innewohnende Prinzip eines *Checks-and-Balances-Systems* gestört wird. Dies führt mitunter zu einer Beeinträchtigung des Gleichgewichts staatlicher Machtverteilung und damit zum Abbau des Rechtsstaates. Die Justiz kann nicht mehr effektiv gegen Korruption vorgehen, was mit einem erheblichen Vertrauensverlust der staatlichen Autorität einhergeht.[1516]

Wie aus den vorherigen Ausführungen ersichtlich ist, besteht in Österreich ein dringender Reformbedarf. Der österreichische Gesetzgeber wird einmal mehr aufgefordert, den seit Jahren nicht abklingenden Rufen nach einer

---

1515 BGBl. Nr. 1/1930, *Bundes-Verfassungsgesetz* 1945 (n. 62), Art. 148a Abs. 2; Öhlinger/Eberhard, *Verfassungsrecht* 2018 (n. 257), S. 260 f; Berka, '*Zum Mandat und zur Stellung des Menschenrechtsbeirats im Rahmen des Menschenrechtsschutzes durch die Volksanwaltschaft*' (n. 1192); Barth, '*Die Volksanwaltschaft über die Entwicklung des Erwachsenenschutzrechts im Jahr 2020*' (n. 1192); Khakzadeh, '*Art. 148a*' 2021 (n. 1192), Rz 1-5; Muzak, *Das österreichische Bundes-Verfassungsrecht* 2020 (n. 1192), Rz 1, 5, 9; Tschiderer, '*Rosenkranz-Kandidatur: Schlaglicht auf politisch abhängige Volksanwaltschaft*' 2022 (n. 1514); Hilpold, '*Nur einer statt drei Volksanwälte*' 2022 (n. 1515); Schroeder, *Grundkurs Europarecht* 2019 (n. 488), S. 170 ff; European Union, *Vertrag über die Arbeitsweise der Europäischen Union* 2007 (n. 489), Art. 267.

1516 Pilnacek, Christian. 'Wie viel Rechtsstaatlichkeit verträgt die Strafrechtspflege?: Checks and Balances stärken das Ansehen von Aufklärung und Verfolgung'. *ZWF* 2023(2), S. 50; Perakis, Panagiotis. 'Speech by Panagiotis Perakis How much transparency does the rule of law need?'. *AnwBl* 2023/157(5), S. 296; Hilpold, '*Unabhängigkeit der Justiz ist essenziell*' 2021 (n. 344); Thienel, Rudolf. 'Bewährte Checks und Balances' In *100 Jahre Verfassung: 77 Stimmen zum Jubiläum des österreichischen Bundes-Verfassungsgesetzes (B-VG) Ein Lesebuch*, (Hrsg.) Peter Hilpold, Walter Hämmerle und Manfred Matzka (Wien: facultas, 2020), S. 124–125, S. 124 f.

Staatsreform nachzukommen und die Justiz in einen echten Selbstverwaltungskörper umzustrukturieren.[1517]

Neben der bereits erörterten Einführung einer Generalstaatsanwaltschaft und der dringend gebotenen Gewaltenteilung bedarf es auch einer Novellierung des Richterbestellungsverfahrens. Gegenwärtig erfolgt die Richterbestellung nicht durch die judikative, sondern durch die exekutive Gewalt. Gemäß Art. 86 B-VG erfolgt diese durch den Bundespräsidenten oder des Justizministers. Der Justizminister benötigt hierfür zusätzlich eine Delegationsermächtigung des Bundespräsidenten. Der Ernennung geht grundsätzlich ein Antrag der Regierung voraus. Die Besetzungsvorschläge werden von richterlichen Personalsenaten (vgl. § 36 *Richter- und Staatsanwaltschaftsdienstgesetz*[1518] («RStDG»)) erarbeitet und der Regierung vorgelegt. Für Richteramtsanwärter sind keine Personalsenate vorgesehen. Hier liegt die Entscheidung beim Oberlandesgerichtspräsidenten.[1519]

Diese herausragende Position der Exekutive i. Z. m. der Richterbestellung stellt in der gelebten juristischen Praxis grundsätzlich kein Problem dar, da weitestgehend den Besetzungsvorschlägen der Personalsenate gefolgt wird. Dies gilt zumindest dann, wenn die Richter keine sonstigen leitenden Funktionen in der Justizverwaltung innehaben. In rechtlicher Hinsicht besteht aber die Gefahr der politischen Einflussnahme auf die Besetzung offener Richterstellen. Die

1517 Hilpold, Peter. 'Unabhängigkeit der Gerichte vor Gericht: In Polen wurde das politische Element bei der Richterauswahl enorm gestärkt – auf Kosten der Individualrechte. Auch in Österreich gibt es für die Bestellung der Richteramtsanwärter nicht einmal einen Personalsenat.'. *Wiener Zeitung* (15.01.2021); Hilpold, '*Unabhängigkeit der Justiz ist essenziell*' 2021 (n. 344); Hilpold, '*Chats als Weckruf*' 2022 (n. 1500); Hilpold, '*Der Fall Christian Pilnacek – Eine Herausforderung auch für die europäische Rechtsstaatlichkeit*' 2023 (n. 142).

1518 BGBl. Nr. 305/1961. *Richter- und Staatsanwaltschaftsdienstgesetz: RStDG.*

1519 BGBl. Nr. 1/1930, *Bundes-Verfassungsgesetz* 1945 (n. 62), Art. 86; Lovrek, Elisabeth. 'Die Richter sind in Ausübung ihres richterlichen Amtes unabhängig' In *100 Jahre Verfassung: 77 Stimmen zum Jubiläum des österreichischen Bundes-Verfassungsgesetzes (B-VG) Ein Lesebuch*, (Hrsg.) Peter Hilpold, Walter Hämmerle und Manfred Matzka (Wien: facultas, 2020), S. 107–109, S. 108; Zußner, Matthias. 'Art. 86' In *Kommentar zum Bundesverfassungsrecht: B-VG und Grundrechte*, (Hrsg.) Arno Kahl, Lamiss Magdalena Khakzadeh und Sebastian Schmid (Wien: Jan Sramek Verlag, 2021), Rz 5; BGBl. Nr. 305/1961, *Richter- und Staatsanwaltschaftsdienstgesetz* (n. 1520), § 36; Hilpold, '*Unabhängigkeit der Gerichte vor Gericht*' 2021 (n. 1519); Griss, Irmgard. 'B-VG und ordentliche Gerichtsbarkeit' In *100 Jahre Verfassung: 77 Stimmen zum Jubiläum des österreichischen Bundes-Verfassungsgesetzes (B-VG) Ein Lesebuch*, (Hrsg.) Peter Hilpold, Walter Hämmerle und Manfred Matzka (Wien: facultas, 2020), S. 110–112, S. 110 f.

Besetzungsvorschläge der Personalsenate haben nämlich keine verbindliche Wirkung. Dies würde es der Exekutive gesetzlich erlauben, die zu besetzenden Stellen auch mit Richtern zu besetzen, die von den Personalsenaten überhaupt nicht vorgesehen waren. Selbst die OGH-Präsidentin *Lovrek* sieht damit zumindest theoretisch ein Einfallstor politischen Einflusses auf die Judikative. Eine Reform des Richterbestellungsverfahrens unter Ausschluss der Exekutive würde unzweifelhaft mit einer Aufwertung der richterlichen Unabhängigkeit i. S. d. Art. 87 B-VG einhergehen. Damit wäre auch die Gewaltenteilung besser abgesichert. Im Zuge der Reform könnte sich Österreich auch an positiven Beispielen aus dem Ausland orientieren und die richterlichen Personalsenate mit zusätzlichen Fachpersonen aus anderen juristischen Berufsfeldern wie Universitätsprofessoren, Staatsanwälten und Notaren ergänzen.[1520]

Die Unverbindlichkeit der Besetzungsvorschläge hat noch weitreichendere Konsequenzen. Mangels Verbindlichkeit findet kein Eingriff in die Rechte der Richteramtsbewerber statt. Folglich steht den Richtern und Richteramtsanwärtern kein Rechtsschutz zur Verfügung, um eine Überprüfung der Richterbestellung auf etwaige formelle oder materielle Fehler zu erwirken. Damit ist der Individualrechtsschutz sensibel betroffen. *Hilpold* führt daher zu Recht an, dass ein «*[...] effektive[r] Rechtsbehelf bei Personalentscheidungen [...] eine wesentliche Vorgabe des EU-Rechts zur Sicherung des Rechtsstaats [...]*»[1521] ist. So ist in Art. 47 GRC der Anspruch aller Unionsbürgern festgeschrieben, effektiven Zugang zu den Gerichten zu erhalten. Ein Lösungsansatz zur Stärkung der Unabhängigkeit der Gerichte könnte sein, dass die Justiz selbst für die Bestellung der Richter gesetzlich zuständig gemacht wird. Dies wäre ein wesentlicher Schritt zur Verwirklichung des judiziellen Selbstverwaltungskörpers und ein entscheidendes Kriterium, um die Justiz weiter von politischen Einflüssen abzuschotten.[1522]

1520 BGBl. Nr. 1/1930, *Bundes-Verfassungsgesetz* 1945 (n. 62), Art. 86f; Zußner, '*Art. 86*' 2021 (n. 1521), Rz 5; Lovrek, Elisabeth und Pflügl, Jakob. 'Das ist der schlimmste Vorwurf an die Justiz'. *DER STANDARD* (13.12.2021); Lovrek, '*Die Richter sind in Ausübung ihres richterlichen Amtes unabhängig*' 2020 (n. 1521), S. 109; Hilpold, '*Unabhängigkeit der Gerichte vor Gericht*' 2021 (n. 1519); Hilpold, '*Chats als Weckruf*' 2022 (n. 1500); Hilpold, '*Der Fall Christian Pilnacek – Eine Herausforderung auch für die europäische Rechtsstaatlichkeit*' 2023 (n. 142).

1521 Hilpold, '*Unabhängigkeit der Gerichte vor Gericht*' 2021 (n. 1519).

1522 Zußner, '*Art. 86*' 2021 (n. 1521), Rz 5-6; Hilpold, '*Unabhängigkeit der Gerichte vor Gericht*' 2021 (n. 1519); Hilpold, '*Unabhängigkeit der Justiz ist essenziell*' 2021 (n. 344); Hilpold, '*Der Fall Christian Pilnacek – Eine Herausforderung auch für die europäische Rechtsstaatlichkeit*' 2023 (n. 142); Hilpold, '*Ringen um europäische Werte – Österreich*

11.3.9 Einflussfaktor Parteizugehörigkeit auf berufliche Karrieren[1523]

Empfehlung (xiv) hat ein Phänomen zum Gegenstand, das in Österreich nach der allgemeinen Wahrnehmung der Bevölkerung und nach dem Wissenschaftsfonds FWF sehr stark verbreitet ist. Es kann nämlich in Österreich beobachtet werden, dass die Zugehörigkeit zu einer Partei sich mitunter erheblich positiv auf die persönlichen Karrieremöglichkeiten auswirken kann.[1524]

Im Rahmen der jüngsten Evaluierung wurde dieses Phänomen hinsichtlich der Ernennung eines Bundespolizeibediensteten und seines berufliches Fortkommen untersucht. Die Rechtsgrundlage findet sich im *Ausschreibungsgesetz*[1525] («AusG»).[1526] Der Zugang zum Beruf als Bundespolizeibediensteter ist sowohl im Gesetz als auch in weiteren Unterlagen sehr detailliert geregelt und steht grundsätzlich allen österreichischen Staatsangehörigen offen, die sowohl über die fachliche als auch über die persönliche und gesundheitliche Eignung verfügen. Die politische Einstellung bzw. die Mitgliedschaft in einer politischen Partei stellt hierbei kein Kriterium dar.[1527]

Laut der GRECO steigt jedoch mit einer zunehmend höheren Position auch die Bedeutung einer bestimmten Parteizugehörigkeit. Sind leitende Stellen ausgeschrieben, hat die Begutachtungskommission ein nicht bindendes Gutachten über den Kandidaten zu erstellen und darin festzuhalten, inwieweit dieser für die ausgeschriebene Stelle geeignet ist. Damit ist die Mitwirkung der Begutachtungskommission im Aufnahmeverfahren sehr eingeschränkt. Letztlich entscheidet nämlich der Bundesminister, welchem Kandidaten der Vorzug zu geben ist.

---

in der EU' 2021 (n. 142), S. 282; European Union, *Charter of fundamental rights of the European Union* 2012 (n. 1394), Art. 47.

1523 Empfehlung: (xiv). Hilpold, '*Chats als Weckruf*' 2022 (n. 1500).

1524 GRECO, *GrecoEval5Rep(2022)1* 2022 (n. 29), Rz 181; Silberbauer, Kristina. 'Transparente Stellenbesetzung – alles nur ein Appell?'. *DER STANDARD* (19.04.2021); Enser-Jedenastik, Laurenz. 'Regulierungsbehörden mögen Parteibücher'. *scilog des Österreichischen Wissenschaftsfonds FWF* (25.04.2016); Thalhammer, Anna. 'Wer braucht heute noch ein Parteibuch?'. *Die Presse* (17.04.2019); Höller, Christian. 'Studie: Das Parteibuch als wichtigste Qualifikation'. *Die Presse* (27.01.2013).

1525 BGBl. Nr. 85/1989. *BGBl. Nr. 85/1989): AusG* (1989).

1526 Ibid.; GRECO, *GrecoEval5Rep(2022)1* 2022 (n. 29), Rz 171.

1527 BGBl. Nr. 85/1989, *BGBl. Nr. 85/1989)* 1989 (n. 1527), §§ 1, 5, 27 ff; Bundesministerium für Inneres, Österreich. *Ausbildungsplan zur Grundausbildung für den Exekutivdienst* (Wien, 2022); Bundesministerium für Inneres, Österreich. 'Karriere bei der Polizei', zugegriffen auf: http://www.polizeikarriere.gv.at/Karriere.html, abgerufen am: 01.05.2023; GRECO, *GrecoEval5Rep(2022)1* 2022 (n. 29), Rz 172-174, 179.

Diese rechtliche Ausgestaltung erlaubt es, dass gerade Kriterien wie die politische Zugehörigkeit Einfluss haben bzw. dafür ausschlaggebend sein können, welcher Kandidat zur Besetzung einer ausgeschriebenen Stelle herangezogen wird. Das damit einhergehende Missbrauchspotential ist evident. Erst 2022 wurde gegen den damaligen Innenminister hinsichtlich der Erfüllung des Tatbestands des Amtsmissbrauchs ermittelt, da dieser eben jene – aus korruptionspräventiver Sicht – bedenkliche Regelung genutzt haben soll, um bestimmte Polizeistellen mit Parteimitgliedern zu besetzen. Ergänzend muss hier angeführt werden, dass ähnliche Tendenzen auch bei der Besetzung höherer Richterämter zu erkennen sind.[1528]

Allein schon die Tatsache, dass in diese Richtung hin Ermittlungen geführt werden, zeigt eindeutig, dass wirkungsvolle Maßnahmen ergriffen werden müssen, um damit sicherzustellen, dass Aufnahmeverfahren sowie Beförderungen innerhalb öffentlicher Institutionen unter Außerachtlassung etwaiger Interessenkonflikte oder politischer Einflüsse vorgenommen werden.[1529]

Ebenfalls empfiehlt die GRECO die Einführung regelmäßiger Leistungsbeurteilungen. Damit könnte ebenfalls sichergestellt werden, dass bestimmte öffentliche Posten auch nach der Ernennung mit den geeigneten Kandidaten besetzt sind und es auch bleiben. Verhindert wird damit, dass der Posten von einer Person besetzt wird, die zwar nicht mehr die erforderlichen Leistungen erbringt, aber der gewünschten politischen Partei angehört.[1530]

1528 BGBl. Nr. 85/1989, *BGBl. Nr. 85/1989)* 1989 (n. 1527), §§ 5, 7-10. 83; Grabher, Renate, Hagen, Lara, Marchart, Jan Michael und Schmid, Fabian. 'Ermittlungen gegen Wolfgang Sobotka wegen mutmaßlichen Amtsmissbrauchs'. *DER STANDARD* (30.03.2022); euro | topics – Zusammenfassung der europäischen Presse. 'Austria's conservatives mired in phone chat scandal', zugegriffen auf: https://www.eurotopics.net/en/276080/austria-s-conservatives-mired-in-phone-chat-scandal#, abgerufen am: 01.05.2023; Al-serori, Leila. 'Österreich: Ermittlungen gegen Nationalratspräsident Wolfgang Sobotka'. *Süddeutsche Zeitung* (1.04.2022); GRECO, *GrecoEval5Rep(2022)1* 2022 (n. 29), Rz 175, 179-183; Hilpold, '*Der Fall Christian Pilnacek – Eine Herausforderung auch für die europäische Rechtsstaatlichkeit*' 2023 (n. 142).

1529 GRECO, *GrecoEval5Rep(2022)1* 2022 (n. 29), Rz 183.

1530 Ibid., Rz 182-183.

11.3.10 Whistleblower in der Strafverfolgung[1531]

11.3.10.1 Allgemeines zu Whistleblowern

Empfehlung (xviii) hat den Schutz von Whistleblowern im Bereich der Strafverfolgung zum Gegenstand.[1532]

Unter Whistleblowern sind Personen zu verstehen, die im Rahmen ihrer beruflichen Tätigkeit i. w. S. Kenntnis von bestimmten geheimen Informationen zu Missständen erlangen und diese aufgrund ihrer Bedeutung der Öffentlichkeit mitteilen.[1533]

Auch der Europarat hat sich bereits mit dem Schutz von Whistleblowern auseinandergesetzt und diesbezüglich am 30. April 2014 die Empfehlung CM/REC(2014)7 erlassen. Gemäß dem Europarat ist ein Whistleblower «*[...] any person who reports or discloses information on a threat or harm to the public interest in the context of their work-based relationship, whether it be in the public or private sector*»[1534]. Aus Sicht des Europarats stellen diese wesentliche Elemente transparent aufgebauter Demokratien dar. Deren Schutz ist daher auszuweiten.[1535]

Tatsächlich tragen Whistleblower mitunter wesentlich zur Aufdeckung korrupter Praktiken im öffentlichen wie auch im privaten Bereich bei. Ihr Stellenwert innerhalb eines nationalen Antikorruptionsregimes ist daher nicht zu unterschätzen. Dennoch sind gerade diese Personen besonders zu schützen, da sie aufgrund ihres Engagements oftmals mit erheblich negativen Konsequenzen konfrontiert werden.[1536]

1531 Empfehlung: (xviii).

1532 GRECO, *GrecoEval5Rep(2022)1* 2022 (n. 29), Rz 235-240.

1533 Seel, Henning-Alexander. 'Recht auf freie Meinungsäußerung – Wo sind die Grenzen des „Whistleblowing"?'. *Monatsschrift für Deutsches Recht* 66(1) (2012), S. 9–12, S. 9, doi 10.9785/ovs-mdtr-2012-9; 3087/A XXVII. GP. *Initiativantrag (elektr. übermittelte Version)* (2022), S. 23; Nuster, Michael und Ruhmannseder, Felix. 'Whistleblowing-Systeme' In *Handbuch Corporate Compliance*, (Hrsg.) Felix Ruhmannseder und Norbert Wess (Wien: MANZ'sche Verlags- und Universitätsbuchhandlung, 2022), Rz 7.4.

1534 Council of Europe. *Protection of whistleblowers: Recommendation CM/Rec(2014)7 adopted by the Committee of Ministers of the Council of Europe on 30 April 2014 and explanatory memorandum* (Straßburg: Council of Europe Publ, 2014), S. 6.

1535 Ibid.; Krempl, Stefan. 'Europarat drängt auf stärkeren Schutz von Whistleblowern'. *heise online* (2.10.2019); 3087/A XXVII. GP, *Initiativantrag (elektr. übermittelte Version)* 2022 (n. 1535), S. 23; GRECO, *GrecoEval5Rep(2022)1* 2022 (n. 29), Rz 240.

1536 3087/A XXVII. GP, *Initiativantrag (elektr. übermittelte Version)* 2022 (n. 1535), S. 23; Peschek, Ralf. 'Whistleblower-Gesetz: Guter Schutz, aber vieles bleibt offen'. *DER*

11.3.10.2 Whistleblowerschutz in Österreich laut GRECO

Folgerichtig ist das nationale Schutzniveau von Whistleblowern ebenfalls Untersuchungsgegenstand der GRECO. Ergebnis der Evaluierung Österreichs war die Empfehlung, wonach das Schutzniveau von Whistleblowern im Bereich der Strafverfolgung erweitert werden muss. Dies soll neben Fortbildungen besonders durch eine Vereinfachung von Whistleblower-Meldungen, durch eine Etablierung von Schutzmechanismen, der Schaffung von Evaluierungssystemen sowie der Aufzeichnung von Meldungen und den damit zusammenhängenden getroffenen Maßnahmen sichergestellt werden.[1537]

Obwohl Österreich zwar eine Meldepflicht für öffentliche Bedienstete bei Vorliegen eines strafrechtlichen Verdachts gesetzlich vorsieht, besteht laut Evaluierungsbericht der GRECO kein Gesetz, das den Schutz von Whistleblowern zum Gegenstand hat.[1538]

Allerdings war zum Zeitpunkt der Annahme dieses Evaluierungsberichts bereits ein entsprechendes Gesetz in Arbeit, das am 1. Februar 2023 in Form des *Hinweisgeberschutzgesetzes*[1539] («HSchG») in Umsetzung der «*EU-Hinweisgeber-Richtlinie RL(EU) 2019/1937*»[1540] beschlossen wurde.[1541]

STANDARD (21.06.2022).

1537 GRECO, *GrecoEval5Rep(2022)1* 2022 (n. 29), Rz 240.

1538 BGBl. Nr. 631/1975, *Strafprozeßordnung 1975* (n. 71), § 78; BGBl. I Nr. 72/2009, *Bundesgesetz über die Einrichtung und Organisation des Bundesamts zur Korruptionsprävention und Korruptionsbekämpfung (Gesetz über das Bundesamt zur Korruptionsprävention und Korruptionsbekämpfung)* 2009 (n. 1165), § 5; GRECO, *GrecoEval5Rep(2022)1* 2022 (n. 29), Rz 238.

1539 BGBl. I Nr. 6/2023. *Bundesgesetz über das Verfahren und den Schutz bei Hinweisen auf Rechtsverletzungen in bestimmten Rechtsbereichen (HinweisgeberInnenschutzgesetz): HSchG* (2023).

1540 European Union. *Directive (EU) 2019/1937 on the protection of persons who report breaches of EU law* (2019).

1541 Parlament Österreich. *Österreich setzt EU-Richtlinie zum besseren Schutz von Whistleblower:innen um (PK0102)* (2023); Wirtschaftskammer Österreich. 'Österreich setzt die Whistleblower-Richtlinie um: Das HinweisgeberInnenschutzgesetz wurde am 1.2.2023 beschlossen – was ist im Bereich Datenschutz zu tun?', zugegriffen auf: https://www.wko.at/service/t/wirtschaftsrecht-gewerberecht/whistleblower-richtlinie-was-ist-zu-tun.html, abgerufen am: 05.05.2023; BGBl. I Nr. 6/2023, *Bundesgesetz über das Verfahren und den Schutz bei Hinweisen auf Rechtsverletzungen in bestimmten Rechtsbereichen (HinweisgeberInnenschutzgesetz)* 2023 (n. 1541); GRECO, *GrecoEval5Rep(2022)1* 2022 (n. 29), Rz 238; Gandjova, Svetlana und Müller, Shahanaz. 'Neues Gesetz für Whistleblower: Was Firmen jetzt tun müssen'. *DER*

11.3.10.3 HSchG

Primärer Zweck des HSchG ist nicht der Schutz von potenziellen Hinweisgebern.[1542] Vielmehr ist das die logische Konsequenz, um den eigentlichen Zweck dieses Gesetzes zu verwirklichen, nämlich die Förderung rechtschaffenen Verhaltens.[1543]

Der Schutz von Hinweisgebern ist nicht umfassend. Das Gesetz schränkt den Schutz von Hinweisgebern sowohl in persönlicher als auch sachlicher Hinsicht ein. Der Schutz hängt einmal von der Position des Hinweisgebers in seinem beruflichen Umfeld ab. § 2 Abs. 1 HSchG nennt bspw. Arbeitnehmer, Praktikanten sowie Organmitglieder. Der Gesetzgeber beabsichtigte lediglich den Schutz von Personen, die aufgrund einer bestehenden wirtschaftlichen Abhängigkeit mit dem Risiko konfrontiert sind, für eine Meldung sanktioniert zu werden. Aufgrund dieses Risikos werden diese Personen davon abgehalten, eine Meldung vorzunehmen. Öffentliche Bedienstete, einschließlich diejenigen im Bereich der Strafverfolgung, fallen somit unter den Anwendungsbereich von § 2 HSchG. Deren Dienstverhältnis ist grundsätzlich ebenfalls von einer wirtschaftlichen Abhängigkeit geprägt.[1544]

Daneben hängt der Schutz von der Qualität des Hinweises ab. Der Hinweis muss aus dem beruflichen Umfeld des Hinweisgebers herrühren und bestimmte, besonders für die Öffentlichkeit bedeutsame Bereiche zum Gegenstand haben. Zu diesen Bereichen gehören u .a. die Antikorruptionsstrafbestimmungen (§§ 302 bis 309 StGB) und «*[...] Rechtsverletzungen zum Nachteil der finanziellen Interessen der Union [...]*»[1545], worunter auch §§ 168g–168f StGB fallen.[1546] Damit

STANDARD (2.02.2023); Göschl, Patrick. 'Whistleblower-Gesetz: Was Unternehmen beachten müssen'. *DER STANDARD* (20.07.2022); Nuster/Ruhmannseder, '*Whistleblowing-Systeme*' 2022 (n. 1535), Rz 7.1.

1542 Das Gesetz verwendet anstelle des Begriffs *Whisteblower* den Ausdruck *Hinweisgeber*.

1543 BGBl. I Nr. 6/2023, *Bundesgesetz über das Verfahren und den Schutz bei Hinweisen auf Rechtsverletzungen in bestimmten Rechtsbereichen (HinweisgeberInnenschutzgesetz)* 2023 (n. 1541), § 1.

1544 Ibid., § 2; 3087/A XXVII. GP, *Initiativantrag (elektr. übermittelte Version)* 2022 (n. 1535), S. 25; Bauer, Karin. 'Worum geht es bei der Whistleblower-Richtlinie?'. *DER STANDARD* (27.11.2021); Nuster/Ruhmannseder, '*Whistleblowing-Systeme*' 2022 (n. 1535), Rz 7.16.

1545 BGBl. I Nr. 6/2023, *Bundesgesetz über das Verfahren und den Schutz bei Hinweisen auf Rechtsverletzungen in bestimmten Rechtsbereichen (HinweisgeberInnenschutzgesetz)* 2023 (n. 1541), § 3 Abs. 4.

1546 Ibid., § 3; 3087/A XXVII. GP, *Initiativantrag (elektr. übermittelte Version)* 2022 (n. 1535), S. 27.

sind Meldungen, die korrupte Handlungen zum Gegenstand haben, grundsätzlich vom Schutz des HSchG erfasst. Allerdings ist § 3 Abs. 3 HSchG zu eng gefasst. Korruption als Phänomen kann sich in vielen Formen manifestieren. In Bezug auf die zahlreichen noch immer nicht abgedeckten korrupten Handlungsformen besteht damit – wie bisher bereits nach geltendem Recht – zwar eine Meldepflicht, jedoch ohne entsprechenden Schutz für den Hinweisgeber. Selbst § 3 Abs. 3 Z. 11 HSchG erfasst lediglich die Kernbestimmungen des Korruptionsstrafrechts. Andere i. Z. m. Korruption stehende Bestimmungen wie § 153 bis 153b StGB bleiben unberücksichtigt.[1547]

Das HSchG enthält ein internes und ein externes Hinweisgebersystem. Das *interne Hinweisgebersystem* sieht vor, dass Unternehmen oder dem öffentlichen Sektor zugehörige juristische Personen, wenn min. 50 Personen beschäftigt oder in bestimmten Bereichen tätig sind, verpflichtend eine interne, unparteiische und unabhängige Stelle samt den hierfür erforderlichen Kommunikationsmitteln und -wegen sowie den dafür vorgesehenen Verfahren einrichten müssen. Dies ist erforderlich, damit potenzielle Hinweisgeber bedenkenlos eine entsprechende Meldung machen können. Hinweisgeber werden nach § 14 Abs. 1 HSchG angehalten – ohne dass dies verpflichtend wäre – sich primär des internen Hinweisgebersystems zu bedienen.[1548]

Für öffentliche Bedienstete der Polizei benennt das Gesetz selbst die interne Stelle, nämlich das BAK. Diesem Bundesamt steht es zu, das interne Hinweisgebersystem für das Innenministerium sowie den nachgeordneten Dienststellen näher auszugestalten.[1549]

Daneben steht es Hinweisgebern offen, sich im Rahmen des *externen Hinweisgebersystems* an das BAK zu wenden. Seine Zuständigkeit erstreckt sich

1547 BGBl. I Nr. 6/2023, *Bundesgesetz über das Verfahren und den Schutz bei Hinweisen auf Rechtsverletzungen in bestimmten Rechtsbereichen (HinweisgeberInnenschutzgesetz)* 2023 (n. 1541), § 3; Marek/Jerabek, *Korruption, Amtsmissbrauch und Untreue* 2022 (n. 1191), S. 2, 165 ff; Grabher, Renate. 'Transparency geht Whistleblower-Gesetz nicht weit genug'. *DER STANDARD* (13.07.2022).

1548 BGBl. I Nr. 6/2023, *Bundesgesetz über das Verfahren und den Schutz bei Hinweisen auf Rechtsverletzungen in bestimmten Rechtsbereichen (HinweisgeberInnenschutzgesetz)* 2023 (n. 1541), §§ 11, 14; 3087/A XXVII. GP, *Initiativantrag (elektr. übermittelte Version)* 2022 (n. 1535), S. 35.

1549 BGBl. I Nr. 6/2023, *Bundesgesetz über das Verfahren und den Schutz bei Hinweisen auf Rechtsverletzungen in bestimmten Rechtsbereichen (HinweisgeberInnenschutzgesetz)* 2023 (n. 1541), § 12 Abs. 1 Z. 4 und Abs. 2.

grundsätzlich auf alle Gebietskörperschaften und öffentlichen Rechtsträger, die auf Landesgesetzen beruhen.[1550]

Die beiden Systeme müssen so ausgestaltet sein, dass die Entgegennahme und Bearbeitung der Hinweise sichergestellt wird. Dabei muss aber gleichzeitig die Identität des Hinweisgebers und die der vom Hinweis betroffenen Personen geschützt werden. Daher erfolgt die Behandlung eingehender Hinweise unter den Grundsätzen der Sorgfältigkeit, Vollständigkeit, Unparteilichkeit, Redlichkeit sowie Vertraulichkeit.[1551]

In Anbetracht dessen, dass die GRECO jüngst den mangelnden Schutz von Whistleblowern in Österreich kritisiert hat, stellt sich im Rahmen der Untersuchung des HSchG die Frage, wie nun der inländische Schutz von Hinweisgebern ausgestaltet wurde. Geregelt wurde dieser in §§ 20 bis 23 HSchG.[1552]

Als zentrale Schutzbestimmung ist § 20 HSchG zu sehen. Die Bestimmung unterscheidet zwischen den reversiblen Sanktionsmaßnahmen in § 20 Abs. 1 HSchG und den irreversiblen Sanktionsmaßnahmen in § 20 Abs. 2 HSchG.[1553]

Abs. 1 sieht die Nichtigkeit der reversiblen Sanktionen *ex tunc* vor, die als Reaktion auf einen erfolgten und berechtigten Hinweis verhängt wurden. In einer demonstrativen Auflistung werden Sanktionen wie Kündigungen, Nichtbeförderungen, Ausschluss von Fort- oder Weiterbildungen oder die Verhängung von Disziplinarmaßnahmen genannt. Derjenige, dem die Verhängung einer solchen Sanktion zugerechnet wird, hat Naturalrestitution zu leisten und wird schadenersatzpflichtig.[1554]

Dieselben Maßnahmen gelten gemäß Abs. 2 auch hinsichtlich den taxativ aufgezählten irreversiblen Sanktionen. Diese sind bspw. Mobbing, Diskriminierung,

---

1550 Ibid., §§ 14-15; 3087/A XXVII. GP, *Initiativantrag (elektr. übermittelte Version)* 2022 (n. 1535), S. 35; Nuster/Ruhmannseder, '*Whistleblowing-Systeme*' 2022 (n. 1535), Rz 7.15.

1551 BGBl. I Nr. 6/2023, *Bundesgesetz über das Verfahren und den Schutz bei Hinweisen auf Rechtsverletzungen in bestimmten Rechtsbereichen (HinweisgeberInnenschutzgesetz)* 2023 (n. 1541), §§ 7, 13, 16-17.

1552 Ibid., §§ 20-23; GRECO, *GrecoEval5Rep(2022)1* 2022 (n. 29), Rz 238, 240.

1553 BGBl. I Nr. 6/2023, *Bundesgesetz über das Verfahren und den Schutz bei Hinweisen auf Rechtsverletzungen in bestimmten Rechtsbereichen (HinweisgeberInnenschutzgesetz)* 2023 (n. 1541), § 20; 3087/A XXVII. GP, *Initiativantrag (elektr. übermittelte Version)* 2022 (n. 1535), S. 37.

1554 BGBl. I Nr. 6/2023, *Bundesgesetz über das Verfahren und den Schutz bei Hinweisen auf Rechtsverletzungen in bestimmten Rechtsbereichen (HinweisgeberInnenschutzgesetz)* 2023 (n. 1541), § 20 Abs. 1; 3087/A XXVII. GP, *Initiativantrag (elektr. übermittelte Version)* 2022 (n. 1535), S. 37.

Rufschädigung oder die Erschwerung des Weiteren beruflichen Fortkommens des Hinweisgebers durch die Aufnahme in einer sogenannten sektor- oder branchenspezifischen schwarzen Liste.[1555]

Als weitere Schutzmaßnahme sieht § 21 HSchG vor, dass dem Hinweisgeber zwecks Vermeidung von Härtefällen seine Prozesskosten erstattet werden können, sofern ihm keine Verfahrenshilfe gewährt wird oder er über keinen ausreichenden Rechtsschutz verfügt. Die Erstattung erfolgt durch seine gesetzliche Interessenvertretung, die Arbeiter- und Wirtschaftskammer.[1556]

Schließlich befreit § 22 HSchG den Hinweisgeber von allen faktischen und rechtlichen Folgen, die mit einer Hinweiserstattung einhergehen. Dies jedoch nur, wenn die Hinweiserstattung berechtigt war und der Hinweisgeber darlegen kann, dass er berechtigterweise annehmen durfte, dass der Hinweis zur Aufklärung oder Verhinderung einer Tat erforderlich wäre.[1557]

Das Schutzniveau bleibt dadurch gewahrt, dass die Bestimmungen des HSchG als *ius cogens* parteiautonom nicht abbedungen werden können. Sie stellen damit den gesetzlich vorgesehenen Mindestschutz dar. Neben dem HSchG bestehen noch andere Schutzregime, wie sie u .a. im *Bankwesengesetz*[1558] («BWG»), im *Börsengesetz 2018*[1559] («BörseG 2018») oder im *Finanzmarkt-Geldwäschegesetz*[1560] («FM-GwG») festgelegt sind. Sollten für einen Hinweisgeber zeitgleich mehrere Schutzregime gelten, gelangt konkret dasjenige zur Anwendung, das dem

---

1555 BGBl. I Nr. 6/2023, *Bundesgesetz über das Verfahren und den Schutz bei Hinweisen auf Rechtsverletzungen in bestimmten Rechtsbereichen (HinweisgeberInnenschutzgesetz)* 2023 (n. 1541), § 20 Abs. 2; 3087/A XXVII. GP, *Initiativantrag (elektr. übermittelte Version)* 2022 (n. 1535), S. 37.

1556 BGBl. I Nr. 6/2023, *Bundesgesetz über das Verfahren und den Schutz bei Hinweisen auf Rechtsverletzungen in bestimmten Rechtsbereichen (HinweisgeberInnenschutzgesetz)* 2023 (n. 1541), § 21; 3087/A XXVII. GP, *Initiativantrag (elektr. übermittelte Version)* 2022 (n. 1535), S. 37.

1557 BGBl. I Nr. 6/2023, *Bundesgesetz über das Verfahren und den Schutz bei Hinweisen auf Rechtsverletzungen in bestimmten Rechtsbereichen (HinweisgeberInnenschutzgesetz)* 2023 (n. 1541), § 22; 3087/A XXVII. GP, *Initiativantrag (elektr. übermittelte Version)* 2022 (n. 1535), S. 38.

1558 BGBl. Nr. 532/1993 idF BGBl. Nr. 639/1993. *Bundesgesetz über das Bankwesen (Bankwesengesetz): BWG* (1993), § 99g.

1559 BGBl. I Nr. 107/2017. *Bundesgesetz über die Wertpapier- und allgemeinen Warenbörsen 2018 (Börsegesetz 2018): BörseG 2018* (2017), § 159 Abs. 1.

1560 BGBl. I Nr. 118/2016. *Bundesgesetz zur Verhinderung der Geldwäscherei und Terrorismusfinanzierung im Finanzmarkt (Finanzmarkt-Geldwäschegesetz): FM-GwG* (2016), § 40 Abs. 1.

Hinweisgeber den größtmöglichen Schutz bietet. Dies ist unmittelbarer Ausfluss von § 4 HSchG, worin das Günstigkeitsprinzip festgeschrieben ist.[1561]

11.3.10.4 Schlussfolgerung

Nachdem das HSchG am 25. Februar 2023 teilweise in Kraft getreten ist und schließlich mit 17. Dezember 2023 gänzlich in Kraft treten wird, kann die Empfehlung (xviii) der GRECO hinsichtlich der Verbesserung des Hinweisgeberschutzes als ausreichend erfüllt betrachtet werden.[1562]

Der zweite Aspekt der Empfehlung, wonach die eingegangenen Meldungen – ob mündlich oder schriftlich bzw. in anonymisierter oder nicht anonymisierter Form – zu dokumentieren sind, wurde gesetzlich in § 9 HSchG verwirklicht. Das Dokumentationssystem sollte aber dahingehend ergänzt werden, dass auch die weiteren Schritte der externen oder internen Meldestelle ausdrücklich erfasst werden. Ansätze diesbezüglich können bereits aus § 19 HSchG entnommen werden. Die Bestimmung regelt die statistische Erfassung von Informationen, einschließlich der eingegangenen Meldungen, der nachfolgenden Untersuchungen und Gerichtsverfahren sowie der Schäden, die durch die gemeldeten Rechtsverletzungen entstanden sind.[1563]

Der rechtliche Rahmen zur Umsetzung des dritten Aspekts der Empfehlung, wonach auf den Schutz des Hinweisgebers ausgerichtete Schulungsprogramme zu entwickeln und anzubieten sind, wurde mit §§ 13 Abs. 1 und 16 Abs. 1 und 2 HSchG geschaffen. Darin heißt es sinngemäß, dass die Meldestellen zwecks Erfüllung ihrer Aufgaben in personeller und materieller Sicht entsprechend auszustatten sind. § 16 HSchG erwähnt ausdrücklich das Erfordernis von spezifischen Schulungen. Die Bestimmungen sind jedoch sehr allgemein formuliert.

1561 BGBl. I Nr. 6/2023, *Bundesgesetz über das Verfahren und den Schutz bei Hinweisen auf Rechtsverletzungen in bestimmten Rechtsbereichen (HinweisgeberInnenschutzgesetz)* 2023 (n. 1541), § 4; 3087/A XXVII. GP, *Initiativantrag (elektr. übermittelte Version)* 2022 (n. 1535), S. 28-29; Nuster/Ruhmannseder, '*Whistleblowing-Systeme*' 2022 (n. 1535), Rz 7.9.

1562 Wirtschaftskammer Österreich. 'Schutz für Hinweisgeber: Was Arbeitgeber beachten müssen', zugegriffen auf: https://news.wko.at/news/wien/Schutz-fuer-Hinweisgeber:-Was-Arbeitgeber-beachten-muesse.html, abgerufen am: 05.05.2023; GRECO, *GrecoEval5Rep(2022)1* 2022 (n. 29), Rz 240.

1563 BGBl. I Nr. 6/2023, *Bundesgesetz über das Verfahren und den Schutz bei Hinweisen auf Rechtsverletzungen in bestimmten Rechtsbereichen (HinweisgeberInnenschutzgesetz)* 2023 (n. 1541), §§ 9, 19; 3087/A XXVII. GP, *Initiativantrag (elektr. übermittelte Version)* 2022 (n. 1535), S. 32, 37; GRECO, *GrecoEval5Rep(2022)1* 2022 (n. 29), Rz 240.

Gerade i. Z. m. den internen Meldestellen kann dies zu Problemen und sehr unterschiedlichen Qualitätsstandards führen. Empfehlenswert wäre – gerade i. Z. m. den internen Meldestellen – eine klarere gesetzliche Formulierung zu wählen und verpflichtende Fortbildungen für die Mitglieder der internen Meldestellen vorzusehen.[1564]

Trotz des mehrheitlich positiven Ergebnisses sollte nicht außer Acht gelassen werden, dass korrupte Praktiken nur teilweise vom Geltungsbereich der HSchG erfasst werden. Zur Etablierung, Erhaltung und Verbesserung des österreichischen Antikorruptionsregimes wäre in jedem Fall eine Ausweitung des sachlichen Geltungsbereichs des HSchG zu begrüßen.[1565]

11.3.11 Mangelndes Bekenntnis zur Stärkung des Antikorruptionsregimes

Ein nationales Antikorruptionsregime lebt vom Bekenntnis der staatlichen Institutionen und der Bevölkerung, geschlossen gegen Korruption vorzugehen, die etablierten Verfahren kontinuierlich zu verbessern und sämtliche Lücken zu schließen, um Korruption im Inland keinen Raum mehr zu geben. Die in diesem Abschnitt aufgezeigten Schwachstellen und Mängel des österreichischen Korruptionsbekämpfungssystems sowie die dargestellten Verbesserungsvorschläge richten sich auch an die österreichische Legislative und Exekutive, um durch entsprechende Impulse und Maßnahmen den Rechtsstaat und den Wirtschaftsstandort Österreich nachhaltig zu stärken.[1566]

Seit Jahren steht Österreich national und international in der Kritik, sich nur unzureichend für eine effiziente Korruptionsbekämpfungspolitik einzusetzen.

1564 BGBl. I Nr. 6/2023, *Bundesgesetz über das Verfahren und den Schutz bei Hinweisen auf Rechtsverletzungen in bestimmten Rechtsbereichen (HinweisgeberInnenschutzgesetz)* 2023 (n. 1541), §§ 13, 16; 3087/A XXVII. GP, *Initiativantrag (elektr. übermittelte Version)* 2022 (n. 1535), S. 34-37; GRECO, *GrecoEval5Rep(2022)1* 2022 (n. 29), Rz 240.

1565 BGBl. I Nr. 6/2023, *Bundesgesetz über das Verfahren und den Schutz bei Hinweisen auf Rechtsverletzungen in bestimmten Rechtsbereichen (HinweisgeberInnenschutzgesetz)* 2023 (n. 1541), § 3; 3087/A XXVII. GP, *Initiativantrag (elektr. übermittelte Version)* 2022 (n. 1535), S. 26 ff; Transparency International – Austrian Chapter. *Transparency International Austria Stellungnahme zum Entwurf eines Bundesgesetzes, mit dem ein Bundesgesetz über das Verfahren und den Schutz bei Hinweisen auf Rechtsverletzungen in bestimmten Rechtsbereichen (HinweisgeberInnenschutzgesetz – HSchG) erlassen wird* (2023), S. 1 ff.

1566 Mayer, '*Der erfolglose Kampf gegen Korruptionsbekämpfer zeigt: Habt Mut zum Widerspruch!*' 2024 (n. 142).

Auch das zusehends schwindende Vertrauen der inländischen Bevölkerung in die staatlichen Institutionen spiegelt diese Kritik wider. Die vergangenen österreichischen Korruptionsskandale hätten jedenfalls bereits mehrfach Anlass gegeben, spezifische Bereiche des Antikorruptionsregimes grundlegend zu reformieren. Die ergriffenen Maßnahmen blieben jedoch weit hinter dem zurück, was angesichts der durch diese Skandale offenbarten Mängel tatsächlich erforderlich gewesen wäre.[1567]

Es stellt sich die grundlegende Frage, ob sich die österreichische Politik tatsächlich zu einer aufrichtigen Politik der Korruptionsbekämpfung bekennt und geschlossen hinter der Überzeugung steht, Korruption nachhaltig und endgültig bekämpfen zu müssen. Betrachtet man das Verhalten der österreichischen Regierung in der aktuellen Legislaturperiode, lässt sich diese Frage nicht uneingeschränkt bejahen. Neben dem bereits behandelten Ausüben politischen Drucks auf die Strafverfolgungsbehörden war die aktuelle Regierung ebenfalls bestrebt, die Kompetenzen der Strafverfolgungsbehörden auf dem Wege von Gesetzesänderungen einzuschränken. Dadurch wäre nicht nur die Aufdeckung von Korruptionshandlungen durch die Politik bzw. Exekutive erschwert worden, sondern hätten derartige Bestrebungen auch zu einer nachhaltigen Schwächung des nationalen Antikorruptionsregimes beigetragen. Nachfolgend werden einige dieser Maßnahmen aufgeführt und erläutert.[1568]

11.3.11.1 Legistische Modifikation hinsichtlich der Ermittlungshandlung der Sicherstellung

Bei der Sicherstellung handelt es sich um eine Ermittlungsmaßnahme nach der StPO. Gemäß der Legaldefinition in § 109 StPO ist dies die einstweilige Herstellung einer Verfügungsmacht über bestimmte Gegenstände sowie das Verbot der Herausgabe, Veräußerung oder Verpfändung dieser Gegenstände oder sonstigen Vermögenswerte.[1569] Grundsätzlich bedarf eine Sicherstellung der Anordnung durch die Staatsanwaltschaft. Die Kriminalpolizei hat diese dann auf Basis der staatsanwaltschaftlichen Anordnung durchzuführen. Lediglich aus den in § 110 Abs. 3 Z. 1 bis 4 StPO taxativ aufgezählten Gründen ist die Kriminalpolizei berechtigt, Gegenstände ohne vorherige Anordnung selbst sicherzustellen. In

---

1567 Ibid.

1568 Ibid.

1569 BGBl. Nr. 631/1975, *Strafprozeßordnung 1975* (n. 71), § 109 Z. 1.

diesem Fall ist jedoch die Staatsanwaltschaft unverzüglich, jedenfalls aber innerhalb von 14 Tagen, über die erfolgte Sicherstellung zu unterrichten.[1570]

Anlass für eine mögliche Beschneidung der Kompetenzen der Strafverfolgungsbehörden i. Z. m. der Sicherstellung war das Urteil des VfGH G 352/2021 vom 14. Dezember 2023, in dem das Höchstgericht §§ 110 Abs. 1 Z. 1 sowie Abs. 4 StPO und darüber hinaus § 111 Abs. 2 StPO aufgrund eines Parteiantrags auf Normenkontrolle als verfassungswidrig aufgehoben hat. Diese Bestimmungen betrafen die Sicherstellung von Datenträgern. Da nach diesen Bestimmungen keine richterliche Bewilligung erforderlich war und nur ein unzureichender Rechtsschutz vorgesehen war, verstießen die Bestimmungen gegen das Grundrecht auf Achtung des Privatlebens nach Art. 8 EMRK sowie gegen das Recht auf Datenschutz nach § 1 *Datenschutzgesetz* («DSG»).[1571]

Dieses höchstgerichtliche Urteil erforderte eine gesetzgeberische Überarbeitung der StPO. Eine entsprechende Regierungsvorlage folgte im Juni des Jahres 2024. Zwar ist die Daten- bzw. Datenträgerbeschlagnahme nach gerichtlicher Bewilligung gemäß § 115f Abs. 2 der Regierungsvorlage weiterhin von der Staatsanwaltschaft anzuordnen und von der Kriminalpolizei auszuführen. Die forensische Aufbereitung dieser Datenträger bzw. Daten obliegt jedoch gemäß § 115h ausschließlich der Kriminalpolizei. Die Staatsanwaltschaft erhält erst im Nachhinein Zugang zu den Ergebnissen der Daten- bzw. Datenträgeraufbereitung.[1572]

Wie aber bereits an vorheriger Stelle ausgeführt, untersteht die Kriminalpolizei der politischen Institution des Innenministeriums und ist diesem gegenüber weisungsgebunden. Die Möglichkeit für die Politik, durch diese Regelung auf die Ergebnisse der Daten- bzw. Datenträgerauswertung und damit auf das gesamte Ermittlungsverfahren der Strafverfolgungsbehörden Einfluss zu nehmen, sticht unmittelbar ins Auge. Die Staatsanwaltschaften könnten aufgrund dieser Gesetzesbestimmung nicht auf die Originaldaten zugreifen, sondern müssten sich bei

---

1570 Ibid., § 110 Abs. 2 und Abs. 3, § 113 Abs. 2.

1571 VfGH. 'G 352/2021-46' (2023); Parlament Österreich. 'Die Sicherstellung von Handys in Strafverfahren ist verfassungswidrig | Parlament Österreich', zugegriffen auf: https://www.parlament.gv.at/fachinfos/rlw/Die-Sicherstellung-von-Handys-in-Strafverfahren-ist-verfassungswidrig, abgerufen am: 14.07.2024; BGBl. I Nr. 165/1999. *Bundesgesetz zum Schutz natürlicher Personen bei der Verarbeitung personenbezogener Daten: DSG* (1999), § 1; ETS No. 146, *Convention for the Protection of Human Rights and Fundamental Freedoms* 1950 (n. 9), Art. 8.

1572 4125/A XXVII. GP. *Initiativantrag – Gesetzestext (Arbeitsdokument ParlDion)* (2024), §§ 115f ff.

ihrer weiteren Ermittlung vollständig auf die von der Kriminalpolizei bearbeiteten Daten verlassen.[1573]

Wie der österreichische Verfassungsjurist *Mayer* korrekt ausführt, ist gemäß Art. 90a B-VG die Staatsanwaltschaft die ausschließliche *Herrin* des gesamten Ermittlungsverfahrens. Nicht die Kriminalpolizei nimmt die Ermittlungsfunktion wahr, sondern die Staatsanwaltschaft als Organ der judikativen Gewalt. Wenn die Staatsanwaltschaft jedoch erst nach erfolgter Bearbeitung der Daten durch die Kriminalpolizei Kenntnis von diesen erhält, kann dies nicht mit Art. 90a B-VG in Einklang gebracht werden. *Mayer* ordnet dieses geplante Vorhaben daher folgerichtig als Verfassungsverstoß ein.[1574]

Noch skurriler erscheint dieser Regierungsvorstoß, wenn man bedenkt, dass für dieses Gesetzesvorhaben lediglich eine Begutachtungsfrist von gerade einmal zwei Wochen festgesetzt wurde, es bereits während laufender Frist im Justizausschuss beschlossen wurde und die Beschlussfassung im Nationalrat direkt im Anschluss an das Ende der Begutachtungsfrist geplant war. Erst aufgrund der heftigen Kritik seitens der Bevölkerung und der Judikative wurde die Beschlussfassung dieses Gesetzespakets – entgegen den Bestrebungen der Verfassungsministerin – auf September 2024 verschoben.[1575]

11.3.11.2 Vorrang der Amtshilfe gegenüber der Sicherstellung

Ein weiterer Versuch, das österreichische Antikorruptionsregime auf dem Gesetzesweg einzuschränken, wurde 2021 mit dem «*Bundesgesetz, mit dem das Polizeiliche Staatsschutzgesetz, das Sicherheitspolizeigesetz, das Strafgesetzbuch, die Strafprozessordnung 1975 und das Tilgungsgesetz 1972 geändert werden*»[1576] unternommen. Anlass der Gesetzesreform war die sogenannte BVT-Affäre, bei der im Zuge einer großteils rechtswidrigen Razzia im österreichischen *Bundesamt für Verfassungsschutz und Terrorismusbekämpfung*[1577] («BVT») geheime Informa-

1573 Mayer, '*Der erfolglose Kampf gegen Korruptionsbekämpfer zeigt: Habt Mut zum Widerspruch!*' 2024 (n. 142).

1574 BGBl. Nr. 1/1930, *Bundes-Verfassungsgesetz* 1945 (n. 62), Art. 90a.

1575 Mayer, '*Der erfolglose Kampf gegen Korruptionsbekämpfer zeigt: Habt Mut zum Widerspruch!*' 2024 (n. 142).

1576 104/ME XXVII. GP – Ministerialentwurf – Gesetzestext. *Bundesgesetz, mit dem das Polizeiliche Staatsschutzgesetz, das Sicherheitspolizeigesetz, das Strafgesetzbuch, die Strafprozessordnung 1975 und das Tilgungsgesetz 1972 geändert werden* (2021).

1577 Figl, Alexander und Müller, Markus. 'Verfassungsschutz neu: Ist der Nachrichtendienst (weiterhin) Kriminalpolizei?'. *Journal für Strafrecht* 9(2) (2022), S. 135, doi 10.33196/jst202202013501.

tionen beschlagnahmt und an die Öffentlichkeit gelangt sind. Diese Affäre hatte gravierende nachteilige Folgen für Österreich, da das Vertrauen ausländischer Geheimdienste in den nationalen Geheimdienst dadurch stark beeinträchtigt wurde. Konsequenz war, dass ausländische Geheimdienste Österreich keine vertraulichen Informationen mehr zur Verfügung stellten, wodurch sich das nationale Sicherheitsrisiko erheblich vergrößerte.[1578]

Um diesem gefährlichen Missstand zu begegnen, sah der Gesetzesentwurf die Einfügung von § 112a StPO vor, worin Sicherstellungen in Räumlichkeiten von Behörden und sonstigen öffentlichen Dienststellen (Bund, Länder, Gemeinden, öffentlich-rechtliche Anstalten und Körperschaften) sowie das Verhältnis der Sicherstellung zur Amtshilfe geregelt werden sollten. Nach dieser Bestimmung hätten die Strafverfolgungsbehörden Unterlagen obgenannter Behörden und Dienststellen primär im Wege der Amtshilfe beschaffen müssen. Die Ermittlungsmaßnahme der Sicherstellung wäre subsidiär anzuwenden gewesen. Eine solche Vorrangsregelung zugunsten der Amtshilfe ist grundsätzlich zu begrüßen, ist aber bereits laut §§ 5 und 76 StPO in der österreichischen Rechtsordnung vorgesehen. Auf diese darf nur zurückgegriffen werden, wenn ein Amtshilfeersuchen gemäß § 76 StPO «*[...] im Einzelfall den Zweck der Ermittlungen gefährden würde, weil sich das Ermittlungsverfahren gegen den zur Amtshilfe verpflichtenden Organwalter richtet*»[1579]. Da die Möglichkeit einer Sicherstellung im Bereich öffentlicher Behörden und Dienststellen nur für einen Ausnahmefall vorgesehen ist, wäre diese Bestimmung zu eng gefasst und hätte in jedem Fall potenzielle Korruptionsermittlungen erheblich behindert.[1580]

1578 Metzger, Ida. 'Amtshilfe statt Razzien bei Behörden: Was steckt hinter dem Gesetzesvorhaben?'. *Kurier* (12.04.2021); Schmid, Fabian, Sterkl, Maria und Graber, Renate. 'Die BVT-Affäre auf einen Blick: Schnelle Erklärung für Späteinsteiger'. *DER STANDARD* (11.10.2018); Sterkl, Maria und Schnauder, Andreas. 'BVT-Razzia großteils rechtswidrig: Kickl sieht Schuld bei Justiz'. *DER STANDARD* (28.08.2018); 104/ME XXVII. GP – Ministerialentwurf – Erläuterungen. *Erläuterungen* (2021).

1579 104/ME XXVII. GP – Ministerialentwurf – Gesetzestext, *Bundesgesetz, mit dem das Polizeiliche Staatsschutzgesetz, das Sicherheitspolizeigesetz, das Strafgesetzbuch, die Strafprozessordnung 1975 und das Tilgungsgesetz 1972 geändert werden* 2021 (n. 1578), S. 11.

1580 Ibid.; 104/ME XXVII. GP – Ministerialentwurf – Erläuterungen, *Erläuterungen* 2021 (n. 1580), S. 19-22; Tipold, Alexander. 'Hausdurchsuchung oder Amtshilfe? – Das ist hier die Frage!'. *JSt* (15.05.2021), S. 229; Schwaighofer, Klaus. *Stellungnahme zum Entwurf eines Bundesgesetzes, mit dem das Polizeiliche Staatsschutzgesetz, das Sicherheitspolizeigesetz, das Strafgesetzbuch, die Strafprozessordnung 1975 und das Tilgungsgesetz 1972 geändert werden (BMI-III/1GZ:2021-0.206.281; 104/ME XXVII.*

Unter Beachtung von § 112a StPO, den Bestimmungen zur Amtshilfe in § 76 StPO sowie des Amtsgeheimnisses wären die Strafverfolgungsbehörden verpflichtet gewesen, Unterlagen von den oben genannten öffentlichen Stellen über ein Amtshilfeersuchen anzufordern. Dem Ersuchen ist grundsätzlich nachzukommen, allerdings sieht § 76 Abs. 2 StPO auch Gründe vor, aus denen ein solches Ersuchen abgelehnt werden kann. Neben Geheimhaltungsverpflichtungen fallen darunter auch sonstige Geheimhaltungsinteressen, die einem möglichen Strafverfolgungsinteresse vorgehen. Es obliegt jedoch der ersuchenden Behörde, zu entscheiden, ob ein solcher Ablehnungsgrund vorliegt. Zwar kann die unzulässige Verweigerung eines Amtshilfeersuchens sowohl auf dem Disziplinar- als auch auf dem Strafrechtsweg geahndet werden. Der Missbrauch der Amtsgewalt nach § 302 StGB erfordert jedoch einen wissentlichen Missbrauch der Amtsgewalt. Das Vorliegen dieses Tatbestandselements ist praktisch kaum nachzuweisen, weshalb die strafrechtlichen Konsequenzen grundsätzlich nur theoretischer Natur sind. Zudem besteht keine einheitliche Lehrmeinung dahingehend, ob eine gerichtlich durchsetzbare Herausgabepflicht gemäß § 111 Abs. 1 und 2 StPO überhaupt besteht. *Tipold* verneint für diesen Fall eine Herausgabepflicht und argumentiert, dass weder eine gerichtliche Kontrolle noch die Durchsetzung einer unrechtmäßigen Verweigerung durch Zwangsmittel möglich sei. *Schwaighofer* vertritt eine gegenteilige Rechtsmeinung. Selbst wenn man jedoch dieser Lehrmeinung folgen würde, bleibt das Problem bestehen, dass die österreichische Rechtsordnung kein Verfahren vorsieht, in dem gerichtlich überprüft werden kann, ob ein mögliches Strafverfolgungsinteresse etwaige Geheimhaltungsinteressen überwiegt.[1581]

§ 112a StPO hätte die Möglichkeit von Sicherstellungen bei Behörden und anderen öffentlichen Dienststellen erheblich eingeschränkt bzw. nahezu

---

GP) (2021); Mayer, '*Der erfolglose Kampf gegen Korruptionsbekämpfer zeigt: Habt Mut zum Widerspruch!*' 2024 (n. 142).

1581 BGBl. Nr. 631/1975, *Strafprozeßordnung 1975* (n. 71), §§ 76, 111; 104/ME XXVII. GP – Ministerialentwurf – Gesetzestext, *Bundesgesetz, mit dem das Polizeiliche Staatsschutzgesetz, das Sicherheitspolizeigesetz, das Strafgesetzbuch, die Strafprozessordnung 1975 und das Tilgungsgesetz 1972 geändert werden* 2021 (n. 1578), S. 11; 104/ME XXVII. GP – Ministerialentwurf – Erläuterungen, *Erläuterungen* 2021 (n. 1580), S. 19-22; Tipold, '*Hausdurchsuchung oder Amtshilfe? – Das ist hier die Frage!*' 2021 (n. 1582), S. 225 ff; Schwaighofer, *Stellungnahme zum Entwurf eines Bundesgesetzes, mit dem das Polizeiliche Staatsschutzgesetz, das Sicherheitspolizeigesetz, das Strafgesetzbuch, die Strafprozessordnung 1975 und das Tilgungsgesetz 1972 geändert werden (BMI-III/1GZ:2021-0.206.281; 104/ME XXVII. GP)* 2021 (n. 1582).

verunmöglicht. Eine Sicherstellung wäre nur noch möglich gewesen, wenn sich die Ermittlungshandlungen unmittelbar gegen die Leitungsebene einer Behörde oder Dienststelle gerichtet hätten. Unweigerlich wäre die strafrechtliche Korruptionsbekämpfung im Bereich der Hoheitsverwaltung aus der Perspektive eines effektiven Antikorruptionsregimes nachhaltig geschädigt worden. Auch in diesem Fall war es die Bevölkerung sowie zahlreiche Vertreter der Gerichtsbarkeit, die verhinderten, dass es zu einer Beschlussfassung dieser Maßnahme kam. Seitens der Justizministerin wurde zugesichert, die Überarbeitung des Gesetzesentwurfs zu veranlassen.[1582]

11.3.11.3 Mangelnde Kooperationsbereitschaft

Ein weiteres Beispiel für den Unwillen der österreichischen Regierung, effektiv an der Verbesserung des nationalen Antikorruptionsregimes zu arbeiten, ist der Ibiza-Untersuchungsausschuss.

Anlässlich der sogenannten *Ibiza-Affäre* wurde am 22. Januar 2020 der Ibiza-Untersuchungsausschuss in der Sache «*mutmaßliche Käuflichkeit der türkis-blauen Bundesregierung*»[1583] eingesetzt, um die erhobenen Korruptionsvorwürfe gegen die Regierungsmitglieder der damaligen Bundesregierung zu überprüfen.[1584]

In Österreich gehören Untersuchungsausschüsse zu den bedeutendsten Überprüfungsinstrumentarien der Opposition im Parlament (*Enqueterecht*). Sie dienen der Aufarbeitung von Skandalen und sonstigen Vorkommnissen sowie der Aufdeckung von etwaigen Verfehlungen. Gemäß Art. 53 B-VG werden sie vom Nationalrat auf Verlangen ¼ der Abgeordneten eingesetzt. Zudem kann die Einsetzung eines Untersuchungsausschusses von fünf Abgeordneten beantragt werden, worüber der Nationalrat abzustimmen hat. Untersuchungsgegenstand kann nur eine Angelegenheit der Vollziehung auf Bundesebene sein, einschließlich des Bereichs der Privatwirtschaftsverwaltung. Angelegenheiten der Rechtsprechung

---

1582 104/ME XXVII. GP – Ministerialentwurf – Gesetzestext, *Bundesgesetz, mit dem das Polizeiliche Staatsschutzgesetz, das Sicherheitspolizeigesetz, das Strafgesetzbuch, die Strafprozessordnung 1975 und das Tilgungsgesetz 1972 geändert werden* 2021 (n. 1578), S. 11; Mayer, '*Der erfolglose Kampf gegen Korruptionsbekämpfer zeigt: Habt Mut zum Widerspruch!*' 2024 (n. 142); Metzger, '*Amtshilfe statt Razzien bei Behörden: Was steckt hinter dem Gesetzesvorhaben?*' 2021 (n. 1580).

1583 Parlament Österreich. 'Ibiza-Untersuchungsausschuss'. 2024, zugegriffen auf: https://www.parlament.gv.at/ausschuss/XXVII/A-USA/2/00906?selectedStage=100, abgerufen am: 11.08.2024.

1584 Ibid.; Raffetseder, Lena. 'Was will der Ibiza-Untersuchungsausschuss? – fm4.ORF.at'. 2024, zugegriffen auf: https://fm4.orf.at/stories/3003304/, abgerufen am: 10.08.2024.

bilden jedoch keine Untersuchungsgegenstände. Außerdem muss es sich um einen spezifischen und bereits beendeten Vorgang handeln.[1585]

Damit ein Untersuchungsausschuss seiner primären Verpflichtung auch nachkommen kann, sind die österreichischen Behörden verpflichtet, diesem allfällige Unterlagen und Informationen zur Verfügung zu stellen.[1586] Daher verlangte der Ibiza-Untersuchungsausschuss vom Finanzministerium die Herausgabe des E-Mail-Verkehrs sowie der auf den Servern und lokal abgespeicherten Daten bestimmter Bediensteter.[1587] Anstatt der Verpflichtung nachzukommen und den Untersuchungsausschuss bei der Aufklärung der Korruptionsvorwürfe zu unterstützen, verweigerte das Finanzministerium die Herausgabe der angeforderten Unterlagen. Daraufhin wurde der VfGH angerufen, der mit Erkenntnis vom 3. März 2021 in UA 1/2021-13 die Verpflichtung des Finanzministeriums bestätigte, die genannten Akten dem Untersuchungsausschuss vorzulegen. Auch dieser Gerichtsentscheidung kam das Finanzministerium nicht nach.[1588]

Erkenntnisse des VfGH können nach Art. 146 B-VG exekutiert werden. Die Exekution von Erkenntnissen wie das vom 3. März 2021 obliegen dem Bundespräsidenten und sind gemäß seiner Weisung durch die von ihm beauftragten Bundes- oder Landesorgane sowie dem Bundesheer auszuführen. Der Bundespräsident kam dem Exekutionsantrag des VfGH nach, woraufhin die gerichtliche Exekution des Erkenntnisses des VfGH erfolgte.[1589]

1585 Parlament Österreich. 'Untersuchungsausschüsse erklärt | Parlament Österreich'. 2024, zugegriffen auf: https://www.parlament.gv.at/verstehen/nationalrat/u-ausschuesse/, abgerufen am: 11.08.2024; Raffetseder, '*Was will der Ibiza-Untersuchungsausschuss? – fm4.ORF.at*' 2020 (n. 1586), abgerufen am: 11.08.2024; BGBl. Nr. 1/1930, *Bundes-Verfassungsgesetz* 1945 (n. 62), Art. 53; Öhlinger/Eberhard, *Verfassungsrecht* 2018 (n. 257), S. 213 f.

1586 Raffetseder, '*Was will der Ibiza-Untersuchungsausschuss? – fm4.ORF.at*' 2020 (n. 1586), abgerufen am: 11.08.2024; Öhlinger/Eberhard, *Verfassungsrecht* 2018 (n. 257), S. 213 f.

1587 Mayer, '*Der erfolglose Kampf gegen Korruptionsbekämpfer zeigt: Habt Mut zum Widerspruch!*' 2024 (n. 142); VfGH. 'VfGH beantragt beim Bundespräsidenten Exekution einer Entscheidung betreffend Dateien des BMF'. 2024, zugegriffen auf: https://www.vfgh.gv.at/medien/Exekution_BMF.php, abgerufen am: 11.08.2024.

1588 VfGH, '*VfGH beantragt beim Bundespräsidenten Exekution einer Entscheidung betreffend Dateien des BMF*' 2021 (n. 1589), abgerufen am: 11.08.2024; VfGH. 'UA 1/2021-13' (2021); Mayer, '*Der erfolglose Kampf gegen Korruptionsbekämpfer zeigt: Habt Mut zum Widerspruch!*' 2024 (n. 142).

1589 BGBl. Nr. 1/1930, *Bundes-Verfassungsgesetz* 1945 (n. 62), Art. 146; VfGH, '*VfGH beantragt beim Bundespräsidenten Exekution einer Entscheidung betreffend Dateien*

Dieser Vorfall verdeutlicht auf eindrückliche Weise, dass die Regierung sowie die Ministerien und Behörden nur bedingt hinter der Überzeugung stehen, alles Mögliche zu veranlassen, um Korruption im Inland effektiv zu verhüten und zu bekämpfen. Vielmehr wird – wie die vorherigen Beispiele gezeigt haben – immer wieder der Versuch unternommen, Akteure im nationalen Antikorruptionsregime bei ihrer Arbeit zu behindern. Es ist in einem Rechtsstaat wie Österreich nicht tragbar, dass ein Bundesministerium Gerichtsentscheidungen eines Höchstgerichts und Aufforderungen von parlamentarischen Untersuchungsausschüssen bewusst ignoriert, und letztlich nur die Exekution diesen Missstand beheben kann. Damit wird klar, dass die nationale Korruptionsbekämpfung nicht allein Sache des Staates sein kann. Neben einer Stärkung der Gewaltenteilung muss die Transparenz im öffentlichen Bereich erheblich ausgebaut werden, damit die Medien und insbesondere die Bevölkerung zu aktiven Akteuren im Kampf gegen Korruption werden können.[1590]

---

des BMF' 2021 (n. 1589), abgerufen am: 11.08.2024; Mayer, '*Der erfolglose Kampf gegen Korruptionsbekämpfer zeigt: Habt Mut zum Widerspruch!*' 2024 (n. 142).

1590 Mayer, '*Der erfolglose Kampf gegen Korruptionsbekämpfer zeigt: Habt Mut zum Widerspruch!*' 2024 (n. 142).

Schlussbemerkung

12. Korruption

12.1 Ursprünge von Korruption

12.1.1 Früheste Erwähnungen

Innerhalb der Bevölkerung Europas wurde Korruption lange Zeit als ein Relikt der Vergangenheit betrachtet. Bereits aus der Epoche der frühen Hochkulturen existieren schriftliche Aufzeichnungen, die auf korrupte Praktiken hindeuten. So soll bereits *Hammurabi* – der sogenannte *König des Rechts* – die Strafbarkeit bestechlicher Richter in dem nach ihm benannten *Kodex Hammurabi*, einer der ältesten Niederschriften der Menschheitsgeschichte, festgehalten haben. Eine andere antike Rechtsquelle sind die sogenannten *römischen Zwölftafelgesetze*. Sie sehen wiederum die Sanktionierung von Amtsträgern vor, die sich an aktiven und passiven Bestechungshandlungen beteiligt haben.[1591] Auch eine der ältesten Schriften der monotheistischen Religionen, das zweite Buch Mose (*Exodus*), enthält Ausführungen zu korrupten Praktiken. Im *Bundesbuch*, eine Gesetzessammlung mit Vorschriften zum Kult- sowie Straf- und Zivilrecht, findet sich in Kapitel 23, Vers 8 nachfolgende Passage:[1592]

> «*[…] Du sollst dich nicht bestechen lassen; denn Bestechung macht Sehende blind und verkehrt die Sache derer, die im Recht sind.*»[1593]

1591 Engels, *Die Geschichte der Korruption* 2014 (n. 2), 13; Specht, '*Korruption im Altertum*' 2011 (n. 129), S. 26, 38; Silbernagl, *Korruption im Staatsdienst* 2022 (n. 32), S. 76-77; Winckler, *Der Codex Hammurabi in deutscher Übersetzung* 2013 (n. 129), S. viii; Eilers, *Codex Hammurabi* 2009 (n. 129), S. 27 ff, 32; Burckhardt/Seybold/Ungern-Sternberg, *Gesetzgebung in antiken Gesellschaften* 2007 (n. 129), S. 40.

1592 Interdiözesaner Katechetischer Fonds, *Die Bibel in der Einheitsübersetzung der Heiligen Schrift* 1986 (n. 130), S. 84-86; Osumi, *Die Kompositionsgeschichte des Bundesbuches* 1991 (n. 130), S. 167; Otto/Schwienhorst-Schönberger, '*Vom Profanrecht zum Gottesrecht: das Bundesbuch*' 1991 (n. 130), S. 421 ff.

1593 Interdiözesaner Katechetischer Fonds, *Die Bibel in der Einheitsübersetzung der Heiligen Schrift* 1986 (n. 130), S. 86.

12.1.2 Die Entwicklung unseres Korruptionsverständnisses

Der Begriff Korruption (*corruptio, corrumpo, corrumpere*) ist lateinischen Ursprungs und wird mit negativen Begriffen wie *beschädigen, verletzen* oder *verderben* übersetzt.[1594] Ein solcher negativer Bedeutungsgehalt des Begriffs kann grundsätzlich bis in die Antike nachgewiesen werden. Das Verständnis des Begriffes hat sich im Laufe der Geschichte jedoch stark gewandelt. Handlungen, die heute typischerweise mit Korruption in Verbindung gebracht werden, waren bis zur Errichtung des modernen Verwaltungsstaats nicht nur gesellschaftlich toleriert, sondern sogar erforderlich. Patronage- und Klientensysteme sowie eine aufeinander abgestimmte Begünstigungspolitik ermöglichten es den Monarchen nicht nur, ihre Länder zu regieren und zu verwalten. Sie waren auch Ausdruck des damals hierarchisch organisierten Gesellschaftsbildes.[1595]

Erst im Zuge der französischen Revolution wandelte sich das gesellschaftliche Verständnis. Dies wird auch aus der «*Déclaration des droits de l'homme et du citoyen*»[1596] vom 26. August 1789 – auch bekannt als die «*Erklärung der Rechte des Menschen und Bürgers*»[1597] – ersichtlich. Den Revolutionären war es ein Anliegen, die neu geschaffenen Staatsstrukturen gegenüber den etablierten monarchischen Strukturen als fortschrittlich darzustellen. In dieser Zeit fand der Wandel des gesellschaftlichen Verständnisses von Korruption statt. Der Begriff wurde zu einem Sammelbegriff für alle staatlichen Missstände vor der Revolution und wird seither als ein staats- und gesellschaftsschädliches Phänomen verstanden.[1598]

Aufgrund der dargelegten Entwicklung des Begriffs ist es teilweise nachvollziehbar, dass in Europa der allgemeine Irrglaube vorherrschte, Korruption sei in Europa weitestgehend überwunden und stelle primär ein Problem der Schwellenländer oder *Least Developed Countries* dar. Anhand dieser Fehleinschätzung der tatsächlichen Situation in Europa zeigt sich unweigerlich, dass viele den Begriff

---

1594 Stowasser/Petschenig/Skutsch, *Stowasser* 1997 (n. 33), S. 128.

1595 Engels, *Die Geschichte der Korruption* 2014 (n. 2), S. 29, 39, 40–41, 43, 167–169, 173–177, 220-221.

1596 Assemblée nationale constituante. *Déclaration des droits de l'homme et du citoyen de 1789* (1789).

1597 Schmalz, Theodor. *Erklärung der Rechte des Menschen und des Bürgers: Ein Commentar über das reine Natur- und natürliche Staatsrecht* (Nicolovius, 1798).

1598 Engels, *Die Geschichte der Korruption* 2014 (n. 2), S. 217, 219-225; Jellinek, Georg. *Die Erklärung der Menschen- und Bürgerrechte* (München, Leipzig: Verlag von Duncker & Humblot, 4. Aufl., 1927), S. 1-2; Fischer, Joachim. 'Menschenrechte. Eine Analyse aus der Perspektive der Philosophischen Anthropologie'. *Österreichische Zeitschrift für Soziologie* 46(S1) (2022), S. 205–223, S. 207, doi 10.1007/s11614-022-00489-w.

Korruption mit ganz bestimmten Handlungen und Situationen assoziieren. Wie weit der Begriff tatsächlich reicht, wie unterschiedlich die Begehungsformen sein können, ist vielen nicht bekannt. Genau an dieser Stelle beginnt jedoch die eigentliche Problematik, wenn man sich eingehend mit der Thematik rund um Korruption auseinandersetzt.[1599]

12.2 Die Definition von Korruption

Korruption wird von zahlreichen Autoren und der gegenständlichen Abschrift zu Recht als ein *Phänomen* bezeichnet. Mithilfe verschiedener Ansätze hat diese Arbeit erfolglos den Versuch unternommen, eine eindeutige und klar abgrenzbare Definition des Begriffes zu finden.

12.2.1 Unterschiedliche Definitionsansätze

12.2.1.1 Historische Interpretation

Aus einer historischen Interpretation des Begriffes konnte keine klare Definition dieses Phänomens gewonnen werden. Wie soeben erläutert, wurde der Begriff in den verschiedenen Geschichtsepochen unterschiedlich ausgelegt und in gewissen Zeitabschnitten materiell sogar mit positiven Elementen assoziiert. Dem kommt noch erschwerend hinzu, dass auch die verschiedenen Kulturen bis heute von einem mehr oder minder abweichenden Begriffsverständnis ausgehen. Erst mit dem Aufkommen des Beamtenstaates entwickelte sich das bis heute noch vorherrschende Verständnis von Korruption als ein *Gräuel*.[1600] Historisch gesehen unterlag das Verständnis von Korruption damit einem stetigen Wandel und wird von den jeweiligen gesellschaftlichen Wertevorstellungen der unterschiedlichen Epochen und Kulturen anders beurteilt.[1601]

12.2.1.2 Vergleichende Analyse der Definitionen mehrerer wissenschaftlicher Fachdisziplinen

Doch auch heute besteht kein allgemeiner Konsens, was genau unter dem Begriff Korruption zu verstehen ist. Ein Vergleich verschiedener Definitionsansätze in

1599 Engels, *Die Geschichte der Korruption* 2014 (n. 2), S. 13.

1600 Silbernagl, *Korruption im Staatsdienst* 2022 (n. 32), S. 96–100; Engels, *Die Geschichte der Korruption* 2014 (n. 2), S. 64; Bruckmüller, '*Korruption – eine Konstante in der Geschichte?*' 2011 (n. 32), S. 20.

1601 Engels, *Die Geschichte der Korruption* 2014 (n. 2).

den unterschiedlichen wissenschaftlichen Disziplinen konnte ebenso wenig zu einem befriedigenden Ergebnis führen. Untersucht wurden die Definitionen aus den Bereichen der Wirtschaftswissenschaften, der Politikwissenschaften, der Soziologie und schließlich auch aus dem Bereich der Rechtswissenschaften. Das Ergebnis dieser Untersuchung ergab, dass die unterschiedlichen wissenschaftlichen Fachdisziplinen mehr oder minder stark voneinander abweichende Fachdefinitionen verwenden. Diese stellen aber lediglich begriffliche Konstrukte dar, die ausschließlich als wissenschaftliche Werkzeuge in der jeweiligen Fachdisziplin spezifisch eingesetzt werden können. Da diese Definitionen speziell für die wissenschaftliche Analyse in einem bestimmten Fachbereich ausgearbeitet wurden, können sie auch nicht einfach von anderen wissenschaftlichen Disziplinen herangezogen werden. Dadurch würden nur die wissenschaftlichen Analysen verfälscht oder zumindest beeinträchtigt werden. Keine dieser Definitionen erfasst damit das gesamte Spektrum, das sich hinter dem Begriff verbirgt. Sie beschränken sich grundsätzlich nur auf die Aspekte von Korruption, die in den Forschungsbereich der jeweiligen Wissenschaftsdisziplin fallen.[1602]

Teile der Wissenschaft tendieren daher nun vielmehr, Modelle anstelle der klassischen Definitionen heranzuziehen, um das komplexe Phänomen präziser beschreiben und analysieren zu können. Die bekanntesten dieser Modelle stellen das *Prinzipal-Agenten-Klienten-Modell* sowie das *Renten-Allokation-Modell* dar. Das erste Modell beschreibt eine Dreiecksbeziehung zwischen dem Machthaber (*Agent*), dem Machtgeber (*Prinzipal*) und einem außenstehenden Dritten (*Klienten*), der gegen die Hingabe eines Vorteils vom Machthaber eine bestimmte Handlung oder Unterlassung fordert, die einen Verstoß der Rechtsbeziehung zwischen Machthaber und Machtgeber innewohnenden Rechte und Pflichten bewirkt. Das zweite Modell basiert auf der Überlegung, dass Menschen, die gegenüber der Allgemeinheit in irgendeiner Form privilegiert sind, danach streben, ihre Einkommens- und Vermögenssituation zu verbessern (*rent-seeking*).[1603] Dies erreichen sie nach dem Modell dadurch, dass sie von ihren exklusiven Rechten

---

1602 BGBl. Nr. 116/1964, *Bundesgesetz vom 29. April 1964 über Strafbestimmungen zur Bekämpfung der Untreue und der Bestechlichkeit (Antikorruptionsgesetz)* 1964 (n. 1200); BGBl. I Nr. 61/2012, *Bundesgesetz, mit dem das Strafgesetzbuch und die Strafprozessordnung 1975 zur Verbesserung der strafrechtlichen Bekämpfung von Korruption geändert werden (Korruptionsstrafrechtsänderungsgesetz 2012)* 2012 (n. 1208), Art. 1 Z. 7; Marek/Jerabek, *Korruption, Amtsmissbrauch und Untreue* 2022 (n. 1191), S. 1.

1603 Burkatzki, '*Korruption*' 2021 (n. 117), S. 745; Hummler, '*Die Mikroökonomie der Korruption: Wie durch Regulierung Monopolrenten entstehen und Korruption gefördert wird*' 2018 (n. 118).

und Kompetenzen zugunsten einzelner Angehöriger der Allgemeinheit Gebrauch machen.[1604] Dieses Modell konnte letztlich nicht vollständig überzeugen. Dessen Kernaussage, wonach das Korruptionsniveau umso höher ist, umso stärker der öffentliche Bereich in einem Staat ausgeprägt ist, steht mit der Praxis im Widerspruch. Die skandinavischen Länder haben einen stark ausgebauten öffentlichen Sektor und müssten demnach über ein hohes Korruptionsniveau aufweisen. Laut dem einschlägigen internationalen Ranking (*Corruption Perceptions Index*) erreichen aber gerade diese Länder laufend hervorragende Bewertungen.[1605]

Besonders innerhalb der rechtswissenschaftlichen Disziplin bereitet es Schwierigkeiten, für ein derartiges Phänomen eine taugliche Definition zu finden. Diese Problematik zeigt sich beispielhaft im Falle des österreichischen Strafrechts. Österreich verfügt seit 1964 über ein *Korruptionsstrafrecht,* verwendet den Begriff *Korruption* im StGB aber erst seit 2012. Im StGB findet sich dennoch bis heute keine Legaldefinition zu diesem Begriff.[1606]

Auf der einen Seite haben die Rechtswissenschaften den Anspruch, mit präzisen und scharfen Definitionen zu arbeiten.[1607] Damit wird dem Bestimmtheitsgebot Rechnung getragen. Auf der anderen Seite müssen sich juristische Definitionen stets auf dynamische Sachverhalte aus der Realität beziehen und dürfen daher auch nicht zu eng gefasst werden.[1608]

Diese Wissenschaftsdisziplin ist daher einen eigenen Weg gegangen. Korruption wird bspw. im Strafrecht als ein Sammelbegriff für eine Reihe von Delikten verwendet, die bestimmte Begehungsformen strafrechtlich sanktionieren, die typischerweise mit Korruption assoziiert werden. Damit sind Delikte wie bspw. das der aktiven und passiven Bestechung erfasst, bei denen der historisch und kulturell gewachsene Konsens besteht, dass diese Delikte korrupte Handlungen darstellen. Wie solche Normen in der Rechtsordnung eines Staates implementiert

---

1604 Burkatzki, '*Korruption*' 2021 (n. 117), S. 745; Hummler, '*Die Mikroökonomie der Korruption: Wie durch Regulierung Monopolrenten entstehen und Korruption gefördert wird*' 2018 (n. 118).

1605 Burkatzki, '*Korruption*' 2021 (n. 117), S. 745; Transparency International, *Corruption Perceptions Index 2022* 2023 (n. 3).

1606 BGBl. Nr. 116/1964, *Bundesgesetz vom 29. April 1964 über Strafbestimmungen zur Bekämpfung der Untreue und der Bestechlichkeit (Antikorruptionsgesetz)* 1964 (n. 1200); BGBl. I Nr. 61/2012, *Bundesgesetz, mit dem das Strafgesetzbuch und die Strafprozessordnung 1975 zur Verbesserung der strafrechtlichen Bekämpfung von Korruption geändert werden (Korruptionsstrafrechtsänderungsgesetz 2012)* 2012 (n. 1208), Art. 1 Z. 7; Marek/Jerabek, *Korruption, Amtsmissbrauch und Untreue* 2022 (n. 1191), S. 1.

1607 Rickert, *Heinrich Rickert: Sämtliche Werke*, S. 38.

1608 Ibid., S. 39–40.

werden und welche Begehungsformen konkret als korrupte Handlungen zu ahnden sind, ist primär Angelegenheit des jeweiligen nationalen Gesetzgebers.[1609]

Das Verständnis von Korruption in den Rechtswissenschaften ist daher maßgeblich vom Verständnis der jeweiligen nationalen Rechtsordnung geprägt. Doch auch völkerrechtliche Abkommen, die Korruptionsbekämpfung zum Gegenstand haben, können das Korruptionsverständnis einer nationalen Rechtsordnung beeinflussen.

Österreich verfolgt diesbezüglich denselben Ansatz. Der Kanon der strafrechtlichen Antikorruptionsbestimmungen in Österreich bilden die Delikte nach §§ 133, 153, 153a und 153b, 160, 165, 168b, 168f und 168g, 265, 302, 304 bis 311 und 313 StGB. Daneben bestehen noch weitere strafrechtliche Antikorruptionsbestimmungen, die in strafrechtlichen Nebengesetzen gefunden werden können.[1610]

12.2.2 Definitionsfindung auf internationaler Ebene

12.2.2.1 Korruptionsbekämpfung wird zur internationalen Angelegenheit

Die Watergate Affäre machte deutlich, dass es sich bei Korruption um keine reine nationale Angelegenheit handelt und zur Bekämpfung ein internationaler Korruptionsbekämpfungsansatz erforderlich ist. Seither nehmen sich auch internationale Organisationen wie die UNO, die OECD, der Europarat oder die EU dieser Problematik an.[1611] Auch den internationalen Organisationen ist es nicht gelungen, eine allgemein verbindliche und spezifische Definition des Phänomens auszuarbeiten, die auf der einen Seite praktisch als Werkzeug eingesetzt werden kann und auf der andere Seite das Phänomen in seiner Gesamtheit zu erfassen vermag. Das Verständnis der OECD beschränkt sich bspw. ausschließlich auf die Bestechung von ausländischen Amtsträgern in Bezug auf den internationalen

---

1609 Grafl, '*Zum unterschiedlichen Verständnis von korrupten und strafwürdigen Handlungen – Eine empirische Untersuchung*' 2011 (n. 60), S. 175–176, 189.

1610 BGBl. Nr. 60/1974, *Bundesgesetz vom 23. Jänner 1974 über die mit gerichtlicher Strafe bedrohten Handlungen* (n. 64), §§ 153, 153a, 153b, 133, 160, 165, 168b, 168f, 168g, 265, 302, 304-310, 311, 313; BGBl. Nr. 448/1984, *Bundesgesetz gegen den unlauteren Wettbewerb 1984* (n. 1218), § 10; Ruhmannseder, '*Korruptionsprävention*' 2022 (n. 1217), Rz 9.9-9.10.

1611 Wolf, *Korruption, Antikorruptionspolitik und öffentliche Verwaltung* 2014 (n. 19), S. 100-101; Wolf, Sebastian. *Der Beitrag internationaler und supranationaler Organisationen zur Korruptionsbekämpfung in den Mitgliedstaaten* (Speyer: Dt. Forschungsinst. für Öffentliche Verwaltung, 2007), S. 24-29.

Geschäftsverkehr.[1612] Den Institutionen innerhalb der EU ist es bisher nicht einmal gelungen, sich auf ein gemeinsames Verständnis von Korruption zu einigen. Allein die Kommission wendet bereits zwei verschiedene Definitionsansätze an.[1613]

12.2.2.2 Definitionen des Europarats

Der Europarat sah davon ab, eine allgemein verbindliche Legaldefinition des Phänomens zu entwickeln, die seinem Antikorruptionsregime hätte zugrunde gelegt werden können. Lediglich das ZrÜK enthält eine Legaldefinition des Begriffs. Diese Definition darf aber nicht dem Antikorruptionssystem des Europarats in seiner Gesamtheit zugrunde gelegt werden. Es handelt sich nämlich um eine äußerst eng gefasste Definition. Konkret werden nur Bestechungshandlungen hiervon erfasst. Die Anwendung dieser Definition muss daher auf das ZrÜK beschränkt bleiben. Andernfalls wäre die Überprüfung der Mitgliedstaaten durch die GRECO stark eingeschränkt, lückenhaft und unzureichend.[1614]

Bei der Ausarbeitung der übrigen Antikorruptionsinstrumente ging der Europarat von einem weiter gefassten Begriffsverständnis aus, um möglichst viele Korruptionshandlungen erfassen zu können. Dies ist einer der zentralen Gründe, warum der Europarat im Unterschied zu den übrigen internationalen Organisationen eines der umfangreichsten Antikorruptions- und Überwachungssysteme verfügt. Dieses Begriffsverständnis kann lediglich in den erläuternden Beiwerken zu den Antikorruptionsinstrumenten gefunden werden. Der Europarat erkannte, dass für die Schaffung einer verbindlichen Legaldefinition es an einer hinreichenden Bestimmtheit des Begriffes mangelte. Gleichwohl sind die Mitgliedstaaten angehalten, das Verständnis des Europarats bei der Umsetzung der Antikorruptionsbestimmungen auf nationaler Ebene mitzuberücksichtigen. Er versteht unter Korruption demnach:[1615]

> *«Corruption [...] is bribery and any other behaviour in relation to persons entrusted with responsibilities in the public or private sector, which violates*

1612 OECD, *Corruption* 2008 (n. 99), S. 19.

1613 Tivig/Maurer, *Die EU-Antikorruptionspolitik* 2006 (n. 85), 5–6; EU-Kommission, *KOM(97)192endg.* 1997 (n. 107), S. 7 ff.

1614 Council of Europe, *Explanatory Report to the Civil Law Convention on Corruption* 1999 (n. 414), Rz 30; ETS No. 174, *Civil Law Convention on Corruption* 1999 (n. 412), Art. 2.

1615 Council of Europe, *Explanatory Report to the Criminal Law Convention on Corruption* 1999 (n. 407), Rz 25.

their duties that follow from their status as a public official, private employee, independent agent or other relationship of that kind and is aimed at obtaining undue advantages of any kind for themselves or for others.»[1616]

12.2.2.3 Definition von TI

Die bedeutsamste Definition im Bereich internationaler Korruptionsbekämpfung stammt von einer Nichtregierungsorganisation. Laut TI handelt es sich bei Korruption um «*the abuse of entrusted power for private gain*».[1617] Es ist auf den ersten Blick erkennbar, dass TI sich einer äußerst vage gehaltenen Definition bedient.[1618] Darin spiegelt sich der Ansatz von TI, das gesamte Spektrum von Korruption möglichst umfänglich zu erfassen. Dies wird gerade durch die Verwendung des Begriffs *abuse* deutlich. Damit können grundsätzlich sämtliche Begehungsformen eines Machthabers unter den Begriff Korruption subsumiert werden, die gegen eine Bestimmung des wechselseitigen Machthaber-Machtgeber-Verhältnisses (*entrusted power*) verstoßen.[1619] Auch der Gebrauch des Begriffs *private gain* deutet auf diese Absicht hin. Darunter können nämlich sämtliche bestimmte oder unbestimmte, materielle und immaterielle Vorteile verstanden werden. Es spielt keine Rolle, ob die Vorteile unmittelbar gegeben werden, für die Zukunft in Aussicht gestellt werden oder der Erhalt des Vorteils gänzlich ungewiss bleibt.[1620] Die Definition von TI zeichnet sich – besonders im Vergleich zu jenen der anderen internationalen Organisationen – dadurch aus, dass deren Anwendung nicht auf Handlungen öffentlicher Amtsträger beschränkt ist. Auch Handlungen von Nichtregierungsorganisationen, privaten Unternehmen oder öffentlichen Körperschaften werden erfasst.[1621]

12.2.3 Fazit

Zusammengefasst gelangt diese Arbeit zu der Feststellung, dass für Korruption keine allgemein verbindliche und zugleich spezifische Definition gefunden werden kann.

1616 Ibid., Rz 24.

1617 transparency.org, '*What is corruption?*' 2021 (n. 87), abgerufen am: 18.05.2023.

1618 Ibid.; Transparency International Deutschland e.V., '*Was ist Korruption?*' 2021 (n. 88), abgerufen am: 18.05.2023.

1619 Graeff/Rabl, *Was Ist Korruption?* 2019 (n. 21), S. 136, 207.

1620 Ibid., S. 136–137.

1621 Ibid., S. 136, 207.

Korruption ist lediglich ein Sammelbegriff für verschiedene staats- und gesellschaftsschädliche Handlungen, die von der Öffentlichkeit, dem jeweiligen nationalen Gesetzgeber und den internationalen Organisationen allgemein als korrupte Handlungen verstanden werden. Sie werden in verschiedenen Gruppen unterteilt, wie *Grand Corruption* oder *Petty Corruption*, die aktive und passive Korruption sowie die situative, strukturelle und systematische Korruption. Bestechungen, Ermessensmissbräuche, Patronage, illegale Parteienfinanzierungen sowie Handlungen, die zum Verschleiern der zuvor genannten Handlungen dienen, sind nur einige Erscheinungsformen, die allgemein mit Korruption in Verbindung gebracht werden.[1622]

Ausgangspunkt einer effektiven Antikorruptionsbekämpfungsstrategie kann daher nicht die Definition des Begriffes sein. Maßnahmen müssen an den konkreten Erscheinungsformen von Korruption ansetzen, um ein qualitativ hochwertiges Antikorruptionsregime gewährleisten zu können.[1623]

Diese Vorgangsweise ist möglich und auch zielführend. Denn trotz aller Diversität weisen alle Erscheinungsformen von Korruption ein zentrales gemeinsames Merkmal auf, nämlich das Vorliegen eines Interessenkonflikts.[1624] Wie *Naím* richtig erkannte, kann Korruption in seinen vielfältigen Ausprägungen nur mit ebenso vielfältigen und zahlreichen Antikorruptionsinstrumenten, Maßnahmen und Einrichtungen bekämpft werden.[1625] Unter diesem Aspekt bedarf es auch keiner universellen Definition des Begriffs. Im Gegenteil, eine derartige Definition könnte den internationalen und nationalen Antikorruptionsregimen sogar mehr schaden als nützen.[1626]

Neben der UNDOC wurde dies auch vom Europarat erkannt, der unterschiedliche Instrumente gegen spezifische korrupte Handlungsformen ausgearbeitet

---

1622 United Nations Global Compact Office, *A Guide for anti-corruption risk assessment* 2013 (n. 131), S. 12; UN-Office on Drugs and Crime, *The global programme against corruption* 2004 (n. 108), S. 13–16; Hermann, "Die österreichische Parteien- und Wahlkampffinanzierung im Kontext internationaler Antikorruptionsregime," S. 222.

1623 UN-Office on Drugs and Crime, *United Nations Guide on Anti-Corruption Policy* 2003 (n. 109), S. 23–24; Naím, '*Corruption Eruption*' 1995 (n. 1).

1624 UN-Office on Drugs and Crime, *United Nations Guide on Anti-Corruption Policy* 2003 (n. 109), S. 23–24; Naím, '*Corruption Eruption*' 1995 (n. 1).

1625 Naím, '*Corruption Eruption*' 1995 (n. 1).

1626 UN-Office on Drugs and Crime, *United Nations Guide on Anti-Corruption Policy* 2003 (n. 109), S. 23–24; Naím, '*Corruption Eruption*' 1995 (n. 1).

hat, um damit letztlich Korruption als Ganzes bekämpfen zu können. Österreich verfolgt denselben Ansatz.[1627]

12.3 Folgen von Korruption

Worin inzwischen Klarheit besteht, Korruption wird als durchwegs negatives Phänomen wahrgenommen. Vereinzelt existieren daneben Ansätze, die auch die positiven Auswirkungen von korrupten Handlungen hervorheben. Diese wären bspw. die Effizienzsteigerung in der öffentlichen Verwaltung sowie das Aufbrechen veralteter, überregulierter und verfestigter staatlicher Verwaltungssysteme. Derartige Ansätze werden jedoch nur mehr vereinzelt vertreten. Nach dem heutigen Verständnis wird Korruption mit einem bösartigen Tumor verglichen, der innerhalb eines gesellschaftlichen Gefüges gravierende Schäden anrichtet. Diese negativen Auswirkungen zeigen sich vornehmlich in den folgenden Bereichen:[1628]

In wirtschaftlicher Hinsicht belegen zahlreiche Studien, dass die Höhe des Bruttoinlandsprodukts («BIP») eines Staates unmittelbar auch vom inländischen Korruptionsniveau beeinflusst wird. Je ineffizienter eine nationale Antikorruptionspolitik ausgestaltet ist, desto negativer wirkt sich Korruption auf das Wohlstandswachstum der staatlichen Bevölkerung aus. Dies kann dadurch erklärt werden, dass Korruption ein unsicheres Umfeld schafft, in welchem in- und ausländische Anleger nur bedingt bereit sind, ihr Kapital zu investieren. Eine korruptionsbedingte Kapitaleinsetzung verzerrt den Wettbewerb und lenkt finanzielle Ressourcen in falsche Wirtschaftszweige, die meistens dadurch fehlinvestiert werden. Dies wiederum hat auch negative Auswirkungen auf den nationalen Arbeitsmarkt, wenn weniger bedeutsame Wirtschaftszweige zulasten wirtschaftlich attraktiverer Branchen stärker staatlich gefördert werden.[1629]

Aus rechtsstaatlicher Sicht führt Korruption zu Rechtsunsicherheit. Entscheidungen basieren nicht mehr auf rechtlich vorgeschriebenen Kriterien, sondern hängen davon ab, wer der entscheidenden Stelle die vielversprechendsten Vorteile

---

1627 UN-Office on Drugs and Crime, *United Nations Guide on Anti-Corruption Policy* 2003 (n. 109), S. 25.

1628 Shephard, *Working Paper DTC-2010-1* 2010 (n. 156), S. 5-8; Wolf, *Korruption, Antikorruptionspolitik und öffentliche Verwaltung* 2014 (n. 19), S. 24, 26-27; Bundesministerium für Inneres, *Korruptionsphänomene in Österreich* 2019 (n. 1166), S. 9-10; Enste, '*Folgen von Korruption für Wirtschaft, Staat und Gesellschaft*' 2022 (n. 154).

1629 Enste, '*Folgen von Korruption für Wirtschaft, Staat und Gesellschaft*' 2022 (n. 154); Bundesministerium für Inneres, *Korruptionsphänomene in Österreich* 2019 (n. 1166), S. 9; Sutter, Mathias. 'Mehr Korruption, weniger Vertrauen innerhalb der Bevölkerung'. *DER STANDARD* (14.12.2022).

zusagt bzw. gewährt hat. Daneben wird auch die Gleichberechtigung und Gleichbehandlung tangiert, was neben einem Vertrauensverlust in die öffentlichen Institutionen auch zu einer Vergrößerung der Armut in der Bevölkerung zugunsten einiger weniger Mitglieder dieser Bevölkerung führt.[1630]

Aus öffentlicher Sicht schadet Korruption auch dem Staat selbst, da durch derartige Handlungen öffentliche Gelder für private Zwecke entwendet oder für nicht vielversprechende Zwecke eingesetzt werden. Diese durch Korruption verlustig gewordenen Geldmittel stellen jedoch staatliche Finanzmittel dar, die andernfalls für den Aufbau und Erhalt staatlicher Infrastruktur und insbesondere für die Bildung der Bevölkerung hätten eingesetzt werden können. Mangelnde Bildung, mangelnde Perspektiven und Aufstiegsmöglichkeiten führen dann auch wiederum zu einem Anstieg der Kriminalität innerhalb der Bevölkerung. Im Falle Österreichs wird vermutet, dass korrupte Praktiken 2021 zu einem volkswirtschaftlichen Schaden von ca. EUR 15 Milliarden geführt haben; im Falle der EU gar zu einem Schaden von EUR 1.011,5 Milliarden.[1631]

In demokratischer Hinsicht stellt dieser öffentliche Vertrauensverlust gegenüber den staatlichen Einrichtungen einer der entscheidenden Gründe für den gegenwärtig zu beobachtenden Abbau demokratischer Systeme in einigen europäischen Staaten dar. Korruption kann zudem zu einer Verzerrung des Willens des Staatsvolkes führen, wodurch auch staatliche Entscheidungen getroffen werden, die zum Abbau staatlicher Kontrollmechanismen gegenüber der Regierung o. ä. führen. Derartiges kann in Ungarn, Polen oder in Israel beobachtet werden.[1632]

1630 Enste, '*Folgen von Korruption für Wirtschaft, Staat und Gesellschaft*' 2022 (n. 154); Sutter, '*Mehr Korruption, weniger Vertrauen innerhalb der Bevölkerung*' 2022 (n. 1631).

1631 Enste, '*Folgen von Korruption für Wirtschaft, Staat und Gesellschaft*' 2022 (n. 154); Der Standard/Redaktion. 'Korruption dürfte Österreich 2021 bis zu 15 Milliarden Euro gekostet haben'. *DER STANDARD* (15.12.2022); Sutter, '*Mehr Korruption, weniger Vertrauen innerhalb der Bevölkerung*' 2022 (n. 1631).

1632 Lifuka, Rueben. 'Wie Korruption Demokratie zerstört'. *Scheinwerfer – Das Magazin gegen Korruption* 27 (2022), S. 4-5; Wefing, Heinrich. 'Justizreform in Israel: Nach Plan'. *Die Zeit* (7.03.2023); Schneider, Richard C. 'Benjamin Netanjahu: Der Kampf um Israels Demokratie beginnt'. *Die Zeit* (22.11.2019); Münch, Peter. 'Israel: Netanjahu gegen die Justiz'. *Süddeutsche Zeitung* (29.04.2021); Unterberg, Swantje. 'Israel: Erneut Massenproteste gegen umstrittene Justizreform'. *DER SPIEGEL* (2023); Mayer, Gregor. 'Ungarn und Polen schmieden «illiberale» Achse'. *DER STANDARD* (13.01.2016); Kahlweit, Cathrin. 'Rechtsruck in Polen: Versuch des Modells «Ungarn»?'. *Süddeutsche Zeitung* (19.12.2015).

Die oben dargestellten Bereiche können nicht isoliert betrachtet werden und überlappen sich teilweise. Korruption innerhalb eines Staates führt zu einem nur schwer zu durchbrechenden Teufelskreis. Wenn nämlich aufgrund von Korruption öffentliche Mittel nicht in den Ausbau eines öffentlichen Schulsystems eingesetzt werden können, wird es großen Teilen der Bevölkerung unmöglich gemacht, aufgrund einer entsprechenden Ausbildung in den Arbeitsmarkt einzusteigen und durch die damit einhergehenden Steuern wiederum das staatliche System zu speisen. Dies bewirkt einerseits, dass den öffentlichen Bediensteten keine angemessenen Löhne bezahlt werden können, wodurch sie anfällig, wenn nicht gar dazu angehalten werden, durch korrupte Handlungen ihr finanzielles Budget aufzubessern. Die Bevölkerung wächst dadurch in einer Atmosphäre auf, in der Korruption eine tolerierte und gelebte Praxis ist. Korruption wird als selbstverständlich angesehen, da der Großteil der Bevölkerung keine hinreichende Bildung erfahren durfte, deshalb über keine ausreichende Kenntnis über die Rechte gegenüber dem Staat und Dritten besitzt und nicht entsprechend auf Antikorruption sensibilisiert wurde. Gleichzeitig halten solche Zustände und damit die mangelnde Sicherheit ihres Kapitals auch externe Investoren ab, in derartige Länder zu investieren. Diese Schilderung entspricht vereinfacht ausgedrückt eben jenem negativen Kreislauf, wie er in einigen der global ärmsten Länder besteht. Das Potenzial wird so verspielt und der Staat nimmt sich dadurch – teils selbst verschuldet – die Möglichkeit, sich zu entwickeln. Dies mit Auswirkungen auch für die nachfolgenden Generationen.

13. Der Europarat und Korruptionsbekämpfung

13.1 Entstehung, Aufbau, Bedeutung des Europarats

13.1.1 Die Europaidee und die Entstehung des Europarats

Wie auch die EU ist der Europarat ein Kind der sogenannten Europaidee, die ein vereintes Europa durch eine immer engere Integration der europäischen Völker anstrebt.[1633] Erste Nachweise einer europäischen Integrationsidee konnten bereits 1306 nachgewiesen werden. *Dubois* hatte den ersten Entwurf eines vereinigten Europas erarbeitet, der bereits damals die wesentlichen Bedingungen des immer noch andauernden europäischen Integrationsprozesses dargestellt hat. Neben der Förderung eines europäischen Wirtschaftsraumes sah er auch eine Währungsreform sowie die Einführung einer gemeinsamen überterritorialen Versammlung und ein gemeinsames Gericht vor.[1634]

Dubois sowie *Piccolomini,* der maßgeblich das Verständnis von Europa als eine Wertegemeinschaft und geografische Einheit geprägt hat, können damit als die ureigentlichen Gründungsväter der Europaidee bezeichnet werden.[1635]

Es war jedoch ein langer Weg, bis die Europaidee vonseiten der Bevölkerung und der Politik wirklich als Schlüssel für Stabilität, Frieden und Wohlstand erkannt wurde. Lange Zeit wurde auf politischer Ebene das Prinzip der Souveränität der Nationalstaaten verfolgt. Gerade in der Zwischenkriegszeit existierten auch Bewegungen, die sich für ein vereintes Europa eingesetzt haben. Zu nennen ist hier die von *Coudenhove-Kalergi* ins Leben gerufene Paneuropabewegung. Allerdings bestand seitens der Allgemeinheit zu dieser Zeit noch keine Bereitschaft, derartige Pläne für Europa zu verfolgen. Erst die verheerenden Folgen von zwei Weltkriegen rüttelten die europäischen Völker wach und bestärkten sie in der

---

1633 Polakiewicz, '*Council of Europe (COE)*' 2019 (n. 157), Rz 1.

1634 Majer, *Europäische Einigungsbestrebungen vom Mittelalter bis zur Gründung der Europäischen Wirtschaftsgemeinschaft (EWG) 1957* 2014 (n. 163), S. 30–33.

1635 Ibid., S. 36-37, 39.

Überzeugung, Europa auf Basis der fast 640 Jahre alten *Europaidee* wieder aufzubauen und neu zu ordnen.[1636]

Die am 19. September 1946 gehaltene Rede *Churchills* stellte mit ihrer Aufforderung «*[…] let Europe arise!*»[1637] den entscheidenden Funken dar, mit dem die Schaffung des Europarats ihren Ausgang nahm.[1638]

Die institutionelle Ausgestaltung des Europarats hat ihren Ursprung im Brüsseler Fünfmächtevertrag.[1639] Dabei handelte es sich um ein wechselseitiges Beistandsbündnis auf politischer, wirtschaftlicher und militärischer Ebene[1640] zwischen Frankreich,[1641] Belgien,[1642] der Niederlande,[1643] Luxemburg[1644] und Großbritannien.[1645]

Im Mai 1949 wurde der Europarat als intergouvernementale regionale internationale Organisation gegründet. Neben den Mitgliedern des Brüsseler Paktes haben auch Italien, Irland sowie die skandinavischen Staaten Schweden, Norwegen und Dänemark die EuRS in London unterzeichnet.[1646]

Damit wurde ein Meilenstein in der europäischen Integrationspolitik gesetzt. Wie *Brummer* korrekt ausführt, ist der Europarat damit «*die älteste [aller] gesamteuropäischen zwischenstaatlichen Organisationen*».[1647]

1636 Rüttgers/Decker, *Europas Ende, Europas Anfang* 2017 (n. 213), S. 31; Kalenderblatt, '*Kalenderblatt 3.10.1926: Anfänge der europäischen Einigung*' 2007 (n. 184).

1637 Circle Zurich Friends of Winston Churchill, '*Winston Churchill, Universität Zürich, 19 September 1946*' 2022 (n. 222), 1, 3, Appendix. abgerufen am: 24.01.2022.

1638 Furtak, *Internationale Organisationen* 2015 (n. 22), S. 244.

1639 Reiter, *Österreich Und Die NATO* 1998 (n. 229), 3; CVCE.EU by UNI.LU, '*Die Mitglieder des Europarates*' 2016 (n. 229), abgerufen am: 07.02.2022; Woyke, '*Westeuropäische Union (Western European Union/WEU)*' 1995 (n. 229), S. 439.

1640 Reiter, *Österreich Und Die NATO* 1998 (n. 229), S. 3; Woyke, '*Westeuropäische Union (Western European Union/WEU)*' 1995 (n. 229), S. 439; CVCE.EU by UNI.LU, '*Ratifications and entry into force of the Brussels Treaty (1948)*' 2016 (n. 235), abgerufen am: 07.02.2022.

1641 Ratifiziert am 25. August 1848.

1642 Ratifiziert am 3. April 1848.

1643 Ratifiziert am 20. Juli 1848.

1644 Ratifiziert am 10. Juni 1848.

1645 Ratifiziert am 2. Juni 1848.

1646 Furtak, *Internationale Organisationen* 2015 (n. 22), S. 245; Brummer, *Der Europarat* 2008 (n. 6), S. 23; Doyé, "Die Integration der osteuropäischen Staaten in den Europarat," S. 15.

1647 Steppacher/Brummer, '*Internationale Beziehungen*' 2011 (n. 242), S. 589; Brummer, *Der Europarat* 2008 (n. 6), S. 17.

13.1.2 Arbeitsweise und Organisation des Europarats

13.1.2.1 Zweck und Grundprinzipien (Wertetrias)

Beim Europarat handelt es sich um eine am 5. Mai 1949 ins Leben gerufene internationale Organisation mit Sitz im französischen Straßburg. Das wesentliche Ziel der internationalen Organisation ist[1648] *«[...] to achieve a greater unity between its members for the purpose of safeguard and realising the ideals and principles which are their common heritage and faciliting their economic and social progress»*.[1649]

Eine zentrale Richtschnur für das Wirken und Handeln des Europarats stellt der sogenannte *Wertetrias* des Europarats dar. Dieser Begriff umschreibt die drei grundlegendsten Prinzipien aller europäischen Verfassungen, nämlich Demokratie, Achtung vor den Menschenrechten sowie Rechtsstaatlichkeit.[1650] Die Institution sowie ihre Organe haben stets im Einklang mit diesen Prinzipien zu handeln.[1651]

Aufgrund seines wesentlichen Ziels und dem weiten Anwendungsrahmen der Grundprinzipien besitzt der Europarat beinahe eine uneingeschränkte Kompetenz, auf allen möglichen Sachgebieten tätig zu werden. Ausgeklammert bleiben Fragen der nationalen Sicherheits- und Verteidigungspolitik,[1652] die in der EuRS explizit ausgeschlossen werden.[1653]

1648 Council of Europe, '*Administrative, civil and penal aspects, including the role of the judiciary, of the fight against corruption*' 1997 (n. 11), S. 41; Furtak, *Internationale Organisationen* 2015 (n. 22), S. 245; Brummer, *Der Europarat* 2008 (n. 6), S. 23; Arnauld, *Völkerrecht* 2019 (n. 331), S. 72-74.

1649 ETS No. 001, *Statute of the Council of Europe* 1949 (n. 239), Art. 1 lit. a.

1650 Council of Europe Summit, *DECL(11/10/97)* 1997 (n. 248), S. 1.

1651 Vgl. Deutscher Bundestag: Wissenschaftliche Dienste, *Nr. 40/09: Der Europarat* 2009 (n. 247), S. 1; Brummer, *Der Europarat* 2008 (n. 6), S. 27, 255; Gawrich, *Demokratieförderung von Europarat und OSZE* 2014 (n. 251), S. 102-103; Melzer, *Der Europarat und Russland 1992–2006* 2012 (n. 250), S. 16, 101.

1652 Hummer, *Österreich im Europarat 1956–2006* 2008 (n. 17), S. 5-6. Zwecks Vermeidung von Konflikten mit eingegangenen Militärbündnissen durch einige Mitgliedstaaten sowie aus der Neutralität resultierende völkerrechtliche Verpflichtungen neutraler Mitgliedstaaten (z.B. die immerwährende Neutralität Österreichs).

1653 ETS No. 001, *Statute of the Council of Europe* 1949 (n. 239), Art. 1 lit. c; Committee of Ministers, *RES (51) 31* 1951 (n. 297), Demnach sind unter Art. 1 lit. d nur militärische Fragen ieS zu verstehen. Fragen der europäischen Sicherheits- und Friedenspolitik liegen damit zeifelsfrei in der Zuständigkeit des Europarats.

Besonders im Bereich der Menschenrechte hat sich der Europarat besonders hervorgetan. Angesichts dessen trägt diese internationale Organisation auch den Beinamen «*Hüter der Menschenrechte*».[1654] Die EMRK wurde ebenfalls vom Europarat ausgearbeitet. Wenn eine Person feststellt, dass ihre aus diesem Menschenrechtsabkommen entspringenden Rechte verletzt wurden, hat sie die Möglichkeit, sich an den EGMR zu wenden. Allerdings ist dieses Menschenrechtsschutzsystem (EMRK i. V. m. EGMR) dringend reformbedürftig. Lediglich 5 % aller vorgetragenen Fälle werden heute effektiv noch vom EGMR behandelt. Damit muss diese sogenannte letzten Verteidigungslinie der Menschenrechte gegenwärtig vielmehr als eine *morsche Palisade* beschrieben werden. Die europäischen Staaten sind aufgefordert, auf eine Reform des EGMR und des Menschenrechtsschutzsystems hinzuwirken.[1655]

13.1.2.2 Teilnahmeformen

Nach dem Ausschluss Russlands 2022 gehören dem Europarat nun 46 Mitgliedstaaten an.[1656] Bis auf Weißrussland und den Kosovo sind damit alle europäischen Staaten bereits Mitglied des Europarats.[1657] Österreich ist dem Europarat am 16. April 1956 beigetreten.[1658]

Neben der Mitgliedschaft, die grundsätzlich jedem europäischen Staat offensteht, gibt es noch weitere Teilnahmeformen.[1659] Auch das Austrittsrecht wurde in der EuRS verankert. Neben dem freiwilligen Austritt hat auch der Europarat die Möglichkeit, einen Mitgliedstaat bei schwerwiegenden Verfehlungen auszuschließen. Hiervon hat der Europarat nur ein einziges Mal mit dem Ausschluss Russlands im März 2022 Gebrauch gemacht.[1660]

1654 Council of Europe, *Der Europarat – Hüter der Menschenrechte* 2020 (n. 327), S. 2.

1655 Hilpold, '*Unabhängigkeit der Justiz ist essenziell*' 2021 (n. 344); Hilpold, '*Der Fall Christian Pilnacek – Eine Herausforderung auch für die europäische Rechtsstaatlichkeit*' 2023 (n. 142); Hilpold, '*Streben nach Schönheit*' 2020 (n. 344), S. 58.

1656 Council of Europe, '*47 Member States*' 2022 (n. 274), abgerufen am: 10.02.2022; Council of Europe, '*Our member States – The Council of Europe in brief – www.coe.int*' 2023 (n. 274), abgerufen am: 12.08.2023.

1657 ETS No. 001, *Statute of the Council of Europe* 1949 (n. 239), Preamble; Council of Europe, '*47 Member States*' 2022 (n. 274), abgerufen am: 10.02.2022.

1658 Council of Europe. 'Österreich – Mitgliedstaat'. 2024, zugegriffen auf: https://www.coe.int/de/web/portal/austria, abgerufen am: 26.04.2024.

1659 Siehe auch: Council of Europe Summit, *DECL(09/10/93)* 1993 (n. 265), S. 1; ETS No. 001, *Statute of the Council of Europe* 1949 (n. 239), Art. 1, 3–4.

1660 Krennerich, '*Einführung in den Menschenrechtsschutz des Europarats*' 2014 (n. 288), 4. abgerufen am: 10.02.2022; Brummer, *Der Europarat* 2008 (n. 6), S. 82–83; ETS

Neben einer Vollmitgliedschaft besteht für europäische Staaten auch die Möglichkeit, sich als assoziierte Mitglieder an der Arbeit des Europarats zu beteiligen. Hierbei handelt es sich um eine im Vergleich zur Vollmitgliedschaft abgeschwächte Teilnahmeform, da damit keine Vertretungsbefugnis im Ministerkomitee verbunden ist.[1661]

Daneben steht auch die Teilnahme als Beobachterstaat offen. Diese Beteiligungsform steht europäischen und außereuropäischen Staaten offen und erlaubt es ihnen, *Beobachter zu Ausschüssen* sowie sogenannte *ständige Beobachter am Sitz des Europarats* zu entsenden.[1662] Gegenwärtig haben Israel, Japan, der Heilige Stuhl, Mexiko, Kanada und die USA diesen Status inne.[1663]

Als Schöpfung der Parlamentarischen Versammlung wurde der Sondergaststatus mit RES917(1989) eingeführt. Diese Teilnahmeform war nach dem Fall des Eisernen Vorhangs insbesondere für die noch jungen demokratischen Staaten Osteuropas geschaffen worden, um ihre neuen demokratischen Institutionen zu schützen und zu stärken. Der Sondergaststatus befähigt zur Teilnahme an den von der Parlamentarischen Versammlung abgehaltenen Sitzungen.[1664]

13.1.2.3 Organe des Europarats

Das Ministerkomitee und die Parlamentarische Versammlung bilden die beiden Organe des Europarats.[1665] Das primäre Entscheidungsorgan ist das Ministerkomitee. Es bestimmt maßgeblich das Handeln des Europarats und tritt im Außenverhältnis als Stimme des Europarats auf. Die Parlamentarische Versammlung hat lediglich eine untergeordnete Rolle. Es handelt sich bei dem Organ auch nicht um ein Parlament. Es stellt vielmehr eine bloß beratende Versammlung dar. Diese Kompetenzverteilung verdeutlicht den Konflikt, der bei der Gründung des

No. 001, *Statute of the Council of Europe* 1949 (n. 239), Art. 8, Art. 20 Abs. 1 lit. d; Gall, '*Der Europarat muss den Austritt Russlands erklären*' 2022 (n. 293); Council of Europe, '*Russische Föderation wird aus dem Europarat ausgeschlossen*' 2022 (n. 293), abgerufen am: 10.08.2023.

1661 CVCE.EU by UNI.LU, '*Die Mitglieder des Europarates*' 2016 (n. 229), S. 2. abgerufen am: 10.02.2022; Hummer, '*Der Europarat: Grundlagen, Struktur, Arbeitsweise, Tätigkeitsfelder, Außenbeziehungen*' 2008 (n. 267), S. 20.

1662 Vgl. auch Committee of Ministers, *Criteria for the granting of observer status with the Council of Europe – Observer status with the Council of Europe* 1999 (n. 281); Committee of Ministers, *Statutory Resolutions (93) 26* 1993 (n. 282), I.-VI.

1663 Council of Europe, '*47 Member States*' 2022 (n. 274), abgerufen am: 10.02.2022.

1664 Hummer, *Österreich im Europarat 1956–2006* 2008 (n. 17), 21–22; Pan/Pfeil, *Minderheitenrechte in Europa* 2006 (n. 276), S. 21–22.

1665 ETS No. 001, *Statute of the Council of Europe* 1949 (n. 239), Art. 10.

Europarats zwischen den Föderalisten und den Unionisten vorgelegen hat. Die eine Partei strebte mit dem Europarat die Förderung der europäischen Integration an, die andere Partei beabsichtigte, die nationalstaatliche Souveränität zu erhalten.[1666]

Das Ministerkomitee besteht aus zwei Fraktionen, einmal dem Ministerkomitee der Außenminister und dem Ministerkomitee der Ministerbeauftragten.[1667] Die Entscheidungen werden primär vom sich jährlich zusammenfindenden Ministerkomitee der Außenminister getroffen, dem die Außenminister aller Mitgliedstaaten angehören.[1668] Zur Unterstützung des Ministerkomitees der Außenminister sowie zur Erledigung des Tagesgeschäftes wurde das Ministerkomitee der Ministerbeauftragten geschaffen. Diese Gruppe setzt sich aus den Stellvertretern der Außenminister zusammen.[1669] Dem Ministerkomitee steht eine breite Palette an rechtlichen Instrumenten zur Verfügung. Besonders hervorzuheben ist die Kompetenz des Ministerkomitees, in allen Bereichen völkerrechtliche Verträge zu erlassen, die mit den Werten und Zielen des Europarats in Verbindung stehen.[1670] Daneben kann sich das Ministerkomitee in unverbindlicher Weise mittels Empfehlungen an die Mitgliedstaaten wenden, um damit in verschiedenen Bereichen auf einen einheitlichen nationalen Standard unter den Mitgliedstaaten hinzuwirken. Trotz ihres völkerrechtlich unverbindlichen Charakters kann die Umsetzung der Empfehlungen vom Ministerkomitee überwacht werden.[1671] Resolutionen werden insbesondere bei Kontrollen eingesetzt, die der Feststellung dienen, ob die Bestimmungen der Europaratsverträge von den Mitgliedstaaten eingehalten werden bzw. umgesetzt wurden.[1672] Daneben kann das Ministerkomitee noch mittels Deklarationen[1673] und Arbeitsprogrammen[1674] handeln.

Die Parlamentarische Versammlung setzt sich aus insgesamt 636 Parlamentariern und Stellvertretern zusammen, die sich jährlichen zu einer mehrmonatigen

---

1666 Brummer, *Der Europarat* 2008 (n. 6), 93; ETS No. 001, *Statute of the Council of Europe* 1949 (n. 239), Art. 10 lit. ii.

1667 Brummer, *Der Europarat* 2008 (n. 6), S. 33.

1668 Ibid., S. 35–37.

1669 Ibid., S. 37–40.

1670 Ibid., 62–66; ETS No. 001, *Statute of the Council of Europe* 1949 (n. 239), Art. 15.

1671 Brummer, *Der Europarat* 2008 (n. 6), S. 66; ETS No. 001, *Statute of the Council of Europe* 1949 (n. 239), Art. 20 lit. i und v.

1672 Brummer, *Der Europarat* 2008 (n. 6), S. 67–69; ETS No. 001, *Statute of the Council of Europe* 1949 (n. 239), Art. 41.

1673 Brummer, *Der Europarat* 2008 (n. 6), S. 69.

1674 Ibid., S. 59–62.

Sitzungsperiode zusammentreffen.[1675] Die Versammlung kann sich mit allen Angelegenheiten des Europarats befassen, darüber beraten und ihre Ergebnisse bekanntgeben.[1676] Sie besitzt damit aber keine legislativen Kompetenzen.[1677] Trotzdem stellt auch die Parlamentarische Versammlung ein aktiver Akteur im Antikorruptionsregime des Europarats dar und kann auf den Inhalt der Europaratsverträge Einfluss nehmen. Sie kann bspw. einzelne Versammlungsmitglieder zur Teilnahme in die ausarbeitenden Vertragsgremien entsenden oder Stellungnahmen zu den Europaratsverträgen ausarbeiten.[1678]

Die beiden Organe des Europarats werden vom Sekretariat unterstützt.[1679] Auch der Generalsekretär stammt aus den Reihen des Sekretariats.[1680] Aufgrund der Breite der Aufgabenfelder des Ministerkomitees und der Parlamentarischen Versammlung werden die konkreten Aufgaben des Sekretariats in der EuRS nicht näher umschrieben.[1681]

13.2 Korruptionsbekämpfung als Agenda des Europarats

13.2.1 Entwicklung

Der Beginn der Antikorruptionspolitik des Europarats stellt die 19. Fachministerkonferenz der europäischen Justizminister 1994 in Valetta dar.[1682] Es wurde damals erkannt, dass Korruption alle drei Grundprinzipien des Europarats tangiert und jeder Staat in- und außerhalb Europas von diesem Phänomen betroffen ist.[1683]

Eine Untersuchung der nationalen Rechtsordnungen hat ergeben, dass die europäischen Staaten 1994 ganz unterschiedliche Wege verfolgt haben, um Korruption auf nationaler Ebene zu bekämpfen. Allein im Bereich des Strafrechts wurde deutlich, dass die Mitgliedstaaten ganz unterschiedliche Strafsachen als

---

1675 Ibid., S. 93–94; ETS No. 001, *Statute of the Council of Europe* 1949 (n. 239), Art. 25–26.

1676 ETS No. 001, *Statute of the Council of Europe* 1949 (n. 239), Art. 23 lit. a.

1677 Brummer, *Der Europarat* 2008 (n. 6), S. 105.

1678 Ibid., S. 106.

1679 ETS No. 001, *Statute of the Council of Europe* 1949 (n. 239), Art. 10.

1680 Ibid., Art. 36 lit. a; Brummer, *Der Europarat* 2008 (n. 6), S. 125.

1681 Brummer, *Der Europarat* 2008 (n. 6), S. 127.

1682 Council of Europe, '*Administrative, civil and penal aspects, including the role of the judiciary, of the fight against corruption*' 1997 (n. 11), S. 41; Committee of Ministers, *REC (81) 12* 1981 (n. 11).

1683 19th Conference of European Ministers of Justice, *Report by the Secretary General of the Council of Europe* 1994 (n. 357), Rz 21.

Korruptionsstraftatbestände normiert haben. In einigen Staaten konnten Korruptionsdelikte nur von Amtsträgern begangen werden, in anderen Staaten hingegen auch von Privatpersonen. Auch der Umgang mit J. P. und Korruptionsdelikten wurde in den Staaten unterschiedlich gehandhabt. Manche Rechtsbereiche, wie das Zivilrecht, wurden in einigen Rechtsordnungen überhaupt nicht i. Z. m. Korruption thematisiert. Schließlich sahen einige Rechtsordnungen sogar die steuerliche Abzugsfähigkeit von ausländischen Bestechungsgeldern vor.[1684]

In Anbetracht der unterschiedlichen Lösungsansätze auf nationaler Ebene und dem Erfordernis nach einer verstärkt grenzüberschreitenden Zusammenarbeit, forderte die Fachministerkonferenz den Europarat auf,[1685] eine multidisziplinäre Europaratsgruppe im Bereich Antikorruption zu errichten, ein Aktionsprogramm gegen Korruption, Verhaltenskodizes, Mustergesetze oder Völkerrechtsabkommen auszuarbeiten sowie die Einhaltung dieser Instrumente auf mitgliedstaatlicher Ebene durch die Errichtung eines Kontroll- und Follow-up-Mechanismus zu gewährleisten.[1686]

Doch erst mit der Errichtung der GMC wurde das Thema Korruptionsbekämpfung tatsächlich zur Agenda des Europarats.[1687] Die GMC hatte die Aufgabe, die Empfehlungen der Fachministerkonferenz auf ihre Durchführbarkeit hin zu untersuchen und Lösungsansätze zu erarbeiten.[1688]

Der vom GMC ausgearbeitete und 1996 verabschiedete Aktionsplan gegen Korruption gibt seither die Richtung der Antikorruptionspolitik des Europarats vor und beinhaltet die zentralen Maßnahmen, die vom Europarat zwecks Schaffung eines effizienten Antikorruptionsregimes zu setzen sind.[1689]

Ab 1997 begann der Europarat die verschiedenen Antikorruptionsinstrumente und einen Überwachungsmechanismus auszuarbeiten. Der Anfang machten die zwanzig Leitprinzipien. Dem folgten 1999 die Gründung der GRECO und der Abschluss an den Arbeiten des StÜK, das 2002 in Kraft trat. 2003 trat das ZrÜK

1684 Ibid., Rz 5-6, 10-14, 19-23, 25.

1685 19th Conference of European Ministers of Justice, *RES (1)* 1994 (n. 360).

1686 Ibid., Recommend No. 1, 3; Weidenfeld/Wessels, *Jahrbuch der Europäischen Integration* 1995 (n. 361), S. 201.

1687 Council of Europe, '*About Greco – Historical Background*' 2022 (n. 354), abgerufen am: 18.05.2023.

1688 Committee of Ministers, *CM/Del/Dec(94)516* 1994 (n. 362), Appendix 29, a89-a92.

1689 21st Conference of European Ministers of Justice, *Conclusion, Report Secretary General* 1997 (n. 370), §§ 1, 4, 6-7, 12, 17, 23, 28; 21st Conference of European Ministers of Justice, *RES (1)* 1997 (n. 370), §§ 1-3, 7-10.

und 2005 das ZP-StÜK in Kraft.[1690] Der Europarat hat darüber hinaus auch zwei Empfehlungen erlassen, die ebenfalls dem Kreis der Antikorruptionsinstrumente hinzuzuzählen sind. Der MK wurde 2000 erlassen und die RFPW 2003.[1691]

13.3 Antikorruptionsinstrumente

Die Antikorruptionsinstrumente können grundsätzlich in drei verschieden Kategorien eingeteilt werden, nämlich die Kategorie der Guiding-Instrumente, die Kategorien der Empfehlungen des Ministerkomitees und die Kategorie der Völkerrechtsverträge.

Mit den Guiding-Instrumenten, den Empfehlungen und den Völkerrechtsverträgen bietet der Europarat ein breites Spektrum von Antikorruptionsinstrumenten. Hier sticht das Antikorruptionsregime des Europarats im Besonderen hervor. Kaum eine andere internationale Organisation verfügt über ein dermaßen umfangreiches Instrumentarium von Antikorruptionsmaßnahmen, die von den Mitgliedstaaten umzusetzen sind und überprüft werden können.

Auch die Antikorruptionsinstrumente selbst stechen gerade im Vergleich zu einschlägigen Antikorruptionsinstrumenten anderer internationaler Organisationen positiv hervor. Während manche internationale Organisationen in ihren Instrumenten nur einzelne Erscheinungsformen von Korruption behandeln, wird Korruption in den Instrumenten des Europarats umfassend bekämpft. Im StÜK und ZP-StÜK werden bspw. zahlreiche unterschiedliche korrupte Handlungsformen als strafrechtliche Delikte festgelegt.[1692]

1690 Council of Europe, *Explanatory Report to the Civil Law Convention on Corruption* 1999 (n. 414), 4; Council of Europe, '*Etat des signatures et ratifications du traité 174*' 2022 (n. 422), abgerufen am: 03.03.2022; Council of Europe, '*Details of Treaty No.191*' 2022 (n. 411), abgerufen am: 06.03.2022; Council of Europe, '*Chart of signatures and ratifications of Treaty 173*' 2022 (n. 409), 03.03.2023; GRECO, *Greco (2000)22Final* 2000 (n. 401), S. 2-3.

1691 Committee of Ministers, *Recommendation No. R (2000) 10* 2000 (n. 423), Preamble, main section, Appendix; Committee of Ministers, *Recommendation No. R(2003)4* 2003 (n. 428), Preamble, Appendix.

1692 Wolf, *Der Beitrag internationaler und supranationaler Organisationen zur Korruptionsbekämpfung in den Mitgliedstaaten* 2007 (n. 1613), S. 27; ETS No. 173, *Criminal Law Convention on Corruption* 1999 (n. 406); ETS No. 191, *Additional Protocol to the Criminal Law Convention on Corruption* 2003 (n. 410); Negotiating Conference, OECD, *Convention on Combating Bribery of Foreign Public Officials in International Business Transactions* 1997 (n. 103); EU. *Convention drawn up on the basis of Article K.3 (2) (c) of the Treaty on European Union on the fight against corruption involving*

Auch verzichten die letztgenannten Abkommen im Unterschied zu den Korruptionsbekämpfungsinstrumenten anderer internationaler Organisationen auf zusätzliche materiellrechtliche Schranken, welche die Anwendbarkeit der Strafnormen beeinträchtigen könnten. Sie sehen weder die Voraussetzung eines inländischen Sachverhaltsbezugs vor, noch wird das Tatbestandselement einer dienstlichen Pflichtverletzung verlangt.[1693]

13.3.1 Leitprinzipien

Zur Kategorie der Guiding-Instrumente gehören die zwanzig Leitprinzipien des Europarats gegen Korruption, welche vom GMC ausgearbeitet und vom Ministerkomitee des Europarats 1997 angenommen wurden.[1694] Daneben kann auch der Aktionsplan gegen Korruption von 1996 als ein Guiding-Instrument bezeichnet werden.[1695]

Die zwanzig Leitprinzipien streben eine verstärkte internationale Zusammenarbeit an. Auf nationaler Ebene stehen hingegen die Aus- und Weiterbildung von Experten im Bereich der Korruptionsbekämpfung, die Optimierung der strafrechtlichen Verfahren, die Korruptionsdelikte zum Gegenstand haben, sowie die Förderung der Öffentlichkeitsarbeit im Fokus.[1696]

Wie sich bereits aus der Bezeichnung ergibt, umfasst dieses Instrument 20 Prinzipien, die bestimmte Themenbereiche der Korruptionsbekämpfung abdecken. Sie wurden im Rahmen dieser Arbeit in drei Gruppen kategorisiert, wobei die erste Gruppe die Schaffung und den Schutz von Antikorruptionsmaßnahmen und die zweite Gruppe die Verbesserung bereits bestehender mitgliedstaatlicher

---

officials of the European Communities or officials of Member States of the European Union (1997); UNO, *United Nations Convention against Corruption* 2003 (n. 95).

1693 Negotiating Conference, OECD, *Convention on Combating Bribery of Foreign Public Officials in International Business Transactions* 1997 (n. 103), Art. 1; EU, *Convention drawn up on the basis of Article K.3 (2) (c) of the Treaty on European Union on the fight against corruption involving officials of the European Communities or officials of Member States of the European Union* 1997 (n. 1694), Art. 2-3; Wolf, *Der Beitrag internationaler und supranationaler Organisationen zur Korruptionsbekämpfung in den Mitgliedstaaten* 2007 (n. 1613), S. 27-28.

1694 Committee of Ministers, *RES(97)24* 1997 (n. 386), Preamble.

1695 21st Conference of European Ministers of Justice, *Conclusion, Report Secretary General* 1997 (n. 370), §§ 1, 4, 6-7, 12, 17, 23, 28; 21st Conference of European Ministers of Justice, *RES (1)* 1997 (n. 370), §§ 1-3, 7-10.

1696 OSCE, '*Council of Europe Resolution (97) 24 on the Twenty Guiding Principles for the Fight Against Corruption*' 2022 (n. 388), abgerufen am: 22.02.2022; Stukalo, *Handbook on Combating Corruption* 2016 (n. 388), S. 33.

Antikorruptionsmaßnahmen zum Gegenstand hat. Die dritte Gruppe der Leitprinzipien fordert die Mitgliedstaaten zur Schaffung und Förderung weiterer unterschiedlicher Präventions- und Bekämpfungsmaßnahmen auf. Die Leitprinzipien zeichnen sich durch ihre knappe Formulierung aus. Dennoch können damit weitreichende Umsetzungsmaßnahmen seitens der Mitgliedstaaten verbunden sein.[1697]

Adressaten der Leitprinzipien sind grundsätzlich alle Mitgliedstaaten des Europarats. Die Leitprinzipien stellen klassisches völkerrechtliches *Soft Law* dar und sind damit rechtlich unverbindlich. Es besteht damit für die Mitgliedstaaten keine Verpflichtung, diese umzusetzen. Dennoch darf ihre Bedeutung deswegen nicht unterschätzt werden.[1698]

Die Leitprinzipien können nämlich als Grundlage der anderen Antikorruptionsinstrumente des Europarats betrachtet werden. Allerdings ist hinsichtlich der völkerrechtlichen *Hard Law* Bestimmungen, nämlich des StÜK, ZP-StÜK und des ZrÜK, die Überwachungskompetenz der GRECO eingeschränkt und kann nur gegenüber jenen Mitgliedern ausgeübt werden, die ebenfalls Vertragsparteien dieser Übereinkommen sind.[1699] Auch die Leitprinzipien sind Überwachungsgegenstand des GRECO-Überwachungsregimes. Im Unterschied zu den oben angeführten *Hard Law* Bestimmungen des Europarats, können jedoch alle GRECO Mitglieder auf die Einhaltung und Umsetzung der zwanzig Leitprinzipien überwacht werden. Die Leitprinzipien gelten uneingeschränkt für sämtliche Mitgliedstaaten des Europarats und sind im Falle einer GRECO-Mitgliedschaft auch dem GRECO-Überwachungsregime unterworfen. Die Mitgliedschaft in der GRECO als erweitertes Teilabkommen ist nicht auf die Mitglieder des Europarats beschränkt. Sofern ein Nichtmitgliedstaat des Europarats beabsichtigt, Mitglied der GRECO zu werden und dem Generalsekretär des Europarats

---

1697 Committee of Ministers, *RES(97)24* 1997 (n. 386).

1698 Ibid.; Wolf, Sebastian. *Maßnahmen internationaler Organisationen zur Korruptionsbekämpfung auf nationaler Ebene – Ein Überblick* (Speyer: Deutsches Forschungsinstitut für öffentliche Verwaltung Speyer, 2006), S. 60.

1699 ETS No. 173, *Criminal Law Convention on Corruption* 1999 (n. 406), Art. 24, 32 ff; ETS No. 191, *Additional Protocol to the Criminal Law Convention on Corruption* 2003 (n. 410), Art. 7, 10 ff; ETS No. 174, *Civil Law Convention on Corruption* 1999 (n. 412), Art. 14 ff; Wolf, *Maßnahmen internationaler Organisationen zur Korruptionsbekämpfung auf nationaler Ebene – Ein Überblick* 2006 (n. 1700), S. 60.

eine entsprechende Mitteilung macht, hat er auch die zwanzig Leitprinzipien anzuerkennen.[1700]

Inwiefern damit noch eine echte Unverbindlichkeit der Leitprinzipien gegeben sein soll, ist fraglich. Nach der Ansicht des Verfassers beschränkt sich die Unverbindlichkeit der Leitprinzipien lediglich auf eine rechtliche Unverbindlichkeit, da die Umsetzung rechtlich nicht erzwungen werden kann. In faktischer Hinsicht besteht aber keine Unverbindlichkeit mehr. Das Überwachungsregime der GRECO basiert nämlich in besonderem Ausmaß darauf, die Mitgliedstaaten durch Gruppendruck zur Schaffung und Aufrechterhaltung eines gewissen Antikorruptionsstandards zu bewegen. Der aus der Überwachung heraus entstehende Gruppendruck und die daraus folgenden Konsequenzen auf zwischenstaatlicher Ebene können durchaus als Sanktionen faktischer Natur verstanden werden.[1701]

Es kann daher zusammengefasst werden, dass die Leitprinzipien zahlreiche einschlägige Themenbereiche behandeln und dadurch eine umfassende Überwachungsbefugnis durch die GRECO hergestellt wird. In faktischer Hinsicht kann aufgrund des politischen Drucks durch die anderen Staaten sogar eine Bindungswirkung erzeugt werden, die sonst für völkerrechtliche Empfehlungen geradezu untypisch ist. Allerdings wurden in den vergangenen Evaluierungsrunden nur wenige dieser Bestimmungen überprüft.[1702]

1700 Council of Europe, *Statute of the Group of States against corruption (GRECO)* 1999 (n. 440), Art. 4 Abs. 4; Committee of Ministers, *RES(97)24* 1997 (n. 386); Wolf, *Maßnahmen internationaler Organisationen zur Korruptionsbekämpfung auf nationaler Ebene – Ein Überblick* 2006 (n. 1700), S. 60.

1701 Committee of Ministers, *RES(97)24* 1997 (n. 386); Wolf, *Maßnahmen internationaler Organisationen zur Korruptionsbekämpfung auf nationaler Ebene – Ein Überblick* 2006 (n. 1700), S. 60.

1702 GRECO, *GrecoEvalI-IIRep(2007)2E* 2008 (n. 1181); GRECO, *GrecoEvalIIIRep (2011)3E(P3)* 2011 (n. 596); GRECO, *GrecoEvalIIIRep(2011)3E* 2011 (n. 596); GRECO, *GrecoEval4Rep(2016)1* 2016 (n. 596); GRECO, *Questionnaire – Preventing corruption and promoting integrity in central governments (top executive functions) and law enforcement agencies* 2017 (n. 1295); GRECO, *GrecoEval5Rep(2022)1* 2022 (n. 29); Wolf, *Maßnahmen internationaler Organisationen zur Korruptionsbekämpfung auf nationaler Ebene – Ein Überblick* 2006 (n. 1700), S. 60; Wolf, *Der Beitrag internationaler und supranationaler Organisationen zur Korruptionsbekämpfung in den Mitgliedstaaten* 2007 (n. 1613), S. 27.

13.3.2 Empfehlungen des Ministerkomitees

13.3.2.1 Allgemeines zu Empfehlungen

Daneben wurden vom Ministerkomitee des Europarats die einschlägigen Empfehlungen R(2000)10 vom 11. Mai 2000 und Rec(2003)4 vom 8. April 2003 verabschiedet.[1703]

Wie auch die soeben behandelten Leitprinzipien gehören auch Empfehlungen zum *Soft Law* und begründen damit keine Bindungswirkung in völkerrechtlicher Hinsicht. Das Gegenteil ist vielmehr der Fall. Empfehlungen werden i. d. R. gerade aufgrund ihres nicht rechtsverbindlichen Charakters erlassen. Die Verfasser derartiger Rechtsdokumente haben keinen Bindungswillen. Daher gehört *Soft Law* auch nicht dem Kanon des in Art. 38 Abs. 1 IGH-Statut abgebildeten Völkerrechtsquellenkatalogs an.[1704]

Empfehlungen werden vornehmlich in sensiblen Regelungsbereichen erlassen. Diese beinhalten i. d. R. gesellschaftskulturelle Elemente, weswegen eine rechtliche Abänderung dieser Bereiche zugunsten internationaler Vorschriften nur schwer Akzeptanz in der nationalen Bevölkerung finden würde. Gerade in diesen Bereichen sind die Nationalstaaten kaum gewillt, sich in ihrer souveränen Handlungsfreiheit einschränken zu lassen. Daneben können auch Bereiche betroffen sein, die in den Mitgliedstaaten von internationalen Organisationen so abweichend voneinander geregelt wurden, dass eine gemeinsame verbindliche Regelung kaum möglich oder sinnvoll ist.[1705]

Unverbindlichen völkerrechtlichen Regelungen, wie Empfehlungen, kommt eine tragende Bedeutung bei der Etablierung verbindlichen Völkerrechts zu. Sie können bspw. zum Bestandteil verbindlicher internationaler Abkommen erklärt werden oder zu deren Auslegung beitragen. Daneben besteht die Möglichkeit, dass diese Bestimmungen zu völkerrechtlichem Gewohnheitsrecht erwachsen können. Hierfür müssen allerdings die Voraussetzungen vorliegen, wie sie im

---

1703 Committee of Ministers, *R(2000)10* 2000 (n. 1005); Committee of Ministers, *Recommendation Rec(2003)4* 2003 (n. 426).

1704 Lins, *Die Einzelhaft im österreichischen Strafvollzugsgesetz (StVG)* 2023 (n. 669), S. 27-28; Arnauld, *Völkerrecht* 2019 (n. 331), S. 79, 120-121.

1705 Lins, *Die Einzelhaft im österreichischen Strafvollzugsgesetz (StVG)* 2023 (n. 669), S. 27; Leinweber, P. 'Warum internationale Empfehlungen?' In *Passung und Gestaltung (ISA-Passungen)* (Springer, Berlin, Heidelberg, 1941), S. 14–21, S. 14 ff.

1969 erlassenen Urteil des IGH *North Sea Continental Shelf*[1706] hinsichtlich eines Rechtsstreits zwischen Deutschland und Dänemark angeführt wurden, nämlich *consuteudo* und *opinio iuris*.[1707]

Umso erstaunlicher ist es, dass die Mitglieder dennoch durch die GRECO auf die Umsetzung der beiden Empfehlungen des Europarats überprüft werden. Die GRECO kann im Rahmen der Evaluierungsverfahren feststellen, ob bestimmte in den Empfehlungen enthaltene Bestimmungen nicht zufriedenstellend umgesetzt wurden und die Mitglieder zu deren Umsetzung auffordern. Trotz des völkerrechtlich unverbindlichen Charakters von Empfehlungen kommt den beiden Empfehlungen des Europarats damit ebenfalls eine indirekte Durchsetzungswirkung zu.[1708]

13.3.2.2 Empfehlung betreffend MK

Der wesentliche Inhalt der Empfehlung R(2000)10 vom 11. Mai 2000 ergibt sich nicht aus dem Empfehlungstext selbst, der lediglich aus der Präambel, einem Hinweis zum Überwachungsorgan und einer Empfehlung besteht.[1709]

Diese Empfehlung sieht vor, dass die Mitgliedstaaten nationale Verhaltenskodizes für öffentliche Bedienstete ausarbeiten sollen. Grundlage dieser Verhaltenskodizes soll der MK sein, welcher der Empfehlung beigelegt ist. Dieser bezweckt, Verhaltensnormen für die öffentlichen Bediensteten aufzustellen und diese gleichzeitig bei der Einhaltung dieser Vorschriften zu unterstützen. Grundsätzlich werden im MK nur öffentliche Verwaltungsbedienstete erfasst.[1710] Allerdings muss an dieser Stelle positiv hervorgehoben werden, dass private Tätigkeiten, die der Wahrnehmung öffentlicher Aufgaben dienen, ebenfalls vom MK erfasst werden. Der Europarat hat damit ebenfalls berücksichtigt, dass in manchen Mitgliedstaaten

---

1706 IGH. 'North Sea Continental Shelf' (1969); Arnauld, *Völkerrecht* 2019 (n. 331), S. 107-110.

1707 Lins, *Die Einzelhaft im österreichischen Strafvollzugsgesetz (StVG)* 2023 (n. 669), S. 27-28; Lins/Zenleser, *Das Selbstbestimmungsrecht der Völker im 21. Jahrhundert* 2021 (n. 3), S. 87-89; IGH, '*North Sea Continental Shelf* 1969 (n. 1708).

1708 Committee of Ministers, *Recommendation Rec(2003)4* 2003 (n. 426), Preamble; Committee of Ministers, *CM(2001)195 revised addendum* 2002 (n. 1081), Rz 24; Committee of Ministers, *R(2000)10* 2000 (n. 1005).

1709 Committee of Ministers, *R(2000)10* 2000 (n. 1005).

1710 Ibid., Preamble, Art. 1 Abs. 3, Art. 3.

öffentliche Aufgaben auch von Funktionsgruppen aus der Privatwirtschaft wahrgenommen werden.[1711]

Maßgeblicher Aspekt ist jedoch die Transparenzsteigerung des öffentlichen Dienstes. Für die Öffentlichkeit soll damit insbesondere deren Arbeitsweise nachvollziehbarer und überprüfbarer werden.[1712] Adressaten sind damit sowohl die öffentlichen Bediensteten als auch die Bevölkerung. Ebendarum wurde der MK vom Aufbau und Ausdruck nicht wie ein Gesetz oder eine Verordnung verfasst. Es wurde bewusst ein einfacher Schreibstil gewählt, damit der MK von allen Interessierten als ein einfach zu handhabendes Orientierungsdokument herangezogen werden kann.[1713]

Der MK behandelt insbesondere nachfolgende Aspekte:[1714]

- Allgemeine Grundsätze (Unparteilichkeit, Neutralität, Loyalität);[1715]
- Bericht- und Meldepflichten;[1716]
- Umgang mit Interessenkonflikten, Befangenheiten und Unvereinbarkeiten;[1717]
- Umgang mit unzulässigen Vorteilen;[1718]
- Umgang mit öffentlichem Gut;[1719]
- Aufsicht, Verantwortung, Einhaltung;[1720]
- Regelungen vor Eintritt und nach Ausscheiden i. Z. m. mit öffentlichen Dienstverhältnissen.[1721]

Der MK gibt eine Reihe von allgemeinen Verhaltensgrundsätzen vor, die ein hohes Maß an Professionalität unter den öffentlichen Bediensteten in den Mitgliedstaaten sicherstellen soll. Unter Berücksichtigung der rechtlichen und ethnischen Vorgaben sowie des öffentlichen Interesses haben sich öffentliche Bedienstete an

1711 Committee of Ministers, *RES (99) 5* 1999 (n. 400), Appendix: Art. 1; Committee of Ministers, *Explanatory Memorandum to Recommendation Rec(2000)10 on Codes of conduct for public officials* 2000 (n. 999), Art. 1.

1712 Committee of Ministers, *R(2000)10* 2000 (n. 1005), Preamble, Art. 1 Abs. 3, Art. 3.

1713 Committee of Ministers, *Explanatory Memorandum to Recommendation Rec(2000)10 on Codes of conduct for public officials* 2000 (n. 999), 3. Public service codes of conduct in general.

1714 Committee of Ministers, *R(2000)10* 2000 (n. 1005), Appendix.

1715 Ibid., Appendix: Art. 4-11.

1716 Ibid., Appendix: Art. 12.

1717 Ibid., Appendix: Art. 13-17, 20.

1718 Ibid., Appendix: Art. 18-19, 21.

1719 Ibid., Appendix: Art. 22-23.

1720 Ibid., Appendix: Art. 25, 28.

1721 Ibid., Appendix: Art. 24, 26-27.

die Gebote der Neutralität, Loyalität, Höflichkeit, Vertraulichkeit, Ehrlichkeit, Unparteilichkeit und Effizienz, Vertraulichkeit und Gleichbehandlung zu halten.[1722] Als ein zentrales im MK geregelte Prinzip konnte auch das Willkürverbot festgestellt werden. Eine systematische und teleologische Interpretation ergab zudem, dass das im MK geregelte Willkürverbot für sich absolute Geltung beansprucht. Es gilt unabhängig davon, ob der Betroffene aus der willkürlichen Entscheidung einen Vorteil gezogen hat oder der öffentliche Bedienstete selbst keinen Vorteil daraus ziehen konnte. Es gilt sogar dann, wenn überhaupt keine Nachteile entstanden sind.[1723] Daneben bildet der Grundsatz der strikten Trennung der öffentlichen und privaten Sphäre ein weiterer zentraler Verhaltensgrundsatz.[1724]

Die österreichische öffentliche Verwaltung verfügt über mehrere ressortspezifische Verhaltenskodizes. Beispielhaft können der Verhaltenskodex für das Arbeits- und Wirtschaftsministerium oder der Verhaltenskodex für Angehörige des Bundeskanzleramtes angeführt werden.[1725]

Zudem hat Österreich seit Ende 2020 einen ressort- und gebietskörperschaftsübergreifenden Verhaltenskodex für Verwaltungsangehörige im Allgemeinen geschaffen. Die Ausarbeitung dieses Verhaltenskodex wurde Österreich von der GRECO im Evaluierungsbericht zur gemeinsamen ersten und zweiten Evaluierungsrunde nahegelegt.[1726]

GRECO hat sich im Rahmen der fünften Evaluierungsrunde ebenfalls mit dem 2020 erlassenen Verhaltenskodex befasst. Eine umfangreiche Überprüfung der Umsetzung in Österreich fand jedoch nicht statt. Dies lag am sehr eng festgelegten Untersuchungsgegenstand, der sich u .a. auf die Mitglieder der höchsten

---

1722 Ibid., Appendix: Art. 4–5, 7, 10, 11; Committee of Ministers, *Explanatory Memorandum to Recommendation Rec(2000)10 on Codes of conduct for public officials* 2000 (n. 999), Art. 4-11.

1723 Committee of Ministers, *R(2000)10* 2000 (n. 1005), Appendix: Art. 6-7; Committee of Ministers, *Explanatory Memorandum to Recommendation Rec(2000)10 on Codes of conduct for public officials* 2000 (n. 999), Art. 4-11.

1724 Committee of Ministers, *R(2000)10* 2000 (n. 1005), Appendix: Art. 8; Committee of Ministers, *Explanatory Memorandum to Recommendation Rec(2000)10 on Codes of conduct for public officials* 2000 (n. 999), Art. 4-11.

1725 Bundesministeriums für Digitalisierung und Wirtschaftsstandort, Österreich, *Verhaltenskodex* 2020 (n. 1369); Bundeskanzleramt, Österreich, *Null Toleranz für Korruption – Verhaltenskodex des Bundeskanzleramts* 2019 (n. 1372).

1726 Bundesministerium für Kunst, Kultur, öffentlichen Dienst und Sport, Österreich, *Die VerANTWORTung liegt bei mir – Verhaltenskodex zur Korruptionsprävention im Öffentlichen Dienst* 2020 (n. 1186); GRECO, *GrecoEvalI-IIRep(2007)2E* 2008 (n. 1181), Rz 124, 153.

Exekutivebene bezog, welche gerade nicht dem MK unterliegen.[1727] Auch der Untersuchungsgegenstand der vierten Evaluierungsrunde, der sich mit Abgeordneten, Richtern und Staatsanwälten befasst, ließ keine detaillierte Prüfung der Umsetzung des MK in Österreich zu. Auch Justizämter und gewählte Vertreter sind nicht vom Anwendungsbereich des MK erfasst sind.[1728]

Eine Bewertung, inwieweit der 2020 in Österreich erlassene Verhaltenskodex den einschlägigen internationalen Vorgaben entspricht, wäre anhand des MK zu beurteilen.[1729] Diesbezüglich ist positiv festzuhalten, dass der österreichische Verhaltenskodex für den öffentlichen Dienst im Wesentlichen Ausführungen zu allen in der MK behandelten Themen enthält. Behandelt werden Themen wie der Umgang mit Interessenkonflikten, das Vorgehen beim Erkennen von Befangenheitsgründen sowie das Erkennen von unzulässigen Vorteilen und wie damit umzugehen ist. Ebenfalls wurden die Aufgaben von Vorgesetzten im Allgemeinen sowie i. Z. m. der Einstellung von Bediensteten erwähnt. Qualitativ und quantitativ weichen die behandelten Bereiche im österreichischen Verhaltenskodex teils erheblich voneinander ab. Umfangreich ausgeführt wurde bspw. die Frage, wann ein ungerechtfertigter Vorteil vorliegt und wie dieser erkannt wird. Dies ist in Art. 18 MK geregelt. Kaum behandelt wird hingegen das Prozedere, wie in Situationen vorzugehen ist, in denen ein Verwaltungsbediensteter mit derartigen unzulässigen Vorteilen konfrontiert wird. Die Umsetzung von Art. 16 MK vollzog Österreich offenbar lediglich mit der Erwähnung, dass dienstliche Interessen mit einer politischen Betätigung kollidieren können. Hiermit ist Österreich seiner Umsetzungsverpflichtung sicherlich nicht hinreichend nachgekommen und würde diesbezüglich durch die GRECO in einem späteren Evaluierungsverfahren gerügt werden.[1730]

1727 GRECO, *GrecoEval5Rep(2022)1* 2022 (n. 29), Rz 61-67.

1728 Ibid.; GRECO, *GrecoEval4Rep(2016)1* 2016 (n. 596).

1729 Bundesministerium für Kunst, Kultur, öffentlichen Dienst und Sport, Österreich, *Die VerANTWORTung liegt bei mir – Verhaltenskodex zur Korruptionsprävention im Öffentlichen Dienst* 2020 (n. 1186); Committee of Ministers, *R(2000)10* 2000 (n. 1005).

1730 Committee of Ministers, *R(2000)10* 2000 (n. 1005), Art. 1 ff, Art. 16, 18; Bundesministerium für Kunst, Kultur, öffentlichen Dienst und Sport, Österreich, *Die VerANTWORTung liegt bei mir – Verhaltenskodex zur Korruptionsprävention im Öffentlichen Dienst* 2020 (n. 1186), S. 1 ff, S. 12-24, 26.

Als größter Kritikpunkt muss dem österreichischen Verhaltenskodex «*Die VerANTWORTung liegt bei mir*»[1731] entgegengehalten werden, dass dieser lediglich eine Art Wegweiser für öffentliche Bedienstete darstellt. Dahingehend mag sich der Verhaltenskodex aufgrund seiner zahlreichen praxisnahen Beispiele sicherlich als effizient erweisen, jedoch beabsichtigt die MK nicht, lediglich eine Art erläuterndes Werk zu sein. Der MK erklärt selbst, dass die darin enthaltenen Bestimmungen Bindungswirkung erzeugen sollen und damit die Verwaltungsbediensteten im Falle der Missachtung sanktioniert werden können. Der österreichische Verhaltenskodex schafft keine derartigen Bestimmungen, enthält damit auch keine Überwachungs- und Sanktionsmechanismen und kommt letztlich Art. 28 MK nicht hinreichend nach. Dieser verweist vielmehr auf die relevanten straf- bzw. dienstrechtlichen Bestimmungen.[1732]

13.3.2.3 Empfehlung betreffend die Finanzierung politischer Parteien und Wahlkämpfen[1733]

Es ist offensichtlich, warum der Europarat sich entschlossen hat, gerade in diesem Bereich ein Antikorruptionsinstrument auszuarbeiten. Politische Parteien benötigen finanzielle Mittel, um ihren Aufgaben in einem demokratisch organisierten Staat nachkommen zu können. Es zeigt sich aber auch, dass hierfür die Beiträge der Mitglieder allein nicht ausreichen. Es bedarf zusätzlichen Finanzierungsmöglichkeiten. Einerseits können diese zusätzlichen Mittel wesentlich zum Funktionieren einer demokratischen Staatsordnung beitragen. Gerade für Externe ermöglichen Parteispenden andererseits aber, mitunter erheblichen Einfluss auf die künftige Tätigkeit politischer Parteien auszuüben. Ebendarum ist die Finanzierung politischer Parteien häufig von Korruption begleitet.[1734]

Bereits vor dieser Empfehlung sahen viele nationale Rechtsordnungen schon über Bestimmungen vor, welche die Finanzierung politischer Parteien zum Gegenstand hatten. Es konnte allerdings festgestellt werden, dass diese Regelungen über keinen ausreichenden Schutz vor Korruption boten bzw. diese

---

1731 Bundesministerium für Kunst, Kultur, öffentlichen Dienst und Sport, Österreich, *Die VerANTWORTung liegt bei mir – Verhaltenskodex zur Korruptionsprävention im Öffentlichen Dienst* 2020 (n. 1186).

1732 Ibid.; Committee of Ministers, *R(2000)10* 2000 (n. 1005), Appendix: Art. 28; GRECO, *GrecoEval5Rep(2022)1* 2022 (n. 29), Rz 65-66.

1733 Committee of Ministers, *Recommendation Rec(2003)4* 2003 (n. 426).

1734 Committee of Ministers, *CM(2001)195 revised addendum* 2002 (n. 1081), Rz 1-3; Pelinka, '*Die Parteien und die Bundesverfassung*' 2020 (n. 1082), S. 119 ff.

Schutzbestimmungen leicht umgangen werden konnten.[1735] Da die illegale Finanzierung nationaler politischer Parteien zudem das demokratische Prinzip des Europarats (Wertetrias) berührt,[1736] hat der Europarat die Empfehlung Rec(2003)4 erlassen. Im Anhang der Empfehlung sind Antikorruptionsbestimmungen enthalten, die sich auf Parteien- sowie Wahlkampffinanzierungen fokussieren.[1737]

Darin wird den Mitgliedstaaten des Europarats in unverbindlicher Weise empfohlen, auf nationaler Ebene Regelungen zur Finanzierung politischer Parteien zwecks Verhütung und Bekämpfung von Korruption vorzusehen. Die Empfehlung enthält auch den Auftrag an die Mitgliedstaaten, innerstaatlich keine Unterscheidung dahingehend zu treffen, ob die Finanzierungsmittel allgemein zugunsten einer Partei oder spezifisch zur Führung von Wahlkämpfen gegeben werden.[1738] Damit soll ein einheitlicher Mindeststandard unter den Mitgliedstaaten hergestellt werden.[1739]

Eine Definition des Begriffs *politische Partei* ist in der RFPW nicht enthalten. Es empfiehlt sich daher, sich an der Definition der *Venice Commission*[1740] zu orientieren, wonach eine politische Partei als eine *«[...] free association of persons, one of the aims of which is to participate in the management of public affairs, including through the presentation of candidates to free and democratic elections [...]»* definiert wird.[1741] Auch der Europarat selbst greift auf die Definition der *Venice Commission* zurück.[1742]

Die RFPW regeln sowohl die öffentliche sowie private Finanzierung politischer Parteien. Auf öffentlicher Seite werden die Staaten aufgefordert, die politischen Parteien in einem fairen Verhältnis mit öffentlichen Geldern zu unterstützen.

1735 Committee of Ministers, *CM(2001)195 revised addendum* 2002 (n. 1081), Rz 49.

1736 Committee of Ministers, *Recommendation Rec(2003)4* 2003 (n. 426), Preamble; Brummer, *Der Europarat* 2008 (n. 6), S. 17; Committee of Ministers, *CM(2001)195 revised addendum* 2002 (n. 1081), Rz 24.

1737 Committee of Ministers, *Recommendation Rec(2003)4* 2003 (n. 426).

1738 Ibid., Preamble; Brummer, *Der Europarat* 2008 (n. 6), S. 17; Committee of Ministers, *CM(2001)195 revised addendum* 2002 (n. 1081), Rz 24.

1739 Committee of Ministers, *Recommendation Rec(2003)4* 2003 (n. 426), Preamble; Committee of Ministers, *CM(2001)195 revised addendum* 2002 (n. 1081), Rz 26-28.

1740 Council of Europe, '*Venice Commission*' 2022 (n. 1094), aufgerufen am: 04.11.2022.

1741 European Commission for democracy through law, *Guidelines on political party regulation* 2010 (n. 1095), Rz 9; Committee of Ministers, *CM(2001)195 revised addendum* 2002 (n. 1081), Rz 36.

1742 Committee of Ministers, *CM(2001)195 revised addendum* 2002 (n. 1081), Rz 36; Brummer, *Der Europarat* 2008 (n. 6), S. 221; Dürr, '*Die Venedig-Kommission des Europarats als Verfassungsvergleicher und Verfassungsberater*' 2013 (n. 1096), S. 92 f.

Auf privater Seite gibt es unterschiedliche Regelungen, abhängig davon, ob es sich beim Spender um eine in- bzw. ausländische N. P. oder J. P. handelt. Die Definition des Begriffs *Spende* verdeutlicht abermals den Anspruch des Europarats, Korruption möglichst umfassend zu bekämpfen. Nahezu jede Leistung, die an eine politische Partei gewährt wird, kann unter dem Begriff subsumiert werden. Einzige Einschränkung ist, dass die Leistung materieller Natur sein muss. Ebenfalls sind von diesen Regelungen nicht nur politische Parteien samt den damit i. Z. stehenden Wahlkämpfen erfasst, sondern sie gelten auch für die einer Partei nahestehenden Einrichtungen.[1743]

Im Kern bezwecken die Bestimmungen die Vermeidung von Interessenkonflikten seitens der politischen Parteien,[1744] die Gewährleistung von Transparenz,[1745] die Verhinderung anonymer bzw. geheimer Spenden und die Bewahrung der Unabhängigkeit der politischen Parteien.[1746]

Zwecks Vermeidung von Interessenkonflikten können verschiedene Maßnahmen vorgesehen werden. Ein wirksames Mittel könnte ein verbindliches Gebot darstellen, wonach finanzielle Zuwendungen nicht an etwaige Bedingungen geknüpft werden dürfen. Des Weiteren könnten strikte Dokumentationspflichten eingeführt werden. Diese sollten vorsehen, dass zumindest die personenbezogenen Daten des Spenders, der Zweck der Spende bzw. das persönliche Interesse des Spenders sowie der ziffernmäßige Betrag der Spende erfasst wird.[1747]

Mit der Verpflichtung, Spenden zu dokumentieren und zu veröffentlichen, kann die Transparenz i. Z. m. Spenden und politischen Parteien bzw. Wahlkämpfen sichergestellt werden. Insbesondere bei höheren Spenden sind solche Maßnahmen bedeutsam.[1748]

1743 Committee of Ministers, *Recommendation Rec(2003)4* 2003 (n. 426), Appendix: Art. 1-3 ff; Committee of Ministers, *CM(2001)195 revised addendum* 2002 (n. 1081), Rz 35.

1744 Committee of Ministers, *Recommendation Rec(2003)4* 2003 (n. 426), Art. 3; Committee of Ministers, *CM(2001)195 revised addendum* 2002 (n. 1081), Rz 37-39.

1745 Committee of Ministers, *Recommendation Rec(2003)4* 2003 (n. 426), Appendix: Art. 3; Committee of Ministers, *CM(2001)195 revised addendum* 2002 (n. 1081), Rz 37-39.

1746 Committee of Ministers, *Recommendation Rec(2003)4* 2003 (n. 426), Appendix: Art. 3; Committee of Ministers, *CM(2001)195 revised addendum* 2002 (n. 1081), Rz 37, 40-41.

1747 Committee of Ministers, *Recommendation Rec(2003)4* 2003 (n. 426), Art. 3; Committee of Ministers, *CM(2001)195 revised addendum* 2002 (n. 1081), Rz 37-39.

1748 Committee of Ministers, *Recommendation Rec(2003)4* 2003 (n. 426), Appendix: Art. 3; Committee of Ministers, *CM(2001)195 revised addendum* 2002 (n. 1081),

Eine entscheidende Maßnahme, um die Unabhängigkeit politischer Parteien zu gewährleisten, kann die Einführung von Höchstgrenzen für die Spendenbeträge darstellen. Selbstverständlich müssen auch Maßnahmen etabliert werden, die eine Umgehung der Höchstgrenzen verunmöglichen.[1749]

Daneben sind noch weiterer Maßnahmen notwendig. Die Verpflichtung zu einer sauberen Kontenführung der Parteien, zu Ausgaben- und Spendenaufzeichnungen sowie zur periodischen Vorlage von Buchhaltungsabschlüssen, verbunden mit einer Veröffentlichungspflicht, könnten sicherstellen, dass parteipolitischen Spenden nicht mehr von Korruption begleitet werden.[1750]

Die RFPW sieht schließlich vor, dass die Mitgliedstaaten Sanktionsnormen schaffen sollen, damit dieser Regelungskomplex im nationalen Recht kein zahnloser Tiger bleibt. Die Auflösung einer politischen Partei, der temporäre Verlust des Wahlrechts, der Verlust der Wählbarkeit zum Amt eines Richters oder Staatsbeamten, der Entzug des Mandats bzw. Amtes sowie Wahlannullierungen könnten hierfür als Sanktionsmittel vorgesehen werden.[1751]

Einzelne Bestimmungen hinsichtlich der Finanzierung von nationalen politischen Parteien und von Wahlkämpfen waren bereits Überprüfungsgegenstand der dritten Evaluierungsrunde der GRECO, die am 1. Januar 2007 eingeleitet wurde.[1752] Im dritten Evaluierungsbericht wird festgehalten, dass Österreich hinsichtlich der überprüften Bestimmungen nur unzureichend den Vorgaben gemäß der Empfehlung Rec(2003)4 nachgekommen ist. Allein für den Untersuchungsgegenstand der Parteien- und die Wahlkampffinanzierung hatte die GRECO insgesamt elf Empfehlungen zur Umsetzung ausgesprochen.[1753]

Nach Prüfung des ersten Umsetzungsberichts, der Verabschiedung des neuen PartG 2012 sowie der Erlassung eines ergänzenden zweiten Umsetzungsberichts, wurde die dritte Evaluierungsrunde für Österreich am 18. März 2016 für

---

Rz 37-39.

1749 Committee of Ministers, *Recommendation Rec(2003)4* 2003 (n. 426), Appendix: Art. 3; Committee of Ministers, *CM(2001)195 revised addendum* 2002 (n. 1081), Rz 37, 40-41.

1750 Committee of Ministers, *Recommendation Rec(2003)4* 2003 (n. 426), Appendix: Art. 3, 10-14.

1751 Ibid., Appendix: Art. 16; Committee of Ministers, *CM(2001)195 revised addendum* 2002 (n. 1081), Rz 70-72.

1752 GRECO, '*Evaluations – Group of States against Corruption*' 2023 (n. 596), abgerufen am: 20.05.2023; GRECO. *GrecoEvalIII(2006)2E: Questionnaire on Transparency of Party Funding* (2006); GRECO, *GrecoEvalIIIRep(2011)3E* 2011 (n. 596), Rz 1-2.

1753 GRECO, *GrecoEvalIIIRep(2011)3E(P3)* 2011 (n. 596), Rz 3; GRECO, *GrecoEvalIIIRep(2011)3E* 2011 (n. 596), Rz 1-3, 7 ff, 61, 72-73.

beendet erklärt. Lediglich sechs Empfehlungen hinsichtlich der Parteien- und Wahlkampffinanzierung wurden zufriedenstellend umgesetzt. Österreich hat es u .a. unterlassen, angemessene Rechnungslegungsstandards zur Finanzierung von Partei- und Wahlkämpfen im nationalen Recht vorzusehen.[1754]

13.3.3 Völkerrechtsverträge

13.3.3.1 Allgemeines zu Völkerrechtsverträgen

Im Völkerrecht hat sich der Grundsatz durchgesetzt, dass ein Staat auf internationaler Ebene die umfassende Souveränität genießt, solange dieser nicht selbst seine staatliche Souveränität durch Völkerrechtsakte einschränkt oder das Völkerrecht selbst eine derartige Beschränkung vorgibt. Festgeschrieben wurde dieser Grundsatz 1927 im sogenannten Lotus-Fall, worin der StIGH über einen internationalen Rechtsstreit zwischen den beiden Völkerrechtssubjekten Frankreich und Türkei zu urteilen hatte.[1755]

Empfehlungen, wie sie zuvor behandelt wurden, stellen damit grundsätzlich keine Einschränkung der staatlichen Souveränität dar. Im Unterschied zu diesen zeichnen sich aber Völkerrechtsverträge durch eine Bindungswirkung zwischen den Vertragsparteien aus. Es gilt das allgemeine Völkerrechtsprinzip *pacta sunt servanda*.[1756] Im Antikorruptionsregime des Europarats sind Völkerrechtsverträge aufgrund ihrer Bindungswirkung gegenüber den Mitgliedstaaten somit das stärkste Rechtsinstrument und zugleich die stärkste materielle Waffe im Kampf gegen Korruption.

13.3.3.2 StÜK und ZP-StÜK

Ende Januar 1999 wurde das StÜK zur Unterzeichnung aufgelegt. Das Abkommen trat dann schließlich am 1. Juli 2002 in Kraft. Österreich hat das Abkommen am 13. Oktober 2000 unterzeichnet und ca. 13 Jahre später am 25. September 2013 ratifiziert. In Rechtskraft erwachsen ist es in Österreich am 1. Januar 2014. Durch das am 1. Februar 2005 in Kraft getretene ZP-StÜK wurden die Bestimmungen im

---

1754 BGBl. I Nr. 56/2012, *Bundesgesetz über die Finanzierung politischer Parteien* 2012 (n. 1079); GRECO. *GrecoRC-III(2013)26E: Umsetzungsbericht zu Österreich zur dritten Evaluierungsrunde* (2014), Rz 121-122; GRECO, *GrecoRC3(2016)1* 2016 (n. 1085), Rz 17-20, 52-53, 55-56.

1755 StIGH, '*The Case of the S.S. Lotus – France v. Turkey*' 1927 (n. 885); Arnauld, *Völkerrecht* 2019 (n. 331), S. 15.

1756 Arnauld, *Völkerrecht* 2019 (n. 331), S. 88.

StÜK adaptiert und ergänzt. Unterzeichnung und Ratifikation des Zusatzprotokolls fand durch Österreich am 13. Dezember 2013 statt. Es trat dann am 1. April des Folgejahres in Kraft. Die beiden Antikorruptionsrechtsinstrumente verfolgen den primären Zweck, die Strafbarkeit bestimmter korrupter Handlungen in allen Vertragsstaaten einheitlich festzulegen.[1757]

Bereits bei der Ausarbeitung des StÜK wurde im Rahmen des Europarats der Ansatz verfolgt, möglichst viele korrupte Praktiken zu erfassen und strafrechtlich zu sanktionieren. Insbesondere wollte man kein Strafrechtswerk schaffen, dass sich lediglich mit dem klassischen Korruptionsdelikt der Bestechung beschäftigt.[1758] Um dies sicherzustellen, legte die GMC dem StÜK eine äußerst weit gefasstes und allgemeines Verständnis von Korruption zugrunde.[1759] Gleichzeitig verzichten die strafrechtlichen Vertragswerke des Europarats auf eine Legaldefinition des Begriffs Korruption.[1760]

Besonderes Augenmerk legt das StÜK und das ZP-StÜK auf die Kriminalisierung der aktiven sowie passiven Bestechung i. Z. m. in- und ausländischen Amtsträger und Mitgliedern in- und ausländischer öffentlicher Vertretungskörper. Daneben wird die aktive sowie passive Bestechung auch auf internationaler Ebene auf den Gebieten der Legislative, Exekutive und Judikative und sogar im Bereich der Privatwirtschaft kriminalisiert. Das ZP-StÜK erweitert die soeben erwähnten Delikte, indem es die aktive und die passive Bestechung von in- sowie auch ausländischen Schiedsrichtern und darüber hinaus von Schöffen bzw. Geschworenen kriminalisiert.[1761] Diese konnten nicht bereits im StÜK thematisiert werden, da eine Gleichstellung von Richtern und Schiedsrichtern mit den Regelungen

---

1757 Council of Europe, '*Strafrechtsübereinkommen über Korruption*' 2022 (n. 736), abgerufen am: 20.05.2023; Europe's Human Rights Watchdog, '*Europarat: Kampf gegen Korruption – und GRECO*' 2014 (n. 736), abgerufen am: 20.05.2023; Council of Europe, '*Details of Treaty No.191*' 2022 (n. 411), abgerufen am: 20.05.2023; Council of Europe, *Explanatory Report to the Additional Protocol to the Criminal Law Convention on Corruption* 2003 (n. 890), Rz 3-5; ETS No. 191, *Additional Protocol to the Criminal Law Convention on Corruption* 2003 (n. 410); Council of Europe, '*Chart of signatures and ratifications of Treaty 191*' 2022 (n. 897), abgerufen am: 20.05.2023.

1758 Council of Europe, *Explanatory Report to the Criminal Law Convention on Corruption* 1999 (n. 407), Rz 25.

1759 Ibid., Rz 24.

1760 Ibid.; ETS No. 173, *Criminal Law Convention on Corruption* 1999 (n. 406), Art. 1.

1761 ETS No. 173, *Criminal Law Convention on Corruption* 1999 (n. 406), Art. 2-11; ETS No. 191, *Additional Protocol to the Criminal Law Convention on Corruption* 2003 (n. 410), Art. 2-6.

mehrerer nationaler Rechtsordnungen nicht vereinbart werden konnte.[1762] Auch in Österreich unterliegen Schiedsrichter heute dem nationalen Korruptionsstrafrecht. Diese Entwicklung lässt sich auf die Vorgaben des ZP-StÜK zurückführen und wurde im Zuge des StrÄG 2008 umgesetzt.[1763]

Da das StÜK und ZP-StÜK als ein einheitliches Regelwerk betrachtet werden, gelten die Bestimmungen des StÜK subsidiär auch für das ZP-StÜK, sofern dieses keine besonderen Regelungen vorsieht.[1764]

Die zentralen Bestechungsdelikte sind in Art. 2 und Art. 3 StÜK geregelt, welche die aktive und passive Bestechung i. Z. m. Amtsträgern behandeln. Alle anderen Bestechungsdelikte des StÜK nehmen auf diese beiden Bestimmungen Bezug. Sie können daher sinngemäß herangezogen werden. Nach dem StÜK und ZP-StÜK handelt es sich bei der aktiven Bestechung nach Art. 2 StÜK um *«[...] the promising, offering or giving by any person, directly or indirectly, of any undue advantage to any of its public officials, for himself or herself or for anyone else, for him or her to act or refrain from acting in the exercise of his or her functions.»*[1765] Die Begehungsformen sind das Versprechen und das Anbieten sowie das Gewähren eines entsprechenden ungerechtfertigten Vorteils.[1766] Die passive Bestechung

---

1762 Council of Europe, *Explanatory Report to the Additional Protocol to the Criminal Law Convention on Corruption* 2003 (n. 890), Rz 18.

1763 BGBl. Nr. 60/1974, *Bundesgesetz vom 23. Jänner 1974 über die mit gerichtlicher Strafe bedrohten Handlungen* (n. 64), §§ 74 Abs. 1 Z. 4a, 4c iVm 304; RGBl. Nr. 113/1895, *Gesetz vom 1. August 1895, über das gerichtliche Verfahren in bürgerlichen Rechtsstreitigkeiten (Zivilprozessordnung)* 1895 (n. 1226), §§ 577 ff; ETS No. 191, *Additional Protocol to the Criminal Law Convention on Corruption* 2003 (n. 410); 8750 der Beilagen zu den Stenographischen Protokollen des Bundesrates, *Bericht des Justizausschusses über den Beschluss des Nationalrates vom 27. Juni 2012 betreffend ein Bundesgesetz, mit dem das Strafgesetzbuch und die Strafprozessordnung 1975 zur Verbesserung der strafrechtlichen Bekämpfung von Korruption geändert werden (Korruptionsstrafrechtsänderungsgesetz 2012 – KorrStrÄG 2012* 2012 (n. 1206), S. 1-2, 7; 92/ME XXIII. GP, *Ministerialentwurf – Vorblatt und Erläuterungen zum StrÄG 2008* (n. 1227), S. 4, 6-8, 17; BGBl. I Nr. 109/2007, *Bundesgesetz, mit dem das Strafgesetzbuch, die Strafprozessordnung 1975, das Strafvollzugsgesetz, das Bewährungshilfegesetz und das Jugendgerichtsgesetz 1988 geändert werden (Strafrechtsänderungsgesetz 2008)* 2007 (n. 1206); Bertel/Schwaighofer, *Österreichisches Strafrecht* 2016 (n. 125), § 304 Rz 4-8.

1764 ETS No. 191, *Additional Protocol to the Criminal Law Convention on Corruption* 2003 (n. 410), Art. 8 Abs. 2; Council of Europe, *Explanatory Report to the Additional Protocol to the Criminal Law Convention on Corruption* 2003 (n. 890), Rz 40.

1765 ETS No. 173, *Criminal Law Convention on Corruption* 1999 (n. 406), Art. 2.

1766 Council of Europe, *Explanatory Report to the Criminal Law Convention on Corruption* 1999 (n. 407), Rz 36.

nach Art. 3 StÜK verlangt hingegen «*[...] the request or receipt by any of its public officials, directly or indirectly, of any undue advantage, for himself or herself or for anyone else, or the acceptance of an offer or a promise of such an advantage, to act or refrain from acting in the exercise of his or her functions.*»[1767] Österreich hat sich bei der Auslegung der einzelnen Tathandlungen vom Begriffsverständnis des Europarats beeinflussen lassen. Sowohl die Tathandlungen bei den öffentlichen und privaten aktiven als auch passiven Bestechungsdelikten werden im österreichischen StGB ident ausgelegt wie die Tathandlungen im StÜK.[1768]

Im Gegensatz dazu behandelt das einschlägige Abkommen der OECD «*Convention on combating birbery of foreign public officials in international business transactions*»[1769] («OECD-CB») lediglich die Korruptionsbekämpfung im internationalen Geschäftsverkehr und beschränkt sich auf die Kriminalisierung der aktiven Bestechung ausländischer Amtsträger.[1770] Das Antibestechungsübereinkommen der EU, die «*Convention drawn up on the basis of Article K.3 (2) (c) of the Treaty on European Union on the fight against corruption involving officials of the European Communities or officials of Member States of the European Union*»[1771] («EU-ABÜK») kriminalisiert im Unterschied zur OECD zwar sowohl die aktive als auch passive Bestechung, jedoch nur in begrenztem Umfang hinsichtlich EU- sowie in- und ausländischer Beamten.[1772] Nur die UNCAC deckt von allen in dieser Arbeit erwähnten internationalen Organisationen ein annähernd ähnlich breites Spektrum an Bestechungsdelikten wie der Europarat ab.[1773]

Auch wenn das StÜK und das ZP-StÜK bereits mit der Sanktionierung der zahlreichen verschiedenen Bestechungshandlungen hervorsticht, schreibt das Abkommen und das Zusatzprotokoll den Vertragsstaaten zusätzlich die

1767 ETS No. 173, *Criminal Law Convention on Corruption* 1999 (n. 406), Art. 3.

1768 BGBl. Nr. 60/1974, *Bundesgesetz vom 23. Jänner 1974 über die mit gerichtlicher Strafe bedrohten Handlungen* (n. 64), §§ 304-307b; Bertel/Schwaighofer, *Österreichisches Strafrecht* 2016 (n. 125), § 304 Rz 9-12, § 305 Rz 2-4, § 306 Rz 3, § 307 Rz 1-4, § 307a Rz 1-3, § 307b Rz 2, § 309 Rz 1; Council of Europe, *Explanatory Report to the Criminal Law Convention on Corruption* 1999 (n. 407), Rz 40-43.

1769 Negotiating Conference, OECD, *Convention on Combating Bribery of Foreign Public Officials in International Business Transactions* 1997 (n. 103).

1770 Ibid., Art. 1 Abs. 1; Wolf, *Maßnahmen internationaler Organisationen zur Korruptionsbekämpfung auf nationaler Ebene – Ein Überblick* 2006 (n. 1700), S. 25, 28-29.

1771 EU, *Convention drawn up on the basis of Article K.3 (2) (c) of the Treaty on European Union on the fight against corruption involving officials of the European Communities or officials of Member States of the European Union* 1997 (n. 1694).

1772 Ibid., Art. 1 a, Art. 2-3.

1773 UNO, *United Nations Convention against Corruption* 2003 (n. 95), Art. 15-16, 21.

Kriminalisierung weiterer typischer Korruptionshandlungen vor. Es wird die innerstaatliche Kriminalisierung der missbräuchlichen Einflussnahme, der mit Korruption i. Z. stehenden Geldwäsche und Vorschriftverstöße zu Buchführungsbestimmungen durch den unmittelbaren Täter, den Anstifter und weiteren Beteiligten vorgeschrieben. Das StÜK sieht darüber hinaus noch die Ausweitung der Strafbarkeit auf J. P. vor.[1774]

Auch hier zeigt sich wieder der bedeutende Einfluss, den das Antikorruptionsregime des Europarats hat. Das Delikt der missbräuchlichen Einflussnahme beabsichtigt die sogenannte *background corruption* zu bekämpfen, wenn Vertrauenspersonen im nahen Umfeld eines Entscheidungsträgers ihre privilegierte Situation ausnutzen und dadurch Korruption fördern. Es handelt sich dabei per se um ein typisches Korruptionsdelikt. Dennoch wurde die missbräuchliche Einflussnahme vor Abschluss des StÜK nicht in allen nationalen Rechtsordnungen strafrechtlich geahndet. Manchen Rechtsordnungen war dieses Delikt gänzlich unbekannt. Dass heute die missbräuchliche Einflussnahme zum Kanon der klassischen Korruptionsdelikte gehört, ist primär auf die Arbeit des Europarats zurückzuführen.[1775] Die strenge Handhabung dieses Delikts lässt sich ebenso auf den Europarat zurückführen. Dieser lässt die Strafbarkeit bereits mit der Abgabe der Erklärung begründen, eine missbräuchliche Einflussnahme zu begehen. Ob der Täter tatsächlich dazu in der Lage ist, spielt aus Sicht des StÜK keine Rolle.[1776] Ebenso fordert das StÜK die Vertragsstaaten auf, Bestimmungen vorzusehen, wodurch Tatwerkzeuge, Erträge und Vermögensgegenstände eingezogen bzw. entzogen werden können.[1777]

Der umfassende Ansatz des Europarats zeigt sich auch darin, dass selbst die Geldwäsche von Erträgen aus Korruptionsdelikten sanktioniert wird. Das StÜK verweist diesbezüglich auf das GwÜK, das im Besonderen die Geldwäschedelikte

---

1774 ETS No. 173, *Criminal Law Convention on Corruption* 1999 (n. 406), Art. 12–15, 18; Wolf, *Maßnahmen internationaler Organisationen zur Korruptionsbekämpfung auf nationaler Ebene – Ein Überblick* 2006 (n. 1700), S. 20.

1775 Council of Europe, *Explanatory Report to the Criminal Law Convention on Corruption* 1999 (n. 407), Rz 64.

1776 ETS No. 173, *Criminal Law Convention on Corruption* 1999 (n. 406), Art. 12; Council of Europe, *Explanatory Report to the Criminal Law Convention on Corruption* 1999 (n. 407), Rz 66.

1777 Council of Europe, *Explanatory Report to the Criminal Law Convention on Corruption* 1999 (n. 407), Rz 94.

zum Gegenstand hat.[1778] Das StÜK verlangt auch, dass alle Korruptionsdelikte des StÜK und ZP-StÜK als Vortaten der Geldwäscherei anerkannt werden.[1779]

Ein Meilenstein im globalen Kampf gegen Korruption setzte das StÜK auch mit der Ausdehnung der strafrechtlichen Verantwortlichkeit auf J. P. In einigen Mitgliedstaaten bestanden zur Zeit der Ausarbeitung des Übereinkommens überhaupt keine Normen, um die strafrechtliche Unternehmenshaftung zu begründen. Andere Mitgliedstaaten verfügten bereits über dahingehende Normen. Diese waren i. d. R. aber sehr marginal ausgeprägt und verlangten von den Strafverfolgungsbehörden, die strafrechtlich verantwortlichen N. P. innerhalb der Unternehmensstruktur namhaft zu machen. Gerade bei komplexen Unternehmensstrukturen war dies für die Strafverfolgungsbehörden oft äußerst schwierig. Selbst wenn gewisse Personen eines Unternehmens strafrechtlich zu Verantwortung gezogen werden konnten, verhinderten die bestehenden nationalen Bestimmungen oftmals nicht, dass die Unternehmen ihre korrupten Praktiken fortsetzten. Erst durch die Arbeit des Europarats entstand der heute vorherrschende allgemeine Konsens, dass auch J. P. i. Z. m. Korruption strafrechtlich zur Verantwortung gezogen werden müssen.[1780]

Hinsichtlich der Straffolgen schreibt das StÜK den Vertragsstaaten vor, diese «*[...] effective, proportionate and dissuasive [...]*»[1781] auszugestalten.

Im direkten Vergleich der verschiedenen einschlägigen Abkommen der für Europa bedeutsamen internationalen Organisationen stechen besonders das StÜK und das ZP-StÜK des Europarats aufgrund ihres weitreichenden Anwendungsrahmen hervor.[1782]

1778 ETS No. 173, *Criminal Law Convention on Corruption* 1999 (n. 406), Art. 13; Council of Europe, *Explanatory Report to the Criminal Law Convention on Corruption* 1999 (n. 407), Rz 68.

1779 Council of Europe, *Explanatory Report to the Criminal Law Convention on Corruption* 1999 (n. 407), Rz 70.

1780 Ibid., Rz 84-85.

1781 ETS No. 173, *Criminal Law Convention on Corruption* 1999 (n. 406), Art. 19.

1782 Wolf, *Der Beitrag internationaler und supranationaler Organisationen zur Korruptionsbekämpfung in den Mitgliedstaaten* 2007 (n. 1613), S. 27; ETS No. 173, *Criminal Law Convention on Corruption* 1999 (n. 406); ETS No. 191, *Additional Protocol to the Criminal Law Convention on Corruption* 2003 (n. 410); Negotiating Conference, OECD, *Convention on Combating Bribery of Foreign Public Officials in International Business Transactions* 1997 (n. 103); EU, *Convention drawn up on the basis of Article K.3 (2) (c) of the Treaty on European Union on the fight against corruption involving officials of the European Communities or officials of Member States of the European*

Die Antikorruptionsrechtsinstrumente des Europarats stechen jedoch noch in anderen Bereichen positiv hervor. Das OECD-CB und das EU-ABÜK sehen bei den Bestechungsdelikten rechtliche Schranken vor, auf die der Europarat verzichtet hat und auch damit die Anwendbarkeit seiner Strafrechtsinstrumente weiter steigert. So verlangt das OECD-Abkommen für dessen Anwendbarkeit ein internationales Sachverhaltselement, während die Tatbestandselemente nach Art. 2 und 3 des EU-Abkommens u .a. zwingend eine dienstliche Pflichtverletzung des Beamten fordern.[1783] Hingegen ist nach dem StÜK und ZP-StÜK die Strafbarkeit der aktiven Bestechung selbst dann gegeben, wenn der Amtsträger sich zur Ausführung einer pflichtkonformen Handlung oder Unterlassung bestechen lässt. Damit sticht der Europarat nicht nur gegenüber den sonstigen Akteuren im Bereich der Korruptionsbekämpfung hervor, sondern auch gegenüber einigen nationalen Rechtsordnungen, die zur Sanktionierung ebenfalls das Tatbestandselement eines Pflichtverstoßes fordern.[1784] Allerdings muss auch erwähnt werden, dass die Strafbarkeit einiger Delikte im StÜK auf nationaler Ebene an eine Dienstpflichtverletzung geknüpft werden kann.[1785] Doch auch bei den passiven Bestechungsdelikten zeigt sich, dass der Europarat bestrebt ist, möglichst viele Akte der passiven Bestechung zu sanktionieren. Neben dem sich Versprechen lassen und dem Annehmen ist auch das Fordern eine mögliche Tatbegehungsform der passiven Bestechung. Beim *Fordern* erklärt bspw. der Amtsträgers, eine Handlung nur gegen Hingabe eines Vorteils zu vollziehen. Für das StÜK bzw. das ZP-StÜK ist für die strafrechtliche Sanktionierung ohne Bedeutung, ob der Adressat der Erklärung tatsächlich Anstalten macht, den geforderten Vorteil auszuhändigen.

Union 1997 (n. 1694); UNO, *United Nations Convention against Corruption* 2003 (n. 95).

1783 Negotiating Conference, OECD, *Convention on Combating Bribery of Foreign Public Officials in International Business Transactions* 1997 (n. 103), Art. 1; EU, *Convention drawn up on the basis of Article K.3 (2) (c) of the Treaty on European Union on the fight against corruption involving officials of the European Communities or officials of Member States of the European Union* 1997 (n. 1694), Art. 2-3; Wolf, *Der Beitrag internationaler und supranationaler Organisationen zur Korruptionsbekämpfung in den Mitgliedstaaten* 2007 (n. 1613), S. 27-28.

1784 Council of Europe, *Explanatory Report to the Criminal Law Convention on Corruption* 1999 (n. 407), Rz 39.

1785 ETS No. 173, *Criminal Law Convention on Corruption* 1999 (n. 406), Art. 36; Council of Europe, *Explanatory Report to the Criminal Law Convention on Corruption* 1999 (n. 407), Rz 141.

Vielmehr wird die Strafbarkeit bereits mit dem Empfang der Erklärung an den Adressaten verwirklicht.[1786]

Die strafrechtlichen Antikorruptionsinstrumente des Europarats gehen aber noch weiter. Um auch wirklich die Ahnung der gegenständlichen Korruptionsdelikte sicherzustellen, schreibt das StÜK vor, dass sich ein Staat entweder zur Ausübung der Gerichtsbarkeit verpflichtet oder den Täter ausliefert.[1787] Wenn ein Staat in seiner Rechtsordnung für eine Auslieferung einen einschlägigen verbindlichen Vertrag voraussetzt, jedoch mit dem anderen Staat keiner besteht, erklärt das StÜK ausdrücklich, für all diese Fälle selbst die Vertragsgrundlage zu sein.[1788] Auch die Anwendung des Welt(straf)rechts- bzw. Universalitätsprinzip sah der Europarat vor.[1789]

Zusammengefasst haben die Antikorruptionsinstrumente der OECD und der EU nur einen sehr eingeschränkten Anwendungsbereich. Die UNO und der Europarat gehen demgegenüber von einem weiter reichenden Anwendungsgrundsatz aus. Ihre Instrumente bezwecken eine breit aufgestellte und umfassende Korruptionsbekämpfung. Stellt man die einzelnen rechtlichen Bestimmungen der verschiedenen Antikorruptionsinstrumente der verschiedenen für Europa bedeutsamsten internationalen Organisationen gegenüber, kann festgestellt werden, dass das StÜK und ZP-StÜK zu den strengsten und umfassendsten internationalen strafrechtlichen Antikorruptionsinstrumenten gehört. Damit verfügt der Europarat, von den hier genannten internationalen Organisationen, über die effizienteste materielle Waffe internationaler strafrechtlicher Korruptionsbekämpfung.[1790]

1786 ETS No. 173, *Criminal Law Convention on Corruption* 1999 (n. 406), Art. 3; Council of Europe, *Explanatory Report to the Criminal Law Convention on Corruption* 1999 (n. 407), Rz 40-43.

1787 Scharf, '*Aut dedere aut iudicare*' 2008 (n. 817), Rz 2; ETS No. 173, *Criminal Law Convention on Corruption* 1999 (n. 406), Art. 17 Abs. 3; Council of Europe, *Explanatory Report to the Criminal Law Convention on Corruption* 1999 (n. 407), Rz 82.

1788 ETS No. 173, *Criminal Law Convention on Corruption* 1999 (n. 406), Art. 27; Council of Europe, *Explanatory Report to the Criminal Law Convention on Corruption* 1999 (n. 407), Rz 128.

1789 ETS No. 173, *Criminal Law Convention on Corruption* 1999 (n. 406), Art. 17 Abs. 4; Council of Europe, *Explanatory Report to the Criminal Law Convention on Corruption* 1999 (n. 407), Rz 83; Arnauld, *Völkerrecht* 2019 (n. 331), S. 596.

1790 Wolf, *Der Beitrag internationaler und supranationaler Organisationen zur Korruptionsbekämpfung in den Mitgliedstaaten* 2007 (n. 1613), S. 27, 51; ETS No. 173, *Criminal Law Convention on Corruption* 1999 (n. 406); ETS No. 191, *Additional Protocol to the Criminal Law Convention on Corruption* 2003 (n. 410); EU, *Convention drawn up on the basis of Article K.3 (2) (c) of the Treaty on European Union on the fight against*

Ein entscheidender Nachteil der strafrechtlichen Antikorruptionsinstrumente des Europarats ist jedoch die weitreichende Möglichkeit der Vertragsstaaten, Vorbehalte abzugeben.[1791] Im Unterschied dazu können beim ZrÜK keine Vorbehalte gemacht werden.[1792] Allerdings sieht das StÜK auch Schranken vor, um die Möglichkeit zur Abgabe von Vorbehalten möglichst einzuschränken. Laut StÜK sind die abgegebenen Vorbehalte auch zeitlich befristet und fallen, wenn sie nicht erneuert werden, nach drei Jahren weg.[1793] Im ZP-StÜK ist die Möglichkeit zur Abgabe von Vorbehalten noch weiter eingeschränkt.[1794]

Während der dritten Evaluierungsrunde wurden in Österreich die Umsetzungsbestimmungen zum StÜK und ZP-StÜK überprüft. Ähnlich wie die zuvor beschriebene Evaluierung bez. der Finanzierung von nationalstaatlichen politischen Parteien und nationalen Wahlkämpfen, wurden auch die beiden Antikorruptionsrechtsinstrumente keiner ganzheitlichen Evaluierung unterzogen. Allerdings waren die Bestechungsdelikte des Europarats sehr wohl Untersuchungsgegenstand der GRECO.[1795]

Hinsichtlich der österreichischen Korruptionsstrafrechtsbestimmungen, insbesondere in Bezug auf die aktiven und passiven Bestechungsdelikte, erkannte die GRECO noch Umsetzungsbedarf. Was die GRECO zur Behebung der Mängel als erforderlich ansah, verschriftlichte sie in zehn Empfehlungen. Es dauerte

---

corruption involving officials of the European Communities or officials of Member States of the European Union 1997 (n. 1694); Negotiating Conference, OECD, *Convention on Combating Bribery of Foreign Public Officials in International Business Transactions* 1997 (n. 103); UNO, *United Nations Convention against Corruption* 2003 (n. 95).

1791 ETS No. 173, *Criminal Law Convention on Corruption* 1999 (n. 406), Art. 37-38; Council of Europe, *Explanatory Report to the Criminal Law Convention on Corruption* 1999 (n. 407), Rz 142-144; Arnauld, *Völkerrecht* 2019 (n. 331), S. 91-97; Kälin/Epiney/Caroni/Künzli/Pirker, *Völkerrecht* 2022 (n. 878), S. 23; Fink/Reinisch/Stifter, *Österreichisches Handbuch des Völkerrechts* 2013 (n. 510), S. 64-68.

1792 ETS No. 174, *Civil Law Convention on Corruption* 1999 (n. 412), Art. 17, Art. 23; ETS No. 173, *Criminal Law Convention on Corruption* 1999 (n. 406), Art. 36-37, Art. 42 lit. d.

1793 ETS No. 173, *Criminal Law Convention on Corruption* 1999 (n. 406), Art. 37-38; Council of Europe, *Explanatory Report to the Criminal Law Convention on Corruption* 1999 (n. 407), Rz 142-144; Arnauld, *Völkerrecht* 2019 (n. 331), S. 91-97; Kälin/Epiney/Caroni/Künzli/Pirker, *Völkerrecht* 2022 (n. 878), S. 23; Fink/Reinisch/Stifter, *Österreichisches Handbuch des Völkerrechts* 2013 (n. 510), S. 64-68.

1794 ETS No. 191, *Additional Protocol to the Criminal Law Convention on Corruption* 2003 (n. 410), Art. 9 Abs. 3.

1795 GRECO, *GrecoEvalIIIRep(2011)3E(P3)* 2011 (n. 596), Rz 1-3.

insgesamt ca. 13 Jahre, bis Österreich das StÜK nach dessen Unterzeichnung ratifizierte. Zum Zeitpunkt der Evaluierung Österreichs war die Ratifikation aber noch nicht erfolgt. Wenig verwunderlich bestand daher die erste Empfehlung der GRECO gerade in der Ratifizierung des Abkommens.[1796]

I. Z. m. der aktiven und passiven Bestechung bei Amtsträgern bzw. Schiedsrichtern zwecks Vornahme einer pflichtgemäßen Amtshandlung (§§ 305, 307a StGB) bestand ebenso Verbesserungsbedarf. Das österreichische Strafrecht sah vor, dass diese Delikte nur verwirklicht werden können, wenn der Entgegennahme des Vorteils ein dienstliches bzw. organisationsrechtliches Verbot entgegensteht. Die GRECO empfahl, von dieser einschränkenden Voraussetzung abzusehen. Dieser Empfehlung ist Österreich nachgekommen und hat die Strafbarkeit der Vorteilsannahme und -zuwendung für jegliche Vorteile anerkannt, unabhängig davon, ob der damit zusammenstehenden Amtshandlung eine Verbotsnorm gegenübersteht oder nicht.[1797]

Im Evaluierungszeitraum zur dritten Evaluierungsrunde waren die privaten aktiven und passiven Bestechungsdelikte in Österreich als Privatanklagedelikte ausgestaltet,[1798] deren Verfolgung nicht der Staatsanwaltschaft oblag.[1799] Daneben sah zu diesem Zeitpunkt der Strafrahmen für private Bestechung gemäß § 168e StGB max. zwei Jahre vor und war damit weit unter dem Strafmaß für aktive und passive Bestechung im öffentlichen Sektor.[1800] Daran übte die GRECO Kritik und verfasste mehrere Empfehlungen hierzu. Das österreichische KorrStrÄG 2012 novellierte die privaten Bestechungsdelikte und regelte diese neu in § 309 StGB. Dies führte zur ersatzlosen Streichung von § 168e StGB. Private Bestechungsdelikte wurden damit nicht mehr als Privatanklagedelikte eingestuft,

---

1796 BGBl. Nr. 60/1974, *Bundesgesetz vom 23. Jänner 1974 über die mit gerichtlicher Strafe bedrohten Handlungen* (n. 64), §§ 305, 307a; GRECO, *GrecoEvalIIIRep(2011)3E(P3)* 2011 (n. 596), Rz 2, 85-88, 100; GRECO, *GrecoRC-III(2013)26E* 2014 (n. 1756), Rz 13-16.

1797 BGBl. Nr. 60/1974, *Bundesgesetz vom 23. Jänner 1974 über die mit gerichtlicher Strafe bedrohten Handlungen* (n. 64), §§ 305, 307a; GRECO, *GrecoEvalIIIRep(2011)3E(P3)* 2011 (n. 596), Rz 2, 85-88, 100; GRECO, *GrecoRC-III(2013)26E* 2014 (n. 1756), Rz 13-16.

1798 GRECO, *GrecoEvalIIIRep(2011)3E(P3)* 2011 (n. 596), Rz 100.

1799 BGBl. Nr. 60/1974, *Bundesgesetz vom 23. Jänner 1974 über die mit gerichtlicher Strafe bedrohten Handlungen* (n. 64), §§ 168 c -168 e; BGBl. Nr. 631/1975, *Strafprozeßordnung 1975* (n. 71), § 71; Bertel, Christian und Venier, Andreas. *Strafprozessrecht* (Wien: MANZ'sche Verlags- und Universitätsbuchhandlung, 9. Aufl., 2016), Rz 162.

1800 BGBl. Nr. 60/1974, *Bundesgesetz vom 23. Jänner 1974 über die mit gerichtlicher Strafe bedrohten Handlungen* (n. 64), § 168d.

sondern als Offizialdelikte. Das Strafmaß für private Bestechungsdelikte wurde zwar nicht demjenigen des öffentlichen Bereichs gleichgeschaltet, jedoch wurden sie in eine für GRECO zufriedenstellende Weise angeglichen.[1801]

Als das dritte Evaluierungsverfahren für Österreich 2016 beendet wurde, hatte Österreich alle Empfehlungen der GRECO, wenn auch nicht immer im vollen Umfang, jedoch allesamt zufriedenstellend umgesetzt. Die strafrechtlichen Bestimmungen Österreichs – was die materiellen Korruptionsstrafdelikte und insbesondere die Bestechungsdelikte betrifft – stellen damit ein effizientes und starkes nationales Antikorruptionsinstrument dar und entsprechen den vorgegebenen Standards im StÜK und im ZP-StÜK.[1802]

13.3.3.3 ZrÜK

Mit 4. November 1999 wurde erstmalig ein internationales Abkommen zur Unterzeichnung vorgelegt, das sich der Korruptionsbekämpfung auf der Ebene des Zivilrechts annimmt. Noch nie wurde zuvor der Versuch unternommen, Korruption auf dem Wege des Zivilrechts zu bekämpfen. Die Staaten waren offenbar gegenüber diesem neuen, in einem völkerrechtlichen Antikorruptionsabkommen zu findenden Regelungsinhalt etwas skeptisch. Es dauerte ganze vier Jahre, bevor die erforderliche Mindestanzahl von Staaten das Abkommen ratifiziert hatten und damit das ZrÜK am 1. November 2003 in Kraft treten konnte. Bisher wurde das ZrÜK von insgesamt 35 Staaten ratifiziert. Österreich wurde am 13. Oktober 2000 Vertragspartei des Abkommens. Die Ratifikation erfolgte erst am 30. August 2006, das Inkrafttreten wenige Monate später am 1. Dezember 2006.[1803]

Eine wesentliche Besonderheit des ZrÜK ist, dass es im Vergleich mit den strafrechtlichen Antikorruptionsrechtsinstrumenten des Europarats, aber auch im Vergleich mit den Völkerrechtsabkommen anderer internationaler Organisationen, eine Legaldefinition des Terminus *Korruption* enthält. Allerdings handelt es sich bei dieser Legaldefinition lediglich um eine reine juristische Arbeitsdefinition, begrenzt auf den Anwendungsbereich dieses völkerrechtlichen

---

1801 Ibid., §§ 168 ff, 309; GRECO, *GrecoEvalIIIRep(2011)3E(P3)* 2011 (n. 596), Rz 43–53, 91, 95, 100; GRECO, *GrecoRC-III(2013)26E* 2014 (n. 1756), Rz 25-27, 38–41.

1802 GRECO, *GrecoRC3(2016)1* 2016 (n. 1085), Rz 52-54, 56.

1803 Council of Europe, '*Details of Treaty No.174*' 2021 (n. 926), abgerufen am: 21.05.2023; ETS No. 174, *Civil Law Convention on Corruption* 1999 (n. 412), Art. 15 Abs. 3; Council of Europe, '*Chart of signatures and ratifications of Treaty 174*' 2022 (n. 935), abgerufen am: 21.05.2023; Wolf, *Der Beitrag internationaler und supranationaler Organisationen zur Korruptionsbekämpfung in den Mitgliedstaaten* 2007 (n. 1613), S. 26.

Zivilrechtsabkommens. Ein allgemeingültiges Verständnis des Europarats hinsichtlich dieses Phänomens darf von dieser Legaldefinition nicht abgeleitet werden. Insbesondere darf die Anwendung der hier gewählten Definition nicht auf andere Antikorruptionsinstrumente des Europarats erstreckt werden. Hierfür ist die gewählte Legaldefinition viel zu eng; sie umfasst nämlich lediglich Bestechungsdelikte.[1804] Korruption liegt demnach vor, wenn Bestechungsgelder oder sonstige ungerechtfertigte Vorteile mit dem Zweck gefordert, angeboten, gewährt, angenommen oder in Aussicht gestellt werden, sodass der Korrumpierte eine Pflichtverletzung begeht oder er sich vom gebotenen Verhalten abweichend verhält.[1805] Die Vertragsstaaten sind daher auch nicht verpflichtet, diese Legaldefinition ins innerstaatliche Recht zu rezipieren.[1806]

Das ZrÜK verfolgt den Zweck, Geschädigten aus Korruptionsdelikten die Möglichkeit einzuräumen, ihre Ansprüche auf dem Zivilrechtsweg innerstaatlich geltend machen zu können. Sowohl N. P., J. P. als auch Rechtsgebilden, denen die Rechtsordnung zur Führung von Rechtsstreitigkeiten befähigt, können nach dem ZrÜK ihre Schäden geltend machen. Um eine effektive Durchsetzung dieser zivilrechtlichen Ansprüche im nationalen Recht gewährleisten zu können, sieht das ZrÜK verschiedene Maßnahmen vor, welche die Vertragsstaaten im innerstaatlichen Recht vorsehen müssen.[1807]

Ein zentrales Element des ZrÜK ist daher die Vorgabe, dass Schadenersatzansprüche, die aus Korruptionsdelikten entspringen, einer Rechtsdurchsetzung im nationalen Recht zugänglich sein müssen. Neben den klassischen Elementen des Schadenersatzes sieht das ZrÜK überdies vor, dass es Geschädigten möglich sein muss, den vollen Schaden mit Klage geltend machen zu können und damit volle Genugtuung für erlittene Schäden (materieller und immaterieller Schaden einschließlich entgangener Gewinn) zu erhalten.[1808] Das Vorliegen der

1804 ETS No. 174, *Civil Law Convention on Corruption* 1999 (n. 412), Art. 2; Wolf, *Maßnahmen internationaler Organisationen zur Korruptionsbekämpfung auf nationaler Ebene – Ein Überblick* 2006 (n. 1700), S. 22.

1805 ETS No. 174, *Civil Law Convention on Corruption* 1999 (n. 412), Art. 2; Council of Europe, *Explanatory Report to the Civil Law Convention on Corruption* 1999 (n. 414), Rz 33-34.

1806 Council of Europe, *Explanatory Report to the Civil Law Convention on Corruption* 1999 (n. 414), Rz 31.

1807 ETS No. 174, *Civil Law Convention on Corruption* 1999 (n. 412), Art. 1; Helmut/Cardi/Askeland/Yamamoto/Oliphant/Moreteau/Menyhard/Ludwichowska-Redo/Green, *Grundfragen des Schadenersatzrechts aus rechtsvergleichender Sicht* 2014 (n. 938), S. 28, 133, 208, 591, 819–820.

1808 ETS No. 174, *Civil Law Convention on Corruption* 1999 (n. 412), Art. 3–4.

Voraussetzungen zur Geltendmachung eines Schadenersatzes sowie die Höhe und die Art des Ersatzes werden weiterhin nach nationalem Recht beurteilt.[1809]

Das ZrÜK schreibt den Vertragsstaaten vor, dass zumindest nachfolgende Voraussetzungen vorliegen müssen, damit einem Geschädigten ein Schadenersatzanspruch zusteht.[1810]

Der Beklagte muss an der schadensverursachenden Korruptionshandlung wissentlich teilgenommen haben, um als Schädiger in Betracht zu kommen. Eine Teilnahme liegt auch vor, wenn jemand es unterlassen hat, die in seinem Verantwortlichkeitsbereich liegenden erforderlichen Maßnahmen zur Verhinderung einer Korruptionshandlung durch Dritte zu setzen. Damit kann auch der Arbeitgeber für korrupte Handlungen seiner Angestellten zur Verantwortung gezogen werden.[1811] Es muss innerstaatlich auch die Möglichkeit einer Solidarhaftung geschaffen werden.[1812]

Daneben muss der Kläger des Schadenersatzanspruches als weitere Voraussetzung einen hinreichend bestimmten Schaden in seiner Sphäre erlitten haben,[1813] der mit der Korruptionshandlung in einem Kausalzusammenhang steht.[1814]

Hinsichtlich der Verjährung sieht das ZrÜK Mindestgrenzen vor. Die relative Verjährungsfrist beträgt demnach drei Jahre ab Kenntnis von Schaden bzw. der

---

1809 Ibid., Art. 2; Council of Europe, *Explanatory Report to the Civil Law Convention on Corruption* 1999 (n. 414), Rz 35, 37-39.

1810 ETS No. 174, *Civil Law Convention on Corruption* 1999 (n. 412), Art. 4 Abs. 1; Council of Europe, *Explanatory Report to the Civil Law Convention on Corruption* 1999 (n. 414), Rz 40-41.

1811 ETS No. 174, *Civil Law Convention on Corruption* 1999 (n. 412), Art. 4 Abs. 1 lit. i; Council of Europe, *Explanatory Report to the Civil Law Convention on Corruption* 1999 (n. 414), Rz 42.

1812 ETS No. 174, *Civil Law Convention on Corruption* 1999 (n. 412), Art. 4 Abs. 2; Council of Europe, *Explanatory Report to the Civil Law Convention on Corruption* 1999 (n. 414), Rz 46-47.

1813 ETS No. 174, *Civil Law Convention on Corruption* 1999 (n. 412), Art. 4 Abs. 1 lit. ii; Council of Europe, *Explanatory Report to the Civil Law Convention on Corruption* 1999 (n. 414), Rz 43-44.

1814 ETS No. 174, *Civil Law Convention on Corruption* 1999 (n. 412), Art. 4 Abs. 1 lit. iii; Council of Europe, *Explanatory Report to the Civil Law Convention on Corruption* 1999 (n. 414), Rz 45; Welser/Zöchling-Jud, *Grundriss des bürgerlichen Rechts* 2015 (n. 944), S. 370-373; Fuchs/Pauker, *Delikts- und Schadensersatzrecht* 2012 (n. 960), S. 76-77.

korrupten Handlung und des Schädigers; die absolute Verjährungsfrist beginnt mit der Begehung der korrupten Handlung und beträgt zehn Jahre.[1815]

Das ZrÜK enthält auch Bestimmungen, die im Zeitpunkt der Ausarbeitung in den meisten europäischen Staaten bereits Standard waren. Insbesondere gilt hierbei das Gebot, wonach Verträge und einzelnen Vertragsbestimmungen nichtig sind, wenn diese Korruptionsabreden beinhalten.[1816]

Daneben enthält das StÜK Regelungen zur Mittäterschaft und zum Mitverschulden, zur Haftung der Staaten für ihre Bediensteten (Amts- bzw. Staatshaftung), zum Abschlussprüfer sowie in Angelegenheiten der Rechnungslegungsunterlagen, einstweiligen Maßnahmen und der Beweisführung. Art. 9 ZrÜK sieht schließlich unter bestimmten Umständen den Schutz redlicher Beschäftigter vor, die Verdachtsmeldungen zu korrupten Handlungen abgeben.[1817]

Gerade was die Rechnungslegung und Abschlussprüfung betrifft, sahen die Vertragsstaaten zum Zeitpunkt des Abschlusses des ZrÜK nur über unzureichende Regelungen vor. Diese Lücken in den nationalen Rechtsordnungen ermöglichten es, Korruptionshandlungen u .a. durch nicht ausgewiesene Forderungen und Verbindlichkeiten, durch die unrichtige Verbuchung tatsächlich nicht vorgenommener Zahlungen, die Verfälschung von Zahlungsbelegen oder durch Transaktionen auf nicht in den Buchhaltungsunterlagen ausgewiesenen Konten zu verschleiern.[1818] Ein Garant für ein effektives Antikorruptionssystem bilden jedoch nach wie vor strikte nationale Gesetze. Daher schreibt das ZrÜK den Vertragsstaaten vor, innerstaatlich sicherzustellen, dass die Buchführungsunterlagen wahrheitsgemäß, vollständig und klar die finanzielle Situation der Unternehmen abbilden. Daneben hat jeder Vertragsstaat auch Bestimmungen vorzusehen, die eine verpflichtende Überprüfung und Bestätigung der Jahresabschlüsse durch Abschlussprüfer vorsehen.[1819]

1815 ETS No. 174, *Civil Law Convention on Corruption* 1999 (n. 412), Art. 7.

1816 Ibid., Art. 8 Abs. 1; Council of Europe, *Explanatory Report to the Civil Law Convention on Corruption* 1999 (n. 414), Rz 63.

1817 ETS No. 174, *Civil Law Convention on Corruption* 1999 (n. 412), Art. 5–6, 8–12.

1818 Council of Europe, *Explanatory Report to the Civil Law Convention on Corruption* 1999 (n. 414), Rz 73.

1819 ETS No. 174, *Civil Law Convention on Corruption* 1999 (n. 412), Art. 10; Council of Europe, *Explanatory Report to the Civil Law Convention on Corruption* 1999 (n. 414), Rz 73-76; Bähr/Fischer-Winkelmann/List, *Buchführung und Jahresabschluss* 2006 (n. 981), S. 161, 188-189; Hilke, *Bilanzpolitik* 1991 (n. 981), S. 13; Schroeder, *Grundkurs Europarecht* 2019 (n. 488), S. 85; Möllers, *Geltung und Faktizität von Standards* 2009 (n. 981), S. 150 ff.

Zwecks Bekämpfung grenzüberschreitender Korruption verpflichtet das ZrÜK die Vertragsstaaten zu einer wirksamen grenzüberschreitenden Zusammenarbeit auf Basis der einschlägige zivilrechtlichen Völkerrechtsverträge.[1820] Staaten, die kein Vertragsstaat der einschlägigen Völkerrechtsverträge sind, werden hingegen aufgefordert, auf andere Weise ein gleichwertiges Maß internationaler Zusammenarbeit sicherzustellen.[1821]

Das ZrÜK wurde in den bisher abgeschlossenen und in den laufenden Evaluierungsrunden bislang nicht behandelt.[1822]

Das österreichische Schadenersatzrecht ist in §§ 1293 ff. *Allgemeines Bürgerliches Gesetzbuch*[1823] («ABGB») geregelt. Aus einer Gegenüberstellung mit den Vorgaben des Europarats wird deutlich, dass die Regelungen in Österreich den Vorgaben des Europarats im Wesentlichen entsprechen. Dennoch wird auch Österreich sein Schadenersatzrecht novellieren müssen, damit es einen Korruptionsschutz aufweist, wie er auch vom Europarat gefordert wird.[1824]

Art. 3 ZrÜK sieht vor, dass Vertragsstaaten schadenersatzrechtliche Bestimmungen aufweisen müssen, die den Ersatz des Vermögensschadens samt entgangenem Gewinn und des Nichtvermögensschadens ermöglichen. Im österreichischen Schadenersatzrecht können grundsätzlich alle soeben genannten Schadensformen geltend gemacht werden. Ersetzt wird jedoch prinzipiell nur der Vermögensschaden. Immaterielle Schäden werden nur in gesetzlich geregelten Fällen wie §§ 1325 oder 1331 ABGB gewährt. Zur Geltendmachung des entgangenen Gewinns muss zumindest ein Verschuldungsgrad von grober Fahrlässigkeit vorliegen. Es kann angenommen werden, dass die GRECO Kritik an

---

1820 ETS No. 174, *Civil Law Convention on Corruption* 1999 (n. 412), Art. 13; Council of Europe, *Explanatory Report to the Civil Law Convention on Corruption* 1999 (n. 414), Rz 86-88.

1821 ETS No. 174, *Civil Law Convention on Corruption* 1999 (n. 412), Art. 13; Council of Europe, *Explanatory Report to the Civil Law Convention on Corruption* 1999 (n. 414), Rz 89-91.

1822 GRECO, *GrecoEvalI-IIRep(2007)2E* 2008 (n. 1181); GRECO, *GrecoEvalIIIRep(2011)3E(P3)* 2011 (n. 596); GRECO, *GrecoEvalIIIRep(2011)3E* 2011 (n. 596); GRECO, *GrecoEval4Rep(2016)1* 2016 (n. 596); GRECO, *GrecoEval5Rep(2019)6* 2020 (n. 1465).

1823 JGS Nr. 946/1811. *Allgemeines bürgerliches Gesetzbuch für die gesammten deutschen Erbländer der Oesterreichischen Monarchie: ABGB* (1811).

1824 Ibid., §§ 1293 ff.

der eingeschränkten Möglichkeit üben wird, auch immaterielle Schäden über das Schadenersatzrecht ersetzt zu erhalten.[1825]

Das Prüfschema zur Feststellung des Vorliegens eines berechtigten Schadenersatzanspruchs (Schaden – Kausalität – Rechtswidrigkeit – Verschulden) deckt sich mit den im ZrÜK umschriebenen Vorgaben. Dies kann auch hinsichtlich der Mittäterschaft und des Mitverschuldens festgestellt werden.[1826]

Hinsichtlich der Haftung des Staates für Schäden, die von deren Bediensteten begangen wurden, kennt Österreich das AHG,[1827] wonach die österreichischen Rechtsträger ausschließlich für Schäden ihrer Organe haften. Das AHG gilt jedoch nur im Bereich der Hoheitsverwaltung. Ferner ist der Schaden eines öffentlichen Bediensteten nur dann den öffentlichen Rechtsträgern zuzurechnen, wenn der Schaden «*[…] in Vollziehung der Gesetze […]*»[1828] entstanden ist. Schäden, die durch diese Personen während ihrer Aufgabenbesorgung, aber nicht in Vollziehung der einschlägigen Gesetze entstanden sind, fallen demnach unter das allgemeine Gehilfenhaftungsregime nach §§ 1313a und 1315 ABGB. Zwar sind auch nach diesen Bestimmungen Schäden des öffentlichen Bediensteten dem öffentlichen Rechtsträger zuzurechnen, jedoch kann der Geschädigte in diesem Fall weiterhin auch gegenüber den Bediensteten selbst Schadenersatz nehmen. Dies stellt somit eine Schlechterstellung für Bedienstete dar, die zwar im Rahmen ihrer Tätigkeit agieren, dies aber in Vollziehung der einschlägigen Gesetze tun. Dies könnte ein Aspekt sein, an welchem die GRECO in künftigen Evaluierungsrunden wohl Kritik üben wird.[1829]

1825 Ibid., §§ 1293, 1295, 1325, 1331; Fink/Reinisch/Stifter, *Österreichisches Handbuch des Völkerrechts* 2013 (n. 510), S. 363-366; 1330 der Beilagen XXII. GP – Staatsvertrag – Materialien, *Vorblatt und Erläuterungen betr. ZrÜK* 2006 (n. 1158), S. 3; ETS No. 174, *Civil Law Convention on Corruption* 1999 (n. 412), Art. 3.

1826 Perner/Spitzer/Kodek, *Bürgerliches Recht* 2016 (n. 972), S. 218–219, 290 ff, 324–325; JGS Nr. 946/1811, *Allgemeines bürgerliches Gesetzbuch für die gesammten deutschen Erbländer der Oesterreichischen Monarchie* 1811 (n. 1825), §§ 1301–1304, 1451, 1489; 1330 der Beilagen XXII. GP – Staatsvertrag – Materialien, *Vorblatt und Erläuterungen betr. ZrÜK* 2006 (n. 1158), S. 3-4.

1827 BGBl. Nr. 20/1949 idF BGBl. I Nr. 194/1999, *Bundesgesetz über die Haftung der Gebietskörperschaften und der sonstigen Körperschaften und Anstalten des öffentlichen Rechts für in Vollziehung der Gesetze zugefügte Schäden (Amtshaftungsgesetz)* 1999 (n. 963).

1828 Ibid., § 1.

1829 JGS Nr. 946/1811, *Allgemeines bürgerliches Gesetzbuch für die gesammten deutschen Erbländer der Oesterreichischen Monarchie* 1811 (n. 1825), §§ 1313a, 1315; BGBl. Nr. 20/1949 idF BGBl. I Nr. 194/1999, *Bundesgesetz über die Haftung der*

13.4 GRECO | Überwachungsregime

13.4.1 GRECO

13.4.1.1 Einleitung

Internationale Organisationen – wie der Europarat – haben gewisse Befugnisse zur Normsetzung im Bereich der Korruptionsbekämpfung übertragen bekommen. Von dieser Normsetzungsbefugnis haben die verschiedenen internationalen Organisationen in unterschiedlichem Ausmaß Gebrauch gemacht. Im Rahmen des Europarats wurde ein verhältnismäßig dichtes Netz an verbindlichen und unverbindlichen Antikorruptionsbestimmungen erlassen. Dem Europarat wurde jedoch keine Umsetzungskompetenz übertragen; diese liegt immer noch bei den Mitgliedstaaten.[1830]

Internationalen Organisationen müssen daher bestimmte Instrumente in die Hand gegeben werden, um die Mitgliedstaaten zur Umsetzung dieser Normen anzuregen. Nach *Wolf* besteht «*[i]n Ermangelung eines überstaatlichen Gewaltmonopols zur Durchsetzung völkerrechtlicher Verpflichtungen [...] die Hauptaufgabe internationaler Organisationen [...] darin, möglichst effektiven politischen Druck zur Befolgung der zwischenstaatlichen Antikorruptionsvereinbarungen aufzubauen und aufrechtzuerhalten*».[1831] Dies lässt sich insbesondere durch die Etablierung eines Überwachungsregimes erreichen, wie es auch die OECD oder die UNO aufgebaut haben, einschließlich der Veröffentlichung von Überwachungsberichten.[1832]

Gebietskörperschaften und der sonstigen Körperschaften und Anstalten des öffentlichen Rechts für in Vollziehung der Gesetze zugefügte Schäden (Amtshaftungsgesetz) 1999 (n. 963), §§ 1 ff; Perner/Spitzer/Kodek, *Bürgerliches Recht* 2016 (n. 972), S. 327-332, 347-349.

1830 Wolf, *Der Beitrag internationaler und supranationaler Organisationen zur Korruptionsbekämpfung in den Mitgliedstaaten* 2007 (n. 1613), S. 31; Lacatus, Corina und Sedelmeier, Ulrich. 'Does monitoring without enforcement make a difference? The European Union and anti-corruption policies in Bulgaria and Romania after accession'. *Journal of European Public Policy* 27(8) (2020), S. 1236–1255, doi 10.1080/13501763.2020.1770842.

1831 Wolf, *Der Beitrag internationaler und supranationaler Organisationen zur Korruptionsbekämpfung in den Mitgliedstaaten* 2007 (n. 1613), S. 55; Wolf, *Maßnahmen internationaler Organisationen zur Korruptionsbekämpfung auf nationaler Ebene – Ein Überblick* 2006 (n. 1700), S. 46.

1832 Wolf, *Der Beitrag internationaler und supranationaler Organisationen zur Korruptionsbekämpfung in den Mitgliedstaaten* 2007 (n. 1613), S. 31, 54-55; Wolf, *Maßnahmen*

13.4.1.2 Gründung, Zweck, Rechtsgrundlage und Mitglieder

Der Europarat war sich der soeben geschilderten Tatsache bereits 1998 bewusst, als das Ministerkomitee die Gründung eines derartigen Überwachungsmechanismus gestattet hat und die GRECO durch 17 Gründerstaaten ein Jahr später am 1. Mai 1999 in Form eines erweiterten Teilabkommens errichtet wurde.[1833] Das Ziel der GRECO ist *«[...] to improve the capacity of its members to fight corruption by following up, through a dynamic process of mutual evaluation and peer pressure, compliance with their undertakings in this field.»*[1834] Neben einer Erfahrungsaustauschplattform der Mitglieder unterstützt die GRECO die Mitglieder insbesondere bei der Etablierung eines effektiven nationalen Antikorruptionsregimes und überwacht diese bei der Umsetzung der Antikorruptionsbestimmungen des Europarats.[1835]

Maßgebliche Rechtsquellen der GRECO sind die GSG, die zeitgleich mit der Schaffung des Überwachungsmechanismus erlassen wurde, und die GGO. Bei der GGO handelt es sich um eine Geschäftsordnung, die sich die GRECO 1999 gegeben hat.[1836]

Zu Beginn des Jahres 2022 hatte die GRECO 50 Mitglieder. Mit dem Ukraine-Konflikt wurde die Mitgliedschaft für Russland aberkannt und wurden die Teilnahmerechte Weißrusslands ausgesetzt.[1837] Seit dem 1. Dezember 2006 ist auch Österreich Mitglied der GRECO.[1838]

---

internationaler Organisationen zur Korruptionsbekämpfung auf nationaler Ebene – Ein Überblick 2006 (n. 1700), S. 37-38; Gans-Morse, Jordan, Borges, Mariana, Makarin, Alexey, Mannah-Blankson, Theresa, Nickow, Andre und Zhang, Dong. 'Reducing bureaucratic corruption: Interdisciplinary perspectives on what works'. *World Development* 105 (2018), S. 171–188, S. 175 ff, doi 10.1016/j.worlddev.2017.12.015.

1833 Committee of Ministers, *RES (98) 7* 1998 (n. 391); Committee of Ministers, *RES (99) 5* 1999 (n. 400), Preamble; Committee of Ministers, *CM(98)54 revised* 1998 (n. 390).

1834 Council of Europe, *Statute of the Group of States against corruption (GRECO)* 1999 (n. 440), Art. 1.

1835 Ibid.

1836 Committee of Ministers, *RES (99) 5* 1999 (n. 400); Council of Europe, *Statute of the Group of States against corruption (GRECO)* 1999 (n. 440); GRECO, *Greco(2017)13* 2017 (n. 445).

1837 Council of Europe, '*Members and Observers/ Etats membres et Observateurs*' 2022 (n. 472), abgerufen am: 21.05.2023; Committee of Ministers, *CM/Res(2022)3* 2022 (n. 477), § 6; Ministers' Deputies, *Relations between the Council of Europe and Belarus* 2022 (n. 478), Decision 3; Council of Europe, *SG/Inf(2022)10* 2022 (n. 478).

1838 Council of Europe, '*Members and Observers/ Etats membres et Observateurs*' 2022 (n. 472), abgerufen am: 19.11.2022.

Die Mitgliedschaft in der GRECO steht nicht nur den Mitgliedstaaten des Europarats offen. Alle Mitglieder der internationalen Staatengemeinschaft können grundsätzlich auch Mitglied der GRECO werden. Vertragsstaaten eines völkervertragsrechtlichen Antikorruptionsinstruments des Europarats werden automatisch ab dem Zeitpunkt des innerstaatlichen Inkrafttretens des Abkommens Mitglied der GRECO.[1839] Staaten, die weder Mitgliedstaat des Europarats sind noch an der Ausarbeitung des erweiterten Teilabkommens zur Gründung der GRECO mitgewirkt haben, können eine Mitgliedschaft nur nach vorheriger Einladung durch die GRECO anstreben. Für alle sonstigen Staaten genügt grundsätzlich eine Beitrittgesuchsmitteilung an den Generalsekretär des Europarats. U. U. bedarf es noch zusätzlich der Erklärung, sich den zwanzig Leitprinzipien zu unterwerfen.[1840]

In diesem Zusammenhang enthält die GSG eine markante Besonderheit. Von der Regel, wonach nur Staaten Mitglieder der GRECO werden können, macht die GSG eine entscheidende Ausnahme und stellt explizit für die EU eine mögliche Mitgliedschaft in Aussicht.[1841] Die EU hätte auch die rechtliche Kompetenz, im Rahmen eines wechselseitigen Abkommens mit dem Europarat ein selbstständiges Mitglied der GRECO zu werden.[1842] Doch obwohl alle Mitgliedstaaten der EU bereits Mitglieder der GRECO sind und auch der Europäische Rechnungshof 2014 eine Mitgliedschaft der EU nahegelegt hat,[1843] ist die EU bis heute nicht beigetreten.[1844] Gerade in Anbetracht der jüngst publik gewordenen Korruptions-

---

1839 ETS No. 173, *Criminal Law Convention on Corruption* 1999 (n. 406), Art. 32 Abs. 3-4; Council of Europe, *Explanatory Report to the Criminal Law Convention on Corruption* 1999 (n. 407), Rz 139.

1840 Council of Europe, *Statute of the Group of States against corruption (GRECO)* 1999 (n. 440), Art. 4 Abs. 1 und 4.

1841 Vgl. ibid., Art. 4-8; GRECO, *Greco(2017)13* 2017 (n. 445), Art. 4.

1842 European Union, *Vertrag über die Europäische Union* 1992 (n. 27), Art. 3, 37; European Union, *Vertrags über die Arbeitsweise der Europäischen Union* 1957 (n. 488), Art. 3 Abs. 2, Art. 83 iVm 216 Abs. 1 ff; Schroeder, *Grundkurs Europarecht* 2019 (n. 488), S. 385; Milicevic, *EU cooperation with the Group of States against Corruption (GRECO): how to move towards full membership* 2021 (n. 479), S. 6.

1843 Committee of Ministers, *CM(2007)74* 2007 (n. 497), Rz 26; Milicevic, *EU cooperation with the Group of States against Corruption (GRECO): how to move towards full membership* 2021 (n. 479), S. 3-4.

1844 European Court of Auditors' View, *The European Court of Auditors' View on the Commission's Report on Anti-Corruption Measures* 2014 (n. 496), Rz 14, 25; Council of the European Union, *Doc.9884/19* 2019 (n. 496), Preamble, Rz 6; Stevis-Gridneff/Pronczuk, '*E.U. Roiled by Corruption Investigation Linked to Qatar*' 2022 (n. 496); Stevis-Gridneff, '*4 Charged With Corruption in Bribery Inquiry Linked to Qatar*' 2022

skandale innerhalb der EU wäre ein derartiger Schritt zu begrüßen.[1845] Stattdessen hat die EU seit dem 10. Juli 2019 den Status eines Beobachters inne.[1846] Daneben beteiligt sich die EU auch finanziell an Projekten im Interesse beider Einrichtungen und strebt eine immer engere gemeinsame rechtliche Zusammenarbeit an.[1847] Neben der OECD haben auch andere internationale Organisationen, darunter die OAS oder die UNO, einen Beobachterstatus inne.[1848] Die Befugnisse sind grundsätzlich auf die bloße Teilnahme an Beratungen beschränkt.[1849] Im Unterschied zu den Vertretern der offiziellen Mitglieder der GRECO werden die Reise- und Aufenthaltskosten der Vertreter der GRECO-Beteiligten mit Beobachterstatus nicht aus dem GRECO-Finanzhaushalt beglichen.[1850]

Die Gremien und Organe des Europarats können auf Einladung des Ministerkomitees als weitere Satzungsbeteiligte an den Plenarversammlungen der GRECO teilnehmen.[1851]

13.4.1.3 Organe

Die Organe der GRECO bilden die Plenarversammlung, der Satzungsausschuss, das Präsidium sowie das Sekretariat.

(n. 496); Jones/Smith/Rankin, '*Four people charged over Qatar's alleged bribing of EU officials*' 2022 (n. 496).

1845 European Court of Auditors' View, *The European Court of Auditors' View on the Commission's Report on Anti-Corruption Measures* 2014 (n. 496), Rz 14, 25; Council of the European Union, *Doc.9884/19* 2019 (n. 496), Preamble, Rz 6; Stevis-Gridneff/Pronczuk, '*E.U. Roiled by Corruption Investigation Linked to Qatar*' 2022 (n. 496); Stevis-Gridneff, '*4 Charged With Corruption in Bribery Inquiry Linked to Qatar*' 2022 (n. 496); Jones/Smith/Rankin, '*Four people charged over Qatar's alleged bribing of EU officials*' 2022 (n. 496).

1846 Höltgen/Rodriguez, '*European Union becomes an observer to Council of Europe's anti-corruption body GRECO*' 2019 (n. 500).

1847 Milicevic, *EU cooperation with the Group of States against Corruption (GRECO): how to move towards full membership* 2021 (n. 479), S. 1.

1848 Ministers' Deputies, *CM/Notes/1351bis/10.1* 2019 (n. 498).

1849 Fink/Reinisch/Stifter, *Österreichisches Handbuch des Völkerrechts* 2013 (n. 510), S. 228; GRECO, *Greco(2017)13* 2017 (n. 445), Art. 4 («other representatives not having a right to vote»).

1850 Council of Europe, *Statute of the Group of States against corruption (GRECO)* 1999 (n. 440), Art. 7 Abs. 4; GRECO, *Greco(2017)13* 2017 (n. 445), Art. 4.

1851 Council of Europe, *Statute of the Group of States against corruption (GRECO)* 1999 (n. 440), Art. 7 Abs. 1-3.

Die *Plenarversammlung* ist das Hauptorgan der GRECO. Es finden zweimal jährlich Versammlungen statt, um über die Maßnahmen des Überwachungsmechanismus in nichtöffentlichen Sitzungen Beschluss zu fassen.[1852] Alle bedeutenden Entscheidungen i. Z. m. dem Antikorruptionsregime des Europarats werden von der Plenarversammlung getroffen. Besonders erwähnenswert ist dabei, dass die Plenarversammlung über die Annahme der von den Evaluierungsteams ausgearbeiteten Evaluierungsberichten entscheidet.[1853]

Für die Beschlussfähigkeit bedarf es der Anwesenheit der Mehrheit aller Mitglieder,[1854] wobei jedes Mitglied mit einer Stimme vertreten ist.[1855] Ein gültiger Beschluss bedarf grundsätzlich der Annahme einer 2/3-Mehrheit der abgegebenen Stimmen sowie der Mehrheit aller Stimmberechtigten.[1856]

Der *Satzungsausschuss* hingegen ist vornehmlich mit den finanziellen Angelegenheiten der GRECO betraut.[1857]

Das *Präsidium* setzt sich neben dem Präsidenten und seinem Stellvertreter aus fünf weiteren Präsidiumsmitgliedern zusammen, die von der Plenarversammlung für die Dauer einer Evaluierungsrunde in geheimen Wahlen gewählt werden. Es stellt eine Art Hilfsorgan der Plenarversammlung dar und hat primär ein unterstützendes Mandat. Insbesondere obliegt dem Präsidium die Auswahl der zu überprüfenden Bestimmungen, die einer Evaluierungsrunde zugrunde gelegt werden. Daneben obliegt dem Präsidium die Bildung der Evaluierungsteams, die Ernennung der wissenschaftlichen Experten und Berater sowie die Organisation der Länderbesuche. Der Präsident ist zugleich der Repräsentant der GRECO.[1858]

Dem *Sekretariat* kommt primär ein unterstützendes Mandat zu. Es ist mit allen Aufgaben betraut, die der Gewährleistung eines ordnungsgemäßen

---

1852 Ibid., Art. 8 Abs. 1, 5.

1853 Ibid., Art. 8; GRECO, *Greco(2017)13* 2017 (n. 402), Art. 1–4.

1854 GRECO, *Greco(2017)13* 2017 (n. 445), Art. 15.

1855 Council of Europe, *Statute of the Group of States against corruption (GRECO)* 1999 (n. 440), Art. 8 Abs. 6; GRECO, *Greco(2017)13* 2017 (n. 445), Art. 16 Abs. 1.

1856 Council of Europe, *Statute of the Group of States against corruption (GRECO)* 1999 (n. 440), Art. 8 Abs. 7; GRECO, *Greco(2017)13* 2017 (n. 445), Art. 16 Abs. 3-4; ETS No. 001, *Statute of the Council of Europe* 1949 (n. 239); Council of Europe, *Rules of Procedure of the Committee of Ministers* 1951 (n. 561); Council of Europe, *Rules of Procedure for the meetings of the Ministers' Deputies* 1955 (n. 561).

1857 Council of Europe, *Statute of the Group of States against corruption (GRECO)* 1999 (n. 440), Art. 18.

1858 Ibid., Art. 8-9; GRECO, *Greco(2017)13* 2017 (n. 445), Art. 5-9.

Arbeitsprozesses dienen.[1859] Das Sekretariat wird vom Exekutivsekretär geleitet. Sämtliche Angehörige des Sekretariats sind dem Generaldirektorat für Menschenrechte und Rechtsstaatlichkeit zuzurechnen.[1860]

13.4.2 Evaluierungsverfahren

13.4.2.1 Erfordernis effektiver Überwachungsmaßnahmen

Prinzipiell fehlt es den internationalen Organisationen an der Umsetzungskompetenz in Bezug auf ihre Antikorruptionsbestimmungen. Umso bedeutsamer sind daher die Überwachungsregime, um die Mitglieder bei der Umsetzung dieser Bestimmungen kontrollieren zu können. Ohne ein effektiv ausgestaltetes Überwachungsregime laufen die internationalen Bestimmungen Gefahr, niemals oder nur unzureichend ins nationale Recht überführt zu werden. Dadurch würden die internationalen Antikorruptionsregime bedeutungslos werden. Die Qualität eines internationalen Antikorruptionsregimes hängt daher maßgeblich von der Ausgestaltung des Überwachungsmechanismus ab und damit von den Möglichkeiten der internationalen Organisationen, auf ihre Mitgliedstaaten einzuwirken und sie zur ernsthaften Umsetzung der Antikorruptionsnormen zu bewegen.[1861]

Sich dieses Umstandes bewusst, erarbeitete der Europarat ein formelles Evaluierungsverfahren, das sich in mehrere Phasen gliedert und die Mitglieder auf die Umsetzung der Antikorruptionsbestimmungen des Europarats überprüft.

13.4.2.2 Darstellung des Evaluierungsverfahrens

Bisher wurden von der GRECO fünf Evaluierungsrunden durchgeführt. Im Zuge der am 1. Januar 2000 eingeleiteten ersten Runde wurden die Akteure der nationalen Antikorruptionsregime hinsichtlich ihrer Unabhängigkeit, Spezialisierung und den ihnen zur Verfügung stehenden Ressourcen untersucht. Daneben bildeten auch Fragen rund um die Immunität ein zentraler Untersuchungsgegenstand der ersten Evaluierungsrunde. Am 1. Januar 2003 wurde die

---

1859 Council of Europe, *Statute of the Group of States against corruption (GRECO)* 1999 (n. 440), Art. 19; GRECO, *Greco(2017)13* 2017 (n. 402), Art. 10.

1860 GRECO, *Greco(2017)13* 2017 (n. 445), Art. 10 Abs. 3; GRECO, '*Secretariat*' 2022 (n. 591), abgerufen am 16.12.2022; Council of Europe, '*Council of Europe Directorate General Human Rights and Rule of Law – Human Rights and Rule of Law – publi.coe.int*' 2022 (n. 591), abgerufen am: 16.12.2022.

1861 Wolf, *Der Beitrag internationaler und supranationaler Organisationen zur Korruptionsbekämpfung in den Mitgliedstaaten* 2007 (n. 1613), S. 54.

zweite Evaluierungsrunde eingeleitet, in der Themen wie Korruptionserträge, die nationalen Steuergesetze und die öffentliche Verwaltung, der Umgang mit J. P. und der Zusammenhang von Korruption mit Fällen organisierter Kriminalität und Geldwäscherei durchleuchtet wurden. Die dritte Evaluierungsrunde wurde vier Jahre später, am 1. Januar 2007, eingeleitet und überprüfte die Mitgliedstaaten im Kern auf die Umsetzung der Bestimmungen des StÜK, ZP-StÜK sowie des zweiten Leitprinzips. Daneben war auch die Transparenz bei der Parteienfinanzierung ein weiterer zentraler Untersuchungsgegenstand. Angelegenheiten der Korruptionsprävention i. Z. m. Abgeordneten, Richtern und Staatsanwälten waren Untersuchungsgegenstand der am 1. Januar 2012 eingeleiteten vierten Evaluierungsrunde. Die fünfte Evaluierungsrunde wurde am 20. März 2017 eingeleitet und hatte die Themen Korruptionsprävention und Förderung der Integrität bei den Entscheidungsträgern auf der Ebene der Exekutive sowie den Strafverfolgungsbehörden zum Gegenstand.[1862]

Die neu hinzutretenden Mitglieder werden nachträglich ebenfalls auf die Antikorruptionsinstrumente in den bereits abgeschlossenen Evaluierungsrunden überprüft. Auch im Falle Österreich wurde so verfahren, wobei die erste und zweite Evaluierungsrunde zusammen durchgeführt wurden.[1863]

Es ist einer reinen Zweckmäßigkeitsüberlegung geschuldet, dass in einer Evaluierungsrunde nur einzelne Bestimmungen der Antikorruptionsinstrumente überprüft werden. Angesichts der Anzahl der von der GRECO zu überprüfenden Mitgliedern und den finanziellen Ressourcen wäre eine umfangreiche Überprüfung eines kompletten Antikorruptionsinstruments innerhalb eines bestimmten Zeitraumes kaum möglich bzw. zweckmäßig. Bereits jetzt dauern

---

1862 GRECO, '*About GRECO mutual evaluations*' 2023 (n. 595), abgerufen am: 07.01.2023; GRECO, '*Evaluations*' 2023 (n. 596), abgerufen am: 07.01.2023; GRECO, '*Evaluations – Group of States against Corruption*' 2023 (n. 596), abgerufen am: 07.01.2023; GRECO, '*Evaluations – Group of States against Corruption*' 2023 (n. 596), abgerufen am: 07.01.2023; GRECO, '*Evaluations – Group of States against Corruption*' 2023 (n. 596), abgerufen am: 07.01.2023; GRECO, '*Evaluations – Group of States against Corruption*' 2023 (n. 596), abgerufen am: 07.01.2023; GRECO, '*Evaluations – Group of States against Corruption*' 2023 (n. 596), abgerufen am: 07.01.2023; GRECO, *First Evaluation Round – Provisions under evaluation* 1999 (n. 596); GRECO, *Second Evaluation Round – Provisions under evaluation* 2002 (n. 596); GRECO, *GrecoEvalIIIRep(2011)3E(P3)* 2011 (n. 596); GRECO, *GrecoEvalIIIRep(2011)3E* 2011 (n. 596); GRECO, *GrecoEval4Rep(2016)1* 2016 (n. 596); GRECO, *GrecoEval5Rep(2019)6* 2020 (n. 596).

1863 GRECO, *Greco(2017)13* 2017 (n. 445), Art. 31-31 revised bis; GRECO, '*Evaluations*' 2023 (n. 653), abgerufen am: 05.01.2023.

Evaluierungsverfahren von der Einleitung bis zum Abschluss i. d. R. mehrere Jahre, was die letzte Evaluierungsrunde mit Blick auf Österreich verdeutlicht. Die fünfte Evaluierungsrunde wurde nämlich vor ca. sechs Jahren eingeleitet. Der Länderbesuch fand in Österreich erst im Sommer 2022 statt und im Dezember 2022 wurde der Evaluierungsbericht angenommen. Damit ist das Verfahren aber nicht beendet, denn die GRECO hat mehrere Empfehlungen gegenüber Österreich ausgesprochen. Zum Vergleich, die dritte Evaluierungsgrunde, welche in Österreich bereits abgeschlossen wurde, wurde am 1. Januar 2007 eingeleitet. Der Länderbesuch fand 2011 statt und die Beendigung wurde erst am 18. März 2016 spezifisch für Österreich ausgesprochen. Damit dauerte im Falle Österreichs die dritte Evaluierungsrunde insgesamt ungefähr neun Jahre. Das laufende jüngste Verfahren zur fünften Evaluierungsrunde wird damit noch weitere Jahre bis zur Vollbeendigung in Anspruch nehmen. Eine andere Vorgangsweise würde aber die Genauigkeit und Qualität der Prüfung stark beeinträchtigen.[1864] Daher beschränkt sich eine Evaluierungsrunde lediglich auf einzelne Leitprinzipien sowie einzelne Bestimmungen der Antikorruptionsinstrumente.[1865]

Ähnlich wie auch der Überwachungsmechanismus der OECD ist auch das GRECO Evaluierungsverfahren in mehrere Abschnitte gegliedert, die im Wesentlichen aus sieben Verfahrensschritten bestehen. Zusätzlich gibt es noch ein nachgelagertes Ad-hoc-Verfahren. Damit sollen bereits überprüfte nationale Vorschriften erneut einer Evaluierung unterzogen werden können, wenn diese durch nationale Gesetzesreformen tangiert werden.[1866]

1864 GRECO, *GrecoEval5Rep(2022)1* 2022 (n. 29), Rz 11, 13; Wolf, *Der Beitrag internationaler und supranationaler Organisationen zur Korruptionsbekämpfung in den Mitgliedstaaten* 2007 (n. 1613), S. 39–40; GRECO, *GrecoEvalIIIRep(2011)3E(P3)* 2011 (n. 596), Rz 2–3; GRECO, *GrecoRC3(2016)1* 2016 (n. 1085), Rz 56.

1865 Council of Europe, *Statute of the Group of States against corruption (GRECO)* 1999 (n. 440), Art. 10 Abs. 1-3; GRECO, *Greco(2017)13* 2017 (n. 445), Art. 23 Abs. 2.

1866 Wolf, *Der Beitrag internationaler und supranationaler Organisationen zur Korruptionsbekämpfung in den Mitgliedstaaten* 2007 (n. 1613), S. 40.

Tabelle 11: Strukturelle Darstellung eines Evaluierungsverfahrens[1867]

Strukturelle Darstellung eines Evaluierungsverfahrens	
I. Phase **Vorbereitungsphase**	**II. Phase** **Deklarationsphase**
o Evaluierungszeitraum o Evaluierungsbestimmungen o Evaluierungsexperten o Evaluierungsteams o Evaluierungsfragebögen	o Zusendung der Fragebögen o Beantwortung durch die Mitglieder o Rücksendung an das Sekretariat
III. Phase **Überprüfungsphase**	**IV. Phase** **Evaluierungsberichtphase**
o Auswertung der Fragebögen o Einholung zusätzlicher Informationen o Abhaltung von Länderbesuchen	o Erstellung eines Evaluierungsbericht-entwurfs o Übermittlung des Entwurfs an die Mitglieder o Stellungnahme des betroffenen Mitglieds o Erörterung und Annahme im Plenum
V. Phase **Erste Evaluierungsberichtkontrollphase**	**VI. Phase** **Zweite Evaluierungsberichtkontroll-phase**
o Zusendung des Zwischenberichts o Ernennung eines Kontrollteams o Erstellung eines Umsetzungsberichts o Übermittlung des Berichts an das Mitglied o Erörterung und Annahme im Plenum	o Zusendung mitgliedstaatlichen Folgeberichts o Erstellung des zweiten Umsetzungsberichts o Übermittlung des Berichts an das Mitglied o Erörterung und Annahme im Plenum
VII. Phase **Sanktionsphase**	**VIII. Phase** **Ad-hoc-Verfahren**
o Erstellung von Folgeberichten o Verschiedene Sanktionsmaßnahmen o Öffentliche Erklärung	o Ad-hoc-Informationsersuchen o Ernennung von Berichterstattern o Einholung zusätzlicher Informationen o Länderbesuche o Annahme eines Ad-hoc-Berichts o Übermittlung an das Mitglied

1867 Council of Europe, *Statute of the Group of States against corruption (GRECO)* 1999 (n. 440), Art. 10-16; GRECO, *Greco(2017)13* 2017 (n. 445), Art. 22-34.

Im Rahmen des *ersten Verfahrensschritts* werden die Weichen für das gesamte nachgelagerte Evaluierungsverfahren gestellt. Neben der Festlegung des vorgesehenen Evaluierungszeitraums werden auch die zu überprüfenden Bestimmungen festgelegt. Anhand dieser Bestimmungen wird ein Fragebogen ausgearbeitet, der nach Genehmigung der GRECO-Plenarversammlung an die Mitglieder versendet wird. Die Fragebögen stellen eine erste Orientierungshilfe für die Evaluierungsteams dar, die mit der Prüfung der Mitglieder betraut sind.[1868]

Ebenfalls werden die Evaluierungsteams gebildet. Die Mitglieder stammen grundsätzlich aus dem Kreis der vorgeschlagenen Experten der Mitgliedstaaten und werden verbindlich von der Plenarversammlung auf Vorschlag des Präsidiums festgelegt. Allerdings ist vorab auch das Recht der Mitgliedstaaten auf Stellungnahme zu wahren. Jedes Mitglied kann bis zu fünf Mitglieder benennen. Es wird allgemein auch darauf geachtet, dass sich die Teams heterogen aus Experten unterschiedlicher Mitgliedstaaten zusammensetzen. Die Unparteilichkeit, Objektivität und Unbefangenheit der Experten sind während der Evaluierungsphase zu gewährleisten und etwaige Interessenkonflikte sind offenzulegen.[1869]

Zwecks Wahrung der Unabhängigkeit und Unbefangenheit werden für das Vorliegen eines Interessenkonflikts keine umfassenden Voraussetzungen verlangt. Bereits die Mitgliedschaft in einem Verein, dessen Tätigkeit mit dem zu evaluierenden Land zusammenhängt, begründet einen Interessenkonflikt.[1870] Es existiert auch eine eigene Definition des Begriffs: «*[...] any material and other interest of a personal or private nature (including those of spouses/partners and close relatives of the expert* [das Evaluierungsteammitglied]*), which they may have in relation to the country to be evaluated.*»[1871]

Im Rahmen des *zweiten Verfahrensabschnitts* haben die Mitglieder binnen einer vorgegebenen Frist den Fragebogen vollständig und detailliert auszufüllen und müssen diesen samt Anhängen an den Exekutivsekretär des GRECO-Sekretariats übermitteln. Mit den Anhängen müssen alle Antworten in den Fragebögen verifiziert werden können. Die Fragebögen dienen den Evaluierungsteams

---

1868 Council of Europe, *Statute of the Group of States against corruption (GRECO)* 1999 (n. 440), Art. 10–11; GRECO, *Greco(2017)13* 2017 (n. 402), Art. 23–24.

1869 Council of Europe, *Statute of the Group of States against corruption (GRECO)* 1999 (n. 440), Art. 1, 10, 12, 14; GRECO, *Greco(2017)13* 2017 (n. 402), Art. 22, 25, 26; GRECO, *GrecoEval5(2018)5-fin* 2018 (n. 548).

1870 GRECO, *GrecoEval5(2018)5-fin* 2018 (n. 548), Part II, Rz 8, einschließlich Fußnote 6.

1871 Ibid., Part II, Rz 8, Fußnote 6.

als Arbeitsgrundlage für die Überprüfung der Staaten und für die späteren Evaluierungsberichte.[1872]

Der *darauffolgende Verfahrensabschnitt* dient der Auswertung der Fragebögen sowie der Einholung aller erforderlichen Informationen, damit sich das Evaluierungsteam ein vollständiges Bild über die Umsetzungsmaßnahmen der zu evaluierenden Antikorruptionsbestimmungen auf nationaler Ebene verschaffen kann.[1873]

Um jedoch tatsächlich ein vollständiges Bild im Evaluierungsbericht darstellen zu können, ist nicht nur das nationale Recht, sondern auch die nationale Praxis zu erfassen. Daher besteht auch die Möglichkeit der Evaluierungsteams, offizielle Länderbesuche im Umfang von bis zu vier Tagen abzuhalten.[1874] Aus einer Gesamtschau der bisher durchgeführten Evaluierungsrunden ergibt sich, dass die Evaluierungsteams diese Möglichkeit grundsätzlich in Anspruch nehmen, obwohl diese nicht obligatorisch sind.[1875] Im Falle Österreichs wurde bisher zu jeder Evaluierungsrunde ein Länderbesuch durchgeführt.[1876] Im vergangenen Länderbesuch fanden Treffen mit zwei der zentralen Akteure des österreichischen Antikorruptionsregimes – dem BAK und der WKStA – statt. Daneben nutzte das Evaluierungsteam auch die Gelegenheit, verschiedene Ministerien, die Parlamentsdirektion oder den Rechnungshof aufzusuchen.[1877]

Der Ablauf der Länderbesuche bzw. das Besuchsprogramm wird grundsätzlich von den Staaten selbst festgelegt. Das Programm muss jedoch vom Präsidium angenommen werden und auch das jeweilige Evaluierungsteam hat zu erklären, ob es diesem zustimmt.[1878] Auch laut GSG und GGO folgen die Länderbesuche einem bestimmten Verfahrensgang, der aus einer vorbereitenden Sitzung vor dem eigentlichen Länderbesuch, der Durchführung weiterer Treffen gemäß dem genehmigten Besuchsprogramm und zwei abschließenden Treffen besteht. Das erste dieser beiden Abschlusstreffen findet noch vor Ort im jeweiligen Land statt.

1872 Council of Europe, *Statute of the Group of States against corruption (GRECO)* 1999 (n. 440), Art. 11; GRECO, *Greco(2017)13* 2017 (n. 402), Art. 14, 24.

1873 Council of Europe, *Statute of the Group of States against corruption (GRECO)* 1999 (n. 440), Art. 11–13; GRECO, *Greco(2017)13* 2017 (n. 402), Art. 26.

1874 Council of Europe, *Statute of the Group of States against corruption (GRECO)* 1999 (n. 440), Art. 13 Abs. 1.

1875 Ibid., Art. 13.

1876 GRECO, *GrecoEval5Rep(2022)1* 2022 (n. 29), Rz 13.

1877 Ibid., Rz 13-14.

1878 Council of Europe, *Statute of the Group of States against corruption (GRECO)* 1999 (n. 440), Art. 13; GRECO, *Greco(2017)13* 2017 (n. 402), Art. 14, 24, 27–28.

In der darauffolgenden Abschlusssitzung werden die Ergebnisse zwischen dem Evaluierungsteam und dem Sekretariat erörtert.[1879] Das Gebot der Transparenz ist bei den Länderbesuchen nicht verwirklicht. Sie finden prinzipiell unter Ausschluss der Öffentlichkeit statt. Erst nach Abschluss eines Länderbesuchs besteht die Möglichkeit, die Öffentlichkeit über weitere Details zu informieren.[1880]

Die Evaluierungsberichtphase stellt den *vierten Verfahrensabschnitt* dar und endet mit der Annahme des finalen Evaluierungsberichts in der GRECO-Plenarversammlung. Diese Berichte bestehen aus einem beschreibenden und einem analytischen Teil. Der erste Teilbereich enthält im Wesentlichen die von den Mitgliedstaaten abgegebenen Erläuterungen zum Fragebogen und weitere Informationen, die diesbezüglich eingeholt wurden. Ein Vergleich der verschiedenen Evaluierungsberichte zeigt, dass die Ausgestaltung dieses Abschnitts keiner klaren Gliederung folgt und auch die einzelnen zu untersuchenden Teilbereiche nicht scharf voneinander abgegrenzt werden. Die Ausführungen zu den jeweiligen Bestimmungen im bewertenden Abschnitt sind vom Umfang her unterschiedlich stark ausgestaltet. Der analytische Teil ergänzt den Bericht um unmittelbar wahrgenommene Umstände in den Mitgliedstaaten durch die Evaluierungsteams, enthält Bemerkungen sowie die an die Mitgliedstaaten gerichteten Empfehlungen.[1881]

Anschließend wird der Evaluierungsberichtentwurf unter Beteiligung des Evaluierungsteams, des betroffenen Mitgliedstaats sowie des Sekretariats ausgearbeitet, bevor dieser der Plenarversammlung zur Annahme vorgelegt wird. Das Evaluierungsteam erarbeitet nach dem Länderbesuch den analytischen Teil des Evaluierungsberichts, bevor beide Abschnitte vom Sekretariat zusammengeführt werden. Sowohl dem Evaluierungsteam als auch dem zu evaluierenden Mitglied steht das Recht zu, zum Entwurf Stellung zu nehmen. Ihre Anmerkungen sind im Entwurf zwingend zu berücksichtigen. Wurde dem Mitglied keine Möglichkeit zur Stellungnahme eingeräumt, darf der Bericht nicht finalisiert werden. Bei Widersprüchlichkeiten zwischen den Bemerkungen des Evaluierungsteams und des Mitgliedstaats nimmt der Exekutivsekretär eine Vermittlerrolle ein und wirkt auf eine angemessene Kompromisslösung hin.[1882]

1879 Council of Europe, *Statute of the Group of States against corruption (GRECO)* 1999 (n. 440), Art. 13; GRECO, *Greco(2017)13* 2017 (n. 402), Art. 14, 24, 27–28.

1880 GRECO, *Greco(2017)13* 2017 (n. 445), Art. 27 Abs. 7.

1881 Council of Europe, *Statute of the Group of States against corruption (GRECO)* 1999 (n. 440), Art. 14–15; GRECO, *Greco(2017)13* 2017 (n. 402), Art. 28.

1882 Council of Europe, *Statute of the Group of States against corruption (GRECO)* 1999 (n. 440), Art. 14; GRECO, *Greco(2017)13* 2017 (n. 445), Art. 28.

Zwei Wochen vor Durchführung der GRECO-Plenarversammlung ist der Entwurf den Vertretern der Mitgliedstaaten zuzusenden.[1883]

Während der Plenarversammlung wird der Bericht erörtert und anschließend über dessen Annahme entschieden. Die Erörterung beginnt mit dem mündlichen Vortrag des Evaluierungsteams. Den Vertretern des betroffenen Mitgliedstaats muss ein Äußerungsrecht eingeräumt werden. Daneben kommen auch den Vertretern der anderen Mitgliedstaaten Fragerechte zu.[1884] Die Erörterung im Plenum sollte binnen sechs Monaten ab Abschluss des Länderbesuchs stattfinden. Dies ist jedoch nicht verbindlich. Die Nichteinhaltung dieser Frist begründet keine Nichtigkeit und es entsteht kein Verfahrensmangel.[1885]

An der Abstimmung nehmen grundsätzlich alle Mitgliedstaaten teil. Bei etwaigen Bestimmungen aus dem StÜK, ZP-StÜK sowie dem ZrÜK nehmen jedoch nur die Vertragsstaaten an der Abstimmung teil. Sofern die Plenarversammlung zur Ansicht gelangt, der betroffene Mitgliedstaat hat alle dem Evaluierungsverfahren zugrunde gelegten Bestimmungen auf zufriedenstellende Weise umgesetzt, ist das Evaluierungsverfahren für diesen Staat mit der Annahme des Evaluierungsberichts beendet. Andernfalls folgt der nächste Verfahrensabschnitt.[1886]

In keiner der bisher durchgeführten Evaluierungsrunden konnte für Österreich der Verfahrensabschluss bereits in diesem Verfahrensabschnitt festgestellt werden. Im Evaluierungsbericht der gemeinsamen ersten und zweiten Evaluierungsrunde hat die GRECO gegenüber Österreich ganze 24 Empfehlungen ausgesprochen. In der dritten Evaluierungsrunde waren es insgesamt 21 und in der vierten und fünften Evaluierungsrunde jeweils 19 Empfehlungen.[1887] Österreich ist damit aber kein Einzelfall. I. d. R. wird der Evaluierungsbericht mit

---

1883 Council of Europe, *Statute of the Group of States against corruption (GRECO)* 1999 (n. 440), Art. 14; GRECO, *Greco(2017)13* 2017 (n. 445), Art. 28.

1884 Council of Europe, *Statute of the Group of States against corruption (GRECO)* 1999 (n. 440), Art. 14–15; GRECO, *Greco(2017)13* 2017 (n. 445), Art. 29; GRECO, *GrecoEval5(2018)5-fin* 2018 (n. 548), Part I, Section A, Rz 14-15, 17.

1885 Council of Europe, *Statute of the Group of States against corruption (GRECO)* 1999 (n. 440), Art. 15; GRECO, *Greco(2017)13* 2017 (n. 445), Art. 29 Abs. 1.

1886 Council of Europe, *Statute of the Group of States against corruption (GRECO)* 1999 (n. 440), Art. 15; GRECO, *Greco(2017)13* 2017 (n. 402), Art. 29.

1887 GRECO, *GrecoEvalI-IIRep(2007)2E* 2008 (n. 1181), Rz 153; GRECO, *GrecoEvalIIIRep(2011)3E(P3)* 2011 (n. 596), Rz 100; GRECO, *GrecoEvalIIIRep(2011)3E* 2011 (n. 596), Rz 73; GRECO, *GrecoEval4Rep(2016)1* 2016 (n. 596), Rz 180; GRECO, *GrecoEval5Rep(2022)1* 2022 (n. 29), Rz 247.

Empfehlungen angenommen, die der betroffene Mitgliedstaat binnen einer festgelegten Frist umzusetzen hat.[1888]

Zweck des *nächsten Verfahrensabschnitts*, der (ersten) Evaluierungsberichtkontrollphase, ist die Überprüfung, inwieweit die Empfehlungen im Evaluierungsbericht vom Mitgliedstaat umgesetzt wurden. Dazu hat der betroffene Mitgliedstaat der GRECO binnen 18 Monaten seit Annahme des Evaluierungsberichts einen Zwischenbericht zu übermitteln und über die bisher getroffenen innerstaatlichen Maßnahmen zu berichten.[1889]

Auch dieser Zwischenbericht dient lediglich als Grundlage für die eigentliche Prüfung. Die Kontrolle der nationalstaatlichen Umsetzung der Empfehlungen obliegt einem zweiköpfigen Kontrollteam, welches vom Präsidium vorgeschlagen und von der Plenarversammlung ernannt wird.[1890] Dabei konnte festgestellt werden, dass das Kontrollteam bestimmte Parameter heranzieht, um überprüfen zu können, ob bzw. inwieweit die noch nicht umgesetzten Empfehlungen zwischenzeitlich im nationalen Recht implementiert wurden. Insbesondere wird dies anhand eines Vergleichs mit den anderen Mitgliedstaaten festgestellt, die geografisch an den überprüfenden Staat angrenzen oder über ähnliche Rechtssysteme aufweisen.[1891]

Das weitere Verfahren dieses Abschnitts gestaltet sich ähnlich zur vorherigen Evaluierungsberichtphase. Unter Mitwirkung des Kontrollteams, des Sekretariats und des betroffenen Mitgliedstaats wird ein Umsetzungsberichtentwurf den Vertretern aller Mitglieder 14 Tage vor der Plenarversammlung vorgelegt. Auch beim Umsetzungsbericht sind die Rechte des betroffenen Mitgliedstaats auf Einsicht- und Stellungnahme unbedingt zu wahren. Erörterung und Annahme des Umsetzungsberichts erfolgen anschließend im Plenum.[1892]

Kernstück des Umsetzungsberichts sind die abschließenden Feststellungen, inwieweit die Empfehlungen des Evaluierungsberichts umgesetzt wurden. Darin

---

1888 GRECO, *Greco(2017)13* 2017 (n. 402), Art. 30; GRECO, *GrecoEvalI-IIRep(2007)2E* 2008 (n. 1181); GRECO, *GrecoEvalIIIRep(2011)3E(P3)* 2011 (n. 596); GRECO, *GrecoEvalIIIRep(2011)3E* 2011 (n. 596); GRECO, *GrecoEval4Rep(2016)1* 2016 (n. 596); GRECO, *GrecoEval5Rep(2022)1* 2022 (n. 29).

1889 GRECO, *Greco(2017)13* 2017 (n. 402), Art. 30.

1890 Ibid., Art. 30-31 revised bis; GRECO, '*Evaluations – Group of States against Corruption*' 2023 (n. 596), abgerufen am: 05.01.2023.

1891 GRECO, '*Evaluations*' 2023 (n. 653), Art. 31 revises bis Abs. 1-2.

1892 Ibid., Art. 31 revised bis Abs. 3–5.

wird festgehalten, welche Empfehlungen zufriedenstellend, lediglich teilweise zufriedenstellend und nicht zufriedenstellend umgesetzt wurden.[1893]

Wurden alle Empfehlungen zufriedenstellend umgesetzt, erklärt die GRECO das Evaluierungsverfahren für den betroffenen Mitgliedstaat für beendet.[1894]

Gemäß GSG und GGO müssen in diesem Verfahrensabschnitt alle Empfehlungen hinreichend umgesetzt worden sein, damit das Evaluierungsverfahren für beendet erklärt werden kann. Eine Beendigung trotz einer nicht gänzlichen Umsetzung aller Empfehlungen ist rechtlich erst in der zweiten Evaluierungsberichtkontrollphase vorgesehen. Dennoch hat sich gezeigt, dass die Plenarversammlung in der Praxis bereits in dieser Phase die Verfahrensbeendigung beschließt, obwohl einzelne Empfehlungen lediglich teilweise oder nicht umgesetzt worden sind. Dies ist insofern kritisch zu sehen, da mangels rechtlicher Grundlage die Grenzen nicht nachvollzogen werden können, innerhalb derer die GRECO von diesem faktischen Ermessen Gebrauch macht.[1895]

Gemäß GSG und GGO gestaltet sich das weitere Verfahrensprozedere folgendermaßen: Wurden nicht alle Empfehlungen ausreichend umgesetzt, erfolgt im *sechsten Verfahrensabschnitt* eine weitere Evaluierungsberichtkontrollphase. Diese ist in ihrem Ablauf und der rechtlichen Ausgestaltung zur ersten Kontrollphase weitgehend ident ausgestaltet.[1896] Der besondere Unterschied besteht darin, dass das Evaluierungsverfahren in diesem Verfahrensabschnitt tatsächlich für beendet erklärt werden kann, wenn die Mehrheit der Empfehlungen in hinreichender Weise umgesetzt wurden. Die GGO nennt einen Schwellenwert von zumindest 2⁄3 aller Empfehlungen, wobei eine geringfügige Unterschreitung unbeachtlich ist.[1897] Findet keine Verfahrensbeendigung statt, wird die Sanktionsphase eingeleitet.[1898]

Der *letzte Verfahrensabschnitt des regulären Evaluierungsverfahrens* verfolgt den Zweck, den Mitgliedstaat durch nachfolgende Sanktionsmöglichkeiten doch noch zur Umsetzung der offenen Empfehlungen zu bewegen:[1899]

- o Weitere Berichtpflichten;
- o Nichtumsetzungsmitteilung an den GRECO-Präsidenten;

1893 Ibid., Art. 31 revised bis Abs. 8.1.
1894 Ibid., Art. 31 revised bis Abs. 8.1., Abs. 10.
1895 Ibid.
1896 GRECO, *Greco(2017)13* 2017 (n. 402), Art. 31 revised bis.
1897 GRECO, '*Evaluations*' 2023 (n. 653), Art. 31 revised bis Abs. 10.
1898 Ibid.
1899 GRECO, *Greco(2017)13* 2017 (n. 402), Art. 32 revised.

- o Nichtumsetzungsmitteilung an den ständigen Europaratsvertreter des betroffenen Mitgliedstaats;
- o Nichtumsetzungsmitteilung an den Außenminister des betroffenen Mitgliedstaats;
- o Länderbesuch durch eine hochrangige Mission;
- o Veröffentlichung einer Nichtumsetzungsmitteilung.[1900]

Die Sanktionsphase ist maßgeblich vom Gleichheitsgrundsatz, dem Verhältnismäßigkeitsgrundsatz und dem Rechtmäßigkeitsgrundsatz geprägt.[1901]

Auch das Sanktionsregime der GRECO verdeutlicht, dass das Evaluierungsverfahren im größtmöglichen Interesse der Mitgliedstaaten ausgestaltet wurde. Alle Sanktionsmaßnahmen stellen in gewisser Weise lediglich einen weiteren Appell an den umsetzungsunwilligen Mitgliedstaat dar, doch noch die Empfehlungen umzusetzen. Sie haben damit aber keinen Strafcharakter im eigentlichen Sinne, sondern stellen lediglich *weiche Sanktionsformen* dar. Der Besuch einer hochrangigen Mission bezweckt, auf nationaler Ebene erneut auf die Bedeutung der Empfehlungen und auf die Wichtigkeit der nationalstaatlichen Umsetzung hinzuweisen.[1902] Auch die vermeintlich schärfste Waffe der GRECO stellt im Grunde lediglich die Veröffentlichung einer Erklärung dar, aus der die Nichtumsetzung der Empfehlungen sowie eine Darstellung der vom betroffenen Mitgliedstaat gesetzten Maßnahmen hervorgeht.[1903] Doch auch hier muss der betroffene Mitgliedstaat vorab angehört werden und ihm die Möglichkeit eingeräumt werden, dazu Stellung zu nehmen.[1904]

Das *ad-hoc-Verfahren* stellt ein abgekürztes, dem regulären Evaluierungsverfahren nachgelagertes Prüfverfahren dar. Es wird eingeleitet, wenn Bestimmungen, die bereits Gegenstand vergangener Evaluierungsrunden waren, durch nationale Reformen verletzt werden oder Gefahr laufen, verletzt zu werden.[1905]

1900 Ibid.

1901 GRECO, '*Evaluations*' 2023 (n. 653), Art. 32 revised Abs. 1; Lins, *Die Einzelhaft im österreichischen Strafvollzugsgesetz (StVG)* 2023 (n. 669), S. 58-66.

1902 GRECO, *Greco(2017)13* 2017 (n. 445), Art. 32 revised Abs. 2 (iii); Council of Europe, '*The mandate of the Directorate General*' 2023 (n. 680), abgerufen am: 06.01.2023; Council of Europe, '*Director General Christos Giakoumopoulos*' 2023 (n. 680), abgerufen am: 06.01.2023.

1903 GRECO, *Greco(2017)13* 2017 (n. 445), Art. 32 revised Abs. 2 (iv).

1904 Council of Europe, *Statute of the Group of States against corruption (GRECO)* 1999 (n. 440), Art. 16; GRECO, *Greco(2017)13* 2017 (n. 445), Art. 33.

1905 GRECO, *Greco(2017)13* 2017 (n. 402), Art. 34.

Hierbei wird der betroffene Mitgliedstaat zur Auskunftserteilung verpflichtet. Die eingeholten Informationen, die auch durch erneute Länderbesuche beschafft werden können, werden durch ein Kontrollteam in einem Ad-hoc-Bericht dargestellt und von der Plenarversammlung angenommen.[1906]

Ad-hoc-Verfahren wurden bereits im Dezember 2017 in Polen und Rumänien sowie im Juni 2019 in Griechenland und Slowenien eingeleitet.[1907] Grund für die Einleitung der Ad-hoc-Verfahren in Polen und Rumänien waren die nationalen Justizsystemreformen.[1908] Im Falle Griechenlands sollte das Strafdelikt der *Bestechung von Amtsträgern* von einem Verbrechen zu einem Vergehen herabgestuft werden.[1909] In Slowenien war eine parlamentarische Untersuchung Gegenstand des Ad-hoc-Verfahrens, mit denen mehrere Gerichtsverfahren gegen ein bestimmtes Nationalratsmitglied überprüft werden sollten. Mit dieser Vorgangsweise wurden die Prinzipien der Gewaltenteilung sowie die Unabhängigkeit der Justiz – beides Garanten einer effizienten nationalen Antikorruptionspolitik – tangiert. Allerdings ist dies per se kein rechtlicher Einleitungsgrund für ein Ad-hoc-Verfahren. Für solche Fälle ist ein Ad-hoc-Verfahren daher auch gar nicht vorgesehen und die GRECO hat zu Recht festgestellt, in diesem Fall nicht eingreifen zu können.[1910]

13.4.2.3 Effektivität des Evaluierungsverfahrens | Vergleich mit anderen Überwachungsregimen

Das Evaluierungsverfahren der GRECO basiert auf der *Peer-Review-Methode*, worunter eine wechselseitige Kontrolle durch die Mitglieder – unter der Leitung der GRECO – verstanden wird («*[...] mutual evaluation and peer pressure [...]*»[1911]). Auch andere internationale Organisationen wie bspw. die OECD oder die UNO wenden eine solche Form der Überwachung ihrer Antikorruptionsinstrumente an. Grundsätzlich zeichnet sich das GRECO-Überwachungsregime insbesondere durch sein umfangreiches, in sieben Abschnitte gegliedertes Verfahren aus. Dies ist angesichts der umfangreichen Antikorruptionsbestimmungen des Europarats durchaus sinnvoll. Kaum eine andere internationale Organisation verfügt über

1906 Ibid.
1907 GRECO, '*Ad hoc procedures (Rule 34)*' 2023 (n. 689), abgerufen am: 08.01.2023.
1908 GRECO, *Greco-AdHocRep(2018)1* 2018 (n. 690), Rz 1, 54 ff; GRECO, *Greco-AdHocRep(2018)2* 2018 (n. 690), Rz 1-2, 53 ff.
1909 GRECO, *Greco-AdHocRep(2019)2* 2019 (n. 691), 1, 21, 35 ff.
1910 GRECO, *Greco-AdHocRep(2019)3* 2019 (n. 692), Rz 1-3, 5-7, 14-18.
1911 Council of Europe, *Statute of the Group of States against corruption (GRECO)* 1999 (n. 440), Art. 1.

eine derartige Dichte von Antikorruptionsinstrumenten, die einer Evaluierung unterzogen werden können. Allerdings führt dies auch angesichts der begrenzten Kapazitäten der GRECO und der Anzahl zu evaluierenden Mitgliedstaaten zu überlangen Evaluierungsrunden. Diese Problematik zeigt sich nicht zuletzt auch daran, dass die vereinbarten Evaluierungszeiträume nicht eingehalten werden können und daher der Abschluss einer Evaluierungsrunde weiter in die Zukunft hinausgeschoben werden muss. Dies war bspw. beim Abschluss der ersten sowie zweiten Evaluierungsrunde erforderlich.[1912]

Aufgrund solcher Verzögerungen kann es auch sein, dass mehrere Evaluierungsverfahren zeitgleich durchgeführt werden. Gegenwärtig sind die vierte und fünfte Evaluierungsrunde parallel eröffnet. Dies führt zu dem Umstand, dass im März 2023 der Evaluierungsbericht zur fünften Evaluierungsrunde für Österreich veröffentlicht wurde, während wenige Monate später, am 11. Mai 2023, der Nachtrag zum zweiten Umsetzungsbericht der vierten Evaluierungsrunde für die Schweiz online publiziert wurde.[1913]

Für das Überwachungsverfahren der UNO, bei dem ebenfalls immer nur einzelne Bereiche der Antikorruptionsinstrumente untersucht werden, ist demgegenüber ein Zeitraum von sechs Monaten vorgesehen. Dieses Überwachungsregime ist jedoch nicht so umfangreich und streng ausgestaltet wie jenes der GRECO. Es basiert primär auf Selbsteinschätzungen der zu untersuchenden Mitglieder, die durch Erläuterungen der überprüfenden Staaten ergänzt werden und schließlich in einen finalen Länderbericht münden, der veröffentlicht wird.[1914]

Das Korruptionsüberwachungsregime der OECD ist ähnlich ausgestaltet wie das des Europarats. Es wird ebenso in mehrere Phasen eingeteilt, wobei die «*OECD Working Group on Bribery*»,[1915] das Überwachungsorgan, das Verfahren in insgesamt vier Verfahrensabschnitten abhandelt. Ebenfalls besteht die

---

1912 GRECO, *GrecoEval5Rep(2022)1* 2022 (n. 29); GRECO. *GrecoEval5Rep(2019)6: Fourth Evaluation Round – Addendum to the second compliance report Switzerland* (2022).

1913 GRECO, *GrecoEval5Rep(2022)1* 2022 (n. 29); GRECO, *GrecoEval5Rep(2019)6* 2022 (n. 1914).

1914 UNO. 'Implementation Review Mechanism', zugegriffen auf: https://www.unodc.org/unodc/en/corruption/implementation-review-mechanism.html, abgerufen am: 26.05.2023; Schweizerische Eidgenossenschaft. 'Konvention der Vereinten Nationen gegen Korruption'. 2023, zugegriffen auf: https://www.eda.admin.ch/eda/de/home/aussenpolitik/finanzplatz-und-wirtschaft/korruption/un-konvention-gegenkorruption.html, abgerufen am: 26.05.2023.

1915 Pieth, Mark, Low, Lucinda A. und Bonucci, Nicola (Hrsg.). *The OECD Convention on bribery: A commentary* (Cambridge: Cambridge University Press, 2014), Vorwort.

Möglichkeit, wie bei der GRECO, Sanktionen gegenüber Staaten zu verhängen, die das OECD-CB nicht hinreichend umgesetzt haben. Ein markanter Unterschied beider Überwachungsmechanismen ist jedoch, dass die GRECO ihre Überprüfungsberichte grundsätzlich nur im Einvernehmen mit dem überprüften Mitgliedstaat veröffentlichen kann. Das Überwachungsorgan der OECD ist auf dieses Erfordernis nicht angewiesen. Dies stellt zwar in rechtlicher Hinsicht ein bedeutender Nachteil gegenüber dem OECD-Regime dar, wirkt sich in faktischer Hinsicht jedoch nicht negativ aus. Da das Konzept des GRECO-Überwachungsregimes auf Gruppendruck basiert, wird die Zustimmung zur Veröffentlichung der Berichte grundsätzlich von den Staaten erteilt. Allerdings zögern Staaten die Veröffentlichung gerne für eine gewisse Zeit hinaus. Schließlich muss in diesem Zusammenhang noch erwähnt werden, dass materiell auch die Rechtsstaatlichkeitsberichte der EU, ein Prüfinstrument zur präventiven Erkennung rechtsstaatlicher Mängel in einem Mitgliedstaat, einen Kompromiss zwischen der EU und dem jeweils betroffenen Mitgliedstaat darst.[1916]

Ein weiterer Umstand, den es in den GRECO-Evaluierungsverfahren zu berücksichtigen gilt, ist, dass die Mitgliedstaaten während einer Evaluierungsrunde mitunter nicht im gleichen Umfang evaluiert werden. Das StÜK beinhaltet verschiedene Vorbehaltsmöglichkeiten. Die Bestimmungen, hinsichtlich derer ein Vorbehalt erklärt wurde, werden konsequenterweise nicht durch die GRECO überprüft. Anders verfährt die OECD, welche einheitliche Überprüfungen vornimmt. Hier muss jedoch angemerkt werden, dass dies nicht direkt ein Nachteil des Evaluierungsverfahrens ist. Vielmehr ist dies die Folge der rechtlichen Ausgestaltung des StÜK. Wie an mehreren Stellen bereits erläutert, hat der Europarat ein sehr breites Antikorruptionsregime geschaffen. Je detaillierter und einschneidender solche Antikorruptionsinstrumente ausgestaltet sind, desto mehr können die Staaten davon abgeschreckt werden, einem solchen Völkerrechtsvertrag beizutreten und diesbezüglich ihre staatliche Souveränität aufzugeben. Der Europarat war bei der Ausarbeitung des StÜK natürlich daran interessiert, dass dieses Abkommen von möglichst vielen Staaten ratifiziert wird. Ohne den Rückhalt der Staaten hätte es keine nennenswerte Bedeutung erlangen können. Um den Beitritt möglichst vieler Staaten zu garantieren, wurde den

1916 Wolf, *Der Beitrag internationaler und supranationaler Organisationen zur Korruptionsbekämpfung in den Mitgliedstaaten* 2007 (n. 1613), S. 22–58, 85–98; Wolf, *Maßnahmen internationaler Organisationen zur Korruptionsbekämpfung auf nationaler Ebene – Ein Überblick* 2006 (n. 1700), S. 4–10, 15–24, 25–44, 51–60; Hilpold, '*Zwei- bis Drei-Klassen-Justiz in Österreich?*' 2024 (n. 344).

Staaten die Möglichkeit eingeräumt, auch unter Einlegung von Vorbehalten am Abkommen teilzunehmen.[1917]

Generell ist die Ausgestaltung des Evaluierungsverfahrens in mehrere Verfahrensabschnitte, auch wenn es dadurch zeitintensiver wird, als positiv zu beurteilen. Es zeigt sich nämlich, dass die Anzahl der nicht oder nur teilweise umgesetzten Empfehlungen zwischen der Evaluierungsberichtsphase und den Evaluierungsberichtkontrollphasen pro Mitglied abnimmt. Dies kann ebenfalls im Falle Österreichs festgestellt werden:

Tabelle 12: Umsetzung der Empfehlungen in Österreich[1918]

Runde	Empfehlungen Evaluierungsbericht	Offene Empfehlungen Umsetzungsbericht			Offene Empfehlungen Zweiter Umsetzungsbericht		
		U.	*T. U.*	*N. U.*	*U.*	*T. U.*	*N. U.*
1. und 2.	24	12	7	5	4	6	2
3.	21	12	7	2	8	4	1
4.	19	1	5	13	3	9	7
5.	19						

Wie aus der vorherigen Tabelle ersichtlich wird, bewirken die zusätzlichen Evaluierungsberichtkontrollphasen weitere innerstaatliche Anpassungen, die abermals zu einer Annäherung an den vom Europarat gewollten Standard führen. Darin besteht gerade das Ziel der GRECO, nämlich die Staaten zu unterstützen,

1917 Wolf, *Der Beitrag internationaler und supranationaler Organisationen zur Korruptionsbekämpfung in den Mitgliedstaaten* 2007 (n. 1613), S. 38–39; OECD. 'Country monitoring of the OECD Anti-Bribery Convention'. 2023, zugegriffen auf: https://www.oecd.org/corruption/countrymonitoringoftheoecdanti-briberyconvention.htm, abgerufen am: 20.05.2023.

1918 GRECO, *GrecoEvalI-IIRep(2007)2E* 2008 (n. 1181), Rz 153; GRECO, *GrecoRC-I/II(2010)1E* 2010 (n. 1181), Rz 121; GRECO, *GrecoRC-I/II(2010)1EZusatz* 2012 (n. 1181), Rz 74; GRECO, *GrecoEvalIIIRep(2011)3E(P3)* 2011 (n. 596), Rz 100; GRECO, *GrecoEvalIIIRep(2011)3E* 2011 (n. 596), Rz 73; GRECO, *GrecoRC-III(2013)26E* 2014 (n. 1756), Rz 118; GRECO, *GrecoRC3(2016)1* 2016 (n. 1085), Rz 52–53; GRECO, *GrecoEval4Rep(2016)1* 2016 (n. 596), Rz 180; GRECO, *GrecoRC4(2018)15* 2018 (n. 1402), Rz 75; GRECO, *GreocRC4(2021)19* 2021 (n. 1277), Rz 81–82; GRECO, *GrecoEval5Rep(2022)1* 2022 (n. 29), Rz 247; Anmerkung: U = Umgesetzt | TU = Teilweise Umgesetzt | NU = Nicht Umgesetzt.

die Antikorruptionsinstrumente zu implementieren und dadurch ein effektives Antikorruptionsregime auszuarbeiten.[1919]

Die Qualität der Berichte der GRECO wird als sehr hoch beschrieben und beschränkt sich nicht nur auf die Überprüfung der Umsetzungsmaßnahmen auf legistischer Ebene, sondern umfasst auch die praktische Anwendung der Antikorruptionsbestimmungen auf staatlicher Ebene. Mithilfe der Berichte wird untersucht, inwieweit staatliche korruptionsanfällige Bereiche transparent ausgestaltet wurden und wie effektiv die nationalen Durchsetzungsmechanismen sind. Die Berichte werden spezifisch für jeden Mitgliedstaat individuell ausgearbeitet. Trotz des erhöhten Arbeitsaufwands hat sich diese Vorgangsweise auf internationaler Ebene inzwischen auch bei den Überwachungsmechanismen anderer internationaler Organisationen durchgesetzt. Auch die UNO erarbeitet im Rahmen ihres Evaluierungsprogramms inzwischen individualisierte Berichte für die Staaten aus, was vor einigen Jahren noch nicht der Fall war. Hingegen heben die jährlichen Rechtsstaatlichkeitsberichte der EU aufgrund ihrer Undetailiertheit und mangelnden Schärfe die Bedeutung der GRECO-Berichte hervor. An sich wären diese Rechtsstaatlichkeitsberichte der EU ein bedeutsames Kontrollinstrumentarium, doch ihre Ausgestaltung lässt sie zu schlichten Formalakten verkommen. Nicht jede internationale Organisation sieht Länderbesuche vor, um die Berichte mit stichhaltigen und detaillierten Informationen qualitativ zu untermauern. Auch dies stellt eine weitere Besonderheit der GRECO dar.[1920]

Die GSG schreibt vor, dass die Evaluierungsberichte und alle i. Z. m. den Evaluierungsverfahren gesammelten Informationen nicht öffentlich zugänglich gemacht werden dürfen und damit vertraulich zu behandeln sind.[1921] Auch hier wird deutlich, dass das Evaluierungsverfahren stark von den Bedürfnissen der GRECO-Mitglieder geprägt ist. Darauf deuten auch die an zahlreichen Stellen vorgesehenen Rechte auf vorherige Stellungnahme eines Mitglieds hin. Grundsätzlich ist vor jeder Annahme eines Berichts der Mitgliedstaat darüber anzuhören. Dessen Anregungen müssen verpflichtend berücksichtigt werden. Damit hat ein Mitglied in jedem Verfahrensabschnitt die Möglichkeit, in gewisser Weise auf den Inhalt eines Berichts Einfluss zu nehmen. Eine dem Evaluierungsteam entgegenstehende geäußerte Ansicht eines Mitglieds darf nicht einfach übergangen

---

1919 Wolf, *Der Beitrag internationaler und supranationaler Organisationen zur Korruptionsbekämpfung in den Mitgliedstaaten* 2007 (n. 1613), S. 41.

1920 Ibid., S. 38–41; Hilpold, *'Zwei- bis Drei-Klassen-Justiz in Österreich?'* 2024 (n. 344).

1921 Council of Europe, *Statute of the Group of States against corruption (GRECO)* 1999 (n. 440), Art. 15 Abs. 5; GRECO, *Greco(2017)13* 2017 (n. 445), Art. 35 Abs. 1-2.

werden, wenngleich den Ausführungen des Evaluierungsteams zu folgen wäre. Vielmehr muss eine gemeinsame Zwischenlösung erarbeitet werden.[1922]

Es ist nachvollziehbar, warum das GRECO-Evaluierungsverfahren diesbezüglich kompliziert und vor allem mitgliederfreundlich ausgestaltet wurde. Ein allzu strenges und striktes Überwachungs- und Kontrollverfahren hätte die Staaten wohl davon abgehalten, der GRECO beizutreten. Schließlich hat ein Staat prinzipiell kein Interesse daran, gegenüber der internationalen Staatengemeinschaft auf die Schwächen der eigenen nationalen Rechtsordnung aufmerksam gemacht zu werden. Nicht zuletzt schadet es auch dem Image eines Staates, wenn die internationale Staatengemeinschaft und insbesondere die eigene Bevölkerung von den zahlreichen innerstaatlichen Mängeln Kenntnis erlangt. Auf der anderen Seite geht damit jedoch auch ein Effektivitätsverlust des GRECO-Evaluierungsverfahrens einher. Der Europarat hat in dieser Frage Quantität – möglichst viele Staaten nehmen am Überwachungsmechanismus teil – über Qualität – die Schaffung eines scharfen, strikten und strengen Überwachungsmechanismus – gestellt.

Hält man sich jedoch einen der drei Aufgaben der GRECO vor Augen, kann durchaus auch eine andere Ansicht vertreten werden. Der Überwachungsmechanismus ist nämlich primär auf die Förderung der mitgliedstaatlichen Untersetzung der Antikorruptionsinstrumente des Europarats ausgerichtet. Unter diesem Aspekt verfügt der Europarat gesamtheitlich betrachtet wieder über einen starken Überwachungsmechanismus. *Weiche Sanktionen* entsprechen vielmehr dem fördernden Charakter, im Gegensatz zu Strafen o. ä. Sanktionen. Nicht Strafen sollen die Mitglieder zur Umsetzung der Antikorruptionsinstrumente bewegen, sondern der Gruppendruck der Mitglieder. Je stärker ein Staat dem Gruppendruck ausgesetzt ist, umso eher wird dieser auch gewillt sein, die Empfehlungen der GRECO umzusetzen. Staaten, die dem Gruppendruck aber nicht nachgeben, können mit den Sanktionen des Europarats nicht zur innerstaatlichen Umsetzung gezwungen werden. Über harte Sanktionsinstrumente verfügt gegenwärtig lediglich die EU, indem sie etwaigen Beitrittskandidaten die in Aussicht gestellte Mitgliedschaft in der Union verweigern könnte.[1923]

Dies führt wiederum zu einem Grundsatzproblem, das der Völkerrechtsordnung in ihrer Gesamtheit eigen ist, nämlich dem organisatorisch schwach ausgeprägten Charakter. Anders als nationale Rechtsordnungen verfügt das Völkerrecht von sich aus über kein überstaatliches Gewaltmonopol zur Durchsetzung des

---

1922 Council of Europe, *Statute of the Group of States against corruption (GRECO)* 1999 (n. 440), Art. 14 Abs. 2; GRECO, *Greco(2017)13* 2017 (n. 445), Art. 28 Abs. 7-8.

1923 Wolf, *Der Beitrag internationaler und supranationaler Organisationen zur Korruptionsbekämpfung in den Mitgliedstaaten* 2007 (n. 1613), S. 38–41.

internationalen Rechts gegenüber den Völkerrechtssubjekten. Die Staaten können grundsätzlich nur durch einen *«[...] souveränen Akt der Selbstbindung [...]»*[1924] in bestimmten Bereichen verpflichtet werden. In allen anderen Bereichen bleibt ihre Souveränität gewahrt. Im Falle des Antikorruptionsregimes des Europarats waren die Staaten nicht bereit, sich gegenüber dieser internationalen Organisation dahingehend zu binden, dass der Europarat direkt für die Mitgliedstaaten verbindlich umzusetzende Völkerrechtsakte zur Korruptionsbekämpfung erlassen kann. Vielmehr sind diese Europaratsinstrumente Vorgaben, die von den Mitgliedstaaten selbstständig umzusetzen sind. Insbesondere aber waren die Mitgliedstaaten nicht bereit, ihre Souveränität dahingehend einzuschränken, dass die Einhaltung und Umsetzung der Antikorruptionsinstrumente des Europarats überstaatlich auch mit Zwang hätten durchgesetzt werden können. Ein derartiger, wenngleich mutiger Schritt wäre jedoch zu begrüßen gewesen. Die europäischen Staaten könnten damit gegenüber der internationalen Weltgemeinschaft eine Vorbildfunktion einnehmen. Die Strenge, mit der gegenüber mangelhaften, korruptionsbegünstigenden nationalen rechtlichen Ausgestaltungen vorgegangen wird, könnte auch auf den Rest der Welt ausstrahlen und einen tatsächlichen Schub in der internationalen Antikorruptionsbewegung mit sich bringen. Die Welt würde damit nicht nur gerechter werden, auch ökonomisch könnten alle Staaten und damit im Besonderen deren Bevölkerung von so einer Entwicklung profitieren. Dies ist jedoch reine Zukunftsmusik.[1925]

Möglicherweise könnte aber ein solches Zukunftsbild Realität werden, würden die Staaten der Auffassung des StIGH folgen, der sich 1923 in der Rechtssache Wimbledon hierzu wie folgt geäußert hat:[1926]

«The Court declines to see in the conclusion of any Treaty by which a State undertakes to perform or refrain from performing a particular act an

1924 Arnauld, *Völkerrecht* 2019 (n. 331), S. 15.

1925 Wolf, *Maßnahmen internationaler Organisationen zur Korruptionsbekämpfung auf nationaler Ebene – Ein Überblick* 2006 (n. 1700), S. 46; Wolf, *Der Beitrag internationaler und supranationaler Organisationen zur Korruptionsbekämpfung in den Mitgliedstaaten* 2007 (n. 1613), S. 55; Arnauld, *Völkerrecht* 2019 (n. 331), S. 14–17; Hilpold, *'Ringen um europäische Werte – Österreich in der EU'* 2021 (n. 142), S. 275.

1926 Wolf, *Maßnahmen internationaler Organisationen zur Korruptionsbekämpfung auf nationaler Ebene – Ein Überblick* 2006 (n. 1700), S. 46; Wolf, *Der Beitrag internationaler und supranationaler Organisationen zur Korruptionsbekämpfung in den Mitgliedstaaten* 2007 (n. 1613), S. 55; Arnauld, *Völkerrecht* 2019 (n. 331), S. 14–17; Hilpold, *'Ringen um europäische Werte – Österreich in der EU'* 2021 (n. 142), S. 275.

abandonment of its sovereignty. […] But the right of entering into international engagements is an attribute of State sovereignty.»[1927]

Solange ein derartiges Denken bei den Mitgliedstaaten nicht einsetzt, bleibt die Hauptaufgabe des Europarats im Bereich der Korruptionsbekämpfung jene, die Mitglieder der GRECO durch politischen Druck zur Umsetzung und Einhaltung der Antikorruptionsinstrumente zu bewegen. Das ist letzten Endes die einzige Möglichkeit des Europarats, ein Klima der Intoleranz gegenüber dem Phänomen der Korruption in Europa zu schaffen, das Bewusstsein zu steigern und dauerhaft aufrechtzuerhalten.[1928]

13.4.3 Das österreichische Antikorruptionsregime

13.4.3.1 Der Umgang mit dem Völkerrecht in der österreichischen Rechtsordnung

Österreich folgt dem völkerrechtlichen Konzept des *gemäßigten Monismus*. Damit stellen aus österreichischer Sicht das nationale Recht und das Völkerrecht eine einheitliche Rechtsordnung dar.[1929] Im Falle eines Widerspruchs geht das Völkerrecht den nationalen Bestimmungen vor. Ein Konflikt muss daher durch die Aufhebung der völkerrechtswidrigen inländischen Bestimmungen beseitigt werden.[1930]

Gemäß Art. 9 Abs. 1 B-VG werden die allgemeinen Rechtsgrundsätze sowie das Völkergewohnheitsrecht automatisch in Form einer laufenden Rezeption ins nationale Recht inkorporiert.[1931]

Wie festgestellt wurde, handelt es sich beim StÜK und ZrÜK – trotz der engen Bindung zum Europarat – um klassische Völkerrechtsverträge.[1932] Das B-VG räumt dem Bund ohne sachliche Einschränkung die

1927 StIGH. 'Case of the S.S. Wimbledon' (1923), Rz 35; Hilpold, '*Ringen um europäische Werte - Österreich in der EU*' 2021 (n. 142), S. 275.

1928 Wolf, *Maßnahmen internationaler Organisationen zur Korruptionsbekämpfung auf nationaler Ebene - Ein Überblick* 2006 (n. 1700), S. 46; Wolf, *Der Beitrag internationaler und supranationaler Organisationen zur Korruptionsbekämpfung in den Mitgliedstaaten* 2007 (n. 1613), S. 55; Arnauld, *Völkerrecht* 2019 (n. 331), S. 14–17.

1929 Fink/Reinisch/Stifter, *Österreichisches Handbuch des Völkerrechts* 2013 (n. 510), S. 122-123.

1930 Ibid., S. 123; Brodherr, *Alfred Verdross' Theorie des gemäßigten Monismus* 2005 (n. 1130), S. 38 ff; Verdross, *Völkerrecht* 1950 (n. 1130), S. 61 ff.

1931 Öhlinger/Eberhard, *Verfassungsrecht* 2018 (n. 257), S. 79.

1932 Polakiewicz, *Treaty-Making in the Council of Europe* 1999 (n. 1148), S. 10.

Völkervertragsabschlusskompetenz zu. Als föderalistisch organisierter Bundesstaat enthält das B-VG auch Regelungen zur Völkervertragsabschlussfähigkeit der Bundesländer. Mit Einschränkungen sind diese grundsätzlich nur innerhalb ihres ausschließlichen Wirkungsbereichs zum Abschluss völkerrechtlicher Verträge ermächtigt. Die Vollziehung der Staatsverträge richtet sich allgemein nach der verfassungsrechtlichen Kompetenzordnung.[1933]

Die völkervertragsrechtlichen Antikorruptionsinstrumente des Europarats werden in Österreich als (gewöhnliche) Staatsverträge behandelt.[1934] Derartige Völkerrechtsverträge müssen prinzipiell vom Nationalrat in Beschlussform genehmigt werden. Dem Bundesrat steht ein Einspruchsrecht zu, wobei dieser im Falle des StÜK und des ZP-StÜK hiervon keinen Gebrauch gemacht hat. Diesem Verfahren folgt die Ratifizierung durch den Bundespräsidenten.[1935] Da in Österreich das ZrÜK als erstes völkerrechtliches Antikorruptionsinstrument des Europarats in Kraft getreten ist, waren im Vorfeld noch einige verfassungsrechtliche Besonderheiten zu beachten. Dem Bundesrat stand nämlich ein Zustimmungsrecht zu, da das Abkommen auch Angelegenheiten «*[...] des selbstständigen Wirkungsbereiches der Länder [...]*»[1936] berührte. Art. 14 ZrÜK, in dem die Überwachungshoheit der GRECO geregelt ist, tangierte zudem das Verfassungsrecht. Deswegen war für die Umsetzung des ZrÜK eine qualifizierte Mehrheit im österreichischen National- und Bundesrat erforderlich.[1937]

1933 BGBl. Nr. 1/1930, *Bundes-Verfassungsgesetz* 1945 (n. 62), Art. 10-15; Öhlinger/Eberhard, *Verfassungsrecht* 2018 (n. 257), S. 80-81, 110 ff.

1934 1330 der Beilagen XXII. GP – Staatsvertrag – Materialien, *Vorblatt und Erläuterungen betr. ZrÜK* 2006 (n. 1158), S. 1-2; 2364 der Beilagen XXIV. GP – Staatsvertrag – Materialien, *Vorblatt und Erläuterungen betr. StÜK* 2013 (n. 1158), S. 3; 2365 der Beilagen XXIV. GP – Staatsvertrag – Materialien, *Vorblatt und Erläuterungen betr. ZP-StÜK* 2013 (n. 1158), S. 3; BGBl. Nr. 1/1930, *Bundes-Verfassungsgesetz* 1945 (n. 62), Art. 50 Abs. 1 Z. 1.

1935 Bundesrat Österreich, *2364 der Beilagen XXIV. GP – Beschluss BR betr. StÜK* 2013 (n. 1159); Bundesrat, Österreich, *2364 der Beilagen XXIV. GP – Beschluss BR betr. ZP-StÜK* 2013 (n. 1159); 1330 der Beilagen XXII. GP – Staatsvertrag – Materialien, *Vorblatt und Erläuterungen betr. ZrÜK* 2006 (n. 1158), S. 1-2; 2364 der Beilagen XXIV. GP – Staatsvertrag – Materialien, *Vorblatt und Erläuterungen betr. StÜK* 2013 (n. 1158), S. 3; 2365 der Beilagen XXIV. GP – Staatsvertrag – Materialien, *Vorblatt und Erläuterungen betr. ZP-StÜK* 2013 (n. 1158), S. 3; BGBl. Nr. 1/1930, *Bundes-Verfassungsgesetz* 1945 (n. 62), Art. 50 Abs. 1.

1936 BGBl. Nr. 1/1930, *Bundes-Verfassungsgesetz* 1945 (n. 62), Art. 50 Abs. 2 Z. 2.

1937 Nationalrat, Österreich, *1330 der Beilagen XXII. GP – Beschluss NR betr. ZrÜK* 2006 (n. 1161), S. 1; Bundesrat, Österreich, *1330 der Beilagen XXII. GP – Beschluss BR betr.*

Beim StÜK, ZP-StÜK und dem ZrÜK handelt es sich um *Non-self-executing-Abkommen*. Die bloße innerstaatliche Kundmachung genügte in diesem Fall nicht, um diese Abkommen auf nationaler Ebene in Rechtskraft zu setzen. Vielmehr bedarf es eine *spezielle Transformation* in Form nationaler Gesetze oder Verordnungen.[1938] Im Falle Österreichs wurde vom Erlass eines Transformationsakts abgesehen, da man der Annahme war, die bisherigen einschlägigen Bestimmungen würden den internationalen Vorgaben des Europarats bereits weitestgehend entsprechen.[1939]

13.4.3.2 Die zentralen Antikorruptionsbehörden in Österreich

Das *BAK* ist eine der zentralen Akteure im österreichischen Antikorruptionsregime. Dabei handelt es sich um eine Organisationseinheit des österreichischen Innenministeriums, die neben der WKStA eine zentrale Funktion in der bundesweiten Vorbeugung sowie Bekämpfung von Korruption einnimmt.[1940] Das BAK arbeitet diesbezüglich eng mit der GRECO zusammen.[1941] Grund für die Schaffung waren internationale Vorgaben, darunter auch das StÜK und ZP-StÜK.[1942]

ZrÜK 2006 (n. 1161), S. 1; 1330 der Beilagen XXII. GP – Staatsvertrag – Materialien, *Vorblatt und Erläuterungen betr. ZrÜK* 2006 (n. 1158), S. 1-2; BGBl. Nr. 1/1930, *Bundes-Verfassungsgesetz* 1945 (n. 62), Art. 42, 50; Öhlinger/Eberhard, *Verfassungsrecht* 2018 (n. 257), S. 80-83, 210.

1938 Öhlinger/Eberhard, *Verfassungsrecht* 2018 (n. 257), S. 81-82; Fink/Reinisch/Stifter, *Österreichisches Handbuch des Völkerrechts* 2013 (n. 510), S. 131.

1939 1330 der Beilagen XXII. GP – Staatsvertrag – Materialien, *Vorblatt und Erläuterungen betr. ZrÜK* 2006 (n. 1158), S. 2; 2364 der Beilagen XXIV. GP – Staatsvertrag – Materialien, *Vorblatt und Erläuterungen betr. StÜK* 2013 (n. 1158), S. 4; 2365 der Beilagen XXIV. GP – Staatsvertrag – Materialien, *Vorblatt und Erläuterungen betr. ZP-StÜK* 2013 (n. 1158), S. 3; BGBl. Nr. 1/1930, *Bundes-Verfassungsgesetz* 1945 (n. 62), Art. 50 Abs. 2 Z. 4.

1940 BGBl. I Nr. 72/2009, *Bundesgesetz über die Einrichtung und Organisation des Bundesamts zur Korruptionsprävention und Korruptionsbekämpfung (Gesetz über das Bundesamt zur Korruptionsprävention und Korruptionsbekämpfung)* 2009 (n. 1165), § 1; 219 der Beilagen XXIV. GP – Regierungsvorlage – Materialien, *Materialen zur Regierungsvorlage* 2009 (n. 1166), S. 3; Bundesministerium für Inneres, *Korruptionsphänomene in Österreich* 2019 (n. 1166), S. 13.

1941 Bundesministerium für Inneres, '*Internationale Zusammenarbeit des Bundesamtes zur Korruptionsprävention und Korruptionsbekämpfung*' 2023 (n. 1172), abgerufen am: 05.05.2023.

1942 BGBl. I Nr. 72/2009, *Bundesgesetz über die Einrichtung und Organisation des Bundesamts zur Korruptionsprävention und Korruptionsbekämpfung (Gesetz über das Bundesamt zur Korruptionsprävention und Korruptionsbekämpfung)* 2009 (n. 1165), § 13;

Die *WKStA* ist eine untergeordnete Dienststelle der Oberstaatsanwaltschaft Wien und eine zur österreichweiten Ahndung umfangreicher Wirtschafts- und Korruptionsstrafdelikte spezialisierte Strafverfolgungsbehörde. Sie stellt neben dem BAK ebenso eine zentrale innerstaatliche Behörde im Kampf gegen Korruption dar.[1943] Allerdings steht dem BAK eine weitaus umfangreichere Ermittlungskompetenz als der WKStA zu.[1944] Berichtspflichtig ist die WKStA gegenüber der Oberstaatsanwaltschaft Wien sowie dem Justizministerium.[1945]

Die Schaffung des österreichischen *KGKB* lässt sich auf die GRECO zurückführen.[1946] Dabei handelt es sich um ein ständiges beim Justizministerium eingerichtetes Gremium, das eine koordinierende Funktion in der österreichischen Antikorruptionspolitik einnimmt.[1947] Der Zweck besteht in der Bereitstellung einer Informationsplattform für die ständigen Mitglieder. Damit soll der gegenseitige Informationsaustausch gefördert und die bereichsspezifischen Antikorruptionsmaßnahmen durch neue Ansätze und Verfahren verbessert und aufeinander abgestimmt werden. Daneben obliegt dem Gremium die Ausarbeitung einer ressortübergreifenden Antikorruptionsstrategie durch Koordinierung

---

219 der Beilagen XXIV. GP – Regierungsvorlage – Materialien, *Materialen zur Regierungsvorlage* 2009 (n. 1166), S. 1-3; UNO, *United Nations Convention against Corruption* 2003 (n. 95), Art. 5-6; Bundesministerium für Inneres, *Korruptionsphänomene in Österreich* 2019 (n. 1166), S. 13.

1943 BGBl. Nr. 164/1986 idF BGBl. I Nr. 32/2018, *Bundesgesetz vom 5. März 1986 über die staatsanwaltschaftlichen Behörden (Staatsanwaltschaftsgesetz)* 1986 (n. 836), § 2a; Oshidari/Schroll, '*§ 20a StPO*' 2022 (n. 1173), Rz 1, 5; Grabher/Schmid, '*Korruptionsermittler im Scheinwerferlicht: Wer ist die WKStA?*' 2021 (n. 1173).

1944 Oshidari/Schroll, '*§ 20a StPO*' 2022 (n. 1173), Rz 14-16.

1945 BGBl. Nr. 164/1986 idF BGBl. I Nr. 32/2018, *Bundesgesetz vom 5. März 1986 über die staatsanwaltschaftlichen Behörden (Staatsanwaltschaftsgesetz)* 1986 (n. 836), § 2a Abs. 3-4; Oshidari/Schroll, '*§ 20a StPO*' 2022 (n. 1173), Rz 5-7; Grabher/Schmid, '*Korruptionsermittler im Scheinwerferlicht: Wer ist die WKStA?*' 2021 (n. 1173).

1946 Bundesministerium für Justiz, '*Korruptionsbekämpfung*' 2023 (n. 1180), abgerufen am: 06.05.2023; Bundesministerium für Justiz/Österreich, *BMJ-S70.044/0010-IV 1/2012* 2013 (n. 1180), S. 1; GRECO, *GrecoEvalI-IIRep(2007)2E* 2008 (n. 1181), Rz 21, 153; GRECO, *GrecoRC-I/II(2010)1E* 2010 (n. 1181), Rz 10-12; GRECO, *GrecoRC-I/II(2010)1EZusatz* 2012 (n. 1181), Rz 4-8.

1947 Bundesministerium für Justiz, '*Korruptionsbekämpfung*' 2023 (n. 1180), abgerufen am: 05.05.2023; Bundesministerium für Justiz/Österreich, *BMJ-S70.044/0010-IV 1/2012* 2013 (n. 1180), S. 1-2; Bundesministerium für Nachhaltigkeit und Tourismus, *Parlamentarische Anfrage von DI Maria Patek* 2019 (n. 1180), S. 2-3.

und Harmonisierung der bestehenden ressortspezifischen Antikorruptionsstrategien.[1948] Gegenüber der GRECO tritt das Gremium zudem als erster Ansprechpartner für die nationalen Stabsstellen auf.[1949]

Daneben bilden auch der *Rechnungshof* und die *Volksanwaltschaft* weitere bedeutende Akteure im österreichischen Korruptionsbekämpfungssystem. Im Rahmen einer Compliance-Prüfung überprüft der Rechnungshof die bestehenden Korruptionsbekämpfungsstrategien innerhalb der Bundesverwaltung.[1950] Die Ergebnisse dieser Prüfungen werden in Berichten zusammengefasst und veröffentlicht.[1951] Bei der Volksanwaltschaft handelt es sich um ein aus drei Volksanwälten bestehendes Kollegialorgan.[1952] Als legislatives Hilfsorgan ist es u .a. mit der Überprüfung der bundesstaatlichen Verwaltung auf etwaige Missstände betraut.[1953]

13.4.3.3 Mängel im österreichischen Antikorruptionsregime

Die Evaluierungsberichte der bisher eingeleiteten fünf Evaluierungsrunden heben immer wieder Mängel im nationalen Antikorruptionssystem Österreichs hervor. Aus ihnen kann entnommen werden, dass Österreich mit einem Rechtsstaatlichkeitsproblem zu kämpfen hat, was sich in den verschiedensten Bereichen manifestiert. Allein im vergangenen Evaluierungsverfahren hat die GRECO

1948 Bundesministerium für Justiz/Österreich, *BMJ-S70.044/0010-IV 1/2012* 2013 (n. 1180), S. 2-3; Bundesministerium für Nachhaltigkeit und Tourismus, *Parlamentarische Anfrage von DI Maria Patek* 2019 (n. 1180), S. 3.

1949 Bundesministerium für Justiz/Österreich, *BMJ-S70.044/0010-IV 1/2012* 2013 (n. 1180), S. 2-3.

1950 Wenk, '*Korruptionsprävention als Bestandteil von Compliance in der öffentlichen Verwaltung*' (n. 1188).

1951 Ibid.; Rechnungshof, *Generalsekretariate in den Bundesministerien* 2021 (n. 1190); Rechnungshof, *Korruptionspräventionssysteme in ausgewählten Bundesministerien; Follow-up-Überprüfung* 2021 (n. 1190); Rechnungshof, *Verwaltungssponsoring und Schenkungen in ausgewählten Bundesministerien* 2021 (n. 1190).

1952 BGBl. Nr. 1/1930, *Bundes-Verfassungsgesetz* 1945 (n. 62), Art. 148g; Öhlinger/Eberhard, *Verfassungsrecht* 2018 (n. 257), S. 259 f; Marek/Jerabek, *Korruption, Amtsmissbrauch und Untreue* 2022 (n. 1191), S. 30; Khakzadeh, '*Art. 148g*' 2021 (n. 1191).

1953 BGBl. Nr. 1/1930, *Bundes-Verfassungsgesetz* 1945 (n. 62), Art. 148a Abs. 2; Öhlinger/Eberhard, *Verfassungsrecht* 2018 (n. 257), S. 260 f; Berka, '*Zum Mandat und zur Stellung des Menschenrechtsbeirats im Rahmen des Menschenrechtsschutzes durch die Volksanwaltschaft*' (n. 1192); Barth, '*Die Volksanwaltschaft über die Entwicklung des Erwachsenenschutzrechts im Jahr 2020*' (n. 1192); Khakzadeh, '*Art. 148a*' 2021 (n. 1192), Rz 1-5; Muzak, *Das österreichische Bundes-Verfassungsrecht* 2020 (n. 1192), Rz 1, 5, 9.

19 Empfehlungen zur Verbesserung des inländischen Antikorruptionssystems ausgearbeitet.[1954]

Unter Berücksichtigung der vorliegenden Antikorruptionsinstrumente des Europarats und insbesondere den Ergebnissen des jüngsten Evaluierungsberichts wurden im Rahmen dieser Arbeit einige zentrale Bereiche der nationalen Rechtsordnung Österreichs überprüft. Die Prüfung zeigte ein eher ernüchterndes Bild und ergab, dass das österreichische Antikorruptionssystem zum Teil an erheblichen Mängeln leidet und über Lücken aufweist, die ein korruptionsbegünstigendes Umfeld schaffen.

13.4.3.4 Unzureichende Verwirklichung des Transparenzgebots

Einer der gravierendsten Mängel der österreichischen Rechtsordnung ist die mangelnde Verwirklichung einer echten *Transparenz innerhalb der staatlichen Institutionen*. Gerade dies stellt ein entscheidender Faktor für das Auftreten von Korruption in einem Staat dar. Eine unzureichende Transparenz kann staatliche Funktionsträger dazu animieren, korrupte Handlungen zu begehen, da diese gegenüber der Öffentlichkeit verschleiert bleiben. Die Überwachung, Aufdeckung und Ahndung werden damit ebenfalls erschwert. Transparenz umfasst die Offenlegung von Informationen gegenüber der Öffentlichkeit. Erst dadurch wird staatliches Handeln nachvollziehbarer und überprüfbar. Es stellt damit ein effektives Mittel zur Korruptionsprävention dar. Bereits die Gefahr des Prestigeverlustes gegenüber der Öffentlichkeit, die mit transparent ausgestalteten Verfahren und Behördenstrukturen einhergeht, kann wirksam zur Eindämmung von Korruption beitragen. Auch die Öffentlichkeit kann sich damit unmittelbar an der Überwachung staatlicher Verfahrensabläufe beteiligen, wodurch ein stärkeres Verantwortungsbewusstsein für den eigenen Staat entsteht.[1955]

In Österreich zeigt sich besonders deutlich, dass gewisse staatliche Funktionen, wie die des *Generalsekretärs oder eines Kabinettsmitarbeiters*, eine nur marginale rechtliche Grundlage besitzen. Aus korruptionspräventiver Sicht ist diese unzureichende rechtliche Ausgestaltung gerade bei diesen Funktionen äußerst bedenklich. Beide sind auf der höchsten Exekutivebene angesiedelt und

1954 GRECO, *GrecoEval5Rep(2019)6* 2020 (n. 596), Rz 176 ff.

1955 Bannenberg/Schaupensteiner, *Korruption in Deutschland* 2004 (n. 1383), S. 277-278; Panfilova/Löwen, '*Zwang zur Transparenz: Russland und die Geißel der Korruption*' 2012 (n. 1385), S. 249; Darge, *Korruption in der Bundespolitik Deutschlands* 2009 (n. 1385), S. 123-125; Wieselthaler, *Korruptionsprävention in Theorie und Praxis* 2015 (n. 1367), S. 6, 187.

können rechtlich in nahezu allen möglichen Bereichen tätig werden.[1956] In der Praxis nehmen sie maßgeblich am politischen Alltag teil, wirken selbst an politischen Entscheidungen mit oder üben zumindest erheblichen Einfluss auf den Entscheidungsfindungsprozess aus.[1957] Trotz ihres Einflusses gelten für sie aber lediglich die allgemeinen Vorschriften für öffentliche Bedienstete.[1958] Daher sind diese Funktionen zwar mit umfangreichen Befugnissen ausgestattet, können jedoch – insbesondere in Anbetracht ihrer Kompetenzen – nur marginal kontrolliert werden. Dies schafft Intransparenz und bietet ein attraktives Umfeld für korrupte Handlungen und Machtmissbrauch.[1959] Der Appell richtet sich an den österreichischen Gesetzgeber, diesen beiden Funktionen ein ihren Aufgaben entsprechendes umfangreich ausgestaltetes Rechtskleid zu geben. In diesem Zusammenhang wäre zudem empfehlenswert, für die Besetzung dieser Stellen ein transparentes und öffentliches Verfahren vorzusehen und eine angemessene Cooling-off-Phase gesetzlich vorzusehen.[1960]

Dem kommt auf exekutiver Ebene noch das in Art. 20 B-VG verankerte Gebot der *Amtsverschwiegenheit* hinzu, von dem gerade in Österreich allzu leichtfertig Gebrauch gemacht wird. Dies sollte in Österreich dringend abgeschafft werden. Da es sich bei der in der Verfassung verankerten Auskunftspflicht um kein verfassungsgesetzlich gewährleistetes Recht handelt, kann sich kein Individuum gegen Verstöße dagegen wehren.[1961] Dahingehend zeigt sich, dass die österrei-

---

1956 GRECO, *GrecoEval5Rep(2022)1* 2022 (n. 29), Rz 36-37, 39-40, 45; Rechnungshof, *Generalsekretariate in den Bundesministerien* 2021 (n. 1190), S. 9-12; ORF.at/Agenturen, '*Rechte Hand: Die Rolle der Ministerbüros*' 2022 (n. 1342); Oswald, '*Ministerkabinette unter Türkis-Blau deutlich gewachsen*' 2018 (n. 1342).

1957 GRECO, *GrecoEval5Rep(2022)1* 2022 (n. 29), Rz 38; Rechnungshof, *Generalsekretariate in den Bundesministerien* 2021 (n. 1190), S. 14-15, 29-30.

1958 GRECO, *GrecoEval5Rep(2022)1* 2022 (n. 29), Rz 39, 42; ORF.at/Agenturen, '*ÖVP-Korruptionsaffäre: Die Beschuldigten und die Vorwürfe*' 2021 (n. 1347); Kahlweit, '*Österreich: Korruptionsstaatsanwaltschaft setzt Kurz unter Druck*' 2021 (n. 1347); Grabher/Schmid, '*Sieben Punkte, wie Österreichs Politik sofort sauberer werden kann*' 2022 (n. 1347).

1959 GRECO, *GrecoEval5Rep(2022)1* 2022 (n. 29), Rz 46.

1960 Ibid., Rz 40, 43-44; Oswald, '*Aus dem Ministerbüro in den Spitzenjob: Karriere durch Kabinettslehre*' 2017 (n. 1346); Oswald, '*Ministerbüros: Warum nicht jeder Mitarbeiter ein echter Mitarbeiter ist*' 2018 (n. 1346).

1961 BGBl. Nr. 1/1930, *Bundes-Verfassungsgesetz* 1945 (n. 62), Art. 20 Abs. 4; Öhlinger/Eberhard, *Verfassungsrecht* 2018 (n. 257), S. 252-253; Schroeder, *Grundkurs Europarecht* 2019 (n. 488), S. 305, 311-312; European Union, *Charter of fundamental rights of the European Union* 2012 (n. 1394), Art. 42; BGBl. Nr. 287/1987, *Bundesgesetz*

chische Auskunftspflicht nur in Ansätzen dem öffentlichen Interesse nach Informationsfreiheit und Transparenz der öffentlichen Verwaltung entspricht.[1962] Die Ausweitung der Auskunftsrechte sowie eine dringend gebotene gesetzgeberische Klarstellung hinsichtlich des Verhältnisses zwischen der Auskunfts- und Verschwiegenheitspflicht könnten den Umgang mit Art. 20 B-VG vereinheitlichen und eine Stärkung der damit verbundenen Rechte bewirken. Der Gesetzgeber würde damit nicht nur dem Legalitätsprinzip mehr gerecht werden, sondern gleichzeitig auch die Transparenz fördern und ein echtes Werkzeug im Kampf gegen Korruption ausarbeiten. Ein gegenständlicher Ministerialentwurf zur Abschaffung des Amtsgeheimnisses liegt bereits vor. Die Legislative solle ihre Arbeit daran unbedingt wieder aufnehmen.[1963]

Auch ein unter der österreichischen Bevölkerung allgemein bekanntes Problem ist im Kern ebenfalls auf die mangelhaft verwirklichte Transparenz zurückzuführen. Konkret handelt es sich um die Tatsache, dass mit der richtigen Parteienzugehörigkeit weitreichende berufliche Aufstiegsmöglichkeiten verbunden sein können. Durch solche Praktiken gehen der öffentlichen Hand aber geeignete Fachkräfte verloren, da die Besetzung einer Position damit nicht von der Kompetenz des Bewerbers, sondern von externen Faktoren – wie eben der Parteizugehörigkeit – abhängt.[1964] Es bedarf Maßnahmen, die sicherstellen, dass

---

vom 15. Mai 1987 über die Auskunftspflicht der Verwaltung des Bundes und eine Änderung des Bundesministeriengesetzes 1986 1987 (n. 1395); BGBl. Nr. 286/1987, *Bundesgrundsatzgesetz vom 15. Mai 1987 über die Auskunftspflicht der Verwaltung der Länder und Gemeinden* 1987 (n. 1395).

1962 VwGH, '*Ra 2017/03/0083*' 2018 (n. 1397), RS 13-14; VfGH, '*E4037/2020*' 2021 (n. 1397); GRECO, *GrecoEval5Rep(2022)1* 2022 (n. 29), Rz 71; Kucsko-Stadlmayer, '*Die Verfassung schützt vor Willkür*' 2020 (n. 1397), S. 103.

1963 95/ME XXVII. GP, *Ministerialentwurf – Kurzinformation* 2021 (n. 1401); 95/ME XXVII. GP, *Ministerialentwurf – Vorblatt und Wirkungsorientierte Folgenabschätzung* 2021 (n. 1401), S. 1-2, 4-5, 7-8; Bundeskanzleramt Österreich, *Aus Verantwortung für Österreich -Regierungsprogramm 2020–2024* 2020 (n. 1401), S. 3, 6; Edtstadler, '*Herausforderungen im Verfassungsbereich*' 2022 (n. 1401), S. 417.

1964 BGBl. Nr. 85/1989, *BGBl. Nr. 85/1989)* 1989 (n. 1527), §§ 5, 7-10. 83; Grabher/Hagen/Marchart/Schmid, '*Ermittlungen gegen Wolfgang Sobotka wegen mutmaßlichen Amtsmissbrauchs*' 2022 (n. 1530); euro | topics – Zusammenfassung der europäischen Presse, '*Austria's conservatives mired in phone chat scandal*' 2022 (n. 1530), abgerufen am: 01.05.2023; Al-serori, '*Österreich: Ermittlungen gegen Nationalratspräsident Wolfgang Sobotka*' 2022 (n. 1530); GRECO, *GrecoEval5Rep(2022)1* 2022 (n. 29), Rz 175, 179-183; Hilpold, '*Der Fall Christian Pilnacek – Eine Herausforderung auch für die europäische Rechtsstaatlichkeit*' 2023 (n. 142).

Aufnahmeverfahren sowie Beförderungen im öffentlichen Bereich unter Außerachtlassung etwaiger Interessenkonflikte, politischer Einflüsse oder sonstiger externer Faktoren vorgenommen werden. Maßgeblich sollte die fachliche Eignung des Kandidaten sein.[1965] Mit der Einführung von regelmäßigen Leistungsbeurteilungen könnte zudem sichergestellt werden, dass öffentliche Stellen kontinuierlich auch mit den geeigneten Kandidaten besetzt bleiben.[1966]

Auch mit *Spenden und Sponsorings* können korrupte Handlungen einhergehen, unabhängig, ob diese politischen Parteien oder inländischen Behörden gewährt werden. Grundsätzlich sollen solche externe Einnahmequellen nicht verboten werden, da sie auch zum Funktionieren der Verwaltung oder der politischen Parteien beitragen. Es braucht aber klare und transparente Bestimmungen, die verhindern, dass Gelder zur Begehung korrupter Handlungen gegeben werden. Die österreichischen Regelungen bieten aber gerade hierfür keinen ausreichenden Präventionsschutz. Am Beispiel der Polizeikräfte konnte ersichtlich dargestellt werden, dass der Begriff *Sponsoring* viel zu eng ausgelegt wird, um alle Fälle solcher Zuwendungen zu erfassen. Dadurch werden intransparente Räume geschaffen, mit denen Zuwendungen zwecks Machtmissbrauch gegeben werden können. Auch mangelt es an Bewertungsregeln, um den Wert der erhaltenen Leistung ermitteln zu können. Je höher der Wert der erhaltenen Gegenleistung, umso eher wird dem eine korrupte Handlung zugrunde liegen. Daneben werden in Österreich keine Sponsoringberichte veröffentlicht.[1967]

Insgesamt werden in Österreich verschiedene Sponsoring-Definitionen von unterschiedlichen Behörden nebeneinander verwendet. Die damit einhergehende mehrgleisige Behandlung von Sponsoring in den unterschiedlichen öffentlichen Bereichen ermöglicht keine effektive Antikorruptionspolitik.[1968] Generell sollten Verwaltungssponsorings nur sehr restriktiv zugelassen werden. Zudem müssen Bestimmungen geschaffen werden, mit denen die Transparenz i. Z. m. Sponsoring erhöht wird. Diesbezüglich sollte die gesamte Verwaltung verpflichtet werden, Sponsoringberichte samt detaillierter Angaben der Parteien und des Verwendungszwecks zu veröffentlichen. Zudem bedarf es Maßnahmen gegen Interessenkonflikte und entsprechende Kontroll- und Durchsetzungsmechanismen. Für politische Parteien gilt dies sinngemäß.[1969]

1965 GRECO, *GrecoEval5Rep(2022)1* 2022 (n. 29), Rz 183.

1966 Ibid., Rz 182-183.

1967 Rechnungshof, *Verwaltungssponsoring und Schenkungen in ausgewählten Bundesministerien* 2021 (n. 1190), S. 22, 31.

1968 Ibid., S. 14.

1969 Ibid., S. 19, 33; GRECO, *GrecoEval5Rep(2022)1* 2022 (n. 29), Rz 204.

Auf der Ebene der Legislative wurde weder der sogenannte *legistische Fußabdruck* verwirklicht, noch sind ausreichende Bestimmungen vorgesehen, um zu verhindern, dass der Gesetzgebungsprozess von unzulässigem Lobbying beeinflusst wird.[1970] Mithilfe des legistischen Fußabdrucks können äußere Einwirkungen auf den Gesetzwerdungsprozess nachvollzogen werden. Dies kann nur erreicht werden, wenn Lobbying-Vorgänge auf allen staatlichen Ebenen transparent ausgestaltet werden.[1971] Es wurde in Österreich bereits ein Lobby-Reg eingeführt, allerdings ist die rechtliche Ausgestaltung über weite Teile hinweg mangelhaft. Gesamtheitlich betrachtet, stellt das Register nichts anderes als eine bloße Auflistung der eintragungspflichtigen Adressaten des LobbyG dar. Ob und inwieweit die Regierungsmitglieder o. ä. mit Lobbykräften Kontakt hatten und inwieweit eine konkrete Lobbying-Tätigkeit den Gesetzgebungsprozess beeinflusst hat, kann aus dem Register überhaupt nicht entnommen werden. Dem kommt noch hinzu, dass das LobbyG selbst nur einen Bruchteil der tatsächlichen Akteure erfasst, die im Bereich Lobbying tätig sind.[1972] Trotz den getroffenen inländischen Maßnahmen kann die Öffentlichkeit weiterhin nicht nachvollziehen, welche äußeren Einflussfaktoren zur Entstehung eines Gesetzes beigetragen haben. Die Lage bleibt weiterhin intransparent. Diesem Missstand müsste durch eine detailliertere Ausgestaltung des Lobby-Reg und einer Ausweitung der Adressaten des LobbyG begegnet werden.[1973]

1970 BGBl. I Nr. 64/2012, *Bundesgesetz zur Sicherung der Transparenz bei der Wahrnehmung politischer und wirtschaftlicher Interessen (Lobbying- und Interessenvertretungs-Transparenz-Gesetz)* 2023 (n. 1411), §§ 1, 4, 8, 9 ff; Gradel, '*Lobbying in Österreich und Europa*' 2015 (n. 1418); Mulcahy, *Lobbying in Europe* 2015 (n. 1418), S. 8, 9, 22, 27–28, 31–32, 41–42.

1971 GRECO, *GrecoEval5Rep(2022)1* 2022 (n. 29), Rz 87; Rechnungshof, *Lobbying- und Interessenvertretungs-Register* 2019 (n. 1407), S. 7.

1972 BGBl. I Nr. 64/2012, *Bundesgesetz zur Sicherung der Transparenz bei der Wahrnehmung politischer und wirtschaftlicher Interessen (Lobbying- und Interessenvertretungs-Transparenz-Gesetz)* 2023 (n. 1411), §§ 1, 4, 8, 9 ff; Gradel, '*Lobbying in Österreich und Europa*' 2015 (n. 1418); Mulcahy, *Lobbying in Europe* 2015 (n. 1418), S. 8, 9, 22, 27–28, 31–32, 41–42.

1973 Pflügl/Thaler, '*Bestechen, anfüttern, bereichern: Was im Job unter Korruption fällt*' 2021 (n. 1419); GRECO, *GrecoEval4Rep(2016)1* 2016 (n. 596), Rz 44, 180; GRECO, *GrecoEval5Rep(2022)1* 2022 (n. 29), Rz 87, 247; Rechnungshof, *Lobbying- und Interessenvertretungs-Register* 2019 (n. 1407), S. 12-13, 15; Neuwirth, *Lobbyregister soll für Bürgerinnen und Bürger informatver und transparenter werden* 2019 (n. 1419); ORF.at/Agenturen, '*Rechnungshof: Lobbyregister „nicht aussagekräftig“*' 2019 (n. 1419).

Der Europarat stellte den Mitgliedstaaten einen MK für öffentliche Bedienstete zur Verfügung. Obwohl Österreich bereits mehrere ressortspezifische *Verhaltenskodizes* ausgearbeitet hat, stützen sich diese nur unzureichend auf den MK. Besonders hervorzuheben ist, dass nicht für alle öffentlichen Funktionsträger ein Verhaltenskodex ausgearbeitet wurde. Daneben beschränken sich die bestehenden Kodizes im Wesentlichen auf allgemeine Erläuterungen und Kommentierungen. Entgegen den Vorgaben des MK, können sie nicht selbstständig vollzogen werden und enthalten keine eigenen Kontroll- oder Vollzugsmechanismen. Wie in mehreren Bereichen des österreichischen Antikorruptionssystems, wirken auch die österreichischen Verhaltenskodizes eher wie reine kosmetische Maßnahmen, ohne damit einen echten und effektiven Beitrag zur Korruptionsbekämpfung leisten zu können.[1974]

Auch die Veröffentlichung von detaillierten Statistiken i. Z. m. korruptionsbedingten Handlungen stellt ein entscheidender Baustein in der Förderung von Transparenz dar und könnte in Österreich maßgeblich zu einer wirkungsvollen nationalen Antikorruptionspolitik beitragen.[1975] Derartige Statistiken erlauben es frühzeitig, die nationalen Risikobereiche zu erkennen, gezielte Weiterbildungs-, Präventions- und Bekämpfungsmaßnahmen auszuarbeiten sowie die Effektivität der inländischen Antikorruptionsmaßnahmen zu überprüfen. Auch das Bewusstsein der Öffentlichkeit wird dadurch geschärft, womit diese animiert werden, selbst als eine Art Kontrollfunktion einen festen Bestandteil im nationalen Antikorruptionsregime einzunehmen.[1976]

1974 GRECO, *GrecoEval5Rep(2022)1* 2022 (n. 29), Rz 65-67; Bundesministerium für Kunst, Kultur, öffentlichen Dienst und Sport, Österreich, *Die VerANTWORTung liegt bei mir – Verhaltenskodex zur Korruptionsprävention im Öffentlichen Dienst* 2020 (n. 1186), S. 2-4; Schmidt-Recla/Steinberg, '*«Da wir köpfen und hängen nicht wollen und deportieren nicht können…». Uber Emil Kraepelins Einfluss auf Franz von Liszt*' 2008 (n. 1380), S. 295; *Moderne italienische Strafrechtsdenker* 2012 (n. 1380), S. 205, 212, 280; Höpfel/Kert, *Grundriss des Strafrechts* 2016 (n. 63), S. 5.

1975 Bundesdisziplinarbehörde, *Jahresbericht über das Jahr 2021 gemäß § 128b Beamten-Dienstrechtsgesetz 1979* 2021 (n. 1366), S. 2; Bundesamt zur Korruptionsprävention und Korruptionsbekämpfung, Österreich, *Jahresbericht 2021 Bundesamt zur Korruptionsbekämpfung und Korruptionsprävention* 2022 (n. 1366), S. 38-39.

1976 Wieselthaler, *Korruptionsprävention in Theorie und Praxis* 2015 (n. 1367), S. 111-113; Bannenberg, *Korruption in Deutschland und ihre strafrechtliche Kontrolle* 2002 (n. 1367), 51 ff, 58, 66 f; Wolf, *Korruption, Antikorruptionspolitik und öffentliche Verwaltung* 2014 (n. 19), S. 122; Eigen, *Das Netz Der Korruption* 2003 (n. 1367), S. 159; Rüschendorf, *Mathematische Statistik* 2014 (n. 1367), S. v ff.

13.4.3.5 Schwach ausgeprägte Maßnahmen zur Verhütung von Interessenkonflikten

Des Weiteren bietet die österreichische Rechtsordnung keine ausreichenden Maßnahmen hinsichtlich des Umgangs sowie der Vermeidung von Interessenkonflikten. Das Problem wird dadurch verstärkt, dass der Rechtsordnung der Begriff des *Interessenkonflikts* fremd ist. Amtsträgern und anderen Angehörigen staatlicher Stellen bereitet es allein deswegen bereits erhebliche Schwierigkeiten, überhaupt einen derartigen Interessenkonflikt zu erkennen.[1977] Obwohl diese typischerweise mit Korruption in Verbindung gebracht werden, hinkt das österreichische Antikorruptionsregime in diesem Bereich dem vom Europarat vorgegebenen Standard erheblich nach. Zentrale Fragen wie die Vereinbarkeit von Nebentätigkeiten mit dem öffentlichen Dienst oder der Cooling-off-Phase werden auf rechtlicher Ebene nur unzureichend beantwortet. Dies zeigt sich besonders stark im Vergleich zu den österreichischen Nachbarländern.[1978] Der Großteil der öffentlichen Bediensteten in Österreich muss selbst feststellen, ob eine meldebedürftige *Nebenbeschäftigung* vorliegt. Damit besteht die Gefahr, dass eine Nebenbeschäftigung ohne entsprechende Meldung ausgeübt wird, die mit den dienstlichen Interessen im Konflikt stehen könnte.[1979] Von der jetzigen Regelung muss Abstand genommen werden, wonach Nebenbeschäftigungen ohne eine Meldung ausgeübt werden können, solange kein Meldegrund vorliegt. Erforderlich wäre, dass jede Nebenbeschäftigung nicht nur melde-, sondern genehmigungspflichtig wird. Eine weitere Maßnahme wäre die Erfassung aller Nebenbeschäftigungen des öffentlichen Dienstes in einem zentralen Nebenbeschäftigungsmelderegister samt Anpassungen im Bereich der Kontrolle und Sanktion.[1980] Die *Cooling-off-Phase* stellt ein wesentliches Antikorruptionsinstrument dar und soll verhindern, dass öffentliche Bedienstete aufgrund eines für die Zeit nach dem Ausscheiden aus dem öffentlichen Dienst in Aussicht gestellten Beschäftigungsverhältnisses ihre

---

1977 Kopetzky, '*Werden Interessenkonflikte in Österreich (an)erkannt? Eine kritische Bestandsaufnahme*' 2018 (n. 1435), S. 84.

1978 GRECO, *GrecoEval5Rep(2022)1* 2022 (n. 29), Rz 187-191.

1979 BGBl. Nr. 333/1979 idF BGBl. I Nr. 6/2023, *Bundesgesetz vom 27. Juni 1979 über das Dienstrecht der Beamten (Beamten-Dienstrechtsgesetz 1979)* 1979 (n. 1378), § 56; BGBl. II Nr. 84/2016, *Verordnung der Bundesministerin für Inneres über unzulässige Nebenbeschäftigungen* 2016 (n. 1441), § 4; GRECO, *GrecoEval5Rep(2022)1* 2022 (n. 29), Rz 104-106, 192-194.

1980 BGBl. Nr. 333/1979 idF BGBl. I Nr. 6/2023, *Bundesgesetz vom 27. Juni 1979 über das Dienstrecht der Beamten (Beamten-Dienstrechtsgesetz 1979)* 1979 (n. 1378), § 56; GRECO, *GrecoEval5Rep(2022)1* 2022 (n. 29), Rz 192 ff, 200.

noch innehabende Funktion missbrauchen. Daneben soll auch verhindert werden, dass interne Kontakte oder amtsinternes Wissen zum unmittelbaren Vorteil von privaten Unternehmen verwendet werden.[1981] Die Cooling-off-Phase wurde in Österreich nicht hinreichend umgesetzt,[1982] wodurch bspw. ehemalige Regierungsmitglieder ungehindert in die Privatwirtschaft wechseln können. Für andere öffentliche Bereiche ist die Cooling-off-Phase mit sechs Monaten zu kurz bemessen. Nach sechs Monaten können ehemalige Angehörige des öffentlichen Dienstes immer noch auf ihr Insider-Wissen und ihre Kontakte zurückgreifen und damit Lobbyarbeit für ihre neuen Arbeitgeber betreiben. Umso länger die Cooling-off-Periode andauert, umso uninteressanter wird es für Privatwirtschaftsunternehmen und die öffentlichen Bediensteten, ein Jobangebot zur Begehung von Korruption in Aussicht zu stellen bzw. anzunehmen. Gerade in einem gesamteuropäischen Vergleich zeigt sich, dass Österreich zu den Staaten mit den kürzesten Cooling-off-Phasen gehört. Auch gibt es neben Österreich kaum andere Staaten, die bei den Regierungsmitgliedern gänzlich auf eine Cooling-off-Periode verzichten.[1983]

Mit einer laufenden *Offenlegung der Vermögensverhältnisse* von Mitgliedern der höchsten Exekutivebene können Rückschlüsse gezogen werden, ob diese während ihrer Amtszeit korrupte Handlungen begangen haben. Der inländische Gesetzgeber ist in diesem Bereich nicht ausreichend aktiv gewesen. Österreich besitzt zwar Offenlegungsverpflichtungen, diese sind jedoch so ausgestaltet, dass sie kein vollständiges Bild über die tatsächlichen Vermögensverhältnisse und der Vermögensentwicklung wiedergeben.[1984] Es findet keine materielle Prüfung statt. Die Kontrolle beschränkt sich lediglich auf einen Vergleich der letzten Vermögensauskünfte zu den vorherigen Vermögensauskünfte.[1985] Die konkrete Ausgestaltung

---

1981 Reinberger-Leibel, *Lobbying in Österreich* 2014 (n. 1445), S. 3; Krammer, '*Kurz erklärt: Cooling-Off-Phasen für Politiker:innen*' 2022 (n. 1445).

1982 BGBl. Nr. 1/1930, *Bundes-Verfassungsgesetz* 1945 (n. 62), Art. 92, 122, 134, 147; GRECO, *GrecoEval5Rep(2022)1* 2022 (n. 29), Rz 122.

1983 Krammer, '*Cooling-Off-Phasen: Best Practices aus anderen Ländern*' 2022 (n. 1455); GRECO, *GrecoEval5Rep(2022)1* 2022 (n. 29), Rz 124.

1984 BGBl. Nr. 330/1983 idF BGBl. I Nr. 70/2021, *Bundesgesetz über die Transparenz und Unvereinbarkeiten für oberste Organe und sonstige öffentliche Funktionäre (Unvereinbarkeits- und Transparenz-Gesetz)* 1983 (n. 1432), § 3a; GRECO, *GrecoEval-5Rep(2022)1* 2022 (n. 29), Rz 127.

1985 BGBl. Nr. 330/1983 idF BGBl. I Nr. 70/2021, *Bundesgesetz über die Transparenz und Unvereinbarkeiten für oberste Organe und sonstige öffentliche Funktionäre (Unvereinbarkeits- und Transparenz-Gesetz)* 1983 (n. 1432), § 3a; GRECO, *GrecoEval-5Rep(2022)1* 2022 (n. 29), Rz 127.

lässt die Offenlegungsverpflichtung in Österreich vielmehr zu einem reinen Formalakt verkommen, der nicht auf seine Richtigkeit oder Vollständigkeit überprüft werden kann.[1986] Neben der Einführung einer inhaltlichen Prüfung sollte auch eine Erweiterung der Liste der offenzulegenden Vermögenswerte in Betracht gezogen werden. Gegenwärtig werden lediglich Liegenschaften, die Summe des Kapitalvermögens, Unternehmen bzw. Anteilsrechte sowie Verbindlichkeiten erfasst.[1987] Sinnvoll wäre auch der Einbezug des Vermögens der Lebenspartner sowie der Unterhaltsberechtigten.[1988]

13.4.3.6 Reformbedarf i. Z. m. der Gewaltenteilung

Als einer der bedeutsamsten Mängel, vor dem aus rechtsstaatlicher Sicht nicht die Augen verschlossen werden dürfen, ist die mangelnde Gewährleistung der Gewaltenteilung zwischen der judikativen und der exekutiven Gewalt zu nennen.

Drei zentrale Aspekte erlauben es der Politik – über das Justizministerium – in die Vorerhebungs- und Ermittlungstätigkeit der Staatsanwaltschaften Einsicht zu nehmen und formell in Form von *Weisungen* oder informell in Form von faktischem Druck Einfluss auf den Ausgang von Strafsachen zu nehmen. Hierbei handelt es sich um die rechtlich vorgesehenen umfassenden Berichtpflichten der Staatsanwaltschaften gegenüber dem Justizministerium, den lückenhaften Bestimmungen hinsichtlich der Erfassung des Kommunikationsverkehrs zwischen dem Ministerium und den Staatsanwaltschaften und schließlich der Weisungsbefugnis des Justizministeriums.[1989] Bei formellen Weisungen des Justizministeriums mag das Problem der Einflussnahme noch überschaubar sein, denn diese müssen in den Akten der Staatsanwaltschaften abgelegt werden. Für den ganzen sonstigen Verkehr zwischen dem Justizministerium und den untergeordneten Ebenen gilt

---

1986 BGBl. Nr. 330/1983 idF BGBl. I Nr. 70/2021, *Bundesgesetz über die Transparenz und Unvereinbarkeiten für oberste Organe und sonstige öffentliche Funktionäre (Unvereinbarkeits- und Transparenz-Gesetz)* 1983 (n. 1432), § 3a; GRECO, *GrecoEval5Rep(2022)1* 2022 (n. 29), Rz 127.

1987 BGBl. Nr. 330/1983 idF BGBl. I Nr. 70/2021, *Bundesgesetz über die Transparenz und Unvereinbarkeiten für oberste Organe und sonstige öffentliche Funktionäre (Unvereinbarkeits- und Transparenz-Gesetz)* 1983 (n. 1432), § 3a Abs. 2; GRECO, *GrecoEval5Rep(2022)1* 2022 (n. 29), Rz 129.

1988 GRECO, *GrecoEval5Rep(2022)1* 2022 (n. 29), Rz 129-130.

1989 BGBl. Nr. 164/1986 idF BGBl. I Nr. 32/2018, *Bundesgesetz vom 5. März 1986 über die staatsanwaltschaftlichen Behörden (Staatsanwaltschaftsgesetz)* 1986 (n. 836); Radasztics/Sackmann, '*Berichtspflichten aus Sicht der Staatsanwaltschaft*' 2017 (n. 1476), S. 12; GRECO, *GrecoEval5Rep(2022)1* 2022 (n. 29), Rz 140.

dies eben nicht. Auch informelle Anordnungen können von ihrem Wesen her wie eine formale Weisung wirken. Da diese jedoch nicht im Akt erfasst werden, eröffnet dies der Politik eine Möglichkeit, gegenüber der Öffentlichkeit unbemerkt auf die Strafverfolgung Einfluss zu nehmen.[1990]

§ 8 StAG sieht eine *Berichtpflicht* bezüglich Strafsachen vor, an denen ein maßgebliches öffentliches Interesse wegen der Straftat oder der öffentlichen Funktion der unter Verdacht stehenden Person besteht.[1991] Dies hat weitreichende Folgen. Bei allen potenziellen Strafsachen von Regierungsmitgliedern, Staats- und Generalsekretären sowie Kabinettsmitarbeitern sind damit Berichte an die zuständige Oberstaatsanwaltschaft zu übermitteln, die wiederum gegenüber dem Justizministerium berichtpflichtig ist. Das Justizministerium ist aber keine unabhängige Institution der Judikative, sondern gehört der Exekutive an und ist ebenfalls eine politische Institution. Die politische Sphäre erhält damit in einem bereits sehr frühen Stadium umfangreiche Informationen über Ermittlungsverfahren, die gegen Mitglieder aus ihren Reihen geführt werden.[1992]

Die vage Formulierung von *§ 35c StAG*[1993] erweist sich in diesem Zusammenhang als besonders prekär. Die Bestimmung sieht vor, dass die Staatsanwaltschaften

---

1990 BGBl. Nr. 164/1986 idF BGBl. I Nr. 32/2018, *Bundesgesetz vom 5. März 1986 über die staatsanwaltschaftlichen Behörden (Staatsanwaltschaftsgesetz)* 1986 (n. 836), §§ 8–8a, 29–29a, 34–34c; BGBl. Nr. 631/1975, *Strafprozeßordnung 1975* (n. 71), § 100; BGBl. Nr. 338/1986, *Verordnung des Bundesministers für Justiz vom 16. Juni 1986 zur Durchführung des Staatsanwaltschaftsgesetzes* 1986 (n. 1475), § 8; Radasztics/Sackmann, '*Berichtspflichten aus Sicht der Staatsanwaltschaft*' 2017 (n. 1476), S. 12, 16-17; Lienbacher, '*Ist staatsanwaltliches Handeln ein zulässiger Kontrollgegenstand parlamentarischer Untersuchungsausschüsse?*' 2010 (n. 1477), S. 75-76; GRECO, *GrecoEval5Rep(2022)1* 2022 (n. 29), Rz 140; Mertens, '*Ein Plädoyer für den unabhängigen Untersuchungsrichter*' (n. 1480); Hilpold, '*Der Fall Christian Pilnacek – Eine Herausforderung auch für die europäische Rechtsstaatlichkeit*' 2023 (n. 142); Hilpold, '*Lustlose Formübung*' 2020 (n. 1484).

1991 BGBl. Nr. 164/1986 idF BGBl. I Nr. 32/2018, *Bundesgesetz vom 5. März 1986 über die staatsanwaltschaftlichen Behörden (Staatsanwaltschaftsgesetz)* 1986 (n. 836), § 8; Radasztics/Sackmann, '*Berichtspflichten aus Sicht der Staatsanwaltschaft*' 2017 (n. 1476), S. 12-16; Lienbacher, '*Ist staatsanwaltliches Handeln ein zulässiger Kontrollgegenstand parlamentarischer Untersuchungsausschüsse?*' 2010 (n. 1477), S. 69.

1992 BGBl. Nr. 164/1986 idF BGBl. I Nr. 32/2018, *Bundesgesetz vom 5. März 1986 über die staatsanwaltschaftlichen Behörden (Staatsanwaltschaftsgesetz)* 1986 (n. 836), § 8-§ 8a; Radasztics/Sackmann, '*Berichtspflichten aus Sicht der Staatsanwaltschaft*' 2017 (n. 1476), S. 12, 16-17.

1993 *ANMERKUNG: § 35c StAG wurde durch BGBl. I Nr. 157/2024 aufgehoben und trat mit 31.12.2024 außer Kraft.*

bei Fehlen eines Anfangsverdachts von der Einleitung eines Strafverfahrens abzusehen haben. Die Strafverfolgungsbehörden könnten damit aufgrund des politischen Drucks dazu bewegt werden, bei politisch heiklen Strafsachen kein Strafverfahren einzuleiten, wogegen keine Rechtsbehelfe vorgesehen sind. An die Öffentlichkeit gelangte Informationen legen nahe, dass die Politik seit Jahren auch bestrebt ist, die Einstellung derartiger Strafverfahren zu erwirken.[1994] Der österreichische Gesetzgeber ist angehalten, § 35c StAG unter Berücksichtigung der vorherigen Erwägungen anzupassen oder aufzuheben. In seiner jetzigen Ausgestaltung schafft die Bestimmung eine tiefgreifende Gefahrenquelle für das österreichische Antikorruptionssystem.[1995]

Die Einführung des *Weisungsrates*, dem die Kontrolle bestimmter Weisungen des Justizministeriums obliegt, scheint bei näherer Betrachtung lediglich den Anschein einer unabhängigen Strafverfolgung zu bezwecken.[1996] Eine Voraussetzung zur Einschaltung des Weisungsrates ist bspw. das Vorliegen eines außergewöhnlichen öffentlichen Interesses bzw. einer umfangreichen medialen Berichterstattung. Von den Medien wird zusätzlich gefordert, dass sie über einen

---

1994 BGBl. Nr. 164/1986 idF BGBl. I Nr. 32/2018, *Bundesgesetz vom 5. März 1986 über die staatsanwaltschaftlichen Behörden (Staatsanwaltschaftsgesetz)* 1986 (n. 836), § 36; BGBl. Nr. 1/1930, *Bundes-Verfassungsgesetz* 1945 (n. 62), Art. 90a; Radasztics/Sackmann, '*Berichtspflichten aus Sicht der Staatsanwaltschaft*' 2017 (n. 1476), S. 16–17; Lienbacher, '*Ist staatsanwaltliches Handeln ein zulässiger Kontrollgegenstand parlamentarischer Untersuchungsausschüsse?*' 2010 (n. 1477), S. 65; GRECO, *GrecoEval-5Rep(2022)1* 2022 (n. 29), Rz 140; Hilpold, '*Ringen um europäische Werte – Österreich in der EU*' 2021 (n. 142), S. 293; Lagodny, '*Staatsanwaltschaft oder/und Kriminalpolizei?*' (n. 1480); Mertens, '*Ein Plädoyer für den unabhängigen Untersuchungsrichter*' (n. 1480); Fink, '*Über das Weisungsrecht und eine Bundesstaatsanwaltschaft*' (n. 1480).

1995 European Union, *Vertrags über die Arbeitsweise der Europäischen Union* 1957 (n. 488), Art. 2 und 19; European Union, *Charter of fundamental rights of the European Union* 2012 (n. 1394), Art. 47; ETS No. 146, *Convention for the Protection of Human Rights and Fundamental Freedoms* 1950 (n. 9), Art. 6, 8, 13; Hilpold, '*Der Fall Christian Pilnacek – Eine Herausforderung auch für die europäische Rechtsstaatlichkeit*' 2023 (n. 142); Hilpold, '*Unabhängigkeit der Justiz ist essenziell*' 2021 (n. 344); Hilpold, '*Chats als Weckruf*' 2022 (n. 1500).

1996 BGBl. Nr. 164/1986 idF BGBl. I Nr. 32/2018, *Bundesgesetz vom 5. März 1986 über die staatsanwaltschaftlichen Behörden (Staatsanwaltschaftsgesetz)* 1986 (n. 836), § 29c Abs. 1; Fellner/Nogratnig, '*§ 29 c*' 2021 (n. 1490), Rz 2; Hilpold, '*Der Fall Christian Pilnacek – Eine Herausforderung auch für die europäische Rechtsstaatlichkeit*' 2023 (n. 142).

überregionalen Wirkungskreis haben müssen.[1997] Wenn der Gesetzgeber nicht beabsichtigt, von einer Weisungsbindung der Staatsanwaltschaften gegenüber dem Justizministerium abzurücken – zumal dies bereits aus rechtsstaatlichen Erwägungen geboten wäre – wäre doch zumindest eine Novellierung des Weisungsrates angezeigt. In einem so sensiblen Bereich erfordert eine Kontrollinstanz eindeutige und präzise formulierte Voraussetzungen für ihr Tätigwerden. Auch sollte der Tätigkeitsbereich des Weisungsrates ausgeweitet werden, um gerade bei politisch heiklen Strafsachen eine von politischen Einflüssen freie Ermittlung der Staatsanwaltschaft gewährleisten zu können.[1998]

Die *Ermittlungsergebnisse* dienen den Staatsanwaltschaften als Grundlage ihrer juristischen Subsumption. Die WKStA verfügt über zu geringe finanzielle Ressourcen, um selbstständig Ermittlungen führen zu können.[1999] Die Ermittlungen werden i. d. R. von der Polizei wahrgenommen, die wiederum gegenüber dem Innenministerium weisungspflichtig sind, das ebenfalls ein politisches Organ darstellt.[2000] Die Beseitigung der Gefahr unzulässiger politischer Einflussnahme verlangt auch eine Aufstockung der finanziellen Ressourcen der maßgeblichen Akteure des nationalen Antikorruptionsregimes.[2001]

Besonders deutlich schwingt die politische Einflussnahme bei der Besetzung der Mitglieder der *Volksanwaltschaft* mit. Jeder der drei mandatsstärksten politischen Parteien steht gemäß B-VG die Nominierung eines der drei Volksanwälte

1997 BGBl. Nr. 164/1986 idF BGBl. I Nr. 32/2018, *Bundesgesetz vom 5. März 1986 über die staatsanwaltschaftlichen Behörden (Staatsanwaltschaftsgesetz)* 1986 (n. 836), § 29c Abs. 1; Fellner/Nogratnig, '*§ 29 c*' 2021 (n. 1490), Rz 2.

1998 Hilpold, '*Der Fall Christian Pilnacek – Eine Herausforderung auch für die europäische Rechtsstaatlichkeit*' 2023 (n. 142); 669 der Beilagen XXV. GP, *Regierungsvorlage, Erläuterungen* 2014-2015 (n. 1487).

1999 Öhlinger/Eberhard, *Verfassungsrecht* 2018 (n. 257), S. 276; GRECO, *GrecoEval5Rep(2022)1* 2022 (n. 29), Rz 137; Bundesministerium für Inneres/Bundesministerium für Justiz, *Nationale Anti-Korruptionsstrategie (NAKS)* 2018 (n. 1352), S. 13.

2000 Öhlinger/Eberhard, *Verfassungsrecht* 2018 (n. 257), S. 276; GRECO, *GrecoEval5Rep(2022)1* 2022 (n. 29), Rz 137; Bundesministerium für Inneres/Bundesministerium für Justiz, *Nationale Anti-Korruptionsstrategie (NAKS)* 2018 (n. 1352), S. 13.

2001 Öhlinger/Eberhard, *Verfassungsrecht* 2018 (n. 257), S. 276; GRECO, *GrecoEval5Rep(2022)1* 2022 (n. 29), Rz 137; Bundesministerium für Inneres/Bundesministerium für Justiz, *Nationale Anti-Korruptionsstrategie (NAKS)* 2018 (n. 1352), S. 13; Hilpold, '*Unabhängigkeit der Justiz ist essenziell*' 2021 (n. 344); Schmid, '*Wie die WKStA ins Fadenkreuz von ÖVP und Vorgesetzten geriet*' 2021 (n. 1474); Schmid/Nikbakhsh, '*Wie eine Anklage der WKStA gegen Spitzenbeamte jahrelang verzögert wurde*' 2024 (n. 1474).

zu. Faktisch handelt es sich weniger um eine Nominierung als vielmehr um eine Bestellung. Besonders unverständlich erscheint dieses in Europa einzigartige Bestellungsprozedere, wenn man sich eine der zentralen Aufgaben der Volksanwaltschaft vor Augen hält, nämlich die Kontrolle der staatlichen Verwaltung auf etwaige Missstände. Schon seit langem ist die Volksanwaltschaft mit der Kritik politischer Abhängigkeit konfrontiert, was nicht nur das Vertrauen der Bevölkerung in den Rechtsstaat schwächt, sondern auch der Qualität des nationalen Antikorruptionssystems schadet.[2002] An einer Reform der Volksanwaltschaft führt daher kein Weg vorbei.[2003] Neben einer Reorganisation iS einer Reduktion auf einen einzigen Volksanwalt und der Abschaffung des parteipolitischen Nominierungsrechts wäre eine Erweiterung der Aufgabengebiete der Volksanwaltschaft ein sinnvoller nächster Schritt. Daneben wäre auch die Schaffung einer internen Europarechtsabteilung zur Überprüfung von gerichtlichen Unionsrechtsverletzungen angezeigt.[2004]

Auch bei der *Richterbestellung* erlaubt es die gegenwärtige Rechtslage der Politik zumindest potenziell Einfluss auf die Besetzung der Richterstellen zu nehmen. Auf Basis der Vorschläge von richterlichen Personalsenaten werden die Richterstellen von der Exekutive besetzt. Die Besetzungsvorschläge sind aber unverbindlich und es stehen gegen Besetzungsentscheidungen keine Anfechtungsmöglichkeiten offen. Unter dem Schlagwort *Sideletter-Bestellung* gibt häufig gerade bei der Besetzung höherer Positionen eine bestimmte politische Gesinnung den Ausschlag. Davon ist nicht bloß die Richterschaft betroffen, sondern auch andere öffentliche Bereiche wie die Polizei.[2005] Seit Jahren steht die Forderung im Raum, dass die Justiz gesetzlich selbst für die Bestellung der Richter zuständig

---

2002 Hilpold, '*Nur einer statt drei Volksanwälte*' 2022 (n. 1515).

2003 Ibid.

2004 BGBl. Nr. 1/1930, *Bundes-Verfassungsgesetz* 1945 (n. 62), Art. 148a Abs. 2; Öhlinger/Eberhard, *Verfassungsrecht* 2018 (n. 257), S. 260 f; Berka, '*Zum Mandat und zur Stellung des Menschenrechtsbeirats im Rahmen des Menschenrechtsschutzes durch die Volksanwaltschaft*' (n. 1192); Barth, '*Die Volksanwaltschaft über die Entwicklung des Erwachsenenschutzrechts im Jahr 2020*' (n. 1192); Khakzadeh, '*Art. 148a*' 2021 (n. 1192), Rz 1-5; Muzak, *Das österreichische Bundes-Verfassungsrecht* 2020 (n. 1192), Rz 1, 5, 9; Tschiderer, '*Rosenkranz-Kandidatur: Schlaglicht auf politisch abhängige Volksanwaltschaft*' 2022 (n. 1514); Hilpold, '*Nur einer statt drei Volksanwälte*' 2022 (n. 1515); Schroeder, *Grundkurs Europarecht* 2019 (n. 488), S. 170 ff; European Union, *Vertrag über die Arbeitsweise der Europäischen Union* 2007 (n. 489), Art. 267.

2005 Hilpold, '*Unabhängigkeit der Gerichte vor Gericht*' 2021 (n. 1519); Hilpold, '*Der Fall Christian Pilnacek – Eine Herausforderung auch für die europäische Rechtsstaatlichkeit*' 2023 (n. 142).

wird. Das wäre ein wesentlicher Schritt zur Verwirklichung des judiziellen Selbstverwaltungskörpers und ein entscheidendes Kriterium, um die Justiz weiter von politischen Einflüssen abzuschotten.[2006] Im Zuge einer dahingehenden Reform könnte sich Österreich auch an positiven Beispielen aus dem Ausland orientieren und die richterlichen Personalsenate mit zusätzlichen Fachpersonen aus anderen juristischen Bereichen ergänzen.[2007]

Auch der *Rechnungshof* leistet bemerkenswerte Arbeit zur Verbesserung des österreichischen Antikorruptionssystems. Gegenwärtig wird jedoch das Potenzial dieses Kontrollorgans in Österreich nicht ausgeschöpft.[2008] Mit einer Erweiterung der Kontrollrechte und der Etablierung einer eigenen Staatsanwaltschaft im Gefüge des Rechnungshofs könnte dieser stärker in diesen Bereichen aktiv agieren.[2009]

Allein schon aufgrund der nicht gänzlich verwirklichten Gewaltenteilung wäre eine Reform des österreichischen Bundesstaates dringend geboten. Die Politik übt in dieser Hinsicht jedoch Zurückhaltung, was der Wahlkampf zu den bevorstehenden österreichischen Nationalratswahlen im Herbst 2024 verdeutlichen. Trotz der Bedeutung der Thematik eignet sich die Justizreform aus Sicht der politischen Parteien offensichtlich nicht als geeignetes Wahlkampfthema und wird daher kaum thematisiert. Dies mag zu Recht verwundern, da erst am 15. Juli 2024 die von *Kreutner* geleitete Untersuchungskommission in Zusammenhang mit der *Causa Pilnacek* ihren Abschlussbericht zur politischen Einflussnahme auf die nationale Strafverfolgung vorlegte. Die zahlreichen in diesem Bericht festgehaltenen Mängel des österreichischen Rechtsstaates belegen, dass dieses Thema stärker in das Bewusstsein der österreichischen Bevölkerung gerückt und dringend von den österreichischen Entscheidungsträgern angegangen werden

---

2006 Zußner, '*Art. 86*' 2021 (n. 1521), Rz 5-6; Hilpold, '*Unabhängigkeit der Gerichte vor Gericht*' 2021 (n. 1519); Hilpold, '*Unabhängigkeit der Justiz ist essenziell*' 2021 (n. 344); Hilpold, '*Der Fall Christian Pilnacek – Eine Herausforderung auch für die europäische Rechtsstaatlichkeit*' 2023 (n. 142); Hilpold, '*Ringen um europäische Werte – Österreich in der EU*' 2021 (n. 142), S. 282; European Union, *Charter of fundamental rights of the European Union* 2012 (n. 1394), Art. 47.

2007 BGBl. Nr. 1/1930, *Bundes-Verfassungsgesetz* 1945 (n. 62), Art. 86f; Zußner, '*Art. 86*' 2021 (n. 1521), Rz 5; Lovrek/Pflügl, '*Das ist der schlimmste Vorwurf an die Justiz*' 2021 (n. 1522); Lovrek, '*Die Richter sind in Ausübung ihres richterlichen Amtes unabhängig*' 2020 (n. 1521), S. 109; Hilpold, '*Unabhängigkeit der Gerichte vor Gericht*' 2021 (n. 1519); Hilpold, '*Chats als Weckruf*' 2022 (n. 1500); Hilpold, '*Der Fall Christian Pilnacek – Eine Herausforderung auch für die europäische Rechtsstaatlichkeit*' 2023 (n. 142).

2008 Hilpold, '*Unabhängigkeit der Justiz ist essenziell*' 2021 (n. 344).

2009 Hilpold, '*Ringen um europäische Werte – Österreich in der EU*' 2021 (n. 142), S. 294.

muss. Damit wird der österreichische Gesetzgeber jedenfalls angehalten, seine Arbeiten an der Einführung einer *Generalstaatsanwaltschaft* zu intensivieren. Mit der Einführung der Generalstaatsanwaltschaft würde den österreichischen Staatsanwaltschaften anstelle des politischen Justizministeriums eine unabhängige judikative Institution vorstehen. Die Weisungskette bliebe ebenfalls innerhalb der Gerichtsbarkeit. Damit könnten die bestehenden Einfallstore für politische Einflussnahme und Korruption weitgehend beseitigt werden.[2010] Animiert vom Beispiel der Mehrheit der europäischen Staaten fasste Österreich 2021 den Beschluss, eine nationale Generalstaatsanwaltschaft zu etablieren. Trotz der Bedeutung für einen Rechtsstaat hat Österreich bisher noch keine weiteren Schritte in diese Richtung unternommen. Gerade in der Einführung einer unabhängigen Generalstaatsanwaltschaft liegt ein entscheidendes Kriterium, damit Korruption in Österreich spürbar eingedämmt und der Rechtsstaat gestärkt wird.[2011]

13.4.3.7 Mangelhafte NAKS

Im Rahmen der gegenständlichen Arbeit konnten einige zentrale Mängel der österreichischen Rechtsordnung und des innerstaatlichen Antikorruptionsregimes identifiziert werden. Die oben abgebildete Liste dieser Mängel ist aber keinesfalls taxativ. Es darf auch nicht verwundern, wieso das österreichische Antikorruptionssystem mit so zahlreichen Missständen zu kämpfen hat, wenn bereits das Grundlagendokument eines jeden nationalen Antikorruptionsregimes – im Falle

---

2010 Bundesministerium für Justiz, '*Generalstaatsanwaltschaft*' 2022 (n. 1509), abgerufen am: 05.05.2023; Bundesministerium für Justiz, *Arbeitsgruppe zur Schaffung einer unabhängigen und weisungsfreien Bundesstaatsanwaltschaft – Endbericht* 2022 (n. 1509); Bundeskanzleramt Österreich/Bundesministerium für Justiz, *Vortrag an den Ministerrat* 2021 (n. 1509); Kanton Bern, '*Generalstaatsanwaltschaft*' 2022 (n. 1509), abgerufen am: 05.05.2023; Ministerium für Justiz, Nordrhein-Westfalen, Deutschland, '*NRW-Justiz: Generalstaatsanwaltschaften*' 2023 (n. 1509), abgerufen am: 05.05.2023; Hilpold, '*Zwei- bis Drei-Klassen-Justiz in Österreich?*' 2024 (n. 344).

2011 Bundesministerium für Justiz, '*Generalstaatsanwaltschaft*' 2022 (n. 1509), abgerufen am: 05.05.2023; Bundesministerium für Justiz, *Arbeitsgruppe zur Schaffung einer unabhängigen und weisungsfreien Bundesstaatsanwaltschaft – Endbericht* 2022 (n. 1509); Bundeskanzleramt Österreich/Bundesministerium für Justiz, *Vortrag an den Ministerrat* 2021 (n. 1509); Kanton Bern, '*Generalstaatsanwaltschaft*' 2022 (n. 1509), abgerufen am: 05.05.2023; Ministerium für Justiz, Nordrhein-Westfalen, Deutschland, '*NRW-Justiz: Generalstaatsanwaltschaften*' 2023 (n. 1509), abgerufen am: 05.05.2023; Hilpold, '*Der Fall Christian Pilnacek – Eine Herausforderung auch für die europäische Rechtsstaatlichkeit*' 2023 (n. 142); Hilpold, '*Zwei- bis Drei-Klassen-Justiz in Österreich?*' 2024 (n. 344).

Österreichs die NAKS – nur mangelhaft ausgearbeitet wurde oder die staatlichen Akteure die darin festgehaltenen Maßnahmen nicht ernst nehmen. Die NAKS gibt die mittelfristigen Ziele im Kampf gegen Korruption vor und enthält alle nationalen Antikorruptionsmaßnahmen (sowohl präventiver als auch repressiver Natur), um im Inland ein korruptionsfeindliches Umfeld zu schaffen.[2012]

Besonders hervorstechend ist, dass für eine nationale Antikorruptionsstrategie prinzipiell entscheidende Bereiche oder öffentliche Funktionsträgergruppen wie die der höchsten Exekutivebene überhaupt nicht behandelt werden. Daneben wird auch deutlich, dass gerade Funktionen, die eigens auch für die Korruptionsbekämpfung vorgesehen wurden, wie die des Integritäts- und Compliance-Beauftragten, nur über eine mangelhafte rechtliche Grundlage besitzen.[2013]

Eigentlich sollte nach den Empfehlungen der GRECO eine nationale Antikorruptionsstrategie die Verpflichtung vorsehen, die künftigen Minister vor Amtsantritt einer Integritätsprüfung zu unterziehen. Dadurch könnte bereits im Vorfeld geprüft werden, ob eine Person für das Amt eines Ministers überhaupt geeignet ist. Dies würde auch das Vertrauen der österreichischen Bevölkerung in die Politik stärken. Denn mit einer Integritätsprüfung könnte die Chance verringert werden, dass zu einem späteren Zeitpunkt Sachverhalte ans Tageslicht gelangen, die im Widerspruch zu diesen höchsten Staatsfunktionen stehen.[2014]

Die Integritäts- und Compliance-Beauftragten sollten in der NAKS juristisch definiert und mit rechtlich klar geregelten Aufgabenbereichen versehen werden. Durch eine mangelnde Funktions- und Kompetenzabgrenzung wird Korruption nur begünstigt, da dadurch manche staatliche Bereiche mitunter

---

2012 Bundesministerium für Inneres/Bundesministerium für Justiz, *Nationale Anti-Korruptionsstrategie (NAKS)* 2018 (n. 1352), S. 23; Bundeskanzleramt Österreich/Bundesministerien Österreich, *Nationale Anti-Korruptionsstrategie – Aktionsplan Bund 2019–2020* 2019 (n. 1352); GRECO, *GrecoEval5Rep(2022)1* 2022 (n. 29), Rz 53.

2013 Bundeskanzleramt Österreich/Bundesministerien Österreich, *Nationale Anti-Korruptionsstrategie – Aktionsplan Bund 2019–2020* 2019 (n. 1352), Nr. 1.1–1.3, 2.2; Bundesministerium für Inneres, '*Das Integritätsbeauftragten-Netzwerk*' 2023 (n. 1359), abgerufen am: 07.04.2023; IBN, '*IBN – Integritätsbeauftragten-Netzwerk*' 2023 (n. 1359), abgerufen am: 07.04.2023; GRECO, *GrecoEval5Rep(2022)1* 2022 (n. 29), Rz 55-59; Bundesministerium für Inneres/Bundesministerium für Justiz, *Nationale Anti-Korruptionsstrategie (NAKS)* 2018 (n. 1352).

2014 Bundeskanzleramt Österreich/Bundesministerien Österreich, *Nationale Anti-Korruptionsstrategie – Aktionsplan Bund 2019–2020* 2019 (n. 1352), Nr. 1.1–1.3, 1.5, 2.3, 4.1, 5.2–6.1, 6.3; GRECO, *GrecoEval5Rep(2022)1* 2022 (n. 29), Rz 55.

nicht kontrolliert werden, in denen sich dann eine korrupte Praxis etablieren kann.[2015] Nicht zuletzt wird damit aber auch vermieden, dass bestimmte Bereiche mehrfach durch verschiedene Beauftrage überprüft werden, was wiederum dem Effizienzprinzip entgegensteht. Transparenz und klare Normen sind der Schlüssel zu einer effektiven österreichischen Antikorruptionspolitik.[2016]

Auf der anderen Seite enthält die NAKS zwar klare Vorgaben, wie die Ausarbeitung und Durchführung von Risikoanalysen und Risikomanagementsystemen, doch werden diese in der Praxis entgegen den Vorgaben der NAKS nicht vorgenommen. Zwischenzeitig wurden Risikoanalysen i. Z. m. öffentlichen Bediensteten in Österreich durchgeführt. Allerdings bedurfte es hierfür zuerst der Rüge durch die GRECO.[2017] Die Risikomanagementsysteme in den Ministerien weisen wiederum zahlreiche Lücken auf, weswegen zentrale Bereiche wie Interessenkonflikte, Ernennungs- und Beförderungsverfahren (bei den höheren Dienstfunktionen) oder Transparenz überhaupt nicht erfasst werden.[2018]

13.4.3.8 Fazit: Gravierende Mängel, Verbesserungsbemühungen und der Einfluss des Europarats

Wahrscheinlich sind es zum Teil noch veraltete Denkmuster aus der Zeit der österreichischen Monarchie, die Österreich bis heute daran hindern, ernsthafte Reformen vorzunehmen, um die vielen Rechtsstaatlichkeitsdefizite anzugehen. Der momentane Zustand ist jedoch nicht hinnehmbar. Der Korruptionsexperte *Kreutner* erachtet die gegenwärtigen Missstände gar als so gravierend, dass Österreich mit dem heutigen Justizsystem für eine EU-Aufnahme nicht mehr in Frage käme. Mit einer Verbesserung der Rechtsstaatlichkeit wird zeitgleich auch das Antikorruptionssystem gestärkt. In Anbetracht der zahlreichen negativen Folgen,

---

2015 BGBl. Nr. 1/1930, *Bundes-Verfassungsgesetz* 1945 (n. 62), Art. 126b Abs. 5; Rechnungshof, *Generalsekretariate in den Bundesministerien* 2021 (n. 1190), S. 59; Kahl/Weber, *Allgemeines Verwaltungsrecht* 2017 (n. 257), S. 126.

2016 Bundeskanzleramt Österreich/Bundesministerien Österreich, *Nationale Anti-Korruptionsstrategie – Aktionsplan Bund 2019–2020* 2019 (n. 1352), Nr. 1.1-1.3, 2.2; Bundesministerium für Inneres, '*Das Integritätsbeauftragten-Netzwerk*' 2023 (n. 1359), abgerufen am: 07.04.2023; IBN, '*IBN – Integritätsbeauftragten-Netzwerk*' 2023 (n. 1359), abgerufen am: 07.04.2023; GRECO, *GrecoEval5Rep(2022)1* 2022 (n. 29), Rz 56-59.

2017 Bundeskanzleramt Österreich/Bundesministerien Österreich, *Nationale Anti-Korruptionsstrategie – Aktionsplan Bund 2019–2020* 2019 (n. 1352), Nr. 2.2; GRECO, *GrecoEval5Rep(2022)1* 2022 (n. 29), Rz 54, 56-57.

2018 GRECO, *GrecoEval5Rep(2022)1* 2022 (n. 29), Rz 158.

die mit Korruption einhergehen, könnte die schon lange geforderte Staatsreform nur zum Vorteil Österreichs und seiner Bevölkerung sein.[2019]

Die Staatsreform muss aber ernsthaft angegangen werden. Es hat sich in den verschiedensten einschlägigen Bereichen gezeigt, dass Österreich die spezifischen Probleme erkannt und darauf mit verschiedenen rechtlichen Instrumentarien reagiert hat. Auf den ersten Blick scheint es demnach so, als hätte Österreich eine Fülle verschiedener Korruptionsmaßnahmen in den unterschiedlichsten Bereichen vorgesehen, um damit flächendeckend Korruption bekämpfen zu können. Bei genauerer Betrachtung wurden diese Instrumente tatsächlich aber in einer Weise ausgestaltet, die weit hinter dem vom Europarat vorgegebenen Standard zurückliegen. Es nützt einem nationalen Antikorruptionsregime nichts, wenn die erlassenen Maßnahmen nur teilweise das zu lösende Problem erfassen. Damit büßen die Antikorruptionsinstrumente lediglich ihre Effektivität und Schlagkraft ein. Die Mehrheit der untersuchten Instrumente weist solche Schwächen auf. Sie können damit nicht ihr volles Potenzial ausschöpfen und sind als Korruptionsbekämpfungsmittel nur bedingt – wenn überhaupt – geeignet. Korrupte Praktiken können mit so einem Ansatz nicht unterbunden werden. Dadurch gewinnt man vielmehr den Eindruck, dass der österreichische Gesetzgeber in wesentlichen Bereichen lediglich darum bemüht war, den Anschein echter Korruptionsbekämpfungsmaßnahmen zu erwecken.[2020] Aussagen wie «*[…] strengstes Antikorruptionsgesetz der Welt […]*»,[2021] mit dem das KorrStÄG 2023[2022] vorgestellt wurde, muten dann wie reine Augenwischerei für die Bevölkerung an.[2023]

2019 Hilpold, '*Unabhängigkeit der Justiz ist essenziell*' 2021 (n. 344); Hilpold, '*Der Fall Christian Pilnacek – Eine Herausforderung auch für die europäische Rechtsstaatlichkeit*' 2023 (n. 142); Hilpold, '*Ringen um europäische Werte – Österreich in der EU*' 2021 (n. 142), S. 265 f; Hilpold, '*Introduction*' 2024 (n. 26), S. 53 ff; Hilpold, '*Zwei- bis Drei-Klassen-Justiz in Österreich?*' 2024 (n. 344).

2020 Bundeskanzleramt Österreich/Bundesministerien Österreich, *Nationale Anti-Korruptionsstrategie – Aktionsplan Bund 2019–2020* 2019 (n. 1352); Bundesministerium für Inneres/Bundesministerium für Justiz, *Nationale Anti-Korruptionsstrategie (NAKS)* 2018 (n. 1352); GRECO, *GrecoEval5Rep(2022)1* 2022 (n. 29), Rz 55.

2021 news.ORF.at, '*Korruptionsstrafrecht: Geteilte Reaktionen auf Entwurf*' 2023 (n. 1284).

2022 244/ME XXVII. GP, *Ministerialentwurf – Gesetzestext zum Bundesgesetz, mit dem das Strafgesetzbuch im Bereich der Korruptionsbekämpfung, das Verbandsverantwortlichkeitsgesetz, das Bundesgesetz über die Wahl des Nationalrates und das Bundesgesetz über die Wahl der Mitglieder des Europäischen Parlaments geändert werden(Korruptionsstrafrechtsänderungsgesetz 2023* 2023 (n. 1283).

2023 ORF.at/Agenturen, '*Korruptionsstrafrecht: Regierung stellte Gesetzesentwurf vor*' 2023 (n. 1285).

Darauf deutet nicht zuletzt der jährlich von TI herausgebrachte *Corruption Perceptions Index* hin, in dem Österreich die letzten Jahre immer stärker zurückgefallen ist.[2024] Im jüngsten Ranking belegt Österreich sogar den schlechtesten Platz seit fast zehn Jahren.[2025] Eine Studie der EU belegt auch, dass insgesamt mehr als die Hälfte der österreichischen Bevölkerung Korruption als ein verbreitetes Problem in ihrem Staat ansieht. Entgegen dem allgemeinen Trend in den Mitgliedstaaten der EU ist das Vertrauen der österreichischen Bevölkerung in die nationalen Antikorruptionsmaßnahmen gesunken.[2026] Die österreichischen Institutionen sollten auf diese negativen Stimmen aus der Bevölkerung hören. Der bisherige politische Kurs i. Z. m. der Korruptionsbekämpfung kann in einem europäischen Rechtsstaat wie Österreich so nicht fortgeführt werden.[2027] Es bedarf eines «*[…] radikal neu gedachtes Verständnis von Korruption und deren Bekämpfung sowie Prävention […]*».[2028]

2024 Transparency International, *Corruption Perceptions Index 2022* 2023 (n. 3), S. 2; Transparency International, *Corruption Perceptions Index 2021* 2022 (n. 1289), S. 2; Transparency International, *Corruption Perceptions Index 2020* 2021 (n. 1289); Transparency International, *Corruption Perceptions Index 2019* 2020 (n. 1289); Transparency International, *Corruption Perceptions Index 2018* 2019 (n. 1289); Transparency International, *Corruption Perceptions Index 2017* 2018 (n. 1289); Transparency International, *Corruption Perceptions Index 2016* 2017 (n. 1289); Transparency International, *Corruption Perceptions Index 2014* 2015 (n. 1289); Transparency International, *Corruption Perceptions Index 2015* 2016 (n. 1289).

2025 Transparency International, *Corruption Perceptions Index 2022* 2023 (n. 3), S. 2; Transparency International, *Corruption Perceptions Index 2021* 2022 (n. 1289), S. 2; Transparency International, *Corruption Perceptions Index 2020* 2021 (n. 1289); Transparency International, *Corruption Perceptions Index 2019* 2020 (n. 1289); Transparency International, *Corruption Perceptions Index 2018* 2019 (n. 1289); Transparency International, *Corruption Perceptions Index 2017* 2018 (n. 1289); Transparency International, *Corruption Perceptions Index 2016* 2017 (n. 1289); Transparency International, *Corruption Perceptions Index 2014* 2015 (n. 1289); Transparency International, *Corruption Perceptions Index 2015* 2016 (n. 1289).

2026 European Commission, *Special Eurobarometer 523* 2022 (n. 1290), S. 1; European Union, '*Eurobarometer*' 2023 (n. 1291), abgerufen am: 01.04.2023; GRECO, *GrecoEval5Rep(2022)1* 2022 (n. 29), Rz 17.

2027 GRECO, '*Evaluations – Austria/Autriche*' 2023 (n. 1287), abgerufen am: 01.04.2023; Die Presse.com, '*«Skandale»: Europarat fordert von Österreich mehr Einsatz gegen Korruption*' 2023 (n. 1287); krone.at, '*Europarat rügt: – „Österreich muss mehr gegen Korruption tun“*' 2023 (n. 1287).

2028 Schmid, '*Greco-Bericht: Radikal gegen Korruption*' 2023 (n. 1286).

Bei der Optimierung des österreichischen Rechtsstaats ist seit Jahren der Europarat stark beteiligt. Auch in anderen Staaten hat der Europarat und die GRECO nachhaltig die nationalen Antikorruptionssysteme geprägt. Der Europarat trägt damit wesentlich zur Herstellung eines europäischen Mindeststandards bei der Bekämpfung von Korruption in Österreich bei. Daneben wird mithilfe der GRECO auch die Bevölkerung auf die Mängel in ihrer Rechtsordnung sensibilisiert, da mit jeder Veröffentlichung eines Evaluierungsberichtes die Medien von den gewonnenen Erkenntnissen berichten.[2029]

Internationale Organisationen wie der Europarat führen den österreichischen staatlichen Institutionen und der Bevölkerung immer wieder die rechtsstaatlichen Mängel vor Augen und regen dazu an, laufend das innerstaatliche Rechtssystem zu verbessern. Maßgebliche Entwicklungen der österreichischen Rechtsordnung im Bereich der Antikorruption lassen sich auf den Europarat zurückführen. Sei es die Einführung des BAK, die Schaffung des Koordinationsgremiums zur Korruptionsbekämpfung oder die Ausdehnung des Korruptionsstrafrechts auf Schiedsrichter – in den verschiedensten Bereichen des inländischen Antikorruptionssystems lassen sich Maßnahmen, Normen und Einrichtungen finden, die auf den Europarat zurückgehen.[2030]

Dies gilt im Besonderen für das österreichische materielle Strafrecht.[2031] Als Österreich Vertragsstaat des StÜK und des ZP-StÜK wurde, konnte das

2029 ORF.at/Agenturen, '*Korruption: GRECO stellt Österreich schlechtes Zeugnis aus*' 2023 (n. 1280).

2030 BGBl. Nr. 60/1974, *Bundesgesetz vom 23. Jänner 1974 über die mit gerichtlicher Strafe bedrohten Handlungen* (n. 64), §§ 74 Abs. 1 Z. 4a, 4c iVm 304; RGBl. Nr. 113/1895, *Gesetz vom 1. August 1895, über das gerichtliche Verfahren in bürgerlichen Rechtsstreitigkeiten (Zivilprozessordnung)* 1895 (n. 1226), §§ 577 ff; ETS No. 191, *Additional Protocol to the Criminal Law Convention on Corruption* 2003 (n. 410); 8750 der Beilagen zu den Stenographischen Protokollen des Bundesrates, *Bericht des Justizausschusses über den Beschluss des Nationalrates vom 27. Juni 2012 betreffend ein Bundesgesetz, mit dem das Strafgesetzbuch und die Strafprozessordnung 1975 zur Verbesserung der strafrechtlichen Bekämpfung von Korruption geändert werden (Korruptionsstrafrechtsänderungsgesetz 2012 – KorrStrÄG 2012* 2012 (n. 1206), S. 1-2, 7; 92/ME XXIII. GP, *Ministerialentwurf – Vorblatt und Erläuterungen zum StrÄG 2008* (n. 1227), S. 4, 6-8, 17; BGBl. I Nr. 109/2007, *Bundesgesetz, mit dem das Strafgesetzbuch, die Strafprozessordnung 1975, das Strafvollzugsgesetz, das Bewährungshilfegesetz und das Jugendgerichtsgesetz 1988 geändert werden (Strafrechtsänderungsgesetz 2008)* 2007 (n. 1206); Bertel/Schwaighofer, *Österreichisches Strafrecht* 2016 (n. 125), § 304 Rz 4-8.

2031 BGBl. Nr. 60/1974, *Bundesgesetz vom 23. Jänner 1974 über die mit gerichtlicher Strafe bedrohten Handlungen* (n. 64), §§ 153, 153a, 153b, 133, 160, 165, 168b, 168f, 168g,

österreichische Korruptionsstrafrecht nicht den Antikorruptionsschutz bieten, der vom Europarat vorgeschrieben wurde. Unter maßgeblichem Einfluss der GRECO wurden diese Mängel bis 2016 beseitigt. Heute entsprechen wesentliche Bestimmungen des nationalen Strafrechts weitestgehend den Vorgaben des StÜK und des ZP-StÜK und tragen damit entscheidend zur Qualität des österreichischen Antikorruptionsregimes bei.[2032]

Auf der anderen Seite kann in diesem Zusammenhang auch der Schutz von Whistleblowern genannt werden. Whistleblower tragen wesentlich zur Aufdeckung korrupter Praktiken im öffentlichen wie auch im privaten Bereich bei. Ihr Stellenwert innerhalb eines nationalen Antikorruptionsregimes darf daher nicht unterschätzt werden. Da sie aufgrund ihres Engagements oftmals mit erheblich negativen Konsequenzen konfrontiert werden, sind diese Personen besonders zu schützen.[2033] In Österreich wurde daher in Umsetzung der EU-Hinweisgeber-Richtlinie RL(EU) 2019/1937[2034] Anfang 2023 das HSchG beschlossen.[2035] Auch die GRECO hat Österreich im vergangenen Evaluierungsbericht den Ausbau des Schutzes von Whistleblowern im Bereich der Strafverfolgung nahegelegt.[2036] Meldungen, die korrupte Handlungen zum Gegenstand haben, sind prinzipiell vom Schutz des HSchG erfasst. Damit ist Österreich der Vorgabe der EU und auch des Europarats grundsätzlich nachgekommen. Der Vollständigkeit halber

---

265, 302, 310, 311, 313; BGBl. Nr. 448/1984, *Bundesgesetz gegen den unlauteren Wettbewerb 1984* (n. 1218), § 10.

2032 BGBl. Nr. 60/1974, *Bundesgesetz vom 23. Jänner 1974 über die mit gerichtlicher Strafe bedrohten Handlungen* (n. 64), §§ 305, 307a; GRECO, *GrecoEvalIIIRep(2011)3E(P3)* 2011 (n. 596), Rz 2, 85-88, 100; GRECO, *GrecoRC-III(2013)26E* 2014 (n. 1756), Rz 13-16.

2033 3087/A XXVII. GP, *Initiativantrag (elektr. übermittelte Version)* 2022 (n. 1535), S. 23; Peschek, '*Whistleblower-Gesetz: Guter Schutz, aber vieles bleibt offen*' 2022 (n. 1538).

2034 European Union, *Directive (EU) 2019/1937 on the protection of persons who report breaches of EU law* 2019 (n. 1542).

2035 Parlament Österreich, *Österreich setzt EU-Richtlinie zum besseren Schutz von Whistleblower:innen um (PK0102)* 2023 (n. 1543); Wirtschaftskammer Österreich, '*Österreich setzt die Whistleblower-Richtlinie um*' 2023 (n. 1543), abgerufen am: 05.05.2023; BGBl. I Nr. 6/2023, *Bundesgesetz über das Verfahren und den Schutz bei Hinweisen auf Rechtsverletzungen in bestimmten Rechtsbereichen (HinweisgeberInnenschutzgesetz)* 2023 (n. 1541); GRECO, *GrecoEval5Rep(2022)1* 2022 (n. 29), Rz 238; Gandjova/Müller, '*Neues Gesetz für Whistleblower: Was Firmen jetzt tun müssen*' 2023 (n. 1543); Göschl, '*Whistleblower-Gesetz: Was Unternehmen beachten müssen*' 2022 (n. 1543); Nuster/Ruhmannseder, '*Whistleblowing-Systeme*' 2022 (n. 1535), Rz 7.1.

2036 GRECO, *GrecoEval5Rep(2022)1* 2022 (n. 29), Rz 235-240.

muss aber erwähnt werden, dass der nationale Gesetzgeber auch bei der Ausarbeitung des HSchG präziser hätte arbeiten können. Das HSchG beschränkt sich nämlich nur auf die typischen Kernbestimmungen des Korruptionsstrafrechts.[2037] Andere Korruptionsbestimmungen wie § 153 bis 153b StGB bleiben hingegen unberücksichtigt.[2038]Eine Ausweitung des sachlichen Geltungsbereichs des HSchG wäre somit anzuraten.[2039] Auch in einigen andere Bereichen zeichnet sich das Gesetz durch allzu unbestimmte Rechtssätze aus.[2040]

Die Antikorruptionsinstrumente des Europarats dienen dem österreichischen Gesetzgeber sowie den vollziehenden Behörden ebenso als Richtschnur für die Erarbeitung bzw. Überarbeitung einschlägiger Gesetzesbestimmungen oder der Ausformulierung von Verhaltenskodizes. Der Gesetzgeber setzt sich aufgrund der internationalen Vorgaben aktiv mit den bestehenden nationalen Rechtssätzen auseinander und überprüft, inwieweit diese einen effektiven Korruptionsschutz tatsächlich gewährleisten können.[2041]

2037 BGBl. I Nr. 6/2023, *Bundesgesetz über das Verfahren und den Schutz bei Hinweisen auf Rechtsverletzungen in bestimmten Rechtsbereichen (HinweisgeberInnenschutzgesetz)* 2023 (n. 1541), § 3; Marek/Jerabek, *Korruption, Amtsmissbrauch und Untreue* 2022 (n. 1191), S. 2, 165 ff; Grabher, '*Transparency geht Whistleblower-Gesetz nicht weit genug*' 2022 (n. 1549).

2038 BGBl. I Nr. 6/2023, *Bundesgesetz über das Verfahren und den Schutz bei Hinweisen auf Rechtsverletzungen in bestimmten Rechtsbereichen (HinweisgeberInnenschutzgesetz)* 2023 (n. 1541), § 3; Marek/Jerabek, *Korruption, Amtsmissbrauch und Untreue* 2022 (n. 1191), S. 2, 165 ff; Grabher, '*Transparency geht Whistleblower-Gesetz nicht weit genug*' 2022 (n. 1549).

2039 BGBl. I Nr. 6/2023, *Bundesgesetz über das Verfahren und den Schutz bei Hinweisen auf Rechtsverletzungen in bestimmten Rechtsbereichen (HinweisgeberInnenschutzgesetz)* 2023 (n. 1541), § 3; 3087/A XXVII. GP, *Initiativantrag (elektr. übermittelte Version)* 2022 (n. 1535), S. 26 ff; Transparency International – Austrian Chapter, *Transparency International Austria Stellungnahme zum Entwurf eines Bundesgesetzes, mit dem ein Bundesgesetz über das Verfahren und den Schutz bei Hinweisen auf Rechtsverletzungen in bestimmten Rechtsbereichen (HinweisgeberInnenschutzgesetz – HSchG) erlassen wird* 2023 (n. 1567), S. 1 ff.

2040 BGBl. I Nr. 6/2023, *Bundesgesetz über das Verfahren und den Schutz bei Hinweisen auf Rechtsverletzungen in bestimmten Rechtsbereichen (HinweisgeberInnenschutzgesetz)* 2023 (n. 1541), §§ 13, 16; 3087/A XXVII. GP, *Initiativantrag (elektr. übermittelte Version)* 2022 (n. 1535), S. 34-37; GRECO, *GrecoEval5Rep(2022)1* 2022 (n. 29), Rz 240.

2041 Wirtschaftskammer Österreich, '*Schutz für Hinweisgeber: Was Arbeitgeber beachten müssen*' 2022 (n. 1564), abgerufen am: 05.05.2023; GRECO, *GrecoEval5Rep(2022)1* 2022 (n. 29), Rz 240.

Zusammengefasst trägt das Antikorruptionsregime des Europarats maßgeblich zu einer kontinuierlichen Verbesserung des österreichischen Korruptionsschutzes bei. Laufend werden durch die GRECO Schwachstellen und Lücken der österreichischen Rechtsordnung festgestellt, die Korruption im öffentlichen und privaten Bereich begünstigen können. Österreich ist im Grunde auch gewillt, den in den Evaluierungsberichten abgegebenen Empfehlungen der GRECO nachzukommen. Das umfangreiche Evaluierungsverfahren und die qualitativ fundierten und hochwertigen Berichte der GRECO zeigen eben diese Schwachstellen auf und regen Österreich bereits seit Jahren an, die vorherrschenden Mängel laufend zu beseitigen. Gerade wenn man sich die Instrumente, Überwachungsmechanismen und Berichte der anderen internationalen Organisationen vor Augen hält, wird hinlänglich ersichtlich, dass ohne den Europarat in Österreich ein weitaus günstigeres Klima für Korruption herrschen würde. Der Beitrag des Europarats zum Schutz der österreichischen Rechtsordnung darf daher auf keinen Fall unterschätzt werden. Jede von Österreich umgesetzte Empfehlung trägt entschieden zur Förderung des Rechtsstaats, der Wirtschaft und des gesellschaftlichen Wohlstands sowie zum Schutz der demokratischen Staatsordnung, der in Österreich lebenden Bevölkerung und letztlich auch den Menschenrechten bei.[2042]

13.5 Abschließender Appell

Das Antikorruptionsregime des Europarats zeichnet sich durch seine Fülle an Antikorruptionsinstrumenten aus. Kaum eine andere internationale Organisation hat ein ähnlich umfangreiches Instrumentarium in diesem Bereich. Daneben zeichnet sich das Antikorruptionsregime des Europarats durch ein umfangreiches Evaluierungsverfahren aus, das effektiv zu einer Verbesserung der nationalen Antikorruptionssysteme beiträgt. Die Wirkung des Europarats sticht gerade im Vergleich zu anderen internationalen Organisationen besonders hervor. Er nimmt damit eine herausragende Stellung im Aufgabenbereich der Korruptionsbekämpfung wahr. Umso erstaunlicher ist daher, dass der Europarat im gegenständlichen wissenschaftlichen Diskurs – wenn überhaupt – nur noch eine Randerscheinung darstellt. Auch in anderen Bereichen scheint das Interesse am Europarat zunehmend zurückzugehen. In Anbetracht seiner Bedeutung für Europa sollte der ältesten internationalen Organisation im Bereich der europäischen Integration vielmehr Aufmerksamkeit gewidmet werden.

2042 Hilpold, '*Lustlose Formübung*' 2020 (n. 1484).

Diese Arbeit verfolgt den Zweck, auf die herausragenden Errungenschaften des Europarats im weitreichenden Tätigkeitsfeld der Korruptionsbekämpfung aufmerksam zu machen und diese internationale Organisation wieder mehr ins Zentrum der wissenschaftlichen Debatte zu rücken. Gerade in Zeiten, in denen der Bevölkerung Europas mehr und mehr die Korruptionsanfälligkeit ihrer Rechtsordnungen vor Augen geführt wird, wäre eine solche Entwicklung zu begrüßen. Nach Ansicht des Verfassers und anderer Völkerrechtsexperten kann es nicht nur Aufgabe der Medien sein, die Allgemeinheit auf die Problematik rund um Korruption aufmerksam zu machen. Vielmehr ist auch die Wissenschaft gefordert, einschlägige Forschung zu betreiben, mit ihren Ergebnissen die Bevölkerung aufzuklären und den Staaten und internationalen Organisationen Möglichkeiten aufzuzeigen, wie Korruption nachhaltig verhindert und effektiv bekämpft werden kann.[2043]

Wissenschaftler sollten sich nicht davon abschrecken lassen, in diesem Bereich zu forschen, obwohl es gerade von den politischen Kräften kein gern gesehenes Thema ist. Doch nach Ansicht des Verfassers ist es geradezu die Pflicht der Wissenschaft, auch parteipolitisch kritische Themen anzusprechen. Andernfalls könnte die Öffentlichkeit schnell ihr Vertrauen in die Wissenschaft verlieren, wenn der Eindruck entsteht, die wissenschaftliche Erkenntnisgewinnung wird stark von parteipolitischen Interessen beeinflusst. Das wäre ein nicht hinnehmbarer Reputationsschaden für die Wissenschaft. Vielmehr könnte eine ernsthaft verfolgte Korruptionsforschung dazu beitragen, das seit der Corona-Pandemie teilweise bestehende Misstrauen der Bevölkerung in die Wissenschaft zu beseitigen.[2044]

Wie sich gezeigt hat, ist europäische Korruptionspolitik eng mit der Arbeit des Europarats verbunden. Die gegenständliche Arbeit wurde als ein Grundlagenwerk ausgearbeitet. Wissenschaftler sind eingeladen, auf den Erkenntnissen dieser Arbeit aufbauend, weitere fundierte Forschung zu betreiben. Damit könnten spezifischere Bereiche dieser Arbeit, die gegenständlich nur oberflächlich angeschnitten wurden, vertiefter untersucht werden. Dabei käme insbesondere die Herausarbeitung von Reformvorschlägen des gegenständlichen Evaluierungsverfahrens oder eine fundierte Gegenüberstellung der österreichischen Antikorruptionsbestimmungen mit den noch nicht evaluierten Vorgaben des Europarats in Betracht.

2043 Vgl. Wolf, *Maßnahmen internationaler Organisationen zur Korruptionsbekämpfung auf nationaler Ebene – Ein Überblick* 2006 (n. 1700), S. 16 ff.

2044 Faßmann, Heinz. 'Skepsis gegenüber der Wissenschaft ist «eh nicht so schlimm»?'. *DER STANDARD* (15.04.2023); Hilpold, Peter und Nesi, Giuseppe (Hrsg.). *Teaching international law* (Leiden/Boston: Brill, 2024).

Der Forschungsgegenstand der Korruption ist wie das Phänomen selbst einem stetigen Wandel unterworfen. Aus jedem neuen lokalen, nationalen und internationalen Korruptionsskandal und aus jedem neuen Evaluierungsbericht der GRECO können neue Erkenntnisse gewonnen werden. Durch die Untersuchung derartiger Skandale aus einer objektiv-wissenschaftlichen Perspektive kann auch die Wissenschaft zu einem ernst zu nehmenden Akteur in der nationalen Antikorruptionspolitik werden. Mangelnder Aktionismus ist einer der Voraussetzungen, aufgrund derer Korruption gedeihen kann. Es wird daher auf ein allzu bekanntes, aber fälschlicherweise *Burke* (1729–1797)[2045] zugeschriebene Zitat verwiesen: «*The only thing necessary for evil to triumph is for good men to do nothing*».[2046]

Der Appell des Verfassers lautet daher: Seien Sie aktiv! Befassen Sie sich mit dem Problem der Korruption und schaffen Sie damit ein Stück mehr Transparenz in Österreich, Europa und der Welt. Dies ist einer der Schlüssel für eine effektive Korruptionsprävention und -bekämpfung. Solange wir schweigen, kann Korruption weiter im Verborgenen gedeihen und unsere demokratischen und rechtsstaatlichen Strukturen schädigen. Indem wir gemeinsam darauf hinwirken, den Staat transparenter auszugestalten und den Bürgern ermöglichen, eine aktive Kontrollfunktion einzunehmen, erlauben wir es korrupten Akteuren nicht mehr, die staatlichen Institutionen zu unserem Nachteil für ihre eigenen Interessen zu missbrauchen.[2047]

2045 Boller, Paul F. und George, John. *They never said it: A book of fake quotes, misquotes, and misleading attributions* (New York, N.Y.: Oxford Univ. Pr, 1989), S. 10.

2046 Ibid.

2047 Bannenberg/Schaupensteiner, *Korruption in Deutschland* 2004 (n. 1383), S. 277.

Literaturverzeichnis

Literaturangaben in alphabetischer Auflistung von A bis Z.

Das Datum, an dem eine Online-Ressource aufgerufen wurde, ist der jeweiligen Fußnote zu entnehmen.

Literatur

Ahrens, Karl. 'Die Straßburger Konferenz über parlamentarische Demokratie'. *Rivista di Studi Politici Internazionali* 51(3 (203)) (1984), S. 403–409

Alder, Kathrin. 'Korruption: Seco-Beamter vor Bundesstrafgericht'. *Neue Zürcher Zeitung* (30.07.2021)

Alich, Holger. 'Vermutete Unterschlagung – Neuer Skandal wirft Schatten auf Liechtensteiner Finanzplatz'. *Tages Anzeiger* (25.06.2020)

Al-serori, Leila. 'Österreich: Ermittlungen gegen Nationalratspräsident Wolfgang Sobotka'. *Süddeutsche Zeitung* (1.04.2022)

Alter, Peter. *Winston Churchill (1874–1965): Leben und Überleben* (Stuttgart: Kohlhammer, 2006)

Amaral, Maria Lúcia, Amaral, Maria Lucia, Breitenmoser, Stephan, Marko, Joseph und Hofmann, Rainer. *Rechtsstaatlichkeit in Europa* (Heidelberg: C.F. Müller, 1996)

Apathy, Peter, Klingenberg, Georg und Pennitz, Martin. *Einführung in das römische Recht* (Wien: Böhlau, 5. Aufl., 2012)

Arnauld, Andreas von. *Völkerrecht* (Heidelberg: C.F. Müller, 3. Aufl., 2016)

Arnauld, Andreas von. *Völkerrecht* (Heidelberg: C.F. Müller, 4. Aufl., 2019)

Astafurova, Olga A., Borisova, Anna S., Golomanchuk, Eyda V. und Omelchenko, Tatyana A. 'Anti-corruption Education of Public Officers Using Digital Technologies'. *International Journal of Information and Education Technology* 10(2) (2020), S. 90–94, doi 10.18178/ijiet.2020.10.2.1345

Austin, John. *Plea for the Constitution* (London: John Murray, 2. Aufl., 1859)

Austin, John. *Lectures on Jurisprudence or the Philosophy of Positive Law* (London: John Murray, 1880)

Bähr, Gottfried, Fischer-Winkelmann, Wolf und List, Stephan. *Buchführung und Jahresabschluss* (Wiesbaden: Gabler, 9. Aufl., 2006)

Balzli, Beat und Hornig, Frank. 'Mauern des Schweigens'. *DER SPIEGEL* (18.05.2008)

Bannenberg, Britta. *Korruption in Deutschland und ihre strafrechtliche Kontrolle: Eine kriminologisch-strafrechtliche Analyse* (Neuwied/Kriftel: Luchterhand, 2002)

Bannenberg, Britta und Schaupensteiner, Wolfgang J. *Korruption in Deutschland: Portrait einer Wachstumsbranche* (München: Beck, 2004)

Barbist, Johannes. 'Ist angemessener Druck erlaubt? Lobbying-Gesetz wirft neue Fragen auf'. *Die Presse* (6.06.2011)

Bárd, Károly. 'Richterliche Unabhängigkeit in den Beitrittsländern der Europäischen Union-wie steht es damit in Ungarn'. *Annales Universitatis Scientiarum Budapestinensis de Rolando Eötvös Nominatae. Sectio iuridica* 45 (2004), S. 77–99

Bariéty, Jacques. 'Aristide Briand et la sécurité de la France en Europe, 1919–1932' In *Deutschland und Frankreich: Vom Konflikt zur Aussöhnung. Die Gestaltung der westeuropäischen Sicherheit 1914–1963*, (Hrsg.) Stephen A. Schuker und Elisabeth Müller-Luckner (Berlin, Boston: Oldenbourg Wissenschaftsverlag, 2017 Aufl., 2000), S. 117–134

Barth, Peter. 'Die Volksanwaltschaft über die Entwicklung des Erwachsenenschutzrechts im Jahr 2020'. *iFamZ* 2021(3), S. 161

Bauer, Karin. 'Worum geht es bei der Whistleblower-Richtlinie?'. *DER STANDARD* (27.11.2021)

Bauer, Raphaela. 'Korruption und Untreue – zwangsläufig ein Doppelpack?'. *ÖJZ 2020/32* (16.03.2020)

Bearfield, Domonic A. 'What Is Patronage? A Critical Reexamination'. *Public Administration Review* 69(1) (2009), S. 64–76, doi 10.1111/j.1540-6210.2008.01941.x

Behnke, Andreas. *NATO's security discourse after the Cold War: Representing the West* (Abingdon, Oxon: Routledge, 2013)

Behnke, Nathalie. 'Föderalismusreform in Deutschland, der Schweiz und Österreich' In *Föderalismusreform in Deutschland* (VS Verlag für Sozialwissenschaften, 2010), S. 37–58

Berger, Jens. *Korruption in Europa: Die Rettungsprogramme des ESM Unter Dem Blickwinkel der Korruptionsbekämpfung* (Wiesbaden: Springer Fachmedien Wiesbaden GmbH, 2022)

Berka, Walter. 'Zum Mandat und zur Stellung des Menschenrechtsbeirats im Rahmen des Menschenrechtsschutzes durch die Volksanwaltschaft'. *NLMR* 2018(1), S. 3

Berlit, Uwe. 'Modernisierung der Justiz, richterliche Unabhängigkeit und RichterInnenbild'. *Kritische Justiz* 32(1) (1999), S. 58–69, doi 10.5771/0023-4834-1999-1-58

Bertel, Christian und Schwaighofer, Klaus. *Österreichisches Strafrecht* (Wien: Verlag Österreich, 12. Aufl., 2016)

Bertel, Christian und Venier, Andreas. *Strafprozessrecht* (Wien: MANZ'sche Verlags- und Universitätsbuchhandlung, 9. Aufl., 2016)

Biedermann, Klaus. *Die Treuhänderschaft des liechtensteinischen Rechts, dargestellt an ihrem Vorbild, dem Trust des Common Law: unter Berücksichtigung des Gesetzes betreffend das Treuunternehmen* (Bern: Stämpfli, 1981)

Birr, Josefa und Blume, Lisa. 'Rudolf von Jhering (1818–1892): Die Geschichte seines Kampfes mit dem Recht'. *Göttinger Rechtszeitschrift* 5(8) (2022), S. 97–103, doi 10.55053/2022-5-8-1254

Bischof, Daniel. 'Pilnacek: "Kontrollverlust" über Staatsanwälte'. *Die Presse* (28.03.2023)

Bleckmann, Albert. 'Das europäische Demokratieprinzip'. *JuristenZeitung* 56(2) (2001), S. 53–58

Blumenfeld-Kosinski, Renate. 'Pierre Dubois (ca 1250–1320) et Ernest Renan (1823–1892) en communauté de pensée ? Quelques réflexions sur la colonisation et l'éducation des femmes'. *Comptes-rendus des séances de l année – Académie des inscriptions et belles-lettres* 159(4) (2015), S. 1531–1548, doi 10.3406/crai.2015.95805

BMJ-S70.044/0012-IV 1/2012. *Sitzungsbericht zum 10. Koordinationsgremium zur Korruptionsbekämpfung* (2012)

Boller, Paul F. und George, John. *They never said it: A book of fake quotes, misquotes, and misleading attributions* (New York, N.Y.: Oxford Univ. Pr, 1989)

Bösch, Harald. 'Unklarheiten im Zusammenhang mit liechtensteinischen Trusts in der Schweiz (BGer 4A_329/2013) – Versuch einer Wegleitung'. *LJZ* 36(1) (2015), S. 60–80

Brandolino, John. 'Fighting Corruption – The Role of Diplomacy and International Agreements'. *The Journal of Public Inquiry* (2001), S. 9–12

Breuer, Marten. 'Der Europäische Gerichtshof für Menschenrechte als Wächter des europäischen Gemeinschaftsrechts'. *JuristenZeitung* 58(9) (2003), S. 433–443

Brodherr, Anke. *Alfred Verdross' Theorie des gemäßigten Monismus* (München: Utz, 2005)

Brönnimann, Christian. 'Prozess in der Seco-Affäre – Korrupter Beamter verursachte Schaden von 18 Millionen Franken'. *Tages Anzeiger* (27.07.2021)

Bruckmüller, Ernst. 'Korruption – eine Konstante in der Geschichte?' In *Korruption in Österreich: Historische Streiflichter*, (Hrsg.) Ernst Bruckmüller (Wien: Braumüller, 2011), S. 7–25

Brugh, Patrick. 'Grotius, Hugo' In *Encyclopedia of Renaissance Philosophy* (Springer, Cham, 2016), S. 1–10

Brühwiler, Bruno. 'ISO/DIS 31000 und ONR 49000:2008: Neue Standards im Risikomanagement'. *MQ – Management und Qualität* (5) (2008), S. 27

Brummer, Klaus. *Der Europarat: Eine Einführung* (Wiesbaden: VS Verl. für Sozialwiss, 2008)

Budäus, Dietrich und Hilgers, Dennis. 'Öffentliches Risikomanagement – zukünftige Herausforderungen an Staat und Verwaltung' In *Risikomanagement der öffentlichen Hand*, (Hrsg.) Frank Scholz (Heidelberg, Neckar: Physica-Verlag, 2009), S. 17–77

Bundesamt zur Korruptionsprävention und Korruptionsbekämpfung, Österreich. *1. Compliance-Tätigkeitsbericht 2015–2017* (Wien, 2018)

Bundesamt zur Korruptionsprävention und Korruptionsbekämpfung, Österreich. *2. Compliance-Tätigkeitsbericht 2018–2019* (Wien, 2020)

Bundesamt zur Korruptionsprävention und Korruptionsbekämpfung, Österreich. *Jahresbericht 2021 Bundesamt zur Korruptionsbekämpfung und Korruptionsprävention* (Wien, 2022)

Bundesamt zur Korruptionsprävention und Korruptionsbekämpfung, Österreich. *3. Compliance-Tätigkeitsbericht 2020–2022* (Wien, 2023)

Bundesdisziplinarbehörde, Österreich. *Jahresbericht über das Jahr 2021 gemäß § 128b Beamten-Dienstrechtsgesetz 1979* (Wien, 2021)

Bundeskanzleramt Österreich. *Aus Verantwortung für Österreich -Regierungsprogramm 2020–2024* (Wien, 2020)

Bundeskanzleramt Österreich. *Aus Verantwortung für Österreich -Regierungsprogramm 2020–2024: Zusammenfassung* (Wien, 2020)

Bundeskanzleramt Österreich und Bundesministerium für Justiz, Österreich. *Vortrag an den Ministerrat: Schaffung einer unabhängigen und weisungsfreien Bundesstaatsanwaltschaft* (2021)

Bundesministerium für Inneres, Österreich. *Abschlussbericht der vom Bundesminister für Inneres eingesetzten „Evaluierungskommission" für den Fall Natascha Kampusch* (Wien, 2008)

Bundesministerium für Inneres, Österreich. *Korruptionsprävention: Informationen und Empfehlungen für Verwaltung und Exekutive* (Wien, 2018)

Bundesministerium für Inneres, Österreich. *Korruptionsphänomene in Österreich: aus Sicht des Bundesamts zur Korruptionsprävention und Korruptionsbekämpfung* (Wien: Bundesamt zur Korruptionsprävention und Korruptionsbekämpfung, 2019)

Bundesministerium für Inneres, Österreich. *Ausbildungsplan zur Grundausbildung für den Exekutivdienst* (Wien, 2022)

Bundesministerium für Justiz und Österreich. *BMJ-S70.044/0010-IV 1/2012: Vortrag an den Ministerrat* (2013)

Bundesministerium für Justiz, Österreich. *Korruptionsstrafrecht Neu: Fibel zum Korruptionsstrafrechtsänderungsgesetz 2012*

Bundesministerium für Justiz, Österreich. *Arbeitsgruppe zur Schaffung einer unabhängigen und weisungsfreien Bundesstaatsanwaltschaft – Endbericht* (2022)

Bundeszentrale für politische Bildung. 'Vor 20 Jahren: Zweiter Tschetschenienkrieg'. *Bundeszentrale für politische Bildung* (27.09.2019)

Bundeszentrale für politische Bildung. 'Unternehmenssektor'. *Bundeszentrale für politische Bildung* (23.06.2021)

Bur, Isolde. 'Vorwort zur ersten Ausgabe von ZERL'. *ZERL* (2010)

Burckhardt, Leonhard, Seybold, Klaus und Ungern-Sternberg, Jürgen von (Hrsg.). *Gesetzgebung in antiken Gesellschaften* (Berlin: De Gruyter, 2007)

Burkatzki, Eckhard. 'Korruption' In *Handbuch Wirtschaftsethik*, (Hrsg.) Michael Stefan Aßländer (Berlin, Germany/Heidelberg: J.B. Metzler, 2. Aufl., 2021), S. 743–746

Bußjäger, Peter. 'Lobbyismus, wirtschaftliche Betätigung und Transparenz. Bemerkungen und ausgewählte Rechtsfragen zum LobbyG (FN)'. *ÖZW* 2017(3 / 2017) (2017)

Bussmann, Kai-Detlef (Hrsg.). *Geldwäscheprävention im Markt* (Springer, Berlin, Heidelberg, 2018)

Cap, Josef und Stürzenbecher, Kurt. 'Klarheit geht vor Schönheit' In *100 Jahre Verfassung: 77 Stimmen zum Jubiläum des österreichischen Bundes-Verfassungsgesetzes (B-VG) Ein Lesebuch*, (Hrsg.) Peter Hilpold, Walter Hämmerle und Manfred Matzka (Wien: facultas, 2020), S. 71–73

Conord, Fabien. 'Paul-Henri Spaak, héraut ou soliste du socialisme belge ?'. *Canadian Journal of History* 49(1) (2014), S. 1–30, doi 10.3138/cjh.49.1.1

Cooper, John Milton. *Woodrow Wilson: A biography* (New York: Knopf, 2009)

Coudenhove-Kalergi, Richard Nikolaus. *Pan-Europa* (Paneuropaverlag, 2018)

Council of Europe. 'Administrative, civil and penal aspects, including the role of the judiciary, of the fight against corruption'. *Trends in Organized Crime* 2(4) (1997), S. 41–47, doi 10.1007/s12117-997-1074-3

Council of Europe. *Protection of whistleblowers: Recommendation CM/Rec(2014)7 adopted by the Committee of Ministers of the Council of Europe on 30 April 2014 and explanatory memorandum* (Straßburg: Council of Europe Publ, 2014)

Council of Europe. *Der Europarat – Hüter der Menschenrechte: Ein Überblick* (Straßburg: Council of Europe, 2020)

Council of Europe. 'Russische Föderation wird aus dem Europarat ausgeschlossen: Presseraum'. *Council of Europe* (16.03.2022)

Council of Europe Development Bank. *60 years of European solidarity: CEB – Council of Europe Development Bank (1956–2016)* (Paris, 2016)

Council of Europe Development Bank. *CEB Strategy 2020–2022* (Paris, 2020)

Couzinet, Marie Dominique. *La logique divine dans les Six livres de la République de Jean Bodin. Hypothèse de lecture* (San Domenico: Badia Fiesolana, 1991)

Czech, Alfred. 'Ein Blick in die Zukunft: Der systematische Umgang mit Risiken – Risikomanagement – ist modern geworden. Sich rechtzeitig mit Risiken zu beschäftigen, kann mit einem Blick in die Zukunft verglichen werden – nur ohne Glaskugel.'. *Öffentliche Sicherheit* (7–8) (2021), S. 43–44

Da Fernandes, Cássio Silva. 'Enea Silvio Piccolomini cosmógrafo'. *Anos 90* 21(39) (2014), doi 10.22456/1983-201X.43732

Darge, Ekkehard. *Korruption in der Bundespolitik Deutschlands: Fälle und Bekämpfungsstrategien* (Oldenburg: BIS-Verl. der Carl-von-Ossietzky-Univ, 2009)

Dell, Gillian. 'Eindämmung von Bestechung und Bestechlichkeit: Das Übereinkommen der Vereinten Nationen gegen die Korruption'. *Vereinte Nationen, Heft 3/2004* (2004), S. 77–83

Demory, Jean-Claude. *Georges Bidault (1899–1983) Biographie* (EDITIONS JULLIARD, 1995)

Dequeker, J. 'Art, history, and rheumatism: the case of Erasmus of Rotterdam 1466–1536 suffering from pustulotic arthro-osteitis'. *Annals of the rheumatic diseases* 50(7) (1991), S. 517–521, doi 10.1136/ard.50.7.517

'Der "FPÖ-Novomatic-Deal" wird zur Staatsaffäre'. *Wiener Zeitung* (14.11.2019)

Der Spiegel. 'Nachruf: Robert Schumann 29.VI.1886–4.IX.1963'. *DER SPIEGEL* (10.09.1963)

Der Standard/Redaktion. 'Korruption dürfte Österreich 2021 bis zu 15 Milliarden Euro gekostet haben'. *DER STANDARD* (15.12.2022)

Deschamps, Etienne. *Briefing – Geschichtsreihe der Europäischen Union: Robert Schuman* (2019)

Deutscher Bundestag: Wissenschaftliche Dienste. *Nr. 40/09: Der Europarat* (Berlin, 2009)

Deutscher Bundestag: Wissenschaftliche Dienste. *Interessenkonflikte öffentlicher Funktionsträger* (Berlin, 2019)

Die Presse.com. '"Skandale": Europarat fordert von Österreich mehr Einsatz gegen Korruption'. *Die Presse* (1.03.2023)

Dobbert, Steffen, Simantke, Elisa, Hrachová, Alena, King, Henry und Kamberi, Agon. 'Generation Europe: "Europa, dieses große Versprechen"'. *Die Zeit* (4.03.2016)

Doyé, Louise. "Die Integration der osteuropäischen Staaten in den Europarat." Dissertation, Freien Universität Berlin, 2002. http://webdoc.sub.gwdg.de/ebook/diss/2003/fu-berlin/2002/266/Inhalt.pdf

dpa. 'Geschichte: Hintergrund: Der Zweite Weltkrieg in Zahlen und Fakten'. *Die Zeit* (8.05.2015)

Dubislav, Walter. *Die Definition* (Hamburg: Meiner, 4. Aufl., 1981)

Dürr, Schnutz Rudolf. 'Die Venedig-Kommission des Europarats als Verfassungsvergleicher und Verfassungsberater'. *Journal für Rechtspolitik* 21(1) (2013), S. 92–97

Edtstadler, Karoline. 'Herausforderungen im Verfassungsbereich: Regelung der Beihilfe zum Suizid, Abschaffung des Amtsgeheimnisses' In *Österreichisches Jahrbuch für Politik 2021*, (Hrsg.) Andreas Khol (Gottingen: Vandenhoeck & Ruprecht, 2022), S. 411–420

Eggers, Nicole, Pearson, Jessica Lynne und Santos, Aurora Almada e. (Hrsg.). *The United Nations and decolonization* (London/New York, NY: Routledge Taylor & Francis Group, 2020)

Ehmke, Holger. 'Nordischer Rat (Nordic Council)' In *Handwörterbuch Internationale Organisationen* (VS Verlag für Sozialwissenschaften, Wiesbaden, 1995), S. 312–316

Eigen, Peter. *Das Netz der Korruption: Wie eine weltweite Bewegung gegen Bestechung kämpft* (Frankfurt/Main: Campus, 2003)

Eilers, Wilhelm. *Codex Hammurabi: Die Gesetzesstele Hammurabis* (Wiesbaden: Marix-Verl., 5. Aufl., 2009)

Eisenberg, Ulrich und Reuther, Christian. 'BGH v. 15. 12. 2005–3 StR 281/04, Die Stellung des Zeugen im Zeugenschutzprogramm (Eisenberg/Reuther)'. *Juristische Rundschau* 2006(8) (2006), doi 10.1515/JURU.2006.091

Eklu, Abatevi Aba. 'Die Kultur der Ewe und ihr Einfluss auf das dörfliche Zusammenleben unter Berücksichtigung korruptionsrechtlicher Aspekte', Mündliche Wiedergabe und anschließender zusammengefasster schriftlicher Darstellung (Lomé/Agbavi, Togo, 2023)

Engelhaft, Karl, Hoffmann, Klaus, Lehner, Stefan, Rohregger, Michael und Vitek, Claudia (Hrsg.). *Rechtsanwaltsordung: Kurzkommentar* (Wien: Manz´sche Verlags- und Universitätsbuchhandlung, 2018, 10. Aufl.)

Engelhardt, H. 'Die Zusammenarbeit der nordischen Staaten'. *Archiv des Völkerrechts* 11(3) (1964), S. 299–312

Engels, Jens Ivo. *Die Geschichte der Korruption: Von der Frühen Neuzeit bis ins 20. Jahrhundert* (Frankfurt am Main: S. Fischer, 2014)

Engerer, Hella. *Ursachen, Folgen und Bekämpfung von Korruption: liefern ökonomische Ansätze bestechende Argumente?* (1998)

Engisch, Karl. 'Die Relativität der Rechtsbegriffe' In *Deutsche Landesreferate zum V. Internationalen Kongreß für Rechtsvergleichung in Brüssel 1958*, (Hrsg.) Murad Ferid (Berlin, Boston: De Gruyter, 1958), S. 59–76

English, Khaosod. 'NACC Indicates Actual Wrongdoing in Persons Who Aided Thai Red Bull Heir'. *Khaosod English* (14.09.2023)

Ennser-Jedenastik, Laurenz. 'Regulierungsbehörden mögen Parteibücher'. *scilog des Österreichischen Wissenschaftsfonds FWF* (25.04.2016)

Enste, Dominik H. 'Folgen von Korruption für Wirtschaft, Staat und Gesellschaft'. *Bundeszentrale für politische Bildung* (4.01.2022)

Epkenhans, Michael. *Der Erste Weltkrieg 1914–1918: 1914–1918* (Paderborn: Ferdinand Schöningh, 2015)

'Europarat fordert Ausschlussverfahren gegen Russland – Moskau soll mit Separatisten verhandeln'. *Wiener Zeitung* (7.04.2000)

European Commission. *Daily News 11 / 07 / 2019* (Brüssel, 2019)

European Commission. *Special Eurobarometer 523* (2022)

European Court of Auditors' View. *The European Court of Auditors' View on the Commission's Report on Anti-Corruption Measures* (2014)

Faßmann, Heinz. 'Skepsis gegenüber der Wissenschaft ist "eh nicht so schlimm"?'. *DER STANDARD* (15.04.2023)

Fellner, Wolfgang und Nogratnig, Gerhard. '§ 29 b' In *Richter- und Staatsanwaltschaftsdienstgesetz (RStDG), Gerichtsorganisationsgesetz (GOG) und Staatsanwaltschaftsgesetz (StAG): Kurzkommentar und wichtige Nebengesetze*, (Hrsg.) Wolfgang Fellner und Gerhard Nogratnig (Wien: MANZ'sche Verlags- und Universitätsbuchhandlung, 5. Aufl., 2021)

Fellner, Wolfgang und Nogratnig, Gerhard. '§ 29 c' In *Richter- und Staatsanwaltschaftsdienstgesetz (RStDG), Gerichtsorganisationsgesetz (GOG) und Staatsanwaltschaftsgesetz (StAG): Kurzkommentar und wichtige Nebengesetze*, (Hrsg.) Wolfgang Fellner und Gerhard Nogratnig (Wien: MANZ'sche Verlags- und Universitätsbuchhandlung, 5. Aufl., 2021)

Fellner, Wolfgang und Nogratnig, Gerhard. '§ 35c' In *Richter- und Staatsanwaltschaftsdienstgesetz (RStDG), Gerichtsorganisationsgesetz (GOG) und Staatsanwaltschaftsgesetz (StAG): Kurzkommentar und wichtige Nebengesetze*, (Hrsg.) Wolfgang Fellner und Gerhard Nogratnig (Wien: MANZ'sche Verlags- und Universitätsbuchhandlung, 5. Aufl., 2021)

Ferdinand, Horst. 'Pater Patriae: Konrad Adenauer (I) 1876–1967' In *Reden, die die Republik bewegten*, (Hrsg.) Ferdinand Horst (VS Verlag für Sozialwissenschaften, Wiesbaden, 2002), S. 163–172

Fernández Soriano, Víctor. 'Facing the Greek junta: the European Community, the Council of Europe and the rise of human-rights politics in Europe'. *European Review of History: Revue européenne d'histoire* 24(3) (2017), S. 358–376, doi 10.1080/13507486.2017.1282432

Fiedler, Ingo, Krumma, Isabel, Zanconato, Ulrich Andreas, McCarthy, Killian J. und Reh, Eva. 'Das Phänomen Geldwäsche' In *Das Geldwäscherisiko verschiedener Glücksspielarten* (Springer Gabler, Wiesbaden, 2017), S. 3–33

Figl, Alexander und Müller, Markus. 'Verfassungsschutz neu: Ist der Nachrichtendienst (weiterhin) Kriminalpolizei?'. *Journal für Strafrecht* 9(2) (2022), S. 135, doi 10.33196/jst202202013501

Fink, Bernhard. 'Über das Weisungsrecht und eine Bundesstaatsanwaltschaft'. *AnwBl* 2021/141(6), S. 293

Fink, Melanie Mitwirkende, Reinisch, August Herausgeber und Stifter, Lukas Mitwirkender. *Österreichisches Handbuch des Völkerrechts: Band 1: Textteil* (Wien: Manz'sche Verlags- und Universitätsbuchhandlung GmbH, 5. Aufl., 2013)

Fisch, Jörg. *Das Selbstbestimmungsrecht der Völker: Die Domestizierung einer Illusion* (München: Verlag C.H. Beck, 2010)

Fischer, Joachim. 'Menschenrechte. Eine Analyse aus der Perspektive der Philosophischen Anthropologie'. *Österreichische Zeitschrift für Soziologie* 46(S1) (2022), S. 205–223, doi 10.1007/s11614-022-00489-w

Foerster, Rolf Hellmut. *Die Idee Europa 1300–1946: Quellen zur Geschichte der politischen Einigung* (München: Deutscher Taschenbuch Verlag, 1963)

Foisneau, Luc. 'Crucé, Émeric (c. 1590–1648)' In *The Dictionary of Seventeenth-Century French Philosophers*, (Hrsg.) Luc Foisneau (Continuum International Publishing Group, 2008)

Forster, Alexander. 'Art. 20 B-VG' In *Kommentar zum Bundesverfassungsrecht: B-VG und Grundrechte*, (Hrsg.) Arno Kahl, Lamiss Magdalena Khakzadeh und Sebastian Schmid (Wien: Jan Sramek Verlag, 2021)

Freeman, Michael und Mindus, Patricia. *The legacy of John Austin's jurisprudence* (Dordrecht: Springer, 2013)

Frick, Marc. "Die Gabe als drittes Prinzip zwischen Markt und Staat?" Dissertation, Universität Heidelberg. doi:10.14361/9783839456613

Frowein, Jochen. 'Der Europarat: Die Entwicklung seines Rechts und der Europäischen Verfassungswerte: Buchbesprechungen und Buchanzeigen'. *Der Staat* 46 (2007), S. 645

Frowein, Jochen. 'European Convention for the Protection of Human Rights and Fundamental Freedoms (1950)'. *Max Planck Encyclopedias of International Law [MPIL]* (2009)

Fuchs, Maximilian und Pauker, Werner. *Delikts- und Schadensersatzrecht* (Heidelberg: Springer, 8. Aufl., 2012)

Furtak, Florian T. *Internationale Organisationen: Staatliche und nichtstaatliche Organisationen in der Weltpolitik* (Wiesbaden: Springer VS, 2015)

Gall, Caroline von. 'Der Europarat muss den Austritt Russlands erklären'. *Verfassungsblog* (2022), doi 10.17176/20220311-001252-0

Gandjova, Svetlana und Müller, Shahanaz. 'Neues Gesetz für Whistleblower: Was Firmen jetzt tun müssen'. *DER STANDARD* (2.02.2023)

Gans-Morse, Jordan, Borges, Mariana, Makarin, Alexey, Mannah-Blankson, Theresa, Nickow, Andre und Zhang, Dong. 'Reducing bureaucratic corruption: Interdisciplinary perspectives on what works'. *World Development* 105 (2018), S. 171–188, doi 10.1016/j.worlddev.2017.12.015

García, Javier. 'El ministro de Exteriores, Jaime Gama, candidato a la sucesión de Guterres'. *El País* (20.12.2001)

Gärtner Ursula (Hrsg.). *Brandenburger Antike-Denkwerk: Kulturelle Identität ; Römisches Recht* (Potsdam: Univ.-Verl., 2014)

Gathii, James Thuo. 'Recharacterizing Corruption to Encompass Illicit Financial Flows'. *AJIL Unbound* 113 (2019), S. 336–340, doi 10.1017/aju.2019.60

Gawrich, Andrea. *Demokratieförderung von Europarat und OSZE: Ein Beitrag zur europäischen Integration* (Wiesbaden: Springer VS, 2014)

Gehler, Michael. 'Kelsen und die Entstehung der Bundesverfassung' In *100 Jahre Verfassung: 77 Stimmen zum Jubiläum des österreichischen Bundes-Verfassungsgesetzes (B-VG) Ein Lesebuch*, (Hrsg.) Peter Hilpold, Walter Hämmerle und Manfred Matzka (Wien: facultas, 2020), S. 33–35

Gehler, Michael. 'Europas Einigung, aber nicht Einheit: Vor 90 Jahren, am 17. Mai 1930, präsentierte der französische Staatsmann Aristide Briand den Entwurf einer föderativen „Europäischen Union"'. *Wiener Zeitung* (2020)

Genevey, Pierre. 'Louise Weiss. Mémoires d'une européenne, t. I: 1893–1919'. *Politique étrangère* 33(6) (1968)

Glueck, Stephanie. '""Vor allem und über allem müsste doch der Priester stehen.": priesterliche Existenz bei Bundeskanzler Dr. Ignaz Seipel (1876–1932) im Spiegel seiner Tagebücher: priestly existence of chancellor Dr. Ignaz Seipel (1876–1932) in the mirror of his diaries / eingereicht von Mag.a Stephanie Glück, LL.M." Diplomarbeit, Karl-Franzens-Universität Graz, 2019. http://unipub.uni-graz.at/obvugrhs/3314339

Goldscheid, Rudolf. 'Das Jubiläum des Weltkrieges und die Parole: Nie wieder Krieg!'. *Die Friedens-Warte* 24(4/7) (1924), S. 101–103

Göschl, Patrick. 'Whistleblower-Gesetz: Was Unternehmen beachten müssen'. *DER STANDARD* (20.07.2022)

Grabher, Renate. 'Casinos-Vorstand Peter Sidlo: Blauer Shootingstar, dessen Bestellung das Land in Atem hält'. *DER STANDARD* (17.08.2019)

Grabher, Renate. 'Transparency geht Whistleblower-Gesetz nicht weit genug'. *DER STANDARD* (13.07.2022)

Grabher, Renate, Hagen, Lara, Marchart, Jan Michael und Schmid, Fabian. 'Ermittlungen gegen Wolfgang Sobotka wegen mutmaßlichen Amtsmissbrauchs'. *DER STANDARD* (30.03.2022)

Grabher, Renate und Schmid, Fabian. 'Korruptionsermittler im Scheinwerferlicht: Wer ist die WKStA?'. *DER STANDARD* (1.03.2021)

Grabher, Renate und Schmid, Fabian. 'Sieben Punkte, wie Österreichs Politik sofort sauberer werden kann'. *DER STANDARD* (29.10.2022)

Grabher, Renate und Schmid, Fabian. 'Europarat stellt Österreich ein schlechtes Zeugnis bei der Korruptionsbekämpfung aus'. *DER STANDARD* (13.01.2023)

Gradel, Thomas. 'Lobbying in Österreich und Europa: Transparente Interessensvertretung oder Einflussnahme hinter verschlossenen Türen?'. *Transparency International Austria* (20.04.2015)

Graeff und Rabl (Hrsg.). *Was ist Korruption?: Begriffe, Grundlagen und Perspektiven gesellschaftswissenschaftlicher Korruptionsforschung* (Baden-Baden: Nomos, 2019, 2. Aufl.)

Graf Lambsdorff, Johann. 'Korruption – Ausmaß und ökonomische Folgen'. *Wirtschaftsdienst* 82(9) (2002), S. 544–547

Grafl, Lucas. 'Zum unterschiedlichen Verständnis von korrupten und strafwürdigen Handlungen – Eine empirische Untersuchung' In *Korruptionsbekämpfung als globale Herausforderung: Beiträge aus Praxis und Wissenschaft ; [im Frühjahr 2010 fand in der Wiener Hofburg ein internationales Symposium unter dem Titel "Korruptionsbekämpfung als globale Herausforderung" statt*, (Hrsg.) Lukas Achathaler (Wiesbaden: VS Verlag für Sozialwissenschaften, 2011), S. 175–190

Griss, Irmgard. 'B-VG und ordentliche Gerichtsbarkeit' In *100 Jahre Verfassung: 77 Stimmen zum Jubiläum des österreichischen Bundes-Verfassungsgesetzes (B-VG) Ein Lesebuch*, (Hrsg.) Peter Hilpold, Walter Hämmerle und Manfred Matzka (Wien: facultas, 2020), S. 110–112

Grotius, Hugo. *The Rights of War and Peace: überarbeitet von: Barbeyrac Jean und Tuck, Richard* (Indianapolis: Liberty Fund, Inc, 3. Aufl., 2005)

Grotius, Hugo. *On the law of war and peace.* Bearbeitet von Stephen C. Neff. Cambridge: Cambridge University Press, 2012

Halbach, Edward. 'In Memoriam: Hans Kelsen (1881–1973)'. *California Law Review* 61(4) (1973), S. 957–960

Hamann, Brigitte. 'Ein Diadem als Krone' In *Die Welt der Habsburger: Glanz und Tragik eines europäischen Herrscherhauses*, (Hrsg.) Dietmar Pieper und Johannes Saltzwedel (München: Goldmann, 2011), S. 149–160

Hanne, Krister und Hecker-Stampehl, Jan. 'Nordische Vision – europäische Herausforderungen: 50 Jahre Nordischer Rat' (2003), doi 10.18452/7804

Hansmann, Otto. 'Jean-Jacques Rousseau (1712–1778)' In *Klassiker der Pädagogik* (VS Verlag für Sozialwissenschaften, 2006), S. 27–52

Hartmann. 'Beiträge Zur Lehre von Der Definition' In *Zeitschrift Für Philosophische Forschung, vol. 9, no. 2*, S. 229–235

Hartmann, Gerhard. *Die Kaiser des Heiligen Römischen Reiches* (Wiesbaden: Marix Verlag, 3. Aufl., 2013)

Hauser, Henri. 'Un précurseur: Jean Bodin, Angevin (1529 ou 1530–1596)'. *Annales d'histoire économique et sociale* 3(11) (1931), S. 379–387, doi 10.3406/ahess.1931.1430

Heghmanns, Michael. *Strafverfahren* (Springer Berlin Heidelberg, 2014)

Helmut, Koziol, Cardi, W. Jonathan, Askeland, Bjarte, Yamamoto, Keizo, Oliphant, Ken, Moreteau, Olivier, Menyhard, Attila, Ludwichowska-Redo, Katarzyna und Green, Michael D. *Grundfragen des Schadenersatzrechts aus rechtsvergleichender Sicht* (Wien: Jan Sramek Verlag, 2014)

Hensen, Christoph. 'VW-Milliarden-Bußgeld – diese Konzerne erhielten höhere Strafen'. *Handelsblatt* (14.06.2018)

Herbers, Klaus und Neuhaus, Helmut. *Das Heilige Römische Reich: Ein Überblick* (Köln: Böhlau, 2010)

Hermann, Stefanie. "Die österreichische Parteien- und Wahlkampffinanzierung im Kontext internationaler Antikorruptionsregime." Masterarbeit, Universität Wien, 2015. file:///C:/Users/micha/AppData/Local/Temp/34800.pdf

Hermann, Stefanie. 'Pilnacek: Erste Details zur Todesnacht'. *weekend.at* (20.10.2023)

Herzog, Julika. 'Was wir über den Korruptionsskandal im EU-Parlament bisher wissen'. *Euronews* (12.12.2022)

Heuser, Harro. 'Der getaufte Aristoteles: Thomas von Aquin' In *Unendlichkeiten: Nachrichten aus dem Grand Canyon des Geistes*, (Hrsg.) Harro Heuser (Wiesbaden: Vieweg+Teubner Verlag, 2008), S. 124–134

Hicken, Allen. 'Clientelism'. *Annual Review of Political Science* 14(1) (2011), S. 289–310, doi 10.1146/annurev.polisci.031908.220508

Hilke, Wolfgang. *Bilanzpolitik: Mit Aufgaben und Lösungen* (Wiesbaden: Springer Gabler. in Springer Fachmedien Wiesbaden GmbH, 3. Aufl., 1991)

Hilpold, Peter. 'Die Sezession – zum Versuch der Verrechtlichung eines faktischen Phänomens' In *Das Selbstbestimmungsrecht der Völker: Vom umstrittenen Prinzip zum vieldeutigen Recht?* (Frankfurt am Main/Berlin/Bern/Wien: Lang, 2009), S. 11–44

Hilpold, Peter. 'Streben nach Schönheit' In *100 Jahre Verfassung: 77 Stimmen zum Jubiläum des österreichischen Bundes-Verfassungsgesetzes (B-VG) Ein Lesebuch*, (Hrsg.) Peter Hilpold, Walter Hämmerle und Manfred Matzka (Wien: facultas, 2020), S. 56–58

Hilpold, Peter. 'Lustlose Formübung: Der EU-Rechtsstaatlichkeitsbericht 2020 – eine (vorerst) vertane Chance.'. *Wiener Zeitung* (9.10.2020)

Hilpold, Peter. 'Ringen um europäische Werte – Österreich in der EU' In *Rechtsstaatlichkeit, Grundrechte und Solidarität in Österreich und in Europa: Festgabe zum 85. Geburtstag von Professor Heinrich Neisser, einem europäischen Humanisten*, (Hrsg.) Peter Hilpold, Andreas Raffeiner und Walter Steinmair (Wien: facultas, 2021), S. 262–298

Hilpold, Peter. 'Unabhängigkeit der Gerichte vor Gericht: In Polen wurde das politische Element bei der Richterauswahl enorm gestärkt – auf Kosten der Individualrechte. Auch in Österreich gibt es für die Bestellung der Richteramtsanwärter nicht einmal einen Personalsenat.'. *Wiener Zeitung* (15.01.2021)

Hilpold, Peter. 'Unabhängigkeit der Justiz ist essenziell'. *Wiener Zeitung* (26.02.2021)

Hilpold, Peter. 'Chats als Weckruf: Anmerkungen zum aktuellen U-Ausschuss.'. *Wiener Zeitung* (2.03.2022)

Hilpold, Peter. 'Nur einer statt drei Volksanwälte'. *Wiener Zeitung* (25.08.2022)

Hilpold, Peter. 'Der Fall Christian Pilnacek – Eine Herausforderung auch für die europäische Rechtsstaatlichkeit'. *Verfassungsblog* (2023)

Hilpold, Peter. 'Introduction' In *Teaching international law*, (Hrsg.) Peter Hilpold und Giuseppe Nesi (Leiden/Boston: Brill, 2024), S. 3–9

Hilpold, Peter. 'Zwei- bis Drei-Klassen-Justiz in Österreich?'. *Verfassungsblog* (2024), doi 10.59704/e510c3a2db3a62d9

Hilpold, Peter und Nesi, Giuseppe (Hrsg.). *Teaching international law* (Leiden/Boston: Brill, 2024)

Höfel, Julia und Pirnat, Carlotta. 'Best Practice: Einführung eines Compliance-Management-Systems im BAK'. *Compliance Praxis* 2016 (24), S. 24–26

Hofer, Walther. *Die Entfesselung des Zweiten Weltkrieges: Darstellung und Dokumente; das Standardwerk; mit dem Essay «Führte der Hitler-Stalin-Pakt zum Ende der Sowjetunion?»* (Zürich/Münster: Lit, 2007)

Hofmann, Domenica. 'Korruptionsbekämpfung' In *Handbuch Staat*, (Hrsg.) Rüdiger Voigt (Wiesbaden: Springer Fachmedien Wiesbaden, 2018), S. 1501–1511

Hoisl, Thomas, Clemens Neuhold und Jakob Winter. 'Was die Regierung jetzt tun müsste, um Korruption zu verhindern'. *Profil* (18.10.2021)

Höller, Christian. 'Studie: Das Parteibuch als wichtigste Qualifikation'. *Die Presse* (27.01.2013)

Höltgen, Daniel und Rodriguez, Jaime. 'European Union becomes an observer to Council of Europe's anti-corruption body GRECO: Réf. DC 129(2019)'. *Council of Europe Communications* (2019)

Holtz, Uwe. 'Nord-Süd-Arbeit und Entwicklungspolitik im Europarat' In *50 Jahre Europarat*, (Hrsg.) Uwe Holtz (Baden-Baden: Nomos, 2000), S. 283–293

Hoover, Herbert. *The ordeal of Woodrow Wilson* (Washington, D.C u.a: Woodrow Wilson, 1992)

Höpfel, Frank und Kert, Robert (Hrsg.). *Grundriss des Strafrechts* (Wien: MANZ'sche Verlags- und Universitätsbuchhandlung, 2016, 15. Aufl.)

Höreth, Marcus. 'Europäischer Gerichtshof für Menschenrechte (EGMR)'. *Bundeszentrale für politische Bildung* (22.11.2021)

Hummer, Waldemar. 'Der Europarat: Grundlagen, Struktur, Arbeitsweise, Tätigkeitsfelder, Außenbeziehungen' In *Österreich im Europarat 1956–2006: Bilanz einer 50-jährigen Mitgliedschaft*, (Hrsg.) Waldemar Hummer (Wien: Böhlau, 2008), S. 1–54

Hummer, Waldemar (Hrsg.). *Österreich im Europarat 1956–2006: Bilanz einer 50-jährigen Mitgliedschaft* (Wien: Böhlau, 2008)

Hummer, Waldemar. '„Zusatzprotokolle" versus „Änderungsprotokolle" zur EMRK' (2018), doi 10.25364/01.4:2017.3.2

Hummler, Konrad. 'Die Mikroökonomie der Korruption: Wie durch Regulierung Monopolrenten entstehen und Korruption gefördert wird'. *Austrian Institute of Economics and Social Philosophy* (15.03.2018)

Husserl, Gerhart. 'Public Policy and Ordre Public'. *Virginia Law Review* 25(1) (1938), S. 37, doi 10.2307/1068114

Imboden, Max. *Montesquieu und die Lehre der Gewaltentrennung* (s.l.: De Gruyter, 2018)

Interdiözesaner Katechetischer Fonds. *Die Bibel in der Einheitsübersetzung der Heiligen Schrift* (Klosterneuburg: Österr. Kath. Bibelwerk, 1986)

Jan Armbruster. *Die Beziehung des Psychiaters Edmund Forster (1878–1933) zu Adolf Hitler (1889–1945)* (2009)

Janssen, Hilke. 'VW-Affäre 2005: Betriebsrat tritt zurück'. *NDR.de* (7.01.2020)

Jellinek, Georg. *Die Erklärung der Menschen- und Bürgerrechte* (München, Leipzig: Verlag von Duncker & Humblot, 4. Aufl., 1927)

Jellinek, Walter. *Verwaltungsrecht* (Berlin/Heidelberg: Springer, 1931)

Jhering, Rudolf von. *Geist des römischen Rechts auf den verschiedenen Stufen seiner Entwicklung: Zweiter Theil* (Leipzig: Breitkopf und Härtel, 2. Aufl., 1869)

Jones, Sam, Smith, Helena und Rankin, Jennifer. 'Four people charged over Qatar's alleged bribing of EU officials'. *The Guardian* (11.12.2022)

Kahl, Arno und Weber, Karl. *Allgemeines Verwaltungsrecht* (Wien: facultas, 6. Aufl., 2017)

Kahlweit, Cathrin. 'Rechtsruck in Polen: Versuch des Modells «Ungarn»?'. *Süddeutsche Zeitung* (19.12.2015)

Kahlweit, Cathrin. 'Österreich: Korruptionsstaatsanwaltschaft setzt Kurz unter Druck'. *Süddeutsche Zeitung* (28.03.2021)

Kahlweit, Cathrin. 'Inseraten-Affäre in Österreich: Ein neues Gesetz soll helfen'. *Süddeutsche Zeitung* (12.04.2023)

Kalenderblatt, Deutsche Welle. 'Kalenderblatt 3.10.1926: Anfänge der europäischen Einigung'. *DER SPIEGEL* (3.10.2007)

Kälin, Walter, Epiney, Astrid, Caroni, Martina, Künzli, Jörg und Pirker, Benedikt. *Völkerrecht: Eine Einführung* (Bern: Stämpfli Verlag, 2022)

Kann, Robert A. 'Karl Renner (December 14, 1870-December 31, 1950)'. *The Journal of Modern History* 23(3) (1951), S. 243–249, doi 10.1086/237429

Kaufmann, Christine, Ghielmini, Sabrina, Medici, Gabriela und Pulver, Fanny. *Das Recht auf Privatsphäre im digitalen Zeitalter* (2016)

Kellerhoff, Sven Felix. 'Zweiter Weltkrieg: Rein rechnerisch 19 Tote pro Minute'. *WELT* (8.05.2020)

Kelly, Dominic. 'The International Chamber of Commerce'. *New Political Economy* 10(2) (2005), S. 259–271, doi 10.1080/13563460500144868

Kelsen, Hans. *Reine Rechtslehre: Einleitung in die rechtswissenschaftliche Problematik, überarbeitet von Jestaedt, Matthias* (Tübingen: Mohr Siebeck, 2008)

Kelsen, Hans. *Was ist Gerechtigkeit?* (Stuttgart: Reclam, 2016)

Kelsen, Hans. *Vom Wesen und Wert der Demokratie* (Ditzingen: Reclam, 2018)

Khakzadeh, Lamiss. 'Art. 148a' In *Kommentar zum Bundesverfassungsrecht: B-VG und Grundrechte,* (Hrsg.) Arno Kahl, Lamiss Magdalena Khakzadeh und Sebastian Schmid (Wien: Jan Sramek Verlag, 2021)

Khakzadeh, Lamiss. 'Art. 148g' In *Kommentar zum Bundesverfassungsrecht: B-VG und Grundrechte*, (Hrsg.) Arno Kahl, Lamiss Magdalena Khakzadeh und Sebastian Schmid (Wien: Jan Sramek Verlag, 2021)

Kindleberger, Charles P. *Die Weltwirtschaftskrise 1929–1939* (München: FBV, 3. Aufl., 2014)

Kirchbacher, Kurt. 'Zur Schaffung einer unabhängigen und weisungsfreien Bundesstaatsanwaltschaft (Kurt Kirchbacher)'. *ÖJZ* 2022/108(19), S. 917

Kirchbacher, Kurt. '§ 1' In *Die österreichische Strafprozessordnung (Strafprozessordnung 1975): Kurzkommentar: mit den wichtigsten Nebengesetzen*, (Hrsg.) Kurt Kirchbacher (Wien: MANZ'sche Verlags- und Universitätsbuchhandlung, 15 Aufl., 2024)

Kirchbacher, Kurt. '§ 106' In *Die österreichische Strafprozessordnung (Strafprozessordnung 1975): Kurzkommentar: mit den wichtigsten Nebengesetzen*, (Hrsg.) Kurt Kirchbacher (Wien: MANZ'sche Verlags- und Universitätsbuchhandlung, 15 Aufl., 2024)

Kirchbacher, Kurt. '§ 48' In *Die österreichische Strafprozessordnung (Strafprozessordnung 1975): Kurzkommentar: mit den wichtigsten Nebengesetzen*, (Hrsg.) Kurt Kirchbacher (Wien: MANZ'sche Verlags- und Universitätsbuchhandlung, 15 Aufl., 2024)

Klatzer, Jürgen. 'Mächtige Posten in den Ministerien'. *ORF.at* (20.12.2017)

Klein, Markus. 'Partizipation in politischen Parteien. Eine empirische Analyse des Mobilisierungspotenzials politischer Parteien sowie der Struktur innerparteilicher Partizipation in Deutschland'. *Politische Vierteljahresschrift* 47(1) (2006), S. 35–61, doi 10.1007/s11615-006-0003-4

Klemme, Heiner. *Thomas Hobbes: Philosophie für Einsteiger* (Paderborn, Deutschland: Wilhelm Fink, 2018)

Klenk, Florian. 'Die Pilnacek Files: «Man verlangt, dass ich Ermittlungen einstelle»'. *Falter* (21.11.2023)

Kley, Andreas. *Grundriss des liechtensteinischen Verwaltungsrecht* (Vaduz: Liechtensteinische Akad. Ges, 1998)

Kley, Andreas (Hrsg.). *Grundrechtspraxis in Liechtenstein* (Schaan: Verl. der Liechtensteinischen Akademischen Gesellschaft, 2012)

Köck, Irene. 'Ein halbes Jahrhundert gemeinsam auf dme Weg zu einem modernen Strafvollzug' In *Österreich im Europarat 1956–2006: Bilanz einer 50-jährigen Mitgliedschaft*, (Hrsg.) Waldemar Hummer (Wien: Böhlau, 2008), S. 407–418

Kohl, Gerald, Neschwara, Christian, Olechowski, Thomas, Reiter-Zatloukal, Ilse und Schennach, Martin (Hrsg.). *Rechts- und Verfassungsgeschichte* (Wien: Facultas.wuv, 2012, 2. Aufl.)

Kommenda, Benedikt und Seeh, Manfred. 'Die umstrittene WKStA: Anatomie einer Behörde'. *Die Presse* (20.02.2023)

König, Bernhard und Weber, Martin. *Einstweilige Verfügungen im Zivilverfahren: Handbuch für die Praxis* (Wien: MANZ'sche Verlags- und Universitätsbuchhandlung, 6. Aufl., 2022)

König, René. 'Marcel Mauss (1872–1950)'. *Trivium. Revue franco-allemande de sciences humaines et sociales – Deutsch-französische Zeitschrift für Geistes- und Sozialwissenschaften* (17) (2014), doi 10.4000/trivium.4895

Konrath, Christoph und Posnik, Rosi. 'Art. 41 B-VG' In *Kommentar zum Bundesverfassungsrecht: B-VG und Grundrechte*, (Hrsg.) Arno Kahl, Lamiss Magdalena Khakzadeh und Sebastian Schmid (Wien: Jan Sramek Verlag, 2021)

Kopetzky, Matthias. 'Werden Interessenkonflikte in Österreich (an)erkannt? Eine kritische Bestandsaufnahme'. *GRCaktuell* (2018, 83) (2018)

Kowalsky, Marc. 'Ein Toter unterschrieb – die Neue Bank bezahlte'. *Handelszeitung.ch* (29.06.2018)

Krammer, Patrick. 'Kurz erklärt: Cooling-Off-Phasen für Politiker:innen: Verpflichtende Wartezeiten für Politiker:innen und Spitzenbeamt:innen seien ein gutes Mittel im Kampf gegen Korruption, meinen Expert:innen. Was Cooling-Off-Phasen lösen sollen.'. *ResPublica – Das Demokratiemagazin* (27.01.2022)

Krammer, Patrick. 'Cooling-Off-Phasen: Best Practices aus anderen Ländern: Cooling-Off-Phasen: Best Practices aus anderen Ländern'. *ResPublica – Das Demokratiemagazin* (10.02.2022)

Krempl, Stefan. 'Europarat drängt auf stärkeren Schutz von Whistleblowern'. *heise online* (2.10.2019)

'Kroatin Marija Pejcinovic Buric wird Generalsekretärin des Europarats: Bisherige Außenministerin löst Norweger Thjorbjörn Jagland ab'. *DER STANDARD* (26.06.2019)

Krohn, Knut. '„Angriff auf die europäische Demokratie": Was bisher über die EU-Korruptionsaffäre bekannt ist'. *Der Tagesspiegel* (13.12.2022)

krone.at. 'Europarat-Bericht – Korruption: Schlechtes Zeugnis für Österreich'. *Krone.at* (13.01.2023)

krone.at. 'Europarat rügt: – „Österreich muss mehr gegen Korruption tun"'. *Krone.at* (1.03.2023)

Kucsko-Stadlmayer, Gabriele. 'Die Verfassung schützt vor Willkür' In *100 Jahre Verfassung: 77 Stimmen zum Jubiläum des österreichischen Bundes-Verfassungsgesetzes (B-VG) Ein Lesebuch*, (Hrsg.) Peter Hilpold, Walter Hämmerle und Manfred Matzka (Wien: facultas, 2020), S. 103

Kunz, Josef L. 'The United Nations Convention on Genocide'. *American Journal of International Law* 43(4) (1949), S. 738–746, doi 10.2307/2193262

La Hoz, Paloma Fernández de. 'Integrität wider dunkle Geschäfte: Transparency International und der Kampf gegen Korruption'. *Stimmen der Zeit* (17.07.2018)

Lacatus, Corina und Sedelmeier, Ulrich. 'Does monitoring without enforcement make a difference? The European Union and anti-corruption policies in Bulgaria and Romania after accession'. *Journal of European Public Policy* 27(8) (2020), S. 1236–1255, doi 10.1080/13501763.2020.1770842

Lachmayer, Konrad. 'Überlegungen zur Unabhängigkeit der Gerichtsbarkeit in Österreich'. *NetV* 2022(1), S. 26

Lagodny, Otto. 'Staatsanwaltschaft oder/und Kriminalpolizei?: Zur Ermittlungsmacht im österreichischen strafprozessualen Vorverfahren bei Abschaffung des Untersuchungsrichters'. *ÖJZ* 2000(9), S. 325

Lambsdorff, Johann. *The institutional economics of corruption and reform: Theory, evidence, and policy* (Cambridge: Cambridge Univ. Press, 2007)

Lau, Thomas. *Die Kaiserin. Maria Theresia* (Göttingen: Böhlau Verlag Wien, 2016)

Lehofer, Hans Peter, Fucik, Robert und Hopf, Gerhard. 'Neues aus dem Parlament'. *ÖJZ 2021/43* (7/2021)

Lehrner, Stefan. *Korruptionsbekämpfung in der Europäischen Union* (München: GRIN Verlag GmbH, 2011)

Leichtfried, Jörg. 'Schaffen wir endlich die Amtsverschwiegenheit ab' In *100 Jahre Verfassung: 77 Stimmen zum Jubiläum des österreichischen Bundes-Verfassungsgesetzes (B-VG) Ein Lesebuch*, (Hrsg.) Peter Hilpold, Walter Hämmerle und Manfred Matzka (Wien: facultas, 2020), S. 223–225

Leinweber, P. 'Warum internationale Empfehlungen?' In *Passung und Gestaltung (ISA-Passungen)* (Springer, Berlin, Heidelberg, 1941), S. 14–21

Lesaffer, Randall. 'Kellogg-Briand Pact (1928)'. *Max Planck Encyclopedias of International Law [MPIL]* (2010)

Leyendecker, Hans. '«Das ist wie bei der Mafia»'. *Süddeutsche Zeitung* (14.01.2011)

Lienbacher, Georg. 'Ist staatsanwaltliches Handeln ein zulässiger Kontrollgegenstand parlamentarischer Untersuchungsausschüsse?'. *Jahrbuch Öffentliches Recht 2010* (2010), S. 65–76

Lifuka, Rueben. 'Wie Korruption Demokratie zerstört'. *Scheinwerfer – Das Magazin gegen Korruption* 27 (2022)

Lins, Michael Werner. 'Warum die Flagge von Mauritius zu Recht über dem Chagos-Archipel weht: Erstmals seit 50 Jahren kehrten Inselbewohner frei an ihren Geburtsort zurück – ein symbolischer Akt in einem alten Rechtsstreit'. *DER STANDARD* (18.02.2022)

Lins, Michael Werner. *Die Einzelhaft im österreichischen Strafvollzugsgesetz (StVG): Unter besonderer Berücksichtigung der internationalen Soft Law Vorgaben* (Hamburg: Kovac, Dr. Verlag, 2023)

Lins, Michael Werner und Zenleser, Julia Dorothea. *Das Selbstbestimmungsrecht der Völker im 21. Jahrhundert: Unter besonderer Berücksichtigung des IGH-Gutachtens vom 25. Februar 2019 im Chagós-Fall* (Hamburg: Verlag Dr. Kovač, 2021)

Loderbauer, Brigitte. '5 Tage bei der Generalstaatsanwaltschaft Hamburg Ein persönlicher Erfahrungsbericht'. *RZ* 2018(10), S. 228

Loth, Wilfried. 'Vor 60 Jahren: der Haager Europa-Kongress'. *integration* 31(2) (2008), S. 179–190, doi 10.5771/0720-5120-2008-2-179

Lovrek, Elisabeth. 'Die Richter sind in Ausübung ihres richterlichen Amtes unabhängig' In *100 Jahre Verfassung: 77 Stimmen zum Jubiläum des österreichischen Bundes-Verfassungsgesetzes (B-VG) Ein Lesebuch*, (Hrsg.) Peter Hilpold, Walter Hämmerle und Manfred Matzka (Wien: facultas, 2020), S. 107–109

Lovrek, Elisabeth und Pflügl, Jakob. 'Das ist der schlimmste Vorwurf an die Justiz'. *DER STANDARD* (13.12.2021)

Majer, Diemut. *Europäische Einigungsbestrebungen vom Mittelalter bis zur Gründung der Europäischen Wirtschaftsgemeinschaft (EWG) 1957* (Karlsruhe, Baden: KIT Scientific Publishing, 2014)

Marek, Eva und Jerabek, Robert. *Korruption, Amtsmissbrauch und Untreue: Grundlagen, Definitionen und Beispiele zu den §§ 153, 302, 304 bis 311 StGB sowie weitere praxisrelevante Tatbestände im Korruptionsbereich* (Wien: MANZ'sche Verlags- und Universitätsbuchhandlung, 15. Aufl., 2022)

Martin, Douglas. 'Algirdas Brazauskas, First Lithuanian President, Dies at 77'. *The New York Times* (29.06.2010)

Matzka, Manfred. 'Das Recht geht vom Volk aus' In *100 Jahre Verfassung: 77 Stimmen zum Jubiläum des österreichischen Bundes-Verfassungsgesetzes (B-VG) Ein Lesebuch*, (Hrsg.) Peter Hilpold, Walter Hämmerle und Manfred Matzka (Wien: facultas, 2020), S. 79–80

Matzka, Manfred. 'Wie einst unsere Verfassung entstand' In *100 Jahre Verfassung: 77 Stimmen zum Jubiläum des österreichischen Bundes-Verfassungsgesetzes (B-VG) Ein Lesebuch*, (Hrsg.) Peter Hilpold, Walter Hämmerle und Manfred Matzka (Wien: facultas, 2020), S. 31–32

Mayer, Franz und Thies, Simon. 'European Union, Historical Evolution'. *Max Planck Encyclopedias of International Law [MPIL]* (2019)

Mayer, Gregor. 'Ungarn und Polen schmieden «illiberale» Achse'. *DER STANDARD* (13.01.2016)

Mayer, Heinz. 'Der erfolglose Kampf gegen Korruptionsbekämpfer zeigt: Habt Mut zum Widerspruch!'. *DER STANDARD* (30.06.2024)

Meinl-Reisinger, Beate. 'Schönheit und Eleganz allein sind zu wenig' In *100 Jahre Verfassung: 77 Stimmen zum Jubiläum des österreichischen Bundes-Verfassungsgesetzes (B-VG) Ein Lesebuch*, (Hrsg.) Peter Hilpold, Walter Hämmerle und Manfred Matzka (Wien: facultas, 2020), S. 59–61

Melzer, Olaf. *Der Europarat und Russland 1992–2006: Demokratieförderung in Russland* (Wiesbaden: Springer VS, 2012)

Memmer, Nadja. 'Korruption in Entwicklungsländern: Abbau durch Demokratieaufbau? Eine empirische Analyse'. *Verfassung und Recht in Übersee / Law and Politics in Africa, Asia and Latin America* 43(4) (2010), S. 444–463

Mertens, Jürgen Stephan. 'Ein Plädoyer für den unabhängigen Untersuchungsrichter'. *ecolex* 2019(7), S. 589

Metzger, Ida. 'Amtshilfe statt Razzien bei Behörden: Was steckt hinter dem Gesetzesvorhaben?'. *Kurier* (12.04.2021)

Meyer, Olaf. 'Korruption aus privatrechtlicher Perspektive' In *Was ist Korruption?: Begriffe, Grundlagen und Perspektiven gesellschaftswissenschaftlicher Korruptionsforschung*, (Hrsg.) Graeff und Rabl (Baden-Baden: Nomos, 2. Aufl., 2019), S. 235–248

Milicevic, Vera. *EU cooperation with the Group of States against Corruption (GRECO): how to move towards full membership: Background document for the workshop: The EU's current role in GRECO and ambitions for the future: how to move towards full membership* (2021)

Moderne italienische Strafrechtsdenker (Springer, Berlin, Heidelberg, 2012)

Möllers, Thomas M. J. (Hrsg.). *Geltung und Faktizität von Standards* (Baden-Baden: Nomos Verl.-Ges, 2009)

Monsau, Dirk. *Vereinte Nationen und Korruptionsbekämpfung* (Frankfurt, M.: P. Lang, 2009)

Motel, Jens und Richter, Martin. 'Risikomanagement in einer Bundesbehörde'. *Verwaltung & Management* 22(2) (2016), S. 73–82, doi 10.5771/0947-9856-2016-2-73

Mulcahy, Suzanne. *Lobbying in Europe: Hidden influence, privileged access* (Berlin, Germany: Transparency International, 2015)

Müller, Edgar. 'Hugo Grotius and the Thirty Years War, An early reception of De iure belli ac pacis'. *Tijdschrift voor Rechtsgeschiedenis / Revue d'histoire du droit / The Legal History Review* 77(3–4) (2009), S. 499–538, doi 10.1163/004075809X12488525623290

Müller, Hans-Peter und Sigmund, Steffen (Hrsg.). *Max Weber-Handbuch: Leben – Werk – Wirkung* (Berlin: J. B. Metzler Verlag, 2020, 2. Aufl.)

Münch, Peter. 'Israel: Netanjahu gegen die Justiz'. *Süddeutsche Zeitung* (29.04.2021)

Muzak, Gerhard. *Das österreichische Bundes-Verfassungsrecht: B-VG, F-VG, Grundrechte, Verfassungsgerichtsbarkeit: Kommentar* (Wien: MANZ'sche Verlags- und Universitätsbuchhandlung, 6. Aufl., 2020)

Naím, Moisés. 'Corruption Eruption'. *Brown Journal of World Affairs* (1.06.1995)

Neuwirth, Christian. *Lobbyregister soll für Bürgerinnen und Bürger informatver und transparenter werden* (2019)

news.ORF.at. 'Korruptionsstrafrecht: Geteilte Reaktionen auf Entwurf' (31.03.2023)

Nuster, Michael und Ruhmannseder, Felix. 'Whistleblowing-Systeme' In *Handbuch Corporate Compliance*, (Hrsg.) Felix Ruhmannseder und Norbert Wess (Wien: MANZ'sche Verlags- und Universitätsbuchhandlung, 2022)

O'Reilly, William. 'A Life in Exile: Charles VI (1685–1740) between Spain and Austria' In *Monarchy and Exile* (Palgrave Macmillan, London, 2011), S. 66–90

Obinger, Herbert. 'Föderalismus und wohlfahrtsstaatliche Entwicklung. Österreich und die Schweiz im Vergleich'. *Politische Vierteljahresschrift* 43(2) (2002), S. 235–271, doi 10.1007/s11615-002-0032-6

oe24.at. 'Transparenz-Ranking: Österreich ist Letzter'. *oe24 GmbH* (7.11.2013)

OECD. *Corruption: A glossary of international standards in criminal law* (Paris: OECD Publications, 2008)

Oetheimer, Mario und Cano Palomares, Guillem. 'European Court of Human Rights (ECtHR)'. *Max Planck Encyclopedias of International Law [MPIL]* 2020

Öhlinger, Theo und Eberhard, Harald. *Verfassungsrecht* (Wien: facultas.wuv – Maudrich, 12. Aufl., 2018)

ORF.at/Agenturen. 'Rechnungshof: Lobbyregister „nicht aussagekräftig"'. *ORF.at* (15.11.2019)

ORF.at/Agenturen. 'ÖVP-Korruptionsaffäre: Die Beschuldigten und die Vorwürfe'. *ORF.at* (7.10.2021)

ORF.at/Agenturen. 'Politik: Korruptionsindex stellt schlechtes Zeugnis aus'. *ORF.at* (25.01.2022)

ORF.at/Agenturen. 'Rechte Hand: Die Rolle der Ministerbüros'. *ORF.at* (29.08.2022)

ORF.at/Agenturen. 'Korruptionsstrafrecht: Regierung stellte Gesetzesentwurf vor'. *ORF.at* (12.01.2023)

ORF.at/Agenturen. 'GRECO zu Österreich: Grobe Mängel bei Korruptionsbekämpfung'. *ORF.at* (13.01.2023)

ORF.at/Agenturen. 'Korruption: GRECO stellt Österreich schlechtes Zeugnis aus'. *ORF.at* (13.01.2023)

Oshidari, Babek und Schroll, Valentin. '§ 20a StPO' In *Wiener Kommentar zur StPO: In 6 Mappen inkl. 368. Lfg*, (Hrsg.) Helmut Fuchs und Eckart Ratz (Wien: MANZ Verlag Wien, 2022)

Oshidari, Babek und Schroll, Valentin. '§ 20b' In *Wiener Kommentar zur StPO: In 6 Mappen inkl. 368. Lfg*, (Hrsg.) Helmut Fuchs und Eckart Ratz (Wien: MANZ Verlag Wien, 2022)

Oshidari, Babek und Schroll, Valentin. 'Vor §§ 19–24' In *Wiener Kommentar zur StPO: In 6 Mappen inkl. 368. Lfg*, (Hrsg.) Helmut Fuchs und Eckart Ratz (Wien: MANZ Verlag Wien, 2022)

Osumi, Yuichi. *Die Kompositionsgeschichte des Bundesbuches: Exodus 20,22b–23,33* (Göttingen/Freiburg, Schweiz: Vandenhoeck und Ruprecht; Univ.-Verl., 1991)

Oswald, Günther. 'Aus dem Ministerbüro in den Spitzenjob: Karriere durch Kabinettslehre'. *DER STANDARD* (14.09.2017)

Oswald, Günther. 'Ministerbüros: Warum nicht jeder Mitarbeiter ein echter Mitarbeiter ist'. *DER STANDARD* (7.03.2018)

Oswald, Günther. 'Ministerkabinette unter Türkis-Blau deutlich gewachsen'. *DER STANDARD* (7.03.2018)

Oswald, Günther und Grabher, Renate. 'Brandstetter als Verfassungsrichter: «Von der Optik her ein Wahnsinn»'. *DER STANDARD* (6.02.2018)

Otto, Eckart und Schwienhorst-Schönberger, Ludger. 'Vom Profanrecht zum Gottesrecht: das Bundesbuch'. *Theologische Rundschau* 56(4) (1991), S. 421–427

Ovidius Naso, Publius. *Metamorphoses: Books I – VIII* (Cambridge, Mass.: Harvard Univ. Press, 3. Aufl., 2004)

Pan, Christoph und Pfeil, Beate Sibylle (Hrsg.). *Minderheitenrechte in Europa: Handbuch der europäischen Volksgruppen Band 2* (Vienna: Springer-Verlag/Wien, 2006, 2. Aufl.)

Panfilova, Elena und Löwen, Alex. 'Zwang zur Transparenz: Russland und die Geißel der Korruption'. *Osteuropa* 62(6/8) (2012), S. 241–249

Papier, Hans-Jürgen und Merten, Detlef (Hrsg.). *Handbuch der Grundrechte in Deutschland und Europa* (Heidelberg: C.F. Müller, 2014)

Parlament Österreich. *Österreich setzt EU-Richtlinie zum besseren Schutz von Whistleblower:innen um (PK0102)* (2023)

Paulson, Stanley L. und Stolleis, Michael (Hrsg.). *Hans Kelsen: Staatsrechtslehrer und Rechtstheoretiker des 20. Jahrhunderts* (Tübingen: Mohr Siebeck, 2005)

Pawlowski, Tadeusz. *Begriffsbildung und Definition* (De Gruyter, 1980)

Pelinka, Anton. 'Die Parteien und die Bundesverfassung' In *100 Jahre Verfassung: 77 Stimmen zum Jubiläum des österreichischen Bundes-Verfassungsgesetzes (B-VG) Ein Lesebuch*, (Hrsg.) Peter Hilpold, Walter Hämmerle und Manfred Matzka (Wien: facultas, 2020), S. 119–121

Perakis, Panagiotis. 'Speech by Panagiotis Perakis How much transparency does the rule of law need?'. *AnwBl* 2023/157(5), S. 296

Perner, Stefan, Spitzer, Martin und Kodek, Georg E. *Bürgerliches Recht: Lernen – Üben – Wissen* (Wien: MANZ'sche Verlags- und Universitätsbuchhandlung, 5. Aufl., 2016)

Peschek, Ralf. 'Whistleblower-Gesetz: Guter Schutz, aber vieles bleibt offen'. *DER STANDARD* (21.06.2022)

Pflügl, Jakob und Thaler, Selina. 'Bestechen, anfüttern, bereichern: Was im Job unter Korruption fällt'. *DER STANDARD* (5.07.2021)

Pieth, Mark, Low, Lucinda A. und Bonucci, Nicola (Hrsg.). *The OECD Convention on bribery: A commentary* (Cambridge: Cambridge University Press, 2014)

Pilnacek, Christian. 'Wie viel Rechtsstaatlichkeit verträgt die Strafrechtspflege?: Checks and Balances stärken das Ansehen von Aufklärung und Verfolgung'. *ZWF* 2023(2), S. 50

Pohl, Karl Heinrich. 'Gustav Stresemann (1878–1929). Eine liberale Leitfigur in der Geschichte der Bundesrepublik?' In *Jahrbuch zur Liberalismus-Forschung* (Nomos, 2012), S. 69–88

Poier, Klaus. 'Provisorisch, kompromisshaft, parteienstaatlich: zur (direkten) Demokratie in Österreich' In *Herausforderung Demokratie: Themenfelder: Direkte Demokratie, e-Democracy und übergeordnetes Recht*, (Hrsg.) Alexander Balthasar, Peter Bußjäger und Klaus Poier (Wien: Sramek, 2014), S. 15–22

Polakiewicz, Jörg. *Treaty-making in the Council of Europe* (Straßburg: Council of Europe Publishing, 1999)

Polakiewicz, Jörg. 'Council of Europe (COE)'. *Max Planck Encyclopedias of International Law [MPIL]* (2019)

Pombeni, Paolo und Nobili Schiera, Giuliana. 'Alcide de Gasperi: 1881–1954–a political life in a troubled century'. *Modern Italy* 14(4) (2009), S. 379–397, doi 10.1080/13532940903237409

Prior, Thomas. 'Hektisch der Macht hinterher'. *Die Presse* (28.03.2015)

Radasztics, Michael und Sackmann, Volkert. 'Berichtspflichten aus Sicht der Staatsanwaltschaft'. *Zeitschrift für Wirtschafts- und Finanzstrafrecht* (1) (2017), S. 12–17

Ratz, Eckart. '(OGH 27.10.2015, 11 Os 119/15g) Verneinter Anfangsverdacht und Prozessbegleitung unterliegen keiner Gerichtskontrolle'. *EvBl-LS* 2016(7), S. 327

Rawnsley, Andrew. 'Ernest Bevin: Labour's Churchill by Andrew Adonis – review'. *The Guardian* (28.06.2020)

Rechnungshof, Österreich. *Lobbying- und Interessenvertretungs-Register: Bericht des Rechnungshofes* (Wien, 2019)

Rechnungshof, Österreich. *Generalsekretariate in den Bundesministerien: Bericht des Rechnungshofes* (Wien, 2021)

Rechnungshof, Österreich. *Korruptionspräventionssysteme in ausgewählten Bundesministerien; Follow-up-Überprüfung: Bericht des Rechnungshofes* (Wien, 2021)

Rechnungshof, Österreich. *Verwaltungssponsoring und Schenkungen in ausgewählten Bundesministerien: Bericht des Rechnungshofes* (Wien, 2021)

'Rede von Michail Gorbatschow vor dein Europarat in Strasbourg'. *Neues Deutschland* (7.07.1989)

Reeves, Jesse S. 'The life and work of Hugo Grotius'. *Proceedings of the American Society of International Law at Its Annual Meeting (1921–1969)* 19 (1925), S. 48–58

Reinberger-Leibel, Magdalena. *Lobbying in Österreich: Wer vertritt wessen Interessen? Was dürfen wir darüber wissen?* (Wien: Transparency International, 2014)

Reinhard, Wolfgang. *Die Unterwerfung der Welt: Globalgeschichte der europäischen Expansion 1415–2015* (München: C.H. Beck, 4. Aufl., 2018)

Reinhardt, Volker. *Die Borgia* (München: C.H.Beck, 3. Aufl., 2013)

Reiser, Rudolf. *Karl VII: 1697–1745 ; Pracht und Ohnmacht des bayerischen Kurfürsten, deutschen Königs und römischen Kaisers* (München: Buchendorfer Verl., 2002)

Reiter, Erich (Hrsg.). *Österreich und die NATO: Die sicherheitspolitische Situation Österreichs nach der NATO-Erweiterung* (Graz/Wien/Köln: Styria, 1998)

Richter, Hedwig und Wolff, Kerstin (Hrsg.). *Frauenwahlrecht: Demokratisierung der Demokratie in Deutschland und Europa* (Hamburg: Hamburger Edition, 2018)

Rickert, Heinrich. *Heinrich Rickert: Sämtliche Werke: Band 1: Zur Lehre von der Definition. Das Eine, die Einheit und die Eins. Die Logik des Prädikats und das Problem der Ontologie*. Bearbeitet von Rainer A. Bast. Heinrich Rickert Band 1. Berlin, Boston: De Gruyter, 2019

Rigaux, François. 'Karl Engisch (1899–1990)'. *Bulletins de l'Académie Royale de Belgique* 6(1) (1995), S. 15–28

Ritter, Johannes. 'Kriminalität: Sechs Jahre Haft für Liechtensteiner Treuhänder'. *Frankfurter Allgemeine Zeitung* (9.07.2019)

Roscheck, Petra. 'Reinhardt, Volker, Der unheimliche Papst. Alexander VI. Borgia 1431–1503'. *Zeitschrift der Savigny-Stiftung für Rechtsgeschichte: Germanistische Abteilung* 124(1) (2007), S. 478–481, doi 10.7767/zrgga.2007.124.1.478

Rosenne, Shabtai. 'Permanent Court of International Justice (PCIJ)'. *Max Planck Encyclopedias of International Law [MPIL]* (2006)

Roussel, Eric. *Jean Monnet: 1888–1979* (Paris: Fayard, 1996)

Royer, Aline. *Der Europarat* (Straßburg: Council of Europe, 2010)

Ruhmannseder, Felix. 'Korruptionsprävention' In *Handbuch Corporate Compliance*, (Hrsg.) Felix Ruhmannseder und Norbert Wess (Wien: MANZ'sche Verlags- und Universitätsbuchhandlung, 2022)

Rüschendorf, Ludger. *Mathematische Statistik* (Berlin/Heidelberg: Springer Spektrum, 2014)

Rüttgers, Jürgen und Decker, Frank (Hrsg.). *Europas Ende, Europas Anfang: Neue Perspektiven für die Europäische Union* (Frankfurt/New York: Campus Verlag, 2017)

Salimi, Farsam. '§ 64' In *Wiener Kommentar zum Strafgesetzbuch*, (Hrsg.) Frank Höpfel und Eckart Ratz (Wien: MANZ Verlag Wien, 2. Aufl., 2023)

Salimi, Farsam. '§ 65' In *Wiener Kommentar zum Strafgesetzbuch*, (Hrsg.) Frank Höpfel und Eckart Ratz (Wien: MANZ Verlag Wien, 2. Aufl., 2023)

Salimi, Farsam. 'Vor §§ 62–67' In *Wiener Kommentar zum Strafgesetzbuch*, (Hrsg.) Frank Höpfel und Eckart Ratz (Wien: MANZ Verlag Wien, 2. Aufl., 2023)

Sattaburuth, Aekarach. 'MFP takes aim at minister for 'Boss' help'. *Bangkok Post* (16.09.2023)

Sauer, Heiko und Wagner, Niklas. 'Der Tschetschenien-Konflikt und das Völkerrecht. Tschetscheniens Sezession, Russlands Militärinterventionen und die Reaktionen der Staatengemeinschaft auf dem Prüfstand des internationalen Rechts'. *Archiv des Völkerrechts* 45(1) (2007), S. 53–83

Schäfer, Anton (Hrsg.). *Verfassungsentwürfe zur Gründung einer Europäischen Union: Herausragende Dokumente von 1923 bis 2004 ; Band 1 bis 4* (Dornbirn: Ed. Europa, 2006)

Scharf, Michael. 'Aut dedere aut iudicare'. *Max Planck Encyclopedias of International Law [MPIL]* (2008)

Schmalz, Theodor. *Erklärung der Rechte des Menschen und des Bürgers: Ein Commentar über das reine Natur- und natürliche Staatsrecht* (Nicolovius, 1798)

Schmid, Fabian. 'Wie die WKStA ins Fadenkreuz von ÖVP und Vorgesetzten geriet'. *DER STANDARD* (22.01.2021)

Schmid, Fabian. 'Greco-Bericht: Radikal gegen Korruption'. *DER STANDARD* (13.01.2023)

Schmid, Fabian und Graber, Renate. 'Umstrittener Sektionschef Pilnacek könnte ins Justizministerium zurückkehren: Der umstrittene Sektionschef könnte bald ins Ministerium zurückkehren – im April wird seine Suspendierung überprüft'. *DER STANDARD* (23.03.2023)

Schmid, Fabian und Nikbakhsh, Michael. 'Wie eine Anklage der WKStA gegen Spitzenbeamte jahrelang verzögert wurde'. *DER STANDARD* (4.02.2024)

Schmid, Fabian, Sterkl, Maria und Graber, Renate. 'Die BVT-Affäre auf einen Blick: Schnelle Erklärung für Späteinsteiger'. *DER STANDARD* (11.10.2018)

Schmidt-Recla, A. und Steinberg, H. '«Da wir köpfen und hängen nicht wollen und deportieren nicht können...». Uber Emil Kraepelins Einfluss auf Franz von Liszt'. *Der Nervenarzt* 79(3) (2008), S. 295–304, doi 10.1007/s00115-008-2410-9

Schmieder, Mario und Wess, Norbert. 'Staatsanwaltschaft, StPO-Reform 2008, Untersuchungsrichter'. *ZWF* 2019, S. 192

Schneider, Richard C. 'Benjamin Netanjahu: Der Kampf um Israels Demokratie beginnt'. *Die Zeit* (22.11.2019)

Schönecker, Dieter. 'Immanuel Kant' In *Handbuch Liberalismus*, (Hrsg.) Michael G. Festl (Stuttgart: J.B. Metzler, 2021), S. 29–35

Schroeder, Werner. *Grundkurs Europarecht* (München: C.H. Beck, 6. Aufl., 2019)

Schulte, Martin. 'XVIII. Walter Jellinek (1885–1955)' In *20th Century Luminaries of German Constitutional Law: Deutschland – Österreich – Schweiz*, (Hrsg.) Peter Häberle (Berlin/Boston: De Gruyter Inc, 2015)

Schuschnigg, Artur. 'Kann das neue Lobbying-Gesetz die Erwartungen erfüllen?'. *SWK* (22/2012) (2012)

Seeh, Manfred. 'Was hinter dem Fall Pilnacek steckt'. *Die Presse* (26.02.2021)

Seel, Henning-Alexander. 'Recht auf freie Meinungsäußerung – Wo sind die Grenzen des „Whistleblowing"?'. *Monatsschrift für Deutsches Recht* 66(1) (2012), S. 9–12, doi 10.9785/ovs-mdtr-2012-9

Shephard, Ben. *Working Paper DTC-2010-1: Speed Money: Time, Corruption, and Trade: Principal, Developing Trade Consultants* (New York, 2010)

Sickinger, Hubert. *Formen und Verbreitung von Korruption in Österreich: Studie im Auftrag des Bundesministeriums für Justiz* (Wien, 2011)

Silberbauer, Kristina. 'Transparente Stellenbesetzung – alles nur ein Appell?'. *DER STANDARD* (19.04.2021)

Silbernagl, Rainer. *Korruption im Staatsdienst: Gesetzliche Regelungssysteme aus dem Straf-, Zivil-, Dienst- und Besoldungsrecht zur Vermeidung korrupten Verhaltens unter den Beamten der Habsburgermonarchie neben einem kurzen Vergleich mit den deutschen Staaten (ca. 1750–1918)* (Wien: Jan Sramek Verlag, 2022)

Simma, Bruno. 'XX. Alfred Verdross (1890–1980)' In *20th Century Luminaries of German Constitutional Law: Deutschland – Österreich – Schweiz*, (Hrsg.) Peter Häberle (Berlin/Boston: De Gruyter Inc, 2015)

Sitta, Horst. 'Moschos, Europa' In *Griechische Kleinepik: Griechisch-deutsch*, (Hrsg.) Manuel Baumbach, Horst Sitta und Fabian Zogg (Berlin/Boston: De Gruyter, 2019), S. 64–75

Snow, C. P. 'Albert Einstein 1879–1955' In *Albert Einstein Wirkung und Nachwirkung* (Vieweg+Teubner Verlag, 1985), S. 63–70

Soëtard, Michel. *Jean-Jacques Rousseau: Leben und Werk* (München: C.H. Beck, 2012)

Soyke, Peter. 'Die Tatigkeit des Europarates in den Jahren 1967 bis 1969'. *German Yearbook of International Law* (15), S. 603–628

Specht, Edith. 'Korruption im Altertum' In *Korruption in Österreich: Historische Streiflichter*, (Hrsg.) Ernst Bruckmüller (Wien: Braumüller, 2011), S. 26–47

Spieth, Jakob (Hrsg.). *The Ewe people: A study of the Ewe people in German Togo* (Accra, Ghana/Accra: Sub-Saharan Publishers; Embassy of the Federal Republic of Germany, 2011)

Stefan Melichar, Miller, Max und Thalhammer, Anna. 'Fall Pilnacek: Das Vermächtnis des Schatten-Justizministers'. *profil.at* (24.11.2023)

Stefan Melichar und Thalhammer, Anna. 'Verbotener FPÖ-Novomatic-Deal? Verdacht „erhärtet"'. *Profil* (18.04.2023)

Steppacher, Burkard und Brummer, Klaus. 'Internationale Beziehungen'. *Politische Vierteljahresschrift* 52(3) (2011), S. 589–591

Sterkl, Maria und Schnauder, Andreas. 'BVT-Razzia großteils rechtswidrig: Kickl sieht Schuld bei Justiz'. *DER STANDARD* (28.08.2018)

Stevis-Gridneff, Matina. '4 Charged With Corruption in Bribery Inquiry Linked to Qatar'. *The New York Times* (11.12.2022)

Stevis-Gridneff, Matina und Pronczuk, Monika. 'E.U. Roiled by Corruption Investigation Linked to Qatar'. *The New York Times* (12.12.2022)

Stierle, Jürgen. *Korruptionscontrolling in öffentlichen und privaten Unternehmen* (München/Mering: Hampp, 2. Aufl., 2008)

Stollberg-Rilinger, Barbara. *Das Heilige Römische Reich Deutscher Nation: Vom Ende des Mittelalters bis 1806* (München: Beck, 5. Aufl., 2013)

Stowasser, Petschenig und Skutsch. *Stowasser: Lateinisch-deutsches Schulwörterbuch* (Oldenbourg: Verlag Hölder-Pichler-Tempsky, 1997)

Stukalo, Alexey (Hrsg.). *Handbook on combating corruption* (Vienna: OSCE Secretariat, 2016)

Sutter, Mathias. 'Mehr Korruption, weniger Vertrauen innerhalb der Bevölkerung'. *DER STANDARD* (14.12.2022)

Świderski, Szymon. 'Vorüberlegungen zur geplanten Neuregelung des Beschuldigtenbegriffs'. *ÖJZ* 2014(9), S. 402

Tanner, Jakob. *«Let Europe arise!»: eine historische Spurensuche zum Brexit* (WOZ Die Wochenzeitung, 2016)

Täubl, Elisabeth. *Bericht aus der Zentralen Staatsanwaltschaft zur Verfolgung von Wirtschaftsstrafsachen und Korruption (WKStA)* (2018)

Taylor, Lily Ross. 'The Election of the Pontifex Maximus in the Late Republic'. *Classical Philology* 37(4) (1942), S. 421–424, doi 10.1086/362648

Thalhammer, Anna. 'Wer braucht heute noch ein Parteibuch?'. *Die Presse* (17.04.2019)

'The Fact About Aristide Briand'. *Advocate of Peace through Justice* 94(1) (1932)

Thienel, Rudolf. 'Bewährte Checks und Balances' In *100 Jahre Verfassung: 77 Stimmen zum Jubiläum des österreichischen Bundes-Verfassungsgesetzes (B-VG) Ein Lesebuch*, (Hrsg.) Peter Hilpold, Walter Hämmerle und Manfred Matzka (Wien: facultas, 2020), S. 124–125

Thorson, Joseph T. 'The International Commission of Jurists'. *Canadian Bar Review* 35 (1957), S. 898

Tillack, Hans-martin. 'Jens Spahn will weniger Transparenz über sein Vermögen. Der Europarat will mehr'. *STERN* (24.02.2021)

Tipold, Alexander. 'Hausdurchsuchung oder Amtshilfe? – Das ist hier die Frage!'. *JSt* (15.05.2021)

Tivig, Andrea und Maurer, Andreas. *Die EU-Antikorruptionspolitik: Erfolgsbedingungen einer Korruptionsbekämfpung auf mehren Ebenen* (Berlin, 2006)

Transparency International. *Corruption Perceptions Index 2014* (Berlin: Transparency International International Secretariat, 2015)

Transparency International. *Corruption Perceptions Index 2015* (Berlin: Transparency International International Secretariat, 2016)

Transparency International. *Corruption Perceptions Index 2016* (Berlin: Transparency International International Secretariat, 2017)

Transparency International. *Corruption Perceptions Index 2017* (Berlin: Transparency International International Secretariat, 2018)

Transparency International. *Corruption Perceptions Index 2018* (Berlin: Transparency International International Secretariat, 2019)

Transparency International. *Corruption Perceptions Index 2019* (Berlin: Transparency International International Secretariat, 2020)

Transparency International. *Corruption Perceptions Index 2020* (Berlin: Transparency International International Secretariat, 2021)

Transparency International. *Corruption Perceptions Index 2021* (Berlin: Transparency International International Secretariat, 2022)

Transparency International. *Corruption Perceptions Index 2022* (Berlin: Transparency International International Secretariat, 2023)

Transparency International – Austrian Chapter. *Transparency International Austria Stellungnahme zum Entwurf eines Bundesgesetzes, mit dem ein Bundesgesetz über das Verfahren und den Schutz bei Hinweisen auf Rechtsverletzungen in bestimmten Rechtsbereichen (HinweisgeberInnenschutzgesetz – HSchG) erlassen wird* (2023)

Trstenjak, Verica und Balthasar-Wach, Agnes. 'Verhängung restriktiver Maßnahmen durch die EU: Nutzen und Kosten des gerichtlichen Rechtsschutzstandards in der EU'. *ÖJZ* 2016/7(2), S. 62

Trüe, Christiane. 'European Atomic Energy Community (Euratom)'. *Max Planck Encyclopedias of International Law [MPIL]* (2021)

Tschiderer, Martin. 'Rosenkranz-Kandidatur: Schlaglicht auf politisch abhängige Volksanwaltschaft'. *DER STANDARD* (27.09.2022)

United Nations Global Compact Office. *A Guide for anti-corruption risk assessment* (2013)

United Nations Office on Drugs and Crime. *The time is now: Adressing the gender dimensions of corruption* (Wien: United Nations, 2020)

UNO. *The low-carbon transition and its daunting implications for structural transformation* (New York: United Nations Publications, 2022)

UN-Office on Drugs and Crime. *United Nations Guide on Anti-Corruption Policy* (2003)

UN-Office on Drugs and Crime. *The global programme against corruption: Anti-corruption toolkit* (Wien, 2. Aufl., 2004)

Unterberg, Swantje. 'Israel: Erneut Massenproteste gegen umstrittene Justizreform'. *DER SPIEGEL* (2023)

van Middelaar, Luuk. *Vom Kontinent zur Union: Gegenwart und Geschichte des vereinten Europa* (Berlin: Suhrkamp, 2016)

Verdross, Alfred. *Völkerrecht* (Wien: Springer-Verlag, 2. Aufl., 1950)

Vogel, Glen M. 'A Review of the International Bar Association, LexisNexis Technology Studies, and the American Bar Association's Commission on Ethics 20/20: The Legal Profession's Response to the Issues Associated with Generational Gap in Using Technology and Internet Social Media'. *Journal of the Legal Profession* 38 (2013), S. 95

Vogel, Joachim. 'Geldwäsche – ein europaweit harmonisierter Straftatbestand?'. *1612–703X* 109(2) (1997), S. 335–356, doi 10.1515/zstw.1997.109.2.335

Völker, Christian. *Zur Dogmatik des ordre public: Die Vorbehaltsklauseln bei der Anerkennung fremder gerichtlicher Entscheidungen und ihr Verhältnis zum ordre public des Kollisionsrechts* (Berlin: Duncker & Humblot, 1998)

von Bogdandy, Armin und Rau, Markus. 'Lotus'. *Max Planck Encyclopedias of International Law [MPIL]* (2006)

von Borries, Reimer. 'European Coal and Steel Community (ECSC)'. *Max Planck Encyclopedias of International Law [MPIL]* (2009)

Vranes, Erich. 'Die Staatenbeschwerde im Verhältnis von EGMR, internationalen Gerichten und EuGH'. *Zeitschrift für öffentliches Recht* 69(2) (2014), S. 257–279

Wandl, Manuel. 'Das Symbol Weben in Religion, Mythologie und Märchen' In *Mitteilung der Anthropologischen Gesellschaft in Wien*, (Hrsg.) Anthropologischen Gesellschaft Wien (Wien: Verlag der Anthropologischen Gesellschaft in Wien, 2015), S. 259–272

Wanger, Thomas Ernst. 'Vom Frauenstudium zum Frauenwahlrecht in der Schweiz und in Liechtenstein' In *Schriften des Vereins für Geschichte des Bodensees und seiner Umgebung*, S. 118–157

Warren, Mark E. 'What Does Corruption Mean in a Democracy?'. *American Journal of Political Science* 48(2) (2004), S. 328, doi 10.2307/1519886

Weber, Gregor. 'Antikorruption: Neuer Verhaltenskodex für öffentlich Bedienstete'. *Compliance Praxis* 2021(1) (2021)

Weber, Marianne. *Max Weber: Ein Lebensbild* (Tübingen: Mohr, 3. Aufl., 1984)

Weber, Max. *Die protestantische Ethik und der «Geist» des Kapitalismus: Neuausgabe der ersten Fassung von 1904–05 mit einem Verzeichnis der wichtigsten Zusätze und Veränderungen aus der zweiten Fassung von 1920. Herausgegeben und eingeleitet von Klaus Lichtblau und Johannes Weiß*. Bearbeitet von Klaus Lichtblau and Johannes Weiß. 1st ed. SpringerLink Bücher. Wiesbaden: Springer VS, 2016

Wefing, Heinrich. 'Justizreform in Israel: Nach Plan'. *Die Zeit* (7.03.2023)

Weidenfeld, Werner und Wessels, Wolfgang (Hrsg.). *Jahrbuch der Europäischen Integration* (1995)

Welser, Rudolf und Zöchling-Jud, Brigitta. *Grundriss des bürgerlichen Rechts: Band II: Schuldrecht Allgemeiner Teil, Schuldrecht Besonderer Teil, Erbrecht* (Wien: MANZ Verlag Wien, 14. Aufl., 2015)

Welzig, Werner und Biber, Hanno (Hrsg.). *«Anschluss»: März/April 1938 in Österreich* (Wien: Verl. der Österr. Akad. der Wiss, 2010)

Wendt, Rudolf und Rixecker, Roland (Hrsg.). *Verfassung des Saarlandes – Kommentar* (Saarbrücken: Verl. Alma Mater, 2009)

Wenk, René. 'Korruptionsprävention als Bestandteil von Compliance in der öffentlichen Verwaltung'. *Compliance Praxis* 2017(3), S. 12

Wenk, René und Weratschnig, Bernhard. *Amtsmissbrauch und Korruptionsdelikte: Praxiskommentar zu §§ 302 und 304–309 StGB* (Wien: Linde, 2020)

Wess, Sara. '»Mein Fall« – Oberstaatsanwältin über Siemens-Korruptionsaffäre: »Ich konnte seine Kontoauszüge auswendig. Jeden«'. *DER SPIEGEL* (27.02.2023)

Wieselthaler, Andreas (Hrsg.). *Korruptionsprävention in Theorie und Praxis: Aktuelle Maßnahmen und Umsetzungen; Sammlung* (Wien: Verlag Österreich, 2015)

Wille, Tobias M. *Liechtensteinisches Verfassungsprozessrecht* (Schaan: Verlag der Liechtensteinischen Akademischen Gesellschaft, 2007)

Winckler, Hugo. *Der Codex Hammurabi in deutscher Übersetzung* (Bremen: DOGMA in Europäischer Hochschulverlag GmbH & Co KG, 2013)

Wittinger, Michaela. *Der Europarat: die Entwicklung seines Rechts und der «europäischen Verfassungswerte»* (Baden-Baden: Nomos, 2005)

Wolczuk, Roman. *Ukraine's foreign and security policy 1991–2000* (London/New York: RoutledgeCurzon, 2003)

Wolf, Sebastian. *Maßnahmen internationaler Organisationen zur Korruptionsbekämpfung auf nationaler Ebene – Ein Überblick* (Speyer: Deutsches Forschungsinstitut für öffentliche Verwaltung Speyer, 2006)

Wolf, Sebastian. *Der Beitrag internationaler und supranationaler Organisationen zur Korruptionsbekämpfung in den Mitgliedstaaten* (Speyer: Dt. Forschungsinst. für Öffentliche Verwaltung, 2007)

Wolf, Sebastian. *Korruption, Antikorruptionspolitik und öffentliche Verwaltung: Einführung und europapolitische Bezüge* (Wiesbaden: Springer VS, 2014)

Wolf, Sebastian. 'Internationale Korruptionsbekämpfung: Zur Weiterentwicklung des UN-Übereinkommens gegen Korruption'. *Vereinte Nationen, Heft 2/2015* (2015), S. 79–83

Woyke, Wichard. 'Westeuropäische Union (Western European Union/WEU)' In *Handwörterbuch Internationale Organisationen*, (Hrsg.) Uwe Andersen und

Wichard Woyke (Wiesbaden/s.l.: VS Verlag für Sozialwissenschaften, 2. Aufl., 1995), S. 439–443

Woyke, Wichard. 'Internationale Organisationen' In *Handwörterbuch Internationale Politik*, (Hrsg.) Wichard Woyke (Wiesbaden/s.l.: VS Verlag für Sozialwissenschaften, 7 Aufl., 1998), S. 170–176

Yardley, William. 'Jean-Luc Dehaene, Former Prime Minister of Belgium, Is Dead at 73'. *The New York Times* (16.05.2014)

Ziegerhofer, Anita. 'Österreich und das Memorandum von Aristide Brian über die Einrichtung einer Europäischen Union von 1930'. *Mitteilungen des Instituts für Österreichische Geschichtsforschung* 107(1) (1999)

Ziegerhofer, Anita. *Botschafter Europas: Richard Nikolaus Coudenhove-Kalergi und die Paneuropa-Bewegung in den zwanziger und dreißiger Jahren* (Wien/Köln/Weimar: Böhlau, 2004)

Ziegerhofer, Anita. 'Alles ist möglich, nichts ist sicher: Richard Coudenhove-Kalergis Paneuropa-Idee und die Steiermark'. *Zeitschrift des Historischen Vereines für Steiermark* 96 (2005), S. 381–389

Ziegerhofer, Anita, Pichler, Johannes und Likar, Reinhard. *Die «Vereinigten Staaten von Europa»: Dokumente eines Werdens* (Wien: Verlag Österreich, 1999)

Ziegerhofer-Prettenthaler, Anita. 'Richard Nikolaus Coudenhove-Kalergi' In *Deutschsprachige Exilliteratur seit 1933: Band 3/Teil 4: USA*, (Hrsg.) John M. Spalek, Konrad Feilchenfeldt und Sandra H. Hawrylchak (Berlin/Boston: K. G. Saur, 2014 Aufl., 2019), S. 3–26

Ziegler, Karl-Heinz. 'Hugo Grotius als ‚Vater des Völkerrechts" In *Gedächtnisschrift für Wolfgang Martens*, (Hrsg.) Ingo von Münch und Peter Selmer (Berlin/Boston: De Gruyter, 2019 Aufl., 1987), S. 851–858

Zußner, Matthias. 'Art. 86' In *Kommentar zum Bundesverfassungsrecht: B-VG und Grundrechte*, (Hrsg.) Arno Kahl, Lamiss Magdalena Khakzadeh und Sebastian Schmid (Wien: Jan Sramek Verlag, 2021)

Rechtsprechung

IGH. 'North Sea Continental Shelf' (1969)

OGH. '17Os8/18g' (2019)

OGH. 'RS0094918', 13Os13/76; 10Os61/77; 10Os64/77; 10Os123/78; 12Os156/79; 13Os142/80; 11Os81/84; 13Os195/83; 13Os34/84; 10Os211/84; 9Os39/86; 11Os10/94; 15Os211/98; 14Os10/99; 14Os107/99; 14Os37/02; 11Os103/04; 14Os80/10m; 11Os104/21k (2022)

StGH. 'StGH 2004/42' (2005)

StGH. 'StGH 2005/34' (2006)

StGH. 'StGH 2013/174' (2014)

StIGH. 'Case of the S.S. Wimbledon' (1923)

StIGH. 'The Case of the S.S. Lotus – France v. Turkey' (1927)

VfGH. 'UA 1/2021-13' (2021)

VfGH. 'E4037/2020' (2021)

VfGH. 'G 352/2021-46' (2023)

VwGH. 'Ra 2017/03/0083' (2018)

VwGH. 'Ra 2020/03/0108' (2020)

Rechtsdokumente

1033 der Beilagen XV. GP – Ausschussbericht Nationalrat Österreich. *Bericht des Justizausschusses über die Regierungsvorlage (724 der Beilagen): Bundesgesetz, mit dem die Bestimmungen des Strafgesetzbuches zur Bekämpfung von Misswirtschaft und Korruption geändert und ergänzt werden (Zweites Antikorruptionsgesetz)* (1982)

104/ME XXVII. GP – Ministerialentwurf – Erläuterungen. *Erläuterungen* (2021)

104/ME XXVII. GP – Ministerialentwurf – Gesetzestext. *Bundesgesetz, mit dem das Polizeiliche Staatsschutzgesetz, das Sicherheitspolizeigesetz, das Strafgesetzbuch, die Strafprozessordnung 1975 und das Tilgungsgesetz 1972 geändert werden* (2021)

1330 der Beilagen XXII. GP – Staatsvertrag – Materialien. *Vorblatt und Erläuterungen betr. ZrÜK* (2006)

1950/A XXIV. GP. *Antrag der Abgeordneten Mag. Donnerbauer, Dr. Jarolim, Mag. Steinhauser, Grosz Kolleginnen und Kollegen betreffend ein Bundesgesetz, mit dem das Strafgesetzbuch und die Strafprozessordnung 1975 zur Verbesserung der strafrechtlichen Bekämpfung von Korruption geändert werden (Korruptionsstrafrechtsänderungsgesetz 2012 – KorrStrÄG 2012)* (2012)

19th Conference of European Ministers of Justice. *Report by the Secretary General of the Council of Europe: Conclusions, Report by the Secretary General of the Council of Europe* (1994)

19th Conference of European Ministers of Justice. *RES (1): Resolution No 1 on civil, administrative and criminal law aspects of corruption* (1994)

200/E XXV. GP. *Entschließung des Nationalrates vom 16. Mai 2017* (2017)

219 der Beilagen XXIV. GP – Regierungsvorlage – Materialien. *Materialen zur Regierungsvorlage* (2009)

21st Conference of European Ministers of Justice. *Conclusion, Report Secretary General: Conclusions, Report by the Secretary General of the Council of Europe* (1997)

21st Conference of European Ministers of Justice. *RES (1): Resolution No 1 on the links between corruption and organised crime* (1997)

2364 der Beilagen XXIV. GP – Staatsvertrag – Materialien. *Vorblatt und Erläuterungen betr. StÜK* (2013)

2365 der Beilagen XXIV. GP – Staatsvertrag – Materialien. *Vorblatt und Erläuterungen betr. ZP-StÜK* (2013)

244/ME XXVII. GP. *Ministerialentwurf – Gesetzestext zum Bundesgesetz, mit dem das Strafgesetzbuch im Bereich der Korruptionsbekämpfung, das Verbandsverantwortlichkeitsgesetz, das Bundesgesetz über die Wahl des Nationalrates und das Bundesgesetz über die Wahl der Mitglieder des Europäischen Parlaments geändert werden(Korruptionsstrafrechtsänderungsgesetz 2023: KorrStrÄG 2023* (2023)

3087/A XXVII. GP. *Initiativantrag (elektr. übermittelte Version)* (2022)

4125/A XXVII. GP. *Initiativantrag – Gesetzestext (Arbeitsdokument ParlDion)* (2024)

669 der Beilagen XXV. GP. *Regierungsvorlage, Erläuterungen* (2014–2015)

8149 der Beilagen zu den Stenographischen Protokollen des Bundesrates. *Bericht des Justizausschusses über den Beschluss des Nationalrates vom 8. Juli 2009 betreffend ein Bundesgesetz, mit dem das Strafgesetzbuch, die Strafprozessordnung 1975 und das Staatsanwaltschaftsgesetz geändert werden (Korruptionsstrafrechtsänderungsgesetz 2009 – KorrStrÄG 2009)* (2009)

8750 der Beilagen zu den Stenographischen Protokollen des Bundesrates. *Bericht des Justizausschusses über den Beschluss des Nationalrates vom 27. Juni 2012 betreffend ein Bundesgesetz, mit dem das Strafgesetzbuch und die Strafprozessordnung 1975 zur Verbesserung der strafrechtlichen Bekämpfung von Korruption geändert werden (Korruptionsstrafrechtsänderungsgesetz 2012 – KorrStrÄG 2012* (2012)

918 der Beilagen XXIV. GP – Regierungsvorlage. *Vorblatt und Erläuterungen* (2010)

92/ME XXIII. GP. *Ministerialentwurf – Vorblatt und Erläuterungen zum StrÄG 2008*

95/ME XXVII. GP. *Ministerialentwurf – Erläuterungen* (2021)

95/ME XXVII. GP. *Ministerialentwurf – Kurzinformation* (2021)

95/ME XXVII. GP. *Ministerialentwurf – Vorblatt und Wirkungsorientierte Folgenabschätzung* (2021)

Assemblée nationale constituante. *Déclaration des droits de l'homme et du citoyen de 1789* (1789)

BGBl. 75/1938. *Bundesverfassungsgesetz über die Wiedervereinigung Österreichs mit dem Deutschen Reich* (1938)

BGBl. I Nr. 102/2014. *Bundesgesetz über die Informationsordnung des Nationalrates und des Bundesrates (Informationsordnungsgesetz): InfOG* (2015)

BGBl. I Nr. 107/2017. *Bundesgesetz über die Wertpapier- und allgemeinen Warenbörsen 2018 (Börsegesetz 2018): BörseG 2018* (2017)

BGBl. I Nr. 109/2007. *Bundesgesetz, mit dem das Strafgesetzbuch, die Strafprozessordnung 1975, das Strafvollzugsgesetz, das Bewährungshilfegesetz und das Jugendgerichtsgesetz 1988 geändert werden (Strafrechtsänderungsgesetz 2008): StrÄG 2008* (2007)

BGBl. I Nr. 118/2016. *Bundesgesetz zur Verhinderung der Geldwäscherei und Terrorismusfinanzierung im Finanzmarkt (Finanzmarkt-Geldwäschegesetz): FM-GwG* (2016)

BGBl. I Nr. 120/2002. *Bundesgesetz über die Organisation der Universitäten und ihre Studien (Universitätsgesetz 2002): UG* (2002)

BGBl. I Nr. 129/1999. *Bundesgesetz über Aufgaben und Organisation des auswärtigen Dienstes – Statut* (1999)

BGBl. I Nr. 165/1999. *Bundesgesetz zum Schutz natürlicher Personen bei der Verarbeitung personenbezogener Daten: DSG* (1999)

BGBl. I Nr. 56/2012. *Bundesgesetz über die Finanzierung politischer Parteien: Parteiengesetz 2012* (2012)

BGBl. I Nr. 6/2023. *Bundesgesetz über das Verfahren und den Schutz bei Hinweisen auf Rechtsverletzungen in bestimmten Rechtsbereichen (HinweisgeberInnenschutzgesetz): HSchG* (2023)

BGBl. I Nr. 61/2012. *Bundesgesetz, mit dem das Strafgesetzbuch und die Strafprozessordnung 1975 zur Verbesserung der strafrechtlichen Bekämpfung von Korruption geändert werden: Korruptionsstrafrechtsänderungsgesetz 2012 – KorrStrÄG 2012* (2012)

BGBl. I Nr. 61/2012. *Bundesgesetz, mit dem das Strafgesetzbuch und die Strafprozessordnung 1975 zur Verbesserung der strafrechtlichen Bekämpfung von Korruption geändert werden (Korruptionsstrafrechtsänderungsgesetz 2012): KorrStrÄG 2012* (2012)

BGBl. I Nr. 64/2012. *Bundesgesetz zur Sicherung der Transparenz bei der Wahrnehmung politischer und wirtschaftlicher Interessen (Lobbying- und Interessenvertretungs-Transparenz-Gesetz): LobbyG* (2023)

BGBl. I Nr. 72/2009. *Bundesgesetz über die Einrichtung und Organisation des Bundesamts zur Korruptionsprävention und Korruptionsbekämpfung (Gesetz über das Bundesamt zur Korruptionsprävention und Korruptionsbekämpfung): BAK-G* (2009)

BGBl. I Nr. 96/2015. *96. Bundesgesetz: Änderung des Staatsanwaltschaftsgesetzes (NR: GP XXV RV 669 AB 732 S. 83. BR: AB 9425 S. 844.)* (2015)

BGBl. I Nr. 98/2009. *Bundesgesetz, mit dem das Strafgesetzbuch, die Strafprozessordnung 1975 und das Staatsanwaltschaftsgesetz geändert werden (Korruptionsstrafrechtsänderungsgesetz 2009 – KorrStrÄG 2009): KorrStrÄG 2009* (2009)

BGBl. I S. 1166. *Gesetz über die Rechtsverhältnisse der Mitglieder der Bundesregierung (Bundesministergesetz): BMinG* (1953)

BGBl. I S. 3322. *Strafgesetzbuch in der Fassung der Bekanntmachung vom 13. November 1998 (BGBl. I S. 3322), das zuletzt durch Artikel 2 des Gesetzes vom 22. November 2021 geändert worden ist: StGB*

BGBl. I S. 773. *Gesetz über die politischen Parteien: Parteiengesetz* (1967)

BGBl. II Nr. 84/2016. *Verordnung der Bundesministerin für Inneres über unzulässige Nebenbeschäftigungen: Nebenbeschäftigungsverordnung – Inneres* (2016)

BGBl. Nr. 1/1930. *Bundes-Verfassungsgesetz: B-VG* (1945)

BGBl. Nr. 116/1964. *Bundesgesetz vom 29. April 1964 über Strafbestimmungen zur Bekämpfung der Untreue und der Bestechlichkeit (Antikorruptionsgesetz): Bundesgesetz: Antikorruptionsgesetz* (1964)

BGBl. Nr. 164/1986 idF BGBl. I Nr. 32/2018. *Bundesgesetz vom 5. März 1986 über die staatsanwaltschaftlichen Behörden (Staatsanwaltschaftsgesetz): StAG* (1986)

BGBl. Nr. 20/1949 idF BGBl. I Nr. 194/1999. *Bundesgesetz über die Haftung der Gebietskörperschaften und der sonstigen Körperschaften und Anstalten des öffentlichen Rechts für in Vollziehung der Gesetze zugefügte Schäden (Amtshaftungsgesetz): AHG* (1999)

BGBl. Nr. 205/1982. *Bundesgesetz vom 1. April 1982, mit dem die Bestimmungen des Strafgesetzbuches zur Bekämpfung von Mißwirtschaft und Korruption geändert und ergänzt werden (Zweites Antikorruptionsgesetz): Bundesgesetz: Zweites Antikorruptionsgesetz* (1982)

BGBl. Nr. 285/1987. *Bundesverfassungsgesetz vom 15. Mai 1987, mit dem das Bundes-Verfassungsgesetz in der Fassung von 1929 geändert wird* (1987)

BGBl. Nr. 286/1987. *Bundesgrundsatzgesetz vom 15. Mai 1987 über die Auskunftspflicht der Verwaltung der Länder und Gemeinden: Auskunftspflicht-Grundsatzgesetz* (1987)

BGBl. Nr. 287/1987. *Bundesgesetz vom 15. Mai 1987 über die Auskunftspflicht der Verwaltung des Bundes und eine Änderung des Bundesministeriengesetzes 1986: Auskunftspflichtgesetz* (1987)

BGBl. Nr. 305/1961. *Richter- und Staatsanwaltschaftsdienstgesetz: RStDG*

BGBl. Nr. 330/1983 idF BGBl. I Nr. 70/2021. *Bundesgesetz über die Transparenz und Unvereinbarkeiten für oberste Organe und sonstige öffentliche Funktionäre (Unvereinbarkeits- und Transparenz-Gesetz): Unv-Transparenz-G* (1983)

BGBl. Nr. 333/1979 idF BGBl. I Nr. 6/2023. *Bundesgesetz vom 27. Juni 1979 über das Dienstrecht der Beamten (Beamten-Dienstrechtsgesetz 1979): BDG 1979* (1979)

BGBl. Nr. 338/1986. *Verordnung des Bundesministers für Justiz vom 16. Juni 1986 zur Durchführung des Staatsanwaltschaftsgesetzes: DV-StAG* (1986)

BGBl. Nr. 379/1984 (WV) idF BGBl. Nr. 612/1986 (DFB) und BGBl. I Nr. 194/1999. *Bundesgesetz über den Österreichischen Rundfunk (ORF-Gesetz): ORF-G* (1984)

BGBl. Nr. 410/1975 idF BGBl. I Nr. 141/2022. *Bundesgesetz vom 4. Juli 1975 über die Geschäftsordnung des Nationalrates: Geschäftsordnungsgesetz 1975* (1975)

BGBl. Nr. 448/1984. *Bundesgesetz gegen den unlauteren Wettbewerb 1984: UWG*

BGBl. Nr. 51/1991. *Allgemeines Verwaltungsverfahrensgesetz 1991: AVG* (1991)

BGBl. Nr. 532/1993 idF BGBl. Nr. 639/1993. *Bundesgesetz über das Bankwesen (Bankwesengesetz): BWG* (1993)

BGBl. Nr. 60/1974. *Bundesgesetz vom 23. Jänner 1974 über die mit gerichtlicher Strafe bedrohten Handlungen: StGB*

BGBl. Nr. 631/1975. *Strafprozeßordnung 1975: StPO*

BGBl. Nr. 76/1986. *Bundesgesetz über die Zahl, den Wirkungsbereich und die Einrichtung der Bundesministerien (Bundesministeriengesetz 1986): BMG* (1886)

BGBl. Nr. 85/1989. *BGBl. Nr. 85/1989): AusG* (1989)

BGBl. Nr. 98/1965 idF BGBl. Nr. 24/1985. *Bundesgesetz über Aktiengesellschaften (Aktiengesetz): AktG* (1965)

BMJ-L318.025/0014-II 1/2008. *Erlass vom 14. Juli 2008 zum Strafrechtsänderungsgesetz 2008 – Korruptionsstrafrecht* (2008)

Bundeskanzleramt Österreich und Bundesministerien Österreich. *Nationale Anti-Korruptionsstrategie – Aktionsplan Bund 2019–2020: Aktionsplan-B 2019–2020* (2019)

Bundeskanzleramt, Österreich. *Null Toleranz für Korruption – Verhaltenskodex des Bundeskanzleramts* (2019)

Bundesministerium für Inneres, Österreich. *Unsere Werte. Unsere Wege. Verhaltenskodex des Bundesministeriums für Inneres* (2019)

Bundesministerium für Inneres, Österreich und Bundesministerium für Justiz, Österreich. *Nationale Anti-Korruptionsstrategie (NAKS): NAKS* (2018)

Bundesministerium für Kunst, Kultur, öffentlichen Dienst und Sport, Österreich. *Die VerANTWORTung liegt bei mir – Verhaltenskodex zur Korruptionsprävention im Öffentlichen Dienst* (2020)

Bundesministerium für Landesverteidigung und Sport, Österreich. *Verhaltenskodex* (2012)

Bundesministerium für Nachhaltigkeit und Tourismus. *Parlamentarische Anfrage von DI Maria Patek* (2019)

Bundesministerium für Soziales, Gesundheit, Pflege und Konsumentenschutz, Österreich. *Verhaltenskodex*

Bundesministeriums für Digitalisierung und Wirtschaftsstandort, Österreich. *Verhaltenskodex* (2020)

Bundesrat Österreich. *2364 der Beilagen XXIV. GP – Beschluss BR betr. StÜK: Beschluss des Bundesrates* (2013)

Bundesrat, Österreich. *1330 der Beilagen XXII. GP – Beschluss BR betr. ZrÜK* (2006)

Bundesrat, Österreich. *2364 der Beilagen XXIV. GP – Beschluss BR betr. ZP-StÜK: Beschluss des Bundesrates* (2013)

Committee of Ministers. *CM/Del/Dec(96)578: 578th (A level) Decisions adopted*

Committee of Ministers. *RES (51) 30 E: Specialised Authorities* (1951)

Committee of Ministers. *RES (51) 31: Competence of the Council of Europe with regard to questions relating to national defence – Article 1 (d) of the Statute* (1951)

Committee of Ministers. *RES (71) 44: on Conferences of specialised Ministers* (1971)

Committee of Ministers. *Model Final Clauses for Conventions and Agreements concluded within the Council of Europe* (1980)

Committee of Ministers. *REC (81) 12: Of the Comittee of Ministers to member states on economic crime* (1981)

Committee of Ministers. *Resolution(90)6 on a Partial Agreement Establishing the European Commission for Democracy through Law: RES(90)6* (1990)

Committee of Ministers. *RES(93)26: Statutory Resolution on observer status* (1993)

Committee of Ministers. *STATUTORY RES (93) 28: Statutory Resolution on partial and enlarged agreements* (1993)

Committee of Ministers. *Statutory Resolutions (93) 26: On Observer Status* (1993)

Committee of Ministers. *CM/Del/Dec(94)516: Ministers' Deputies 516th meeting Decisions adopted and REcords held in Strasbourg from 5 to 8 September 1994* (1994)

Committee of Ministers. *CM(95)149: Draft programme of action against corruption Multidisciplinary Group on Corruption (GMC)* (1995)

Committee of Ministers. *CM/Del/Dec(96)554: 554th meeting (A level) held in Strasbourg from 8 to 10 and 15 January 1996 – Decisions adopted and Records* (1996)

Committee of Ministers. *CM(96)133: Programme of action against corruption Multidisciplinary Group on Corruption* (1996)

Committee of Ministers. *RES (96) 36: Establishing the criteria for partial and enlarged agreements of the Council of Europe* (1996)

Committee of Ministers. *CM(97)PV2: Minutes of the 101st Session of the Committee of Ministers* (1997)

Committee of Ministers. *RES(97)24: RES(97)24 on the twenty guiding principles for the fight against corruption* (1997)

Committee of Ministers. *CM(98)54 revised: Draft Agreement establishing the Group of States against Corruption (GRECO)* (1998)

Committee of Ministers. *RES (98) 7: Authorising the partial and elarged agreement establishing the «Group of States against Corruption – GRECO»* (1998)

Committee of Ministers. *RES (99) 5: Establishing the Group of States against Corruption (GRECO)* (1999)

Committee of Ministers. *Criteria for the granting of observer status with the Council of Europe – Observer status with the Council of Europe* (1999)

Committee of Ministers. *Explanatory Memorandum to Recommendation Rec(2000)10 on Codes of conduct for public officials* (2000)

Committee of Ministers. *R(2000)10* (2000)

Committee of Ministers. *Recommendation No. R (2000) 10: of the Committee of Ministers to Member states on codes of conduct for public officials* (2000)

Committee of Ministers. *CM(2000)158: 10.1 Multidisciplinary Group on Corruption (GMC)* (2000)

Committee of Ministers. *CM/Del/Dec(2000)730/10.1: Multidisciplinary Group on Corruption (GMC) Abridged report of the 22nd plenary meeting of the GMC (Strasbourg, 13 October 2000)* (2000)

Committee of Ministers. *CM(2001)195 revised addendum: Draft Explanatory Memorandum to the Draft Recommendation Rec(2002). of the Committee of*

Ministers to member states on common rules against corruption in the funding of political parties and election campaigns (2002)

Committee of Ministers. *CM(2002)64: 10.3 Multidisciplinary Group on Corruption (GMC) b. Final Activity Report (1994–2001)* (2002)

Committee of Ministers. *Recommendation No. R(2003)4: on common rules against corruption in the funding of political parties and electoral campaigns* (2003)

Committee of Ministers. *Recommendation Rec(2003)4: of the Committee of Ministers to member states on common rules against corruption in the funding of political parties and electoral campaigns* (2003)

Committee of Ministers. *CM(2007)74: Memorandum of Understanding between the Council of Europe and the European* (2007)

Committee of Ministers. *CM/Res(2007)8: establishing the Enlarged Partial Agreement on Sport (EPAS)* (2007)

Committee of Ministers. *CM/Res (2010) 11: confirming the establishment of the Enlarged Partial Agreement on Sport (EPAS)* (2010)

Committee of Ministers. *CM/Res(2010)53: establishing an Enlarged Partial Agreement on Cultural Routes* (2010)

Committee of Ministers. *Financial Regulations and Supplementary Provisions of the Council of Europe* (2011)

Committee of Ministers. *CM/Res(2011)24: on intergovernmental committees and subordinate bodies, their terms of reference and working methods* (2011)

Committee of Ministers. *CM/Res(2013)66: confirming the establishment of the Enlarged Partial Agreement on Cultural Routes (EPA)* (2013)

Committee of Ministers. *CM(2017)62* (2017)

Committee of Ministers. *Model Final Clauses for Conventions, Additional Protocols and Amending Protocols concluded within the Council of Europe* (2017)

Committee of Ministers. *CM/Res(2020)34: establishing the Enlarged Partial Agreement on the Observatory on History Teaching in Europe* (2020)

Committee of Ministers. *CM/Del/Dec(2021)1415/10.5: Criminal Law Convention on Corruption (ETS No. 173) and Civil Law Convention on Corruption (ETS No. 174)* (2021)

Committee of Ministers. *CM/Res(2022)3: on legal and financial consequences of the cessation of membership of the Russian* (2022)

Committee on Legal Affairs and Human Rights. *Doc. 7463(1996): Russia's application for membership of the Council of Europe* (1996)

Council of Europe. *European Convention for the Prevention of Torture and Inhuman or Degrading Treatment or Punishment: FCNM* (1687)

Council of Europe. *Rules of Procedure of the Committee of Ministers* (1951)

Council of Europe. *Rules of Procedure for the meetings of the Ministers' Deputies* (1955)

Council of Europe. *European Social Charter: ESC* (1961)

Council of Europe. *Protocol No. 11 to the Convention for the Protection of Human Rights and Fundamental Freedoms, restructuring the control machinery established thereby: ETS No. 155* (1994)

Council of Europe. *Framework Convention for the Protection of National Minorities: FCNM* (1995)

Council of Europe. *Explanatory Report to the Criminal Law Convention on Corruption* (1999)

Council of Europe. *Statute of the Group of States against corruption (GRECO): GRECO-Statute* (1999)

Council of Europe. *Explanatory Report to the Civil Law Convention on Corruption* (1999)

Council of Europe. *Explanatory Report to the Additional Protocol to the Criminal Law Convention on Corruption* (2003)

Council of Europe. *Council of Europe Convention on the Protection of Children Against Sexual Exploitation and Sexual Abuse* (2007)

Council of Europe. *Council of Europe Convention on preventing and combating violence against women and domestic violence: Istanbul Convention* (2011)

Council of Europe. *SG/Inf(2022)10: Information Documents* (2022)

Council of Europe Summit. *DECL(09/10/93): Final declaration and Action Plan of the First Summit of Heads of State and Government of the Council of Europe (Vienna)* (1993)

Council of Europe Summit. *SUM(97)PV1&2: Second Summit of heads of state and government of the Council of Europe – Minutes* (1997)

Council of Europe Summit. *DECL(11/10/97): Final declaration and Action Plan of the Second Summit of Heads of State and Government of the Council of Europe (Strasbourg)* (1997)

Council of Europe Summit. *SUM(2005)PV-Add: Third Summit of heads of state and government of the Council of Europe – Minutes* (2005)

Council of Europe Summit. *DECL (17/15/05): Action Plan – Third Summit of Heads of State and Government of the Council of Europe (Warsaw, 16–17 May 2005)* (2005)

Council of Europe Treaty Series – No. 198. *Council of Europe Convention on Laundering, Search, Seizure and Confiscation of the Proceeds: CETS 198* (2005)

Council of the European Union. *Doc.9884/19: Decision on the position to be taken on behalf of the European Union within the plenary meeting of GRECO as regardsthe decision on granting the Union observer status in GRECO* (2019)

Council of the OECD. *C(97)123/FINAL: Revised Recommendation of the Council on combating bribery* (1997)

Deutscher Bundestag. *Rules on Integrity* (2014)

Deutscher Bundestag. *Verhaltensregeln für Mitglieder des Deutschen Bundestages* (2022)

dRGBl. S 219/1897. *Bundesgesetz über besondere zivilrechtliche Vorschriften für Unternehmen (Unternehmensgesetzbuch): UGB* (1939)

ETS No. 001. *Statute of the Council of Europe* (1949)

ETS No. 002. *General Agreement on Privileges and Immunities of the Council of Europe* (1949)

ETS No. 010. *Protocol to the General Agreement on Privileges and Immunities of the Council of Europe* (1952)

ETS No. 024. *Council of Europe Conventions on Extradition* (1957)

ETS No. 030. *European Convention on Mutual Assistance in Criminal Matters* (1959)

ETS No. 051. *European Convention on the Supervision of Conditionally Sentenced or Conditionally Released Offenders* (1964)

ETS No. 070. *European Convention on the International Validity of Criminal Judgments* (1970)

ETS No. 073. *European Convention on the Transfer of Proceedings in Criminal Matters* (1972)

ETS No. 086. *Additional Protocol to the European Convention on Extradition* (1975)

ETS No. 098. *Second Additional Protocol to the European Convention on Extradition* (1978)

ETS No. 099. *Additional Protocol to the European Convention on Mutual Assistance in Criminal Matters* (1978)

ETS No. 112. *Convention on the Transfer of Sentenced Persons* (1983)

ETS No. 141. *Convention on Laundering, Search, Seizure and Confiscation of the Proceeds from Crime* (1990)

ETS No. 146. *Convention for the Protection of Human Rights and Fundamental Freedoms: ECHR* (1950)

ETS No. 167. *Additional Protocol to the Convention on the Transfer of Sentenced Persons* (1997)

ETS No. 173. *Criminal Law Convention on Corruption* (1999)

ETS No. 174. *Civil Law Convention on Corruption* (1999)

ETS No. 191. *Additional Protocol to the Criminal Law Convention on Corruption* (2003)

EU. *Convention drawn up on the basis of Article K.3 (2) (c) of the Treaty on European Union on the fight against corruption involving officials of the European Communities or officials of Member States of the European Union* (1997)

EU-Kommission. *KOM(97)192endg.: Mitteilung der Kommission an den Rat und das Europäische Parlament über eine Politik der EU zur Bekämpfung von Korruption* (1997)

Europarat. *Satzung des Europarates – Amtliche Übersetzung Deutschlands: Satzung des Europarats* (London, 5.V.1949)

European Commission for democracy through law. *Guidelines on political party regulation* (2010)

European Economic Community. *1968 Brussels Convention on jurisdiction and the enforcement of judgments in civil and commercial matters* (1968)

European Union. *Vertrags über die Arbeitsweise der Europäischen Union: EUV* (1957)

European Union. *Fourth Council Directive 78/660/EEC of 25 July 1978 based on Article 54 (3) (g) of the Treaty on the annual accounts of certain types of companies* (1978)

European Union. *Seventh Council Directive 83/349/EEC of 13 June 1983 based on the Article 54 (3) (g) of the Treaty on consolidated accounts* (1983)

European Union. *Eighth Council Directive 84/253/EEC of 10 April 1984 based on Article 54 (3) (g) of the Treaty on the approval of persons responsible for carrying out the statutory audits of accounting documents* (1984)

European Union. *Treaty on European Union (Maastricht Treaty)* (1992)

European Union. *Vertrag über die Europäische Union: EUV* (1992)

European Union. *Vertrag über die Arbeitsweise der Europäischen Union: AEUV* (2007)

European Union. *Charter of fundamental rights of the European Union: GRC* (2012)

European Union. *Verordnung (EU) 2016/679 des Europäischen Parlaments und des Rates vom 27. April 2016 zum Schutz natürlicher Personen bei der Verarbeitung personenbezogener Daten, zum freien Datenverkehr und zur Aufhebung der Richtlinie 95/46/EG (Datenschutz-Grundverordnung): DSGVO* (2016)

European Union. *Directive (EU) 2019/1937 on the protection of persons who report breaches of EU law* (2019)

General Assembly, UNO. *A/RES/58/4: United Nations Convention against Corruption* (2003)

GRECO. *GRECO(99)7: Report of the first meeting (Strasbourg, 4–6 October 1999)* (1999)

GRECO. *First Evaluation Round – Provisions under evaluation* (1999)

GRECO. *Greco (2000)22Final: First general activity report of GRECO (September 1999 – December 2000)* (2000)

GRECO. *Second Evaluation Round – Provisions under evaluation* (2002)

GRECO. *GrecoEvalIII(2006)2E: Questionnaire on Transparency of Party Funding* (2006)

GRECO. *GrecoEvalI-IIRep(2007)2E: Evaluierungsbericht Österreich zur gemeinsamen ersten und zweiten Evaluierungsrunde* (2008)

GRECO. *GrecoRC-I/II(2010)1E: Umsetzungsbericht Österreich zur gemeinsamen ersten und zweiten Evaluierungsrunde* (2010)

GRECO. *GrecoEvalIIIRep(2011)3E: Evaluierungsbericht über die Transparenz der Parteienfinanzierung in Österreich – Thema II zur dritten Evaluierungsrunde* (2011)

GRECO. *GrecoEvalIIIRep(2011)3E(P3): Evaluierungsbericht Österreich Strafbarkeit (SEV Nr. 173 und 191, Leitlinie 2) – Thema I zur dritte Evaluierungsrunde* (2011)

GRECO. *GrecoRC-I/II(2010)1EZusatz: Zusatz zum Umsetzungsbericht Österreich zur gemeinsamen ersten und zweiten Evaluierungsrunde* (2012)

GRECO. *GrecoRC-III(2013)26E: Umsetzungsbericht zu Österreich zur dritten Evaluierungsrunde* (2014)

GRECO. *GrecoRC3(2016)1: Zweiter Umsetzungsbericht zu Österreich zur dritten Evaluierungsrunde* (2016)

GRECO. *GrecoEval4Rep(2016)1: Evaluierungsbericht Österreich zur vierten Evaluierungsrunde* (2016)

GRECO. *Greco(2017)13: Rules of procedure* (2017)

GRECO. *Greco(2017)13: Rules of procedure* (2017)

GRECO. *Questionnaire – Preventing corruption and promoting integrity in central governments (top executive functions) and law enforcement agencies: Greco(2016)19rev* (2017)

GRECO. *Greco-AdHocRep(2018)1: Ad hoc Report on Poland (Rule 34)* (2018)

GRECO. *Greco-AdHocRep(2018)2: Ad hoc Report on Romania (Rule 34)* (2018)

GRECO. *GrecoEval5(2018)5-fin: Guidlines for GRECO-Evaluation Teams (GETs)* (2018)

GRECO. *GrecoRC4(2018)15: Umsetzungsbericht Österreich zur vierten Evaluierungsrunde* (2018)

GRECO. *Greco(2019)9-rev: 83rd GRECO Plenary Meeting (Strasbourg, 17–21 June 2019)* (2019)

GRECO. *Greco-AdHocRep(2019)2: Ad hoc Report on Greece (Rule 34)* (2019)

GRECO. *Greco-AdHocRep(2019)3: Ad hoc Report on Slovenia (Rule 34)* (2019)

GRECO. *GrecoEval5Rep(2019)6: Fünfte Evaluierungsrunde – Korruptionsprävention und Integritätsförderung in Zentralregierungen (hochrangige Entscheidungsträgerinnen und -träger der Exekutive) und Strafverfolgungsbehörden (Übersetzung durch Deutschland)* (2020)

GRECO. *GrecoEval5Rep(2019)6: Fünfte Evaluierungsrunde – Verhinderung von Korruption und Förderung von Integrität bei Zentralregierungen (obersten Exekutivbehörden) und bei Strafverfolgungsbehörden* (2020)

GRECO. *GreocRC4(2021)19: Zweiter vorläufiger Umsetzungsbericht Österreich zur vierten Evaluierungsrunde* (2021)

GRECO. *Greco(2022)9: 92nd GRECO Plenary Meeting Strasbourg | KUDO (online), 28 November–2 December 2022* (2022)

GRECO. *GrecoEval5Rep(2019)6: Fourth Evaluation Round – Addendum to the second compliance report Switzerland* (2022)

GRECO. *GrecoEval5Rep(2022)1: Fünfte Evaluierungsrunde – Verhinderung von Korruption und Förderung von Integrität bei Zentralregierungen (obersten Exekutivbehörden) und bei Strafverfolgungsbehörden* (2022)

GRECO. *Greco(2023)9: 94th GRECO Plenary Meeting – Decisions* (2023)

Hague Convention on civil procedure (1954)

Hague Convention on the Service Abroad of Judicial and Extrajudicial Documents in Civil or Commercial Matters (1965)

Hague Convention on the Taking of Evidence Abroad in Civil or Commercial Matters (1970)

International Institute for Democracy and Electoral Assistance. *Declaration: The founding conference* (1998)

JGS Nr. 946/1811. *Allgemeines bürgerliches Gesetzbuch für die gesammten deutschen Erbländer der Oesterreichischen Monarchie: ABGB* (1811)

Landtagskommission des Fürstentums Liechtenstein. *Bericht und Antrag der Landtagskommission zur Beratung der Gesetzesvorlagen zur Einführung des Frauenstimmrechtes an den Landtag: BuA-Nr. 1984/65* (1984)

LGBl-Nr. 1926.004. *Personen- und Gesellschaftsrecht: PGR* (1926)

LGBl-Nr. 1984.027. *Verfassungsgesetz vom 11. April 1984 über die Abänderung der Verfassung vom 5. Oktober 1921 (Einführung des Frauenstimmrechtes)* (1984)

Lugano Convention on jurisdiction and the enforcement of judgments in civil and com-mercial matters (1988)

Ministers' Deputies. *CM/Notes/1351bis/10.1: Request for observer status by the European Union* (2019)

Ministers' Deputies. *Relations between the Council of Europe and Belarus: CM/Del/Dec(2022)1429/2.5* (2022)

Nationalrat, Österreich. *1330 der Beilagen XXII. GP – Beschluss NR betr. ZrÜK* (2006)

Negotiating Conference, OECD. *Convention on Combating Bribery of Foreign Public Officials in International Business Transactions* (1997)

O.K.W. L I a Nr. 420/38 g.Kdos. *Weisung des Obersten Befehlshaber der Wehrmacht Adolf Hitler für den bewaffneten Einmarsch der Wehrmacht in Österreich: Operation Otto* (1938)

OECD. *Übereinkommen über die Bekämpfung der Bestechung ausländischer Amtsträger im internationalen Geschäftsverkehr* (1997)

Official Journal C 195, 25/06/1997 P. 0001–0001. *Council Act of 26 May 1997 drawing up, on the basis of Article K.3 (2) (c) of the Treaty on European Union, the Convention on the fight against corruption involving officials of the European Communities or officials of Member States of the European Union* (1997)

Official Journal C 195, 25/06/1997 P. 0002–0011. *Convention drawn up on the basis of Article K.3 (2) (c) of the Treaty on European Union on the fight against corruption involving officials of the European Communities or officials of Member States of the European Union* (1997)

Official Journal C 313, 23/10/1996 P. 0001–0001. *Council Act of 27 September 1996 drawing up a Protocol to the Convention on the protection of the European Communities' financial interests* (1996)

Organization of American States. *American Convention on Human Rights: Pact of San José* (1969)

Parliamentary Assembly. *RES800(1983): Principles of democracy* (1983)

Parliamentary Assembly. *RES917(1989): Special guest status with the Parliamentary Assembly* (1989)

Parliamentary Assembly. *Resolution1202(1999): Rules of Procedure of the Assembly (January 2022)* (1999)

Parliamentary Assembly. *RES1418(2005): The circumstances surrounding the arrest and prosecution of leading Yukos executives* (2005)

Regierung des Fürstentums Liechtenstein. *Bericht und Antrag der Regierung an den Landtag des Fürstentums Liechtenstein zur Einführung des Frauenstimm- und Wahlrechtes Verfassungsgesetz über die Abänderung der Verfassung vom 5. Oktober 1921: BuA-Nr. 1983/47* (1983)

RGBl. 21/1938. *Gesetz über die Wiedervereinigung Österreichs mit dem Deutschen Reich* (1938)

RGBl. Nr. 113/1895. *Gesetz vom 1. August 1895, über das gerichtliche Verfahren in bürgerlichen Rechtsstreitigkeiten (Zivilprozessordnung): ZPO* (1895)

Schwaighofer, Klaus. *Stellungnahme zum Entwurf eines Bundesgesetzes, mit dem das Polizeiliche Staatsschutzgesetz, das Sicherheitspolizeigesetz, das Strafgesetzbuch, die Strafprozessordnung 1975 und das Tilgungsgesetz 1972 geändert werden (BMI-III/1GZ:2021-0.206.281; 104/ME XXVII. GP)* (2021)

Second Summit of the Council of Europe. *Decl(11/10/97): Final declaration and Action Plan of the Second Summit of Heads of State and Government of the Council of Europe* (1997)

Second Summit of the Council of Europe. *Sum(97)PV1-2: Second Summit of Heads of State and Government of the Council of Europe (Strasbourg, 10–11 October 1997) – Minutes* (1997)

StGBl. Nr. 1/1945. *Proklamation über die Selbständigkeit Österreichs* (1945)

StGBl. Nr. 25/1945. *Gesetz vom 12. Juni 1945 über die Wiederherstellung des österreichischen Strafrechtes: Gesetz: Wiederherstellung des österreichischen Strafrechtes* (1945)

StGBl. Nr. 4/1945. *Verfassungsgesetz vom 1. Mai 1945 über das neuerliche Wirksamwerden des Bundes-Verfassungsgesetzes in der Fassung von 1929 (Verfassungs-Überleitungsgesetz): V-ÜG* (1945)

StGBl. Nr. 5/1945. *Verfassungsgesetz vom 1. Mai 1945 über die vorläufige Einrichtung der Republik Österreich (Vorläufige Verfassung): Verfassungsgesetz: Vorläufige Verfassung* (1945)

StGBl. Nr. 6/1945. *Verfassungsgesetz vom 1. Mai 1945 über die Wiederherstellung des Rechtslebens in Österreich (Rechts-Überleitungsgesetz): R-ÜG* (1945)

UNO. *Statute of the International Court of Justice* (1945)

UNO. *United Nations Convention against Corruption: UNCAC* (2003)

Vienna Convention on the Law of Treaties: VCLZ (1969)

Vienna Convention on the Law of Treaties between States and International Organizations or between International Organizations: VCLTIO (1986)

Online-Ressourcen

Bundesamt zur Korruptionsprävention und Korruptionsbekämpfung, Österreich. 'Bundesamt zur Korruptionsprävention und Korruptionsbekämpfung (BAK)'. 2023, zugegriffen auf: https://www.bak.gv.at/

Bundeskanzleramt Österreich. 'Bundeskanzleramt der Republik Österreich – Startseite'. 2023, zugegriffen auf: https://www.bundeskanzleramt.gv.at/

Bundesministerium für Arbeit und Wirtschaft, Österreich. 'Bundesministerium für Arbeit und Wirtschaft'. 2023, zugegriffen auf: https://www.bmaw.gv.at/public.html

Bundesministerium für Inneres, Österreich. 'Bundesamt zur Korruptionsprävention und Korruptionsbekämpfung – Das BAK – Rechtliche Grundlagen'. 2023, zugegriffen auf: https://bak.gv.at/102/Rechtliche_Grundlagen.aspx

Bundesministerium für Inneres, Österreich. 'Bundesministerium für Inneres'. 2023, zugegriffen auf: https://www.bmi.gv.at/

Bundesministerium für Inneres, Österreich. 'Karriere bei der Polizei', zugegriffen auf: http://www.polizeikarriere.gv.at/Karriere.html

Bundesministerium für Inneres, Österreich. 'Nationale Anti-Korruptionsstrategie'. 2023, zugegriffen auf: https://www.bak.gv.at/301/praevention_edukation/anti_korruptionsstrategie/

Bundesministerium für Inneres, Österreich. 'Das Integritätsbeauftragten-Netzwerk'. 2023, zugegriffen auf: https://www.bak.gv.at/301/praevention_edukation/netzwerk/

Bundesministerium für Inneres, Österreich. 'Internationale Zusammenarbeit des Bundesamtes zur Korruptionsprävention und Korruptionsbekämpfung', zugegriffen auf: https://www.bak.gv.at/301/internationale_zusammenarbeit/

Bundesministerium für Justiz, Österreich. 'Generalstaatsanwaltschaft', zugegriffen auf: https://www.bmj.gv.at/themen/Strafrecht--Gesetze/Generalstaatsanwaltschaft0.html

Bundesministerium für Justiz, Österreich. 'Bundesministerium für Justiz'. 2023, zugegriffen auf: https://www.bmj.gv.at/

Bundesministerium für Justiz, Österreich. 'Korruptionsbekämpfung'. 2023, zugegriffen auf: https://www.bmj.gv.at/themen/Strafrecht--Gesetze/korruptionsbekaempfung.html

Bundesministerium für Justiz, Österreich. 'Lobbying- und Interessenvertretungsregister – Einfache Suche'. 2023, zugegriffen auf: https://lobbyreg.justiz.gv.at/edikte/ir/iredi18.nsf/Suche!Openform

Bundesministerium für Kunst, Kultur, öffentlichen Dienst und Sport, Österreich. 'Bundesministerium für Kunst, Kultur, öffentlichen Dienst und Sport – Startseite'. 2023, zugegriffen auf: https://www.bmkoes.gv.at/

Bundesministerium für Kunst, Kultur, öffentlichen Dienst und Sport, Österreich. 'Verhaltenskodex gegen Korruption'. 2023, zugegriffen auf: https://www.bmkoes.gv.at/Themen/Aktuell/Neuer-Verhaltenskodex-gegen-Korruption.html

Circle Zurich Friends of Winston Churchill. 'Winston Churchill, Universität Zürich, 19 September 1946', zugegriffen auf: https://www.churchill-in-zurich.ch/site/assets/files/1807/rede_winston_churchill_englisch.pdf

Council of Europe. 'Speeches 2019 – GRECO: past, present & future', zugegriffen auf: https://www.coe.int/en/web/secretary-general/-/greco-past-present-future

Council of Europe. 'Mr Thorbjørn Jagland Secretary General of the Council of Europe', zugegriffen auf: https://rm.coe.int/CoERMPublicCommonSearchServices/DisplayDCTMContent?documentId=09000016802f3d22

Council of Europe. '5. Mai – Europatag'. 2020, zugegriffen auf: https://www.coe.int/de/web/portal/5-may-europe-day

Council of Europe. 'Civil Law Convention on Corruption'. 2022, zugegriffen auf: https://www.coe.int/en/web/impact-convention-human-rights/civil-law-convention-on-corruption#/

Council of Europe. 'Details of Treaty No.174'. 2022, zugegriffen auf: https://www.coe.int/en/web/conventions/full-list?module=treaty-detail&treatynum=174

Council of Europe. 'Details of Treaty No.191'. 2022, zugegriffen auf: https://www.coe.int/en/web/conventions/full-list?module=treaty-detail&treatynum=191

Council of Europe. 'Österreich – Mitgliedstaat'. 2024, zugegriffen auf: https://www.coe.int/de/web/portal/austria

Council of Europe. '47 Member States', zugegriffen auf: https://www.coe.int/en/web/portal/47-members-states

Council of Europe. 'About Greco – Historical Background', zugegriffen auf: https://www.coe.int/en/web/greco/about-us/background

Council of Europe. 'Chart of signatures and ratifications of Treaty 173'. 2022, zugegriffen auf: https://www.coe.int/en/web/conventions/full-list?module=signatures-by-treaty&treatynum=173

Council of Europe. 'Chart of signatures and ratifications of Treaty 174'. 2022, zugegriffen auf: https://www.coe.int/en/web/conventions/full-list?module=signatures-by-treaty&treatynum=174

Council of Europe. 'Chart of signatures and ratifications of Treaty 191'. 2022, zugegriffen auf: https://www.coe.int/en/web/conventions/full-list?module=signatures-by-treaty&treatynum=191

Council of Europe. 'Convention for the Protection of Human Rights and Fundamental Freedoms: Protocols', zugegriffen auf: https://www.coe.int/en/web/portal/home?p_p_id=15&p_p_lifecycle=0&p_p_state=pop_up&

p_p_mode=view&_15_groupId=99928066&_15_struts_action=/journal/preview_article_content&_15_articleId=99928550&_15_version=1.6

Council of Europe. 'Council of Europe Directorate General Human Rights and Rule of Law – Human Rights and Rule of Law – publi.coe.int', zugegriffen auf: https://www.coe.int/en/web/human-rights-rule-of-law/home

Council of Europe. 'Details of Treaty No.191'. 2022, zugegriffen auf: https://www.coe.int/en/web/conventions/full-list?module=treaty-detail&treatynum=191

Council of Europe. 'Etat des signatures et ratifications du traité 174'. 2022, zugegriffen auf: https://www.coe.int/fr/web/conventions/full-list?module=signatures-by-treaty&treatynum=174

Council of Europe. 'Full list – List of Partial Agreements', zugegriffen auf: https://www.coe.int/de/web/conventions/full-list1

Council of Europe. 'Heiliger Stuhl // Beobachterstaat: Was ist ein Beobachterstatus?', zugegriffen auf: https://www.coe.int/de/web/portal/holy-see

Council of Europe. 'Hinweise zu Europaratsverträgen'. 2022, zugegriffen auf: https://www.coe.int/de/web/conventions/about-treaties

Council of Europe. 'Hinweise zu Teilabkommen'. 2022, zugegriffen auf: https://www.coe.int/de/web/conventions/about-partial-agreements

Council of Europe. 'Israel // Beobachter der Parlamentarischen Versammlung: Beobachterstatus bei der Parlamentarischen Versammlung', zugegriffen auf: https://www.coe.int/de/web/portal/israel

Council of Europe. 'Members and Observers/ Etats membres et Observateurs', zugegriffen auf: https://www.coe.int/en/web/greco/structure/member-and-observers#{%2222358830%22:,%2222359773%22:}

Council of Europe. 'Montenegro // 47 States, one Europe'. 2022, zugegriffen auf: https://www.coe.int/en/web/portal/montenegro

Council of Europe. 'Strafrechtsübereinkommen über Korruption'. 2022, zugegriffen auf: https://www.coe.int/de/web/impact-convention-human-rights/criminal-law-convention-on-corruption#/France

Council of Europe. 'Venice Commission', zugegriffen auf: https://www.venice.coe.int/

Council of Europe. 'Director General Christos Giakoumopoulos'. 2023, zugegriffen auf: https://www.coe.int/en/web/human-rights-rule-of-law/2022-christos-giakoumopoulos

Council of Europe. 'Group of States against Corruption – Welcome to the GRECO website', zugegriffen auf: https://www.coe.int/en/web/greco/

Council of Europe. 'Our member States – The Council of Europe in brief – www.coe.int', zugegriffen auf: https://coe.int/en/web/about-us/our-member-states

Council of Europe. 'The mandate of the Directorate General'. 2023, zugegriffen auf: https://www.coe.int/en/web/human-rights-rule-of-law/mandate-director-general

Council of Europe Development Bank. 'Mission and history: The Council of Europe Development Bank (CEB) is a multilateral development bank with an exclusively social mandate.', zugegriffen auf: https://coebank.org/en/about/mission/

Council of Europe Development Bank. 'The social development bank for Europe', zugegriffen auf: https://coebank.org/en/

CVCE.EU by UNI.LU. 'Die Mitglieder des Europarates', zugegriffen auf: https://www.cvce.eu/obj/die_mitglieder_des_europarates-de-34cfad31-a18c-4406-b866-9696e705c3b6.html

CVCE.EU by UNI.LU. 'Ratifications and entry into force of the Brussels Treaty (1948): Dates on which the instruments of ratification of the Brussels Treaty of 17 March 1948 were deposited. The treaty entered into force on 25 August 1948, the date on which the last instrument of ratification was deposited.', zugegriffen auf: https://www.cvce.eu/content/publication/2008/2/6/0fd15d22-1f95-470d-a048-01e66a2f29fa/publishable_en.pdf

Der Rechnungshof. 'Rechnungshof Österreich', zugegriffen auf: https://www.rechnungshof.gv.at/rh/home/wer-wir-sind/RechnungshofOesterreich/Rechnungshof_Oesterreich.html#

EU. 'European Comission – Corruption', zugegriffen auf: https://ec.europa.eu/home-affairs/what-we-do/corruption_en

euro | topics – Zusammenfassung der europäischen Presse. 'Austria's conservatives mired in phone chat scandal', zugegriffen auf: https://www.eurotopics.net/en/276080/austria-s-conservatives-mired-in-phone-chat-scandal#

European Union. 'Eurobarometer'. 2023, zugegriffen auf: https://europa.eu/eurobarometer/about/eurobarometer

Europe's Human Rights Watchdog. 'Europarat: Kampf gegen Korruption – und GRECO'. 2014, zugegriffen auf: https://www.europewatchdog.info/teilabkommen/korruption/

Europe's Human Rights Watchdog. 'Europarat: Venedig Kommission', zugegriffen auf: https://www.europewatchdog.info/teilabkommen/venedig-kommission/

GRECO. 'Anti-Corruption Day: GRECO president calls for transparency and appropriate consultation in legislative processes'. 2022, zugegriffen auf: https://www.coe.int/en/web/greco/-/anti-corruption-day-greco-president-calls-for-transparency-and-appropriate-consultation-in-legislative-processes?pk_campaign=newsletter

GRECO. 'Bureau'. 2016, zugegriffen auf: https://www.coe.int/en/web/greco/structure/bureau

GRECO. 'Secretariat'. 2022, zugegriffen auf: https://www.coe.int/en/web/greco/structure/secretariat

GRECO. 'What is GRECO', zugegriffen auf: https://www.coe.int/en/web/greco/about-greco/what-is-greco

GRECO. 'About GRECO mutual evaluations'. 2023, zugegriffen auf: https://www.coe.int/en/web/greco/evaluations/about

GRECO. 'Ad hoc procedures (Rule 34)'. 2023, zugegriffen auf: https://www.coe.int/en/web/greco/ad-hoc-procedure-rule-34-

GRECO. 'Evaluations'. 2023, zugegriffen auf: https://www.coe.int/en/web/greco/evaluations#{%2222359946%22:}

GRECO. 'Evaluations'. 2023, zugegriffen auf: https://www.coe.int/en/web/greco/evaluations#{%2222359946%22:[0]}

GRECO. 'Evaluations – Austria/Autriche'. 2023, zugegriffen auf: https://www.coe.int/en/web/greco/evaluations/austria

GRECO. 'Evaluations – Group of States against Corruption'. 2023, zugegriffen auf: https://www.coe.int/en/web/greco/evaluations#{%2222359946%22:[0]}

GRECO. 'Evaluations – Group of States against Corruption'. 2023, zugegriffen auf: https://www.coe.int/en/web/greco/evaluations#{%2222359946%22:[3]}

GRECO. 'Evaluations – Group of States against Corruption'. 2023, zugegriffen auf: https://www.coe.int/en/web/greco/evaluations#{%2222359946%22:[1]}

GRECO. 'Evaluations – Group of States against Corruption'. 2023, zugegriffen auf: https://www.coe.int/en/web/greco/evaluations#{%2222359946%22:[2]}

GRECO. 'Evaluations – Group of States against Corruption'. 2023, zugegriffen auf: https://www.coe.int/en/web/greco/evaluations#{%2222359946%22:[4]}

GRECO. 'Plenary meetings'. 2023, zugegriffen auf: https://www.coe.int/en/web/greco/plenary-meetings#{%2222360354%22:}

IBN. 'IBN – Integritätsbeauftragten-Netzwerk'. 2020, zugegriffen auf: https://integritaet.info/

ICC. 'International Chamber of Commerce'. 2022, zugegriffen auf: https://iccwbo.org/

International Anti-Corruption Academy. 'About us: Guiding Principles', zugegriffen auf: https://www.iaca.int/who-we-are/about-us/guiding-principles.html

International Anti-Corruption Academy. 'IACA', zugegriffen auf: https://www.iaca.int/

International Bar Association. 'The global voice of legal profession', zugegriffen auf: https://www.ibanet.org/

International Commission of Jurists. 'Advocates for Justice and Human Rights'. 2022, zugegriffen auf: https://www.icj.org/

International Institute for Democracy and Electoral Assistance. 'Our Work | International IDEA', zugegriffen auf: https://www.idea.int/our-work#whatwedo

International Institute for Democracy and Electoral Assistance. 'Mission & Values | International IDEA', zugegriffen auf: https://www.idea.int/about-us/mission-values

'Joseph J. Senturia papers, 1927–1988'. 2023, zugegriffen auf: https://researchworks.oclc.org/archivegrid/collection/data/317072020

Kanton Bern, Schweiz. 'Generalstaatsanwaltschaft', zugegriffen auf: https://www.staw.justice.be.ch/de/start/ueber-uns/generalstaatsanwaltschaft.html

Kießling, Friedrich. 'Der Briand-Plan von 1929/30. Europa als Ordnungsvorstellung in den internationalen Beziehungen im 19. und frühen 20. Jahrhundert', zugegriffen auf: https://www.europa.clio-online.de/essay/id/fdae-1457

Krennerich, Michael. 'Der Europarat – dem europäischen Menschenrechtsschutz verpflichtet', zugegriffen auf: https://www.menschenrechte.org/wp-content/uploads/2013/11/Die-MR-Arbeit-des-Europarates.pdf

Krennerich, Michael. 'Einführung in den Menschenrechtsschutz des Europarats', zugegriffen auf: https://www.menschenrechte.org/wp-content/uploads/2014/09/MRschutz_des_Europarates_MK_aug2014.pdf

Le Fédéraliste européen. 1972. Luxembourg. 'Das Hertensteiner Programm (21. September 1946)', zugegriffen auf: https://www.cvce.eu/de/obj/das_hertensteiner_programm_21_september_1946-de-f39329ae-b25a-4b04-90ff-a25e-a5c17051.html

Meine Abgeordneten. 'Christian Pilnacek – Generalsekretär im Bundesministerium für Verfassung, Reformen, Deregulierung und Justiz'. 2024, zugegriffen auf: https://www.meineabgeordneten.at/Abgeordnete/christian.pilnacek

Ministerium für Justiz, Nordrhein-Westfalen, Deutschland. 'NRW-Justiz: Generalstaatsanwaltschaften', zugegriffen auf: https://www.justiz.nrw.de/Gerichte_Behoerden/Staatsanwaltschaften/Behoerden/Generalstaatsanwaltschaften_3/index.php

Myers, Anna. 'Respecting international anti-corruption standards', zugegriffen auf: https://www.rai-see.org/php_sets/uploads/2015/07/Respecting_International_Anti-Corruption_Standards-Anna_Myers-GRECO_Secretariat.pdf

Nagl, Daniel. 'Vereinigte Staaten von Europa'. 2022, zugegriffen auf: https://paneuropa.org/vereinigte-staaten-von-europa_id73

Nordic Co-operation. 'The Nordic Council'. 2022, zugegriffen auf: https://www.norden.org/en/nordic-council

Observare – Observatory of foreign relations. 'Francisco Seixas da Costa: Investigador', zugegriffen auf: https://observare.autonoma.pt/investigador/francisco-seixas-da-costa/

OECD. 'Country monitoring of the OECD Anti-Bribery Convention'. 2023, zugegriffen auf: https://www.oecd.org/corruption/countrymonitoringoftheoecdanti-briberyconvention.htm

Öffentlicher Dienst.gv.at, Österreich. 'Verhaltenskodex – Öffentlicher Dienst'. 2023, zugegriffen auf: https://oeffentlicherdienst.gv.at/fuer-bundesbedienstete/korruptionspraevention-compliance-und-integritaet/verhaltenskodex/

Organization of American States. 'OAS – Organization of American States: Democracy for peace, security, and development', zugegriffen auf: https://www.oas.org/en/

OSCE. 'Council of Europe Resolution (97) 24 on the Twenty Guiding Principles for the Fight Against Corruption'. 2022, zugegriffen auf: https://polis.osce.org/council-europe-resolution-97-24-twenty-guiding-principles-fight-against-corruption

OSCE. 'OSCE Office for Democratic Institutions and Human Rights', zugegriffen auf: https://www.osce.org/odihr

Österreichischer Städtebund. 'Korruption: Korruptionsbekämpfung Das Phänomen – einige wesentliche Merkmale – vom Dunkelfeld bis zur erfolgreichen Prävention', zugegriffen auf: https://www.staedtebund.gv.at/oegz/archiv-bis-2009/details/artikel/korruption-korruptionsbekaempfungdas-phaenomen-einige-wesentliche-merkmale-vom-dunkelfeld-bis-zur-erfolgreichen-pr/

Ovidius Naso, Publius. 'Metamorphosen: In der Übertragung von Johann Heinrich Voß', zugegriffen auf: https://www.projekt-gutenberg.org/ovid/metamor/meta061.html

Parlament Österreich. 'Ibiza-Untersuchungsausschuss'. 2024, zugegriffen auf: https://www.parlament.gv.at/ausschuss/XXVII/A-USA/2/00906?selectedStage=100

Parlament Österreich. 'Untersuchungsausschüsse erklärt | Parlament Österreich'. 2024, zugegriffen auf: https://www.parlament.gv.at/verstehen/nationalrat/u-ausschuesse/

Parlament Österreich. 'Die Sicherstellung von Handys in Strafverfahren ist verfassungswidrig | Parlament Österreich', zugegriffen auf: https://www.parlament.gv.at/fachinfos/rlw/Die-Sicherstellung-von-Handys-in-Strafverfahren-ist-verfassungswidrig

Parlament, Österreich. 'Parlamentarisches Begutachtungsverfahren'. 2023, zugegriffen auf: https://www.parlament.gv.at/beteiligen/wissenswertes/begutachtungsverfahren/parlamentarisches-verfahren/

Parlamentsdirektion, Österreich. 'Parlamentsdirektion | Parlament Österreich'. 2023, zugegriffen auf: https://www.parlament.gv.at/recherchieren/personen/parlamentsdirektion

Raffetseder, Lena. 'Was will der Ibiza-Untersuchungsausschuss? – fm4.ORF.at'. 2024, zugegriffen auf: https://fm4.orf.at/stories/3003304/

Rechnungshof, Österreich. 'Der Rechnungshof'. 2023, zugegriffen auf: https://www.rechnungshof.gv.at/rh/Startseite.html#

Schweizerische Eidgenossenschaft. 'Konvention der Vereinten Nationen gegen Korruption'. 2023, zugegriffen auf: https://www.eda.admin.ch/eda/de/home/aussenpolitik/finanzplatz-und-wirtschaft/korruption/un-konvention-gegen-korruption.html

Strasbourg l'européene. 'The European Vocation of Strasbourg'. 2022, zugegriffenauf:https://www.strasbourg-europe.eu/the-european-vocation-of-strasbourg/

Strasbourg.eu. 'Europäische Hauptstadt'. 2022, zugegriffen auf: https://int.strasbourg.eu/de/europaische-hauptstadt

Themenportal Europäische Geschichte. 'Memorandum über die Organisation einer europäischen Bundesordnung (1. Mai 1930)', zugegriffen auf: www.europa.clio-online.de/quelle/id/q63-28376

Transparency International – Austrian Chapter. 'Corruption Perceptions Index (CPI) – Transparency International – Austrian Chapter'. 2023, zugegriffen auf: https://ti-austria.at/indizes-cpi/korruptionsindizes/corruption-perceptions-index/

Transparency International – Austrian Chapter Verein zur Korruptionsbekämpfung. 'Das ABC der Antikorruption', zugegriffen auf: https://www.ti-austria.at/wp-content/uploads/2016/01/Das-ABC-der-Antikorruption-1.-Auflage.pdf

Transparency International Deutschland e.V. 'Was ist Korruption?'. 2021, zugegriffen auf: https://www.transparency.de/ueber-uns/was-ist-korruption/

transparency.org. 'Corruptionary A-Z / grand corruption', zugegriffen auf: https://www.transparency.org/en/corruptionary/grand-corruption

transparency.org. 'Corruptionary A-Z / petty corruption', zugegriffen auf: https://www.transparency.org/en/corruptionary/petty-corruption

transparency.org. 'What is corruption?'. 2021, zugegriffen auf: https://www.transparency.org/en/what-is-corruption

Treaty Office. 'Non-members States of the Council of Europe Five years validity of an invitation to sign and ratify or to accede to the Council of Europe's treaties (status as of 16 February 2022)', zugegriffen auf: https://rm.coe.int/16806cac22

Unian.info – information agency. ‘Ex-ambassador of Ukraine to U.S. dies at 71’, zugegriffen auf: https://www.unian.info/society/10474911-ex-ambassador-of-ukraine-to-u-s-dies-at-71.html

UNO. ‘Implementation Review Mechanism’, zugegriffen auf: https://www.unodc.org/unodc/en/corruption/implementation-review-mechanism.html

Vertragsbüro Europarat. ‘Hinweise zu Europaratsverträgen – Vertragsbüro – publi.coe.int’. 2023, zugegriffen auf: https://www.coe.int/de/web/conventions/about-treaties

VfGH. ‘VfGH beantragt beim Bundespräsidenten Exekution einer Entscheidung betreffend Dateien des BMF’. 2024, zugegriffen auf: https://www.vfgh.gv.at/medien/Exekution_BMF.php

Weidenbach, Bernhard. ‘Statistiken zum Zweiten Weltkrieg’, zugegriffen auf: https://de.statista.com/statistik/daten/studie/1055110/umfrage/zahl-der-toten-nach-staaten-im-zweiten-weltkrieg/

Wirtschafts- und Korruptionsstaatsanwaltschaft, Österreich. ‘Zentrale Staatsanwaltschaft zur Verfolgung von Wirtschaftsstrafsachen und Korruption’. 2023, zugegriffen auf: https://www.justiz.gv.at/wksta/wirtschafts-und-korruptions-staatsanwaltschaft.312.de.html

Wirtschaftskammer Österreich. ‘Schutz für Hinweisgeber: Was Arbeitgeber beachten müssen’, zugegriffen auf: https://news.wko.at/news/wien/Schutz-fuer-Hinweisgeber:-Was-Arbeitgeber-beachten-muesse.html

Wirtschaftskammer Österreich. ‘Österreich setzt die Whistleblower-Richtlinie um: Das HinweisgeberInnenschutzgesetz wurde am 1.2.2023 beschlossen – was ist im Bereich Datenschutz zu tun?’, zugegriffen auf: https://www.wko.at/service/t/wirtschaftsrecht-gewerberecht/whistleblower-richtlinie-was-ist-zu-tun.html

Рада національних спільнот України. ‘Геннадій Удовенко — «Динозавр» минаючої епохи’, zugegriffen auf: https://web.archive.org/web/20180124045935/http://www.radaspilnot.org.ua/gennadij-udovenko-dinozavr-minayucho%D1%97-epoxi/

РБК-Україна. ‘На Байковом кладбище похоронили Геннадия Удовенко (видео)’, zugegriffen auf: https://daily.rbc.ua/rus/show/na-baykovom-kladbishche-pohoronili-gennadiya-udovenko-video--15022013161600

Völkerrecht, Europarecht und Internationales Wirtschaftsrecht

Herausgegeben von Peter Hilpold und August Reinisch

Band 1 Florian Razesberger: The International Criminal Court. The Principle of Complementarity. 2006.

Band 2 Christian Wimpissinger: Steuerliche Verlustverrechnung nach EG-Recht. 2006.

Band 3 Christina Knahr: Participation of Non-State Actors in the Dispute Settlement System of the WTO: Benefit or Burden? 2007.

Band 4 Daniela Kröll: Toward Multilateral Competition Law? After Cancún: Reevaluating the Case for Additional International Competition Rules Under Special Consideration of the WTO Agreement. 2007.

Band 5 Georg Nolte / Peter Hilpold (Hrsg.): Auslandsinvestitionen – Entwicklung großer Kodifikationen – Fragmentierung des Völkerrechts – Status des Kosovo. Beiträge zum 31. Österreichischen Völkerrechtstag 2006 in München. 2008.

Band 6 Irmgard Marboe: Die Berechnung von Entschädigung und Schadenersatz in der internationalen Rechtsprechung. 2009.

Band 7 Peter Neumann: United Nations Procurement Regime. Description and Evaluation of the Legal Framework in the Light of International Standards and of Findings of an Inquiry into Procurement for the Iraq Oil-for-Food Programme. 2008.

Band 8 Kirsten Schmalenbach / Wolfgang Benedek (Hrsg.): Von Terrorismusbekämpfung bis Klimaschutz. Beiträge zum 32. Österreichischen Völkerrechtstag 2007 in Altaussee. 2008.

Band 9 Stephan Wittich / August Reinisch / Andrea Gattini (Hrsg.): Kosovo – Staatsschulden – Notstand – EU-Reformvertrag – Humanitätsrecht. Beiträge zum 33. Österreichischen Völkerrechtstag 2008 in Conegliano. 2009.

Band 10 Peter Hilpold (Hrsg.): Das Selbstbestimmungsrecht der Völker. Vom umstrittenen Prinzip zum vieldeutigen Recht? 2009.

Band 11 Peter Hilpold / Christoph Perathoner (Hrsg.): Immigration und Integration. Völkerrechtliche und europarechtliche Antworten auf eine zentrale Herausforderung der Zeit. 2010.

Band 12 Claudia Alfons: Recognition and Enforcement of Annulled Foreign Arbitral Awards. An Analysis of the Legal Framework and its Interpretation in Case Law and Literature. 2010.

Band 13 Peter Hilpold / Walter Steinmair / Christoph Perathoner (Hrsg.): Rechtsvergleichung an der Sprachgrenze. 2011.

Band 14 Werner Schroeder / Jelka Mayr-Singer (Hrsg.): Völkerstrafrecht, Rechtsschutz und Rule of Law. Das Individuum als Herausforderung für das Völkerrecht. Beiträge zum 34. Österreichischen Völkerrechtstag 2009 in Tramin/Südtirol. 2011.

Band 15 Werner Petritz: Vor dem Aus? Der Vertrag über die Nichtweiterverbreitung von Kernwaffen. Funktion und Relevanz anhand zweier Beispiele. 2012.

Band 16 Kirsten Schmalenbach (Hrsg.): Aktuelle Herausforderungen des Völkerrechts. Beiträge zum 36. Österreichischen Völkerrechtstag 2011. Unter Mitarbeit von Lando Kirchmair. 2012.

Band 17 Ruth Steger: Staatenimmunität und Kriegsverbrechen. Das IGH-Urteil im Verfahren Deutschland gegen Italien vom 03.02.2012. 2013.

Band 18 Christoph Vedder (Hrsg.): Völkerrecht 2012. Richterliche Praxis und politische Realität. Beiträge zum 37. Österreichischen Völkerrechtstag 2012. Unter Mitarbeit von Manuel Indlekofer. 2013.

Band 19 Wolfgang Benedek / Hans-Peter Folz / Hubert Isak / Matthias C. Kettemann / Renate Kicker (Hrsg.): Bestand und Wandel des Völkerrechts. Beiträge zum 38. Österreichischen Völkerrechtstag 2013 in Stadtschlaining. 2014.

Band 20 Andrea Bockley / Ursula Kriebaum / August Reinisch (Hrsg.): Nichtstaatliche Akteure und Interventionsverbot. Beiträge zum 39. Österreichischen Völkerrechtstag 2014 in Klosterneuburg. 2015.

Band 21 Caroline U. Amann: The EU Education Policy in the Post-Lisbon Era. A Comprehensive Approach. 2015.

Band 22 Karl Edlinger: Die völkerrechtliche Klassifizierung bewaffneter Konflikte. Konflikttypen, Abgrenzungen sowie Rechtsfolgen und deren Auswirkungen auf die Planung und Durchführung militärischer Operationen. 2016.

Band 23 Elisabeth Parteli: Pressefreiheit und Persönlichkeitsschutz. Ein Leitfaden für die journalistische Praxis. Das Spannungsverhältnis zwischen der Freiheit der Äußerung und dem Schutz der Persönlichkeitsrechte unter besonderer Berücksichtigung der Abgrenzung von Tatsachenbehauptung und Werturteil der Rechtsprechung des Europäischen Gerichtshofs für Menschenrechte zu Artikel 10 EMRK. 2017.

Band 24 Anna Fischer: Sezession im Völkerrecht – Faktisches Phänomen oder reale Utopie. Die Geschichte eines Prinzips im Lichte eines unglücklichen Präzedenzfalls. 2017.

Band 25 Ruth Steger: Aut dedere aut iudicare. Inhalt und aktuelle Entwicklungen rund um die völkerrechtliche Verpflichtung zur Strafverfolgung oder Auslieferung. 2017.

Band 26 Dominik Brunner: Der „DARIO" - Artikelentwurf über die Verantwortlichkeit Internationaler Organisationen. 2018.

Band 27 Mona Mairitsch: UNESCO-Welterbe auf nationaler Ebene: Verpflichtungen und Herausforderungen. Am Beispiel Österreichs. 2019.

Band 28 August Reinisch / Astrid Reisinger Coracini (Hrsg.): Zurück zu den Quellen des Völkerrechts. Beiträge zum 44. Österreichischen Völkerrechtstag 2019 in Rust am Neusiedlersee. 2021.

Band 29 Kyfork Aghobjian: The Rights of Armenian Minorities in Lebanon and Turkey un-der National and International Law. 2022.

Band 30 Markus Beham: Völkerrechtliche Perspektiven auf die internationale Streitbeilegung 2022.

Band 31 Stephanie Wurnitsch: Territorialkonflikte im arktischen Raum aus seerechtlicher Sicht und unter Berücksichtigung neuer Entwicklungen aufgrund der klimatischen Veränderungen. 2022.

Band 32 Michael Werner Lins: Die Bekämpfung von Korruption als Aufgabe des Europarats - unter besonderer Berücksichtigung von Österreich. 2025.

www.peterlang.com

www.ingramcontent.com/pod-product-compliance
Ingram Content Group UK Ltd.
Pitfield, Milton Keynes, MK11 3LW, UK
UKHW021825290926
8980IPUK00004B/269

9 783631 936689